앨빈 토플러 부의 미래

REVOLUTIONARY
WEALTH

앨빈 토플러 부의 미래

앨빈 토플러·하이디 토플러 지음

김중웅 옮김

청림출판

일러두기

본서는 2006년에 집필된 도서로, 인명·지명·직책 등은 당시 상황에 기준을 두고 있습니다.

데버러 웨스트팔 Deborah Westphal
《융합: 기술, 비즈니스 및 인간 중심의 미래Convergence: Technology, Business and the Human-Centric Future》의 저자,
앨빈 토플러 재단 전 CEO

2001년 6월 8일, 앨빈 토플러는 한국의 재계, 정계, 학계에서 가장 탁월하고 미래지향적인 리더 500명이 참석한 가운데 한국이 세계에서 주도권을 쥘 수 있는 가능성과 당면 과제에 대한 의견을 나눴다. 40년도 더 전에 한국은 역사적으로 중대한 선택을 내렸고, 그로 인해 사다리를 몇 칸이나 뛰어올라 산업화된 선진국 반열에 오르게 되었다. 세계적인 인터넷과 통신 기술을 자랑하게 되었으며, 영리한 국가적 움직임과 국민들의 성실함, 지칠 줄 모르고 목표를 향해 나아가는 근성으로 세계를 놀라게 했다. 대부분 국가에서 몇 세기가 걸린 산업화 과정을 불과 한 세대 안에 완전히 이뤄낸 것이다.

한국은 단기간에 놀라운 성장을 이루었지만, 1997년에 금융위기를 맞아 이를 수습하는 시간을 가지기도 했다. 앨빈 토플러는 당시 한국의 현상 자체에 집중하기보다는 한국을 이끄는 리더들의 시야를 넓히는 데 초점을 맞췄다. 리더들이 21세기를 내다봄으로써 새로이 부상하는 세계화 사회에서 또 한 번 크게 도약할 수 있도록 도전 의식을 고취하고자 했다.

과거의 신념과 현상에 대한 집착을 버리고 미래를 새로운 관점으로 바라볼 수 있는 여유를 만들자는 앨빈 토플러의 주장은 한국에서 긍정적으로 수용됐다. 앨빈 토플러와 하이디 토플러 부부는 2001년 한국을 방문하던 시점에 한창《부의 미래Revolutionary Wealth》원고를 작업하고 있었다. 토플러 부부는 이전 저서인《미래의 충격Future Shock》과《제3의 물결Third Wave》에서 개인의 일상생활부터 사회, 문화, 정치, 기업, 혁신, 안보, 인프라, 심지어 우주 개척에 이르기까지 모든 것을 형성하는 여러 가지 힘의 작용을 다루었다. 이 흐름을 잇는《부의 미래》는 결국 산업 시대를 대체할 지식 기반 경제의 극적인 진화를 예측한다.

《부의 미래》가 출간된 것은 2006년의 일이지만, 토플러 부부는 이미 2001년에 한국을 이끄는 리더들에게 다음과 같은 메시지를 전했다. 지식을 기반으로 부를 창출하는 혁명적인 변화가 시작됐으며, 이로 인해 산업 시대의 경제 모델은 점점 더 과거의 개념이 되어간다는 것이다.

토플러 부부는 유의미한 변화의 패턴 몇 가지와 그 사이의 관계를 파악했고, 그 과정에서 오늘날의 세계에서 일어나는 힘의 충돌을 이해할 수 있는 체계적인 틀을 만들었다. 명확하고도 낙관적인 태도로 미래의 기업, 정부, 사회가 어떻게 움직일 것인지에 대한 통상의 가정을 뒤엎을 혁명적 변화를 과감하게 예측했다.

《부의 미래》는 지식 시대의 인류가 세계적으로 유례없는 거대하고도 급속한 변화의 출발선에 서 있다고 설명한다. 이 혁명은 단지 기술이나 경제가 빠르게 변한다는 뜻이 아니다. 사회 체계, 문화적 가치, 정부를 비롯한 기존 기관의 상대적 권력, 기업 활동, 세계 경제, 심지어 인간을 어떻게 정의하는지도 달라진다는 의미다. 이처럼 동시에 다차원과 다각도의 혁명적인 변화가 급속도로 휘몰아치면, 변화의 의미조차 변화할 것이다.

토플러 부부는 '일반적인 변화'와 '혁명적인 변화'에는 차이가 있다는 의견을 지지했다. 혁명적 변화가 일어날 때, 과거에 익힌 대부분의 운영 모델은 단순히 구식이 되는 데 그치지 않고 역효과를 낳는다. 오늘날의 리더들은 일반적인 변화에 익숙하며, 사회의 요소들이 균형을 이룬 안정적인 상태를 가정하고 경영 활동을 한다. 교육과 경험을 통해 취득한 관점과 행동양식에 근거하여, 'A라는 선택을 하면 A'라는 일이 일어나리라 기대하는 것이다. 그러나 혁명적 변화로 전환되면서 전혀 다른 현상이 나타난다. 어떤 선택을 해야 하는지, 어떤 일을 했을 때 어떤 결과를 기대할 수 있는지 예측하고 이해하기란 점점 불안하고 어려워진다. 이것이 바로《부의 미래》의 핵심이다. 토플러 부부가 책을 출간한 2006년과 마찬가지로, 오늘날에도 이 메시지는 여전히 유효하다.

현재 상황에서《부의 미래》는 과거 산업 시대와 발전하고 있는 지식 시대 사이에 존재하는 비공식 경제 개념을 조명한다. 우리는 전환기의 한복판에 서 있다. 한쪽에는 과거의 경험을 기반으로 투자자, 기업가, 경제학자, 금융 자문인, 규제 기관이 판단을 내리는 경제가 있다. 다른 한쪽에는 미래의 가능성을 기반으로 결정하는 경제가 있다. 더 이상 화폐 경제의 관점으로만 부를 바라볼 수는 없게 됐다. 비화폐 경제가 화폐 경제와 나란히 지식 시대의 부를 구성하는 한 축이 되었고, 많은 사람이 참여하며 점점 팽창하고 있기 때문이다. 오늘날, 두 경제는 긴밀히 얽힌 채 산업 시대가 시작된 이후로 가장 혁명적인 변화를 겪고 있는 세계적인 부의 체계를 형성한다.

기술 발전에 힘입어 사회의 움직임 역시 빠르게 바뀌면서 지식 시대의 경제를 확장하고 있다. 수많은 상품과 구조물에 보이지 않는 탐지 장치가 수도 없이 삽입되어 수십억 인구의 생활 패턴을 수집하고, 종합하고, 이해한다. 이렇게 인간의 움직임과 의사결정 과정은 데이터의 흐름으로 바뀌고, 기업과 국가, 세계가 새로운 종류의 부를 창출할 기회가 생긴다. 다가올 메타데이터의 시대에는 누구도 존재하는 줄 몰랐던 패턴을 파악하고 설계하는 단계까지 기술이 발전할 것이다.

《부의 미래》 전반에는 미래로의 여정을 뒷받침할 기본적인 심리 모델mental

model이 나와 있다. 끊임없는 변화의 소용돌이 아래에는 우리가 알고 있는 모든 '변화의 기반fundamentals of change'의 뿌리가 되는 훨씬 더 중요한 '심층 기반deep fundamental'이 있다. 토플러 부부는 이 심층 기반 중에서도 시간, 공간, 지식을 중심으로 변화, 기회, 연결성, 관계성, 갈등을 다루고 있다. 《부의 미래》에서는 미래에 대한 개인적, 집단적 결정을 할 때 심층 기반의 심리 모델을 필수적인 고려 사항으로 활용한다. 이를 통해 미래가 어떻게 펼쳐질지에 대한 생각의 장을 열고, 도전의 위험성과 가능성을 판단할 수 있는 틀을 제공한다. 또한 오래 지켜왔으나 이제는 쓸모없는 암묵적인 가정과 편견, 신념을 버림으로써 회복력을 기르고 앞으로 나아가도록 한다.

토플러 부부는 단순히 강연을 하고 책과 기사를 출간하는 것 이상으로 훨씬 더 큰 유산을 남겼다. 첫 베스트셀러 《미래의 충격》을 쓰기 전인 활동 초기부터 마지막 저서 《부의 미래》에 이르기까지 평생에 걸쳐 전 세계 사람들이 미래로 발을 내딛고 현재의 세계를 더 큰 맥락에서 볼 수 있도록 영감을 주었다. 틀에 박힌 사고방식에 도전했고, 광범위한 주제와 문제들 간의 연결성을 심도 있게 관찰했으며, 인간이 변화와 그 영향을 진정으로 이해할 수 있도록 이끌었다. 저술 활동을 통해 개인이 소극적으로 미래로 끌려가는 대신 자신의 미래를 주도적으로 만들어갈 수 있도록 교육하고, 소통하고, 힘을 실어줬다. 또한 2001년 한국에서 주최한 강연에 참석함으로써 전 세계 많은 사람들과 인간 대 인간으로 소통하고, 의견을 전달하고 배우기도 했으며, 미래지향적 의식을 불러일으켰다. 토플러 부부의 저서는 21세기의 새로운 고전이 됐다.

《부의 미래》 첫 출간 이후 15년이 지났지만, 미래지향적 사고를 뒷받침하는 발상, 개념, 심적 모형과 틀은 앨빈 토플러가 한국에서 그 내용을 다룬 2001년 6월과 다름없이 오늘날에도 유효하다. 토플러 부부가 글에 담아낸 생각은 여전히 흥미롭다. 그러나 오늘날 우리에게 가장 중요한 것은 당시 주위에서 일어나는 사건들과 새로운 가능성에 대해 토플러 부부가 어떤 방식으로 생각했는가 하는 것이다.

토플러 부부가 지각하고, 생각하고, 도전하고, 질문하는 방식은 세월이 흘러도 그 빛이 바래지 않는다. 그들의 저서는 미래지향적 사고의 과정을 기록하고 있으며, 이제껏 그랬듯 현재와 미래의 삶에 대한 관점을 바꿔 놓을 수 있다. 또한 인간의 힘에 대한 굳건한 믿음을 담고 있으며, 미래에 대한 희망의 메시지를 전한다.

나는 토플러 부부를 만나고 나서 달라졌다. 세상을 보는 눈이 바뀌었으며, 그 무엇보다 내 주변을 넘어 세상 곳곳에서 일어나는 일을 생각하고 지각하는 사고방식을 갖게 되었다. 이 모든 것은 토플러 부부의 영향 덕분이다. 그리고 이 영향은 내 첫 번째 책인《융합: 기술, 비즈니스 및 인간 중심의 미래》에 영감을 주었다. 이 책을 집필하는 동안 나는 토플러 부부를 계속 떠올렸다. 그들과 함께 일할 수 있었던 기회에 감사한다. 그들은 내 멘토이자 친구였다.

《부의 미래》개정판을 읽고 그 내용이 설명하는 맥락을 다시 생각해 보면 많은 것을 배울 수 있을 것이다. 지금 주변에서 무슨 일이 일어나는지, 미래가 어떤 모습으로 나타날지에 대한 시각을 바꾸고자 하는 토플러 부부의 끈질긴 바람을 느낄지도 모르겠다.《부의 미래》에서 설명하는 개념을 다시 논의함으로써, 독자들은 책에서 논하는 미래가 어떻게 나타났는지 살펴보고, 오늘날 서로 전혀 관계없어 보이는 활동들이 어떻게 합쳐지거나 갈라져서 미래에 살아갈 완전히 다른 세계를 만들지 생각해볼 수 있을 것이다. 토플러 부부는 미래지향적 사고가 일반적인 습관이 될 때까지 이런 사고방식을 연습하라고 권한다. 모든 사람이 미래 의식을 가지기를, 즉 현재 일어나고 있는 (그리고 앞으로 일어날) 변화와 미래의 충격을 이해하고 모두의 발전을 위해 앞장서서 파괴적 혁신을 이끌기를 바라고 있다. 부디 이 책을 읽은 여러분이 오늘날 일어나고 있는 변화의 파도를 넘어 빛나는 미래를 맞이 했으면 한다.

데버러 웨스트팔
DeborahWestphal.com

부의 혁명적 변화를 마주하다

모든 책은 저자의 머릿속에서 개념을 정리하여 책이 출간되기까지 상당한 시간이 소요되게 마련이다. 어머니 자궁 속의 태아가 태어날 때까지 바깥세상에서 일어나는 일에 영향을 받듯이 한 권의 책도 집필 기간 동안 작가의 생각에 깊은 인상을 심어 주는 여러 가지 사건에 영향을 받는다. 이런 관점에서 볼 때 미래학 서적도 결국은 주어진 역사적 환경의 영향을 받아 만들어지는 산물일 수밖에 없다.

이 책을 집필하는 데 영향을 준 역사적 시기는 21세기의 도래를 전후로 한 12년간이다. 이 기간 동안에는 세계 문제에 관심을 가지지 않고 일상을 살아가던 사람들조차 피할 수 없었던 극적인 사건들이 신문의 헤드라인을 장식했다. 이를테면 옴진리교 교도들이 도쿄 지하철에 맹독가스인 사린을 살포한 사건, 복제양 돌리의 탄생, 빌 클린턴 미국 대통령의 탄핵, 인간 게놈지도의 해독, 세계적인 우려를 자아냈던 밀레니엄 버그(Y2K 문제), 에이즈와 사스의 확산, 9·11테러, 이라크 전쟁, 2004년 인도네시아를 덮친 쓰나미, 2005년에 발생한 허리케인 카트리나 등이 그것이다.

경제, 경영 분야에도 많은 사건들이 있었다. 1997~1998년 발생한 아시아의 외환위기, 닷컴 기업의 성장·붕괴와 주식시장의 회복, 유로화의 공식 출범, 유가 급등, 일련의 기업 회계부정 사건, 미국 재정 및 무역 적자의 확대, 그리고 그중에서도 가장 눈에 띄는 중국 경제의 급부상이 그것이다.

인쇄 매체, 인터넷, 텔레비전, 휴대전화 등 모든 매체들은 이런 경제, 경영 분야 관련 기사를 보도하는 데 열을 올리고 있다. 하지만 가장 중요한 이야기인 부富의 변화에 관한 기사는 상대적으로 덜 중요한 기사들에 묻혀 누락되고 있다. 나는 이 책에서 그 누락된 이야기들에 대해 말하고자 한다. 부는 토지, 공장, 사무실, 기계를 통해서만 창출되는 것이 아니다. 또한 혁명적 부revolu-tionary wealth는 단지 돈에 관한 것만 말하는 것도 아니다.

미국을 포함한 여러 선진국이 두뇌 중심의 지식 경제로 전환되고 있다는 것은 누구나 알고 있다. 하지만 이런 변화가 초래할 영향에 대해서는 개인이든, 국가든, 또는 대륙 차원이든 어느 누구도 아직 제대로 체감하지 못하고 있다. 이는 지난 반세기의 변화가 서막에 불과했기 때문이다.

부의 창출에 있어서 지식의 중요성은 한 단계 더 높은 차원으로 도약할 것이고, 지속적으로 커지면서 변신을 거듭할 것이다. 더욱 접근이 쉬워지는 범지구 차원의 두뇌 은행brain bank에 보다 많은 국가들이 접속함에 따라 지식의 중요성은 전 세계로 확산될 것이다. 결과적으로 부자든 가난한 사람이든 우리 모두는 혁명적 부와 그 산물들과 함께 살아가고 일하게 될 것이다.

'혁명'이라는 용어는 새로운 식이요법에서 정치적 격변에 이르기까지 너무나 일상적으로 사용되고 있다. 이에 따라 혁명이 가지는 본래의 의미가 퇴색된 것이 사실이다. 한편 이 책에서는 혁명이라는 단어를 매우 광범위한 변화를 수반하는 의미로 사용했다. 우리가 지금 직면하고 있는 혁명적 변화의 내용을 감안하면 주식시장의 붕괴, 정권의 변화, 신기술 발명은 물론 전쟁이나 국가 해체까지도 혁명이라는 단어로는 부족할 정도이다.

　이 책에서 조명하고자 하는 혁명적 변화는 산업혁명과 유사한 것이다. 산업혁명은 상호 연관성이 전혀 없어 보이는 수천 가지의 변화들이 한데 모여서 새로운 경제 시스템을 형성하고, 현대화modernity라고 불리는 새로운 삶의 방식과 문명을 가능하게 만들었다. 이 책에서 이야기하는 혁명적 변화는 형태적 측면에서는 이 같은 산업혁명과 유사하지만 파급력 측면에서는 훨씬 더 크고 광범위한 대격변을 의미한다.

　부는 양적인 규모의 비약적인 확대만을 가지고 혁명적이라고 부를 수 있는 것이 아니다. 부의 창출, 분배, 순환, 소비, 저축, 투자 방식에서 근본적인 변화가 수반되어야만 혁명적이라고 부를 수 있다. 또한 유·무형의 변화도 있어야한다. 이런 변화가 모든 단계에서 발생할 때에만 비로소 혁명적 부라는 이름을 붙일 수 있다. 오늘날 바로 이러한 변화들이 전례 없는 속도와 범세계적인 규모로 나타나고 있다.

　우리 대부분은 화폐 경제하에 살고 있다. 그러나 이 책에서 다루는 부는 단순히 화폐, 즉 돈만 의미하는 것은 아니다. 아직 많이 탐구되지는 않았지만 화폐 경제와 병행하여 존재하는 상당히 매력적인 경제가 있다. 소위 비화폐 경제라고 불리는 부문이다. 비화폐 경제에서는 돈을 지불하지 않고도 필수적인 욕구나 수요를 충족할 수 있다. 이 책에서 말하는 부 창출 시스템wealth system은 화폐 및 비화폐 경제를 총칭하는 것이다. 상호 작용을 하는 화폐 경제와 비화폐 경제에서 동시에 혁명적인 변화가 발생하여 강력하면서도 역사적으로 전례 없는 새로운 부 창출 시스템이 창조되고 있다.

　부 창출 시스템이 지닌 의미를 이해하기 위해서는 먼저 어떤 부 창출 시스템도 고립된 상태에서 단독으로 존재할 수 없다는 점을 인식해야 한다. 부 창출 시스템은 매우 강력한 것이기는 하지만 여전히 보다 더 큰 상위 시스템의한 부분일 뿐이다. 상위 시스템에는 사회, 문화, 종교, 정치 등의 하위 시스템이 상호 작용하고 있다. 이런 하위 시스템이 부 창출 시스템과 조화를 이루어

문명 또는 삶의 방식을 형성하게 된다.

그렇기 때문에 부의 혁명을 언급할 때에는 항상 부 창출 시스템과 다른 하위 시스템과의 상관관계를 염두에 두어야 하며, 부의 혁명을 달성하려면 기득권층의 저항이 뒤따르더라도 다차원적인 측면에서 삶의 변화를 시도해야 한다.

이 책《부의 미래Revolutionary Wealth》는 그동안 서로 상충되고 무의미해 보였던 변화나 갈등을 이해하는 데 도움을 줄 수 있는 핵심적인 아이디어에 의존하고 있다.

나는 비록 직업적인 경제학자는 아니지만 오랫동안 경제 및 사회 정책, 발전 전략, 경영 이슈 등에 관한 글을 쓰는 데 경력의 상당 부분을 할애해 왔다. 또한 많은 대학에서 강연을 했으며, 미국 하원 합동경제위원회Joint Economic Committee에서 증언을 하기도 했다. 세계 각국의 기업 리더들을 만났고, 대통령이나 수상에게 산업 경제에서 첨단 지식 기반 경제로의 이전에 대해 조언도 해왔다.

그러나 경제학은 다른 어떤 학문보다 훨씬 더 많이 현실 세계에 기반을 두어야 한다. 나는 젊은 날 현실을 경험하며 잊을 수 없는 5년의 세월을 보낸 적이 있다. 공장의 판금 조립라인에서 일했으며, 자동차와 비행기 엔진, 백열전구, 엔진 모듈 생산 작업을 했다. 주물 공장의 송수관 속을 기어 다니기도 했고, 바위에 구멍을 뚫는 착암기를 다루는 격렬한 육체노동도 했다. 생산 현장을 밑바닥부터 체험한 것이다. 나는 실직자의 설움도 알고 있다.

또한 변화와 미래에 대한 나의 첫 번째 책인《미래 쇼크Future Shock》가 지금까지 100여 개국에서 출간되면서, 나는 베네수엘라와 브라질과 아르헨티나의 빈민굴에 사는 소년들, 멕시코와 일본과 인도와 인도네시아의 백만장자들, 살인죄로 수감된 캘리포니아의 여성 죄수들, 각국의 재무장관이나 중앙은행장들, 노벨상 수상자들, 심지어 왕과 여왕들까지 다양한 삶을 사는 사람들을 만날 기회를 가졌다.

그들은 다양한 성격을 대변하며, 무교無敎를 포함한 모든 종교와 정치적 이데올로기, 다양한 계층의 욕구와 사회적 관심 수준, 이상주의 또는 냉소주의 등 광범위한 인간 집단을 대표한다. 그리고 이런 다양한 경험들은 경제라는 추상적인 개념을 현실적으로 해석할 수 있게 해준다.

물론 미래를 확실히 아는 사람은 없다. 하물며 어떤 일이 '언제 일어날 것인지 will happen'를 미리 예측할 수 있는 사람은 더더욱 없다. 이 책 전반에 등장하는 '될 것이다 will'라는 식의 미래적인 표현에는 '아마도 probably will'나 '우리가 생각하기에는 in our opinion, will'이라는 말이 생략되어 있다고 이해해 주기 바란다.

또한 오늘날처럼 변화무쌍한 세상에서는 어떤 한 가지 사실 fact이 사실로서 그리 오래가지 못한다는 것, 사람들의 자리 이동도 이 직장에서 저 직장으로 수시로 이루어진다는 점도 염두에 두기 바란다. 이 책에서 A기업 간부나 B대학 교수라고 소개된 사람이, 독자가 책을 읽고 있을 시점에는 이미 C기업이나 D대학으로 옮겨 갔을 수도 있다. 또 한 가지 독자들이 잊지 말아야 할 것은 모든 설명은 단순화되어 있다는 점이다.

덧붙여, 이 책과 관련하여 두 가지 사실을 전하고 싶다.

이 책을 세상에 내놓기까지 12년이란 시간이 걸렸다. 이마저도 행운의 여신이 스티브 크리스텐센 Steve Christensen을 보내 주지 않았다면 아마 더 오래 걸렸을 것이다. 스티브에게 "집필이 끝나면 좋은 편집자를 추천해 달라"고 부탁했을 때, 그는 기꺼이 그 역할을 자청했다. 경험이 풍부한 저널리스트로, 세계적인 UPI United Press International 통신의 서부 지역 편집자로, 후에 〈로스앤젤레스 타임스 신디케이트 Los Angeles Times Syndicate〉의 편집자 겸 총책임자로 활동한 스티브는 약 3년 전 우리와 합류했다. 그는 최고의 편집자로서 자질을 갖추었을 뿐만 아니라 자제력과 지성, 따뜻한 마음, 선한 성품과 유쾌한 유머감각까지 보여 주었다. 그 덕분에 이 책을 즐겁게 마무리하였고, 이 과정을 통해 우리는 좋은 친구가 될 수 있었다.

마지막으로 집필이 늦어진 이유는 치명적인 병마와 싸워야 했던 외동딸 카렌Karen에게 많은 관심을 기울여야 했기 때문이다. 몇 해 동안 나의 아내 하이디 토플러Heidi Toffler는 수많은 날 동안 카렌의 병상을 지키며, 병마뿐만 아니라 병원의 관료주의와 의학적인 무지와도 싸워야 했다. 당연히 집필 작업에 할애할 시간이 부족할 수밖에 없었다. 그럼에도 불구하고 이 책에 담긴 많은 가정假定, 아이디어와 모델들은 우리가 함께한 여행, 인터뷰와 토론 그리고 영감을 주는 논쟁의 결과물이다.

하이디는 이런저런 이유로 책 표지에 자신의 이름을 밝히고 싶어 하지 않았다. 《전쟁과 반전쟁War and Anti-War》과 《새로운 문명의 창조Creating a New Civilization》에서만 겨우 공저를 허락했다. 그러나 나의 모든 책은 우리가 함께 사랑하며 살아온 삶의 합작품이라는 사실을 알아주기 바란다.

앨빈 토플러

7부 데카당스

Revolution

01

선봉에 서 있는 부

Spearheading Wealth

이 책은 부의 미래에 관한 내용을 담고 있다. 여기에서 다루는 부는 보이는visible 부와 보이지 않는invisible 부 모두를 포함한다. 이런 혁명적 형태의 부는 수년 내에 우리에게 빠르게 다가와 개인의 삶과 기업, 세계를 재편할 것이다.

　나는 이 의미를 설명하기 위해서 가정과 직장뿐만 아니라 일상생활의 복잡함과 시간적인 압박에 이르기까지 모든 것을 다룰 것이다. 진실과 거짓, 시장과 돈의 문제도 철저하게 파헤칠 것이다. 이를 통해 우리 내부와 주변 세계에서 벌어지는 변화와 그 변화에 반대하는 세력 간의 충돌에 대한 통찰력을 제공할 것이다.

　혁명적 부는 창의적인 기업가들과 사회, 문화, 교육 부문의 기업가들에게 수많은 기회와 새로운 삶의 궤적을 제시해 줄 것이다. 또한 가정에서뿐만 아니라 전 세계적으로 나타나고 있는 극심한 빈곤에 대한 참신한 해결책도 던져 줄 것이다. 그러나 이 희망적인 미래로의 초대장에는 한 가지 중요한 경고가 담겨 있다. 혁명적 부와 관련된 여러 가지 위험이 산술적으로 증가하는 것이 아니라, 기하급수적으로 증가한다는 사실이다. 심약한 사람들에게는 반갑지 않을 미래이다.

실제로 우리는 매일 이메일과 블로그의 폭격을 받고 있고, 이베이 eBay는 우리 모두를 판매자로 만들고 있다. 메가톤급의 기업 스캔들이 신문 헤드라인을 장식하는가 하면, 약물의 부작용이 너무 늦게 발견되어 복용 금지 조치가 뒤늦게 내려지기도 한다. 화성으로 날아간 로봇은 정교하고 정확하게 착륙하지만 컴퓨터, 소프트웨어, 휴대전화와 통신망은 끊임없이 작동 이상을 일으킨다. 한쪽에서는 지구온난화가 진행되고, 연료전지가 등장하고 있다. 유전자 줄기세포가 격렬한 논쟁을 불러일으키고 있으며, 나노 nano는 새로운 기술의 성배이다.

그런가 하면 로스앤젤레스의 폭력조직[1]이 중앙아메리카 전역을 돌아다니며 군대와 맞먹는 조직을 운영하고, 테러리스트 지망생인 13살 소년들[2]은 프랑스를 떠나 중동으로 향하고 있다. 런던에서는 반유대주의가 그 역겨운 머리를 다시 쳐들고 있는데도 해리 왕자[3]는 나치 군복을 입고 무도회장에 나타난다. 아프리카에서 에이즈가 한 세대를 전멸시키는 동안 아시아에서는 새로 생겨난 낯선 질병들이 세계로 확산될 기회를 노리고 있다.

수백만 명의 사람들은 혼란스러운 현실을 피하기 위해서, 혹은 잠시라도 잊기 위해서 현실을 위장한 텔레비전 리얼리티 쇼로 눈을 돌린다. 플래시몹 flash mob(불특정 다수의 군중이 SNS, 문자 메시지, 이메일 등을 통해 이루어진 사전 공지를 따라, 미리 정한 시간과 장소에 모여 특정한 행동을 하고 흩어지는 일종의 놀이 – 옮긴이)을 통해 수천 명의 군중이 모여 베개로 서로를 때리고는 흩어진다.[4] 온라인 게이머들은 가상의 자아가 가상의 성城이나 하녀들을 얻는 데 사용할 가상의 검劍을 구하기 위해 진짜 돈을 수천 달러씩 지불한다.[5] 비현실이 판을 치고 있는 것이다.

이보다 더 중요한 사실은 학교, 병원, 가정, 법원, 감사기관, 노동조합 등 사회의 질서와 안정을 부여했던 제도들이 위기 국면에서 제 기능을 발휘하지 못하고 있다는 것이다. 또한 미국의 무역 적자[6]는 유례없는 수준으로 치솟고 있으며, 국가 재정 상태는 술 취한 듯 비틀거리고 있다. 세계 각국의 재무장관들은 세계 경기 침체를 유발하는 위험을 감수하더라도 워싱턴에 빌려준 수십억 달러의 차관을 회수할 것인지 고민한다. 유럽은 EU 회원국 확대를 자축했지만 독일의 실업률[7]은 50년 만에 최고치를 기록했고, 프랑스와 네덜란드는 EU 헌법을 압도적인 표차로 거부했다. 그 사이에 중국이 세계의 차세대 슈퍼파워가 될 것이라는 이야기가 꾸준히 들려온다.

이처럼 위태로운 경제 상황과 제도적인 실패가 결합되어 개개인들은 절망적인 상황으로 내몰리고 있다. 연금을 제대로 받을 수 있을지, 치솟는 기름값과 병원비를 감당할 수 있을지 의문을 가지게 된다. 갈수록 극심해지는 학교 폭력을 걱정하고 범죄, 마약, 도덕불감증이 우리 사회를 파괴하지는 않을지 노심초사하고 있다. 그와 동시에 대혼란과도 같은 이 상황이 우리의 지갑에 어떤 영향을 미칠지 모두들 알고 싶어 한다. 우리는 과연 지갑이나 간수할 수 있을까?

최신 유행을 쫓아서

평범한 사람들뿐만 아니라 전문가들 역시 이런 질문에 답하는 걸 어려워한다. 기업 CEO들은 출퇴근 시간에 회전식 개찰구를 밀고 들어가는 승객들처럼 합병하고, 매각하고, 주식시장에 아부한다. 어느 달에는 핵심 역량을 키우는 데 주력하다가도 시너지 효과를 추구하고, 급기야는 최신 경영 트렌드를 뒤쫓는다. 그들은 최신의 경제 예측 자료를 참고한다. 하지만 정작 예측 자료를 만드는 경제학자들은 죽은 아이디어의 묘지에서 방황하고 있다.

새로운 세계를 해독해 내기 위해서는 시대에 뒤떨어진 비즈니스 기반에 대해 떠들어 대는 경제학자들과 비즈니스 전문가들을 멈춰 세울 필요가 있다.

우리는 명백하다고 생각하지만, 실상은 시대에 뒤떨어져 있는 원칙들의 이면을 탐구해야 한다. 그러므로 우리는 이제부터 소위 기반이라는 것을 받치고 있는 미탐구 영역인 심층 기반deep fundamentals에 초점을 맞출 것이다.

심층 기반을 알고 나면 혼란스러워 보이는 오늘날의 세계를 이해할 수 있을 것이다. 조금은 덜 혼란스러워질 것이며, 미처 알아차리지 못했던 기회들이 어둠을 헤치고 튀어나오는 걸 목격하게 될 것이다. 대혼돈은 우리 이야기의 일부분일 뿐이다. 대혼돈은 그 자체로 새로운 아이디어를 생성시킨다.

예를 들어 내일의 경제에는 하이퍼 농업hyper-agriculture, 신경자극 장치, 맞춤 건강관리, 나노슈티컬nanoceutical, 신개념 에너지 자원, 능력별 봉급체계, 지능형 교통수단, 플래시 마켓flash-market(수명이 지극히 짧은 시장 – 옮긴이), 새로운 교육 형태, 비살상무기, 데스크톱 제조 방식, 전자화폐programmable money, 리스크 관리, 감시당하고 있다는 사실을 알려 주는 사생활 보호 센서 등 홍수처럼 쏟아지는 수많은 상품, 서비스, 체험을 통해 다양한 비즈니스 기회가 열릴 것이다.

이들이 언제 수익을 낼지 혹은 수익을 내지 못할지, 아니면 어떻게 융합될지에 대해서는 확신할 수 없다. 그러나 심층 기반을 이해하면 거대한 동시화 산업synchronization industry과 독립 산업loneliness industry처럼 전에 알지 못했던 산업과 부문들, 새로운 시장의 요구를 인식하게 될 것이다.

부의 미래를 예측하려면 돈을 벌기 위해 하는 일만이 아니라 우리가 무보수로 행하는 프로슈머prosumer(생산소비자) 활동도 살펴보아야 한다. 우리가 무보수 산출물을 얼마나 많이 만들어 내고 있는지를 아는 것만으로 대부분의 사람들은 충격을 받을 것이다. 또한 많은 이들이 인식하지 못한 채 가지고 있는, 보이지 않는 제3의 직업에 대해서도 살펴볼 필요가 있다. 생산소비가 증가하고 있는 현 상황에서 프로슈머 경제를 논하지 않고서는 화폐 경제의 미래를 이해할 수도, 예견할 수도 없다. 프로슈머 경제와 화폐 경제는 불가분의 관계로, 이들이 모여 부 창출 시스템을 형성한다. 이 관계를 인식하고, 두 경제가 이어지는 통로를 이해하면 개개인의 삶에 대한 통찰력을 얻을 수 있을 것이다.

느슨해지는 전통적 구속

새로운 부 창출 시스템은 자주 나타나는 것도 아니며 단독으로 오지도 않는다. 새로운 삶의 방식, 즉 문명을 동반한다. 새로운 비즈니스 구조와 함께 새로운 가족 형태, 새로운 종류의 음악과 미술, 음식, 패션, 신체적 미의 기준, 새로운 가치관, 종교나 개인의 자유에 대한 새로운 태도 등이 함께 밀려오는 것이다. 이 모든 것이 상호 작용하며 새롭게 떠오르는 부 창출 시스템을 구체화한다.

오늘날 미국은 부를 창출하는 혁명적인 방식을 기반으로 한 신문명에서 선두를 달리고 있다. 좋든 싫든 수십억 명의 세계인이 이미 이 혁명으로 인해 변화하고 있다. 전 세계 각 나라, 지역이 그 여파 속에서 부상하거나 쇠퇴해 간다.

그런데 오늘날 수백만 명의 세계인이 미국을 싫어하거나 증오하고 있다. 광적인 이들은 미국과 그 안에 있는 모든 것들을 불태워 버리고 싶어 하기도 한다. 그들은 그러한 태도의 이유로 중동정책과 여러 국제조약을 거부하는 모습에서 엿볼 수 있는 미국의 독선, 제국주의적 야망으로 간주되는 미국의 모든 행위 등 다양한 부분을 내세웠다. 하지만 중동에 평화가 정착되고, 세계 모든 테러리스트가 평화주의자로 변신하고, 각국의 민주주의가 민들레처럼 꽃을 피우더라도 다른 나라들은 여전히 미국을 두려운 눈으로 바라볼 것이다. 왜냐하면 새로운 부 창출 시스템이 필연적으로 세계 각지에서 오래도록 유지해 왔던 경제, 정치적 이익을 위협하기 때문이다. 게다가 미국에서 일어나는 새로운 부 창출 시스템은 여성의 역할이나 인종과 소수민족, 동성애자와 관련하여 논란의 여지가 있는 변화를 가져왔다.

물론 미국에서 일어나는 문화가 개인주의를 조장하기 때문에 이 문화가 공동체에는 위협적으로 보이기도 한다. 심하게는 과거 경제시대에 개인에게 부과되었던 전통적인 성적, 도덕적, 정치적, 종교적 생활양식의 구속을 약화시키는 것으로 여겨지기도 한다. 그렇기 때문에 젊은이들을 허무주의에 빠지게 하고 방종과 타락으로 꾀어내는 것처럼 보이기도 한다.

결론적으로 전 세계적인 반미 감정을 부추기는 것은 혁명적 부와 그에 동반되는 사회 문화적인 변화이다. 하지만 더 이상 혁명적인 부 창출 시스템에 있어 미국의 독주는 없다. 다른 나라들도 미국을 따라잡기 위해 달리고 있으며, 미국이 앞으로 얼마나 더 선두 자리를 유지할 수 있을지는 알 수 없는 일이다.

기타와 반영웅

혁명적 부가 뿌리내리기 시작한 때는, 미국에서 화이트칼라와 서비스업 종사자가 블루칼라 노동자 수를 넘어선[8] 1956년으로 추정할 수 있다. 논쟁의 여지는 남아 있지만 노동력 구성 면에서의 이 특징적인 변화는 육체노동을 기반으로 하는 산업 경제에서 지식이나 정신노동을 기반으로 하는 경제로 변화하기 시작한 시발점이었다.

지식을 기반으로 하는 부 창출 시스템은 여전히 신경제 new economy로 불리고 있다. 이 책에서도 편의상 그렇게 부를 것이다. 하지만 이미 1950년대 중반에 당시에는 크고 비싼 제품이었던 1세대 컴퓨터들이 정부 관사에서 비즈니스계로 옮겨 가고 있었다.[9] 또한 1962년 프린스턴 대학의 경제학자 프리츠 매클럽 Fritz Machlup은 1950년대 미국의 지식 생산[10]이 이미 GDP국내총생산보다 빠르게 성장하고 있음을 보여 주었다.

1950년대는 매우 단조로운 10년으로 묘사되곤 하지만, 1957년 10월 4일에 러시아는 지구 궤도를 도는 최초의 인공위성 스푸트니크Sputnik호를 발사하여 미국과의 우주 경쟁을 촉발시켰다. 이로 인해 시스템 이론, 정보과학, 프로젝트 관리 기술에 필요한 소프트웨어 프로그래밍과 훈련 등의 개발이 급격하게 가속화됐다. 미국 내 학교에서는 과학과 수학을 집중적으로 강조했다. 그리고 이 모든 것이 부와 관련된 새로운 지식을 경제에 쏟아붓게 만들었다.

문화와 정치도 바뀌기 시작했다. 수 세기 전에 산업혁명이 새로운 이념과 예술 형태, 가치관, 정치운동과 신기술을 끌어들인 것처럼 미국의 지식 경제에서도 그와 같은 현상이 발생했다. 1950년대에 텔레비전이 보편화됐고 엘비스 프레슬리, 펜더 스트라토캐스터Fender Stratocaster[11] 전자기타와 로큰롤이 등장했다. 할리우드의 관심도 영웅과 해피엔딩에서 벗어나 제임스 딘이나 말론 브란도 같은 반영웅에게로 옮겨 갔다. 비트Beat 세대와 히피족은 "너 자신에 충실하라Doing your own thing"는 구호를 찬양하며 대량 산업사회의 획일성을 공격했다.

1960년대는 베트남 반전 시위와 민권운동, 동성애자의 권리와 여성 평등권을 주장하는 운동이 부상한 시기였다. 1966년경 전국여성기구NOW, National Organization for Women[12]는 "오늘날의 기술은 그동안의 고용 기준이었던 육체적인 힘의 이점을 약화시키고 창의적인 지성을 강화시키고 있다"며 여성이 자동화로 인한 혁명과 일반 경제 활동에 공정하게 참여할 수 있는 권리를 요구했다. 전 세계 언론은 이런 극적인 사건에 초점을 맞추었다. 반면 미국 국방부Pentagon의 지원하에 신기술을 개발하고 있던 과학자들의 작업에는 별 관심을 쏟지 않았다. 그런데 그 과학자들이 개발한 컴퓨터 네트워크 알파넷AR-PANET[13]이 바로 지금 세계를 변화시키고 있는 인터넷의 시조이다. 이런 역사를 볼 때, 신경제가 1990년대 주식시장 거품의 산물이며 곧 사라질 것이라는 일반적인 믿음은 터무니없다.

웃기는 뉴스

역사에는 사회와 그 구성원들을 크게 변화시키지는 않았지만, 기존 기술은 물론 심지어 정부까지 바꿔 놓은 수많은 혁명들이 기록되어 있다. 진정한 혁명은 기술뿐만 아니라 제도까지도 바꿔 놓는다. 이런 혁명은 사회심리학자들이 사회의 역할구조라고 지칭하는 것까지 무너뜨리고 재조직한다.

　오늘날 지식 경제로 이전해 가는 많은 나라에서는 전통적인 역할이 빠른 속도로 변하고 있다. 남편과 아내, 부모와 자식, 교수와 학생, 사장과 직원, 제도권 인사와 사회운동가, 경영진과 팀 리더 간의 역할에는 경제적 의미뿐만 아니라 심리적인 의미도 내포되어 있다. 중요한 것은 개개인의 과업이나 기능이 아니라 그들에게 부여되는 사회적 기대이다.

　직장에 속해 있건 직장에서 벗어나 있건, 업무와 역할이 지속적으로 재조정됨으로써 모호성과 불확실성, 복잡성, 갈등이 증가하고 있다. 산업혁명 이후 한 번도 겪지 않았던 도전을 받으면서 의사와 간호사, 변호사와 법무보조원, 경찰과 자원봉사자의 역할도 새롭게 재정립되었다. 더불어 그들은 극도로 스트레스를 받고 있으며 피곤 상태에 놓여 있다.

　혁명은 모든 경계를 여지없이 무너뜨린다. 산업사회는 가정 생활과 직장 생활의 경계가 분명했다. 하지만 집에서 일하는 사람들의 수가 수백만 명에 이르는 오늘날에는 그 경계선이 분명하지 않다. 심지어 어디에 소속되어 일하는지조차 불분명해지고 있다. 미국 노동부 장관을 지낸 로버트 라이시는 노동력의 상당 부분이 독립 계약자[14], 프리에이전트 그리고 A기업에서 일하지만 실제로는 B기업의 직원인 이들로 구성되어 있다고 지적한다. 그는 "머지않아 회사란 특정 기간 동안 누가 어떤 정보에 접근할 수 있으며, 누가 어떤 수입의 일부를 가져갈 것인지를 기준으로 정의될 것이다. 엄밀한 의미의 피고용인이란 없다"고 말한다.

　학계의 경계 역시 허물어지는 추세이다. 강한 저항에도 불구하고 캠퍼스에서의 많은 작업들은 점점 더 학과를 초월해서 행해지고 있다.

　대중음악 분야에서는 그라임 grime, 개라지 garage, 록, 이스턴, 힙합, 테크노, 레트로 retro, 디스코, 빅밴드, 테하노 tejano, 기타 다양한 장르 간의 경계가 퓨전과 하이브리드라는 이름하에 사라지고 있다. 소비자는 여러 밴드, 여러 악기, 여러 보컬을 혼합하여 샘플링하거나 리믹스함으로써 생산자로 변신하기도 한다. 이는 음악적인 콜라주라 할 수 있다.

미국 텔레비전에서는 뉴스센터와 방청객 사이에서 농담을 주고받는 웃기는 앵커들이 등장한다. 뉴스와 오락프로그램의 경계가 사라지고 있는 것이다. 광고업자들은 상품과 전달하고자 하는 메시지를 드라마나 시트콤에 삽입하여 엔터테인먼트와 마케팅의 경계를 허문다.

성적인 경계조차 더 이상 고정되어 있지 않다. 동성애자, 양성애자가 커밍아웃을 하며, 성전환자들도 점차 늘어나고 있다. '수술 후 남성에서 여성으로 바뀐 성전환자'로 〈뉴욕타임스New York Times〉에 소개된 월 스트리트 컴퓨터 전문가 리키 앤 월킨스Riki Anne Wilchins[15]는 성평등연합GenderPAC의 대표를 맡고 있다. 이 단체는 성적인 권리 문제에 관해 워싱턴 정가에 로비를 펼치고 있다. 월킨스는 '그' 또는 '그녀'로 사람을 구분하는 행위 그 자체가 억압적이며, 어느 쪽에도 속하지 않는 사람을 하나의 역할에 억지로 끼워 맞추는 일이라고 주장한다.

하루하루 경제 기술의 사회적 변화가 쇄도하는 상황에서 이러한 새로운 역할과 권리가 모두 살아남는다고 확언할 수는 없다. 그러나 오늘날 혁명적인 변화의 성격을 과소평가하는 것은 착각 속에 사는 것과 같다. 세계는 되돌릴 수 없을 정도로 극적으로 변화하고 있다.

정보 삽입

지금 지구상에는 8억 대 이상의 PC가 있다.[16] 일고여덟 명 중 한 명꼴로 PC를 보유한 셈이다. 더불어 지구상에 존재하는 컴퓨터 칩은 5,000억 개가 넘는다. 그중 상당수는 1억 개 이상의 트랜지스터를 내장하고 있다.[17] 이는 휴렛패커드가 수십억이나 수조 개에 달하는 분자 크기의 트랜지스터를 작은 칩 하나에 담는 방법을 개발해 냈기에 가능해진 일이다.[18] 오늘날 한 사람이 살아 있는 동안 켜거나 끄는 디지털 스위치의 개수는 40억 개에 달한다. 최근에는 매년 1,000억 개에 달하는 보다 더 강력한 반도체 칩들이 시장에 밀려들어 올 것으로 추정된다.

지난 2002년 일본은 지구 기후 변화를 예측하는 '어스 시뮬레이터 Earth Simulator'[19]라는 슈퍼컴퓨터를 만들었다. 이 컴퓨터는 당시 최고 성능의 컴퓨터 일곱 대가 합동하여 연산하는 것보다 더 빠른 연산 능력을 갖추었는데, 초당 40조 회의 연산을 할 수 있다. 2005년에는 로런스 리버모어 국립실험실[20]이 보유한 컴퓨터가 1초에 무려 136조 회의 연산을 수행해 냈다. 과학자들은 컴퓨터가 초당 1,000조 회의 부동소수점 연산이 가능한 페타플롭 peta-flop[21] 속도에 도달할 것이라고 예측하고 있다. 한편 전 세계 인터넷 사용자의 수는 8억~10억 명 정도로 추정된다.[22]

이 모든 칩들과 컴퓨터, 기업 그리고 인터넷 연결이 사라질 것이라고 생각하는 사람이 있을까? 또는 세계의 17억 휴대전화 사용자들[23]이 전화기를 버리겠는가? 사실 이것들 역시 하루가 다르게 진보하며 다재다능한 디지털 장치로 진화하고 있다. 그렇기 때문에 사회 내에서의 역할이나 모호해지는 경계와 병행하여, 지식 인프라도 더 빠른 속도로 변화하고 있다. 여기서 파생되는 변화를 생각하면 지금까지 일어난 변화는 오히려 사소하게 느껴질 수도 있다.

이 변화는 몇몇 선진국에서만 일어나는 일이 아니다. 미국이 이 발전의 선봉에 서 있기는 하지만 더 이상 미국만의 현상도 아니다. 조만간 중국어는 인터넷에서 가장 널리 사용되는 언어가 될 것이다.[24] 한편, 한국의 젊은이들은 수천 개의 인터넷 카페에서 데이트를 하며[25] 덴마크, 캐나다의 젊은이들과 함께 온라인 게임을 즐긴다. 코스타리카, 아이슬란드, 이집트는 소프트웨어를 수출하고 있고[26], 5년 후 베트남의 소프트웨어 수출액은 5억 달러에 이를 것으로 보인다.[27]

브라질의 인터넷 사용 인구는 2,200만 명을 넘어섰고, 헤시피 Recife시는 마이크로소프트, 모토로라 등의 해외 업체와 수백 개의 자국 업체를 유치하여 정보 기술 집적단지를 조성하고 있다.[28] 유엔의 조사에 의하면 지난 5년간 아프리카의 휴대전화 사용은 폭발적으로 증가했으며, 아직 지역 간에 정보격차가 크기는 하지만 도시 지역을 중심으로 텔레센터와 사이버 카페, 공중 인터넷 접속 수단이 빠르게 확산되고 있다.[29]

이런 변화들이 한데 모여 하나의 거대한 전 세계 정보 기술 시장을 형성하고 있는데 〈디지털 플래닛 2004 Digital Planet 2004〉의 집계에 따르면 이 시장의 규모는 연간 2조 5,000억 달러에 달한다.[30] 또한 시장에 참여하고 있는 업체는 전 세계 75만 개 사에 이른다.[31] 그러나 현재 진행되는 변화는 그 속도가 너무 빨라서 독자 여러분이 이 책을 읽을 때쯤이면 여기에서 제시한 숫자들이 무의미해질 것이다.

지식을 위한 자본 도구

우리에게 근본적인 변화를 가져오고 있는 것은 디지털 혁명에 국한되지 않는다. 과학적인 지식 기반이 전방위적으로 근본적인 변화를 초래하고 있다.

천문학자들은 암흑물질[32]을 연구 중이며, 반물질 anti-matter을 탐구하는 과학자들은 반수소 anti-hydrogen[33]를 만들어 냈다. 그 외에도 전기전도성 고분자, 복합재료, 에너지, 의학, 마이크로 유체, 복제, 초분자 화학, 광학, 메모리 연구, 나노 기술 등 다양한 분야에서 혁혁한 성과를 이루어 내고 있다.

미국의 과학자들은 최근에 실행된 연구비 삭감, 특히 기초연구 부문의 투자 축소에 개탄한다. 하지만 정작 그들에게 유용한 도구인 특별한 기술의 진보에 관해서는 크게 간과하고 있다.

산업혁명이 한 차원 더 높은 수준으로 도약하게 된 것은 많은 발명가들이 단순히 상품을 제조하는 기계를 만드는 것에서 벗어나 기계 그 자체를 더 좋게 만드는 기계를 발명하면서부터였다. 오늘날 우리는 그 기계를 자본 도구라 부른다.

산업혁명을 통해 일어났던 것과 같은 변화가 K - 툴 **K-tool**(선진 경제에서 가장 중요한 자본의 형태인 지식을 창출하는 도구) 분야에서 훨씬 더 크고 방대한 규모로 벌어지고 있다. 과학자들은 진보된 슈퍼컴퓨터와 슈퍼소프트웨어, 인터넷과 웹으로 무장하면서, 협력 연구를 빠르게 진행할 수 있는 강력한 도구를 갖게 되었다. 그들은 전 세계적으로 흩어져 있는 다국적 연구팀을 가상공간에 모아 아이디어와 기술을 공유하고 있다.

또 다른 K - 툴은 실험실의 시각화를 가능하게 하는 도구이다. 기본적으로 연구자들은 쌀 한 톨의 내부를 걸어 다닐 수 있는 도구를 얻게 되었다. 다시 말해 쌀이 성장할 때 내부 구조가 어떻게 형성되는지를 시각적으로 관찰하고, 쌀이 저장, 가공, 선적, 요리되는 과정을 지속적으로 지켜볼 수 있다. 연구자들은 쌀이 소화되는 동안 사람의 소화기관 내부를 관찰할 수도 있다.

과학 잡지나 웹 사이트에는 전보다 더 발전했기에 더 빠르게 작동하여 사용자의 시간을 절약해 준다는 실험실 자동화 기술에 관한 광고가 넘쳐나고 있다. 로슈 어플라이드 사이언스 **Roche Applied Science** [34]는 '당신의 연구를 자동화하라'라는 카피 문구와 더불어 "어떠한 샘플 재료에서건 DNA, RNA, mRNA, 바이러스 핵산을 분리해 내는 시간은 불과 두 시간 미만 … 실시간 PCR **Polymerase Chain Reaction**(유전자 진단 방법의 하나 - 옮긴이) 분석은 40분도 채 걸리지 않는다"라고 광고한다. AB어플라이드 바이오시스템즈 **AB, Applied Biosys–tems** [35]도 "어떠한 항로를 선택하든 우리의 DNA 분석기가 더 빠르게 목적지까지 데려다 줄 것이다"라고 광고한다.

하지만 아무리 빠르다고 한들 핵물리학 분야에 비하면 아무것도 아니다. 원자핵을 도는 개별 전자의 불규칙한 운동을 연구하기 위해서는 극도로 짧은 전자파를 방사해야 한다. 이는 짧으면 짧을수록 더 좋다. 최근 네덜란드와 프랑스의 레이저 과학자들은 겨우 250아토세컨드 **attoseconds**(10^{-18}초) 동안 섬광

펄스pulse를 만들어 내면서 최고 기록을 경신했다.[36] 하지만 원자핵 안에서 어떤 일이 벌어지고 있는지를 연구하기 위해서는 220아토세컨드도 너무 느리다. 미국의 연구자들은 젭토세컨드zeptoseconds(10^{-21}초)로 측정할 수 있는 섬광을 만들어 내기 위해 설계된 레이스트론lasetron [37] 작업에 열중하고 있다.

이런 광범위한 분야의 다음 단계는 명확하다. 우리는 지식 습득에 사용되는 강력한 자본 도구를 만들어 내고 있으며, 머지않아 그 자본 도구를 만들기 위한 새로운 자본 도구를 보게 될 것이다.

미개척 영역

더 많은 과학자, 더 강력한 K – 툴, 즉시적인 커뮤니케이션, 보편화된 협력 연구, 광범위한 지식 기반이 하나로 결합되면서 과학 자체의 경계가 변화하고 있다. 한때 B급 공상과학 영화 수준으로 간주되던 질문들도 새롭게 재조명되고 있다.

오늘날의 과학자들은 시간 여행[38], 사이보그[39], 영생불사[40], 반중력 장치[41], 의학의 변형, 비화석연료 자원의 무한한 제공 등 기존 과학으로는 설명할 수 없어서 미개척 영역으로 두었던 것들에 대해 자유롭게 이야기한다. 이를 공개적으로 논의한다고 해서 자신의 명예에 손상이 가해질까 걱정할 필요가 없는 시대이다. 게다가 이런 주제에 대한 토론은 1970년《미래 쇼크》에서 언급했을 때와 달리 이제 더 이상 논외로 할 수 있는 문제가 아니다. 이러한 분야에서 노력을 기울이고 있는 이들은 머리를 산발한 과학자들만이 아니다. 세계 굴지의 기업과 군대에서 이 같은 연구에 엄청난 자금을 투자하고 있다.

연구실에서는 매일같이 새로운 발견이 이루어지고 있다. 그중 많은 것들은 심오한 도덕적인 문제들을 제기할 것이다. 줄기세포 연구와 복제로 인해 겪고 있는 갈등이 좋은 사례이다. 우리는 이제 생물의 유전자를 조작할 수 있는 기술을 확보하고 있다. 그것이 지식 기반 경제하에서 생물학적으로 똑똑한 아이들을 원하는 부모들에게 어떤 의미가 될 것인지 생각해 보라. 또한 그런 조작으로 인해 야기될 사회, 정치적 위험들에 대해서도 생각해 봐야 한다.

융합 가능성

이 모든 돌파구들이 우리를 어디로 이끌어 갈지 확실하게 알 수는 없다. 또한 소비자의 구미에 맞고, 기업 혹은 정부가 공급하기로 결정할 만큼 실용성과 수익성을 겸비한 제품이나 서비스가 탄생할지도 알 수 없다. 생각하건대 오늘날 선두에 선 기술적 돌파구들은 대부분 상품화되지 못하고 사장될 것이다. 하지만 어느 한 분야에서라도 좋은 결실을 맺게 된다면, 그것이 부와 사회에 미치는 효과는 가히 폭발적일 수 있다. 비행기는 결코 날지 못할 것이라고 장담하던 과거의 그 모든 전문가들을 기억해 보라. 혹은 전화가 발명되었을 때 '가장 최근에 나온 미국의 허풍'[42]일 뿐이라고 공언했던 〈더타임스The Times〉 기사를 생각해 보라.

과학자들의 강력한 자본 도구와 온라인 협력 연구 외의 또 다른 가속 요인에 대해 논의해 보자. 과학 기술상의 진보들을 하나의 독립된 사건으로 간주한다면 큰 오산이다. 대체로 커다란 지적, 재정적 보상은 두 가지 이상의 과학적 진보가 융합될 때 일어난다. 진행 중인 프로젝트가 다양할수록, 많은 과학자와 과학적 진보가 함께할수록 거대한 결과를 산출해 내는 진기한 병렬 배치가 이루어질 잠재력이 더욱 커지는 것이다. 우리는 앞으로 수년 내에 이런 융합을 더 많이 보게 될 것이다.

지식 확장을 위한 자본 도구의 개발은 우리를 부 창출의 다음 단계로 발사시키기 위해 로켓에 연료를 보급하는 일과 같다. 다음 단계에서는 새로운 부 창출 시스템이 세계 각국으로 더욱 광범위하게 퍼져 나갈 것이다. 지금 혁명이 진행 중이다. 그 혁명과 더불어 일어나는 문명은 우리가 알고 있던 부에 관한 모든 사실에 도전을 가할 것이다.

02

욕망의 소산

The Child of Desire

부에도 미래가 있다. 오늘날의 심각한 혼란에도 불구하고 수년 안에 세계는 더 많은 부를 창출할 것이다. 그러나 더 많은 부를 창출한다는 것이 모든 사람에게 선으로 간주되는 것은 아니다.

필요 이상의 부를 추구하는 일이 자연스럽지 못한 것이라고 판단했던 아리스토텔레스 같은 고대인들부터, 부는 착복한 재산이라고 주장했던 19세기 사회주의자들과 무정부주의자들, 소비자제일주의를 저주하고 자발적인 소박함을 권고하는 오늘날의 많은 환경원리주의자들에 이르기까지, 부라는 이름에는 악명이 따라붙어 왔다.

법정에 서 있는 피고인은 유죄 판결이 나기 전까지는 무죄라는 법률적인 보호를 받지만 부는 그렇지 못하다. 부 자체는 어느 쪽도 아닌 중립이다. 따라서 이 책에서는 부의 유죄가 입증될 때까지 무죄로 간주한다.

중요한 것은 누가 부를 가졌고 누가 갖지 못했는가, 그리고 부가 어떤 목적으로 사용되고 있는가이다. 멕시코 작가 가브리엘 자이드Gabriel Zaid가 쓴 것처럼 "부는 결국 모든 가능성의 축적물일 뿐이다".[1]

약간의 차이는 있지만 어떤 형태의 부는 보편적으로 선한 것으로 여겨진다. 건강, 사랑과 강한 유대감으로 결합된 가족, 서로에 대한 존중과 같은 것이 그렇다. 경제학자들의 계산에는 쉽게 포함되지 않겠지만 이런 항목이 부라는 데에 이견은 없다.

그러나 일상적으로 부란 용어는 금융자산만을 의미한다는 해석이 일반적인 협의이고, 그에 따라 과욕 등의 좋지 않은 함의를 갖게 되었다. 부는 어떤 이에게는 자신의 주관적인 필요 수준보다 더 많이 소유하는 것을 의미한다. 하지만 아무리 많아도 충분하지 않은 사람도 있다. 상대적으로 가난한 이들에게 부의 의미는 덜 주관적이다. 굶주린 아이가 있는 엄마에게 하루하루 한 줌의 쌀은 무한한 가치를 지닌 부일 수 있다. 따라서 부가 어떤 의미이건 적어도 여기에서 말하는 부는 단순히 '페라리 두 대를 소유했다'는 식의 의미가 아니다.

부와 돈은 동의어가 아니다. 잘못된 인식이 만연해 있기는 하지만 돈은 여러 가지 부의 증거 혹은 상징적인 표현 중 하나에 불과하다. 때때로 부는 돈으로 살 수 없는 것을 얻게 해준다. 따라서 누구든 부의 미래를 가장 포괄적으로 이해하려면, 그 근원인 욕망을 파악하는 것부터 시작해야 한다.

부의 의미

욕망이란 절대적인 필요에서 일시적인 욕구까지 모든 경우를 포괄할 수 있다. 어떤 경우이건 부는 갈망을 만족시키는 그 무엇을 의미한다. 부는 참을 수 없는 갈망을 해소해 준다. 한 번에 한 가지 이상의 욕망을 만족시킬 수도 있다. 예를 들어 거실 벽을 아름답게 치장하고 싶을 때, 거실에 건 그림 한 점은 비싸지 않은 모조품일지언정 잠시 멈춰 서서 바라볼 때마다 작은 기쁨을 준다. 그와 동시에 나의 고상함이나 사회적인 품격을 집을 방문한 손님에게 인상 깊게 심어 주고 싶은 욕망을 충족시킬 수도 있다. 한편 부가 은행 계좌, 자전거, 창고를 가득 채운 음식이나 의료보험증이라고 여길 수도 있다.

사실 부를 대략적으로 정의해 보면 그 형태가 공유든 아니든 일종의 소유라고 말할 수 있다. 경제학자들은 이를 효용이라 부른다. 즉 부를 통해 우리는 어떤 형태의 웰빙을 제공받기도 하고, 혹은 이를 다른 형태의 부로 교환할 기회를 얻기도 한다. 물론 어떤 경우에건 부는 욕망의 소산이다. 그렇기 때문에 부에 관한 생각 자체를 혐오하는 사람들이 생겨나기도 하는 것이다.

욕망의 관리자

일부 종교에서는 욕망에 오명을 씌운다. 금욕적인 믿음은 '많이 바라지 말라', '최소한의 것으로 살아라'라고 설파하며 가난을 인내하라고 하며, 욕망을 채우려 하기보다 줄임으로써 행복을 추구하라고 전한다. 오랜 세월 동안 인도가 바로 그렇게 살아왔다. 지독한 가난과 비참한 일상이 만연한 상태로 말이다.

이에 비하여 프로테스탄트 윤리는 오히려 정반대의 메시지를 전파했다. 물질적인 욕망을 억누르라고 말하는 대신 '열심히 일할 것', '검약할 것', '정직할 것'이라는 윤리를 전했다. 그리고 이를 지키면 하나님이 욕망을 채우도록 도와주실 것이라고 약속했다. 서양에서는 대부분 이 가치관을 받아들여 부를 키웠다. 또한 욕망을 지속적으로 자극하기 위한 끝없는 욕망의 기계, 즉 광고를 발명해 냈다.

1970년대 중국의 지도자 덩샤오핑鄧小平[2]은 부자가 되는 것은 영광스러운 일이라고 역설했다. 그의 말은 세계 인구 5분의 1에 달하는 중국인의 가슴 속에 억제되어 있던 욕망을 자극하여 오랫동안 지속되었던 가난으로부터 중국을 해방시켰다.

미국의 텔레비전 화면에는 주식 중개, 〈머니 Money〉, 〈월스트리트저널 Wall Street Journal〉 같은 출판물에 대한 광고가 시시각각 쏟아져 나온다. 정보와 광고를 결합한 인포머셜infomercial은 세금을 절약하고, 주식이나 부동산으로 한몫 단단히 잡아 햇볕 따사로운 자신의 섬으로 은퇴하는 방법을 약속한다. 엄청나게 밀려드는 메시지의 폭격은 욕망을 정당화하고 선동한다.

미국의 기업들이 신문, 잡지, 텔레비전, 라디오, 광고 인쇄물, 비즈니스 출판물, 전화번호부, 인터넷 광고에 쏟아부은 액수는 2004년 한 해에만 2,640억 달러에 달한다.[3] 같은 해 유럽에서는 1,250억 달러,[4] 일본에서는 560억 달러가 광고비로 지출되었다.[5]

요약하면, 모든 사회의 지도층은 금욕주의와 이데올로기, 종교, 광고, 기타 다른 수단을 통해서 의식적이든 무의식적이든 사회 전반의 욕망을 관리해 왔으며, 그것이 바로 부 창출의 출발점이었다.

단순하게 욕망을 자극하거나 탐욕을 찬양한다고 해서 모든 사람이 꼭 부자가 되는 것은 아니다. 욕망을 선동하고 부를 추구하는 문화가 필연적으로 부를 창출하는 것도 아니다. 하지만 가난의 미덕을 강조하는 문화에서는 그들이 추구하는 가치대로 머물 수밖에 없다.

Deep fundamentals

2부
심층 기반

03

부의 물결

Waves of Wealth

인류는 수천 년 동안 부를 창출해 왔다. 지구상의 모든 가난에도 불구하고 인간은 부를 창출하는 것에 점점 더 익숙해졌다. 그러지 않았다면 현재 지구상에 있는 65억 인구를 부양할 수 없었을 것이다. 또한 지금처럼 오랜 수명을 누리지도 못했을 것이고, 영양 결핍자보다 과체중자가 많아지지도 않았을 것이다.[1]

이 모든 것을 성취로 여길 수 있을지는 모르겠지만 인간은 쟁기와 마차, 증기엔진과 맥도날드 햄버거보다 더 많은 것을 창조하여 오늘과 같은 현실을 이룩했다. 즉 부 창출 시스템이라 부르는 것을 계속해서 발명해 온 것이다. 이것은 역사상 가장 중요한 발명품에 속한다.

선사시대의 아인슈타인

일반적으로 부는 필요나 욕구를 채워주는 대상이다. 그리고 부 창출 시스템이란 돈이든, 혹은 다른 무엇이든 부가 창출되는 방식을 의미한다.

진정한 부 창출 시스템이 생겨나기 훨씬 이전에, 인간은 최소한의 생필품을 찾아 수렵 채집하며 사는 유목 사냥꾼이었다. 동물을 길들이기 시작하면서 사냥과 채집 생활은 점점 무리 지어 모이는 군락 생활이나 목축 생활로 변모해 갔다. 하지만 이런 생활은 부 창출 시스템이라는 용어에 그다지 적합하지 않은 생존 시스템이었다.

진정한 의미의 부 창출 시스템이 최초로 갖춰진 것은 인간이 경제적인 잉여생산물을 산출할 수 있게 되면서부터다. 태고부터 수없이 많은 방법으로 잉여생산물을 산출하기 위한 시도들이 행해졌는데, 역사적으로 볼 때 그 방법을 크게 세 가지 범주로 구분할 수 있다.

첫 번째 부 창출 시스템은 1만 년 전 선사시대의 아인슈타인(아마도 여성일 듯)이 지금의 터키 지역인 카라카닥산 근처 어딘가에 최초의 씨앗을 심었을 때 나타났으며, 그로 인해 부를 창출하는 방법이 도입되었다. 자연이 채워주기를 기다리는 대신에 제한적으로나마 인간이 원하는 식으로 자연을 활용할 수 있게 된 것이다. 농업의 발명[2]은 농사가 잘된 해에 농사를 지은 사람이 생계를 해결하고 나서 약간의 잉여생산물을 산출하게 만들었다. 즉 우리 선조들은 방랑하는 대신에 일정한 장소에 정착하여 마을을 이루고 근처 들판에서 농작물을 경작할 수 있게 되었다. 농업은 서서히 세계 각지로 퍼져 나갔으며 새로운 삶의 방식을 가져다주었다.

사람들은 앞으로 닥칠지 모르는 궂은 날씨를 대비해 약간의 잉여생산물을 저장할 수 있게 되었다. 그러나 시간이 흐르면서 병사와 사제, 세금 및 공물 징수원들의 지원을 받는 군벌, 귀족, 왕처럼 지배권을 쥔 엘리트들이 잉여생산물의 전부 또는 부분을 통제하게 되었다. 그 잉여생산물이 왕조를 이루고, 그들의 호화로운 생활을 뒷받침하는 부를 형성하게 해준 것이다. 그들은 웅장한 궁궐과 사원을 지었으며, 사냥을 스포츠로 삼을 수 있게 되었다. 더욱 많은 잉여농산물을 산출하기 위해 군사력을 동원해 토지, 노예, 농노를 확보했고 정기적으로 전쟁을 벌였다. 소작농들은 굶어 죽어 가는데도 왕실은 잉여생산물로 예술가, 음악가, 건축가, 주술사들을 지원했다.

이러한 부의 제1물결은 지역의 경계를 넘어 이동하며 농업 문명을 탄생시켰다.

자신을 먹어 치운 인간

수천 년 동안 농업은 사냥과 채집보다 훨씬 수익성이 좋은 가장 진보된 생산 방식이었다. 역사가 린 화이트Lynn White는 서기 1100년경에 무거운 쟁기, 경작지, 농사와 목축의 새로운 통합, 삼포식 농법(농지의 전부를 세 부분으로 구분해서 매년 그 3분의 1씩을 휴경지로 두어 지력을 회복시키는 농사법 – 옮긴이), 근대식 마구와 편자, 물추리막대(마구의 봇줄을 매는 가로 막대 – 옮긴이)가 결합하여 완전한 농업 개발 시스템이 만들어졌다면서 "대서양에서 드네프르강까지 북유럽에 걸쳐 농업 번영의 영역[3]이 뻗어나갔다"라고 말한다.

부의 제1물결은 노동의 역할 분담을 초래했고, 교역과 물물거래, 판매와 구매의 형태로 교환의 필요성을 불러일으켰다. 그러나 굶주림과 극심한 가난은 여전히 남아 있었다. 역사가 테오필로 루이즈Teofilo Ruiz에 의하면, 1300년대까지만 해도 3년이나 5년마다 기근이 유럽의 일부 지역을 강타했다.[4] 볼로냐 대학의 피에로 캄포레시Piero Camporesi는 17세기에 걸쳐 기근은 거의 구조적인 성격을 지니게 되었다고 지적했다. 또한 역사학자 리처드 던Richard C. Dunn은 "함부르크에서는 1565년 한 해에만 주민의 4분의 1가량이 기아로 죽어 나갔고, 베니스에서는 1575~1577년까지 3년간 3분의 1이, 1656년 나폴리에

서는 거의 절반이 사망했다"고 말한다.[5]

기근이 한창이던 1528년 무렵에 공연된 어느 풍자극에서 주인공은 이런 대사를 읊는다. "나는 나 자신을 죽이리…그편이 한결 나으리라. 나 스스로를 먹어 배부른 상태로 죽을 수 있을 테니까."[6] 정말이지 냉혹한 시대의 무시무시한 유머가 아닐 수 없다.

캄포레시는 저서《빵과 꿈 Bread and Dreams》에서 기근이 인간의 피부와 장기에 미치는 참혹한 피해, 고약한 악취, 불결함, 배설물, 똥 더미에 쌓인 시체들, 어머니가 자신의 갓난아기를 먹는 식인 풍습에 관해 원시적인 근원을 생생하게 설명하고 있다. 그는 "송장, 해골, 질병, 임종 등 죽음의 산물이 아주 자연스러워지고 있으며 또한 친숙해지고 있다"고 기록했다. 굶주린 소작농들은 거의 사회적으로 소외되었고, 그들 중 대다수는 거지가 되었다. 그렇게 발생한 거지들이 마을에 넘쳐났다.

오늘날에도 제1물결에 속한 계층이 두드러지는 나라들이 많다. 식인 풍습은 많이 사라졌지만 농업을 위주로 하는 미개발 지역에서는 캄포레시가 묘사한 다른 공포들을 아직도 쉽게 찾아볼 수 있다. 그곳의 농부들은 조상들이 수세기 전에 했던 방식 그대로 지금도 일하고 생활한다.

꿈을 뛰어넘어

두 번째 혁명적인 부 창출 시스템은 산업주의 사회에서 이루어졌다. 이 산업주의는 1600년대 말에 등장하기 시작하여 세계 여러 지역에 제2의 격변과 변혁의 물결을 전파했다. 산업혁명의 시기와 복합적인 배경에 대해서는 역사가들의 의견이 분분하다. 하지만 이 시기에 데카르트와 뉴턴, 계몽주의를 기반으로 한 유럽의 뛰어난 지성인과 철학자, 과학자, 정치적 급진주의자와 비즈니스 기업가 집단이 등장하여 다시 한번 세상을 변화시켰다는 점에 대해서는 누구나 동의한다.

새로운 사상과 함께 싹튼 제2물결의 부 창출 시스템은 결과적으로 공장, 도시화, 세속주의를 가져왔다. 또한, 기계적이고 반복적인 육체노동을 요하는 기술과 화석연료 에너지의 결합을 초래했다. 그리고 이는 대량생산, 대량교육, 대중매체, 대중문화로 이어졌다.

제2물결은 전통적인 작업 방식, 가치관, 가족구조, 쇠퇴해 가는 농업시대의 정치, 종교, 제도와 충돌했다. 그러면서 새로이 부상하는 상업 도시, 산업 엘리트들로 하여금 기존의 농촌, 농업 엘리트들에 대항하여 경쟁하도록 만들었다. 결과적으로 제2물결을 일으킨 현대적인 것들은 우리가 지금 선진 경제라 부르는 모든 것의 원동력이 되었다.

반면 산업주의는 지구를 오염시켰고 식민주의, 전쟁 등 수많은 비극을 가져왔다. 하지만 한편으로는 우리 조상들이 꿈꿀 수 있었던 한계를 훨씬 뛰어넘어 부를 창출하는 도시 – 산업 문명을 거대하게 확장해 나갔다.

산업 경제는 표준화, 전문화, 동시화, 집중화, 중앙집권화, 규모의 극대화라는 일반 원칙에 기반하여 다양한 형태로 분화되었다. 앵글로아메리카의 자본주의에서부터 스탈린 공산주의까지, 스웨덴의 중도 노선에서 일본의 위계적이고 관료적인 변형체제, 나아가 일본 변형체제의 변형으로 볼 수 있는 한국의 변형체제, 그 외에 다른 많은 형태의 경제체제를 아우르게 되었다. 이들 체제 모두 처음에는 생산에 집중했고, 나중에는 소비에 집중했다.

오늘날 경제협력개발기구는 총인구 12억 명의 30개 회원국[7]을 선진국 또는 산업화된 국가로 구분한다. 러시아와 다른 몇몇 국가들을 포함하여 이들 국가는 지구를 휩쓴 부의 제2물결인 현대화의 산물이다.

오늘날 부의 물결

가장 최근에 도래한 부의 제3물결은 산업 생산, 토지, 노동, 자본의 전통적인 요소들을 훨씬 정교한 지식으로 대체해 나가며 산업주의의 모든 원칙에 도전한다. 지금도 제3물결은 폭발적으로 퍼져 나가고 있다.

제2물결의 부 창출 시스템이 대량화를 가져왔다면, 제3물결은 생산과 시장, 사회를 탈대량화로 유도한다. 제2물결인 산업사회가 핵가족화를 지향하여 제1물결인 농업사회의 대가족 제도를 대체했다면, 제3물결은 다양한 가족 형태를 인정하고 받아들인다. 또한 제2물결이 극심한 수직적 위계 구조를 구축한 반면, 제3물결은 조직을 수평화하고 네트워크 구조나 다른 대안 구조로의 전환을 요구한다. 이런 현상은 급격한 변화의 서막에 불과하다. 제2물결 경제의 핵심 기능이었던 손으로 만질 수 있는 물건의 제조는 일반상품화되어 비교적 단순한 저부가가치 활동이 되어 가고 있다. 반면 재무, 디자인, 기획, 리서치, 마케팅, 광고, 유통, 경영, 서비스, 재활용처럼 손으로 만질 수 없는 기능들은 더 어려운 일이며 비용도 많이 든다. 이런 기능은 금속을 제련하는 등의 육체노동보다 더 많은 부가가치와 수익성을 창출하며, 경제 여러 분야에 중대한 변화를 일으킨다.

세 가지 부의 물결은 세계 여러 나라에서 각각 서로 다르게 전개된다. 예를 들어 중국, 브라질, 인도 같은 나라에서는 세 가지 부의 물결이 동시에 중첩되어 전개되고 있다. 제1물결의 주체인 농민들이 토지를 인계하면서 수렵 채집하는 사람들이 사라져 가고, 농민들은 제2물결인 공장이 있는 도시로 일자리를 찾아 이동한다. 그리고 제3물결이 도래하여 인터넷 카페와 소프트웨어 관련 창업이 늘어나고 있다.

이런 물결의 이동은 쇠퇴와 혁신, 실험이 상호 결합되어 일어난다. 즉 구제도가 역기능을 일으켜 사람들이 새로운 생활양식, 새로운 가치관, 새로운 신뢰체계, 새로운 가족구조, 새로운 정치 형태, 그리고 새로운 형식의 예술, 문학, 음악, 새로운 남녀 관계의 형성 등이 시도될 때 물결 이동이 이루어진다. 부 창출 시스템은 이 시스템이 구축되는 사회와 문화 없이는 지속될 수 없다. 또한 두 개 이상의 부 창출 시스템이 맞부딪치면 사회와 문화 자체도 혼란을 겪는다.

이처럼 제1물결의 부 창출 시스템이 주로 '키우는 것'을, 제2물결이 '만드는 것'을 기반으로 했다면, 제3물결의 부 창출 시스템은 '서비스하는serving 것', '생각하는 것', '아는 것', '경험하는 것'을 기반으로 한다.

세 가지 삶, 세 가지 세계

산업 경제가 농업 경제보다 훨씬 많은 부와 잉여생산물을 산출했던 것처럼, 아직 불완전하기는 하지만 오늘날 부상하고 있는 제3물결의 부 창출 시스템은 이전 시스템들이 창출해 낸 부의 양을 왜소해 보이게 만든다. 물론 제3물결의 부 창출 시스템은 금전적인 부만 아니라 인간적인 부, 즉 우리 자신과 사랑하는 이들을 위해 만들어 내는 비화폐적인 부도 증가시킨다.

세 가지 부 창출 시스템은 일상생활과 사회에 각기 다른 원칙을 부과한다. 각기 다른 형태와 양의 부를 산출하며 전혀 다른 생태적, 문화적인 결과를 초래한다. 그리고 근본적으로 다른 세 가지의 생활양식을 만들어 낸다.

방글라데시 시골 농부와 독일 쾰른의 포드자동차 조립라인 근로자, 시애틀이나 싱가포르의 소프트웨어 개발자의 삶을 비교해 보라. 심지어 같은 인도에 사는 사람들 간에도 차이가 난다. 비하르의 농부, 뭄바이의 공장 노동자와 벵갈루루의 프로그래머가 얼마나 다른 삶을 살고 있을지 생각해 보라. 그들은 각기 다른 부 창출 시스템 안에서 움직이고 각기 다른 세계에서 살아간다.

이 차이와 그로 인한 결과를 이해하려면, 경제학자나 금융 전문가들이 우리를 데려가지 못하는 더 깊은 곳으로 가 볼 필요가 있다. 미래의 부를 좌우할 수 있는 심층 기반으로 말이다.

04

상호 작용하는 심층 기반

Deep Fundamentals

매일 아침 세계 각지 수백만 명의 사람들은 인터넷에 접속해 주가를 확인하거나 신문의 경제면을 훑어본다. 혹은 경제 뉴스를 보기 위해 텔레비전을 켠다. 경우에 따라서는 세 가지를 한꺼번에 하기도 한다. 그런 다음에야 아침 식사 메뉴를 생각한다. 어떤 이들은 주식 포트폴리오의 변화나 금리 변동을 자동적으로 알려 준다면 두뇌에 마이크로 칩이라도 박아두겠다고 할 것이다. 조만간 기꺼이 그렇게 할 사람들이 생길 것이다. 그때까지 상하이의 주부, 뉴욕의 택시기사, 프랑크푸르트의 외환딜러들은 로이터통신, 블룸버그, CNBC, CNN, BBC와 세계 각지의 그들 파트너들, 라이벌들이 하루 8만 6,400초 동안 실시간으로 던져대는 정보를 감당해야 한다. 온라인과 오프라인으로 이 모든 뉴스를 제공하는 일 자체가 세계적인 산업이 되고 있다.

언론과 언론이 제공하는 엄청난 양의 정보 혹은 잘못된 정보가 주식시장과 세계 화폐 경제에 어떤 영향을 미치고, 이를 어떻게 왜곡시키는지 이해하는 건 불가능하다. 그럼에도 목소리를 높이는 전문가들은 갖가지 주식 동향과 비즈니스 변화, 경제적인 변동이 '기반'의 변화 때문에 이루어진다고 자신 있게 주장한다.

제너럴 모터스의 수석 이코노미스트[1]는 "미국의 주류 경제 기반은 튼튼하다"고 말한다. 타임워너 텔레콤Time Warner Telecom 회장[2]은 "지난 12개월 동안 주가가 90퍼센트 폭락한 무기력한 경제[3]에서도 성공을 거둔 것은 건전한 비즈니스 기반 덕분이다"라고 말한다. 크레딧 스위스 퍼스트 보스턴CSFB, Credit Suisse First Boston의 수석 이코노미스트[4]는 투자자들에게 러시아의 최근 상황보다 경제 기반을 보라고 촉구한다. 중국의 고위 관료들은 수출 시장에서의 강세[5]를 경제 기반 덕으로 돌린다.

그러나 기반이라는 용어가 정확히 어떤 의미인지 규정하기는 어렵다. 말하는 사람에 따라 이 용어에 저인플레이션, 안정된 신용 등급, 금과 구리의 국제 가격 같은 요소를 내포시키는 경우도 있고, 또 그러지 않은 경우도 있다. 미국 증시가 활황을 이어가던 1990년대의 경제학자들은 정부의 균형예산, 제조 부문의 경쟁력, 글로벌 중앙은행의 존재 여부, 주가와 수익의 불일치, 개인 부채 수준, 저임금 노동의 비율, 파산 증가와 같은 변수를 경제 기반의 정의에 뒤섞어 놓았다.

때로는 일부 변수들이 중요하다. 하지만 거기에 집중하다가 훨씬 중요한 것들을 놓치게 된다면 어떻게 할 것인가? 이 모든 요소들이 직·간접적으로 심층 기반, 즉 피상적인 기반보다 더 근원적인 기반에 의해 좌우된다면 어떻게 할 것인가? 피상적인 기반이 말하는 의미와 심층 기반의 의미가 다르다면 어떻게 될 것인가? 보다 기본적이며 강력한 이 요소들이 빠른 속도로 변하고 있다면 또 어떻게 될 것인가?

성서신봉자

문제의 소지가 있는 해석과 오역의 역사를 2000년도 넘게 거쳐온 지금까지, 성서에는 일말의 오류도 없으며 모든 단어 하나하나가 문자 그대로의 의미로 이해되어야 한다고 주장하는 사람들이 있다. 기독교 신학자들은 이들을 일컬어 성서신봉자inerrantist라고 말한다. 그런데 경제학도 나름대로 신봉자들을 거느리고 있다. 이들은 변칙적이고 당황스럽고 모순되는 온갖 증거를 보면서도 실제로는 아무것도 변하지 않는다고 버티는 사람들이다. 그들은 디지털의 대격변과 지식 기반 경제로의 이동은 경제 기반에 아주 미미한 영향을 미칠 뿐이라고 주장한다.

어느 대형 뮤추얼 펀드 회사의 경영자는 유럽의 석유화학 회사 경영진들에게 "재무적으로 잘될 때도 있고 안 될 때도 있다. 그렇다면 새로운 것은 무엇인가?"라고 반문한다. 미국 경제분석국BEA, Bureau of Economic Analysis(점차 의미가 축소되는 변수들을 가장 정확하게 측정하는 정부 기관)의 브렌트 몰턴Brent Moulton [6]은 경제는 예나 지금이나 다를 바 없다고 진단한다.

하지만 일상적인 기반에서 심층 기반으로 시선을 돌리는 순간 이런 환상은 근거를 상실한다. 심층 기반에는 '경제가 전과 똑같지 않다'는 강력한 증거가 자리 잡고 있기 때문이다. 사실상 오늘날 부를 창출하는 전반적인 구조는 앞으로 더 커다란 변혁이 다가올 것을 암시하며 요동치고 있다.

진부해진 기반들

표면 아래에 자리한 기반들을 더 명확히 판단할 수 있는 분명한 방법도 존재한다.

오늘날 지구상에는 쟁기, 조립라인, 컴퓨터로 상징되는 서로 다른 세 가지의 부 창출 시스템이 존재한다. 그런데 가장 먼저 알아야 할 것은 우리가 현재의 기반이라고 알고 있는 대부분이 현재의 기반이 아니라는 점이다. 예를 들어 강력한 제조업은 산업화 시기 부 창출 시스템의 큰 특징이지만 산업화 이전의 농업 경제에는 존재하지 않았다. 그리고 아직까지 세계의 많은 지역이 농업 경제 시기에 머물러 있다.

마찬가지로 연방준비제도이사회 **FRB, Federal Reserve Board** 와 중앙은행7은 산업화 시대 전반에 걸쳐 핵심적인 역할을 했지만 산업화 이전에는 존재하지 않던 것이다. 그리고 미래에 존재하지 않을 수도 있다. 영국은행 총재 머빈 킹 **Mervyn King** 이 "이들의 많은 기능이 더 이상 필요하지 않거나 전자적인 인프라에 의해 자동적으로 수행될 것이기 때문에 이 기관들이 앞으로 사라질 가능성이 있다"라고 한 말은 일리가 있다. 간단히 말해 소위 기반이라는 것은 어느 발전 단계에는 그 사회에 적절히 잘 맞아도, 다른 단계에서는 적절하지 않을 수 있다는 말이다.

반면 부의 창출에 없어서는 안 되는 것이 있다. 이는 어떤 경제체제에서나 상관없이 모든 문화와 문명 그리고 과거와 현재의 모든 발전 단계에 중요한 기반이다. 그것이 바로 심층 기반이다.

직업의 미래

심층 기반을 파악할 수 있는 명백한 예로 '직업'이 있다. 밭에서의 노동이 공장에서의 노동으로 대체되기 전까지 우리 조상들은 직업을 갖지 않았다. 그들이 부자였기 때문은 물론 아니다. 그들 대부분은 극심하게 가난했다. 단지 오늘날처럼 '약정된 급료를 받으며 공식적으로 일을 한다'는 의미로서의 직업이 발명되지 않았던 것이다. 증기엔진이나 다른 산업적인 혁신들과 마찬가지로 직업과 임금 노동자라는 개념이 광범위하게 사용되기 시작한 것은 불과

3세기 전이다.

일하는 공간 역시 야외에서 실내로 옮겨 왔다. 더 이상 해가 뜨고 지는 것에 구애받지 않고 시간에 맞춰 출퇴근하게 되었다. 근무시간에 따라 임금이 정해졌고, 이런 환경에서 직업이라는 용어가 규정되었다.

직업은 일을 일괄적으로 다루는 하나의 방식일 뿐이다. 하지만 지식 기반의 부 창출 시스템이 확산되면서 일하는 사람은 많아지는 반면, 직업을 가진 사람은 적어지고 있다. 이런 현상은 노동관계와 인적 자원 부서, 법령, 노동시장 전반을 현격히 변화시킬 것이다. 기존의 노동조합에는 달갑지 않은 소식이다. 심층 기반에서의 직업은 산업혁명 이래로 그 어느 때보다 크게 변화하고 있다.

직업과 마찬가지로 노동 분업 역시 전환점을 맞고 있다. 사냥과 채집을 하던 당시에는 주로 성별에 따라 분업이 이루어졌다. 그러나 오늘날은 전문성에 의해 분업이 이루어진다. '야금 및 실패 분석 소송 컨설턴트'[8] 또는 '수확 후 원예사'[9]라는 말을 들어 본 적 있는가? 대부분은 생소할 것이다. 후자는 슈퍼마켓의 야채를 담는 비닐봉지에 산소를 넣으려면 얼마나 많은 미세 구멍이 필요한지와 같은 문제를 결정하는 고도의 전문성을 지닌 직업이다.

1776년 애덤 스미스는 노동 분업이 노동의 생산력[10] 면에서 가장 큰 발전을 가져온 근원이라고 지칭했다. 이것은 지금까지 사실이었다. 그러나 과업이 점점 정교해지고 전문화될수록 분업된 것들을 통합하는 비용도 더욱 늘어간다. 혁신을 지향하는 경쟁적인 경제에서는 특히 그러하다. 어느 시점이 되면 통합 비용이 고도 전문화의 가치를 초과할 수 있다.

게다가 전문 분야에 집중하는 전문가들은 점진적인 혁신에 능숙하다. 하지만 큰 발전을 이루는 혁신은 분야의 경계에 구애받지 않는 구성원들이 일시적인 팀을 이룬 형태에서 발생하는 경우가 많다. 사실 어느 분야에서건 이런 경계들이 흐릿해질 때 약진이 이루어진다. 이는 과학자와 연구자들에게만 해당되는 일이 아니다.

새로운 부 창출 시스템은 임시 목적을 위해 임시 기술 집단들이 조직되는 식의 완전한 재편성을 경제 전반에 걸쳐서 요구한다. 부의 창출에 있어 이보다 더 심층적인 기반은 없다. 직업과 노동 분업은 계속해서 변화할 것이며, '누가 무엇을 갖는가?'를 의미하는 소득 분배도 장기적으로 진정한 혁명적 변화를 향해 나아갈 것이다.

상호 작용

지금까지의 설명은 심층 기반에 관한 몇 가지 사례에 불과하다. 또한 이 기반들은 시스템을 형성하기 때문에 외관상으로 보이는 것보다 훨씬 중요하다. 심층 기반과 관련된 변화들은 서로 영향을 미친다. 이 변화에는 에너지, 환경, 가족구조를 비롯하여, 피상적이고 일상적인 기반 아래에서 지층을 송두리째 뒤흔들며 빠르게 변화하는 모든 것을 포함한다.

심층 기반을 이루는 많은 부분이 수시로 관찰의 대상이 되고 있다. 예를 들면 1970년대부터 지구의 생물권과 부 창출의 관계가 전 세계적인 관심과 논란의 초점이 되어 왔다. 반면 혁명적인 부와 가장 직접적인 연관성을 갖는 몇몇 심층 기반은 전혀 주목을 받지 못하고 있다. 그러므로 우리는 이제 낯선 미지의 영역으로 들어가 가장 빠르게 변화하고 있으며, 가장 강력하고 매혹적인 세 가지 심층 기반을 탐험할 것이다. 이 세 가지 기반이 부의 미래를 형성하게 될 것이 분명하다.

Rearranging time

3부

시간의 재정렬

05

속도의 충돌

The Clash of Speeds

미국, 일본, 중국, EU 등 오늘날의 주요 경제국들은 그들 누구도 원치 않는 위기를 향해 달리고 있다. 정치 지도자들은 그 상황을 미처 대비하지 못해서 미래의 경제적인 진보를 제한하게 될 것이다. 서서히 모습을 드러내고 있는 이 위기는 비동시화 효과의 직접적인 결과로, 심층 기반 중에서도 가장 중요한 기반인 '시간'을 생각 없이 다뤄서 생겨난 문제이다.

오늘날 세계 각국은 선진 경제를 건설하기 위해 각기 다른 속도로 고군분투하고 있다. 그런데 대부분의 정치, 경제, 사회 지도자들은 간단한 사실 하나를 명확하게 이해하지 못하고 있다. 바로 선진 경제를 건설하기 위해서는 선진 사회가 필요하다는 사실이다. 모든 경제는 그것이 속한 사회의 산물이고 사회의 주요 제도들에 의해 영향을 받는다.

경제 발전의 속도를 높이고 있는 나라의 주요 제도들이 뒤처져 있다면, 부를 창출하는 잠재력이 제한될 수밖에 없다. 이를 적합성의 법칙 Law of Congruence[1]이라 부른다. 세계 어디서나 봉건시대의 제도들은 산업 발전을 가로막았다. 마찬가지로 산업시대의 관료주의는 부 창출을 위한 지식 기반 시스템의 발전을 방해하고 있다.

일본의 재무성과 다른 정부 관료조직들이 그 예이다. 중국의 국영기업, 폐쇄적인 엘리트주의자들이 득실거리는 프랑스 내각과 대학도 마찬가지이다. 미국의 현실 역시 다르지 않다. 이 모든 나라에서 주요 공공기관들은 자신을 에워싸고 있는 변화의 소용돌이에 발맞추지 못하고 있다. 민간 금융기관을 감독해야 하는 미국 증권관리위원회 SEC, Securities and Exchange Commission가 민간기관들의 엄청난 속도와 복잡성을 다루지 못하고 내비치는 무능력 역시 그 증거이다. 감독기관들은 엔론Enron 스캔들이 터졌을 때, 매각 시점에 직접적으로 관여한 뮤추얼 펀드의 불법적인 조작이 발생했을 때, 그리고 분식회계 사건이 꼬리를 물고 일어났을 때 타락한 기업들의 가속화되는 회계 조작에 대항하지 못했다. 미국 정보기관들의 실패도 이에 못지않다. 냉전 시대에 대한 대응력을 반테러리즘으로 빠르게 전환하지 못해 9·11테러를 사실상 무방비 상태로 방치했다. 2005년에는 당혹스럽고 비극적인 허리케인 카트리나에 대한 미국 정부의 미숙한 대응으로 비동시화의 영향이 부각되었다.

어느 곳에서든 산업시대의 조직을 대체하거나 혁신하려는 시도들은 기존 조직의 수혜자와 그 지지자들의 저항에 부딪친다. 이 저항은 변화의 속도를 불규칙하게 만들며, 적어도 그에 영향을 미친다. 주요 기관들이 지식 경제가 요구하는 가속도에 동시화되지 못하고 기능 장애를 일으키는 이유가 이것 때문이다. 이처럼 오늘날의 정부는 시간을 제대로 다루지 못해 발생하는 심각한 문제를 안고 있다.

정시에 떠나는 기차?

산업시대에 영향을 미친 현대화 지지자들은 완벽하게 동시화된 기계 같은 사회를 만들고자 했다. 공장에서는 테일러주의Taylorism(과학적 경영관리법)[2]가, 소비에트 연방에서는 레닌주의가 그 역할을 담당했다. 그들의 목표는 기계처럼 효율적으로 운영되는 사회와 국가를 창조하는 것이었다. 관료조직은 일체화되어 움직이고, 개개인은 동시화된 획일성으로 행동하기를 바랐다. 그러나 실재하는 인간과 인간 사회는 개방 시스템으로, 서로 뒤엉켜 있으며 불완전하다. 혼란과 우연의 영역은 우리의 삶이나 사회 속에서 일시적인 안정의 영역과 교차하며 발생한다. 우리에게는 두 가지가 모두 필요하다.

안정성과 동시화는 사회집단과 경제체제 내에서 우리가 개인으로서 어떻게 기능해야 하는지를 예측할 수 있게 해준다. 어느 정도의 안정성과 시간 조절 기능이 없다면 삶은 무질서나 우연이라는 억압에 짓눌리게 될 것이다. 반면 불안정성과 비동시화가 우세하다면 어떻게 될까?

수십 년에 걸친 탄압과 학살에도 불구하고 소비에트 체제는 그 존속 기간 동안(1917~1991년) 창안자들이 약속한 산업화를 완수하지 못했다. 공산당이 구상한 동시화와 효율성도 공식적인 경제체제에서 실현되지 않았다. 다만 반대급부가 충분히 보장될 경우에만 공급이 제때 이루어지는 지하 경제가 어느 정도 유지되어 겨우 체면을 차릴 수 있었을 뿐이다.

레닌 혁명이 일어난 지 60여 년이 지난 1976년에도 모스크바 호텔에서는 커피를 찾아볼 수 없었고 오렌지도 희귀했다. 빵은 그램 단위로 측정하여 팔았다. 심지어 그 10년 뒤에는 그나마 혜택을 받는 모스크바의 중류층조차 감자와 양배추로 끼니를 때워야 하는 일이 잦았다.

그 후 소비에트 체제와 경제는 붕괴됐다. 1991년에 모스크바를 다시 찾아간 나는 선반이 텅 비어 있는 횅한 슈퍼마켓들을 보았다. 회색 곰팡이가 핀 파스타 몇 단지가 판매대에 올라 있었고, 공공건물 계단에는 얼어붙은 몸으로 유일한 세간인 볼펜이나 냄비 받침 하나를 팔려고 애쓰는 노파들이 서 있었다. 러시아 경제는 몰락하기 직전이었다. 경제를 뒷받침하는 사회 질서는 와해되었고, 동시화된 효율성에 대한 환상도 무너졌다. 약속된 상품이 언제 도착할지, 도착하기는 할지 아무도 알지 못했다. 러시아 기업들은 시간에 맞추는 방식이 아니라 시간과는 동떨어진 방식으로 운영됐다. 하이디와 나는 여행 중에 모스크바에서 키예프로 가는 비행기를 탈 예정이었지만, 항공기 연료가 제시간에 공급될 수 있을지 누구도 확언할 수 없다는 말을 듣고 비행기 대신 자정에 출발하는 기차를 타야만 했다.

사람들은 할 일을 원했다. 예측 가능성과 이탈리아의 독재자 무솔리니가 한 것처럼(무솔리니가 한 일은 기차를 제시간에 다니게 한 것뿐이라는 말이 있다) 기차를 제시간에 달리게 해줄 누군가를 원했다. 러시아인들은 일할 수 있기를 간절히 바라며 블라디미르 푸틴을 선택했다.

하지만 사회는 제시간에 달리는 기차보다 더 많은 것을 필요로 한다. 사회에는 시간에 맞춰 달리는 제도가 필요하다. 경제는 너무나 빠른 속도로 달리는데 사회의 다른 주요 제도들이 한참 뒤로 처진다면 무슨 일이 일어나겠는가?

속도측정기를 준비하라

이 질문에 과학적으로 대답할 수 있는 사람은 아무도 없다. 확실한 데이터도 없다. 하지만 21세기 경제로 가장 빠르게 달린다고 할 수 있는 미국의 주요 기관에서 일어나는 일들을 살펴보면, 최소한 이를 미루어 짐작해 볼 수는 있다. 물론 이것은 추측이며 논쟁의 여지가 있는 대략적인 스케치일 뿐이다. 하지만 재계 지도자, 정부 정책 입안자뿐 아니라 급속한 변화에 대처해야 하는 우리 모두에게 도움이 될 것이다. 미국을 예로 들어 설명하지만 그 의미는 세계적으로 동일하다.

이제 변화의 속도에 초점을 맞춰 보자. 고속도로를 상상해 보라. 오토바이에 걸터앉은 경찰이 도로 쪽으로 속도측정기를 내밀고 있다. 도로에는 아홉 대의 차가 있는데, 이들은 각각 미국의 주요 기관을 대변한다. 각 자동차는 그 기관이 실제 변화하는 속도에 상응하는 속도로 달린다. 가장 빠른 차부터 설명을 시작해 보자.

선두와 느림보

시속 100마일 이 고속도로 비유에서 시속 100마일로 질주하는 자동차는 오늘날 미국에서 가장 빠르게 변화하는 기관을 대변한다. 기업이나 사업체가 여기에 해당되는데, 이들은 사회의 여러 부문의 변혁을 주도한다. 기업은 스스로 빠르게 움직이며, 공급업체와 유통업체도 치열한 경쟁을 통해 자신들과 비슷한 수준으로 변화할 것을 강요한다. 결과적으로 기업은 그들의 사명, 기능, 자산, 상품, 규모, 기술, 노동력의 특성, 고객 관계, 내부 문화와 다른 모든 것들을 변화시키기 위해 속도를 높인다. 물론 각 영역은 각기 다른 속도로 변화한다.

비즈니스 세계에서 기술은 경영자와 직원들이 감당하기 힘들 정도로 쏜살같이 질주한다. 금융 부문 역시 새로운 기술은 물론 새로운 스캔들, 새로운 규제, 다각화되는 시장, 재무 상태 변동에 반응하며 엄청나게 빠른 속도로 변화한다. 회계나 다른 시스템도 뒤떨어지지 않기 위해 안간힘을 쓴다.

시속 90마일 비즈니스 부문 바로 뒤에서 속력을 올리는 자동차가 있는데 이 차의 탑승자들도 매우 놀랍다. 이 2등 조직은 마치 서커스 광대들처럼 여럿이 한 차에 올라탄다. 그들은 바로 집단적으로 견해를 형성하는 시민단체들이다.

시민단체는 격렬하게 변화하는 수천 개의 NGO들로 구성되어 급성장하고 있는 과보호 부문이다. 친기업과 반기업 연합, 전문가 집단, 스포츠 연맹, 가톨릭 단체와 불교 승려 집단, 플라스틱 제조협회, 반플라스틱 운동가들, 신앙 집단, 세금을 혐오하는 사람들의 조직, 고래 사랑 모임 등이 여기에 속한다.

이 집단들 중 대부분은 환경, 정부 규제, 국방비 지출, 지역지구 계획, 질병 연구 기금, 식품 안전, 인권, 기타 수많은 이유를 들어 변화를 요구한다. 반면 확고하게 변화에 반대하는 입장을 취하며 그것을 방지하거나 최소한 속도를 늦추기 위해 필사적인 노력을 기울이는 이들도 있다. 예컨대 미국의 환경운동가들은 법정 소송, 피켓 시위 등 여러 수단들을 사용하여 핵 발전소 건립을 저지한다. 공사를 지연시키고 발전소의 잠재적인 이익이 제로가 되는 수준까지 법정 비용을 증가시킨다. 핵 반대운동을 지지하는 입장이건 아니건, 이들은 시간을 경제적인 무기로 사용한다.

NGO가 주도하는 운동들은 작고 빠르고 탄력적인 단위로 구성되며, 네트워크로 조직되는 경향이 있기 때문에 거대 기업과 정부 기관을 능가할 수 있다. 결과적으로 미국 사회의 다른 어떤 주요 조직들도 비즈니스 세계와 시민단체 두 부문의 변화 속도에 미치지 못한다.

시속 60마일 세 번째 차에도 놀라운 탑승자들이 타고 있다. 그들은 미국의 가족[3]이다.

수천 년 동안 세계 대부분의 지역에서 전형적인 가족 형태는 몇 세대가 함께 모여 사는 대가족이었다. 산업화와 도시화가 이루어지고 가족의 규모가 축소되면서 핵가족이 우세해졌다.

1960년대 중반까지만 해도 전문가들은 핵가족(아버지가 나가서 일하고 어머니는 집에서 살림하며 18세 미만의 자녀 둘이 있는 가족) 형태가 미래에도 우세할 것이라고 주장했다. 하지만 오늘날 미국에서 이 핵가족의 의미에 부합하는 가정은 25퍼센트 미만이다. 편모나 편부 가정, 결혼하지 않은 커플, 한 번이나 두 번 또는 그보다 많이 재혼하여 이전의 혼인 관계에서 생겨난 아이들을 양육하는 가정, 노년 결혼을 이룬 가정, 최근에는 합법적인 동성 간의 결합이나 결혼을 통한 가정이 생겨나고 있다. 사회 조직 중에서 가장 늦게 변화하는 유형에 속했던 가족체계가 불과 수십 년 만에 변형되고 있다. 여기에 또 다른 급속한 변화도 진행 중이다.

수천 년간 농업사회가 이어지는 동안 가족은 중요한 기능을 담당했다. 가족은 들이나 집에서 하나의 생산팀으로 활동했다. 자녀를 교육하고, 환자를 간호하고, 노인을 보살폈다. 각국의 산업화가 차례차례 진행되면서 일터는 집에서 공장으로 바뀌었다. 교육 기능은 학교로 이전되었으며, 건강관리는 의사와 병원의 몫이 되었다. 노인을 보살피는 일은 정부의 책임이 되었다.

한편 오늘날의 미국 가정은 기업이 외부로 내보내고 있는 기능들을 가정 내부로 끌어들이고 있다. 파트타임이나 풀타임으로 집에서 일하는 사람은 이미 수천만 명을 넘어섰다. 이처럼 집에서 일할 수 있게 환경을 조성하는 디지털 혁명은 쇼핑, 투자, 주식거래와 여러 기능들을 집 안에서 해결하게 만들었다.

교육의 기능은 아직 학교 교실에 남아있지만 그와 유사한 기능이 적어도 부분적으로는 집으로 옮겨질 것이다. 나아가 인터넷과 무선 네트워크, 이동통신이 사회 전반에 보급됨에 따라 집 이외의 다른 장소로도 이동해 갈 것이다. 노인 보호 기능도 입원 치료와 요양원 등에 들어가는 고비용을 줄이려는 정부와 개인 보험제를 바탕으로 차츰 집으로 되돌아올 것이다.

가족 형태, 이혼율, 성행위, 세대 간 관계, 데이트 패턴, 자녀 양육 등 가정 생활의 모습들이 모두 급속도로 달라지고 있다.

시속 30마일 기업, NGO와 가정이 초스피드로 변하고 있다면 노동조합은 어떨까?

우리가 보아온 그대로 미국의 노동 형태는 지난 반세기 동안 육체노동에서 정신노동으로, 대체 가능한 기술에서 대체 불가능한 기술로, 맹목적인 반복

업무에서 혁신적인 업무로 변하고 있다. 노동의 이동성도 높아지고 있다. 비행기, 차, 호텔, 레스토랑 등 어디에서나 일할 수 있다. 몇 년씩 한 조직에서 같은 동료와 일하는 대신 프로젝트팀에서 태스크포스와 워크그룹으로 이동해 가며 기존의 동료들과 헤어지고 새로운 동료들과 협력한다. 많은 이들은 직원이라기보다 계약을 통해 일하는 프리에이전트이다.

기업은 100마일의 속도로 변화하고 있는데 미국의 노동조합은 호박에 박힌 화석처럼 1930년대 대량생산 시대의 조직, 방법, 모델을 그대로 고수하고 있다. 1955년 미국의 노동조합은 전체 노동력의 33퍼센트를 대변했지만[4] 사실 오늘날에는 12퍼센트의 노동자를 대변하고 있을 뿐이다.[5]

시속 90마일로 달리는 NGO의 확산은 주로 제3물결에 있는 미국의 생활양식과 이익이 급속하게 탈대중화되고 있음을 반영한다. 같은 맥락에서 노동조합의 쇠퇴는 제2물결인 대중사회의 쇠퇴를 반영한다. 노동조합도 나름대로 해야 할 역할이 있겠지만, 살아남기 위해서는 새로운 지도와 더 빠른 운송수단이 필요하다.

코끼리가 완강하게 버틸 때

시속 25마일 소리만 요란한 정부 관료조직과 규제 기관들은 어떨까?

수십 년간 각종 비판으로부터 자기 자신을 방어하고 변화를 지체시키는 데 능력을 발휘해 온 피라미드식 정부 관료조직이 세계 각국의 일상사를 관리하고 있다. 정치인들은 아무리 진부하고 무익한 것이라 해도 새로운 관료제를 수립하기보다 구관료제를 타파하는 일이 훨씬 어렵다는 사실을 안다. 그들은 스스로 천천히 변화할 뿐만 아니라 빠르게 바뀌는 시장 조건에 반응하는 기업의 속도마저 떨어뜨린다.

미국 식품의약국 FDA, Food and Drug Administration이 새로운 의약품을 시험하고 승인하는 데 걸리는 긴 시간 동안, 가망 없는 병으로 고통 받는 환자들은 기다리고 또 기다리며, 때로는 세상을 떠난다. 정부의 의사결정은 너무나 지지부진하게 이루어져서 공항 활주로 건설을 승인받기까지 10년 이상이 걸리고[6], 도로 건설 프로젝트 하나를 승인받는 데도 7년 이상이 걸린다.[7]

시속 10마일 하지만 관료조직에 몸담고 있는 사람들조차 백미러를 통해 자신들보다 훨씬 뒤처져 있는 자동차를 볼 수 있다. 타이어는 펑크가 나서 흔들거리고, 라디에이터에서는 연기가 뿜어져 나온다. 이 차량은 뒤따라오는 차까지 속도를 낼 수 없게 만든다. 이 부서진 고물 자동차를 유지하기 위해 4,000억 달러를 들이는 일이 가능할까? 물론 가능하다. 실제로 해마다 그만한 비용을 쏟아붓고 있는 곳이 있다. 바로 미국의 학교이다.[8]

미국의 학교들은 대량생산에 맞게 디자인되어 공장처럼 가동되고, 관료적으로 관리되며, 강력한 교원 노조와 교사들의 투표권에 의지하는 정치인들에게 보호받는다. 이들은 20세기 초의 경제체제를 완벽하게 반영하고 있다. 그들의 유일한 위안은 다른 나라의 학교들도 그보다 나을 게 없다는 점이다. 기업들이 속도 경쟁을 벌이며 변화에 매진하는 동안 공교육 체제는 독점의 특혜를 누리며 보호받고 있다.

학부모와 개혁적인 교사들, 언론은 강력하게 변화를 요구하고 있다. 그러나 교육적인 실험들이 늘어나고 있음에도 불구하고 미국 공교육의 핵심 부문은 여전히 산업시대에 걸맞는 공장식 학교로 남아 있다. 10마일로 기어가는 교육체계가 100마일로 달리는 기업에 취업하려는 학생들을 준비시킬 수 있겠는가?

시속 5마일 세계 경제에 영향을 미치는 역기능적인 조직들이 국가 차원에만 존재하는 것은 아니다. 모든 나라의 경제는 실질적으로, 직접 또는 간접적으로 세계적인 관리기구의 영향을 받는다. 유엔, 국제통화기금, 세계무역기구, 그리고 국경을 넘나드는 활동의 규칙을 정하는 정부 간 국제기구IGO, Inter Govermental Organization들이 바로 그 주인공이다. 이 정부 간 국제기구에는 눈에 띄지 않는 다수의 독립체들도 포함되어 있다. 만국우편연합UPU, Universal Postal Union처럼 100년 이상 된 조직도 있고, 약 75년 전 국제연맹이 활동하던 시기에 생겨난 조직도 있다. WTO와 세계지적재산권기구WIPO, World Intellectual Property Organization를 제외한 다른 대부분의 조직은 반세기 전인 제2차 세계대전 이후에 구성됐다.

이들의 관료구조와 활동은 예전 그대로이다. 오늘날 국권은 새로운 세력의 도전을 받고 있고, 새 참여자와 새로운 문제가 국제 무대에 속속 등장하고 있는데도 말이다. 최근 IMF의 새로운 총재를 선출할 때, 미국과 독일은 첨예한 대립을 보였다. 결국 독일 후보가 선출됐을 때 〈뉴욕타임스〉는 클린턴 대통령과 재무장관 래리 서머스Larry Summers [9]가 50년간 유럽 인물이 총재를 차지해 온 규칙을 깨뜨릴 수 없다고 결론지었기 때문이라고 전했다.

시속 3마일 그런데 이보다 더 느리게 변화하는 곳이 있다. 바로 경제 부국의 정치조직이다. 의회와 백악관에서부터 정당에 이르기까지 미국의 정치조직들은 수많은 단체의 요구에 시달리고 있다. 그 단체들은 모두 느긋한 논쟁과 관료적인 나태함에나 어울리는 체제에서 벗어난 빠른 반응을 기대한다. 미국 상원의원인 코니 맥Connie Mack은 "국회의사당에서 아무런 방해를 받지 않고 무언가를 논의해 본 시간이 채 2분도 되지 않는다. 생각할 여유나 지적인 대화를 할 시간이 없다"라고 불만을 토로했다. 그는 또한 "우리는 주어진 시간 중 3분의 2를 공보 활동을 하거나 선거자금을 모으거나 혹은 선거운동을 하며 보낸다. 이 위원회, 저 특별팀, 다른 작업 단체, 그 외에 뭔지 모르는 여러 단체에 소속되어 있다. 이처럼 각기 다른 일을 모두 알아야 하는데, 내가 그 모든 일을 파악하여 현명한 결정을 내릴 수 있겠는가? 불가능하다. 그럴 시간이 없다. 그래서 나의 보좌관들이 점차 더 많은 결정을 내리게 된다"라고 솔직하게 말했다. 우리는 정직하게 말해 준 그에게 먼저 고마움을 표했다. 그러고 나서 물었다. "그렇다면 당신의 보좌관을 뽑는 사람은 누구입니까?"

현재의 정치 시스템은 지식 기반 경제의 엄청난 속도와 고도의 복잡성을 다룰 수 있도록 설계되지 않았다. 정당과 선거는 왔다가 사라질 수 있고 기금 모금과 선거운동의 새로운 방법들이 나타나고 있다. 하지만 지식 경제가 가장 발전돼 있고, 인터넷을 통해 거의 즉각적으로 새로운 정치 구성 요소를 형성할 수 있는 미국에서조차 정치의 구조적인 변화는 인식하기 어려울 만큼 아주 천천히 진행된다.

사회 경제적으로 정치 안정이 중요하다는 말은 굳이 할 필요가 없다. 그러나 움직이지 않는다는 것은 다른 문제이다. 200년 정도의 역사를 지닌 미국의 정치 시스템은 1861~1865년 남북전쟁을 치른 후에 근본적인 변화를 겪었고, 1930년대에 대공황을 거치면서 다시 변화했다. 그때 정치 시스템은 산업 사회에 보다 충분하게 적응했으며 그 후 정부는 확실히 성장했다.

그러나 미국의 정치구조는 아마도 기본적인 조직의 개혁에 있어서 헌정의 위기가 닥칠 때까지 길가에서 자주 쉬어가며 변함없이 시속 3마일의 속도로 기어갈 것이다. 헌정의 위기는 세계가 생각하는 것보다 빨리 찾아올 수 있다. 사실 연방 대법원의 다수결 의결로 대통령이 확정되었던 2000년 대통령 선거 때 위험스러울 정도로 가까워졌었다.

시속 1마일 마지막으로, 느림보 중에서도 가장 느리게 변화하는 것이 있다. 다름 아닌 법이다. 법에는 두 부문이 있는데 하나는 법원, 변호사협회, 법과대학원과 법률회사 등을 포함한 기관들이다. 다른 하나는 이 기관들이 해석하고 수호하는 실질적인 법 그 자체이다.

미국의 법률회사들은 합병, 광고, 지적재산권 관련 법안 등 새로운 전문 분야를 개발하고, 원격 화상회의를 실시하는 등 새로운 경쟁력을 확보하기 위해 노력하고 있다. 또한 세계화를 추진하며 빠르게 변화하고 있다. 반면 법원과 법과대학원은 기본적으로 변함이 없는 상태이다. 시스템이 작동하는 속도 역시 제자리걸음을 하고 있어서 중요한 사건들은 몇 년째 법원에 계류되곤 한다. 예를 들어 마이크로소프트를 상대로 반독점 소송이 제기되었을 때, 미국 정부가 기업을 무너뜨리려 한다는 추측이 난무했다. 그러나 실제로는 재판이 끝나기까지 몇 년의 세월이 걸리는 게 현실이고, 그때쯤이면 기술적인 진보로 인해 소송의 쟁점 자체가 무의미해진다. 이에 대해 실리콘밸리의 기록자 로버트 크링글리 Robert X. Cringley 는 '고도로 가속화되는 인터넷 시간[10]과 사법 시간의 격돌[11]'이라고 평했다.

흔히들 '법은 살아 있다'고 말하지만 정말 간신히 살아 있을 뿐이다. 물론 의회가 새로운 법률을 제정하고, 법원은 기존의 법규에 새로운 해석을 추가하면서 법은 끊임없이 변화한다. 그러나 이러한 추가 사항들은 전체 법규에 있어 극미한 부분이고 사소한 비율에 해당한다. 전체 시스템을 개편하거나 체계적인 재정비를 하지 않은 채 순전히 법의 양과 부피만 팽창해 가고 있는 것이다. 물론 법은 천천히 변해야 한다. 그래야 지나치게 빠른 사회 경제적인 변화에 제동을 걸어 사회나 경제에 필요한 예측 가능성을 제공해 줄 수 있다. 그렇다면 어느 정도로 천천히 변해야 하는 것일까? 미국은 65~69세까지의 사회 보장제 수혜자들[12] 중에서 일정 기준 이상의 근로소득에 대해서는 근로소득 3달러당 수혜급부를 1달러씩 삭감하는 법을 규정한 적이 있다. 2000년까지 지속됐던 이 법은 대량실업 시대에 제정된 것으로 노인들의 취업 의욕을 낮춰 젊은이들에게 더 많은 일자리가 돌아가도록 하는 것을 목적으로 제정되었다. 70년 동안 유지된 이 법에 대해 〈포브스 Forbes〉는 급기야 '속보! 대공황은 끝났다'[13]라며 빈정대는 제목을 붙여 변화를 촉구하기까지 했다.

수십 년의 논쟁을 거친 후 미국 의회는 지식 경제를 좌우하는 기본법 두 개를 다시 제정했다. 세계에서 제일 빠르게 변화한다는 전기통신 산업은 1934년에 만들어진 법에 의해 1996년까지 규제를 받았다.[14] 금융 부문에서 은행업을 규제했던 글래스-스티걸 법[15] 역시 60년 동안 유지되어 왔다. 미국

의 주식 발행과 다른 유가증권 발행에 대한 기본 규제들은 1933년에 법으로 제정된 것이다.[16]

한편 오늘날에는 약 2억 5,000만 개의 계좌와 약 7조 달러의 자산을 주무르는 8,300개 이상의 뮤추얼 펀드[17]가 있다. 이 대규모 투자를 관리하는 법은 무려 1940년에 제정된 것이다.[18] 계좌의 수가 30만 개 미만이었고 펀드는 68개였으며, 오늘날의 14만 6,000분의 1에 해당하는 자산이 있던 때였다.

토론토 대학의 토머스 호머 딕슨Thomas Homer-Dixon 교수는 2003년 미국 동북부 전역에서 정전 사태[19]가 발생했을 때 있었던 일을 밝힌 바 있다. 복구를 맡았던 기술자들을 가로막았던 가장 큰 장애 요인이, 개인 가정과 가까운 곳에서 전기를 공급하던 수십 년 전에 제정된 법규였다는 것이다.

진보된 경제에 직접적인 영향을 미치는 저작권, 특허권, 사생활 보호와 같은 분야의 주요 법들 또한 한심하게도 시대에 뒤처져 있다. 그야말로 지식 경제는 이런 법 때문에 생겨나는 것이 아니라 이런 법률에도 불구하고 생겨나고 있다. 이는 안정성도 부동성도 아니다. 법조계 사람들은 일하는 방식을 바꿔가고 있지만 법 자체에는 거의 변화가 없다.

타성과 초스피드

이러한 조직과 그들의 상호 작용을 살펴보면 오늘날 당면한 문제는 급격하게 가속화되는 변화만이 아니라, 빠르게 성장하는 신경제의 요구와 구사회의 타성적인 조직구조가 일치하지 않기 때문이라는 것을 알 수 있다. 초스피드의 21세기 정보 - 생물학적info-biological 경제가 지속적으로 발전할 수 있을까? 아니면 기능 불량을 일으키는 진부한 느림보 조직들이 그 전진을 멈춰 서게 할 것인가?

아마 관료주의, 정체된 법원, 근시안적인 입법, 규제에 의한 방해와 병적인 점진주의는 그 대가를 지불해야 할 것이다. 즉 무엇인가를 내주어야 하는 상황이 나타날 것이다. 너무나 많은 부분에 관련되어 있으면서도 비동시화되어 있는 조직들의 시스템적인 역기능은 가장 까다로운 난제로 다가올 것이다. 미국이 세계를 주도하는 경제 대국으로서 누리는 엄청난 이득을 놓치고 싶지 않다면, 전진을 가로막는 구시대적인 조직들을 뿌리 뽑거나 대체하거나 혁신적으로 재편성해야 한다.

변화가 점점 가속화되는 현 상황에서 조직의 위기는 미국에만 국한되지 않는다. 중국, 인도, 일본, EU 회원국을 비롯하여 21세기 세계 경제에 속한 모든 나라가 새로운 형태의 조직을 만들어 내고 동시화와 비동시화 사이의 균형을 잡아야 한다. 그중에는 변화를 환영하는 문화를 가진 미국에 비해 더 힘든 과정을 거쳐야 할 나라도 있을 것이다.

이처럼 다소 냉소적으로 언급한 속도 서열에 있어서 논쟁의 여지는 있다. 하지만 한 가지 중심이 되는 사실도 분명히 있다. 가정, 회사, 산업, 국가 경제, 글로벌 시스템 등 그 모든 면에서 시간이라는 심층 기반과 부 창출 사이의 관계가 그 어느 때보다 전면적인 변혁에 휩싸여 있다는 것이다.

06

동시화 산업

The Synchronization Industry

미국 연방준비은행 Federal Reserve Bank 이나 일본은행 Bank of Japan 이 이자율을 높이거나 낮추는 시기를 잘못 택할 때를 예외로 한다면, 애석하게도 동시화의 완벽한 달성에 실패하는 곳은 침실이다. 코미디언 중 누구에게 묻더라도 타이밍이 가장 중요하다고 말할 것이다. 그러나 우리는 알지 못하는 사이에 시간과의 연계를 변화시키고 있다. 이는 농담이 아니다.

투자자와 경제학자들은 금융상의 정확한 타이밍에 관심을 기울이고 있지만, 부와 가난의 창출에 대한 동시화의 역할에 관해서는 놀라울 정도로 무지하다. 비동시화의 역할에 대해서는 더욱 그렇다. 이들이 동시화의 역할을 이해하게 되면 부의 창출에 대해 완전히 새로운 사고방식을 얻을 수 있을 것이다.

생산성을 위한 춤

사냥과 채집이 집단적으로 이루어지기 시작한 이래로 어느 정도의 동시화는 항상 필요했다.[1] 역사가 윌리엄 맥닐 William McNeill은 역사 전반에 걸쳐 경제 생산성을 높이는 동시화를 촉진하기 위해 집단적인 율동과 리듬이 활용되었다고 주장한다. 실제로 부족의 춤은 협동심을 강화하고 사냥의 효율성을 높였다. 어부들은 수천 년째, 리듬에 맞춰 그물을 끌어당길 때와 숨을 고를 때를 알려 주는 노래를 부르고 있다.

농업 경제는 계절의 변화도 반영해 왔다. 인류학자 존 오모훈드로 John Omo-hundro는 필리핀의 파나이섬에 대해 "건기를 통과하고 우기로 접어들 때에 사업가는 가장 느긋한 시간을 보낼 수 있었다. 농산물 유통 체계가 전체적으로 한가했다. 9월이나 10월쯤이면 수확된 쌀이 마을로 도착하기 시작했다. … 마을의 부가 농사 주기에 의해 결정되었기 때문에 도시의 사업 활동도 농사 주기에 맞춰서 바빠지기도 하고 한가해지기도 했다"라고 기술하고 있다. 경제 인류학자 윌렘 월터스 Willem Wolters는 "계절성과 시간 동시화 문제로 인해 반건조 열대기후에는 지방은행이 생겨날 수 없다"라고 말한다.[2]

한편 초기 산업화 경제는 이와는 완전히 다른 여건에서 운영되었다. 조립 공장에는 전혀 다른 다른 시간의 리듬이 요구되었다. 그렇기 때문에 근로자의 작업 스케줄을 통제하기 위해 공장의 호루라기와 시간 기록 장치가 발명되었다.

이와 대조적으로 오늘날 비즈니스의 흐름은 실시간 활동을 향해 속력을 높이고 있다. 또한 시간 사용은 점점 더 개인화되고 변칙적 혹은 불규칙적으로 바뀌어 가고 있다. 통합해야 할 업무들이 많아지는데다 가속효과로 말미암아 각 업무에 이용 가능한 시간이 줄어들고 있다. 이 모든 것들이 동시화 달성을 더 어렵게 만든다. 게다가 이런 현상은 이제 겨우 시작되었을 뿐이다.

더 심도 있게 살펴보면 모든 경제는 눈에 띄지 않는 리듬에 맞춰 고동치고 진동한다. 우리는 매일 신문을 사고, 일주일에 한 번씩 슈퍼마켓에서 비누와 우유를 사고, 열흘에 한 번쯤 차에 기름을 넣고, 2주에 한 번 돈을 찾고, 매달 카드 대금을 지불한다. 주식시장의 변동에 따라 산발적으로 주식 중개인에게 전화를 하고, 일 년에 몇 번 기분에 따라 영화를 보거나 책을 사고, 해마다 또는 분기마다 세금을 내고, 이가 아플 때 치과에 가고, 6월에 결혼하는 친척을 위해 선물을 사기도 한다. 이 모든 일과 수많은 거래들이 은행, 시장, 생활을 관통하며 흐르는 리듬을 만들어 낸다. 모든 사람은 태어나는 순간부터 쉼 없이 흐르는 경제 음악economic music의 일부분이 된다. 생체리듬조차 우리 주변에서 이루어지는 너무나 복잡하면서도 절묘하게 어우러지는 과정에 영향을 받고 영향을 미친다. 그 사이에 사람들은 물건을 만들고, 서비스를 제공하고, 다른 이들을 관리하고, 서로를 보살피며, 회사의 자금을 융통하고 정보와 데이터를 지식으로 전환시키며 일하고 있다. 매 순간마다 어떤 박자는 빨라지고 어떤 박자는 느려진다. 새로운 선율과 화음이 도입되었다가 사라지기도 한다. 때로는 합창도 있고, 대위법도 있고, 점점 세게 하라는 신호도 있다. 그리고 그 너머에는 경제 전반의 표준이 되는 삶의 일반적인 속도가 있다. 이 경제 음악은 결코 멈추지 않는다.

　모든 부 창출 시스템에서는 다양한 구성 요소 또는 하부 조직들이 계속해서 속도, 단계, 주기를 서로에게 맞추기 때문에 무질서한 혼란은 일어나지 않는다. 이러한 과정을 생물학적으로 동조화entrainment[3]라 부른다. 뉴런[4]은 단독으로 활동하지 않고 일시적인 팀을 형성하여 움직이는데 오늘날의 많은 비즈니스들도 이런 방식을 쓴다. 〈사이언스Science〉에 의하면 "뉴런은 서로 보조를 맞추며 같은 곡을 연주하는 앙상블 효과를 발휘한다. 잠깐 동안 같이 활동하다가 그 후에 어떤 뉴런은 협력 관계에서 떨어져 나가 다른 앙상블에 합류한다"고 했다. 게다가 뉴런의 동시적 활동은 상위 수준 시스템에서의 공동 처리joint processing를 수월하게 한다. 이처럼 한 덩어리로 구성된 기업들이 분해되어 단기간의 프로젝트팀이나 제휴 관계, 파트너십, 합작회사로 새로 융합되는 현상은 신경계 시스템의 순간적인 앙상블과 유사하다.

차가운 계란은 없다

완벽하게 시간이 조정된 세계에서는 친구들이 약속시간에 늦는 일이 없고, 차갑게 식어 버린 계란이 아침 식탁에 올라오지도 않는다. 아이들은 항상 제시간에 귀가한다. 이보다 더 나아져야 하겠지만 재고는 제로 상태에 이르고, 저장, 보수 유지, 창고 관리에 드는 다양한 비용들이 사라질 것이다. 무엇보다도 회의는 언제나 제시간에 시작되고 끝날 것이다.

그렇다면 세계 경제는 어떻게 될까? 경제학에서 균형성장이라는 용어는 여러 가지 의미로 사용된다. 어느 경우에는 환경적인 요소를 고려하며, 다른 경우에는 성장이라는 정의에 수송이나 나름대로 선택한 요소들을 포함시켜 생각하기도 한다. 또는 자본과 노동의 투입이 생산성에 맞춰 동일한 비율로 증가할 때 발생하는 성장을 지칭할 수도 있다. 때로는 개발 정책상 농업과 산업을 동등하게 강조하는 의미로 사용되기도 한다.

1960년대와 1970년대에 균형성장을 지지하던 경제학자들[5]은 투입과 산출의 관계가 안정적으로 유지되어 모든 부분이 동일한 비율로 성장하는 것이 경제개발의 최선책이라고 주장했다. 사실 이는 동시화를 통해 부를 성장시킬 수 있다는 믿음을 바탕으로 한 것으로, 완벽하게 동시적인 개발을 요구하는 주장이었다. 그러나 상황은 그리 간단치가 않다. 이론가들은 중요한 점을 간과했다. 핵심 변수들을 고정된 관계로 유지하는 완벽한 동시화는 시스템의 유연성을 저해하여 혁신에 대한 반응을 무디고 느리게 만든다. 단번에 모두 다 바꾸거나 아니면 아무것도 바꾸지 않는, 혹은 무無인 방식의 게임이 되어 버리는 것이다. 하지만 한꺼번에 다 바꾸기란 확률적으로 가능성이 적을 뿐 아니라 극도로 어려운 일이다.

이와 달리 경제학자 조지프 슘페터[6]는 경제개발에 '창조적인 파괴의 질풍gales of creative destruction'이 필요하다고 지적했다. 낡고 뒤떨어진 기술과 산업을 폐기하여 새롭고 파괴적인 기술에 길을 열어 주는 변화의 바람이 필요하다는 것이다. 창조적인 파괴가 가장 먼저 찢어 버려야 할 것은 어제의 시간표이다.

모든 기업과 금융 시스템, 국가 경제는 동시화와 어느 정도의 비동시화 활동을 모두 필요로 한다. 안타깝게도 현재 우리에게는 각각의 제한을 언제 부숴야 할지 알려 줄 만한 데이터와 측정 기준이 모두 부족하다. 경제의 타이밍을 연구하는 크로노믹스chronomics라 불릴 만한 분야는 아직 발달되지 않은 상태이다.

마지막에 엉망이 되지 않게

분명한 것은 시간 조절이 매우 복잡하고 중요해졌기 때문에 동시화 산업이 급속하게 성장하고 있다는 사실이다. 이 산업은 1980년대 중반부터 새로운 세기가 시작되는 동안, 커다란 도약을 세 번이나 경험했다. 이 도약은 거대하다. 심지어 미래에는 훨씬 더 커질 것이다.

1985년 산업공학인협회 Institute of Industrial Engineers가《경영혁신: 일본 기업 Innovation in Management: The Japanese Corporation》[7]이라는 책을 발간했을 때, 서양에서 JIT Just–In–Time(적시생산)라고 부른 간반(kanban, 看板)이라는 용어는 거의 알려져 있지 않았다. 그때까지 미국의 제조업은 대형 컴퓨터를 기반으로 공장의 자재 소요량을 조절하는 MRP Material Requirements Planning(자재 소요량 계획, 완제품 생산 일정을 위해 원자재의 필요량 및 필요 시기를 계획·관리하는 기법 – 옮긴이) 시스템에 의해 움직이고 있었다.[8] MRP의 목적은 미리 예정된 일정에 따라 부품과 제품을 생산하는 것이다. 이에 비해 도요타에서 처음 개발된 JIT 시스템[9]은 변화하는 고객의 욕구에 맞춰 스케줄을 조정할 수 있다. 이는 유연하게 타이밍을 실용화한 것이다.

1990년경 미국 국립제조과학센터 NCMS, National Center for Manufacturing Sciences

가 〈세계 선진 제조업 간의 경쟁 Competing in WorldClass Manufacturing〉이라는 보고서를 발간했을 때[10], JIT는 이미 통용어가 되어 미국의 제조업 전체에 퍼져나가고 있었다. 경영 컨설턴트들은 곧바로 JIT라는 고속열차에 뛰어올라 이를 추진했다. IBM, 모토로라, 할리데이비슨 Harley–Davidson을 비롯한 수십 개의 선도적인 회사들이 이 시스템을 채택했다. 미국의 291개 제조업체와 다른 30여 개국의 128개 제조업체를 조사한 국립제조과학센터는 "생산성을 증진시키는 잠재적인 여러 방법들 가운데 JIT와 관련된 방법만이 통계적으로 지속적인 효율성을 나타냈다"고 요약했다. JIT는 보다 세밀하게 시간 오차를 줄였으며, 그것은 전보다 훨씬 정교한 동시화를 요구했다.

또 하나의 변화가 시작된 도화선은 컨설턴트 제임스 챔피 James Champy와 마이클 해머 Michael Hammer[11]의 베스트셀러 《리엔지니어링 기업혁명 Reengineering the Corporation》이었다. 그들은 경영자들에게 주요 경쟁사의 제품 개발 주기가 빨라질 때, 시장에 대한 조직의 반응이 너무 느릴 때, 주문이 늦을 때 또는 작업이 막바지에 엉망이 되는 경우가 잦을 때, 기업을 리엔지니어링하라고 촉구했다.

동시화는 다음 단계에서 대단한 추진력으로 폭발했다. 1990년대와 2000년대 초반에는 개별 공급업체의 범위를 뛰어넘어 길게 이어진 공급 체인 전체의 재편성이 요구되었다. 작업 처리를 가속화하고 재고를 줄이기 위해, 구성 요소의 첫 번째 층인 제조업체만이 아니라 두 번째 층을 이루는 공급업체도 필요에 따라 물건을 전달해야 했다. 모든 수준에서 더 긴밀한 동시화를 형성하는 것이 목표였다.

오라클 Oracle, SAP, 피플소프트 Peoplesoft와 다른 수십 개 ERP Enterprise Resource Planning(전사적 자원관리, 기업 활동을 위해 사용되는 기업 내 모든 인적, 물적 자원을 효율적으로 관리하여 궁극적으로 기업의 경쟁력을 강화시키는 통합 정보 시스템 – 옮긴이)[12]와 관련 소프트웨어를 제공하는 거대 기업들이 생존할 수 있었던 데에는 보다 똑똑하고 정밀한 타이밍에 대한 비즈니스 세계의 요구가 증가한 것이 상당 부분

기여했다. 지금까지 수백 개 컨설팅 회사들이 동시화 비즈니스에 속속 뛰어들었다. 예를 들어 SAP이나 오라클이 기업에 소프트웨어를 팔면 IT 컨설턴트들이 와서 이 소프트웨어를 실행하는 방식이다.

세계적인 컨설팅사인 아서 앤더슨 컨설팅Arthur Andersen consulting(현 액센츄어)은 새로운 동시화 시스템 덕분에 괄목할 만한 성장을 이루었다. 액센츄어의 컨설턴트 데이비드 앤더슨David L. Anderson과 스탠퍼드 대학의 하우 리Hau Lee 교수는 "동시화가 커질수록 전체 공급 체인의 성과[13]에 부가되는 가치도 커진다"라고 했다. 사실 UPS United Parcel Service 택배 트럭에 '세계 교역의 동시화Synchronizing the World of Commerce'라는 슬로건이 적혀 있는 것도 놀랄 만한 일은 아니다.

동시화 산업이 갈 길은 아직 멀다. 성장할 길도 멀다. 그 이유는 첫째, 아직까지 공급 및 가치사슬을 재편하지 않은 여러 소기업에게 변화를 요구하는 목소리가 갈수록 증대될 것이기 때문이다. 둘째, 공급 및 유통망의 동시화 작업은 보다 심층적이고 포괄적인 시간적 통합temporal integration으로 향하는 한 걸음에 지나지 않기 때문이다. 이제 동시화 지지자들은 단순히 초기의 소프트웨어를 판매하는 데 만족하지 않는다. 그들의 직접적인 고객과 그 뒤에 이어지는 고객층을 거쳐 최종 사용자에게까지 서비스하고 싶어 한다. 실제로 점점 더 많은 상품들이 재활용을 위해 제조자에게 되돌아올 것이기 때문에 언젠가는 그 이상으로 범위가 확대될 수 있다. 유럽의 자동차[14]와 미국의 프린트 잉크 카트리지[15]의 경우에는 이미 이러한 상황이 진행 중이다. 이 모든 변화들은 동시화를 필요로 하는 공급업체, 유통업체, 서비스업체, 사용자 등 각 계층으로 확산된다. 결국에는 치열해지는 경쟁이 혁신에 혁신을 낳고, 각각의 혁신이 타이밍 조건을 변화시켜 재동시화를 요구하기 때문에 동시화 산업은 갈수록 확대될 것이다. 그러나 비동시화 법칙의 숨은 패러독스가 있다. 시스템의 어떤 차원에서 동시화의 수준을 높이게 되면 다른 차원에서는 동시화 수준이 낮아질 수밖에 없다는 것이다.

07

불규칙한 경제

The Arrhythmic Economy

미국의 수많은 기업 전문가들은 가속에 대한 맹목적인 숭배를 최근까지 내보였다. 이 숭배로 인해 기업은 '일등이 돼라! 민첩해져라! 먼저 발사하고 나중에 조준하라!'는 압박을 받게 되었다. 이 간단한 충고는 테스트를 거치지 않은 저품질 제품, 성난 소비자와 우울한 투자자, 전략적 초점의 상실, CEO의 높은 이직률을 야기했다. 동시화와 비동시화의 문제를 무시하고 심층 기반인 시간을 피상적으로 다룬 결과다. 타이밍이 맞지 않으면 기업은 손해를 입게 되며 심지어 망할 수도 있다. 이는 특정 기업만의 문제가 아니다. 여러 기업과의 관계가 흔들릴 수도 있다. 게다가 한 나라의 경제를 구성하는 전 산업과 세계 경제에까지 영향을 미칠 수 있다는 사실이 여러 사례를 통해 드러나고 있다.

시간의 생태학

작은 호수나 연못을 연구해 보면 숙주와 기생종을 비롯한 수많은 생명의 종들이 얽혀 있는 걸 발견할 수 있다. 빠르게 번식하는 종도 있고, 느리게 번식하는 종도 있다. 이들은 모두 서로에게 영향을 미치며, 마치 생태학적 발레를 추는 것처럼 각기 다른 속도로 변화한다. 모든 비즈니스에도 다양한 하위 단위와 프로세스들이 상호 작용하며 각기 다른 속도로 움직이는 시간의 생태학이 있다. 이는 병원, 학교, 정부 기관이나 시청도 마찬가지이다. 완벽한 동시화는 결코 이루어질 수 없다. 그러나 일반적인 상황에서는 동시화가 결여되더라도 어느 정도는 유지될 수 있다.

오늘날의 상황은 일반적인 것과는 거리가 멀다. 전문가들의 충고가 비현실적이라 하더라도 그들이 전하려 했던 가속의 의미는 분명한 현실이었다. 오늘날의 기업들은 운용 속도를 높이라는 강한 압력을 받고 있다. 쉴 새 없이 이어지는 기술 혁신, 즉각적인 만족을 원하는 소비자와 고객의 요구, 게다가 경쟁까지 합세하여 변화의 속도를 높이라고 다그친다. 한 부서나 사업부가 뒤처지면 조직 전체에 복합적인 파급효과가 일어난다. 그런데 우리는 점점 더 시간에 쫓기게 되면서, 다른 업무에 쏟아야 할 주의와 에너지가 분산될 때 발생하는 비용을 흔히 간과한다. 조직의 리더들은 스케줄, 시간과의 싸움에 부딪히는 경우가 많다. 특히 IT 부서는 전투가 자주 벌어지는 곳이다.

시간의 사상자

소프트웨어 개발이나 주요 정밀 검사에 필요한 시간은 예측할 수 없기로 악명이 높다. 때로는 예측을 하는 데 필요한 시간조차 예측하기가 어렵다. IT 임원들은 마지못해 그런 일을 시도하곤 한다. 프로젝트를 완수하려면 오랜 시간이 필요하다고 주장하는 소프트웨어 관리자들은 작업이 지연되거나 중단될까 봐 걱정하는 상사와 부서장들에게 자주 핀잔을 듣는다. 반면 신속하게 결과물을 내겠다고 장담하는 IT 관리자들은 후에 사소한 결함이 발생해 작업이 지연되면 해고된다.

여러 비즈니스 단위들이 비동시화되어 스케줄 수정이 필요해지면 예산과 권한, 자존심 문제가 고개를 쳐들고 감정적인 흥기까지 동원된다. 이처럼 시간 자체가 의도적인 지연이나 마감 기한이라는 형태로 서로를 파멸시키는 무기로 사용될 수 있다. 연구개발과 연관된 영역에서는 시간 싸움이 더욱 일반적이다. CEO들은 빠른 수익을 원하는 투자자들의 압력 때문에 연구개발비를 줄일 수밖에 없다고 판단한다. 아니면 연구에서 개발 쪽으로 기금을 돌리고, 거기서 혹시라도 남는 기금은 기초 연구에서 응용연구로 다시 할당한다. 결국에는 혁신이 가장 필요할 때 오히려 혁신을 늦추는 결과를 초래할 수 있다.

빠르게 변화하는 기업에서 시간 문제는 이외에도 다양한 형태로 나타난다. 중요한 거래를 망치거나, 경영의 에너지를 너무 많이 소비하여 기업 전체의 변화 적응 능력을 떨어뜨리기도 한다.

합병 후 우울증

시간의 생태학 내면에 두 개 이상의 기업이 관련되면 상황은 훨씬 더 복잡해진다. 동시화로 인해 벌어지는 싸움은 파트너십, 합작사업, 다른 제휴 관계들을 매우 복잡하게 만들며 특히 합병 전후에 긴장을 유발한다. 중요한 난관을 모두 극복한 후에도 합병한 두 기업이 내부적인 부분에 리듬을 맞춰가려면 시간과 돈이 든다. 그동안 다른 문제에 쏟아야 할 관심은 분산되고 운영의 혼란이 야기된다. 그리고 이미 동요한 사람들을 다시 뒤흔들게 된다. 인간은 타인에 의해 속도를 높이거나 늦추고 싶어 하지 않는다. 파트너십과 합병이 실패하는 가장 큰 이유 중 하나는 동시화 과정이 너무나 고통스럽다는 것이다. AOL - 타임워너[1]가 어땠는지 생각해 보라. 기술적인 문제가 항상 가장 까다로운 문제인 것은 아니다. 어떤 기업에서든 사업부, 기능, 직급, 지사, 기타 다른 조직 차원에서 비동시화가 발생할 수 있다. 주로 상반된 문화가 파국을 몰고 온다. 몇 년 전 지멘스 닉스도르프Siemens Nixdorf(독일의 전기 전자 업체 지멘스는 대형 컴퓨터 사업을 보완하기 위해 PC 회사인 닉스도르프를 인수했다)에 신임 CEO가 임명되었을 때[2], 〈파이낸셜타임스Financial Times〉는 "그가 달러보다 시간을 더 걱정하는 듯하다"고 밝혔다. 그 CEO는 주요 기술적인 특징에 6개월마다 변화를 줘야 한다는 사실을 알고 있었다. 그러나 오래되고 위계적이던 모기업은 반응이 빠르지 못했다. 제품을 바꾸는 일은 그저 한 가지 일에 불과했다. 그는 기자회견에서 "기업의 정신을 변화시키는 일은 흔히 3년에서 5년 정도가 걸린다. 그러나 우리에게는 그만한 여유가 없다"고 불만을 털어놓았다. 지금 이 CEO는 지멘스에서도 닉스도르프에서도 일하지 않는다.

여러 기업들을 보면 산업 전체 차원에서 훨씬 손실이 큰 비동시화 사례들을 발견할 수 있다. 그중에는 동시화하지 않기로 유명한 기업도 있다.

시간세

건설업자에게 주택 건축이나 리모델링을 맡겨 본 적이 있는 사람은 완공 기일을 맞춘다는 것이 동화 속에서나 가능한 이야기라고들 말한다. 보통 기간이 몇 달씩 연장되기 때문이다. 화장실 변기에서부터 서랍 손잡이에 이르기까지 필요한 모든 물건들은 예정된 시간에 도착하지 않기 일쑤이다. 관청과 관료들을 상대로 각종 증명서나 적용 제외 조치 서류들을 처리하는 일은 그야말로 사람을 분통 터지게 한다.

하이디와 나는 캘리포니아의 어느 개발업자[3]에게 수백 채의 건물이 있는 첨단 기술센터를 건설하는 프로젝트에서 공사를 지연시킬 수 있는 문제들을 면밀히 검토해 달라고 부탁한 적이 있다. 그는 자신이 검토한 결과에 대해 스스로도 충격을 받았다고 고백했다. "대지를 포함한 건축비에 22만 8,000달러가 들며, 완공하는 데 120일은 잡아야 한다. 하지만 180일까지 걸리는 경우도 있다. 11만 달러를 대출받을 경우 이자를 60일이나 더 물어야 한다는 뜻이다. 한 채당 1,741달러가 추가되는 셈인데 이자율이 높아지면 금액이 이보다 더 올라갈 수도 있다. 건축 공정 자체만 계산한 것이 이 정도이다. 허가를 받고, 환경상의 승인을 받는 과정에서 일이 지연될 가능성도 있다. 전기, 가스, 수도 등 공익시설을 제때 설치할 수 없는 상황에서 발생하는 비용도 포함하지 않았다."

그는 "하청업체들은 좀처럼 제시간에 나타나 주지 않는다"라고 말을 이었다. "도착한 싱크대가 불량이면 돌려보내고 새 물건이 오기를 기다려야 한다. 하청업체는 일이 지연되면 다음에 계약할 때 가격을 올려달라고 한다. 시간 손실에 대한 보호책이 있어야 한다는 것이다. 다른 경비도 모두 합산해 보라. 재산세는 어떤가? 감리 비용은 어떤가? 프로젝트 감독을 위해 감리회사에 비용을 지불해야 하는데 그들의 청구 금액은 계속 올라간다. 고객이 기일을 맞추지 못했다고 취소하면 어떻게 하나? 회계사에게 시간적인 문제로 발생하는 경비를 대략적으로 뽑아 보라고 했다. 그들은 이 프로젝트에 관해 한 채당 적어도 4퍼센트까지 비용을 올려 잡아야 한다고 했다. 좀 더 큰 회사에서 진행하는 일이라면 비용이 다소 줄어들지 모르겠지만, 개인이 집 한 채를 건설하는 것이라면 시간 지연으로 인해 발생하는 비용 부담은 훨씬 높아진다. 마치 벌금처럼, 모든 시간 손실에 프로젝트당 일종의 시간세 time-tax가 추가되는 셈이다."

미국에서 신주거지 건설에 들어가는 비용이 연간 5,440억 달러에 달한다.[4] 여기에 시간을 맞추지 못해 낭비되는 3~5퍼센트의 시간세, 즉 비동시화로 인한 운용 비용을 낸다고 하면 그 액수는 해마다 160억에서 270억 달러에 이른다. 이는 주택 한 채당 건설 비용을 15만 달러라고 쳤을 때, 저소득층에게 10년 동안 140만 가구 이상의 집이나 아파트를 제공할 수 있는 금액이다.[5] 이는 무주택자 문제에 돌파구를 마련할 수 있는 수치이다. 더군다나 이것은 주택 산업에 있어 건축 부문만 계산한 것이다. 이렇게 엉뚱하게 들어가는 비용이 늘어나면 공급업체와 인력 풀에 비동시화가 초래된다. 건식벽체, 단열재, 숙련된 목수, 기타 여러 부분에서 부족을 겪게 될 것이다. 그리고 관계의 하부로 내려갈수록 비용은 더 어마어마하게 늘어날 수밖에 없다.

주택 부문이 비동시화로 인해 손해를 보고 있다면 다른 부문에 대해서는 무슨 말이 더 필요할까? 미국의 거대 방위 산업은 어떨까? 이 산업에는 최첨단 커뮤니케이션 장비, 인공위성, 무기 시스템부터 셔츠, 부츠처럼 비교적 간단한 상품의 제조업체에 이르기까지 각각의 주요 회사들이 연결되어 있다. 그렇다 보니 의회에서 초과 지출, 낭비, 비효율성 문제로 공격받는 일이 거의 일상사가 되어 버렸다. 사실이든 아니든 700달러짜리 망치나 화장실 변기는 국가적인 낭비의 부끄러운 상징이다.

주의해야 할 것은 한 산업에서의 비동시화가 부분적으로 외부의 힘에 의해 발생할 수 있다는 사실이다. 예를 들어 미국 국방부는 부패를 방지하고 효율성을 극대화하기 위해 의회의 위임을 받아 예산을 집행한다. 그런데 군수품 조달 과정이 너무나 복잡하고 권모술수가 난무해서 지각이 있는 회사들은 국방부 계약에 입찰하기조차 꺼린다.[6] 게다가 일을 맡은 방위 산업체들은 의회가 만들어 놓은 철창에 갇힌 꼴이 되는 경우가 많다.[7] 〈국제 군사잡지 **Armed Forces Journal International**〉의 어느 편집자는 이에 대해 "정부는 20년 후의 위협에 대응하기 위해 1년 단위로 예산이 확보되는 5개년 방위 계획상의 15년짜리 프로그램을 운용한다. 더구나 이를 관리하는 인력은 3년 계약직에 불과하다."[8]라고 요약했다.

이처럼 두 개의 연관 산업이 각기 다른 속도로 개발되면 비동시화는 더욱 커다란 규모로 발생한다.

기술의 발레

1970년대부터 시작된 개인 컴퓨터의 부상은 마치 기술적인 2인 발레를 보는 것과 같았다. 마이크로소프트가 PC용 소프트웨어 윈도우즈의 업그레이드 버전을 출시하면 인텔이 그것을 지원하기 위해 더 빠르고 효과적인 칩들을 개발해 냈다. 수년간 언론은 두 기업을 마치 하나의 기업처럼 '윈텔Wintel'이라고 지칭했다. 때로 불완전하기는 했지만 이 같은 두 기업의 동시화는 PC를 세계적으로 퍼뜨리는 경이적인 원동력이 되었다. 그러나 이와 대조적으로 서로 긴밀하게 연결된 컴퓨터 산업과 커뮤니케이션 산업은 댄스 파트너로 활약하지 못하고 있다.

지난 반세기 동안 미국의 컴퓨터 산업은 별다른 규제 없이 활기차고 거칠게 성장 곡선을 그렸다.[9] 하지만 컴퓨터 제조업자들은 엄격하고 과도하게 규제된 통신 산업의 아주 느린 변화에 분통을 터뜨렸다. 두 산업의 기본적인 기술은 융합한 반면 그들의 변화율은 어긋난 것이다. 분석가들은 두 산업이 어긋나지 않았다면 칩과 컴퓨터 그리고 그 관련 분야는 훨씬 빠르게 발전했을 것이라고 판단한다.[10] 이와 유사하게 네트워크 기술은 컴퓨터 칩의 성능 개량 속도보다 훨씬 뒤처졌다.[11] 2005년 이후부터 이런 비동시화는 역전되고 있다.

우리는 이와 같은 비동시화로 인해 기업이나 산업 차원에서 발생하는 총비용을 측정할 수 없다. 다만 혁명적 부의 시대를 맞이하여 경제 전반에서의 비동시화 효과가 어느 정도나 큰 여파를 가져올지 상상해 볼 수 있을 뿐이다.

초밥이 빠진 저녁 식사

일본 중소기업 사장인 나이토 미노루는 딸의 생일을 맞아 도쿄의 우아한 초밥 전문점으로 외식을 하러 갈 생각이었다. 때는 토요일이었고, 그는 근처에 있는 현금자동입출금기에 돈을 인출하러 갔다. 그때 시간이 오후 6시였는데 이미 기계는 작동이 멈춰 있었다.[12] 그는 그날 밤 초밥을 먹을 수 없었다.

일본의 〈월스트리트저널〉 격인 〈일본경제신문〉은 "24시간 영업하는 소매점들이 점점 더 늘어나고 있는 상황에서 현금자동입출금기를 너무 일찍 폐쇄하는 은행의 조치는 기막힌 일이다"라고 전했다. 은행이 일본 경제의 소매 부문에서 일어나는 발전에 동시화되지 못하고 있는 것이다. 비교적 규모가 작은 도쿄 소와 은행(현 도쿄 스타 은행)은 외국 은행과의 경쟁에 직면해 24시간 서비스를 제공하는 경비회사의 영향을 받아 일본 은행 최초로 24시간 현금자동입출금기를 개설했다.[13] 2003년이 되어서야 일본의 주요 은행 가운데 하나인 UFJ[14]가 그 뒤를 이었다.

쇼핑하는 시간과 은행 업무시간 사이의 틈을 메우려면 새로운 IT 시스템이 필요하다. 이전의 IT 시스템인 레거시 legacy 시스템을 버리거나 업그레이드해야 한다는 것이다. 데이터 흐름, 회계 절차, 작업 일정, 보고서, 기타 문제들의 타이밍을 변경하고 일부 작업의 속도를 높여야 한다. 그러나 다른 작업들의 일시적인 지체를 감수하지 않고서는 새로운 IT 시스템을 구축할 수 없다. 컴퓨터와 소프트웨어 운용체계, 응용프로그램이나 네트워크의 새로운 변화들은 특정 조직의 템포와 리듬, 동시화 수준을 변화시킬 수밖에 없다.

일본에서도 한쪽의 동시화는 다른 쪽의 비동시화를 유발한다. 변화 속도의 불일치는 진취적인 동시화 지지자들에게 수많은 기회를 열어 준다. 이들은 일부 기능이나 조직을 동시화함으로써 다른 곳에서 새로운 불일치를 야기한다. 동시화 문제는 점점 쉬워지는 것이 아니라 더 어려워지고 있다. 산업혁명기와 마찬가지로 인간이 시간의 차원에서 일하고 유희하고 사고하는 방식이 다시 한번 변하고 있다. 심층 기반인 시간을 다루는 방식이 대대적으로 바뀌고 있으며, 이 변화와 부 창출과의 관계를 이해하기 전까지는 우리를 짓누르고 있는 시간의 압력과 불필요하게 발생하는 막대한 비용에서 자유로워지지 못할 것이다.

08

새로워지는 시간의 풍경

The New Timescape

보스턴에서 로스앤젤레스로 향하던 아메리칸 에어라인 757기[1]가 로키산맥을 지나고 있을 때, 탑승객 마이클 타이가 갑자기 통로 쪽으로 툭 쓰러졌다. 그의 옆에 앉아 있던 간호사 출신의 아내는 끔찍한 일이 일어날 것임을 직감했다. 타이의 심장은 불규칙하게 박동하며 뇌에 혈액을 적절히 공급하지 못하고 있었다. 62세의 타이가 사경을 헤매고 있을 때, 승무원이 노트북 크기의 장비를 들고 나타났다. 승무원은 그의 몸에 전선을 부착하고 전기 충격을 가했고, 그의 생명을 구했다. 그리고 타이는 비행 중에 세동細動 제거기로 생명을 건진 최초의 인물이 되었다. 이 세동 제거기가 비행기에 실리기 시작한 건 불과 이틀 전이었다.

인간의 심장처럼 사회와 경제에도 심실 조기 수축, 빈맥, 심방 세동, 조동 등 불규칙한 박동과 발작이 일어난다. 이런 현상이 어제오늘의 일은 아니지만 불규칙하게 점점 가속화되는 변화 속도와 그에 동반되는 지속적 비동시화는 우리를 일시적인 모순 상태로 밀어 넣고 있다. 세동 제거기도 없는 상황에서 말이다. 이처럼 우리의 제도와 기업, 산업, 경제가 서로 동시적이지 못할 때 개인에게 어떤 일이 발생할까? 숨이 가빠질 정도로 속력을 높여 달리고 있다면 그 끝은 어떻게 될까? 시간과 속도는 서로 어떻게 묶여 있을까?

시간의 사슬

먼저, 사람들이 시간당으로 급료를 지불받지 않았던 고대 중국이나 봉건 유럽의 농업사회에서부터 이야기를 시작해 보자. 노예나 농노, 물납 소작인sharecropper(미국의 노예제 폐지 후 남부에서 생성됨 – 옮긴이)들은 그들이 생산한 양의 일정 부분을 하사받거나 보유할 수 있었다. 하지만 노동시간을 직접적으로 돈으로 환산해 지급받지는 않았다. 날씨, 인간 및 동물 에너지의 한계, 극히 원시적인 기술, 이 모든 것이 인간의 생산성에 영향을 미치는 요인이었다. 그러나 농부 가족이 얼마나 많은 시간을 일했는지는 고려 사항이 아니었다. 우리의 시간과의 관계와 그들의 시간과의 관계는 엄청나게 달랐던 셈이다.

프랑스의 역사가 자크 르 고프Jacques Le Goff에 의하면, 14세기까지만 해도 유럽의 성직자들은 시간이 오로지 하나님에게 속해 있으므로 시간을 팔면 안 된다고 설파했다. 시간당으로 노동을 파는 행위는 이자를 위해 돈을 파는 고리대금업만큼 나쁜 일이었다. 15세기 프란체스코회 수도사 시에나의 성 베르나르도Bernardino of Siena는 인간이 시간에 대해 말하는 방법도 몰라야 한다고 했다.[2]

산업혁명은 이 모든 것을 바꾸어 놓았다. 화석연료와 공장은 인간의 생산성에 관한 농업의 한계를 뛰어넘었다. 괘종시계와 손목시계가 보급됨에 따라 시간을 더 정확하게 측정하고 관리할 수 있게 되었다. 얼마나 오래 또는 빠르게 작업하느냐가 차이를 만들었다. 제2물결에 속한 고용주들은 생산을 극대화하기 위해 조립라인의 속도를 올리거나 일한 만큼의 보수를 지급하여 노동자들의 노동을 쥐어짰다. 시간은 돈이라는 공식을 근거로 공장의 노동자들은 시간당으로 임금을 지급받았다. 미국 노동통계청 BLS, Bureau of Labor Statistics은 아직까지도 시간당 생산량으로 노동생산성을 측정하고 있다.[3]

초기 현대화 지지자들은 부와 시간을 풀 수 없게 붙들어 맨 사슬에 또 다른 연결 고리를 만들어 냈다. 서양은 고리대금에 반대하는 전통적인 법들을 차례차례 폐지하고 시간을 근거로 하는 이자 지급을 합법화했다. 이에 따라 시간을 기반으로 하는 소비자, 기업, 정부의 지급 체계가 널리 확대되었다. 이런 방식으로 노동과 돈의 가치는 점차 시간을 기초로 결정되었다. 서로 분리되어 진행된 이 두 변화는 중대한 의미를 갖는다. 이는 노동자, 소비자, 차용자, 대여자, 투자자로서의 개인이 모두 역사상 유례없이 시간에 얽매이게 되었다는 뜻이다.

노동자들은 과도한 경쟁에 불만을 터뜨렸다. 예술가, 작가, 영화 제작자들은 이를 풍자했다. 〈메트로폴리스Metropolis〉에서 노동자와 시계 장면을 연출한 프리츠 랭Fritz Lang이나 〈모던타임스Modern Times〉의 찰리 채플린이 그 예이다. 그럼에도 불구하고 출퇴근 시간을 찍는 펀치시계와 시간을 중요시하는 테일러주의 경영 방식이 번지면서 시간의 사슬은 갈수록 강해졌다. 오늘날에도 제3물결의 기술들을 장착한 콜센터와 공장식 사무실의 일부 고용주들은 제2물결의 경영 방식을 고수하고 있다. 직원들이 시간당 자판을 치는 속도나 전화 횟수를 계산하며 기존의 방직 공장 또는 자동 조립라인에서 전통적으로 활용해 온 속도 올리기 방식을 적용한다.

나는 1970년에 발표한 《미래 쇼크》에서 일터만이 아닌 생활 전반의 속도가 지극히 거센 가속도에 휘말리게 될 것이라고 예견했다. 그 후로 가속 현상은 거침없이 질주했고 《미래 쇼크》에서 다룬 주제를 상술하는 말들이 쏟아져 나왔다. 트위치 스피드, 조급증, 타임 디프닝(짧은 시간에 더 많은 일을 하고, 동시에 여러 가지 일을 하며, 보다 정밀하게 시간을 측정한다는 의미 – 옮긴이), 인터넷 타임, 디지털 타임, 시간 기근(시간 부족보다 더 심화된 말 – 옮긴이)[4], 이 모든 표현이 내가 예견한 내용을 정확히 반영한다.

오늘날 수백만 인구가 시간의 압박에 시달리고 스트레스를 받으며, 미래 쇼크에 휩싸이고 있다. 런던의 〈이브닝스탠더드Evening Standard〉는 "빨리빨리병에 중독된 환자들[5]에게 느림의 미학을 가르치는 전문 치료사들이 생겨나고 있다"고 보도하기도 했다.

요즘 사람들은 기다리기 싫어한다. 미국 아이들 사이에 번지는 주의결핍장애Attention Deficit Disorder [6]는 문화적 요인 때문이라기보다 화학적인 문제일 수 있다. 이는 빠르게 질주하는 미래로 인해 즉각적인 만족을 추구하는 현상이 증가하고 있는 추세를 상징적으로 보여 준다.

초스피드 사랑

순차적으로 일을 처리하는 것이 아닌, 여러 가지 일을 동시에 처리하는 문화와 경제 환경에서 성장한 사람들이 많아졌다. 덕분에 한꺼번에 몇 가지 일을 하는 멀티태스킹[7]과 멀티포커스가 일반화되고 있다. 인포사비 그룹의 아이언 주크스Ian Jukes와 아니타 도사즈Anita Dosaj는 "미국의 젊은이들은 컴퓨터, 리모콘, 인터넷, 이메일, 호출기, 휴대전화, MP3 플레이어, CD, DVD, 비디오 게임, 팜파일럿, 디지털카메라를 사용하는 걸 당연하게 받아들인다. 그들에게 시간과 거리 개념은 별 의미가 없다"고 말한다. 실제로 젊은이들은 점점 빠른 속도로 더 많은 정보를 처리하며, 느리다고 생각되는 것을 지루하게 여긴다.

21세기 결혼정보 회사들은 심지어 스피드 데이트[8]를 제공한다. 한 미국 기업은 유대계 사회에서 7분 데이트를 주선하고 있다. 7분간 데이트를 한 후에 양측은 데이트 상대와 다시 만날 의사가 있는지 결정을 내려 서류를 작성한다. 심지어 인도의 뉴델리에서는 그보다 훨씬 더 빠른 3분 데이트 서비스를 제공한다.[9] 지구 반대편에 있는 영국의 한 은행에서는 10여 명의 고객을 초청하여 상호 간에 새로운 비즈니스를 탐색할 수 있도록 돕는 5분 회의 서비스를 제공한다. 〈파이낸셜타임스〉는 이를 '초스피드 비즈니스 데이트'[10]라고 소개한 바 있다.

인터넷에서의 3분은 영겁에 가까운 시간이다. 사용자들은 이제 한 페이지를 다운로드하는 데 8초 이상 걸리면 사이트를 떠나버린다.[11] 중국의 한 젊은이는 초소형 소설[12]을 발명하기도 했는데, 이는 350자 이내로 쓴 소설을 휴대전화 액정화면을 통해 서비스하는 것이다. 미국의 텔레비전 방송 화면[13]은 3.5초마다 바뀐다. MTV보다도 빠르다. 넥스트카드[14]는 35초 만에 신용불량 이력을 조사하고 신용카드 승인을 내주는데, 그조차도 상당히 느리게 느껴진다. 월 스트리트 관계자들이 텔레비전에서 주가를 이야기할 때, 시청자는 그 내용을 통해 즉각적으로 주가가 오르거나 떨어지는 모습을 지켜볼 수 있다.

이처럼 속도에 대한 압력이 다각적으로 가해지고 있기 때문에 시간 경영 컨설턴트들이 늘어나고 서점에는 관련 서적들이 넘쳐난다. 그들은 하나같이 시간을 조절하여 우선순위를 결정하는 방법을 조언한다. 하지만 이런 충고들은 생활 속도가 빨라지는 숨은 이유를 제시하지는 못한다.

몇몇 요인들이 복합적으로 작용하면서 속도계의 바늘은 한계치를 벗어나 측정할 수 없는 수준까지 가속화되었다. 1980년대와 1990년대에는 자유주의 경제와 초경쟁hypercompetition의 방향으로 무게 중심이 이동했다. 여기에 18개월마다 성능이 두 배로 높아지는 반도체 칩이 더해져 모든 금융거래가 거의 즉시에 체결되는 수준에 이르렀다. 외환딜러는 5분의 1초[15] 내에 거래를 완료할 수 있을 정도이다. 우리는 이처럼 초고속 시대에 살고 있다. 그렇기 때문에 '시간은 돈이다'라는 격언조차 수정되어야 한다. 시간이 지날수록 더 짧은 시간 동안 더 많은 부를 창출할 수 있게 될 것이기 때문에 모든 시간의 간격은 바로 전 간격에 비해 더 큰 가치를 지니게 된다. 이 모든 것은 심층 기반인 시간과 우리 개개인의 관계에 변화를 초래할 것이다.

맞춤화되는 시간

어제의 노동계는 시간을 표준 길이로 일괄 처리했다. 9시에서 5시까지의 근무시간은 수백만 근로자들의 기본 틀이 되었다. 점심시간은 30분이나 1시간으로 정해졌고 쉬는 날도 규격화되었다. 근로계약과 연방법으로 인해 근무 외 노동시간의 비용이 높아지자 고용주들은 표준 시간에서 벗어난 노동을 경계했다. 그 결과 수많은 사람들이 기계적이고 규칙적으로 잠에서 깨어나 아침을 먹고, 사무실이나 공장으로 출근하고, 정해진 교대조에 따라 일하고, 러시아워에 집으로 퇴근하여 저녁을 먹고 텔레비전을 시청했다. 모두가 어느 정도 동시화된 것이다.

이 표준 시간은 공장에서 시작되어 삶의 나머지 부분으로 두루두루 퍼져 나갔다. 산업시대의 거의 모든 사무실은 공장과 별다름 없이 획일화된 불변의 스케줄을 따랐다. 학교도 비슷한 시간 체계에 아이들을 끼워 넣어 공장 근로자로서의 삶을 준비시켰다. 눈에 잘 띄는 노란색 스쿨버스에 탄 아이들은 자기도 모르게 시간에 맞춰 일터로 출근하는 삶을 준비하고 있다. 학교 안에 들어가면 종이 울리고, 아이들은 똑같은 모습으로 줄줄이 늘어선 교실 안팎을 드나들었다. 물론 이는 지금도 마찬가지이다.

이에 비하여 오늘날의 신흥 경제 emergent economy 는 학생들이 미처 준비하지 못하고 있는 전혀 다른 임시 원칙들에 의해 작동된다. 집합시간 대신 맞춤시간으로 이동하여 어제의 표준 시간 체계를 무너뜨리고 있다. 다시 말해 우리는 상품과 시장이 개인화되는 움직임과 병행하여 비개인화된 시간에서 개인화된 시간으로 이동 중이다.

좋은 아이디어가 생각날 때

다니엘 핑크Daniel H. Pink는 그의 저서《프리에이전트의 시대Free Agent Na-tion》에서 스스로 자기 시간을 설정하는 프리에이전트[16], 즉 단독으로 활동하는 전문가, 프리랜서, 독립된 계약자, 컨설턴트, 수백만 명의 기타 자유업자들이 노동력의 중심인 나라를 묘사한다. 그는 미국에는 이미 미국 노동력의 4분의 1에 해당하는 3,300만 명의 프리에이전트 또는 조직 이탈자가 있으며, 이는 제조업 근로자 수의 두 배, 노동조합 회원의 두 배라고 지적했다. 또한 통계상으로 나와 있지는 않지만 "아마 프리에이전트의 절반 이상이 프로젝트나 커미션에 따라, 혹은 그 밖의 시간이 아닌 다른 근거를 바탕으로 돈을 벌고 있을 것이다"라고 말했다. 이는 산업 자본주의에서 당연시되는 특징인 임금 노동이 더 이상 당연시될 수 없음을 의미한다.

이미 수백만 명을 넘어선 재택 근무자들은 자신이 선택한 시간에 산책하러 가거나 샌드위치를 먹는다. 1분이라도 자리를 비우면 다른 하부체계의 근로자들이 불필요하게 기다려야 하는 공장 조립라인의 근로자들과는 다르다. 물론 쇼핑, 은행업무, 투자 등 온라인을 통해 전개되는 경제 활동도 마찬가지이다. 이런 활동 역시 언제든 비동시적으로 행해질 수 있다. 차츰 지식이 노동의 가치를 좌우하는 추세이기 때문에 작업 시간도 획일적인 표준 시간에 따를 필요가 없다. 기발한 아이디어가 생각나는 시간을 미리 정해 놓을 수는 없지 않은가. 소니의 공동 창립자인 고故 모리타 아키오의 말처럼 공장 근로자가 오전 7시에 출근하여 생산적인 일을 하리라는 사실은 장담할 수 있다. 하지만 엔지니어나 연구원이 오전 7시에 좋은 아이디어를 낼 수 있을지 누가 장담할 수 있는가?

미디어 타임

사람들은 흔히 여가시간을 일하지 않는 시간으로 여긴다.《예측Foresight》의 저자 빌 마틴Bill Martin과 샌드라 메이슨Sandra Mason은 "유급으로 일하는 시간이 유동적으로 변해감에 따라 자유시간[17]을 얻는 타이밍도 다양해지고 있다"고 말한다.

이제 미디어 타임이 곧 그 뒤를 이을 것이다. 〈아메리칸 아이돌American Idol〉, 〈위기의 주부들 Desperate Housewives〉, 〈CSI Crime Scene Investigation〉, 〈웨스트 윙 West Wing〉 또는 BBC 뉴스, 프랑스의 카날 플뤼Canal Plus나 일본 NHK의 뉴스 프로그램은 예측 가능한 시간 동안 방송된다. 미국의 텔레비전 리얼리티 쇼는 광고를 제외하고 30분이나 한 시간 동안 방영된다. 광고는 60초, 30초, 15초나 10초 단위로 전파를 탄다.

이에 비하여 미래의 텔레비전과 온라인 프로그램은 굳이 예측 가능한 시간에 맞춰 방영하지 않아도 된다. 이 변화의 신호탄은 에미상을 수상한 텔레비전·뉴미디어 프로듀서 앨 버튼Al Burton이 45초씩 짧게 내보내는 텔레비전용 오락물을 만들면서 시작되었다. 버튼은 "특이한 건 고정된 시간이 주어지지 않았다는 점이죠. 90초에서 5분까지 얼마든지 자유를 누릴 수 있었습니다"라고 말한다.

앞으로 오락 프로그램은 불규칙하고 다양한 길이로 엮은 단편들로 구성될 것이다.[18] 이미 NBC는 실험을 시작했다. 40분간 방영되는 특대형 〈프렌즈Friends〉를 제작하고 〈새터데이 나이트 라이브Saturday Night Live〉를 20분짜리 에피소드들로 단축했다.[19] 또한 광고 사이에 끼워 넣는 1분짜리 영화[20]에 대한 아이디어를 짜내고 있다. 야구게임의 중간 과정을 모두 생략하고 결정적인 순간들만 편집한 프로그램도 있다.

어느 시점이 되면 시청자들은 프로그램 중 특정 배우가 화면에 나오는 8분의 분량만 임의로 다운로드할 수 있을 것이다. 또한 합법적으로 시청자가 내용을 재구성하고, 새로운 등장인물을 끌어들이고, 마음대로 장면을 늘리거나 줄일 수도 있을 것이다. MTV의 연구기획 상무인 벳시 프랭크Betsy Frank[21]는 "시청자는 자기 나름의 스케줄을 짜고 싶어 한다"라고 말한다. 시청자들은 이미 새로운 장비를 통해 개인의 선호도에 따라 프로그램의 부분 부분을 붙이고 자를 수 있게 되었다.

더 많은 미디어 시청자들이 자신만의 콘텐츠를 만드는 신종 장비들을 갖추게 될수록, 이와 같은 표준 시간표로부터의 이탈도 가속화될 것이다. 또한 시청자들은 자신의 콘텐츠를 만들어 낼 뿐 아니라, 자신의 시간에 맞는 주문형 프로그램[22]을 요구하는 목소리도 키워나갈 것이다. 윌리엄 랜돌프 허스트William Randolph Hearst III는 "프로그램 편성표에 의해 운영되는 텔레비전의 시대는 이미 끝났다"고 주장한다.

가족, 친구와 만나는 시간

이런 변화는 가정에도 반영된다. 고정된 스케줄이 변하는 것처럼 일과 가정 생활의 경계선도 흐릿해진다. 폭스 뉴스Fox News의 간부 존 무디John Moody[23]는 "내가 자랄 때 부모님은 5시 반에 직장에서 돌아와 저녁을 먹고 6시에 뉴스를 보았다. 하지만 지금 우리 동네에서 그렇게 규칙적으로 사는 사람은 없다"고 말한다. 〈비즈니스위크Business Week〉에 의하면 현재 9시에서 5시까지 일하는 미국인은 전체의 3분의 1 미만이며, 가족이 다 함께 모이는 식사 풍습[24]도 사라지고 있다고 한다.

TiVo(디지털비디오리코더, 광고를 없애거나 잠시 정지시켰다 다시 볼 수 있는 새로운 텔레비전 시청 시스템 - 옮긴이)[25], 아이팟iPod과 그 외의 다른 시간 전환time-shift 기술 덕분에 이제는 모두가 정해진 시간에 텔레비전 프로그램을 시청하지 않아도 된다. 스케줄이 각기 다르게 개별화되어 있기 때문에 가족과 친구들을 직접 만나기가 어려워졌다. 많은 이들이 데이터베이스를 이용하여 가족과 친구들의 스케줄을 확인하고, 만나는 시간을 정하기도 한다.

이처럼 부 창출 시스템은 가속화될 뿐 아니라 시간과의 관계에 있어서 더 커다란 불규칙성을 끌어들이고 있다. 그 과정을 통해 개개인은 산업시대의 폐쇄적인 경직성과 규칙성에서 자유로워진다. 그러나 다른 한편으로는 예측 불가능성이 증가하며, 개인의 대인관계와 부의 창출을 조정하고 비즈니스를 행하는 방식에 근본적인 변화가 필요해진다.

시간의 미국화?

타이밍의 변화는 다른 무엇보다 사람, 문화, 경제 전반의 동요를 일으킨다. 1970년 패스트푸드가 프랑스로 밀려들기 시작했을 때 많은 이들이 이를 유럽의 미국화[26]로 간주하는 것에 병적인 적개심을 보였던 원인도 바로 이 때문이다.

약 30년이 지난 후 독일의 소매업자 귄터 비에르Günter Biere [27]도 바로 이런 반응에 직면했다. 일요일 판매 금지 규정의 허점을 이용하여 일요일에 베를린의 카우프호프 백화점을 개장할 계획이었던 그는 전국적인 논쟁의 중심이 되었고, 관습을 뒤흔드는 람보 같은 자라고 공격당했다. 반면 일요일 영업을 지지하는 이들은 그의 손을 들어주었다. 전 동독 슈베트 출신의 어느 소비자는 "독일의 낡고 어리석은 전통이 여기에 반대할 뿐이다. 우리는 미국화를 받아들여야 한다"고 말했다.

그러나 지금 일어나는 상황은 미국화가 아니다. 새로운 부 창출 시스템에 동반된 낯선 삶의 리듬이 도래한 것이다. 반대하는 목소리와 상관없이 이 새로운 리듬은 프랑스, 독일, 영국에 자리를 잡고 서서히 변화를 일으키고 있다. 이는 파리, 런던, 베를린보다 도쿄, 서울, 상하이에서 더 빠르게 전개되고 있다.

24/7 미래

속도와 불규칙성은 또 다른 시간 전환을 동반한다. 이는 간헐적인 운영부터 중단 없는 연속적인 운영에 이르기까지 형태가 다양하다. 호텔 비즈니스센터는 물론이고 신문 인쇄소까지 24/7(연중무휴, 하루 24시간, 한 주 7일간 모두 문을 연다는 뜻 - 옮긴이) 영업이 빠르게 확산되고 있다. 일본의 미용실과 체육관, 슈퍼마켓이나 소매점들은 문을 닫는 시간을 점점 늦추고 있다. 마루에쓰Maruetsu 슈퍼마켓과 이온 맥스밸류Aeon Maxvalue 아울렛은 연중무휴로 전환하고 있다. 와세다 대학 마케팅과의 노구치 토무野口智雄 교수는 조만간 밤늦은 시간까지 거래가 이루어지는 비즈니스가 일반적인 낮 시간 영업의 50퍼센트 수준으로 증가할 것이라고 말한다.[28]

미래 도시의 모습을 알고 싶으면 브라질의 쿠리치바를 살펴보라. 리눅스Linux의 유통업체 코넥티바Conectiva 외 200여 개 소프트웨어 회사[29]들이 자리 잡고 있는 이 생태도시는 세계 각지의 건축가와 도시계획가들이 벤치마킹 대상으로 삼는 곳이다.

나는 건축학을 전공한 도시계획가이자 쿠리치바[30] 시장을 역임한 자이메 레르네르Jaime Lerner와 함께 한밤중에 '24시 거리'[31]에 나간 적이 있다. 처음에 간 곳은 깔끔한 커피숍과 레스토랑들이 불을 밝히고 있는 거리였는데, 그거리를 가득 메우고 있던 젊은 남녀들은 모두 '자이메'의 이름을 외치며 손을 흔들거나 미소를 지었다. 다음 거리는 병원, 치과, 법률 사무소 등이 24시간 전문 서비스를 제공하는 구역이었다. 그다음 거리에는 주민들이 언제라도 편한 시간에 허가나 면허를 받고 기타 민원 업무를 해결할 수 있는 24시간 정부 관청이 자리 잡고 있었다.

중단 없는 연속 서비스는 각 개인이 스스로 소비 스케줄을 정할 수 있게 한다. 그렇기 때문에 더욱 불규칙한 시간으로 이동하게 만든다. 생산과 소비 양측면에서 시간과 박자는 더욱 복잡해지고 탈대중화되어 간다. 이는 비즈니스와 경제뿐만 아니라 모든 개발 수준의 경제성에 실질적인 결과를 나타낸다. 특히 금융계에서 이런 연속 흐름으로의 이동이 두드러진다. 장외전자거래시장 ECN, Electronic Communications Networks [32]이 생긴 이래로 주식시장이 끝난 후에도 주식을 사고팔 수 있게 되었다. 온라인 거래가 확대되면서 그간 확고한 입장을 고수하던 증권거래소들은 업무시간을 늘리는 걸 고민하기 시작했다. 미래의 거래 시스템은 확실히 24시간 체제가 될 것이다.

시간의 압박, 시간을 더 작고 불규칙하게 잘라낼 수 있는 우리의 능력, 전자 인프라의 엄청난 힘과 속도, 개별적으로 가격이 정해지는 상품, 점점 세밀해지는 지급체계. 이 모든 현상은 돈의 흐름이 어느 시점에 가장 정점에 오를지 예측할 수 없는 날이 올 것임을 예고하고 있다. 가속화, 불규칙화, 연속적인 흐름 등 서로 연관된 이 변화들은 우리 앞에 놓인 시간의 풍경 전체를 바꿔 놓는다. 이미 진행 중이거나 앞으로 닥칠 이런 변화들은 산업시대의 시간을 21세기의 시간으로 대체하는 더 커다란 변혁의 일부분일 뿐이다.

《미래 쇼크》에서 지적했듯이 스스로 자라나는 이 대안들은 여러 가지 사회적인 결과를 낳는다. 물건, 사람, 장소, 대인 관계, 정보가 기업과 개인의 생활 사이로 더 빠르게 흐르며 일회용 상품들이 증가한다. 오늘은 카메라가 그러한데 내일은 전화가 그럴 것이다. 아이디어나 비즈니스 모델, 개인의 대인 관계도 마찬가지이다.

어디로 날아가는가?

이들은 보다 유연하고 신축성 있는 조직구조를 초래한다. 영구적 혹은 장기적인 비즈니스 조직구조에서 일회적이고 단기적인 조직 형태로의 전환이 이루어지며, 임시 점포[33]까지 생겨난다. 예컨대 도쿄에서 회사를 운영하는 디자이너 레이 카와쿠부와 남편 에이드리언 조페는 독일 베를린에 가게를 차렸다. 그들의 주장대로라면, 1년만 영업을 하고 수익이 나든 안 나든 그 후에는 문을 닫을 것이다. 이 아이디어는 패션, 영화, 음악, 연예계의 유효기간이 점점 짧아지고 있는 추세를 반영한다.

기업들은 시장과 금융, 다른 변수들의 변화에 적응하기 위해 경주하며 내부 조직을 연속 흐름으로 재정비하고 있다. 일시적이거나 임시적인 조직은 수십 년간 증가 일로를 걸어왔으며, 이제 이것은 진보된 경제의 특징이 되었다. 경영이론의 유행도 불쑥불쑥 튀어나와 연속적인 조직 개편에 영향을 미치다가 사라져 간다. 가격도 더 자주 바뀐다. 투자자들은 좀 더 빠른 자본 회수를 요구하고 사람, 장소, 아이디어, 기술, 납품업체들과의 관계는 점점 가까워진다.

그런데 인구의 일부는 획일화된 일상의 스케줄에서 자유로워지는 반면, 다른 일부는 여전히 과거의 시간에 따라 움직인다면 어떻게 될까? 사회는 초스피드와 삐걱대는 시간과의 관계 속에서 얼마나 멀리 갈 수 있을까? 시간 엄수를 자유와 독창성에 대한 억압으로 간주하는 젊은 근로자들이 만들어 낸 새로운 생활방식에 고용주들은 어떻게 대처해야 할까?

학자들은 시간 엄수에 대한 태도가 느슨해진 것이 휴대전화의 보급과 관련이 있다고 말한다. 전화를 통해서 사전에 양해를 구할 수 있기 때문이라는 것이다. 하지만 더 심층적인 원인은 기업의 조립라인이 감소하고 있기 때문이다. 조립라인에서는 한 명의 근로자가 일을 지체하면 그 라인의 다른 이들 역시 속도가 함께 느려지기 때문에 작업을 동시화할 필요가 있었다. 그렇기 때문에 농업사회에서는 알지 못했던 시간 엄수 개념을 요구하기 시작했다. 하지만 각기 다른 스케줄로 일하는 프리에이전트와 개인이 늘어나는 오늘날에는 상황이 그렇지 않다. 시간은 더욱 중요해졌지만 정확한 시간 엄수의 중요성은 줄어들고 있다.

여기에서 이 변화들이 지닌 사회, 문화, 심리, 경제적인 의미를 완전하게 논할 수는 없다. 그러나 우리의 핵심 조직들은 서로 동시적이지 못하고, 동시화와 비동시화 사이의 긴장은 증가하고, 가속화가 지속되며, 시간은 불규칙해지고, 시간과 생산성의 연결 고리가 약해지는 반면 시간의 간격은 갈수록 잠재 가치가 늘어나고 있다. 인간은 시간을 점점 짧게 또는 점점 길게 측량하고 탐구하고 통제할 수 있다. 이 모든 면을 고려할 때, 역사적인 대변환이 진행 중이라는 사실은 분명하다.

부의 심층 기반인 시간과 인간의 관계는 혁명적으로 바뀌고 있다. 이것만으로도 우리의 삶과 다음 세대의 삶이 크게 변화할 것이다. 그러나 이것이 끝이 아니다.

Stretching space

4부

공간의 확장

09

거대한 순환

The Great Circle

역사상 대대적인 부의 지리적 이동이 전개되고 있으며, 부의 지리적인 판도가 전에 없이 바뀌고 있다. 시간과 인간의 관계가 변하듯 심층 기반인 공간과 인간의 관계도 변하고 있다. 부가 창출되는 장소, 그 장소를 선택하는 기준, 각 장소들을 연결하는 방식이 변하고 있다.

그 결과로 한동안은 공간적인 혼란이 일어날 것이다. 증가하는 부의 이동이 세계 각지의 직업, 투자, 비즈니스 기회, 기업구조, 시장의 위치, 미래의 일상생활에 영향을 미칠 것이다. 결국 부의 이동은 도시와 국가, 나아가 대륙 전체의 운명을 갈라놓을 것이다.

아시아의 재도약

오랫동안 서양이 경제적 우위를 행사해 왔다. 그 때문에 5세기 전에는 유럽이 아닌 중국의 기술[1]이 세계에서 가장 발달되어 있었다는 사실을 많은 사람들이 잘 모른다. 또한 아시아가 전 세계 경제적 산출 중 측정 가능한 부분의 65퍼센트를 차지하며 세계를 주도했다는 것도 자주 간과되고 있다.[2]

2만 7,000여 명의 선원과 병사들을 태운 317척의 중국 함대가 7회에 걸친 대규모 원정의 첫발을 1405년에 내디뎠다는 사실 역시 자주 잊어버린다. 역사가 루이스 레바테스Louise Levathes의 연구에 따르면, 중국 함대의 지휘자는 이슬람교도이자 환관이었던 정화鄭和 장군[3]이었다. 그는 이전에 바다로 나갔던 어느 누구보다 대단한 인물이었다. 그의 함대는 인도양을 거쳐 중국 교역의 해상 기반을 닦으며 멀리 서쪽의 지다(사우디아라비아 지역)와 도파르(오만 지역)에 도달하여 중동의 아덴만과 아프리카의 해안을 탐험했다.

그 후 두 세기 반이 흐르고 나서야 비로소 계몽주의와 초기 산업혁명이 거대한 제2물결을 일으켰고 경제, 정치, 군사적 힘의 중심이 점차 유럽으로 이전되었다. 부의 이동[4]은 여기에서 멈추지 않았다. 19세기 말, 세계 부 창출의 중심은 서쪽의 미국으로 향했다. 두 차례의 세계대전은 결국 유럽의 경제적 우위에 종지부를 찍게 만들었다.

일본이 진주만을 공격하여 제2차 세계대전에 미국을 끌어들이기 직전인 1941년, 〈타임 Time〉의 발행자인 헨리 루스 Henry Luce[5]는 20세기가 '미국의 세기'라고 공언했다. 그는 "미국은 이제 선한 사마리아인이 되어 세계 문명의 붕괴로 인해 굶주림과 가난에 시달리는 세계 인구를 부양해야 한다"고 말했다.

실제로 이때부터, 특히 제3물결과 지식 기반 경제로의 전이가 시작된 1950년대 중반 이후에 미국은 세계 경제에 있어 지배적인 위치를 점유했다. 그러나 아시아를 향한 부의 이동은 처음에는 일본으로, 그 후에는 한국과 같은 신흥 공업국으로 조금씩 움직이며 수십 년간 힘을 비축해 왔다.

수문 열기

1980년대에 중국이 공산주의 이념과는 상반된 부의 추구를 노골적으로 합법화하고 장려하면서 수문이 열리기 시작했다. 1990년대, 중국은 문을 활짝 열고 해외직접투자FDI, Foreign Direct Investment[6]를 받아들였다. 지난 25년간 중국이 받아들인 해외직접투자액은 약 5,700억 달러로 추산된다. 2002년에 신화통신은 외국에서 쏟아져 들어오는 해외직접투자를 "기적이나 다름없다"[7]고 평했다. 2003년에는 535억 달러를 기록하며 미국보다 더 많은 해외직접투자를 유치했다.[8] 2005년에 끌어들인 해외직접투자는 약 700억 달러 규모였다.[9]

중국의 괄목할 만한 성장은 엄격한 공산주의의 통제에서 벗어난 국민들의 근면함과 명석한 두뇌 그리고 혁신을 기반으로 이루어졌다. 헨리 루스는 미국의 원조가 없었다면 중국은 이렇게 큰 성장을 이루지 못했을 것이라고 주장한다. 루스는 중국 선교사의 아들로 태어난 독실한 기독교인이었고, 늘 중국에 대한 관심을 놓지 않던 반공산주의자였다. 그가 아직까지 살아서 지난 수십 년을 돌아볼 수 있었다면, 중국의 급격한 경제성장에 기여한 미국의 확실한 지원에 대해 놀라움과 만족감을 느꼈을지도 모른다. 비록 선한 사마리아인의 자비가 이 일과 아무 관련이 없다는 의심이 들더라도 말이다.

2003년까지 미국은 440억 달러를 중국에 투자했다.[10] 중국 상품의 거래가 이루어지는 거대한 시장도 제공했다. 2003년에는 미국의 중국 상품 수입 규모가 1,500억 달러를 넘어설 정도였다.[11] 당시에 중국이 세계 시장에 수출한 액수는 총 4,361억 달러였고, GDP는 6조 5,000억 달러였다.[12]

2003년은 아시아의 분수령이라 해도 과언이 아니다. 심지어 일본과 인도는 계산에 포함시키지 않았는데도 싱가포르, 한국, 대만, 중국의 총 GDP가 유럽의 다섯 개 경제 대국인 독일, 프랑스, 영국, 이탈리아, 스페인의 총계와 거의 맞먹었다. 일본과 인도까지 포함하면 여섯 개 아시아 국가의 총 GDP는

EU의 25개국보다 3조 달러가 많으며, 이는 미국보다도 많은 액수이다.[13]

우리는 이처럼 세계 지도상에서 부와 부 창출의 중심이 바뀌는 현실을 목격하고 있다. 처음 경제적인 파워가 중국에서 서양, 유럽으로 이동했을 때 이미 부의 순환은 시작되었다. 그 힘은 미국으로 향했다가 수 세기 전에 경제 강자의 자리를 내준 아시아로 다시 돌아가고 있다. 역사의 거대한 순환이 완성되고 있는 것이다.

외교협회 Council on Foreign Relations의 로버트 매닝 Robert Manning은 "2050년의 세계를 생각해 보라. 세계 인구의 절반 이상, 세계 경제의 약 40퍼센트, 세계 정보 기술 산업의 절반 이상, 그리고 세계 수준의 첨단 군사력이 아시아에 있을 것이다"[14]라고 말하기도 했다.

하지만 정말 이것으로 거대한 순환이 끝나게 될까? 오늘의 변화가 선형으로 지속될까, 아니면 이를 원형이라고 봐야 할까? 중국과 아시아의 미래는 나중에 다시 언급하기로 하고, 우선은 혁명적인 부에 동반되는 놀라운 공간적인 변화들을 살펴볼 필요가 있다.

10

고부가가치 장소

Higher Value–Added Places

우리 모두가 생활하는 곳이며, 세상의 모든 부유함이 만들어지는 미지의 장소를 상상해 보라. 사람들은 인터넷이 비약적으로 신장하던 1990년대 말에 바로 그런 환상의 나래를 폈다. 너무나 드라마틱한 인터넷의 성장은 공간이라는 의미와 공간적인 관계에 의문을 제기하게 만들었다. 인터넷에 열광하는 이들과 디지털 기술 전문가들은 차츰 장소의 상실에 관한 이야기를 꺼내기 시작했다. 작가 윌리엄 노크William Knoke는 이런 입장을 극단적으로 진술했다. 그는 "장소가 아무런 의미가 없다면 어떨까?[1] 스타트랙의 순간 물체전송기 transport-er를 타는 것처럼 눈을 감았다 뜨면 뭄바이나 파리에 가 있는 세상을 상상해보라. 혹은 다른 지역이나 다른 도시에 있는 누군가와 정열적으로 사랑할 수 있다면 어떨까? 동시에 두세 군데 현장에 존재한다면 어떨까?"라고 물으면서 "장소가 상실된 세상, 장소가 상실된 사회[2]는 존재하지 않는다. 아직은…"이라고 말했다. 그러면서 기술의 융합화가 우리를 그런 사회로 이끌어 간다고 주장했다.

어떤 이들은 사이버 공간이 '물리적 세계에 자리 잡고 있지 않은 영토이며 심지어 평행 우주(당신과 똑같은 누군가가 다른 차원에서 살고 있을 수 있다는 개념 – 옮긴이)의 첫 사례'라고 말하기까지 한다. 그들에게 가상세계는 언스페이스unspace라고 불릴 만한 곳에 자리한다. 하지만 시적 은유나 다른 과장법이 무엇이라고 말하든 전자 비트는 실질적인 위치에 저장되어 있다가 전송될 때는 언스페이스가 아닌 실제 공간을 통하여 이동한다. 디지털화는 공간을 비물질화하지 않으며 현실을 가상 공간으로 바꾸지 않는다. 그러나 디지털화는 거대한 순환뿐만 아니라 지엽적인 수준을 비롯한 모든 곳에서 부와 부 창출의 이동을 용이하게 만들며 가속화한다.

세계적인 부의 지도가 다양한 방법으로 다시 그려지고 있다. 변화의 물결이 지구를 가로지르며 어느 도시와 지역은 빠르게 미래로 전진시키고, 다른 어느 지역은 경제적으로 잊혀지게 만들고 있다. 지금도 세계 각지에서 내일의 고부가가치 장소들이 형태를 갖추어 가고 있다.

어제의 장소

오하이오주의 클리블랜드는 제강 공장, 주조소, 자동차 공장을 갖춘 상공업 중심지다. 오늘날 클리블랜드에는 케이스 웨스턴 리저브 대학이 있으며, 최고 수준의 과학 및 엔지니어링 장비, 기술을 보유한 클리블랜드 클리닉Cleveland Clinic이 주도하는 거대 의료 지역이 있다. 그러나 클리블랜드의 집과 점포들은 수십 년 동안 스모그와 연기로 인해 검게 그을렸으며, 클리블랜드는 미국에서 가장 가난한 대도시[3] 중 하나로 간주된다. 또한 과거 산업사회의 희생양으로 제3물결이 다른 지역들을 미래로 옮겨 갈 때 동행하지 못한 실패작으로 거론된다.

클리블랜드는 눈에 띄게 드러난 하나의 사례일 뿐이다. 세계 각지에서 굴뚝 산업을 위주로 했던 다른 대도시, 즉 산업적 부의 엔진 역할을 했던 곳들도 비슷한 운명을 맞고 있다. 도시에만 국한된 이야기가 아니다. 전 지역이 경제적인 중요성을 상실하고 새롭게 일어나는 지역들에게 자리를 내주고 있다.

예를 들어 중국 남부의 광둥을 살펴보자. 〈인더스트리위크industry Week〉는 "10년 전만 해도 물소가 쟁기를 끌었는데[4], 이제는 그곳에 컴퓨터 칩 공장, 라디오 공장, 장난감 공장, 의류 공장들이 줄지어 있다. 프록터 앤 갬블Procter & Gamble, 네슬레Nestlé, 코카콜라, 미쓰비시 Mitsubishi 등 거대 투자자들이 그곳에 생산 기지를 두고 있다"고 전했다. 수백만 명이 광둥지역으로 유입되고[5], 전에 없던 수백만 개의 직업이 생겨났으며[6], 일인당 GDP는 지난 10년간 네 배나 뛰었다.[7]

광둥과 그 일부분인 주장강 삼각주는 홍콩과 마카오와 함께 세계에서 손꼽히는 제조 공장 기지이다. 기존에 서양의 공장도시에서 행해지던 제조업을 상당 부분 인수 받으며 농업 경제에서 산업적인 중심지로 변모하였다. 하지만 그들의 변화는 여기서 그치지 않는다. 광둥은 미래를 향한 눈을 제2물결에 고정시켜 안주하지 않고, 값싼 노동력을 바탕으로 한 제조업의 시효가 끝난 뒤의 상황도 대비하고 있다. 단순 노동을 활용함과 동시에 제3물결, 즉 지식 집약의 고부가가치 생산을 목표로 달리고 있는 것이다.

중국개발연구소China Development Institute는 광둥에 정보 기술, 신소재, 신에너지, 생명공학, 레이저 – 기계 – 전자 통합 시스템 제조 등 첨단 기술 분야[8] 기업들이 증가하고 있는 현실에 주목한다. 케이스 웨스턴 리저브 대학의 연구 성과는 별도로 치고, 클리블랜드나 그 근방의 쇠퇴하는 공업지대에서는 이런 사례를 찾아보기 어렵다. 그들에게는 생존을 위한 새로운 전략이 필요하다. 나아가 그들은 부의 지도도 새로 그려야 한다.

와해되는 경계

새로운 경제 시스템은 더 이상 기존의 권력구조나 지역적 경계에 맞춰 움직일 필요가 없기 때문에 새로운 전략이 필요해진다.

오마에 겐이치大前研一는 세계 여러 곳에서 지역 국가region-state [9]가 부상하고 있다고 말한다. 또한 그것이 번영의 엔진이라고 표현하기도 한다. 그는 구시대적이고 중앙집권적인 중국 공산당 정부는 의도적이든 아니든 기업노선으로 재편되고 있으며, 기업들이 그렇듯이 중국도 대부분의 의사결정이 '비즈니스 단위' 수준으로 옮겨 가고 있다고 주장한다. 그가 말하는 비즈니스 단위 수준은 자본과 기술, 인력을 차지하기 위해 서로 치열하게 경쟁하는 준자율적이고 자치적인 경제 지역 국가를 의미한다. 그가 2005년 발표한 저서《넥스트 글로벌 스테이지 The Next Global Stage》에서 설명한 바와 같이, 다롄[10]은 실제로 중국의 다른 10여 개 지역과 마찬가지로 경제적인 의제를 스스로 설정하는 사실상의 지역 국가이다. 다롄은 이론적으로 중국의 일부이며, 중국 정부의 통치 대상이지만 자율적으로 움직인다. 중국 정부와의 관계는 세계 도처에 있는 비즈니스 센터들과의 관계보다 약한 것이 현실이다.

신흥 경제지구들은 기존의 민족국가 경계를 넘어선다. 텍사스 일부 지역과 남부 캘리포니아는 북부 멕시코와 융합하면서 두 개의 커다란 경제지역을 형성하고 있다. 앞으로 수십 년이 지나면 그 지역만의 독특한 문화가 개발되고 국경을 횡단하는 정치구조도 생겨날 것이다.

한편 헬싱키 대학의 지리학 교수 주시 자우히아이넨 Jussi Jauhiainen은 핀란드의 헬싱키를 포함하여 에스토니아의 탈린으로 이어지는 지역과 핀란드와 러시아 카렐리야 공화국 국경 양편에 있는 지역, 그리고 에스토니아의 나르바와 러시아의 이반고로드를 포함하는 지역[11]에 대해 설명한다. 유엔은 동북아시아에서 러시아, 중국과 북한을 경계 짓는 두만강 지역[12]을 개발하려 한다. 〈파이낸셜 타임스〉는 블라디보스토크 – 밴쿠버 – 삿포로의 연계가 여러 가지 이

유로 '아시아 태평양 지역의 성장 거점'[13]이 될 수 있다고 추측한다.

우리는 이처럼 지도뿐 아니라 심층 기반인 공간과의 관계도 다양하게 바꾸고 있다. 그러나 변화가 가속화된다는 것은 새로 만들어지는 부의 지도가 일시적인 지도에 불과하다는 것을 의미한다. 혁명적인 부 창출 시스템에는 영구 존속하는 것이 없기 때문에 언제든 역전되거나 재배치될 수 있다. 다음의 예를 살펴보라.

저임금 노동력 경쟁

1993년 멕시코는 미국, 캐나다와 함께 북미자유무역협정 NAFTA에 동의했다.[14] 7년이 지나자 가구, 의류, 텔레비전 수상기 등 온갖 상품을 제조하는 3,500개의 마킬라도라 maquiladora(값싼 노동력을 이용하여 조립 수출하는 멕시코의 외국계 공장)들이 미국과의 국경 지역에 우후죽순처럼 생겨났고, 멕시코 각지의 노동자들을 끌어들였다.[15] 그렇게 주로 조립라인에 해당하는 140만 개의 새로운 일자리를 창출했다.

하지만 1990년대 후반 광둥을 비롯해 값싼 노동력을 무기로 경쟁하는 중국의 여러 지역이 부상하면서 멕시코의 일자리 중 약 25만~30만 개가 사라졌다.[16] 한 예로 전화기 액세서리를 생산하던 알레한드로 부스타만테는 매우 곤란한 상황에 놓였다. 그동안 부스타만테에 하청을 주던 플랜트로닉스 Plantronics(미국의 음향기기 전문 업체)가 앞으로 계약을 따내기 위해서는 매번 다른 회사와 똑같이 경쟁을 해야 한다고 통보해 왔기 때문이다.[17] 부스타만테는 직원들에게 복지 혜택을 포함하여 시간당 2달러 20센트를 지급하고 있는 데 비해, 중국의 제조업체는 이 임금의 60퍼센트를 지급하고 있었다. 중국 업체 역시 플랜트로닉스의 하청업체였기에 부스타만테는 더욱 곤란할 수밖에 없었다. 이 정도는 특별히 놀라운 것도 아니다. 멕시코 북부의 다른 공장들도 이처럼 중국과의 경쟁에 직면해 있다.

이는 일련의 아웃소싱이라고 볼 수 있다. 멕시코에 외주로 넘기던 일들을 중국으로 넘기는 것이다. 아웃소싱이 전체 일자리에서 차지하는 비율은 그리 크지 않지만, 수많은 언론 보도와 격렬한 비난의 대상이 되고 있다. 그 논쟁은 부와 부 창출의 공간적 분배에서 발생하는 커다란 변화의 일부분이라고 할 수 있다.

재세계화 re-globalization를 비판하는 사람들은 아웃소싱이 도저히 멈출 수 없는 잔인한 하향 경쟁 race to the bottom(바닥으로의 경쟁이라고도 함 - 옮긴이)을 부추긴다고 격분한다. 그들은 기업들이 노동비용이 가장 저렴한 곳으로 가서 돈을 벌고 공간적으로 부를 재배치하려 한다고 주장한다. 이 말이 사실이라면 부가 움직이는 방향을 쉽게 예측할 수 있을 것이며, 지구상에서 가장 저렴한 임금으로 풍부한 인력을 활용할 수 있는 아프리카에게는 희소식이 될 것이다. 그런데 아웃소싱에 있어 노동비용이 유일한 고려 사항이라면 중국에 있는 그 많은 공장들이 왜 아프리카로 옮겨가지 않을까?

기업은 단순 작업을 요하는 일이라 해도 공장 이전을 결정할 때 노동 비용만 고려하지는 않는다. 아프리카에서 쉬지 않고 발생하는 폭동과 내전, 불충분한 인프라, 심각한 부패 수준, 맹위를 떨치는 에이즈와 자기 밥그릇 채우기에만 급급한 정권은 임금 수준과 상관없이 기업의 투자를 가로막는 요인이다.

게다가 최하층 경쟁이론 race-to-the-bottom theory은 근로자들을 얼마든지 교체할 수 있다는 전제를 깔고 있다. 이런 전제는 조립라인의 반복적인 작업에서는 어느 정도 타당성이 있다. 하지만 지식 기반 경제가 요구하는 기술 수준이 높아질수록 그 타당성은 줄어든다.

부 창출의 지식 구성 요소인 마케팅, 재무, 리서치, 경영, 커뮤니케이션, IT, 납품업체와 유통업체의 관계, 규정 준수, 법적 문제와 다른 무형의 것들은 모두 점점 복잡해지고 있다. 그렇기 때문에 근로자를 교체할 수 있는 여지가 점점 더 줄어들고, 일 그 자체에 요구되는 기본 능력도 일시적인 것이 된다. 따라서 기존의 임금 수준 혹은 추정한 임금 수준으로 내일의 경제를 판단하려 한다면 어느 도시, 지역 또는 어느 나라가 차세대 광둥이 될지 예측할 수 없다.

경제가 굴뚝 산업 및 조립라인에서 지식 기반 생산으로 전환되고 있는 상황에서 그런 단순한 분석은 문제가 된다. '어느 위치, 도시, 지역 또는 나라가 고부가가치 장소가 되느냐' 하는 기준 자체가 이미 급속하게 변하고 있기 때문이다. 앞으로는 최하층 경쟁이 줄어들고 최상층 경쟁이 늘어날 것이다.

내일의 부동산

내일의 고임금 직업, 알짜 부동산, 비즈니스 기회, 부와 권력의 위치를 포함하는 지리적인 개편을 예측하려면 또 다른 핵심을 이해해야 한다. 지금 우리는 부의 중심 위치만이 아니라 장소를 중요하게 여기는 기준과 그 이유까지 바꾸고 있기 때문이다.

1955년 인디애나주 정부는 다수의 기업을 유치하기 위해 〈포천 Fortune〉에 광고를 게재했다. 그들은 저렴한 석탄, 석회석, 백토, 알루미늄, 석고, 록아스팔트, 백운석, 형석, 모래, 자갈, 나무, 옥수수, 콩과 오하이오강으로 접근하기 쉬운 용이성 등을 내세웠다. 게다가 노동운동 방지까지 약속했다.[18] 하지만 오늘날 인디애나주 개발협의회는 '전통적인 산업에 대한 지나친 의존'에서 벗어나고 있다며 이를 자랑한다.[19]

〈잉크Inc.〉는 미국의 중소기업 경영자들에게 회사를 차리거나 키우기에 가장 적합한 장소는 애리조나주 피닉스[20]라고 말한다. 이는 피닉스의 첨단 기술 노동력이 증가하고 있고, 기후가 따뜻하며, 재단장한 미술관과 네 가지 주요 스포츠 센터 체인점이 있기 때문이다.

한편 소기업생존위원회 Small Business Survival Committee라는 단체는 사우스다코타[21]야말로 투자할 만한 곳이라고 주장한다. 그 이유는 세금, 최저임금 관련

법, 공무원 수, 등 여러 면에서 기업에 가장 적은 비용을 부과하는 지역이기 때문이라고 말한다. 순위를 매기는 다른 단체는 그 지역에 있는 기업들의 연수와 성장률로 미래를 판단한다. 마이크로소프트의 b센트럴닷컴 bCentral.com(소규모 온라인 사업자를 위한 전자상거래, 마케팅 서비스를 제공함 –옮긴이) 관계자는 이 두 가지 방법의 혼합 지표를 만들어 네바다주[22]가 투자하기에 가장 적당하다고 결론짓는다.

진보정책연구소 Progressive Policy Institute의 로버트 앳킨슨 Robert D. Atkinson과 릭 코듀리 Rick Coduri는 2002년 〈신경제지표 State New Economy Index〉 연구에서 1955년의 인디애나주 광고를 인용하며 "경제 활동의 20퍼센트 정도가 제작, 가공처리 또는 물품 이동으로 구성되는 경제에서는 원자재 및 운송, 시장으로의 접근성이 가지는 의미는 줄어든다. 경제적인 투입과 산출면에서 전자 비트의 형태가 증가하고 있기 때문에 기존의 위치적인 요소는 중요성이 감소된다"라고 말했다.

예를 들어 접근성 또는 근거리성을 살펴보자. 경제학자들 중에는 멕시코가 미국 시장과 매우 가깝기 때문에 장기적으로 중국의 경쟁자들을 이길 수 있다고 믿는 이들이 있다. 그들은 아직도 거리적인 요소가 지식 경제 이전과 똑같은 역할을 한다고 생각한다. 하지만 정보 집약적인 기술로 인해 상품은 나날이 더 작고 가벼워지고 있다. 접근성에 의존한다면 더 오래된 물품, 크고 무거워서 운송비용이 문제가 되는 물품이 멕시코에게 이점으로 작용한다. 실제로 그런 추세로 바뀌고 있다. 하지만 금융, 소프트웨어, 위성 텔레비전, 항공권 예약, 음악 등 운송비용이 거리와 전혀 혹은 별로 상관없는 무형의 고부가가치 서비스에는 유리하게 적용되지 않는다. 따라서 멕시코가 계속해서 접근성에 의존할 경우 훨씬 뒤처진 자리에 머물게 될 것이다.

최상층 경쟁이 증가하는 오늘날, 석회석과 석탄을 자랑하는 경쟁국은 많지 않다. 그보다는 규모 있는 대학과 저렴한 통신비, 진보된 기술, 편리한 항공 서비스, 낮은 범죄율, 좋은 기후와 우수한 삶의 질을 자랑한다. 경제는 근로자의 가치관, 삶의 방식과 함께 변화한다.

새로운 경제 네트워크가 부상하면서 공간적 단위와 상호 관계도 변화하고 있다. 지방정부와 중앙정부의 관계보다 상호 연계된 공항 생태계가 더욱더 중요해지고 있다. 그레그 린제이 Greg Lindsay는《광고시대 Advertising Age》에서 쇼핑 센터, 컨퍼런스 센터, 24시간 연중무휴로 운영되는 체육관, 교회, 우체국, 치과, 병원, 옥상 수영장, 고급 호텔로 둘러싸인 공항 생태계에 대하여 항공세계 Airworld [23]라고 칭하기도 했다.

고부가가치 장소를 창조하려는 경쟁은 미국에서만이 아니라 모든 지역에서 발생한다. 이들 지역은 지식 집약적이고 부가가치가 높은 상품을 생산할 수 있는 똑똑하고 창의적인 노동력을 유인하고, 세계 각지의 비즈니스를 끌어들일 수 있는 장소를 창출하기 위해 경쟁한다.

이렇듯 아시아를 향한 부의 역사적인 이동, 다양한 경제 기능의 디지털화, 국경을 넘어서는 지역의 출현, 장소와 위치의 가치를 판단하는 기준의 변화와 같은 모든 현상들이 심층 기반인 공간과 관계된 커다란 변화의 일부분이다.

11

공간적 범위

Spatial Reach

2002월드컵이 한국과 일본 공동으로 개최되었을 때, 미국 최대의 스페인어 일간지 〈라오피니언 La Opinión〉의 마케팅 임원인 휴고 엔시소 Hugo Enciso는 아들과 함께 도쿄에 갔다.[1] 멕시코 태생이면서 교육과 생활양식 면에서는 미국 인에 가까운 엔시소는 일본에서 라틴아메리카인으로 구성된 공동체 회원들을 만났다. 그리고 그들에게 일본의 음식과 예법, 스포츠의 열기를 접했다. 엔시소에게 오랫동안 기억에 남을 경험이었다. 그들 외에도 세계 각지의 수십만 인파가 월드컵을 보기 위해 한국과 일본으로 밀려들었다.[2]

하이디와 나는 캘리포니아에서 소프트웨어 관련 일을 하는 두 젊은이의 결혼 파티에서 엔시소를 만났다. 신랑은 파키스탄 출신에 가족은 이슬람교도였고, 신부는 인도 출신에 가족은 힌두교도였다. 스피커에서 파슈툰 pashtun족의 고유 음악이 흘러나오자 엔시소는 열광적으로 춤추는 무리에 끼어 몸을 흔들었다. 사실 하객들 대부분은 한번도 파슈툰족의 음악을 들어 본 적이 없었지만 함께 즐겁게 춤을 추었다. 하객들 중에는 앵글로색슨계 백인신교도WASP와 아시아 학생, 미국계 유대인도 있었고, 그 외에 인종과 종교, 지리적 배경이 다른 이들이 뒤섞여 있었다. 결혼에서만이 아니라 축하 파티에서도 다양한 결합이 이루어졌던 셈이다. 매우 상징적이지 않은가.

이 커플이 뿌리를 둔 남아시아를 포함하여, 아시아를 향한 세계 경제의 중심 이동은 단지 시작에 불과하다. 내일의 일자리가 만들어지고 새로운 공장과 사무실, 가정이 생겨나고 혁명적 부가 창출되는 곳을 결정하는 기준이 변화하고 있다. 하지만 이것 역시 앞으로 다가올 변화의 일부분일 뿐이다. 이처럼 우리 개인의 공간적 범위도 확장되고 있다.

고대 중국의 철학자인 장자[3]는 2400년 전 "길 떠나는 사람은 성가시고 거짓되고 불안하며 비밀스러운 책략에 관여하기 십상이다"라고 했다. 그런데 오늘날 국경을 넘어 여행하는 사람들[4]은 연간 세계 인구의 약 8퍼센트, 약 5억 명에 이른다. 이는 산업시대가 발아하던 1650년의 전 세계 인구[5]와 맞먹는 수치이다. 성가시든 어떻든, 비밀스러운 책략에 관여하든 말든, 일자리를 찾기 위해서든 고객을 만나러 밀워키에 날아가는 일이든, 우리는 어쨌든 이동하는 종족이다.

개인의 지리학

미국인은 연간 평균 1만 1,000마일을 운전한다.[6] 그중 대부분은 평균 왕복 23마일을 주행하여 회사에 출퇴근하거나[7] 슈퍼마켓, 은행처럼 집과 가까운 곳을 다녀온다. 휴가를 떠날 때는 좀 더 먼 곳으로 가기도 하지만 대체로 그들의 자동차 여정은 지도에 쉽게 표시할 수 있다. 업무상 출장을 다니는 사람도 한 해 동안 자신이 방문한 도시와 그 안에서의 이동 코스를 곧장 짚어낼 수 있을 정도다. 결과적으로 대부분이 개인적인 여행의 범위를 보여 주는 지도를 그릴 수 있다. 또한 전자우편과 우편물, 전화, 팩스의 송·수신지를 확인할 수도 있고, 명함꽂이에 있는 사람 모두의 주소지를 알아낼 수도 있으며, 온라인으로 방문한 사이트도 모두 확인할 수 있다. 상당히 어렵기는 하지만 우리가 구입하는 상품의 원산지와 쓰레기 혹은 오염을 발생시키는 곳도 추적할 수 있다. 물론 이 정도만으로 우리와 관련이 있거나 관련되고자 하는 지리적인 위치를 모두 규명할 수는 없다. 하지만 우리 개인의 공간적 범위가 어느 정도의 넓이를 지녔는지는 짐작할 수 있다. 이는 지도상에서 우리 개인의 지리가 끊임없이 변화하고 있다는 걸 나타낸다.

오늘날 개개인이 보유한 공간적 범위와 12세기 유럽의 일반 소작농의 공간적 범위를 비교해 보라. 소작농들 대부분은 태어나서 죽을 때까지 마을 밖으로 15마일 이상 여행하지 않았을 것이다.[8] 종교적인 이념을 위해 수 세기에 걸쳐 로마에서부터 먼 길을 여행한 이들은 예외지만, 이들을 제외하면 15마일 정도가 그들의 한계다. 한 사람의 소작농이 지구상에 발을 디딘 접지면은 그만큼이었다.

이런 지도 그리기를 기업이나 산업, 국가에 적용하면 그 공간적 범위는 매우 다양해지며, 한없이 변화한다. 마찬가지로 각 경제의 다른 부분들은 각기 다른 범위를 필요로 한다. 한 나라는 몇 가지 수출품을 만들어 팔기 위해 다른 나라에서 원자재나 부품을 수입해야 한다.[9] 그 반대의 경우에도 해당된다. 할리우드는 일본의 장비와 영국의 연기자를 활용하지만 제작한 영화는 세계 전역으로 수출한다. 이는 간단한 사례에 불과하다.

〈비즈니스위크〉는 "PDA나 카메라폰 하나에 미국의 프로세서, 중국의 회로기판, 대만과 오스트리아와 아일랜드 혹은 일본에서 디자인한 칩, 한국의 컬러 디스플레이와 독일의 렌즈가 들어 있을 것이다"라고 지적한다. 바로 이런 공간적인 관계들이 모여 각 기업이나 나라의 공간적 범위가 규정된다.

예를 들어 일본은 지난 수십 년 동안 자신의 경제를 아시아와의 연계에 집중할 것인지 세계적으로 확대할 것인지에 대해 논쟁하고 있다. 현 도쿄 도지

사인 이시하라 신타로石原愼太郎 [10] 같은 극우파 정치인들은 잠시 동안 일본이 승승장구하던 1980~1990년대에 일본이 아시아에서 미국이 점유하고 있는 지배적인 파워를 넘겨받아야 한다고 촉구하기도 했다. 그러나 이는 일본의 경제성장이 둔화되고 중국이 엄청난 속도로 부상하기 전의 일이다. 당연히 중국의 군사력 증강이나 최근 촉발된 반일 감정도 발생하기 이전이었다. 그 후로 이시하라는 아시아에서 일본의 새로운 약점들을 감지하고 미국과의 관계를 더욱 공고히 해야 한다고 주장하고 있다.

실질적인 문제는 일본 경제의 공간적 범위와 관련되어 있다. 일본은 지역적인 주자인가 아니면 세계적인 주자인가? 일본 만화를 다루는 만화 잡지 〈대광풍 Blast〉이 오레곤, 밀워키에서 출판되고, 멕시코시티까지 팔려 나가는 것을 볼 때, 일본이 세계에서 차지하는 경제 문화적인 영향력은 무엇인지 자문해 보지 않을 수 없다. 몇몇 인접국만 있으면 굳이 세계적인 범위를 필요로 하지 않는 국가들이 있다. 하지만 일본의 경우에는 경기침체기라 해도 단순히 지역적인 경제 파워로 활동하기에는 그 조건이 매우 복합적이다. 일본은 투입 면에서는 중동에서 석유를 수입해야 하고, 미국에서 소프트웨어를, 중국에서 자동차 부품을 수입해야 한다. 산출 면에서는 닛산 Nissan의 SUV 차량, 소니의 플레이스테이션, 미쓰비시의 평판 텔레비전, NEC의 컴퓨터를 생산하여 세계 시장에 내다 판다. 일본의 기업들은 사실상 전 대륙에서 공장을 가동하고 있다.

좋든 싫든 일본은 근접한 이웃 나라뿐만 아니라 전 세계 각지의 자원과 시장, 기회, 에너지, 아이디어, 정보를 필요로 한다. 일본의 공간적 범위를 살펴보면 자기 지역, 즉 아시아에서 지배적인 위치를 점유하는 것과 상관없이 세계적이다. 그리고 이런 일본의 현상은 하나의 사례일 뿐이다.

오늘을 사는 모든 개인, 기업, 국가의 공간적 범위는 중대한 변화를 겪고 있다. 그리고 사람과 상품만 이동하는 것이 아니다. 돈에도 공간적인 범위가 있다. 그 역시 세계 경제에 깊은 의미를 부여하며 빠르게 변화한다.

이동성 있는 화폐

나라에서 나라로, 은행에서 은행으로, 개인에서 개인으로, 수조 달러에 이르는 돈이 전자 채널을 통해 엄청난 속도로 옮겨 다닌다. 화폐가 멈추지 않는 대규모 탱고를 추는 듯하다.

국제 환거래가 글로벌 카지노라는 것은 아는 사람은 다 아는 사실이다. 그러나 달러가 미국만의 통화가 아니라는 사실은 잘 모른다.

미국은 달러, 독일은 유로, 일본은 엔, 아르헨티나는 페소를 사용한다. 이것이 일반적인 믿음이다. 이에 대해 경제학자이자 《화폐의 지리학 The Geography of Money》의 저자인 캘리포니아 산타바바라 대학의 벤자민 코헨 Benjamin J. Cohen 은 "이보다 더 진실과 동떨어진 믿음은 없다. 경쟁이 화폐 관계의 공간적 구조를 크게 바꾸고 있기 때문에, 이러한 생각은 현실을 오도하는 구시대적인 발상으로 전락한다"라고 단언한다.

즉 개개인의 공간적 범위가 변화하는 것처럼 각국의 통화 역시 지속적으로 공간적인 범위를 변화시켜 나간다는 것이다. 최근 가치가 폭락하기는 했지만 현재로서는 달러의 범위가 가장 넓다. 자국의 통화를 버리고 달러를 채택하는 나라도 있는데, 그들은 달러를 법정화폐로 정해 공식적인 통화로 삼는다. 여러 가지 목적을 위해 비공식적으로 달러가 자국 화폐를 대신하는 나라도 있다.[11] 예컨대 2002년 1월 기준으로 파나마, 에콰도르[12], 동티모르를 포함해 15개국이 공식적으로 달러를 사용하고 있다. 중앙아메리카의 아르헨티나, 볼리비아, 페루 등[13]은 비공식적으로 달러를 사용하고 있다. 아르메니아, 조지아, 아제르바이잔, 우크라이나를 포함한 구 소비에트 연방의 대부분 지역과 러시아의 경우도 마찬가지이다. 루마니아, 터키, 베트남[14] 역시 비공식적으로 달러를 사용한다. 연방준비제도이사회에 따르면 미국인보다 외국인이 보유한 달러가 더 많다. 그들이 보유하고 있는 달러는 주로 100달러짜리이고 그 비율은 55~70퍼센트 정도이다.[15]

달러만 다른 화폐를 보완하거나 대체하고 있는 것도 아니다. 발칸반도에서는 유로화를 도입[16]하기 전에 여러 가지 실용적 목적으로 독일의 마르크[17]를 사용했고, 아프리카의 일부 지역에서는 프랑스의 프랑[18]을 사용했다. 리히텐슈타인에서는 스위스 프랑[19]을 사용할 수 있었다. 한편 부탄에서는 인도의 루페[20]가, 그린란드에서는 덴마크의 크로네[21]가 사용되었다. IMF가 조사한 바에 따르면 외국의 화폐가 자국 화폐 공급의 30퍼센트 이상을 차지하는 나라가 18개국에 이르렀고[22], 다른 34개국의 경우에는 16.4퍼센트에 달했다.

코헨은 "각각의 통화가 자국 밖으로 나가 다른 나라 통화의 공간으로 스며드는 경우가 늘어난다. 국경 없이 이동하는 통화 경쟁이 급격히 가속화되면서 세계 통화 관계의 공간적인 구조가 바뀌고 있다. 지역 화폐가 생겨나기 시작한 이후로 그 어느 때보다 통화가 상호 침투하는 추세에 있다"라고 주장한다. 말하자면 화폐가 공간적인 제약에서 벗어나고 있는 것이다.

침투하는 쪽과 침투당하는 쪽

이 변동은 권력상 중대한 결과를 초래한다. 침투하는 통화invading currency(나와 하이디가 칭한 용어)라고 해서 본국에 항상 이익이 되는 것은 아니다. 때로는 많은 요인들이 하나의 역할을 하여 비싼 대가를 치르기도 한다. 침투당한 국가의 정부는 자국의 화폐정책에 대한 통제력을 잃는다. 시민들이 인지하는 자국 화폐의 힘이 약해지고, 시뇨리지seigniorage의 일부를 잃게 된다. 시뇨리지란 정부(중앙은행)가 화폐를 제작하여 시중에 푸는 과정에서 얻게 되는 이자 수익을 말한다. 이 수익은 화폐를 인쇄하고 발행하는 데 드는 비용과 시장가격에 차이가 있기 때문에 발생한다. 그런데 그 화폐가 세계 통화 서열에서 밑으로 처지면, 다른 경제의 움직임에 따라 이중으로 손해를 보는 상황이 발생할 수 있다.[23]

코헨은 국가와 국가 간의 관계가 아니라 정부와 시장의 관계에 더 커다란 변화가 일어난다고 지적한다. 한 국가에서 하나 이상의 통화를 사용하면 그 국가에서 사업하는 기업과 금융기관에게 더 많은 선택권이 생긴다. 환위험, 세금, 규제, 회계규정, 매매 및 환전비용, 재무적인 방법 등에서 선택의 여지가 넓어진다. 반대로 그 지역 정부의 영향력이나 통제력은 감소한다. 결국 침투당한 나라는 세계 금융시장에 예민해지고 더 민감하게 반응하게 된다. 신임 대통령이나 총리가 임기를 시작할 때 우선적으로 월 스트리트에 찾아가 신중한 경제정책을 다짐하는 의식을 치르는 이유가 바로 이 때문이다.

지금까지 아시아로 향하는 거대한 부의 이동, 사이버 공간의 생성, 장소에 따른 평가 기준의 변화, 현재 불안정한 달러의 세계적 범위 확대와 지리적인 확장을 살펴보았다. 심층 기반인 공간과의 관계에서 일어나는 변화는 이보다 더 다양하다.

다음에는 오늘의 공간적인 변화 중에서 가장 쟁점이 되고 있는 사항을 살펴보자. 이는 세계 각지를 행진하고 세계시민사회포럼이 열리는 브라질의 포르투알레그리에서 북을 두드리는 시위자들과 스위스의 다보스에서 연례적인 논의를 수행하며 시위자들에게 친절해 보이려 애쓰는 이들이 대결하는 쟁점이다. 아직 논의 중에 있으며, 경제용어를 통틀어 가장 잘못 이해되고 있고, 오도되고 있으며, 잘못 사용되고 있는 용어이기도 하다. 그것은 바로 '세계화'이다. 세계화에 여전히 미래가 있을까?

12

준비되지 않은 세계

An Unready World

1900년 파리만국박람회는 진보적인 신상품으로 가득 채우고서 새로운 세기로의 전환을 축하했다. 〈르피가로Le Figaro〉 신문은 흥분을 감추지 못하며 "우리가 20세기 첫날에 살고 있다는 게 얼마나 큰 행운인가!"라고 환호했다.[1] 이러한 열광의 근원에는 세계 경제통합을 향한 세계적 진보라는 경제 대국들의 견해가 담겨 있었다. 공간적, 정치적 관계를 변화시켜 경제를 번성하게 할 합리적인 과정이었다.

경제적인 세계화를 믿어 의심치 않는 경제학자들은 앞으로 점점 많은 나라가 함께 모이고 연결될 것이라고 열렬히 주장했다. 세계 산출의 1퍼센트에 불과했던 외국과의 교역이 1800~1900년 사이에 거의 아홉 배로 증가했다.[2] 아시아, 아프리카의 식민지[3]에서도 거래가 이루어졌다. 이런 동향을 제기하던 이들은 2000년이 도달하기 전에 경제적인 세계화가 완성될 것이라고 결론지었다.

그러나 트렌드는 무한정 지속되지 않으며, 미래는 일직선으로 다가오지 않는다. 게다가 세계는 그 후에 일어날 일에 대해 준비되어 있지도 않았다. 만국박람회를 치른 지 14년 만에 세계의 모임이나 엮임은 깨지고, 제1차 세계대전으로 인한 대학살이 교역과 자본의 흐름을 여지없이 끊어 버렸다. 1917년의 볼셰비키 혁명, 1930년대의 대공황, 1939~1945년의 제2차 세계대전, 1949년 중국의 공산화, 1940~1960년대까지 인도, 아프리카, 아시아의 탈식민화가 줄줄이 이어졌다. 이런 사건들과 그보다 사소하고 눈에 띄지 않는 수많은 사건들이 그간의 교역체계를 파괴했다. 그리고 이 모든 사건들이 보복성 보호무역제도와 폭력, 불안정을 유발했으며, 국가 간의 교역과 투자, 경제통합을 저하시켰다. 세계는 50년에 걸쳐 탈세계화를 치러온 것이다.

자본주의보다 더한 자본주의

제2차 세계대전으로 인해 오히려 산업 기반이 강화된 미국은 자국의 상품과 자본을 수출할 시장이 필요했다. 세계는 전후 몇 년 동안 미국의 상품을 갈구했다. 달리 사용할 수 있는 물품이 많지 않았다. 더불어 기술의 발전은 국내외 시장에 더 저렴하고, 더 쉽게 접근할 수 있는 촉진제가 되었다.

세계 경제의 재통합이 세계 경제를 성장시킨다고 확신한 미국의 엘리트들은 상품과 자본, 정보 기술이 최소한의 마찰을 일으키며 흘러 다닐 수 있는 국경 없는 시장을 만드는 데 착수했다. 이는 재세계화를 위한 이데올로기적 십자군전쟁 같았다.

1990년까지만 해도 여전히 상품, 통화, 사람과 정보의 교환이 자유롭지 못한 지역이 세계 곳곳에 수두룩했다. 개방 경제의 형태에 살고 있던 사람은 10억 명 정도에 불과했다. 그러나 2000년경에는 그 수가 40억 명으로 급증했다.[4] 인구가 10억 명이 넘는 중국도 시장사회주의 또는 사회자본주의로 전환하며 외국계 공장과 상품, 자본에 문호를 개방했다. 소비에트 연방 붕괴 후 러시아는 외국의 투자를 끌어들였다. 동유럽, 코카서스, 중앙아시아의 전 소비에트 공화국들이 그 뒤를 이었다. 미국의 재촉과 칠레, 아르헨티나[5]의 주도로 남아메리카의 많은 나라들이 규제를 철폐하고 민영화했고 월 스트리트 자본을 받아들여 한동안 '자본주의보다 더한 자본주의'가 되었다.

통화도 차츰 자국의 테두리에서 벗어났다. 세계를 대상으로 하는 거대 기업만이 아니라 소기업과 심지어 인터넷으로 연결된 아주 작은 소자본 사업자에게도 공간적인 범위가 확대되었다.[6] 5억 1,000평방 킬로미터의 지구 표면[7]에서 어느 한 부분도 괴리되지 않는 완전하게 통합된 세계 경제의 꿈을 북돋았다. 재세계화의 성공은 계속되었다.

에비앙과 케첩 테스트

재세계화를 추구하거나 반대하는 이들은 재세계화 움직임은 절대 사라지지 않을 것이라고 생각한다. 하지만 화이트홀 파이낸셜 그룹의 의장 로버트 웨인가튼Robert I. Weingarten은 "금융 부문에서조차 세계화라는 용어는 상당히 다른 변화율을 감추고 있다. 외환시장은 실로 세계적이지만 채권시장은 성장 속도가 떨어지고, 주식시장은 주로 국내 유가증권의 범위에서 맴돈다"고 말한다.[8]

〈파이낸셜타임스〉에 따르면 유럽이 하나의 통화와 중앙은행으로 경제를 통합하려 노력하지만 주식시장은 각기 다른 규율과 규정을 지닌 채 조각조각 분해되어 있다. 균등함을 이루기 위해 수백 가지 새로운 법 규정들이 제정되지만 그 효과는 매우 의심스럽다. 2003년 프랑스에서는 0.44유로이던 에비앙 생수 한 병이 핀란드에서는 1.89유로였다. 하인즈 케첩 한 병은 독일에서 0.66유로, 이탈리아에서는 1.38유로였다.[9] 브뤼셀의 EU 지도자들이 원했을 법한 상황은 아니다.

세계적 차원에서 보면 문제는 더 심각하다. 제니 민튼 베도스Zanny Minton Beddoes는 〈외교정책 Foreign Policy〉에서 "개발도상국 중에서 민간 자본 접근성[10]을 갖춘 국가는 겨우 18개국에 불과하다. 가능한 나라가 그보다 많다고 하더라도 그것이 단일화된 세계 자본시장이 존재한다는 의미로 해석될 수는 없다"라고 지적했다. 더구나 세계 표준을 채택하려는 움직임에도 불구하고 회계 방식은 여전히 나라마다 다르다.

그럼에도 1990년대에 3만 5,000개에서 4만 개에 이르는 다국적 기업들이 세계 각지에 20만여 개의 자회사 또는 지사를 운영했다.[11] 세계 외환 예금은 1961년 10억 달러에서 20세기 말경에 1조 5,000억 달러로 증가했다.[12] 해외직접투자는 1조 3,000억 달러로 성장했고, 국가 간 채무는 2001년에 1조 7,000억 달러에 달했다.[13] 세계 무역 규모는 6조 3,000억 달러를 기록했다.[14]

세계화 정도를 판단하려는 포괄적인 시도 중 하나로 AT커니컨설팅 A.T. Kearney, Inc.과 〈외교정책〉이 개발한 지표가 있다. 이 지표는 교역, 해외직접투자, 포트폴리오 투자의 흐름, 기술, 여행, 관광 등의 부분을 측정하여 각국을 비교한다. 문화와 커뮤니케이션에서부터 한 국가 내에 소재하는 외교 공관 수나 정부 간 기관의 수까지 다양한 변수들을 고려한다. AT커니컨설팅은 이 모든 사항을 바탕으로 2003년에 62개국의 순위를 조사 발표했는데, 아일랜드, 스위스, 싱가포르, 네덜란드 등 작은 나라들의 세계화가 두드러진다는 사실을 발견할 수 있었다. 이에 비하여 미국은 11위, 프랑스 12위, 독일 17위, 한국 28위, 일본은 35위였다.

미국의 경기 후퇴와 2001년 해외 직접 투자의 하락 때문에 2002년의 세계 경제통합 수준은 사실상 낮아졌다. 그럼에도 전체적인 합계는 1999년 이전의 어느 해보다 높았다.[15] 이런 수치가 나오기는 했지만 〈외교정책〉은 재세계화가 지속되고 있다는 데 의심을 표하지 않았다. 여기에 앞서 설명한 국경 없는 통화의 확장을 추가하면 세계화를 향한 낙관주의는 더욱 힘을 얻게 된다.

황사

역설적으로 들리겠지만, 미국 국제개발기구Agency for International Development
에서 임원을 지낸 해리엇 배빗Harriet Babbit은 "우리가 미덕을 세계화하는 것보
다 더 빠르게 악덕이 세계화되고 있다"[16]고 말한다. 그의 말에는 경제통합의
또 다른 요소가 숨겨져 있다.

일례로 유엔 발표에 따르면 불법적인 마약 거래는 4,000억 달러 규모의 사
업으로 세계 경제의 약 8퍼센트를 차지한다. 최신 기술을 사용한 마약 산업은
지상 경제 혹은 공식적인 경제를 무색하게 할 만큼 거대한 지하 경제를 형성
하고 있다.[17] 여기에 수많은 나라가 연결되어 있고, 그 범위는 지구 한쪽 끝에
서 다른 쪽 끝까지 이어질 정도로 광범위하다. 아프가니스탄과 콜롬비아에서
리우데자네이루의 교실과 슬럼가, 시카고 거리까지 마약 판매업자들은 가장
세계화된 산업을 움직인다. 뿌리를 뽑으려는 의지가 있다고 해도 그 어떤 정
부에서도 이 산업을 통제하지 못하고 있다.

섹스 산업도 이에 못지않게 세계화되어 있다. 알바니아 난민촌에서는 루마
니아에서 납치된 젊은 여성들이 이탈리아로 실려가 섹스 노예가 될 운명을 기
다린다. 루마니아의 수도 부쿠레슈티에 자리 잡은 소위 에이전시들은 그리스,
터키, 이스라엘, 멀리 일본에까지 손을 뻗어, 섹스를 상업적으로 거래하는 댄
서들을 매매한다.[18] 유엔 아동기금에 따르면 100만여 명의 가난하고 어린 소
녀들이 섹스 산업의 덫에 걸려들고 있다.[19]

〈외교정책〉의 편집자 모제스 나임Moisés Naím은 더욱 놀라운 현실을 폭로
한다. 그에 따르면 막대한 수익을 벌어들이기 위해 국제적인 네트워크로 불
법 거래되는 상품은 마약, 무기, 지적재산, 사람, 돈에 국한되지 않는다. 인간
의 장기, 멸종 위기의 생물, 예술품과 유독성 폐기물도 거래 대상이다. 밀매상
들은 이런 불법적인 활동을 발각당하지 않기 위해 상품 운반 루트를 끊임없이
변경한다.

밀수업자들은 위조 서류와 매수된 관료들의 도움을 받아 쉽사리 국경을 넘지만, 그들의 뒤를 맹렬히 쫓는 경찰은 국경에서 가로막히기 십상이다. 나임이 설명한 대로 각 정부는 그들의 영토를 침해당하지 않으려고 까다롭게 군다. 하지만 정작 영토를 침해하는 건 다른 나라가 아니라 나라 없는 조직망들이다. 그들은 불법 거래를 목적으로 매일매일 국경을 넘나든다. 그러나 베네수엘라는 콜롬비아의 불법 마약 거래상들을 잡으려는 미국 비행기에게 영공을 허락하지 않는다. 나임은 정부의 전략이 잘못된 생각, 거짓된 가정, 진부한 제도에 뿌리박혀 있기 때문에 지하 경제의 불법적이고 반사회적인 활동을 통제하지 못할 것이라고 결론짓는다. 그의 메시지는 분명하다. 어떤 나라도 그들을 막을 수 없다. 따라서 전 세계적인 노력이 필요하다.

그 외에 중국 사막에서 발생하여 주기적으로 한국의 서울을 뒤덮는 황사[20]가 있다. 말레이시아와 싱가포르의 수천 명이 숨 가쁜 기침을 뱉게 만드는 스모그의 주범인 인도네시아의 화재[21]도 있다. 또한 루마니아의 화물에서 청산염이 유출되어 헝가리와 세르비아의 강을 오염시키기도 했다.[22] 지구온난화, 대기오염, 오존층 파괴, 사막화, 물 부족 문제를 해결하려면, 이 역시 마약과 섹스 산업처럼 지역적으로나 세계적으로 조직화가 필요하다. 우리가 조직화를 원하든 원치 않든 말이다.

세계화 신봉자

오늘날 세계적으로 국경을 초월한 통합의 비용과 이득에 대한 논쟁이 광범위하게 일어나고 있다. 논쟁은 계속되고 있지만 한 가지는 분명하다. 삶은 불공평하다는 것이다. 경제통합과 그 공간적인 결과는 평평한 운동장처럼 평탄하게 이루어지지 않는다. 이는 현실에 존재하지 않는 형이상학적인 개념일 뿐이다.

공간적인 범위를 확대하고 경제를 세계화하는 데 요구되는 비용과 이익에 대한 논쟁은 찬반양론을 정확히 규명하는 일조차 상당히 복잡하다. 부다페스트 세계경제연구소Institute for World Economics 소장인 헝가리의 경제학자 안드라스 이노타이András Inotai는 EU에 동참하는 나라들의 이익과 비용 요인을 분석했다.[23] 그는 "이익과 비용이 공간적으로 공평하게 배분되는 것은 아니다. 물론 시간적으로도 마찬가지이다"라며 지금까지 우리가 논의한 두 개의 심층 기반을 언급했다. 그의 말은 글로벌 수준의 경제통합에서도 적용된다. 단기적인 이익이나 비용은 장기적으로 역전될 수 있다. 어떤 보상이 지금, 여기에 있을 수 있다. 혹은 공간적으로는 여기에 있지만 지금 없는 것도 있다. 혹은 지금 있지만 여기에 없는 것들도 있다. 양쪽 다 홍보용 스티커에 적힌 슬로건처럼 이런 복합성을 단순화한다.

친세계화와 반세계화에 관련된 문헌은 너무나 많다. 검색엔진 구글에서 검색을 한 번만 해봐도 150만 개의 관련 서류를 찾아낼 수 있다. 〈뉴스위크News-week〉는 40개 주요 신문과 잡지를 조사한 결과, 1991년에는 불과 158개였던 세계화 관련 기사를 2000년에는 1만 7,638개나 찾아냈다고 밝혔다.[24] 이들의 관심사를 살펴보면 세계화의 악덕을 쉽게 짚어낼 수 있다. 그중 많은 내용이 경제통합보다는 부패와 환경적인 파괴, 폭력적인 힘에 관한 것이었다. 현실은 이를 분명하게 보여 준다. 중국은 목까지 차오른 부패, 대대적인 생태환경 파괴, 사회 불안에 대한 철면피적인 억압 등 지금도 계속되고 있는 악덕으로부터 자유롭지 못하다. 하지만 중국이 2억 7,000만 인구를 극빈 상태에서 구출해 내기 위해 세계 자본을 활용하여, 체계적으로 자신을 세계 경제에 통합해 나가고 있다는 점을 감안하면 그들의 행동을 비난할 수만은 없다.[25]

친세계화 세력의 열광은 그들에게 가해지는 비판 세례와 세계 경제 약세로 인해 다소 약화되었다. 그럼에도 그들은 장기적으로 낙관주의를 유지한다. 어떤 이들은 종교적인 신념처럼 완전한 세계화가 운명이라고 믿는다. 후퇴와 실수가 있을지라도 결국에는 승리하여 인간만이 아니라 모든 장소를 연결시킬 것이라고 자신한다.

세계화의 신봉자들은 다음과 같이 주장한다. 첫째, 어떤 나라도 생활 수준을 향상시키는 데 이바지할 세계화의 엄청난 잠재력에 끝까지 등을 돌리지는 못할 것이다. 둘째, 세계화 없이는 해결할 수 없는 새로운 문제들이 닥칠 것이다. 셋째, 새로운 기술들이 점차 세계화를 촉진할 것이다.

이에 대해 회의론자들은 다음과 같이 반박한다. 첫째, 평화의 이익도 엄청날 수 있는데 세계화 신봉자들은 그 기회를 계속 놓치고 있다. 둘째, 모든 문제가 해결될 수는 없다. 셋째, 역사는 기존의 기술들이 촉진한 것을 되돌리기 위해 개발된 반기술로 가득 차 있다.

석유 비축량이 줄어들어 유가가 높은 수준에 머물거나 상승한다면 재세계화의 움직임은 급작스럽게 멈출 수 있다. 안전장치 역할을 하던 동맹 관계가 깨질 경우, 보호무역주의가 다시 파급될 경우, 테러리즘이나 전염병 혹은 또다른 어떤 이유로 인한 공포 때문에 국경을 건너는 컨테이너와 소포, 개인이 모두 철저하게 조사를 받게 되는 경우에도 마찬가지이다.

따라서 한 가지 의문이 생길 수밖에 없다. 수십 년간 지속되어 온 재세계화 움직임은 지금 잠시 숨을 고르기 위해 멈춰 있는가, 아니면 또다시 역전되려 하는가? 공장과 해외직접투자자의 유동성이 증가하고, 인터넷과 사이버 공간이 팽창하고, 사람들의 이동이 크게 늘어나고 있음에도 불구하고, 또다시 재세계화에서 반세계화로의 역사적 전환이 일어날 것인가? 그러나 이것이 전부는 아니다. 또 진실도 아니다.

13

역추진 장치

Thrust Reversers

세계화처럼 세계 각지에서 증오를 유발하는 단어도 드물다. 이 단어는 가장 위선적으로 혹은 가장 순진하게 사용된다. 많은 반세계화론자들이 표출하는 분노의 진정한 표적은 사실 자유 시장 경제의 중심지인 미국이다.

지난 수십 년간 미국이 추진한 세계 경제의 세계화(더 정확히 말하면 재세계화) 역시 잘못된 깃발을 날린다. 그동안의 미국 행정부, 특히 빌 클린턴 정부[1]는 세계에 하나의 주문을 설파했다. 소위 워싱턴 합의Washington Consensus[2]는 민영화와 규제 철폐, 자유무역을 통한 세계화가 가난을 해소하고 민주주의를 창출하며 모두를 위해 더 나은 세계를 만든다고 주장했다.

세계화의 찬반론자들은 대개 자유화와 세계화가 서로 뗄 수 없는 관계인 것처럼 한 덩어리로 취급한다. 그러나 국가는 자유화 없이도 세계화를 추구할 수 있다. 반대로 국영기업을 매각하고 경제적인 규제 철폐와 민영화를 통해 자유화를 추구하는 나라가 꼭 세계화되는 것도 아니다. 또한 세계화로 인한 장기간의 혜택이 거시 경제에서 사람들의 실제적 삶과 연관된 미시 경제로 흘러간다는 보장도 없다. 민주주의 역시 보장하지 않는다. 그렇다면 재세계화에 대한 이념 논쟁의 두 가지 측면이 상당히 불명확하다는 사실이 명백해진다.

세계화에 반기를 들고 쉼 없이 시위 활동을 하는 웹 사이트들은 뉴질랜드, 그리스, 멕시코, 프랑스뿐만 아니라 인도의 하이데라바드, 스위스의 다보스, 브라질의 포르투알레그리, 아르헨티나의 부에노스아이레스, 워싱턴 D.C., 스페인의 바르셀로나와 같은 수많은 지역에서 일어나는 행동을 열거한다. 항의하는 시위자들은 시애틀에서 제노바까지 수많은 국제회의에 몰려가, 세계 지도자들이 있는 호화로운 호텔을 에워싸거나 개최지를 옮기게 만든다. 심지어 평화 유지를 위해 경찰의 공권력[3]을 동원하게 만들기도 한다. 그런데 이제는 지도자들이 시위자들을 초대해서 만나고 있으며[4], 운동의 활력도 많이 사라지고 있다.

주목해야 할 점은 반세계화 활동이 세계적인 기술인 인터넷 웹 사이트와 상호 연결되어 기능한다는 것이다. 또한 이 운동의 정치적인 여파는 주로 세계적 위성 시스템으로 전달되는 텔레비전 보도를 통해 발생한다. 예컨대 이들이 요구하는 여러 항목 중 하나인 에이즈 치료약의 가격 인하[5]는 그들이 격렬하게 비난하고 있는 글로벌 기업들이 움직여야만 충족될 수 있으며, 또 다른 글로벌 기업들이 확립한 컴퓨터를 통해 진행해야 한다. 세계적으로 연결된 항공사들의 예약 시스템 없이는 시위 지역으로 날아갈 수도 없다. 시위자들의 목표는 그 운동이 세계적으로 파급효과를 일으키는 것이다. 사실 그들의 운동은 미성년자 노동을 금지하자는 것[6]부터 담배를 추방하려는 운동[7], 트랜스젠더 재소자들의 인권 보호[8]까지 매우 다양한 목표를 가지고 있다. 또한 그들은 상당히 많은 단기적인 단체로 분산되어 있다. 몇몇은 순진한 무정부주의에 입각한 지역주의를 찬미한다. 이들은 선사시대 마을에서 빈번히 발생했던 사생활 결여와 성차별, 편협한 압제와 지독한 편견들을 쉽게 잊어버리고 직접 얼굴을 대면하는 삶이 제일이라고 주장한다. 다른 이들은 자연으로 돌아가자는 낭만주의자들이다. 미국과 유럽을 증오하는 극단적인 국수주의자들로, 이민 정책을 반대하는 신파시스트들도 있다. 그러나 많은 이들은 사실 반세계화가 아니라 대안 세계화counter–global 운동을 하고 있다.

대안 세계화 운동가들은 유엔과 다른 국제기관들을 강력하게 지지한다. 단일 세계 정부 또는 세계적으로 세금을 걷는 등의 방식으로 행하는 세계적 자금 관리와 세계적 통치를 원하는 이들이 많다. 그러나 그중 많은 사람들은 글로벌 기업과 세계 금융 시스템이 노동자 착취와 환경 파괴, 비민주 정부들과 다른 무수한 범죄들을 지원한다고 비난한다.

반세계화 운동은 가장 큰 소란을 일으키는 요인이다. 그러나 밤새 반세계화와 대안 세계화를 향한 그들의 외침과 시위가 모조리 사라진다 해도 경제적인 재세계화의 진보는 앞으로 수년 내에 자연스럽게 지지부진해지거나 걸음을 멈출 것이다. 반세계화 운동가들조차 유감스러워할 만큼 공간적인 범위의 확장을 정지시킬 수 있는 강력한 요소들이 등장하고 있다.

새로운 타이타닉

세계 경제는 재세계화를 거치면서 아시아와 러시아, 멕시코, 아르헨티나 등에서 심각한 지역적 또는 국가적 위기에 시달려 왔다. 그때마다 투자자, 비즈니스 의사결정자, 세계 각국 정부는 금융 전염(한 국가 또는 지역의 금융 위기 충격이 펀더멘털을 초월해 전 세계로 퍼져나가는 현상 – 옮긴이)을 우려했다. 아르헨티나의 붕괴[9]가 브라질 경제를 파괴시킬까? 1997~1998년 아시아의 경제 위기가 전 세계적인 와해를 야기할 수 있었을까?[10] (실제로 그렇게 될 뻔했다.)

오늘날의 경제는 밀도 있게 겹겹이 쌓여 서로 다른 단계의 다양한 경제들을 복잡하게 연결시키고 있다. 그렇기 때문에 만약의 사태를 방지하기 위해서 조직적으로 구비된 이중 안전장치 및 다른 안전장치들이 꼭 필요하다. 그런데 세계화에 대한 열의가 넘치는 사람들은 타이타닉[11]에도 있었던 방수 구획실조차 없는 거대한 금융 유람선을 건설하고 있다.

미국 주식시장에는 급작스러운 붕괴를 방지하기 위한 회로차단기[12]가 있다. 뉴욕증권거래소NYSE, New York Stock Exchange는 거래일 오후 두 시 이전에 다우존스지수가 10퍼센트 하락할 경우 한 시간 동안 거래를 중단시킨다.[13] 주가가 정해진 한계 위 또는 아래로 지나치게 이동하면 이런저런 장치들로 거래를 제한한다.

인도[14]에서 대만[15]까지 많은 나라에서 이와 비슷한 조치들이 실시되거나 논의 중이다. 이런 대책들이 지역적으로나 국가적으로 적절할 수도 있고 아닐 수도 있다. 그러나 세계적인 무역, 외환, 자본시장에는 보안장치나 구획실, 보완 설비 등 포괄적인 시스템은 물론이고 위에 언급한 경계성 대책들조차 없다.

감염 방지를 위해 예방접종을 하는 속도보다 더 빠르게 통합이 이루어지면서 두 과정 간에 속도가 일치하지 않게 된다. 그로 인해 각국이 금융 보호정책의 껍데기 안으로 들어가 매몰되는 세계적인 전염병이 발생할 수 있다. 해외 투자를 본국으로 되돌리고, 거래 장벽을 세우고, 수출입 패턴을 극적으로 개편하고, 지구상의 비즈니스와 직업, 자본을 재배치하는 광적인 반응이 일어날 수도 있다. 즉 변화의 방향이 역전되는 것이다.

수출 과부하

이외에도 재세계화를 제한하거나 바꿔 놓는 사건이나 조건은 아주 많다. 우리는 수출 과부하[16] 시대에 접어들었다. 시대가 아니라면 기간이라 해도 좋다. 1970년대부터 일본은 컴퓨터를 통한 설계와 제조, 비교적 폐쇄된 국내 시장, 공격적인 수출에 힘입어 번영을 구가했다.

일본의 전략은 이내 한국, 대만, 홍콩, 싱가포르의 전략이 되었고, 그 후 말레이시아와 인도네시아의 전략이 되었다. 모두가 자국 상품을 미국과 유럽 시장에 쏟아부었고, 역사상 어느 때보다 많은 물건이 컨테이너 수송선, 유조선, 화물 수송기로 태평양을 건넜다. 공간적인 현상인 수출은 발전을 위한 마법의 탄환으로 간주되었다.

모든 아시아 국가에서 수출은 국내 수요보다 빠르게 성장했다. 이는 대규모 비동시화의 또 다른 예이다. 그 시점에 중국은 포효하며, 그렇지 않아도 붐비는 세계 시장에, 특히 미국에 더욱 값싼 상품들을 밀어 넣었다. 어느 순간부터 미국 시장에 중국제 헤어드라이어, 스타킹, 핸드백, 시계, 계산기 등 갖가지 도구와 장난감들이 가득했다. 설비 과잉과 탐욕 과잉이 같이 달리고 있는 것이다.[17]

세계 수요의 30퍼센트 이상을 차지하는 미국 경제[18]가 추락한다면, 다른 여러 나라를 향한 세계적인 부의 재배치는 산산이 부서진다. 가장 가난한 나라들도 여기에 포함된다. 가장 심하게 타격을 받는 곳은 단일 수출품이 국가 수입을 좌지우지하는 나라들이다. 예를 들면 잠비아의 구리[19]가 그렇다. 그러한 품목은 보크사이트나 설탕, 커피, 코코아나 코발트일 수도 있고, 석유일 수도 있다. 원유 가격이 기록적인 수치를 기록하고 있기 때문에 석유는 그럴 가능성이 없다고 생각하는 사람도 있다. 그러나 불가능할 것 같은 일들이 반복적으로 일어나고 있으며, 생산자가 아무리 공급을 조절하려고 애써도 미국의 심각한 경기 후퇴나 중국의 추락이 발생할 때에는 유가가 다시 곤두박질칠 수 있다. 일시적인 하락이라도 그 결과는 많은 나라를 무기력하게 만들 것이다.

나이지리아는 정부 수입의 80퍼센트가 석유에서 나온다.[20] 사우디아라비아는 수입의 75퍼센트를 석유에 의존하고 있다.[21] 쿠웨이트, 오만, 아랍에미리트[22], 앙골라[23]도 다를 바 없는 상황이다. 베네수엘라의 의존율은 59퍼센트이고[24], 러시아는 30퍼센트에 달한다.[25] 정치적으로 불안정하거나 취약한 산유국들은 유가가 하락하면, 폭동이 발생할지 모를 위험을 무릅쓰고라도 국내 보조금과 사회적 혜택을 축소해야 하는 상황에 내몰릴 수 있다. 재세계화에 더 나쁜 영향을 미칠 일들이다.

앞으로 수십 년간 EU의 뒤를 잇는 초국가적인 연합체와 무역 공동체들이 더 많이 나타날 것이다. 남미의 남미공동시장Southern Cone Common Market부터 아시아에 새롭게 출현하는 경제 블록[26]까지, 이들 공동체는 한 나라보다 더 커다란 시장을 생성하므로 세계 통합과 자유 무역 증진을 위한 조그마한 진보로 보일 수 있다. 흔히 경제 공동체를 이처럼 묘사한다. 그러나 반대로 그들이 보호무역주의의 스위치를 올려 시장 개방과 세계화에 대한 대규모 반발을 일으킬 가능성도 있다. 광범위한 지역의 초국가적 연합체들은 세계 통합에 있어서 양날의 검이 될 수 있다.

나노 상품

과학기술의 획기적인 발전도 양날의 검이 될 수 있다. 정보와 생명공학의 통합이 추진되면서 기존에 수입하던 원자재와 다른 상품에 대한 필요가 줄어들게 된다. 급속하게 소형화, 맞춤화가 진행되고 원자재의 일부를 지식 콘텐츠가 대체하면서, 현재 세계 경제에서 큰 몫을 차지하고 있는 부피가 큰 일용품들이 미래의 경제에서는 필요가 없어질 것이다. 나노 크기의 상품들이 생겨나 몇 톤씩 원료를 선적해야 할 필요도 없어질 수 있다.

이렇게 되기까지 시간이 얼마나 걸릴지는 알 수 없다. 그러나 그 여파는 중국의 칭다오부터 로스앤젤레스, 로테르담 등 세계 주요 항구도시로 번질 것이다. 이런 현상들은 국내에서 처리할 수 있는 프로세스를 강화하며, 세계화된 시장에 대한 의존도를 떨어뜨린다.

게다가 명백한 탈세계화를 지향하는 전쟁과 그와 동반되는 테러도 배제할 수 없다. 이들은 석유, 가스, 원자재, 완제품과 다른 상품들의 이동 또는 재배치에 필요한 운송 인프라와 에너지를 물리적으로 파괴한다. 또한 국경을 넘는 난민들의 끝없는 행렬과 자본의 도피를 자극할 수 있으며, 지식 집약 경제에 중요한 정보 인프라를 표적으로 삼을 것이다.

불행히도 앞으로는 심각한 지정학적 불안정성과 잦은 군사적 갈등을 보게 될 가능성이 크다. 이는 그 자리에 사상자를 남길 뿐 아니라 과거에 그러했듯이, 이미 통합된 부분들을 와해시킨다.

매드 맥스 시나리오

세계화를 역전시키는 요인으로 잠재적 장애 요소보다 더한 것이 미래학자들이 말하는 와일드 카드**wild card**이다. 와일드 카드는 현실화될 가능성은 낮지만 그렇다고 완전히 배제할 수도 없다. 낯설고 이상한 유행과 검역, 소행성 충돌이나 생태적 재앙들 역시 경제적인 기반을 뒤흔들어 영화 〈매드 맥스**Mad Max**〉(핵전쟁 이후에 자원이 고갈된 피폐한 미래 사회를 배경으로 한 영화 - 옮긴이)가 보여준 상태로 몰아갈 수 있다.

역사는 일어날 것 같지 않던 일들이 현실로 일어나 엄청난 여파를 미치는 사건들의 연속이다. 물론 어떤 역추진 장치가 발생할지, 또 그들이 어떠한 모습이 될지는 정확히 알 수 없다. 그러나 이런 세계화를 저주하는 역추진 장치는 신문의 헤드라인을 장식하는 그 어떤 반세계화 운동보다 재세계화를 후퇴시킬 수 있는 강력한 잠재력을 지니고 있다. 더구나 탈세계화를 초래하는 이런 사건들이 그리 머지않은 미래에, 두 가지 이상이 동시에 터지는 상황을 상상하는 것은 어렵지 않다. 어느 사건도 일어나지 않는 미래를 상상하는 것이 오히려 훨씬 어렵다.

세계화의 가장 그럴듯한 시나리오는 분열이다. 예를 들면 테러, 범죄, 환경 문제, 인권, 노예, 대량학살에 관해 세계적으로 단합된 행동을 요구하는 압력이 거세지면 경제통합은 느려질 것이다. 이 예측은 완전하게 통합된 세계 경제로 곧장 나아갈 수 있으리라는 꿈과 수십 년만 있으면 세계 정부가 나타날 것이라는 환상에 찬물을 끼얹었다. 대신에 지구상의 노동시장과 기술, 돈, 인간에게 더 많고, 더 빠르고, 더 큰 공간적인 충격이 닥칠 것이라고 예고한다. 그것은 공간적인 혼란이 가속화되는 시대를 의미한다.

지금까지 우리는 아시아를 향한 부의 대대적인 이동, 날로 증가하는 지역 국가의 중요성, 진보된 경제에서 공간적 기준의 변화, 역으로도 추진이 가능한 거대한 재세계화 과정을 살펴보았다. 이 중 어느 하나만으로도 혁명적 부와 심층 기반인 공간의 관계에 중요한 변화가 초래된다. 그러나 앞으로 알게 되겠지만, 언젠가 일어날 최후의 공간적 변화에 비하면 이 모든 변화는 작아 보일 수 있다.

14

우주를 향하여

The Space Drive

우리는 지구에서 멀리 떨어진 곳에 인간이 만든 물체를 심어 두고 그것을 부의 창출에 이용할 수 있는 최초의 문명을 이룩했다. 이것만으로도 우리 시대를 역사상 혁명적인 시대라고 일컬을 만하다. 그런데 정작 이 사실이 우리의 일상생활과 경제에 미치는 효과에 대해서는 잘 알지 못한다. 현금자동입출금기나 전화기[1]를 이용할 때마다 지구에서 1만 2,000마일 떨어진 곳에 있는 기술이 응용된다는 점을 인식하는 사람은 거의 없다. 투석 치료[2]를 받거나 심장 박동 조절기[3]를 착용하는 환자들 역시 그것이 다른 여러 기술과 우주비행사들로 인해 가능해졌다는 사실을 생각하지 못한다.

통신위성, 미 국방부가 140억 달러를 투자하여 40년에 걸쳐 개발한 GPS[4]와 상업용 원격 영상commercial remote imaging은 앞으로 수십 년, 수백 년에 걸쳐 대단히 정교해질 공간 인프라의 일부이다. 이러한 기술은 경제적 가치를 창출하는 방식에 점점 더 많은 영향력을 미치고 있다. 심층 기반과 부의 관계에서 일어나는 변화들을 이보다 명확하게 상징하는 것은 없다.

아직은 초보적인 형태이지만 우주로 향하는 움직임은 이미 일상생활의 많은 측면을 바꿔 놓았다. 단적인 예로 보잉 Boeing, 아스트리움 Astrium, 알카텔 스페이스 Alcatel Space 등의 제조업체, 중국장성공업 총공사 CGWIC, China Great Wall Industry Corp. 같은 발사 서비스업체, 러시아의 인터스푸트니크 Intersputnik 같은 기획 관리 및 위성통신업체들, 그 외에 수많은 서비스 회사와 우주영상 유통업체, 지상 장비 공급업체들로 구성된 1,000억 달러 규모의 세계적인 위성산업이 생겨났다.[5]

1990년대에 비즈니스 잡지들은 투자자들이 우주 산업 관련 주식[6]으로 수십억을 손해 보았으며, 우주 관련 업체들은 구제 불능의 곤란한 처지에 놓여 있다고 보도했다.

반면 위성산업협회 Satellite Industry Association는 최근 실태 조사를 통해 상당히 다른 결과를 내놓았다. 위성 산업이 1990년대 중반부터 해마다 15퍼센트의 안정된 수익 성장률을 올린다는 내용이었다. 일시적으로 설비 과잉 상태지만 상업적인 신생 기업과 국가들이 우주 산업에 진입하기 위해 참여하고 있다. 일례로 브라질과 우크라이나[7]는 세계 수준의 발사기지 중 하나인 브라질의 알칸타라 발사기지[8]에서 우크라이나의 사이클론 – 4 로켓을 발사하기로 합의했다. 2005년 투자회사[9]들은 인텔샛 Intelsat, 팬암샛 PanAmSat, 뉴스카이즈 New Skies 등의 위성통신업체 주식을 사들였다.

수조 달러 규모의 세계 경제에서 1,000억 달러가 사소하게 느껴질 수도 있다. 하지만 이 수치는 직·간접적으로 우주에 의존하고 있는 수많은 산업들, 즉 텔레비전 방송망, 의료 기술, 스포츠팀, 광고업체, 전화 및 인터넷 기업, 금융 데이터 공급업체 등이 창출하는 숨겨진 가치의 증가를 포함하지 않은 수치이다.

인공 투석에서 인공 심장까지

상업적인 우주 기업들의 컨소시엄인 매핑 얼라이언스 프로그램Mapping Alliance Program[10]은 지금 우주에서 전해지는 이미지, 원격탐사, 컴퓨터 이용 설계에 사용하는 소프트웨어, 조사, 자동 지도화, 기타 서비스들을 제공하고 있다. 이들의 고객은 석유 가스 기업, 수도·가스·전기회사, 농업, 광업, 운송, 천연자원 관리업체들이다.

우주 산업에서 도출된 지식은 기업들이 위험을 예상하여 손해를 줄이거나 방지하는 데 도움을 준다. 예를 들어 우주에서 보내오는 데이터는 기후선물weather futures[11] 상품이 거래되는 금융시장에서 중요한 역할을 한다. 런던국제금융선물옵션거래소LIFFE, London International Financial Futures Exchange의 이안 더든Ian Dudden은 "날씨로 인한 변수[12]들은 보험과 농업 부문뿐만 아니라 청량음료에서 감기약까지 모든 제조업과 소매업은 물론 대중음악 콘서트, 관광 상품에 이르기까지 다양한 분야의 생산, 자금회전율, 전반적인 수익성에 중요한 영향을 미친다"라고 말한다. 미국 상무부Department of Commerce에 의하면 2001년 미국 경제[13]의 7분의 1에 달하는 10조 달러가 기후 리스크[14]에 노출되었다. 런던국제금융선물옵션거래소와 기타 거래소에서 거래되는 기후선물은 기후 리스크로 인한 손실을 방지하는 방안이다.

건강 산업도 우주 활동으로 인해 수익을 얻고 있다. 오늘날 투석으로 생명을 유지하는 미국의 25만 신장병 환자들[15]은 자신도 모르는 사이에 미국 항공우주국NASA과 우주비행사들에게서 도움을 받고 있다. 나사에서 개발한 투석액으로 유독물질을 제거하는 화학 과정이 환자들의 생명을 이어 주고 있다. 스텔시스StelSys[16]라는 회사는 미국 나사로부터 기술이나 아이디어를 허가받아 사용하는데, 간 질환 환자들을 위해 투석 시스템과 비슷한 것을 개발하기 위해 연구 중이다. 우주과학 연구는 해가 갈수록 어마어마한 건강관리비를 요구하는 뇌종양, 시력상실, 골다공증, 기타 질병들의 치료에 희망을 주고 있다.[17]

한편 현재 유럽에서는 우주왕복선 연료 펌프 기술을 기반으로 한 인공 심장을 임상시험하고 있다. 미국만 계산해도 심장병과 발작으로 인한 비용이 연간 3,500억 달러를 초과하는데[18], 인공심장이 그 비용을 얼마나 절약할 수 있을까? 우주 공간에서 세포를 증식시키기 위해 만들어진 바이오리액터bioreactor(생물 체내에서 일어나는 화학반응을 체외에서 이용하는 생물반응기 – 옮긴이)[19]에 어느 정도의 경제적 가치를 부여해야 할까? 바이오리액터는 현재 조직공학 연구실에서 인간의 심장을 성장시키는 방법을 개발하는 데 이용되고 있다.[20]

우주과학은 환경을 모니터링하는 일에서도 중요한 역할을 담당한다. 일례로 프랑스의 우주선 스폿 – 4 SPOT-4[21]는 극지방의 오존과 에어로졸 양을 측정하는 미국의 위성기구 포암Ⅲ POAM Ⅲ를 실어 나른다. 미국 해군연구소Naval Research Laboratory의 〈2001 리뷰〉는 "해마다 5월에서 10월까지 발생하는 화재로 인해 알래스카, 캐나다 북부, 스칸디나비아, 러시아, 중국에 있는 거대한 숲이 소실되고 있다.[22] 엄청난 양의 연기가 높은 대기로 올라가 때로는 화재가 난 지역에서 수천 킬로 밖까지 날아가기도 한다"고 밝히고 있다. 스폿 – 4와 포암Ⅲ가 그것을 추적한다.

브라질과 나사가 합작한 우주 프로젝트[23]는 아마존 지역의 생태 변화가 지구 생태계에 미치는 영향력을 연구한다. 나사의 버드bird는 북극과 남극에서 얼음[24]이 녹는 속도를 측정한다. 그 외에 우주과학을 기반으로 하는 환경 프로젝트들[25]은 수자원 이용, 수산학, 강어귀 생태학, 엘니뇨 현상 등 다양한 측면에 관심을 기울인다.

현 인류는 유례없이 지구 표면의 이미지를 정확하고 상세하게 확보하고 있다. 엔데버호 같은 우주왕복선은 황량한 툰드라와 사막, 멸종 위기의 고릴라가 사는 정글 그리고 앙코르와트와 우바르 등 고대 유적의 고해상도 영상[26]을 만드는 데 필요한 대량 데이터를 생산해 낸다. 이들이 보내오는 놀랍고 정확한 데이터는 휴대전화 송신탑을 세울 위치를 선정하는 데 도움을 주고, 항공기의 비행 위험 요소들을 규명하고, 홍수를 예측하는 등 매우 다양한 용도로 사용된다.

조종사, 비행기, 포장

콜로라도의 쉬리버 공군기지에서는 하루 24시간 소수의 남녀 공군들이 관제용 계기반 앞에 앉아 1만 2,000해리 떨어져 지구 궤도를 도는 위성들을 통제한다. 그들은 20개 이상의 위성들로 형성된 내브스타 GPS[27]를 작동한다. 내브스타 GPS는 작고 저렴한 수신기를 갖춘 사람이면 누구든지 지구상의 어느 위치에 있는지 정확히 알아낼 수 있는 시스템이다.

군대는 물론 온라인 서비스, 도보 여행자, 운전자, 트럭 운전사, 선박 및 해운업체, 은행, 통신사들이 사용하는 GPS는 우리 시대의 걸작 중 하나이다. 이는 안보와 비즈니스의 모든 측면에서 폭넓은 영향력을 미친다. 유럽도 뒤늦게 갈릴레오 프로젝트라는 위성 시스템[28]에 박차를 가하고 있다.

그런데 GPS가 공간적으로뿐만 아니라 시간적으로도 정확하게 위치를 찾을 수 있다는 사실은 잘 알려져 있지 않다. 이 시스템은 공간적인 위치 파악과 더불어 시간을 동시화하는 핵심적인 도구로 작용한다. 어드밴스타 커뮤니케이션즈Advanstar Communications의 글렌 기븐스Glen Gibbons는 "현금자동입출금기에서 돈을 인출하거나 전화를 걸 때마다 목소리와 데이터가 동시에 통신망으로 흐른다. 통신망은 GPS 타이밍을 기반으로 한다. GPS 위성에 탑재된 세슘과 루비듐 원자시계는 세계 전역에서 나노세컨드(10^{-9}초) 수준의 타이밍을 쉽게 이용할 수 있도록 해준다"라고 말한다. 경제적인 측면에서 정확한 타이밍과 동시화로 인해 발생하는 생산성의 이득은 아직 계산되지 않았다. 그리고 이러한 일들은 훨씬 더 많다.

9·11테러로 뉴욕의 세계무역센터가 공격당한 후 반테러 전문가들은 해마다 바다로 운송되는 2억 개의 선적 컨테이너[29]에 관심을 기울이고 있다. 이들 중 어느 것에든 생물학적 무기, 밀입국 테러리스트, 불법적인 마약이나 무기 및 기타 다수의 위험한 금지품들이 숨겨져 있을 수 있기 때문이다. 그런데 미국이 현재 조사하는 컨테이너[30]는 전체의 약 2퍼센트에 불과하다. 게다가 육

로와 항로를 통해 운반되는 컨테이너들은 또 얼마나 많은가.

GPS 위성은 이동하는 컨테이너들의 좌표적인 위치를 추적할 수 있다. 앞으로는 컨테이너뿐만 아니라 그 안에 담긴 모든 상품의 위치도 추적하게 될 것이다. 공급망을 따라 공장에서 도매점으로, 도매점에서 다시 소매점으로, 소매점 진열대에서 소비자의 집으로 움직이는 모든 경로를 파악하게 되는 것이다.[31] 월마트, 타깃Target, 시어즈Sears 백화점, K마트 같은 기업들은 이미 시범적인 추적 시스템을 연구 또는 시험하고 있다. 예컨대 식품 포장에 칩이 내장되어 있어 상품이 이동할 때마다 어떻게 변화하는지, 그 상태를 운송인에게 지속적으로 알려 줄 수 있는 날이 올 것이다. 또한 운반 도중 실질적으로 내용물을 가공 처리할 수 있는 똑똑한 포장들이 생겨날 것이다. 이러한 포장 기술과 GPS 또는 유사한 위성 시스템들이 연계되면 운송과 식품 산업에 커다란 변화가 발생할 것이다. 더불어 보다 신선하고 좋은 품질을 유지하는 포장된 음식, 상품들이 늘어날 것이며 다른 분야에서도 생산 및 유통 경제에 변화가 일어나고 안전성도 향상될 것이다.

물론 모든 기술이 그렇듯이 GPS도 긍정적 잠재력과 부정적 잠재력을 모두 가지고 있다. GPS는 우리의 삶을 훨씬 안전하게 만들어 줄 수 있다. 알 카에다 테러리스트들을 태우고 예멘 사막을 달리는 자동차를 추적할 수 있고, 성매매 장소나 비밀리에 스위스 은행에 찾아가는 행위를 전보다 더 많이 포착할 수 있다. 그러나 컴퓨터에 설치된 쿠키 파일 같은 것 때문에 소문내기 좋아하는 이웃에게 노출될 가능성도 높다. 기술의 발전에 따라 이익과 손해의 무게를 저울질해 보아야 한다.

GPS의 커다란 경제적 보상은 다른 곳에 있다. 먼저 지상을 기반으로 하는 오늘의 세계 항공 관제 시스템을 우주 기반의 시스템이 지원해 줄 수 있다는 점이다.[32] 현재 대부분의 항공기는 지상에서 보내는 전파 표지에서 다음 전파 표지로, 말하자면 빽빽하게 차가 들어찬 도로와 비슷한 항공로를 날아가야 한다. 대도시의 수용 능력[33]도 제한되어 있다. 여기에 GPS 관제 시스템을 활용하면 정확성과 수용 능력이 모두 증가한다. 작고 외딴 공항을 비롯하여 현재는 착륙 불가능한 조건을 가진 곳이라고 여겨지는 위치에도 착륙할 수 있다. 바다 위 항해도 향상된다. 게다가 비용은 지상 기반 시스템보다 훨씬 적게 든다.[34]

최근 캘리포니아 패서디나에 위치한 나사의 제트추진연구소JPL, Jet Propulsion Lab는 정밀 GPS[35]를 개발하여 그린란드와 미국에서 테스트를 진행했다. 세계 어디서나 가로 3.9인치, 세로 7.9인치 이내로 항공기 위치를 파악할 수 있다. 제트추진연구소는 이에 대해 현 시스템보다 정확성이 10배나 향상되었다고 자랑스럽게 밝히고 있다.

개척되지 않은 부의 신세계

겉으로 드러나는 경우는 많지 않지만 현재 우주 활동은 신흥 경제에 기여하고 있으며, 그 기여도는 앞으로 더욱 증가할 것이다. 미드웨스트 리서치 연구소Midwest Research Institute는 나사에 1달러를 투자할 때마다 미국의 GDP가 9달러씩 늘어난다고 평가한다.[36] 또한 체이스 이코노메트릭스Chase Econometrics의 분석에 따르면 우주 관련 연구가 투자 수익률 43퍼센트의 생산성 증가를 가져온다고 한다.[37] 이런 수치들은 비교적 과거의 것이고 불확실하다. 하지만 우리가 이를 임의로 축소해서 판단한다고 해도 이미 우주 활동이 경제에 미치는 영향이 막대하다는 것은 확실하다. 게다가 아직은 그 잠재력 중에 아주 작은 일부를 사용하고 있을 뿐이다.

앞으로 수백 개 아니 수십만 개의 위성이 하늘에 띄워질 것이다. 알제리, 파키스탄, 나이지리아는 이미 100파운드 정도 무게의 마이크로 위성을 구입했다. 이 위성을 살펴보면 이는 종래의 위성에 소모되는 비용의 일부분으로도 카메라를 탑재하고 궤도로 이동할 수 있는 정도의 성능을 갖추고 있다.[38] 이런 위성을 공급하는 영국 서리 새틀라이트 테크놀로지 Surrey Satellite Technology 의 마틴 스위팅 Martin Sweeting 교수는 10년 내에 신용카드만한 크기의 위성을 발사하게 될 것이라고 주장한다. 그의 말대로 크기와 비용이 축소된다면, 이 위성들은 중소기업, NGO, 민간 단체나 개인도 이용할 수 있을 만큼 저렴해질 것이다.

순수하게 경제적인 의미만 따져도 우주로의 움직임은 결코 사소한 일이 아니다. 인류가 우주로 떼어놓은 첫걸음은 이전의 문명에서는 상상으로나 가능했던 일이다. 그러나 지금은 이 흐름이 지구에 중대한 가치를 창출하고 있다. 게다가 이는 아직 시작에 불과하다.

오늘날 50개국 이상이 우주 프로그램에 관심을 표하고 있다.[39] 각 나라의 정부만이 아니다. 2004년, 비행사 세 명을 태우고 준궤도 우주로 올라갔다가 안전 귀환하는 게 가능한 우주선을 제작하고, 2주 내에 반복 실험에 성공한 민간 기업[40]에게 상을 수여하는 안사리 엑스 프라이즈 Ansari X Prize [41]를 두고 26개 기업이 경합을 벌였다. 이 상은 상업적인 우주 관광사업 개발을 서두르기 위한 목적으로 제정되었다. 결국 2004년 10월 4일 스푸트니크호가 발사된 지 정확히 47년이 되는 날에 스페이스십원 SpaceShipOne 이 우주로 날아가 그 상금을 차지했다. 정부 지원이 아닌 마이크로소프트의 공동 창립자 폴 앨런 Paul Allen 이 2,000만 달러의 자금을 지원하여 이루어 낸 성과였다. 조종사 브라이언 비니 Brian Binnie 는 지구를 떠나 우주를 모험한 434번째 인간이 되었다.

제트추진연구소의 부소장 유진 타티니 Eugene Tattini 는 나사의 우주탐사선 스피릿 Spirit 호와 오퍼튜니티 Opportunity 호가 화성에 안전하게 착륙했을 때, 그 순간을 공유하고 뉴스를 통해 확인하려 한 전 세계인들로 인해 인터넷 홈페이지 접속수가 100억을 기록했다고 전했다.[42]

부의 장소에 있어서 다른 변화가 발생하지 않더라도, 즉 아시아로 부의 위치가 이동하지 않고, 지역 국가를 형성하지 않으며, 고부가가치 장소를 탐색하지 않더라도, 또는 세계 경제를 재세계화하고 탈세계화하지 않더라도, 지구가 아닌 다른 공간으로 도약하는 것만으로도 부의 창출 면에서 혁명적인 전환이 기록될 것이다. 이 증거는 압도적이다. 우리는 사냥꾼 겸 채집자였던 이래로 모든 경제 활동을 지지해 주던 심층 기반인 시간과 부의 관계, 공간과 부의 관계를 동시에 바꾸고 있다. 오늘의 부는 앞으로 더욱 혁명적으로 변해갈 것이다. 이는 기술적인 부분에서만 일어나는 일이 아니다. 정신적인 혁명이기도 하다.

Trusting knowledge

15

지식의 이점

The Edge of Knowledge

50대의 농부 응우옌 티빙[1]은 베트남 하노이의 60마일 남쪽에 있는 작은 논에서 벼농사를 짓는다. 그녀가 벼농사를 지을 때 우리는 그 논을 사용할 수 없다. 20대의 타티아나 라세이키나[2]는 모스크바 남쪽의 산업도시 톨리아티의 빠르게 움직이는 한 조립라인에서 아브토바즈AvtoVAZ 자동차의 문고리를 조인다. 타티아나가 작업하는 조립라인이 요란하게 움직일 때 역시 우리는 그 조립라인을 사용할 수 없다.

이 두 사람의 삶과 문화는 매우 다르다. 한 사람은 농업 생산을 상징하고, 다른 한 사람은 산업 생산을 대변한다. 그러나 두 사람에게는 공통점이 있다. 바로 그들이 주요한 자산과 자원 그리고 상품이 '경쟁'하는 경제에서 산다는 것이다. 이는 제한된 자산 혹은 자원을 한쪽에서 사용하면 다른 쪽에서 동시에 사용할 수 없다는 의미이다.

경제를 구성하는 대부분이 농업 또는 산업이었고, 지금도 여전하기 때문에 대개의 경제학자들은 부를 창출하는 경쟁 수단에 대한 데이터를 수집·분석하고 이론화하는 데 많은 노력을 기울여 왔다. 그런데 갑자기 시간과 공간의 변화와 함께 세 번째 심층 기반인 지식과의 관계에 극적인 변화가 생겼다. 그리고 그에 따라 새로운 부 창출 시스템이 도래하고 있다. 보수적인 경제학자들은 지식의 중요성을 부인하며 아무 일 없다는 듯이 기존의 연구를 계속하거나 부적절한 도구로 그것을 탐색해 왔다. 이는 지식이 쌀, 자동차 문고리와는 달리 만질 수 없으며, 지식을 규명[3]하다가 출구 없는 미로에 말려들기 쉽기 때문이다.

다행히 이 책에서는 서로 경쟁하는 수많은 정의들을 포괄적으로 검토하기 위해 머리를 쥐어짤 필요가 없다. 정확하고 전문적이어야 할 필요도 없다. 만족스럽지는 않더라도 우리의 목적을 위해서 세계의 지식 기반이 변화하는 방식과 오늘의 변화가 미래의 부에 미치는 영향을 알아내는 데 도움이 될 실용적인 정의만 규명하면 된다.

다만 공통적으로 사용되는 접근 방식은 지식을 데이터나 정보와 별개로 취급하는 것이다. 데이터는 흔히 문맥이 없는 분리된 항목으로 설명된다. 예를 들어 '300주'는 하나의 데이터이다. 이 데이터가 '우리는 X제약의 주식을 300주 가지고 있다'는 식으로 문맥 사이에 위치하면 이것은 정보가 된다. 그리고 이런 정보가 더 포괄적이고 고차원적인 패턴으로 배열되어 다른 패턴과 연결될 때 비로소 지식이라 부를 만하다. 예를 들면 '우리가 가지고 있는 X제약의 주가가 2포인트 올랐으나 총액이 얼마 안 되며, 연방정부가 이자율을 높일 가능성이 있다'는 식으로 말이다.

데이터, 정보, 지식은 보통 이런 식으로 사용된다. 하지만 여기에서는 지나친 반복을 피하기 위해 전문성이 중요하지 않은 곳에서 위의 내용을 의미할 때는 지식 또는 정보라는 단어를 사용하기로 한다. 물론 이런 구별이 지식의 정의를 온전하게 제공하지 못할 수도 있다. 하지만 혁명적인 부 창출 시스템의 지식 공급 knowledge supply을 설명하기에는 부족함이 없을 것이다.

지구상의 모든 언어권에서 지식 경제에 해당하는 수십억 개 단어들이 쓰고, 말하고, 디지털화되고, 논쟁하는 데 사용된다. 그러나 그중에서 각기 다른 자원과 자산에서 나온 완전히 다른 지식이 어떻게 부의 창출로 이어질 수 있는지를 명확히 밝히는 단어는 드물다. 그러므로 그 방식을 먼저 살펴보기로 하자.

1. 지식은 원래 비경쟁적이다. 지식은 수백만 명이 사용하더라도 감소되지 않으며 수백만 명이 똑같은 지식을 사용할 수 있다. 사실 사용하는 사람이 많을수록 더 많은 지식을 생성해 낼 가능성이 커진다.

지식이 비경쟁적이라는 사실은 지식을 사용하는 데 지불하는 대가와는 별개의 문제이다. 특허권, 저작권, 불법 이용 금지 기술은 지식의 특정 부분을 보호하고, 대가를 지불하지 않는 사람들의 접근을 통제한다. 그러나 이것은 인위적으로 법을 적용했을 때의 결과일 뿐 지식의 본래 성질은 아니다. 계산을 한다고 해서 산수가 닳아 없어지지 않는 것처럼 지식은 본질적으로 고갈되지 않는다.

오늘의 진보된 경제 상황에서 수많은 근로자들이 비경쟁적인 데이터와 정보, 지식을 창조하거나 교환하느라 분주하다. 하지만 경제 전반에서 일어나는 경쟁, 비경쟁 부문의 상호 작용과 그들의 균형이 바뀔 때 발생하는 상황을 체계적으로 밝혀 주는 이론은 없다.

2. 지식은 형태가 없다. 손으로 건드리거나 어루만지거나 때릴 수 없다. 하지만 조종할 수는 있다.

3. 지식은 직선적이지 않다. 작은 통찰력이 거대한 산출을 낳을 수 있다. 스탠퍼드 대학원생이던 제리 양Jerry Yang과 데이비드 필로David Filo는 자신들이 좋아하는 웹 사이트들을 유형화하여 야후를 설립했다.[4] 프레드 스미스Fred Smith 역시 학생 시절에 가속화되는 경제에서 속도가 차지하는 중요성을 인식하고 사람들이 빠른 속도에 대해 추가비용을 지불할 것이라 판단했다. 그리

하여 세계적인 우편 화물 배송업체인 페더럴 익스프레스FedEx, Federal Express를 창립했다.[5]

4. 지식은 관계적이다. 개별적인 지식의 조각은 문맥을 제공하는 다른 조각들과 나란히 이어져야 비로소 의미를 얻는다. 때로 그 문맥은 말 없는 미소나 찌푸림으로 전달될 수도 있다.

5. 지식은 다른 지식과 어우러진다. 지식이 많을수록 보다 무차별적인 혼합이 가능하고, 무수하고도 다양한 쓸모 있는 결합이 이루어진다.

6. 지식은 어떤 상품보다도 이동이 편리하다. 0과 1이라는 데이터로 변환하면 옆집 사람 또는 홍콩이나 함부르크의 사람 1,000만 명에게 동시에 유통시킬 수 있다. 유통 가격은 공짜나 다름없다.

7. 지식은 상징이나 추상적인 개념으로 압축할 수 있다.

8. 지식은 점점 더 작은 공간에 저장할 수 있다. 도시바Toshiba[6]는 2004년 기네스북에 우표보다 작은 컴퓨터 하드디스크를 등재했다. 조만간 나노 크기, 즉 10억 분의 1미터로 측정되는 크기의 저장 장치[7]가 등장할 것이다. 활용하는 지식이 정확하다면 그보다 훨씬 작아질 수도 있다.

9. 지식은 명시적일 수도 있고 암시적일 수도 있다. 지식은 표현될 수도 표현되지 않을 수도 있다. 혹은 타인과 공유하거나 자기 마음속에 간직할 수도 있다. 하지만 탁자, 트럭이나 다른 유형의 물건들은 마음속에 간직할 수 없다.

10. 지식은 밀봉하기 어렵다. 퍼져나간다.

이 모든 특징들을 하나로 모으면 대다수의 경제학자들이 그저 고개를 끄덕이며 받아들던 세계와는 매우 다른 어떤 것이 모습을 드러낸다. 기존 경제학자들이 경쟁을 확인할 수 있는 낯익은 세계에서 위안을 찾으며 전통적으로 관심을 기울이던 것들과는 완전히 다른 모습이다. 그러나 이러한 차이에도 불구하고 기존의 경제적인 범주에 들어맞지 않는 지식을 설명할 수 있는 완벽한 방법이 없다.

타이어 차기

지식이라는 자산에는 역설적인 특징이 있다. 자동차 구입과 독점적 지식의 구입이 어떻게 다른지 생각해 보라.

어떤 귀중한 지식을 소유하거나 창출해 낸 사람들은 기업비밀법의 보호를 받는다. 얼마 전 록히드 마틴 Lockheed Martin 사가 보잉사를 고소한 일이 있다.[8] 록히드의 엔지니어가 로켓 발사 관련 데이터와 비용 견적이 수록된 수천 페이지의 서류를 빼냈고, 보잉이 그 자료를 취득했다는 이유에서였다. 록히드는 보잉이 수십억 달러의 계약을 따내는 데 그 서류를 이용했다고 주장했다.

바르셀로나에 위치한 에사데 경영대학원의 맥스 브와소 Max Boisot 교수는 이를 패러독스 paradox 라 부른다. 그는 "물리적인 물품의 가치는 상호 비교에 의해 결정된다"고 말한다. 자동차 구매자가 타이어를 발로 차보고, 후드를 열어 살펴보고, 친구에게 조언을 구하고, 도요타나 포드, 폭스바겐 Volkswagen 을 시승해 보는 이유가 여기에 있다. 그렇게 한다고 해서 차의 가치가 달라지지 않는다. 이에 비해 록히드 – 보잉 사건의 경우, 다른 항공우주업체 노스롭 Northrop 사가 록히드의 비밀 데이터를 사고 싶어 했다고 가정해 보자. 노스롭이 그 가치를 판단하려면 자료의 내용을 알아야 한다.[9] 그러나 내용을 아는 순간 완전한 비밀 데이터가 아니게 되며 적어도 가치의 일부가 손실된다.

브와소가 지적한 대로 정보 상품은 그 희소성을 손상시키지 않고서는 정보를 전달할 수 없다. 즉 상품의 가치 평가에 기반이 되는 희소성을 감소시키게 된다. 자동차 후드를 열어 연료 시스템을 들고 도망치는 행위와 비슷한 것이다.

지식과 혁신이 중요성을 더해 가는 현 경제에서, 이는 경제학자들만이 아니라 경제 자체에도 까다로운 문제를 일으킨다. 그렇기 때문에 브와소는 "정보가 경제적 거래에서 보조 역할을 하는 데 그치지 않고 핵심이 될 때에는 물질적인 상품의 생산과 교환을 조절하던 논리를 적용하기 어렵다"고 말한다.

지식 집약적인 경제의 상승은 도로에서 우연히 벌어진 사소한 충돌이 아니다. 경제를 뉴턴 물리학이 가진 예측 가능성과 정확성을 지닌 과학으로 변화시키고자 했던 경제학자들은 한때 결정론적이고 균형적이며 기계 같은 경제를 묘사했다. 오늘날에도 경제의 많은 부분은 애덤 스미스, 데이비드 리카르도, 칼 마르크스, 존 메이나드 케인스, 밀턴 프리드먼의 유산을 비롯하여, 적어도 부분적으로 뉴턴식의 역학과 데카르트적인 논리를 기반으로 하고 있다.

　그러나 약 1세기 전에 양자론과 상대성 이론, 불확정성의 원리는 물리학의 위기를 초래했다. 처음에는 물리학자들이, 다음에는 비물리학자들까지 기계적인 모델의 한계를 보다 명확하게 이해하게 되었다. 우주의 모든 것이 항상 일정불변하게 예측 가능하고, 기계적인 타당성을 바탕으로 움직이는 것은 아니라는 사실이 드러났다.

　브와소는 "그 메시지는 경제학이 정확한 과학이다 혹은 과학이어야 한다고 믿는 자들에게 혼란을 야기하는 것이다. 정보재의 가치는 확정적이지 않다. 불확정성의 발견이 고전 물리학에서 양자물리학으로 패러다임을 변화시켰듯이 정보재의 불확정성은 정보의 차별적인 정치경제학을 요구한다"라고 말한다.

　시간적, 공간적인 관계에서 동시다발적으로 일어나는 변화에 관련된 질문과 지식에 대한 풀리지 않는 질문들을 합하여 생각하면 점점 세계로 번져 나가는 혁명적인 부 창출 시스템에 대해 우리가 너무 무지하다는 사실을 인식할 수밖에 없다.

16

미래의 석유

Tomorrow's Oil

지식 경제가 시작된 지 꼭 반세기가 지난 지금도, 우리는 그 저변에 있는 지식에 대해 부끄러울 만큼 아는 바가 적다. 많은 이들의 말처럼 지식이 미래 경제의 석유라고 한다면, 이 무형의 석유는 얼마나 존재할까? 원유회사, 군대, 월스트리트 트레이더, 중동 지역 종교지도자 모두 전 세계의 실제 석유 보유량을 예측하기 위해 어마어마한 돈을 쏟아붓는다. 그러나 전 세계의 지식이 얼마나 되는지 아는 사람이 있을까? 세계의 지식 공급은 어떻게 변화하고 있는가? 그중 어느 정도나 알아야 할 가치가 있을까? 그 가치는 어느 정도일까?

더 많이 사용할수록…?

먼저 출발점은 지식이 혁명적 부의 한 가지 심층 기반 요소로서 사회 경제적 환경을 가장 빠르게 바꾸고 있다는 사실이다. 지식을 석유[1]에 비교했을 때 혼란이 야기되는 이유가 여기에 있다. 지난 세기에는 석유를 저장하고 운반하는 방식에 미미한 변화만 있었다. 현재도 여전히 파이프, 저장 탱크, 유조선과 유조차에 의지하고 있는 실정이다. 이에 비해 지식을 창출하고 저장하는 방식은 컴퓨터, 위성, 휴대전화, 인터넷, 기타 디지털 기술의 확산으로 급격하게 변화하고 있다. 뿐만 아니라 지식이 쇠퇴하는 속도, 지식의 정당성을 판단하는 방식, 지식을 더욱 유용하게 사용하는 도구, 지식이 표현되는 언어, 지식이 조직되는 특수성과 추상성의 정도, 지식에 대한 유추, 수치화되는 양, 이를 확산시키는 대중매체까지 빠르게 바뀌어 간다. 더구나 이 모든 지식은 사상 초유의 속도로 동시다발적으로 변화하며 부를 창출하는 새로운 방법을 수없이 제시하고 있다.

석유와 지식의 근본적인 차이점은, 무엇보다 석유는 쓸수록 줄어들지만 지식은 사용할수록 더 많이 창조된다는 것이다. 이 차이 하나만으로도 주류 경제학의 많은 부분을 무용지물로 만든다. 이제 전처럼 '경제학은 희소자원을 배분하는 과학이다'라고 정의할 수 없게 되었다. 지식은 본질적으로 무한하다. 지식과의 관계에서 생겨나는 이러한 변화들은 '누가 어떻게 부를 손에 넣느냐' 하는 문제에 막대한 영향을 미친다. 그렇기 때문에 변호사, 회계사, 입법자들은 세금, 회계, 사생활 보호 및 지적재산권에 대한 기존 법규를 수정할 수밖에 없다. 경쟁이 치열해지고 혁신이 가속화되며, 규제를 가하던 법규들은 진부해지고 시장, 경영 방법은 끊임없는 혼란 속에서 변화하게 된다.

모든 산업과 부문들이 대량생산, 대량소비 사회에서 벗어나 고부가가치를 지닌 개인화된 상품, 서비스, 경험으로 이동해 가고 있다. 무엇보다 지식 측면에서의 이런 변화는 복잡한 혼란 상황에서 더 민첩하게 영리한 의사결정을 내릴 것을 요구한다. 그러나 부상하는 지식 경제에 대한 수천 가지 분석과 연구가 존재함에도 불구하고 부를 창출하는 지식의 영향력은 과소평가되어 왔고 지금도 여전히 그렇다.

제철소와 신발

미국의 제조업은 여전히 막강한 힘을 지니고 있다. 하지만 이 분야에 종사하는 노동력은 20퍼센트 미만에 불과하다. 56퍼센트가 경영, 재무, 영업, 사무직 또는 전문직에 종사한다.[2] 이 중에서 가장 빠르게 성장하는 분야는 전문직, 즉 가장 지식 집약적인 분야이다. 하지만 이런 수치 인용만으로는 새로운 현실을 적절히 드러낼 수 없다. 미국의 제철소에서든 한국의 소비재 생산 공장에서든, 기계를 조작하는 이들은 보잉 747기를 작동시키는 조종사 못지않게 일정량의 시간을 컴퓨터 앞에서 보내고 있기 때문이다. 트럭 운전사들도 운전대의 컴퓨터[3]에 의지하여 운전한다. 이들 또한 저변의 지식 또는 자료와 정보를 산출하고 조작하며 전달한다. 그들은 지식 노동자로 분류되지 않을 뿐 사실상 비정규 지식 노동자이다.

이것만이 아니다. 부를 창출하기 위해서 우리가 사용하는 지식에는 우리의 머릿속에 저장된 측정하기 어려운 암묵적인 지식, 혹은 잠재하는 지식도 포함된다. 예를 들어 우리는 매일매일 주위에 있는 사람들을 이해함으로써 지식을 습득한다. 믿을 만한 사람이 누구인지, 안 좋은 소식을 전달할 때 상사의 반응이 어떨지, 한 팀으로서 어떻게 작업을 하게 되는지 알게 된다. 단순히 다른 사람들을 지켜보면서 알게 되는 직업적 기술과 행동도 포함된다. 자신의 몸과 두뇌를 알고, 그것이 작동하는 방식과 언제 최상의 효율성을 발휘할 수 있는지를 아는 것도 지식에 포함된다.

이런 암묵적인 지식에는 사소한 것도 있고, 일상생활과 직장에서 생산성을 높이는 데 중요한 역할을 차지하는 지식도 있다. 이것은 우리 모두가 의존하는 지식이며, 자신도 의식하지 못한 사이에 마음 저편의 잠재의식에 존재하는 지식이다. 이처럼 지식은 너무 다양하고, 너무 멀리 그리고 너무 깊숙이 존재하기 때문에 경제학자들에게 외면당하기 십상이다.

이와 같은 여러 가지 이유로 지식은 오랫동안 과소평가되어 왔다. 지금도 여전히 그 어느 때보다 더 과소평가되고 있다. 미래 경제의 중심을 들여다보려면 지식에 대해 우리가 모르고 있는 부분을 보충해야 한다.

우리 내부의 창고

사람은 누구나 자신의 일과 부에 관련된 개별적인 지식 창고를 지니고 있다. 예를 들어 작가는 쓰는 기술을 가지고 있으며, 출판 산업에 대해 알고 있을 것이다. 치과의사는 치아에 대해 알고, 주유소 종업원은 파워핸들 오일에 대해 안다. 그러나 모든 지식이 개인에게 속해 있는 것은 아니다. 작업팀, 기업, 산업, 기관 그리고 각각의 경제는 자신들의 집합적인 지식 공급을 개발한다. 사회와 국가도 마찬가지이다.

이 모든 지식은 근본적으로 두 가지 방식으로 저장된다. 첫 번째 방식은 인간의 두뇌에 저장하는 것이다. 우리는 지식과 이것의 선행 데이터 그리고 정보로 가득 차 있는 보이지 않는 창고를 가지고 있다. 이는 물리적 창고와는 다르다. 정확히 말해 두뇌는 뇌 속의 전기화학물질을 끊임없이 움직이고, 더하고, 빼고, 합하여 숫자, 상징, 단어, 영상, 기억을 재배열한다. 그리고 여기에 감정을 더하여 새로운 생각을 형성한다. 마치 작업실에서 일하는 것처럼 말이다. 이렇게 형성된 생각들은 머릿속을 쉴 새 없이 스쳐 지나간다. 월 스트리트 통계, 고객에 대한 생각, 골프 스윙에 대한 친구의 조언, 어머니의 얼굴, 아픈 자식에 대한 걱정, 제품 품질 개선을 위한 기술 공식 등 이런저런 생각들은 지난밤 텔레비전에서 본 농구 경기 장면, 자동차 광고에서 나오던 음악, 다 끝내지 못한 채 기한이 지나버린 업무 메모들과 함께 머릿속에서 뒤섞인다. 개별적으로는 공통점이 없는 이 생각들은 별 의미를 갖지 않지만 이들을 다시 정리하고 배열해 보면 형태가 나타나고, 좀 더 큰 의미가 생겨난다. 때로 이런 생각들이 개인의 삶, 일과 부에 있어 중요한 결정을 내리는 역할을 하기도 한다.

아픈 자식에 대한 걱정으로 업무에 집중하지 못하거나 주가 폭락으로 새 차를 사려던 계획을 미루기로 결정할 수도 있다.

지식 창고와 그 작업실의 내부로 한번 들어가 보자. 만일 우리 몸이 나노 크기로 줄어들어 끊임없이 변화하는 정신적 공간을 걸어 다닐 수 있게 된다면 끝없이 쌓여 있는 사실과 가정들을 만나게 될 것이다. 뒤죽박죽 엉켜 있는 개념도 있고, 다른 개념들 위에 깔끔하게 정돈되어 있지만 여전히 다른 개념과 연관된 개념들도 있을 것이다. 어딘가에는 말이 되든지 그렇지 않든지 사람, 사랑, 섹스, 자연, 시간, 공간, 종교, 정치, 인생, 죽음, 인과관계에 대해 나름대로 가지고 있는 온갖 가설과 억측도 있을 것이다. 멀리 어두운 구석에는 현재 사용하는 언어와 문법, 그 언어에 적용해야 하는 논리와 규칙에 해당하는 의미도 숨어 있을 것이다.

이 지식 창고와 작업실은 당신이 잠을 잘 때조차 멈추지 않고 정신없이 바쁘게 돌아간다. 어떤 지식은 끊임없이 잊히고 변하고 요점을 잃어 가지만, 새로운 부와 관련된 지식은 지속적으로 추가된다. 이 모든 것을 합해 개인의 지식 공급이라 부를 수 있다. 이렇게 볼 때 현재 지구상에는 인류 역사상 어느 때보다도 많은 60억 개 이상의 지식 공급물이 존재하고 있다.

총지식 공급량

이보다 훨씬 더 많은 지식이 인간의 두뇌 바깥에 저장되어 있다. 고대 동굴 벽화 혹은 최신 하드드라이브, DVD라는 방식으로 두뇌 외부에 저장하여 그 시대와 그 순간의 지식을 축적해 놓는다.

최초의 1000년을 산 인류에게는 구전을 제외하면 한 세대에서 다음 세대로 지식을 전할 수 있는 별다른 방법이 없었다. 그렇기 때문에 대부분의 지식은 각 개인과 세대가 사라지면 함께 사라졌다. 초기 인류사회[4]에서의 사회 기술적인 변화 속도는 매우 느려서 정확한 사실을 전달하고도 같은 이야기를 계속해서 반복하고는 했다.

3만 5000년 전에 놀라운 대발견이 일어났다. 이름 없는 어느 천재가 사건이나 사람, 물건 또는 그 상황을 기억하고자 돌이나 동굴 벽에 그림문자와 표의문자를 그려 넣으면서 인간의 두뇌 바깥에 기억을 저장하기 시작한 것이다.[5] 뒤이어 나타난 또 다른 위대한 도약은 글을 쓰는 다양한 형태의 발명이다. 그로부터 1000년 후 도서관, 색인법, 인쇄술 등이 잇달아 발명되면서 또다시 엄청난 도약을 하게 되었고 지식이 세대를 거쳐 성장할 수 있는 속도가 증가되었다.

지식을 생성시키고 축적할 수 있는 능력이 발달하지 않았다면 인류는 지금도 3만 5000년 이전의 조상들과 별반 다를 바 없는 생활을 하고 있을지 모른다. 이 생각을 하면 정신이 아찔해진다.

오늘날 그 어느 때보다도 강력한 컴퓨터와 웹 사이트, 새로운 대중매체의 도래로 우리는 데이터, 정보, 지식을 유례없는 속도로 생성, 축적하고 있다. 이들을 수용하기 위해 60억 개가 넘는 인간 두뇌뿐 아니라 두뇌 외부에 위치하는 어마어마한 메가브레인이 최근 수십 년간 개발되고 있다. 세계적 메가브레인은 아직 제 기능을 발휘하지 못하는 불완전한 유아 수준이다.

인류 역사에 알려지지는 않았지만 우리의 두뇌 바깥에 저장된 지식의 양이 두뇌 내부에 저장된 지식보다 더 많아지는 결정적인 변화의 순간이 있었다. 인류는 역사상 진실로 엄청난 이 변화의 순간을 전혀 눈치채지도, 알지도 못하고 지나쳐 버렸다. 이것이 바로 인간이 지식에 대해 무지하다는 사실을 입증해 주는 사실일 것이다.

외부 두뇌는 믿을 수 없을 정도의 속도로 확장되고 있다. 2002년 미국 버클리 대학 정보관리시스템 대학원의 연구원들은 한 해 동안 인쇄물, 필름, 전자 또는 광학식 저장 매체에 저장된 데이터와 정보, 지식의 양이 국회도서관 크기의 도서관 100만 채가 보유하는 양과 일치한다고 추정했다.[6] 이는 인류 역사가 시작된 이래로 인간이 내뱉은 모든 단어의 양과 맞먹는 것이라고 한다. 오늘날의 속도는 그보다 더 빠르다.

따라서 폭발적인 외부 저장소와 60억 인간의 두뇌 지식을 합해야만 인간의 지식 공급 총량을 알 수 있다. 이를 '총지식 공급량ASK, Aggregate Supply of Knowledge'[7]이라고 부른다. 이는 혁명적 부를 창출해 낼 수 있는 막대한 원천이다.

우리는 총지식 공급량을 단순히 확대시키기만 하는 것이 아니라 그것을 데이터베이스화하고, 접근·배포하는 방식도 바꾸고 있다. 인터넷 검색엔진은 점점 더 상세하고 정교한 검색이 가능하고, 보다 많은 단어를 조합하여 검색할 수 있도록 개량되고 있다. 지식 시스템이 세계화되어 갈수록 서구식 논리와 사고가 지배적인 컴퓨터 시스템에도 새로운 인식론과 사고방식이 도입되어 점점 더 개량될 것이다.

알츠하이머는 잊어라

버클리 대학만이 세계적인 두뇌를 측정하려 시도한 것은 아니다. 미국 국립과학재단National Science Foundation의 컴퓨터 과학자 마이클 레스크Michael E. Lesk 박사도 여기에 관심을 보이며 다른 방식으로 접근했다.

레스크는 60억 인간의 두뇌를 기반으로 두뇌가 정보를 습득하는 속도와 이를 잊는 속도에 근거해 현재 살아 있는 모든 인간의 전체 메모리를 계산하면, 대략 1,200페타바이트의 데이터와 동일하다고 추정했다. 1페타바이트는 1,125,899,906,842,624바이트와 동일하므로 1,200페타바이트는 상당히 방대한 양이다. 그는 어떤 사람의 기억이건 상관없이 모든 사람의 기억을 디지털로 저장할 수 있다고 확신한다.[8]

레스크는 미국인이 평균적으로 한두 가지 이상의 대중매체에 연간 3,304시간을 투자한다고 주장한다. 이 중 1,578시간은 텔레비전을 보고,

12시간 정도는 영화를 본다. 이 시간 동안 사람은 약 1,100만 개의 단어를 접한다. 그리고 354시간은 신문, 잡지, 책을 보는 데 쓴다. 아스키코드(ASCII, 미국 정보교환 표준 코드)로 계산해 볼 때, 사람이 살아 있는 70여 년 동안 6기가바이트 정도의 문자에 노출된다는 것이다. 현재 개인용 컴퓨터에서 400기가바이트 디스크드라이브를 사용할 수 있다. 이처럼 인간의 두뇌 외부에 저장된 정보와 내부에 저장된 정보를 모두 합하면, 대략 1만 2,000페타바이트의 정보가 세계에 존재한다.⁹ 좀 더 쉽게 설명하면, 앞에서 잠깐 설명한 유아적인 수준의 메가브레인을 일인당 10개씩 가지고 있다는 말이다.

레스크는 결론적으로 모든 정보가 저장되면 학생들이 외우고 기억하지 않아도 될 날이 올 것이라고 말한다. 대신에 외우고 기억해 줄 기계 장치를 착용하게 될 것이다. 그렇다면 아주 흥미로운 질문이 떠오른다. 그 장치가 알츠하이머 환자들을 도와줄 수 있지 않을까? 레스크의 주장이 맞고, 인간이 정보 저장을 위한 내부 메모리를 필요로 하지 않는다면 장차 인간 두뇌의 어느 부분이 불필요해질 것인가? 그리고 어느 부분이 지식을 위해 계속 필요할까?

물론 이런 숫자 놀음이나 파격적인 추측은 얼마든지 떠들어 댈 수 있다. 멀티태스킹, 비언어적인 정보, 이러한 예측에서 나타나는 다른 문제들도 이야기해 볼 수 있다. 더구나 정보는 지식과 현저하게 다르다. 정보를 디지털 단위로 줄인 버클리 대학이나 레스크도 측정 대상의 의미에 대해서는 말해 주지 못한다. 우리가 진정으로 안다는 것의 의미는 무엇인가? 케임브리지 대학 다윈 연구소 연구원인 애드리안 울프슨Adrian Woolfson은 이 질문에 답변을 내놓고자 했다. 그는 자신의 저서 《유전자 없는 삶 Life Without Genes》에서 "어떤 세상에서도 지금까지 존재해 왔고, 존재할 수 있으며, 앞으로 존재할 모든 것은, 관련된 사실을 완벽하게 수집하고 그에 상응하는 논리적 상호 연결을 활용하면 설명할 수 있다"¹⁰라고 말했다.

개중에는 저자를 붙들고 "정말 그럴까?"라고 묻고 싶은 사람도 있을 것이다. 하지만 그럴 필요는 없다. 인간에게 알려진 것에 대한 지식 가능성 knowability에 관한 울프슨의 주장은 매혹적이었다. 하지만 결국 울프슨도 백기를 들며 자신의 제안은 사실상 불가능하다고 결론지었다. 결국 저장되어 있는 지식이 얼마나 의미 있는 것인지, 또는 그 가치는 무엇인지에 대해서 아무도 설명해 줄 수 없는 셈이다.

이런 의견은 모두 지식의 심층 기반에서 혁명적인 변화가 일어나고 있다는 논쟁을 뒷받침한다. 혁명적이라는 용어조차 이 변화들을 설명하기에는 역부족이다. 사실상 우리는 인간이 생각을 시작한 이래로 세계 지식체계를 근본적으로 뒤흔드는 격변 속에 살고 있다. 이 점을 제대로 이해하지 않으면 미래를 위해 우리가 애써 내놓은 모든 계획들이 불발로 끝나 버릴 것이다.

17

무용지식의 함정

The Obsoledge Trap

저자는 무용한 obsolete과 지식 knowledge을 합하여
무용지식 obsoledge이라는 신조어를 만들어냈다. −옮긴이

생각은 중요하다. 그러나 우리가 생각하는 사실의 대부분은 거짓이다. 우리가
믿는 대부분 역시 어리석은 것이다. 오늘날 데이터와 정보, 지식이 우리 주변
에서 홍수를 이루고 있지만 우리가 알고 있는 사실들의 많은 부분이 점점 더
진실에서 멀어지고 있다. 설사 대중매체가 보도하는 사실을 모두 믿는다고 해
도, 모든 광고가 진실하다고 해도, 혹은 모든 변호사들이 정직하고, 모든 정치
가들이 입을 다문다고 해도, 간통하는 이들이 모두 사실을 고백하고, 말 빠른
텔레마케터들이 요점만 말한다 해도 진실은 우리에게서 점점 더 멀어질 것이
다. 그렇다면 개인, 기업, 국가는 지식이라는 심층 기반을 어떻게 부로 전환해
야 할까?

사실 부의 창출을 위해서는 항상 어떤 지식이 필요했다. 원시 수렵 채집인
은 사냥을 하기 위해 동물의 이동패턴을 알아야 했고, 농부는 흙에 대한 지식
이 있어야 했다. 지식은 대체로 한번 배우게 되면 세대를 걸쳐 유용한 지식으

로 남았다. 공장 노동자 역시 빠르고 안전하게 일하기 위해서 기계 작동법을 알아야 했다.

오늘날의 업무 관련 지식은 너무 빨리 변하기 때문에 일을 하거나 하지 않거나 상관없이 새로운 지식을 더 많이 배워야 한다. 학습은 끊임없이 계속되는 연속 과정이다. 그러나 우리는 그 모든 것을 충분히 빨리 배울 수 없다. 앞으로 우리의 생각 중 어느 부분이 어리석다고 해서 부끄러워할 필요가 없다. 우리만 어리석은 지식을 가지고 있는 것이 아니기 때문이다. 모든 지식에는 한정된 수명이 있게 마련이다. 어느 시점이 되면, 지식은 더 이상 지식이 아닌 것이 되어 무용지식이 될 수도 있다.

어제의 진실

예를 들어 플라톤의 《국가론 Republic》이나 아리스토텔레스의 《시학 Poetics》이 지식을 담고 있는가? 공자나 칸트의 사상은 어떤가? 물론 이들의 사상은 지혜라고 말할 수 있다. 이들 작가나 철학자들의 지혜는 그들이 아는 사실, 즉 그들이 가진 지식에 근거했다. 그러나 그들이 알고 있던 지식 대부분은 사실상 거짓이었다.

거의 2000년 동안 자신의 사상으로 유럽 전역을 좌지우지했던 아리스토텔레스는 뱀장어가 무성생식 동물이며 땅속에서 나왔다고 믿었다.[1] 또한 인도양[2]이 육지로 둘러싸여 있다고 믿기도 했다. 이와 같은 지리학적인 실수는 수 세기 동안이나 지속되었다. 프톨레마이오스 Ptolemy나 다른 유럽 학자, 이슬람 학자들도 같은 의견을 가지고 있었다. 서기 3세기에 피타고라스 전기를 쓴 포르피리오스 Porphyry[3]는 콩나무 가지 하나를 질항아리에 넣어 땅에 묻어 두었다가 석 달 뒤에 파내면 어린아이의 머리나 여성의 성기가 들어 있을 것이라고 확신했다. 7세기 세빌리아의 성 이시도레 Isidore[4] 수도사는 썩은 양고기에서 꿀벌이 생겨난다고 주장했다. 약 500년 후 레오나르도 다빈치[5] 같은 천재도 인간이 비버의 고환을 의학적 목적으로 사용한다는 사실을 비버들이 알고 있다고 믿었다. 그래서 비버들은 포획되면 자신의 고환을 물어뜯어 적에게 물어뜯은 고환을 남겨 놓는다고 단언했다.

남미 토착 식물이던 토마토가 16세기에 처음 유럽에 들어왔을 때는 상식을 가진 지식인들조차 토마토가 인간에게 독이 된다고 생각했다.[6] 스웨덴의 식물학자 린네Linnaeus가 토마토의 무해함을 주장하기 200년 전의 일이다. 1820년에 들어서 어떤 용감무쌍한 사람이 많은 사람들 앞에서 토마토 두 개를 먹는 무모한 행동을 한 뒤에야 린네의 주장이 옳았음이 증명되었다.

무용지식이 항상 이런 우스운 일화로 끝나는 것은 아니다. 1892년까지만 해도 목성의 위성이 네 개라는 것이 상식이었다. 이는 갈릴레오 시기 이후로 받아들여진 과학이었고 지식이었다. 그러나 1892년 9월 9일 릭 천문대의 천문학자 버나드E.E. Barnard가 다섯 번째 위성을 발견하면서 무용지식이 되었다.[7] 2003년에 이르러서는 천문학자들이 60개의 위성을 찾아냈다.[8]

과학자들은 수십 년 동안 태양계에는 아홉 개의 행성만 있다고 믿어 왔다. 그런데 2005년 캘리포니아 공대의 한 천문학자가 제나Xena라고 이름 지어진 물체를 발견했고, 과학자들은 그것이 태양계의 열 번째 행성일 것이라고 믿고 있다.[9]

1912년 런던의 생리학자 어스킨 힐L. Erskine Hill은 실험을 통해서 "공기의 청결성[10]은 중요하지 않다는 증거가 나왔다"고 밝혔다. 지난 수십 년 동안 이 주장이 사실이 아님을 우리가 몰랐다면 전 세계를 통틀어 얼마나 많은 사람들이 공기오염으로 인해 죽었겠는가?

다른 지식은 그렇다 쳐도 수년 전 자신이 의대에서 배운 뒤처진 사실에 집착하고 의존하는 의사들만 있다면 오늘날 얼마나 많은 환자들이 죽음에 이르겠는가? 어제의 일시적 유행에 근거해 세워 놓은 마케팅 전략 때문에 얼마나 많은 기업들이 파산에 이르겠는가? 얼마나 많은 투자가 뒤떨어진 재무정보 때문에 실패하겠는가? 언제든 일어날 수 있는 내일의 죽음과 재앙들은 또 어떤가?

일례로 2002년 9월에 열린 유럽입자물리연구소CERN 자문위원회의[11] 회의 의사록을 살펴보자. '흡연자를 위해 주요 건물 외부 출입문 근처에 재떨이를 비치한다'는 결정과 우편 배달 서비스 변경 사항 공고문 사이에 '사고 발생 시 연락 가능한 담당자들의 이름을 인사부 데이터베이스에 복구, 저장해야 함'이라는 내용이 끼워져 있었다. 어째서 핵물리 사고 발생 시 연락을 취할 사람들의 명단이 갖춰져 있지 않은 것일까? 상황은 이렇다. 대다수의 사람들에게 그 정보는 무용해졌고, 관리부에는 정보를 규칙적이고 체계적으로 갱신할 방편이 없었기 때문이었다. 그 결과 사용자 단체의 회장이 심각한 사고 발생 시 잠재적 인명 피해가 막대하므로 해결책이 모색되어야 한다고 지적하기에 이르렀던 것이다.

에밀리 아줌마네 다락방

디지털 데이터베이스건 두뇌 속이건, 지식이 저장된 곳은 어디나 무용지식으로 가득 차 있다. 흡사 필요 없는 물건으로 가득 차 있는 에밀리 아줌마네 다락방 같다. 사실이나 아이디어, 이론, 이미지, 통찰은 변화에 의해 뒤처지거나 나중에 더 정확한 진실이라 여겨지는 것으로 대체되게 마련이다. 무용지식은 모든 사람, 기업, 조직, 사회의 지식 토대에 큰 부분을 차지한다.

변화가 더욱 빨라지면서 지식이 무용지식으로 바뀌는 속도 역시 빨라지고 있다. 끊임없이 지식을 갱신하지 않는 한 직장 생활을 통해 쌓은 경력의 가치도 줄어들고 만다. 어떤 데이터베이스를 완성할 때쯤이면 그것은 이미 시대에 뒤떨어진 것이 되고 만다. 책도 마찬가지로 출판될 때쯤에는 이미 구식이 된다. 0.5초가 지날 때마다 투자, 시장, 경쟁사, 기술과 고객 욕구에 대한 우리의 지식은 정확성이 감소한다. 결과적으로 오늘날 기업과 정부, 개인은 알게 모르게 전보다 더 쓸모없어진 지식, 즉 변화로 인해 이미 거짓이 되어 버린 생각이나 가정을 근거로 매일 의사 결정을 내리고 있는 것이다.

물론 때로는 예전의 무용지식이 다시금 돌아와 유용성을 나타내는 경우도 있다. 이는 주변 상황이 바뀌면서 새롭고 강력한 의미를 부여받았기 때문이다. 그러나 종종 그 반대가 진실인 경우도 있다.

경제 선진국과 기업들은 지식 경영knowledge management, 지식 자산knowledge assets, 지적재산을 자랑한다. 하지만 아이러니하게도 금융시장 분석가와 경제학자, 기업 및 정부가 아무리 숫자 씨름을 해도 무용지식을 기반으로 내려진 가치 없는 의사결정이 우리에게 어떤 대가를 치르게 하는지 아는 사람은 없다. 개인 투자, 기업 이윤, 경제 발전, 빈곤 축소 계획, 일반적인 부의 창출에 있어 장애물은 대체 무엇인가?

이 저변에는 더욱 중요한 인식론상의 변화가 숨어 있다. 이는 우리가 지식으로 생각하는 사실뿐 아니라 이 지식을 얻고자 사용하는 도구에도 영향을 미친다. 생각의 도구 중에서 두 가지 이상의 현상으로부터 유사점을 찾고 이를 다른 현상에 적용하여 결론을 도출해 내는 유추만큼 중요한 도구도 드물다. 인간은 유추 없이는 생각도 말도 제대로 하기 힘들다. 아일랜드의 골프선수 파드레이그 해링턴Padraig Harrington [12]은 스포츠 기자에게 "U.S. 오픈 선수권 대회는 진정 자신의 능력을 시험하게 한다. 마치 기계처럼 움직이길 바라게 된다"라고 말했다. 이 말은 전 우주가 기계와 같다는 뉴턴 추종자의 주장을 상기시킨다.

우리는 사람을 묘사할 때 '컴퓨터 같은 정신의 소유자'라거나 '아기처럼 잔다', '전문가처럼 투자한다', '천재처럼 생각한다'는 식으로 표현한다. 언어 자체에 함축적인 유추가 숨어 있기도 하다. 자동차의 등급을 매길 때 마력馬力이라는 표현을 쓰는데, 이는 말이 끌던 마차에서 나온 유추로 자동차를 '말이 끌지 않는 탈것'으로 보던 시절의 잔재이다. [13]

이 유추라는 생각의 도구는 점차 사용하기가 어려워진다. 항상 사용하기 까다로웠지만 더욱 까다로워지고 있다. 세계가 변화함에 따라 예전의 유사점들이 비유사점으로 바뀌고 있기 때문이다. 한때 적절했던 비교가 의미를 곡해하게 만들고, 과거의 유사물이 자신도 모르는 사이에 무너지고, 이를 근거로 한 결론도 잘못된 방향으로 흐른다. 변화의 속도가 빠를수록 유추의 유용함도 그만큼 수명이 짧아진다. 이런 상황에서 심층 기반 중 하나인 시간의 변화가 또 다른 심층 기반인 지식의 추구에 사용하는 기본 도구에 영향을 미치게 된다.

결과적으로 지식 경제 전문가 사이에서도 소수만이 '변화의 가속화에 따라 무용지식의 축적 속도도 그만큼 빨라진다'는 무용지식의 법칙에 대해 생각해 보았을 뿐이다. 우리는 과거의 조상들이 느리게 변하는 사회에서 가졌던 부담보다도 훨씬 더 큰 무용지식이라는 부담을 안고 가야 한다. 지금 현재 우리가 소중히 여기는 아이디어도 후세대에게는 웃음거리가 될 수 있다.

18

케네 요인

The Quesnay Factor

오늘날 우리는 경제학 교수의 제자들에게 전 세계적으로 더욱더 많은 지배를 받고 있다. 대통령과 정치가, 각국의 재무장관, 중앙은행장, 투자 담당자와 세계 최강 기업의 고위 경영진들은 착실하게 교실에 앉아 경제학 교수의 말을 듣고, 이들이 쓴 책을 열심히 읽고, 주요 개념을 배우느라 여념이 없다. 경제학자들의 생각을 대중에게 전하는 금융거래 중개인, 금융 고문, 신문과 텔레비전 전문가들도 마찬가지이다. 그러나 불행하게도 대학 시절에 배운 지식 중 많은 부분은 무용지식의 다락이나 죽은 아이디어의 공동묘지에나 적합한 것이 되어 버렸다.

실수투성이 경제학

2004년 2월, 조지 부시 미국 대통령은 그해 260만 개의 일자리가 추가로 창출될 것이라는 대통령 직속 경제자문위원회의 예측에 대해 공개적인 지지를 거부했다.[1] 〈워싱턴포스트Washington Post〉는 "그 예측이야말로 지나친 낙관주의로 조롱받은 부시 정부가 지난 3년간 세운 경제 예측 가운데 가장 신중한 예측이었다"라는 논평을 실었다. 그러면서 "2년 전 부시 정부는 2003년에는 2000년보다 일자리가 340만 개 더 생길 것이라는 예측을 내놓았으며, 2004년 재정 적자는 140억 달러가 될 것이라고 예측했다. 그러나 실상은 그해 170만 개의 일자리가 줄어들었고, 재정 적자는 5,210억 달러로 늘었다"라고 밝혔다.

물론 이 중 일부는 정치적인 이유로 과장되었을 것이다. 어떤 통계수치든 원하는 대로 왜곡할 수 있다. 그러나 정치적으로 사실이 조작됐다는 점을 감안하더라도 무언가 심각하게 잘못되어 있음은 분명하다.

공화당의 백악관 대변인은 "예전의 이론들은 스스로 잘못되었음을 입증했다. 아무도 이와 같은 상황을 예견하지 못했다. 월 스트리트도, 라스베이거스도, 가난한 리처드(리처드 선더스가 필명이었던 벤저민 프랭클린Benjamin Franklin이 쓴 처세 및 격언집 《가난한 리처드의 달력Poor Richard's Almanac》에 빗댄 말 – 옮긴이)도 알지 못했고, 노스트라다무스도 알지 못했다"라고 말했다.

경제학자들이 일자리 수와 재정 적자를 예측하는 것만 실패한 것은 아니다. 최근 전 세계적으로 알려진 수치스러운 재정 붕괴 사태에도 한몫했다. 대형 헤지펀드 회사인 롱텀 캐피털 매니지먼트LongTerm Capital Management[2]는 노벨상을 수상한 두 명의 경제학자를 파트너로 두고 있었지만 1998년 파산 지경에 이르는 사태를 막지 못했다. 결국 미국 연방준비제도이사회의 긴급 조치로 전 세계 경제를 뒤흔들 수도 있었던 연쇄 도산 사태를 겨우 막을 수 있었다. 소비에트 연방 해체 후 러시아 경제[3]가 붕괴될 당시 경제학자들의 역할도 실망스럽기는 마찬가지였다. 또한 1990년대 말 아시아의 금융 위기 사태 때, IMF의 거시 경제학자들은 그들이 저지른 실수를 마지못해 인정했는데,[4] 그 실수로 인도네시아에서는 피비린내 나는 인종 분쟁[5]이 시작되었다.

경제학자들의 전망이 너무 자주 빗나가자 2001년 〈파이낸셜타임스〉는 경제학자들과 이들 못지않게 경멸의 대상이 되어버린 월 스트리트 분석가들에 대해 '수치스러운 예측의 전당the hall of forecasting shame'[6]에 속해 있다고 표현했다. 〈파이낸셜타임스〉는 또한 "전혀 새로울 것이 없다. 거시 경제 전망이 제대로 된 해는 거의 없었다. 정확성이 절실할 때일수록 그들의 전망은 특히 더 형편없었다"라며 이들이 그해에만 운이 나빴던 것도 아니라고 덧붙였다.

공통점 없는 전망들이 난무하자 경제학자들은 평균 결과를 내놓는 것이 더 정확할 것이라 생각하여 각자의 개별 전망보다는 예측을 하나로 묶은 '합의전망'[7]을 내놓기도 했다. 그러나 2000년까지 17년 동안 우량주의 경제성장에 대해 내놓은 합의전망은 단 한 번도 성장을 제대로 측정하지 못했다. 2001년 1월 〈월스트리트저널〉은 54명의 저명한 미국 경제학자들이 내놓은 연간 성장 전망에 대해 보도했는데,[8] 그중 두 명의 예측만이 겨우 근접했을 뿐이었다.

미국이 아닌 다른 나라 경제학자들의 예측 또한 별로 나을 것이 없다. IMF는 이에 대해 "경제학자들이 불경기를 전망하며 이룩한 실패 기록은 타의 추종을 불허한다"고 지적했다.[9] 사실 이는 똥 묻은 개가 겨 묻은 개 나무라는 격이다. IMF는 1997년 태국 경제가 무너지기 바로 6개월 전에 태국의 경제와 재정 시스템이 매우 건실하다며 찬사를 아끼지 않았다.[10] IMF를 비판하는 이들은 "IMF가 1995년 산업 성장 둔화와 1980년대 말 초인플레이션과 같은 주요 변화를 예측하는 데 실패했다"고 지적한다.

추정의 추정

경제학자들을 닥치는 대로 비난하는 것은 쉬운 일이다. 하지만 우연과 운이 인간사를 좌지우지하는 이상, 의사결정을 내리는 사람이 원하는 확실한 미래를 알 수 있는 사람은 아무도 없다. 그렇기에 대중의 비현실적인 기대와 더불어 복잡한 데이터에 대한 편향적인 해석이나 단순화된 핵심만을 요구하는 정치가와 대중매체를 향한 경제학자들의 불만도 일리가 있다.

경제학자들은 분명 똑똑한 이들이며, 맡은 바 최선을 다하고 있다. 그들은 실패에 대한 타당한 이유도 가지고 있다. 경제학자들이 의지할 수밖에 없는 정부와 기업의 데이터는 대부분 불완전하고 모호하며 결함이 가득하다. 게다가 대개의 데이터는 기술 변화나 지정학적 격변, 에너지 사용, 석유 가격 등의 이슈에 있어 표면적인 부분밖에 다루지 않는다.[11] 그렇기 때문에 이를 분석해야 하는 경제학자들은 머리를 싸매고 추정의 추정을 거듭해야 하는 형편이다. 이는 현대 경제학자들에게만 국한된 문제는 아니었다. 심지어 과거의 경제학자들은 지금보다 훨씬 적은 데이터와 정보를 가지고 씨름해야 했다.

그러나 오늘날 전통적인 경제학이 부적절해 보이고 혼란을 야기하는 상황에 이르게 된 근본적인 이유가 이런 자료의 부족 때문만은 아니다. 그 이유를 살펴보면 다음과 같다.

첫째, 현대 경제학자들이 씨름해야 하는 지금의 경제는 과거의 경제학자들이 맞닥뜨렸던 경제보다 훨씬 복잡하다. 애덤 스미스, 칼 마르크스, 데이비드 리카르도나 리온 월러스Léon Walras, 심지어 최근의 존 메이너드 케인스나 조지프 슘페터도 오늘날과 같이 복잡하고 촘촘히 얽힌 상호 관계나, 부의 창출 및 분배와 관련된 인간관계의 상호 작용과 그 결과 등을 직접 겪어보지 못했다. 이 모든 상호 작용이 전 세계에 걸쳐 일어나고 있다는 사실을 제쳐 두더라도 말이다.

둘째, 이는 더욱 중요한 것으로, 바로 한 경제체제 안에서의 거래와 변화의 유례없는 속도이다. 한창 연구가 이루어지는 중인 이 분야에서는 경제학자들이 경제의 어느 한 부분에 대해 계획을 세우거나 관련된 통찰력을 얻기도 전에 변화가 일어난다. 이로 인해 유용한 수치와 발견, 이와 연관된 모든 연구 결과들이 하루살이만도 못한 수명을 지닌다.

셋째, 더욱 큰 문제도 있다. 산업혁명 초기의 경제학자들이 농업에 국한된 사고방식을 뛰어넘어 더 이상 적용할 수 없는 생각들을 버려야 했던 것처럼, 오늘날의 경제학자들도 이와 유사한 도전에 직면해 있다. 최근 일어나고 있는 혁명적 부의 물결이 주는 변화의 충격을 이해하기 위해서는 산업시대의 사고방식을 뛰어넘어야 한다.

머지않은 미래에 경제학자들이 맞닥뜨리게 될 부 창출 시스템은 한계 자원에서 벗어나 근본적으로 무한한 자원이자 경제성장의 주요 요인이 될 지식에 의해 좌우될 것이다. 경쟁적인 투입과 산출에서 비경쟁적인 투입과 산출로, 제한된 지역 내 내수 생산과 유통에서 국가 및 해외 생산과 유통으로, 낮은 기술요건 수준에서 높은 기술 수준 요건으로, 획일적인 대량생산에서 비획일적인 이질적 생산으로, 그 밖에도 많은 다양한 형태로 의존도가 변화해 갈 것이다.

게다가 경제학자들은 각기 다른 경제 분야에서 필요로 하는 통합 정도에 따라 다양한 변화에 직면하고 있다. 경제 활동의 다양한 리듬과 그 상호 작용은 물론이고 복잡성, 혁신 속도, 수십 가지 다른 변수에서 나타나는 변화의 정도를 계산에 넣어야 한다.

지난 세기에 일어난 경제학적 사고의 커다란 진보는 문제에 대한 복잡하고 세밀한 수학적 적용을 통해 이루어졌다. 여기에는 대상을 측정한다는 의미가 담겨 있었다. 물론 그 대상이 형체가 있다는 가정하에서 말이다. 그렇지만 무형자원에서 일어나고 생성되는 혁명적 부를 이해하려면 자원 중에서도 가장 측정하기 힘들고, 가장 사라지기 쉬운 자원인 지식을 다루어야 한다. 과거의 주요 경제학자들이 무형자원의 중요성을 몰랐던 것은 아니었다. 그러나 당시의 경제가 오늘날처럼 지식 집중적이지는 않았다.

단편적 연구들

지난 반세기 동안 경제학자들은 주목할 만한 약진을 보였다. 게임이론의 도입에서부터 이전에는 내생 및 외생 변수만을 가지고 생각하던 경제적 요인 사이의 결과까지 좀 더 깊고 세밀히 이해하게 되었다. 더 나은 자본자산 가격 결정과 옵션, 기업 부채 모델도 여기에 포함된다. 강력하고 새로운 분석 도구를 발전시킨 학자들은 노벨상을 수상했다.

그러나 수십 년간 많은 이들은 지식 기반 경제에 회의적이었다. 1987년에 이르러서도 노벨상 수상자 로버트 솔로**Robert Solow** [12]는 "생산성 통계 결과를 제외한 모든 부분에 컴퓨터의 시대가 도래할 것이다"라고 빈정거렸으며, 많은 이들이 그의 의견에 동조했다.

그 후 경제학자들은 제3물결에 적응하기 위해 애쓰고 있다. 컨설팅사인 캡어낼리시스**CapAnalysis**의 부회장이자 백악관 행정관리 예산국에서 일한 경력이 있는 경제학자 제프리 아이젠아크**Jeffrey Eisenach** [13]는 "경제학자들은 오랫동안 인터넷과 그 영향을 간과했다. 그러나 이제 종교처럼 신념을 가지게 되었다"라고 말한다. 그는 지난 50년 동안의 경제학자들의 믿음과 경제 분석을 뿌리부터 흔드는 네 가지 근본적인 변화에 대해 다음과 같이 지적했다.

첫째, 네트워크 산업의 성장이다. 이는 자신이 어떤 제품을 사용함으로써 다른 이에게도 그 제품의 가치가 증가하는 산업이다. 이론적으로 전화를 많은 사람들이 가지고 있을수록 더 많은 사람들과 연락을 취할 수 있고, 이로 인해 네트워크 내에 있는 모든 전화가 더욱 유용해지고 가치를 가지게 된다. 이러한 네트워크 외부성에 대해 1990년대 초부터 본격적인 연구가 시작되었다.

둘째, 앞에서 밝힌 바와 같이 고갈되지 않는 지식 상품의 비경쟁성이다. 알파벳은 아무리 많이 사용해도 고갈되지 않는다. 소프트웨어는 제품 생산 비용만 회수되면 그 후에는 거의 비용을 들이지 않고 끊임없이 복제할 수 있다. 하지만 유형의 제품은 그럴 수 없다. 거의 무한하다고 할 수 있는 지식의 잠재력은 아직 완전히 파악되지도 않았다.

셋째, 비획일화와 맞춤 제품의 빠른 성장이다. 즉 동일한 제품을 만들지 않는 경제로 향해간다는 뜻이다. 이론적으로 각 제품의 가격이 다르게 매겨진다. 이는 복잡한 경제의 시대로 진입함을 의미하며, 바로 시장 원리에 영향을 미친다.

넷째, 자본의 세계적 이동성에 의해 생겨나는 결과로 아이젠아크는 이것이 경제가 돌아가는 방식을 근본적으로 변화시켜 왔다고 말한다. 물론 경제학자들은 이런 새로운 문제들에 대해 고심하고 있지만, 아이젠아크는 "많은 경제학자들이 여전히 지식 경제에서의 혁신 충격과 역동성을 경시하고 있다. 이것이 얼마나 유동적인지, 얼마나 빠르게 산업 전체를 바꾸고 교역 조건을 재조정하고 비교 우위를 재조절할 수 있는지를 과소평가하고 있다. 마지막으로, 경제학자들은 현재 생계만을 겨우 유지하며 사는 수십억 명의 사람들이 빠르게 세계 정보 경제 안으로 들어서고 있는데 이들의 잠재적 생산성 충격이 얼마나 큰지를 간과하고 있다"고 지적했다.

틀의 부재

복잡하고 새로운 문제에 대처하기 위하여 경제학자들은 한때 쓸데없이 어렵고 양적인 면만을 본다고 무시하던 심리학자, 인류학자, 사회학자들[14]에게 뒤늦게 도움을 요청하기 시작했다. 행동경제학과 신경경제학 같은 경제학의 새로운 분야와 함께 그 하위 분야까지 생겨났다.

경제학자들은 혁명적 부의 부상으로 발생하는 많은 이슈에 대해서도 고심하기 시작했다. 아이젠아크에 의하면 현재 생계비지수와 같은 경제지수는 동일한 제품의 후속 제품에서 보이는 질적 개선 사항도 참작하도록 통계적으로 수정되었다. 경제학자들은 지적 선택을 하는 데 필요한 정보를 획득하는 비용에 대해 상당량의 연구 결과를 제시했다. 복잡한 지적재산 문제, 비대칭 정보, 혁명적 부의 다른 측면들도 연구하기 위해 애쓰고 있다.

그러나 여전히 커다란 틈이 존재한다. 많은 관심에도 불구하고 지적재산에 대한 이해는 여전히 불충분하다. 또한 근본적으로 무한한 지식의 성질인 비경쟁성에 대한 이해 역시 불충분하다. 해답을 기다리는 다른 문제들도 수두룩하다. 다른 지식과 결합할 때만 그 가치를 증명할 수 있는 지식의 가치는 얼마인지, 비동시화의 효과는 무엇인지, 부의 물결이 충돌했을 때 교역 형태에 어떤 일이 벌어질지에 대한 최종적인 결론은 그 시작도 밝혀내지 못했다. 각각의 경제학자나 연구팀들의 노력에도 불구하고 경제학 전반에서는 오늘날 폭주하는 혁명적 변화의 거대함을 완전히 이해하지 못하고 있다. 심층 기반 전체와의 관계는 고사하고 사람과 시간, 공간, 지식과의 관계에서 나타나는 상호의존적 변화를 측정할 수 있는 체계적인 노력도 없는 상황에서 이 모두는 지금까지 살펴본 것처럼 빠른 속도로 일어나고 있다.

혁명이 시작된 지 반세기가 지난 지금, 경제학자들에게는 경제적 발전의 역사적 단계에 대해 일관된 논리를 지닌 중요한 이론을 체계화해야 하는 과제가 남아 있다. 우리 자신이 누구이며 우리가 어디로 가고 있는지 이해할 수 있도록 도와줄 이론 말이다.

프랑수아 케네

다수의 경제학자들이 오늘날의 혁명적 변화의 심오함을 이해하지 못한다는 사실은 모순처럼 보이기도 한다. 물론 예전에도 재기 넘치는 천재성에도 불구하고 근시안적 시각을 가졌던 예는 있었다.

프랑스 루이 15세의 정부情婦로 유명했던 퐁파두르 부인의 주치의, 프랑수아 케네 Francois Quesnay [15]는 천재였다. 평민의 아들이었던 케네는 11살까지 글을 읽을 줄 몰랐지만 일단 배우기 시작하자 멈출 줄 몰랐고, 곧 독학으로 라틴어와 그리스어를 습득했다. 그는 잠시 조각공으로 일하다가 의대에 들어가 외과 의사가 되었다. 혈관류 전문가가 된 그는 프랑스 의학계의 최고봉이 되어 루이 14세 궁정에 입성하게 되었다.

탐구를 갈구하던 케네는 의학이나 퐁파두르 부인의 건강보다 다양한 분야의 학문에 더 많은 관심이 있었다. 퐁파두르 부인의 저택 건너편에 위치한 협소한 거처에서 그는 농업 경제에 관하여 깊이 있는 연구를 했다. 후에 루이 16세의 재정감사원장이 된 튀르고Turgot를 비롯한 사상가와 행동가들이 케네를 만나기 위해 자주 방문했다. 케네는 디드로Diderot의 〈백과전서 Encyclopédie〉에 농부, 잡곡과 같은 주제의 글을 기고하였고, 세금과 이자율에 관한 글이나 페루의 잉카제국에 관한 글, 중국의 전제정치와 같이 전혀 다른 주제에 대한 글도 썼다.

1758년 케네는 경제학에 관한 체계화된 사고를 기반으로 《경제표 Tableau Économique》를 출간했다. 이 책은 1973년 노벨상을 수상한 바실리 레온티예프Wassily Leontief의 투입산출표에 지대한 영향을 미친, 비범한 선구자적 역할을 했다고 평가받고 있다. 케네는 자신의 책에서 경제를 신체의 혈액순환과 비교한다. 이 비유는 그 당시뿐만 아니라 지금까지도 놀라운 정치적 의미를 내포하고 있다. 케네가 믿은 바와 같이 경제가 자연과 같고 항상성을 가지고 있다면 경제는 자연스럽게 평형을 찾고자 할 것이다. 또한 케네의 주장이 사실이라면 프랑스 정부의 중상정책, 무역과 제조에 끊임없이 가하는 규제는 경제의 자연스러운 균형을 방해하는 요인이다. 곧 중농주의자들이 케네의 주위에 모이면서 이러한 사상을 전파하고자 했다. 케네 자신은 서양의 가장 위대한 사상가로 인정받기 시작했으며, 어떤 이는 그를 소크라테스나 공자와 비교할 정도였다.

그러나 케네는 한 가지 중대한 실수를 저질렀다. 모든 부의 원천은 농업에 있다고 주장한 것이다. 케네와 중농주의자들은 농촌 경제만 중요시했다. 케네는 세상에 소작농, 지주 그리고 기타 사람들, 이렇게 단 세 부류의 계층만이 있다고 보았다. 케네에게 있어 앞의 두 부류는 생산적인 계층으로, 바로 부의 모태였으며 그 외의 사람들은 쓸모없는 계층[16]이었다.

케네는 천재적인 인물이었지만 큰 그림을 보지 못했다. 부의 상당 부분이 사실상 연기를 뿜어내는 도시의 공장들과 바로 그 쓸모없는 계층의 손과 마음에서 나오게 되는 산업사회가 오리라고는 꿈에도 생각하지 못한 것이다.

오늘날에도 많은 경제학자들이 근시안적 사고로 문제의 일부에 대한 뛰어난 해결책을 찾느라 고생하고 있다. 혁명적 부와 관련된 사회적, 문화적, 정치적 효과와 같은 문제가 어떻게 더 큰 그림을 형성하는지 보지 못한 케네와 유사한 상황이다. 결론적으로 우리가 '케네 요인'에 대비할 때가 온 셈이다. 이는 우리가 진실과 거짓을 구별할 수 없으면 불가능하다.

19

진실을 가려내는 방법

Filtering Truth

앞서 살펴본 대로 레오나르도 다빈치 같은 인물도 비버의 고환에 대한 기이한 생각을 가지고 있었다. 그렇다면 현대 문화에 떠돌아다니는 다소 엉뚱한 생각들을 우리는 어떻게 받아들여야 할까? 잠깐 동안 인터넷 검색만 해봐도 음모 이론이며 외계인 납치설에, 엘비스 프레슬리의 생존 증거에 관한 내용이 홍수를 이룬다. 켄터키프라이드치킨 KFC은 유전자 조작으로 다리가 여섯 개 달린 암탉을 기르고 있으며, 주유소에서 휴대전화를 끄지 않으면 불이 붙어 폭발할지도 모른다는 이야기도 있다. 실종된 여류 비행사 아멜리아 이어하트 Amelia Earhart가 첩자였으며, 장어 가죽으로 된 지갑은 신용카드 마그네틱을 손상시키고, 방수 자외선 차단제는 아이들의 눈을 멀게 할 수도 있으며, 현 세대의 정자와 난자에서 환경 재앙이 비롯된다는 불가사의한 이야기도 있다. 좀 더 알아보고 싶다면 그냥 인터넷에서 '괴상한 이론들'을 검색하면 된다.

무용지식을 모두 없앤다고 하더라도 우리가 돈, 사업, 부에 대한 지식 또는 그 밖의 여러 가지 알고 있는 사실 중 어느 정도가 무의미한지, 혹은 허구임을 어떻게 알 수 있을까? 우리가 듣는 사실 중 어느 정도를 믿을 수 있을까? 어떻게 이를 결정할 수 있을까? 더욱 중요한 것은 어떻게 결정할지를 누가 결정할 것인가 하는 문제이다.

진실 재판

거짓과 실수가 입사지원서, 납세신고서, 계약 견적서, 업무 평가, 보도 발표, 연구, 통계를 가득 메우고 있다. 손익계산서는 말할 것도 없다. 실제로 이익을 과대 선전하면서 터진 엄청난 기업 스캔들이 새 천년의 과도기를 장식했다. 거짓말로 코가 자라버린 피노키오처럼 최고경영자, 최고재무관리자, 회계사, 주식 분석가들이 세계 주요 신문의 일면을 장식했다. 방송국 카메라 세례를 피하며 지나가던 이들 중 몇몇은 기업 이익에 대해 거짓말을 한 죄로, 자신의 주식은 처분해 버리고 다른 이들에게는 공공연히 주식을 구입하도록 종용한 죄로, 그 밖의 강력범죄와 경범죄로 수갑을 찬 채 교도소로 직행했다. 정부 당국은 주식시장에서 투자자들의 자신감을 잃게 하고 세계 금융시장을 뒤흔들어 놓은 죄로 이들을 고발했다. 진실이 바닥난 듯 보였다.

여섯 가지 여과 장치

기업 또는 사람의 생사를 좌우하는 의사결정이 종종 혼란스럽고 쓸모없으며 부정확하거나 노골적인 거짓 지식에 의해 결정될 때가 있다. 오늘날 컴퓨터, 인터넷, 새로운 최첨단 매체, 특수효과와 새로운 기구들이 온라인에서의 사기와 위조를 더욱 쉽게 만들고 있다. 또한 악의는 없지만 증명되지 않은 거짓 지식들이 웹상에서 폭발적으로 증가하고 있다.

결론적으로 과거에는 철학자, 신학자, 인식론자들의 분야였던 문제들이 점점 더 모든 분야의 의사결정자들이 해결해야 하는 문제가 되고 있다. 위험 부담에 대한 예측, 구입을 망설이는 소비자들의 결정, 투자를 고심하는 투자자들의 결정, 외주를 할지 말지, 거래를 계속할지 끊을지, 고용할지 해고할지, 제휴를 맺을지 말지 등을 생각하는 모든 경영자들의 의사결정이 데이터, 정보, 지식의 소용돌이 속에서 이루어지게 된다. 이 모든 상황에서 우리는 무엇이 진실이고 무엇이 진실이 아닌지 어떻게 알 수 있을까?

진실 여부를 가늠할 수 있는 여섯 가지의 상호 경쟁적인 기준이 있다. 물론 진실인지를 판단하는 방법은 사람과 문화 또는 때에 따라 다르며 여러 가지가 있을 수 있겠지만, 이 여섯 가지가 그중 가장 보편적인 것이라고 할 수 있다. 시장조사자, 정치 여론조사원, 광고대행사, 여론조사 회사 등은 엄청난 시간과 돈을 들여 사람들이 무엇을 믿는지를 조사한다. 그런데 우습게도 더 근본적인 질문, 즉 그들이 왜 그것을 믿는지에 대해서는 거의 묻지 않는다. 그 해답은 이들 여섯 가지 기준 중에서 주로 어느 기준이 정당성을 입증하기 위해 사용되었는가에 달려 있다.

합의

우리가 진실이라고 부르는 상당수 혹은 대부분은 합의에 의해 옳은 것으로 인식된 것이다. 이는 인습적 지혜이다. '모든 사람들이 X를 진실이라고 알고 있다. 그러므로 X는 진실임에 틀림없다'는 식이다. 우리는 보통 의심 없이 가족, 친구, 동료와 주변 문화로부터 합의된 진실을 받아들인다. 무리의 뒤를 쫓아 모두가 호수로 뛰어들어 빠져 죽는 나그네 쥐, 레밍의 시대정신을 형성하는 것이다. 무리를 쫓으면 생각할 필요도 없으며, 집단이 믿는 진실은 논란의 여지도 없다. 틀려도 자신의 어리석음이 드러나지 않는다. 똑똑한 사람들조차 그렇게 믿기 때문이다.

초창기 닷컴기업으로 몰려들었다가 다시 정신없이 빠져나오던 투자자들에게서 레밍과 같은 행동을 볼 수 있다. 또한 현명해 보이는 기업 경영자들이 경영관리 유행을 쫓다가 금세 내던져 버리는 모습에서도 레밍과 같은 행동을 볼 수 있다. 고위 경영진 사이에 새로운 아이디어가 빠르게 전해지고, 받아들여진 후 바로 이행되고, 사람들에게 부과된 뒤에는 곧 폐기된다. 이와 같은 새로운 아이디어가 경제에 직접적이고, 파괴적인 충격을 가하며 분별없는 대량 해고와 모방, 기업 합병으로 이어지기도 한다. 오늘날의 전체 산업 분야에서도 이러한 레밍의 진실을 근거로 구조조정을 하다가 기업을 형편없는 상태에 빠뜨리는 경우가 있다.

레밍의 진실로 인해 나타나는 재앙은 기업과 경제에 국한되지 않는다. 2004년 미국 상원 정보위원회 Senate Intelligence Committee [1]는 이라크가 대량살상무기를 입수했거나 입수에 임박했다는 결론을 내린 미국 정보국의 집단적 사고를 비난했다. 이에 대해 정보국은 다른 우방국의 정보국에서 내린 결론에 근거하였으며, 이들 정보국에서 그 정보를 확인해 주었다고 했다. 합의는 이런 식으로 확산된다.

대중은 한참이 지나서야 당시의 이라크 정권을 미국이 전복시켜 주기 바라던 이라크 망명자들[2]에 의해서 프랑스, 독일, 영국, 스페인, 덴마크, 이탈리아와 스웨덴에 유사한 거짓 정보가 흘러 들어갔다는 사실을 알게 되었다. 이로 인해 전체 시스템이 교란되었으며, 미국 정보국이 의존할 만한 합의 사실이 만들어졌음을 알았다. 레밍의 진실이 전쟁을 촉발한 일은 이때가 처음이 아니다.

일관성

이 기준은 어떤 사실이 진실이라고 여겨지는 다른 사실들과 부합할 경우, 이 사실 또한 진실이라는 가정을 근거로 한다. 형사와 변호사, 법정이 이런 일관성에 전적으로 기대어 목격자의 진실성을 시험한다. 세계적으로 널리 알려진 마이클 잭슨의 아동성추행 사건에서 전 세계 수백만 텔레비전 시청자들은 몇 달 동안 검사와 피고 측 서로가 상대방 증거의 모순을 드러내는 데 혈안이 된 모습에 놀라움을 금할 수 없었다. 모순점이 없으면 진실하다는 듯, 증거 하나하나를 놓고 내부 모순이 있는지 여부를 살살이 탐색했다.

비즈니스에서도 마찬가지로 거짓일 가능성이 있음에도 불구하고 일관성을 가지고 있다면 진실이라고 받아들여진다. 인수합병 전 공인회계사가 실사보고서를 작성하기 위해 가장 먼저 눈여겨보는 것은, 통제 원장에 보고된 외상매출금이 하부 원장의 내용과 정확하게 일치하는가이다. 불일치한 것이 있다면 진실이 조작되었다는 의심을 산다. 엔론, 월드콤WorldCom, 아델피아 커뮤니케이션즈Adelphia Communications, 타이코Tyco와 그 밖의 소위 잘나가던 회사들의 회계부정 사건 이후 일관성의 기준은 계속해서 적용되었다.

권위

일상생활에서 진실로 받아들이고 있는 것의 상당 부분은 종교뿐 아니라 속세에서도 권위에 근거하는 경우가 많다. 미국에서는 수년 동안 유명 투자가인 워런 버핏Warren Buffet[3]이 월 스트리트에 대해 전망한 말은 모두 진실로 통용되었다. 어떤 이들은 성경이나 코란에 있는 내용이라면 무조건 진실이라고 확신한다. 바로 권위가 진실을 판단하는 기준이 된 것이다.

이슬람교의 이맘Imam이나 아야톨라Ayatollah(이맘과 아야톨라는 이슬람교 수니파와 시아파 성직자에 대한 존칭임 – 옮긴이)들은 권위를 지닌다. 이슬람교 시아파의 최고 성직자 대 아야톨라 알리 알시스타니Ali al-Sistani[4]는 "사람들은 지도자의 지혜로운 의견이 하라는 대로 행동해야 하며, 지도자의 지혜로운 의견이 하지 말라는 행동을 해서는 안 된다. 또한 이에 대해 고민해서도 안 된다"라고 말했다.

1870년 교황이 절대 진리[5]임을 선언한 바티칸에서도 권위를 찾아볼 수 있다. 이러한 종교 지도자의 추종자들은 이들이 코란이나 성경 또는 두 가지 종교 모두에 대해 심오한 이해를 하고 있다고 생각하며, 따라서 궁극적인 권위의 시각을 가지고 있다고 믿는다.

한편 〈뉴욕타임스〉[6], 〈르몽드Le Monde〉[7], CBS 뉴스[8]처럼 저명한 뉴스 매체가 보도하는 내용이라면 틀림없이 진실이라고 믿는 이들도 있다. 물론 이것은 CBS가 부시 대통령이 미국 방위군에서 복무했다는 보도가 위조 서류를 근거로 했다고 시인하기 전 이야기이고, 〈타임스〉가 거짓과 허구의 자료, 표절된 자료를 사용하도록 편집자를 속인 한 전도유망한 기자의 기사를 실었다고 공개적으로 시인하기 전 이야기이며, 〈르몽드〉의 수석 편집자들이 자신들의 개인적인 이익을 위한 기사를 게재했다는 사실을 폭로하여 엄청난 베스트셀러 도서가 세상에 나오기 전 이야기이다.

유명 연예인이 권위를 가지게 되는 터무니없는 상황도 종종 발생한다. 배우 리차드 기어[9]는 티베트에 대한 권위자로 알려져 있고, 가수 바브라 스트라이샌드[10]는 외교정책, 찰턴 헤스턴Charlton Heston은 성경에 대한 권위자로 인식되기도 한다. 찰턴 헤스턴은 단지 영화에서 모세 역을 맡았을 뿐이다. 한편 유명 CEO들처럼 기업 간부들의 맹목적인 찬양을 받는 이들도 있다. 미국 기업가들 사이의 최고 권위자는, 지금은 은퇴한 제너럴 일렉트릭의 잭 웰치Jack Welch 회장[11]이다.

오늘날 현명한 의사결정을 위해서는 너무나 많은 지식이 필요하다 보니 정말로 현명한 사람들은 자신이 무엇을 모르는지를 안다. 그래서 권위를 공유해 사용한다. 기업 이사회에서 중역들이 금융 문제에 관해서는 이사회 내

어느 한 사람의 의견을 따르기도 하고, 경영자 보상에 대한 문제에 있어서는 다른 이의 의견을 듣기도 하며, 또 기술 관련 문제에 있어서는 또 다른 사람의 의견을 따르기도 한다. 그러나 권위에 의존하다 보면 권위자의 실제 역량을 일관성 있게 판단하기보다는 권위자의 직함이나 학위, 관계 당국의 신임장에서 나타나는 권위만 신뢰하게 된다. 증명서를 수여하는 권위에 머리를 숙이게 되는 것이다. 권위 위의 권위가 만들어지는 구조이다.

계시

어떤 이들은 불가사의한 계시를 근거로 진실을 가늠하기도 한다. 이 경우에는 의문을 가질 수도 없으며, 그저 그렇다고 믿어야 한다. 내 말을 믿어라. (당신이 정말로 '내 말을 믿는다면', '내가 말했기 때문에 믿는다면', 나는 인정받는 권위가 되고 당신이 의존하는 기준은 그 권위가 된다.)

내구성

진실의 기준이 내구성과 세월인 경우도 있다. 진실이 '시간의 시험'을 견뎌 냈는가? 실제 경험한 바 있는 진실인가? 또는 새로운 진실이라서 의문을 가져야 하는 상황인가? 여기에서 권위는 신도, 책도, 사람도 아닌 과거라는 어마어마한 시간의 조각이다.

닭고기 수프는 정말로 감기에 좋을까? 할머니의 할머니에서부터 수세대에 걸쳐 전해져 내려왔다는 사실만으로 그렇게 여기는 것은 아닐까?

계몽시대와 산업혁명 이전에는 수세대를 거쳐 전해져 내려온 진실이 얼마나 중요했는지 오늘날의 사람들은 잘 이해하지 못한다. 펜실베이니아 대학의 역사가 앨런 코어스Alan Kors는 "과거에 기정사실화되었던 권위[12]를 뒤집은 일이야말로 서양 역사 전체를 통틀어 가장 커다란 발전이다"라고 말한다.

과학

과학은 다른 기준들과 다르다. 혹독한 시험을 거쳐 진실을 검증하는 유일한 기준이다. 그러나 과학은 지금까지 본 다양한 기준 중 사람들이 일상생활에서 가장 적게 의존하는 기준이다. 강아지를 살 때 강아지가 너무나 마음에 들어서 사지 강아지가 과학적 시험을 통과했다고 해서 선택하지는 않는다. 어떤 영화를 볼지 결정할 때 실험실에서 실험을 하지는 않는다. 친구를 사귀는 일도 마찬가지이다. 사람들이 개개인의 일상과 비즈니스에서 내려야 하는 결정 중 과학적 기준이 근거로 작용해야 하는 부분은 미량 원소보다도 작다.

하지만 여섯 가지 진실 측정 기준 중 근세기 들어 과학만큼 부에 커다란 충격을 준 기준도 없다. 반면 앞으로 다루게 되겠지만 과학만큼 위기에 처한 기준도 없다.

과학은 사실의 집합이 아니다. 과학은 종종 흐트러지고 비연속적인 아이디어들을 시험하는 과정이다. 그 아이디어들은 적어도 원칙적으로 시험이 가능한 것이어야 한다. 혹자는 왜곡도 가능해야 한다고 말할 것이다. 시험은 관찰과 실험으로 이루어지며, 결과는 재현이 가능해야 한다. 이런 시험 과정을 충족하지 못하는 지식은 과학적이라 할 수 없다. 그러므로 가장 설득력 있는 과학적 발견이라고 해도 불완전하고 모호하며, 새롭게 과학적으로 증명된 발견 앞에서 항상 조사받고, 수정되며, 포기되어야 하는 상황에 직면한다.

이러한 이유로 과학은 여섯 가지 진실 여과 장치 중 종교, 정치, 민족주의, 인종차별 등 어떤 종류의 맹신주의에 대해서나 천성적으로 반대하는 성질을 가진 유일한 분야라고 할 수 있다.[13] 광신적인 확신은 종교적 박해, 테러리즘,

이단 심문, 자살폭탄, 그 밖의 잔학한 행위를 낳는다. 아무리 확고한 과학적인 발견이라도 기껏해야 부분적으로나 일시적으로만 진실이기에 불확실하다는 인식을 과학이 바꾸어 버리는 것도 광신적인 확신이다.

모든 과학적 발견은 개선될 수 있고 개선되어야 하며, 그러지 않으면 폐기해야 한다는 생각이 과학을 다른 기준과는 달리 우위에 올려놓는다. 합의, 일관성, 권위, 계시 또는 내구성 등 다른 많은 진실 여과 장치 중 오직 과학만이 자체 수정이 가능하다. 다른 다섯 가지 기준이 유사 이래로 사용되어 왔으며, 고정적이거나 혹은 변화를 거부하는 농경사회적 성향을 지닌 반면 과학은 변화에 활짝 열려 있다.

생물학자이자 중국과학 역사가인 조셉 니덤 Joseph Needham은 서양 과학이 어느 시점에선가 중국을 훌쩍 뛰어넘어 발전하기 전까지 중국이 유럽과 비교해 기술적으로 얼마나 크게 발달했었는지를 보여 주었다. 서양이 이토록 미래를 향해 약진할 수 있었던 데에는 이런저런 과학적 발견이 아닌 대단하고 강력한 다른 원인이 있었다. 니덤은 "서양은 르네상스와 갈릴레오 시대에 가장 효과적으로 발견하는 방법 그 자체를 발견했다"[14]고 말했다.

과학적 방법의 요소는 초기 이슬람, 르네상스 그리고 16세기와 17세기 초의 프랜시스 베이컨 Francis Bacon [15] 시대까지 거슬러 올라간다. 그러나 어떤 주장이나 가설의 진실성을 구별하는 방법이 명확해지고 폭넓게 인정받기까지는 더 많은 시간이 지나야 했다.

캐나다 말라스피나 대학의 역사학자 이안 존스턴 Ian Johnston은 "과학적 탐구의 추구[16]가 항상 명확하고 합의된 방법을 지닌 조화롭고 질서 정연한 행동이었던 것은 아니다. 과학은 여전히 그 행위가 무엇과 연관되어 있는지 구별하는 데에 급급했으며, 많은 방법과 이론, 체계가 거의 모든 분야에서 경쟁하고 있었다"라고 설명한다. 실상 이는 18세기를 지나 19세기 초까지 계속된 일이었다.

그 이후에야 경험적 관찰, 실험, 수치화, 결과의 보급, 복제 또는 반증과 같은 방법과 함께 오늘날 폭넓게 사용되고 있는 무작위 눈가림 대조군randomized blind control, 그 밖의 기술들이 조금씩 나타나기 시작했다. 과학적 방법의 발명은 인류에게 미지의 사실을 밝혀내는 새로운 진실 여과 장치이자 시험이며, 강력한 메타 툴meta tool로서 기술 변화와 경제 발전에 박차를 가했다.

모든 경제 관련 결정 중 극소수의 요소만이 과학적으로 이루어졌다고 할 수 있다. 그러나 그 작은 부분이 세계의 부를 만들고 확장할 수 있는 힘을 바꾸어 놓았다. 이는 미래에도 계속될 것이다. 우리가 그렇게 놔둔다면 말이다.

진실-변환

현실에서 우리 모두는 진실을 증명하는 데 있어서 한 가지 이상의 기준을 사용한다. 의학적인 도움을 위해서는 과학에 의지하고, 도덕적인 조언을 위해서는 계시적인 종교에 의지하고, 다른 많은 문제를 해결하기 위해서는 이에 타당한 권위를 찾는다. 우리는 이 기준을 변환하기도 하고 여러 가지 기준을 한꺼번에 사용하기도 한다.

많은 기업과 정당, 종교운동, 정부와 다른 단체들은 한 가지 이상의 진실 여과 장치를 사용하여 사람들을 교묘히 조종한다. 예를 들어 제약 회사의 텔레비전 광고에는 과학에 근거한 사실이라는 의미를 전달하기 위해 진짜 의사가 등장한다.[17] 어떤 광고에서는 유명인을 내세우기도 한다. 비아그라 광고에 미국 공화당 상원의원인 밥 돌Bob Dole을 내세우고, 브리스톨 마이어스 스큅Bristol Myers Squibb사는 랜스 암스트롱Lance Armstrong(고환암을 이기고 투르 드 프랑스 사이클 대회에서 7연승을 한 인물 - 옮긴이)을 광고에 기용하여 이들이 마치 제품 관련 권위자라도 되는 듯 비춘다.[18] 델 컴퓨터Dell Computer의 광고는 소비자들이 좋아할 만한 나이대의 젊은 남자가 가벼운 옷차림으로 나온다. 시청자로 하여금 델 컴퓨터를 사면 그 연령대의 또래집단에 속할 수 있게 되리라고 암시하는 것이다. 퀘이커 오즈Quaker Oats나 앤트 제미마Aunt Jemima 팬케이크 믹스 제품, 그 밖에 옛날식 이름으로 시작하는 수많은 제품들은 할머니 세대에서 믿을 수 있는 제품이었으므로 오랜 역사가 있는 좋은 제품이라고 전한다. 다른 진실 기준들도 역시 상업적으로 이용된다. 그다음에 마케팅 전문가들은 타깃 소비자를 가장 잘 설득할 수 있는 특정 진실 여과 장치를 구분하여 공략한다.

무엇이 진실이고 아닌지에 대한 결정은 개인만의 일이 아니다. 문화와 사회 전체는 하나 또는 몇 개의 진실 기준을 위한 특징적 선호도를 가리키는 진실 프로파일이라 할 수 있다. 어떤 사회는 권위와 종교적 계시에 의해 지배된다. 1979년 신정주의 혁명 후의 이란이 그 예이다. 또 다른 사회는 1960년대 이후의 일본과 같이 과학과 기술을 강조한다.

한 사회의 진실 프로파일은 그 사회가 생산하는 부의 양과 형태에 엄청난 영향을 준다. 연구개발보다는 이슬람사원이나 교회를 짓는 데 얼마나 많은 돈을 배분할지, 혹은 제국주의 시대에 얼마나 향수를 느낄지에 크게 영향을 미칠 것이다. 사람들이 어떤 문제에 대해 어느 정도 범위까지 소송을 걸 수 있는지에 영향을 주고, 사법체계의 근본과 전통의 무게, 변화를 거부하는 정도에 영향을 미친다.

궁극적으로 진실 여과 장치의 선택은 체코슬로바키아의 경제학자인 오이겐 뢰블Eugen Loebl이 말한 소위 '이득'의 속도[19]를 가속화하거나 느리게 만들며, 이는 인류가 지속적으로 생활 수준을 향상시키기 위해 필요한 지식을 축적하는 속도이다.

미래 경제의 모습은 지식의 타당성을 증명하기 위해 어떤 진실 여과 장치를 사용하는지에 달려 있다. 우리는 결과를 예측하지 못한 채 부의 심층 기반과 우리의 관계를 바꾸며 경제 발전의 핵심 원천 중 하나를 위험에 빠뜨리고 있다. 과학의 미래가 달린 문제이다.

20

실험실 파괴

Trashing the Lap

현재의 지식과 무용지식을 포함해 인간이 지식 기반에서 찾은 모든 지식 중에서 우리가 과학이라고 부르는 이 작은 요소만큼 현 세기 인간의 수명, 양, 건강과 부를 증가시킨 것도 없다. 하지만 부의 심층 기반이 변화하고 있음을 보여주는 많은 신호에도 불구하고 과학에 대항하는 게릴라전이 늘어나고 있다. 이 전쟁은 단순히 과학적 사실에 대한 도전이 아니라 과학 자체를 평가절하하려는 시도이다. 그러한 시도의 목표는 과학적인 행동 방법이 어떻게 변화해 나갈지, 과학자들이 무엇을 연구하고 연구하지 않을지를 강제하는 것이다. 좀 더 깊이 들어가면 그 목적은 진실을 구별하는 방법의 하나인 과학에 대한 의존을 줄여 전 세계에 걸친 진실 변이 truth-shift를 강행하려는 것이다. 만약 이런 시도가 성공한다면 지식 경제의 미래와 세계의 고난과 빈곤을 줄일 수 있는 기회에서 이탈하게 되고 다가오는 세기를 암흑으로 만들지도 모른다.

표면상으로 볼 때 과학은 세계적으로 눈부신 발전을 이루고 있는 듯하다.

전 세계를 통틀어 과학자와 기술자의 수가 증가하고,[1] 이와 더불어 연구개발 비용도 증가했다. 미국만 보더라도 2003년 한 해 동안 2,840억 달러가 연구개발비로 사용되었다.[2] 그런데 연구개발비 중 상당액이 미국 과학 단체로 밀려드는 세계 각국의 외국인 연구원[3]과 이민자들에게 투입되었다. 미국이 중국, 인도, 중동, 멕시코에 이르는 전 세계 과학자들의 훈련소 역할을 한 것이다.

비즈니스 분야에서 보면 IBM이 2004년에 연구개발비로 50억 달러를 지출했다. 폴 혼 Paul Horn[4]이 이끄는 IBM 연구원들은 기술 혁신으로 전체 3,248개의 특허를 획득했다.[5] 하루 24시간, 365일에 걸쳐 약 2.6시간에 한 번 꼴로 특허를 획득한 것이다. IBM은 그해 2위 업체인 마쓰시타보다 미국 특허를 68퍼센트나 더 많이 획득하였다. 기술 혁신으로 IBM은 물리적인 제품의 품질 개선을 이루었다. 그러나 이보다 더욱 중요한 사실은 그해 특허를 관리하여 12억 달러를 벌어들일 수 있는, 판매 가능한 지적재산을 내놓은 것이다. 이는 2004년 IBM 순이익의 15퍼센트에 해당하며,[6] IBM의 주력 제품은 이제 물리적 제품이 아니라 서비스와 지식이 되었다.

과학으로 일반적인 경제성장을 한다는 것은 매우 복잡하고 열띤 논쟁의 대상이 되고 있다. 그러나 전 미국 상무부 차관 게리 버쿨라 Gary Bachula는 "저명한 경제학자들은 오늘날의 기술 진보[7]를 지속적인 경제 발전에 유일한 요소는 아니지만 상당히 중요한 요소로 보고 있다. 그리고 지난 50년간 미국 경제성장의 절반 이상이 기술 발전 덕분이었다고 판단하고 있다"고 말한다.

최근 미국 국립과학재단의 보고서[8]에 따르면, 다른 나라들은 연구개발 투자를 늘리며 물리학 및 공학 분야에 중점을 두고 있는 데 반해, 미국은 이 두 분야에 다른 국가보다 적은 지원을 하고 있다.

한편 과학적 지식과 그 발견이 파괴적 방식으로 악용될 수 있다는 이유로 이를 양날의 검과 같다고 말한다. 이는 이제 식상한 논의이다. 사실 종교와 비과학적 지식도 다르지 않다. 게다가 이 둘은 과학이 건강, 영양, 안전과 그 밖의 사회적 혜택에 세계적으로 기여한 만큼의 발견을 해내지 못했다.

면도날과 권리

과학의 공로를 생각하면 미국을 비롯한 전 세계 과학자들이 예전처럼 존경을 받아 마땅하다. 그러나 존경을 받기는커녕 위협당하고 있다. 몇 년 전 미국 대학의 의학 연구원들은 우편 봉투 안에 면도날을 붙인 우편물[9]을 받았다. '동물 실험을 중지하지 않으면 무슨 짓이든 저지르겠다'는 극단적인 동물권익 운동가들의 경고다. '무슨 짓이든'이라는 말에는 차량폭탄, 방화, 그 밖의 위협 및 폭력 행위가 포함된다. 최근에 팝송계의 원로 가수 스티븐 패트릭 모리세이[10]가 동물권익 운동가의 폭력적인 행동[11]을 지지하여 사회적 이슈가 된 적이 있다. 그가 이런 폭력적 행동을 지지한 것은 연구실 과학자들이 폭력을 자행하고 있으며, 그들이 알아들을 수 있는 유일한 언어가 '폭력'이라는 이유 때문이었다.

동물의 권익을 보호하려는 광신자들은 광범위한 반과학 연합의 한 줄기에 불과하다. 이들 연합에는 페미니즘, 환경보호주의, 마르크스주의, 그 밖의 진보운동 단체라고 주장하는 최극단주의자들이 분포되어 있다. 이들은 학계, 정치권, 기타 유명 방송인들의 지원을 받으며 과학과 과학자들을 위선자 혹은 최악의 경우에는 잔혹한 범죄자로 몰아서 비난한다.

이들 극단주의자들은 제약회사의 과학자들이 막대한 돈을 받고 연구 결과를 기업에 팔아넘긴다는[12] 이유로도 비난한다. 물론 이는 일부 사실이다. 하지만 사명감 없이 일하는 사람이 과학자만은 아니다.

한편 네오 페미니스트neo-feminist들은 많은 나라에서 벌어지는 교육적인 성차별과 여성 과학자들이 고용 및 승진에서 성차별 장벽에 부딪히는 문제를 너무나도 정확하게 제기한다. 사실 이는 반드시 한 번쯤은 짚고 넘어가야 하는 문제이다. 이런 차별 행위는 어리석고 불공평한 것이며, 인간 두뇌 능력의 절반을 활용하지 못하게 만드는 일이다. 하지만 성차별이 과학이 지닌 본질적인 문제는 아니다. 게다가 안타깝게도 이는 다른 수많은 분야에서도 쉽게 찾아볼 수 있는 문제이다.

극단적인 환경론자들 역시 과학을 적으로 삼아 맹공을 펼친다. 이들은 과학자들이 유전자를 변형시켜 만든 음식으로 인류 전체에 파괴적인 위협을 가한다고 주장한다. 나는 이미 30년 전에 유전공학의 적용에 주의를 기울여야 한다고 지적했다.[13] 하지만 공포에 질려 비이성적으로 반대한다고 해서 문제가 해결되지는 않는다.

유럽의 극단적 환경보호주의자들은 프랑켄푸드Franken-foods[14]에 대한 이야기로 방송 매체에 큰 반향을 일으키며 보호주의 정책 노선을 걷는 유럽 정부들[15]과 손잡고 미국 농산물의 수입 금지 대책을 모색하고 있다. 그 결과 일부 유럽 국가들은 아프리카의 짐바브웨가 미국의 식량 지원을 거부하도록 압력을 가하고 있다. 짐바브웨가 대대적인 식량 고갈 위기에 처해 있음에도 불구하고 유전자 조작에 의해 만들어진 음식이라는 이유로 짐바브웨 정부에 무역 제재 위협[16]을 가하고 있는 것이다.

유엔 세계식량계획WFP, World Food Program의 사무총장 제임스 모리스James Morris[17]가 "유전자 변형을 거친 옥수수의 경우 말 그대로 수십억 명이 식용했지만 아무런 문제가 없었다. 음식의 안전성에 대한 우려를 증명할 과학적 증거는 없다"라며 반대 성명을 아프리카 정부에 밝혔지만 소용없었다. 유럽에서 맹위를 떨치는 유전자 변형 음식 반대운동GMOs은 유전자 변형 종자 부문의 선두 기업인 몬산토Monsanto[18]에 큰 타격을 입혔다. 반대운동의 주동자들은 이탈리아 로디 지역에 위치한 몬산토의 옥수수, 콩 종자 창고에 불을 지르고 페인트로 '몬산토 살인자들Monsanto Killers', '유전자 변형 반대No GMOs'라는 문구를 써놓았다.[19] 이런 반대운동은 다른 기업에도 영향을 미쳐 과학과 연관된 제품 시장을 고갈시킨다. 또한 투자자들은 지나치게 엄격한 규제를 우려해 다른 부문으로 투자를 돌린다. 나아가 젊고 재능 있는 인재도 그 분야로 진출하려 하지 않는다.

과학에 대한 적개심은 좌익 사회운동가와 영국의 찰스 왕세자라는 참으로 기묘한 양측이 손을 붙잡고 한 지붕 아래서 목청을 높이게 만들기도 한다. 찰스 왕세자는 '지구에 대한 존경'이라는 주제의 BBC 라디오 강연[20]에서 고집스러운 과학적 합리주의를 비난했다. 그전에는 과학이 우리의 이해에 대한 횡포라고 주장하며 환경보호론자, 뉴에이지 운동가와 그 밖의 소위 신성함으로 돌아가자고 주장하는 이들을 지지하기도 했다.[21]

또 다른 반과학 선동주의의 원천도 찾아볼 수 있다. 바로 지칠 줄 모르는 강경주의를 걷는 종교계의 창조론자들[22]이다. 그들은 다윈에 대한 무자비한 적개심으로 무장한 채 과학 교과서에 대한 반대운동을 주도하고, 교육 과정과 기준에 대한 소송을 벌이며, 과학과 연계된 일반적인 세속주의를 맹렬히 비난한다.

반과학 투사들과 더불어 광기로 혹은 멀쩡한 정신 상태에서도 자신들의 대의를 위해 살인도 불사하는 무소속의 전사들도 있다. 유나바머 Unabomber[23]라는 별칭으로 불렸던 테드 카진스키 Ted Kaczynski는 세 명을 죽이고 23명에게 부상을 입힌 1990년대 폭탄 테러의 주요 인물이다. 그는 반과학과 반기술을 주제로 한 자신의 선언문을 신문에 게재해 주지 않으면 더 많은 살상을 하겠다는 협박 편지를 주요 신문사에 보냈다. 대중은 분노에 치를 떨었다. 하지만 일부 학계에서는 그의 성명서를 칭송했고, 인터넷에 팬 사이트가 등장하기도 했다.

이처럼 우리 주변에서 폭넓고 다양한 반과학 운동을 쉽게 찾아볼 수 있다. 여기에서 좀 더 나아가면 온갖 종류의 대체의학 의사와 중국 파룬궁 공중부양사들, 초자연 현상이나 외계인 신봉자들까지도 연결된다. 이런 반과학 운동은 할리우드 영화에서 끊임없이 과학을 악의 화신으로 묘사하거나 방송사에서 점술 및 심령 프로그램, 애완동물과의 의사소통을 가능하게 한다는 동물 심령 프로그램을 계속 내보내는 가운데 더욱 증폭되고 있다.

영국의 저명한 복제생물학자 리처드 거스덴 Richard Gosden[24]은 과학을 반대하는 목소리를 피해 캐나다에서의 교수직을 수락하고 출국했다. 영국왕립학회 British Royal Society는 그를 따라 많은 과학자들이 외국으로 가지 않을까 우려하기도 했다. 한편 프랑스 소르본 대학이 주간 텔레비전 잡지에서 점성가로 활동하던 전 미스 프랑스에게 점성학 박사학위[25]를 수여하여 논란이 일기도 했다. 아이러니하게도 그녀의 박사학위 논문 심사는 르네 데카르트 대학(파리 5대학)에서 유명 사교계 인사들을 앞에 두고 진행되었다.

급변하는 정치

과거 유럽과 미국에서 나타났던 과학에 대한 적의는 대체로 우익세력이나 일부의 초기 파시스트, 나치주의자에게서 비롯됐다.(지금도 많은 수의 미국 과학자들은 '과학에 대한 공화당의 전쟁'에 불만을 토로한다. 공화당, 그중에서도 조지 부시 백악관이 지구 온난화, 출산 통제, 산성비, 줄기세포 연구 등 다양한 분야의 연구 결과물을 정치적으로 악용하고 있다고 주장한다.) 이에 비해 좌익세력은 대체로 과학을 옹호하는 편이었다. 마르크스주의자들은 자신의 사상 자체가 과학적 사회주의를 보호한다고 주장했다. 그렇지만 오늘날에는 정반대가 되어 좌익세력이 반과학의 깃발을 더 열광적으로 흔든다. 이런 현상은 미국과 유럽 대학의 문학, 사회과학, 여성학, 인문학에서 두드러지게 나타난다. 미국의 좌익세력은 낙태나 종교학교의 사회지원금과 같이 감정적으로 얽힌 사회 문제에 대한 종교적 우익세력의 주장을 맹렬히 반대하면서도, 과학을 상대로 한 게릴라전에서는 우익세력과 손을 맞잡고 있다.[26]

그렇다고 해서 과학자들이 절대 비난을 받아서는 안 된다거나, 실험실에서는 어떠한 사기 행위도 없고 무책임하고 위험한 실험은 어디에도 존재하지 않는다고 주장하는 건 아니다. 또한 과학의 혜택이 부자와 가난한 자에게 골고루 돌아가고 있다는 것도 아니다. 더구나 과학 연구의 세계적인 초고속 확산은 정부, 대학, 연구업계가 거짓된 연구를 감시할 수 있는 능력을 뛰어넘어 버렸다.[27] 비동시화의 또 다른 사례인 것이다.

이러한 잘못은 반드시 고쳐져야 한다. 그러나 과학을 대상으로 한 전쟁은 이런 우려보다는 훨씬 폭넓은 목적을 지니고 있다. 과학적 도약이 여러 분야에서 점점 빠르게 나타나면서 전쟁도 시작되었다. 인간 게놈 지도의 해독만으로도 세계 지식 기반은 엄청나게 확장되어 지식의 획득 가능성과 축적의 속도가 빨라졌다. 런던 대학의 생체지리학자 필립 스톳 Philip Stott 은 "현재 거대한 봉우리에 서 있는 우리 모두가 우리의 발밑에 펼쳐져 있는 새로운 나라를 탐험하려 하지 않는다. 대신에 새로운 과학을 가두고 묶어 두려고 안달하고 있다"[28]라고 지적한다.

남성 중심 사회와 심령술

과학을 비판하는 대부분의 사람들이 과학을 없애기 위해서 공격하는 것은 아니다. 그들은 또한 과학의 본질인 방법론에 도전하지도 않는다. 대신에 제약 연구의 단 3퍼센트만이 세계 빈민들 사이에 만연하는 질병에 직접적인 혜택을 준다고[29] 불만을 토로한다. 또는 여자보다 남자들이 주요 대상인 질병에 더 많은 지원이 간다든가[30], 화장품처럼 생사를 가르는 것도 아닌 제품을 위한 연구로 인해 동물들이 학대당한다거나[31], 무기 개발에 너무나 많은 과학이 집중되어 있다고 주장한다.[32] 이 모든 비난은 결코 편치 않은 진실로 이어진다. 그렇지만 이런 상황을 개선한다고 해서 과학에 흠집이 생기지는 않을 것이다. 과학은 오히려 발전할 것이다.

어찌 됐든 과학이 가치의 측면에서 완전히 자유로울 수 없다는 비판도 맞는 말이다. 일부 페미니스트들은 이것이 과학의 남성 중심적이고 남성 우월적인 본성 때문이라고 주장한다. 어떤 이들은 과학이 직관을 소홀히 하며, 너무 실증주의적이고 양적인 부분만 중요시한다고 비난한다. 또 다른 이들은 과학적인 방법에 근거하지 않는 페미니스트 과학이 대안이 될 수 없다고 논쟁을 벌인다.

뉴에이지 대중 심령술이나 종교, 초자연주의 신봉자들도 과학에 또 다른 도전을 가한다. 시내 한복판을 거닐다 보면 뉴에이지 관련 서적, 분향, 그 밖의 심령술과 관련하여 그럴듯한 물건들을 파는 가게들을 쉽게 찾을 수 있다. 온라인에서도 인터넷을 검색해 보면 4,000가지 뉴에이지 및 마법 관련 제품을 파는 1,200개 도매상들이 있다. 한 온라인 회사에서는점성술, 차크라Chakras, 여신, 마법, 손금, 타로카드, 고대 문명, 샤머니즘, 천사, 요가, 고래, 돌고래, 집시, 이집트, 선禪 사상 등을 소재로 한 40가지 뉴에이지 관련 포스터[33]를 900장이 넘게 제공하고 있다.

오늘날 문화에는 비과학적 현상, 초자연주의, 기타 비이성적인 사상이 만연되어 있다. 〈뉴욕〉지는 표지를 '심령술의 뉴욕'으로 장식하고서 뉴욕 최고의 초자연 현상 스타들을 상세히 게재하기도 했다.[34] 표지 그림으로 '천리안, 영매, 텔레파시, 밀교, 무당'과 같은 단어들이 둘러싼 손바닥을 표현하였다.

뉴에이지 영역은 다양한 실행과 믿음을 모두 포괄하는 것이지만, 그들의 운동은 대체로 과학과 종교를 향한 정신분열적인 태도를 지니고 있다. 우터 해너그래프Wouter Hanegraaff는 자신의 저서《뉴에이지 종교와 서양 문화New Age Religion and Western Culture》에서 "뉴에이지는 종교와 영성 또는 과학과 합리주의 모두 거부하지 않는 믿음체계[35]로, 이 네 가지를 보다 고차원적으로 통합한다"라고 주장한다. 그는 고차원의 존재에 대한 끝없는 간구는 무형적으로 투영된 신념이며 이교도, 전생 경험과의 소통, 완전한 행복에 대한 약속 등이 뒤얽혀 있는 현실이라면서 과학적으로 검증과 반증이 불가능한 그들의 주장을 우리에게 믿으라고 강요한다.

라스베이거스를 역할모델로

진실 여과 장치로서의 과학에 대한 또 다른 공격은 프랑스 철학의 하나인 포스트모더니즘의 잔재에 의한 것이다. 이는 수십 년 전부터 전 세계적으로 문학, 사회과학, 경영학에까지 침투하기 시작했다.[36] 비즈니스 분야에서는 포스트모던 경영 방식을 채택하라는 소리가 들렸고, 포스트모던 소기업을 위한 데이터 커뮤니케이션 시스템이 제시되었다. 학생들은 런던의 브루넬 대학이나 캐나다의 사이먼프레이저 대학에서 포스트모던 경영 윤리에 대해 공부하고, 포스트모던 비즈니스 역할모델을 보기 위해 라스베이거스로 건너갔다.[37] 오늘날 포스트모더니즘은 그 중요성이 줄어들면서 대부분은 반계몽주의로 대체되었지만, 진실 자체에 대한 포스트모더니즘의 공격은 여전히 남아 있다.

진실 여과 장치로서의 과학을 인정하지 않는 포스트모더니즘은 과학적 진실이 보편적이지 않다고 주장한다. 그 말에는 일리가 있다. 어쩌면 과학자들도 동의할 것이다. 우리는 현재 우리가 살고 있는 우주의 한계를 모르며, 또 그것을 밝혀내지 못할 수도 있기 때문에 어떠한 보편성도 이론적으로 증명할 수 없다. 또한 그들은 페미니스트들이나 그 밖의 비판자들과 더불어 과학적 진실이 완전히 중립적이지 않다고 주장하는데 이 주장도 일리가 있다. 결국 어떤 연구가 이루어져야 할지를 돈이 결정하고, 가치 판단에 의해 과학자가 연구할 문제와 그들이 내놓는 가설 그리고 그 결과를 전달할 언어가 결정된다.

여기서 포스트모더니즘의 주장은 절반의 성공에서 절반의 실패로 끝난다. 모든 진실은 상대적인 것이라서 어떤 사물에 대한 누군가의 설명이 다른 사람의 설명보다 더 낫다고 단언할 수 없다. 진짜 문제는 '무엇에 비해 더 나은가?'이다. 만일 우리가 뮌헨이나 마우이로 날아가고 싶다면 조종석에 능력 있고 경험 많은 조종사가 앉기를 바라겠는가 아니면 세계 최고의 꽃꽂이 전문가가 앉기를 원하겠는가?

포스트모더니즘은 모든 진실이 과학적이든 그렇지 않든 주관적이며, 사람의 머릿속에만 존재할 뿐이고, 미숙한 자기중심적 사고로 치달을 뿐이라고 말한다. 이러한 이론 때문에 포스트모더니즘의 주장은 본질적으로 입증이 불가능하다. 설사 그들의 말이 사실이라 해도 우리는 그것이 사실이 아닌 것처럼 일상을 살아가야 한다. 각자의 마음에만 존재하는 돈으로 신용카드 대금을 지불할 수 있겠는가.

포스트모더니즘에는 본질적으로 과학을 불신하도록 만들려는 의도가 숨어있다. 진실이라는 개념 자체에 의문을 품기 때문에, 극단적으로는 모든 진실의 기준을 뒤흔들고 있다. 이런 면에서 포스트모더니즘은 만병통치약을 팔아대는 약장수나 사이비 교주, 사기꾼, 우리를 철저하게 속이려는 이들, 그리고 "내가 그 말을 왜 믿어야 하느냐?"고 물으면 "그런 것이니까"라는 답밖에 내놓지 못하는 이들과 다를 바 없는 모양새가 된다.

환경 전도사

모두가 잘 아는 대로 과학은 점차 종교적 성격을 띠기 시작하는 환경 운동[38]에 의해서도 공격받고 있다. 메릴랜드 대학의 로버트 넬슨Robert N. Nelson 교수는 "20세기 말에 이르러 서양 사회에는 종교적 진공 상태가 존재했다. 이러한 상황에서 현대의 환경운동은 이 진공 상태를 메우는 하나의 방법이 되었다. 오늘날 그 추종자들에게 환경보호주의는 사라져 가는 주류 기독교와 진보적 신앙을 대신한다"라고 말한다.

또한 넬슨은 환경보호주의가 "강한 전도 정신에 사로잡혔다"고 지적한다. 더욱이 환경보호주의가 사용하는 언어는 공공연하게 종교적 색채를 띤다. 예컨대 "지구에 대한 강간과 약탈로부터 지구를 '구하고', 황야에 '성당'을 짓고, 멸종위기동물법과 같은 법을 통해 새로운 '노아의 방주'를 만들며, 현재 남아 있는 야생지역을 보호하기 위해 새로운 '소명'을 추구하며, 지구에 남아 있는 '피조물'을 보호하기 위한 조치를 취한다"라고 말한다.

그는 "환경보호주의가 전달하는 메시지의 중심에는 이전의 행복하고 자연스러우며 순수했던 시대에서 추락한 인류에 대한 이야기가 있으며, 이는 성경의 에덴동산에서의 추방을 세속적으로 본 시각과 다르지 않다"고 지적한다. 즉 환경보호주의는 외관상 현대적으로 보일지 모르나 종교적 원리주의라는 구식 형태와 더 가깝다는 것이다.

비밀 과학

지식 경제의 중요한 기둥인 과학에 대한 위협이 이것뿐이라면 그나마 다행스러운 일이다. 그러나 새롭고 훨씬 더 위협적인 공격이 나타나고 있다. 이는 사회의 모든 과학 혐오자들[39]에게 강력한 무기가 될지도 모른다. 이 공격은 과학적 방법론이 아니라 과학과 연관된 두 가지 윤리, 즉 과학이 내놓은 지식은 자유롭게 순환되어야 하며, 과학자들은 모든 분야를 자유롭게 탐구해야 한다는 생각을 겨냥하고 있다.

재계와 정부 모두 과학적 발견의 자유로운 순환이라는 면에서는 꼬리를 내리고 있다. 많은 과학적인 연구 결과물이 나오자마자 상업적 이득을 위해 부리나케 특허로 묶거나 기업들의 지원을 받아 극비 사항으로 숨긴다. 동시에 테러의 위협에 대비하려는 정부는 국가안보를 이유로 과학적 연구를 기밀에 부친다.

대량살상무기로 무장한 테러리스트, 범죄자, 정신이상자와 같은 강력한 힘을 가진 개인Super-Empowered Individual의 시대가 빠르게 다가오고 있다. 방송 매체와 인터넷이 폭탄 제조 안내서와 독극물 제작법을 계속 제공할 수는 없겠지만, 얼마만큼의 과학을 대중의 손이 닿지 않는 곳에 두어야 하는지에 대한 걱정스러운 논란은 지속되고 있다. 노벨상 수상자이며 캘리포니아 공과대학의 총장인 데이비드 볼티모어 David Baltimore는 테러리즘이 난무하는 현실에서 실험실 등록과 연구 활동에 대한 감시는 필요하지만, 그렇기 때문에 다른 한편으로는 생물학 무기가 비밀리에 개발되고 있다며 가장 위험한 것은 비밀이라고 지적한다.[40]

과학적 커뮤니케이션의 자유를 주된 주제로 다루는 미국 국립과학원 National Academy of Science 원탁회의 의장이기도 한 볼티모어는 어떤 지식이 위험하고 감시해야 할 대상인지 구별하기란 매우 어려운 일이라고 말한다.[41] 예를 들어 생물학 매개가 공격용인지 방어용인지를 구별하는 것은 그 정보 자체보다 정보가 어떻게 사용되는지에 대한 문제이다. 다시 말해 생화학 테러에 대비하는 방법을 알아야 하지만, 이를 알게 되면 생화학 테러를 일으킬 수 있는 지식도 아울러 습득하게 된다는 것이다.

새로운 과학적 결과의 노출을 막는 일은 그렇다고 치자. 더 위험한 문제는 연구에 필요한 지식 전체에 대한 접근을 막는 일이다. 이러한 제안을 지지하는 일부 과학자들은 종말론적 각본을 짜서 자신의 가설을 뒷받침하기도 한다.

선 마이크로시스템스 Sun Microsystems의 수석 과학자 빌 조이 Bill Joy는 유전학, 로봇공학, 나노공학으로 기술의 파괴적 자기 복제가 가능해지고 기계가 폭주해서 인간을 지배할 수도 있다며 이런 과학 연구를 포기하자고 강력히 요구한다.[42] 2030년쯤이면 컴퓨터가 인간보다 똑똑해져 자체 복제가 가능해지고 나아가 인간을 지배하게 될 것이라는 주장이다.

영국의 천문학자 마틴 리스 Martin Rees는 이보다 더 끔찍한 예측을 내놓았다. 그의 저서 《우리의 마지막 시간 Our Final Hour》에서 리스는 실제로 물리학자들 사이에서 논의되는 다양한 최후 심판의 날에 대한 실험을 묘사하며, 조금의 실수라도 벌어질 경우에 인류뿐 아니라 지구와 우주까지도 함께 사라지게 될 것이라고 한다.[43] 다른 과학자들도 이를 완전히 터무니없는 가설로만 보지 않는다. 리스는 그 위험이 어느 정도인지 예상할 수 있는 정도의 지식조차 우리는 가지고 있지 못하다고 주장하면서 물리학뿐 아니라 어떤 분야에서도 이러한 위험한 실험을 진행하기 전에 다양한 조치를 취해야 한다고 제안한다. 그는 물리학자 프란시스코 칼로지로Francesco Calogero의 말을 인용하면서 과학자들끼리 그런 실험이 왜 안전할 수 없는가를 주장하는 '홍팀'과 그래도 실험이 계속되어야 한다고 주장하는 '청팀'으로 나뉘어 싸우게 된다고 했다. 리스는 그러한 실험을 감시할 대표를 일반 대중에서도 선출해야 한다고 강조한다. 그러나 그 자신도 "가장 극단적인 예방책은 과학을 완전히 마비시킬 것이다"라고 말하며 위험을 피하려는 노력 자체가 위험을 수반한다고 인정하고 있다. 미래의 지식 경제도 여기에 휩쓸릴 수 있다.

자기 비판은 과학의 중심이다. 과학과 과학자들은 결코 대중의 비판을 피할 수 없고 피해서도 안 된다. 과학은 그 자체로 사회적 활동이며 사상, 인식, 주변 문화에 존재하는 가정에 의존한다. 그런데 많은 과학자들은 그 정도를 과소평가하고 있다. 다른 이들과 마찬가지로 과학자들 역시 개인의 이기심을 지니고 있기 때문에 과학자들만이 과학을 통제해서는 안 된다.

지금까지 우리가 살펴본 내용은 서로 괴리된 채 무관하게 가해지는 과학에 대한 공격이 아니라 과학의 영향력을 축소시키고, 과학이 성취한 업적을 가로채면서 진실 여과 장치로서의 과학의 역할을 깎아내리려는 집요한 확신이다. 그러나 진실을 놓고 벌이는 전쟁은 과학에만 국한되지 않는다. 사회에 존재하는 각기 다른 단체들이 각기 다른 이유로 우리가 세상을 보는 방식, 즉 거짓과 진실을 구분하는 방식을 변화시킴으로써 우리의 마음을 조종하려 한다. 이 전쟁에는 이름이 없다. 그러나 산업시대를 대체하는 혁명적인 부 창출 시스템에 엄청난 영향을 미치게 될 것이다.

21

진실 관리자

The Truth Managers

영화 〈맨츄리안 캔디데이트The Manchurian Candidate〉에서는 한 미군이 적에게
생포되어 암살자로 세뇌당한다. 이 같은 개인에 대한 심리적 세뇌라는 주제는
소비자 행동양식, 신흥 종교에서 자살폭파범에 이르는 모든 연구의 기초를 이
룬다. 세뇌를 할 때, 사고의 방식을 바꾸는 것보다는 사고의 대상을 바꾸는 것
이 훨씬 효과적이다. 즉 진실 여부를 결정하는 기준을 바꿔 버리는 것이다. 이
는 개인적 세뇌뿐만 아니라 사회나 문화의 세뇌에도 똑같이 적용된다.

이런 연구의 상당 부분은 광고주와 방송 매체가 사람들을 조종하는 방식을
조사해 이루어진다. 권력층 엘리트들이 일반 대중의 정치적 수동성을 심리적,
문화적으로 확고히 하는 방식에 대한 문헌도 실제로 상당량 존재한다. 하지
만 많은 사람이 눈치채지도 못하고, 연구하지도 않는 부분이 있다. 그것은 권
력층이 진실에 대한 정의를 변화시켜 경제 전체와 문화에 영향을 미치는 방식
이다. 이 내용이 누락된 이유 중 하나는 이런 변화가 매우 오랜 기간 동안 진행

되었고, 개인 차원에서는 거의 의식하지 못하기 때문이다. 시대별로 나타났던 혁명의 물결은 진실과 거짓을 구별하는 진실 여과 장치에 심각한 변화가 생기면서 뒤따랐다고 할 수 있다. 그리고 이런 변화가 산출된 부의 양과 형태에 영향을 미쳤다.

계몽주의 시대와 산업혁명 초기에 서양 사람들은 왕의 신권을 믿지 않게 되었고, 곧이어 전제군주를 몰아냈다. 그 후 다수결 법칙에 기반을 둔 민주주의가 나타나면서 다수의 합의가 정치뿐 아니라 모든 분야에 걸쳐 어느 때보다 더 중요한 진실 여과 장치로 자리 잡게 되었다. 이후 모든 어린 학생들에게 똑같은 교육 내용을 전달하는 대중교육이 도입되면서 진실 여과에 있어 합의를 중요시하게 되었다.

생활 수준이 점차 향상되고 부가 확산되면서 산업화는 시계, 재봉틀, 자동차에 이르기까지 실용적인 신제품들을 생산해 냈고, 사람들은 내구성 좋은 옛것뿐 아니라 새로움에 대해서도 가치를 두게 되었다. 오랜 믿음이 반드시 진실이라는 인식은 사라졌다. 진실도 도전받을 수 있다고 생각하게 된 것이다.

이들 중 가장 중요한 변화는 과학이 부상함에 따라 종교적 권위가 상대적으로 가치 저하된 것이다. 사람들이 종교적 권위에 대한 의존을 완전히 버린 것은 아니지만 새로운 문제가 생길 때 점차 종교가 아닌 다른 곳에서 해답을 찾고자 한다. 사제나 목사는 더 이상 유일한 최고의 지식 원천이 아니다.

그런데 이런 변화는 분열과 대립 없이 일어나지 않는다. 과학이 점진적으로 승리한 전쟁이었지만 이는 종교적 권위를 뿌리째 뽑았다기보다 종교가 우주와 진실의 유일한 근본이라는 주장을 뒤엎음으로써 가능했다. 종교의 권위를 좁히고 과학의 권위를 넓힌 변화로 제2물결은 산업 경제, 사회와 문화가 있는 모든 곳에 현실주의의 막을 올렸으며 그 우월성을 자랑할 수 있었다.

상사를 설득하는 일

오늘날 또 하나의 진실에 대한 미묘한 전쟁이 벌어지고 있다. 21세기에는 국가가 사상, 문화, 부와 연관된 지식을 기반으로 한 경제를 발전시키면서 우리가 '왜', '무엇'을 믿는지에 대한 문제가 어느 때보다 중요해지고 있다.

모든 문화에는 언제나 진실 프로파일이 있다. 이는 사람들이 각기 다른 진실 여과 장치에 부여하는 무게이다. 이 무게가 변화하면서 개인적인 문제나 정치, 기업에서 벌어지는 다양한 수준의 의사결정에 영향을 미친다. 경쟁업체가 우리와 동일한 목표를 추구하고 있는 상황에서 합의적 의사결정을 선호하는 CEO에게 시너지를 포기하라고 설득해 보라. 또는 권위를 중시하는 상사에게 그럴듯한 서류 증명서나 학위증 없이 새로운 좋은 아이디어가 채택되도록 노력해 보라.

혁명적 경제는 대량 맞춤 형태를 넘어 완전한 개인 맞춤 혹은 그 이상의 제품과 서비스를 제공한다. 마찬가지로 직업과 직장도 더욱 넓은 범위에서 더욱 다양한 스케줄을 따르게 될 것이다. 이런 변화는 점차 심화되는 가족체제의 다양성과 맥을 같이한다. 결과적으로 각기 다른 성장 경험을 지닌 개별화된 아이들이 더 많이 생겨나고, 이들 사이의 공통점은 더욱 줄어들 것이다.

대량 산업사회의 탈대량화가 심화되면서 권력 상층부나 다른 누구라도 명령이나 강압으로 합의를 창출하기 힘들어질 것이다. 이러한 상황에서 합의가 진실을 정당화한다는 신념은 그 정당성을 잃을 가능성이 크다. 진실을 검증하기 위한 기준으로 세월이나 내구성은 어떤가? 수 세기, 수천 년을 이어 온 사상이라면 진실이지 않겠는가? 더욱 빨라지는 변화의 속도는 많은 사람에게 향수를 불러일으키고, 사람들의 마음을 조종하기 원하는 이들은 이를 이용하고 있다. 하지만 경제에 침투하는 새로움은 피할 수 없으며 적어도 지금의 세대는 새로운 것을 원할 뿐만 아니라 가장 최신의 것을 추구하고 있다.

상대적으로 변화가 적었던 이전 사회에서 노인들이 존중을 받았던 이유는 흔히 말하는 것처럼 그들이 과거를 알고 있어서가 아니다. 오히려 그들이 미래를 볼 수 있어서였다. 미래가 과거의 모조품에 불과했기 때문이다. 하지만 현재의 변화 속도로 볼 때 옛 지식의 상당 부분은 무용지식이 되어 젊은 세대가 인생을 헤쳐 나가는 데 도움을 줄 가능성이 적다. 사실 이미 젊은 세대에게 있어 옛것은 설 자리를 잃어 가고 있다. 물론 예전 방식이 진실을 가려낼 수도 있지만 너무 기대하지 않는 편이 좋다.

그렇다면 권위는 어떤가? 앞으로의 세대가 권위 앞에 비굴하게 무릎을 꿇을 것인가? 혹시라도 그렇다면 어떤 종류의 권위 앞에 무릎을 꿇을 것인가? 오늘날의 지식 기반 경제가 확산되는 곳이면 어디든 전문가로 무장한 권력기관들은 어느 때보다 강력한 도전에 직면하고 있다. 환자들은 의사에게 의문을 품고 반발하며 블로거들[1]은 전문 언론인들의 권위에 도전한다.[2] 아마추어가 프로페셔널의 자리를 차지하는 일은 텔레비전 쇼에서만 벌어지는 일이 아니다. 연예인이 전문 정치인과 맞서 정치에 출마[3]하여 상당수가 당선되고, 수백만 명의 아마추어들[4]이 컴퓨터를 통해 자신의 영화를 제작하고 감독하며 심지어 연기까지 해낸다.

동시에 정부 기관의 무능, 기업의 부실과 스캔들, 가톨릭교에서 벌어진 성희롱[5] 등의 사건들이 진실의 당위성을 가장 잘 보여준다는 기존 권위체계에 대한 신뢰성을 훼손하고 있다.

오늘날 과학의 권위에 가해지는 공격도 이러한 산업시대 권위에 대한 반발의 하나로 보아야 한다. 차이점이라면 과학은 지속적인 번영과 질 높은 생활환경을 위한 가장 강력한 도구로 남아있다는 점이다.

과학은 환경 재앙을 예측하고 해결하여 사스와 같은 질병을 막기 위해 더 똑똑하고 안전하고 향상된 기술을 제시할 수 있는 핵심이다. 화석 연료에 대한 의존을 줄이고, 더욱 견고한 안보체계를 마련하고, 의약품을 개발하고, 도시와 농촌, 국가 간의 빈부 격차를 줄이기 위해서 우리에게는 과학이 필요하다.

일방적 합의, 종교적 계시론 또는 권위에 대한 맹목적 수용을 바탕으로 한 의사결정으로는 이러한 문제들을 해결할 수 없다. 진실을 관찰하고 새로운 지식이 추가될 때마다 실험 대상으로 삼아 끊임없이 도전하고 재고하는 일을 주저하지 말아야 한다. 혁명적 부의 미래는 사회에서 과학이 어떻게 이용되고 존중되는지에 따라 좌우될 것이다.

과학을 연구하는 이들이 이상하고 낯선, 난해한 문제를 해결하려 노력하고, 유전학과 생물학, 그 밖의 분야에서 벌어지는 심각한 윤리 문제에 대한 해결책을 찾아낼 때, 그리고 나노 과학을 넘어 더욱 작은 어떤 것을 발견하고 확장된 우주로까지 손을 뻗을 수 있을 때, 과학과 과학이 의존하는 기본 방법은 크게 변화할 것이다. 그러나 과학의 눈을 가리고 입을 막으려는 이들은 내일의 부를 위축시키고 빈곤 문제 해결을 간접적으로 늦출 뿐 아니라 인류를 중세시대의 육체적, 정신적인 빈곤 상태로 몰아간다. 계몽주의 시대의 끝[6]이 반과학으로 인한 암흑시대로 시작되어서는 안 된다.

22

결론: 컨버전스

Coda: Convergence

과거가 점점 빠르게 떠나가고 있다. 지난 20세기의 절반을 돌이켜 보면, 그토록 중요하고 결정적으로 여겨지던 사건들도 이제 더 이상 관심을 끌지 못하고 있다. 현재 권력을 쥐기 시작한 세대에게 인류 최초의 달 착륙, 존 F. 케네디의 암살, 베트남 전쟁, 중국의 문화혁명은 아주 먼 다른 세상 이야기처럼 들릴 것이다. 그러나 우리가 사는 동안에 벌어지게 될 앞으로의 일들은 반세기 전에 시작된 과정에 대한 적응과 더 많은 발전들로 이루어질 것이다. 적어도 18세기 이후로 부의 창출에 관한 가장 혁명적인 변화의 물결이 전개될 것이다.

여기에서 잠시 멈춰 앞에서 열거한 핵심 주제들을 요약해 보자.

첫째, 이 혁명은 과학 기술, 증권시장, 인플레이션 혹은 디플레이션만의 문제가 아니라 좀 더 심오한 사회, 문화, 정치, 지정학적 변화를 수반한다. 경제와 이들의 연결성을 인식하는 데 실패한다면 앞으로 우리가 맞닥뜨려야 할 도전을 심각하게 과소평가하는 결과가 초래될 것이다.

둘째, 신문기사와 비즈니스 관련자들이 끊임없이 기반의 개선 또는 쇠퇴를 지적한다. 그런데 이런 기복은 심층 기반, 즉 인간이 유목과 수렵 채집을 시작한 이래로 모든 경제 활동을 주관해 온 요소에서 발생하는 더욱 중요한 변화에 대한 피상적 반응에 지나지 않는다.

경제학자들은 일, 노동 분업, 교환, 보상의 공유와 같은 주요 주제들을 연구해 왔고 기술, 에너지, 환경에 대한 연구자료가 도서관을 가득 메웠다. 비즈니스 전문가들은 인사관리에서 네트워크 조직, 인소싱, 아웃소싱, 리더십과 전략에 이르는 모든 분야에 조언들을 쏟아냈다. 그러나 이러한 조언과 전략이 오늘날 부의 혁명을 촉발하는 세 가지 핵심 원동력인 시간, 공간, 지식과 우리 사이에서 발생하는 엄청난 변화를 무시한 것이라면 무슨 소용이 있겠는가? 부의 핵심 원동력을 논의의 중심에 놓아야만 미래를 준비할 수 있다.

거북이 시간

지금까지 심층 기반과 이것이 부에 미치는 영향을 면밀히 살펴보았다. 예를 들어 비동시화 효과를 살펴보면, 기업들은 제품과 관계를 끊임없이 전환하고 또 재전환해야 한다. 소비자의 요구, 재무적 필요, 시장의 힘이 모두 너무나 빠르고 제각기 다른 속도로 변화하기 때문이다. 이런 변화는 경영자를 시간에 쫓기게 하고, 기업을 압박하여 불안정하게 만든다. 이에 대한 대응으로 거대한 동시화 산업이 성장하여 기업들이 속도 불균형에 대처할 수 있도록 한다.

반면 거북이처럼 느린 공공 분야는 형편없이 비동시화되어 법원 결정이나 조달 과정, 규제, 허가 절차 및 기타 수천 가지 방식으로 기업의 발목을 잡으며 어마어마한 시간세를 물게 한다. 체제의 한 부분은 가속 페달을 밟고 있는데 다른 한 부분은 브레이크를 밟고 있는 셈이다.

눈부시게 발전하는 경제가 빠르게 변하는 기술 능력을 요구하는 반면 교육

체계는 꼼짝하지 않으며 변하지 않고 있다. 불균형을 이처럼 극명하게 보여주는 예는 없다.

경쟁과 혁신을 유지하기 위해 어느 정도의 비동시화가 필요하다는 점은 앞에서 밝혔다. 그러나 과도한 비동시화는 분명히 기업, 산업과 경제 전체를 혼란으로 몰고 간다. 실제로 주식시장의 엄청난 변화를 부 창출 시스템이 재동시화되는 필사적인 시도로 보는 사람도 있다.

그러나 시간은 문제의 일부분일 뿐이다. 미래에 나타날 변화를 이해하려면 시간 갈등이 누적되었을 때의 효과와 그만큼 엄청난 공간적 배경의 변화를 대비하여 살펴봐야 한다. 오늘날의 세계는 이전에는 제3세계로 불리던 중국과 인도 같은 나라에서 벌어지는 어마어마한 부의 이동과 창출을 숨죽인 채 지켜보고 있다. 이 나라들은 인류 역사상 가장 크고 빠른 변화를 이룩하고 있으며, 500년 전부터 펼쳐진 부 이동의 대순환을 완성하게 될 가능성을 가지고 있다.

우리는 또한 세계화가 계속될지에 대해 묻기보다는 경제 부문에서는 '비세계화'가 진행되고, 환경오염과 테러, 마약, 성매매, 대량학살 같은 문제를 대처하는 면에서는 '재세계화'가 진행될 것이라고 제시했다. 이것 역시 가속 페달과 브레이크를 동시에 밟고 있는 상황이다.

이러한 충돌로 세계적인 부의 창출이 점점 빠르게 재배치되어 새로운 고부가가치 분야가 생겨나고 새로운 빈곤층 역시 만들어지게 된다. 그러나 가장 극적인 공간적 변화는 이 지구상에서의 문제가 아니다. 대수롭지 않게 여기는 사람이 많더라도 사실 우리는 인류의 우주 진출이라는 역사적인 순간에 서 있다. 미래의 역사학자들이 21세기를 돌이켜 볼 때 우주의 식민화와 지구 너머에서 펼쳐지는 부의 창출을 가장 중요한 경제 사건으로 꼽을지도 모를 일이다.

이러한 변화가 바로 내일 일어나지는 않을지라도 심층 기반인 지식과 우리의 관계에 어마어마한 변화를 가져올 것이다. 이런 시간과 공간적인 측면의 변화를 이해하는 것은 대체로 어려움이 없을 것이다. 하지만 우리 시대를 규정하는 또 다른 심층 기반인 지식적 측면에서의 혁명은 이해하기가 훨씬 까다롭다. 지식의 변화는 본질적으로 만질 수 없고 볼 수 없다. 또한 추상적이고 인식적이며 일상생활과는 거리가 있어 보이기도 한다. 그러나 지식의 새로운 역할에 대한 깊이 있는 이해가 없으면 부의 미래를 예측할 수 없다.

우리는 지금까지 선진 경제의 중심 원천으로서 지식의 범위와 본질, 역할을 단순화하여 설명하였다. 그러나 정작 필요한 것은 분석하는 일이 아니라 종합적으로 다루는 일이다. 심층적인 변화들을 상호 연관 관계 속에서 인식해야 한다는 뜻이다. 예를 들어 변화의 속도가 빨라져 우리와 시간의 관계가 변화하면 일부 지식의 무용화는 피할 수 없다. 그러므로 우리 주위에 산재하는 무용지식은 점차 쌓여만 간다.

기존의 진실 분석

변화의 가속화는 사실들을 쓸모없게 만들 뿐 아니라 우리의 생각에 활용하는 핵심 도구들도 일부 무디게 만든다. 유추라는 도구가 그 예이다. 유추하지 않고 생각하기란 사실상 불가능하다. 이 생각의 도구는 두 가지 이상의 현상에 존재하는 유사성을 파악하는 데 바탕을 둔다. 즉 한 가지 현상을 다른 하나에 적용하여 결론을 내리는 것이다.

의사들은 '심장이 펌프와 같다'고 말하며 기계적인 용어를 빌어 그 밸브와 다른 부분들을 설명한다. 이런 식으로 심장을 개념화하여 용이하게 다룰 수 있도록 한다. 이러한 과정이 효과적인 결과를 낳기도 한다.

한번 유사성이 규명되면, 보통 이를 당연하게 여겨 그 유사성이 지속되는 것으로 생각한다. 물론 변화가 느렸던 시대에는 긴 세월 동안 지속되었다. 그러나 오늘날처럼 빠르게 변하는 환경에서는 기존의 유사성들이 변화하고 오히려 비유사성이 뚜렷해져서 비유에 근거했던 결론은 어긋나고 더불어 혼란이 야기된다. 이런 현상에 대처하려면 새로운 지식뿐 아니라 지식에 대한 새로운 사고방식이 필요하다.

그러나 많은 경제학자들이 의식적 또는 무의식적으로 경제학은 물리학과 유사하다는 믿음에 매달려 있다. 이러한 개념은 균형, 인과관계, 환경결정론에 대한 뉴턴의 생각이 과학을 지배했던 수 세기 전에 시작되었다. 물론 그 후로 물리학자들은 그들의 견해를 과감하게 수정했지만, 여전히 다수의 경제학자들은 뉴턴식의 가설을 근거로 연구에 임한다.

한편 산업시대에 맞춰 생각하도록 훈련된 이들은 지식이 지닌 특이성, 즉 비경쟁성과 무형성, 고갈되지 않으며 측정도 불가능한 지식의 성질을 이해하지 못해 곤혹스러워하고 있다.

서서히 드러나는 과학의 위기와 경제학의 실패를 나란히 병렬해야만 지식의 진정한 중요성을 가늠할 수 있다. 이 두 분야는 우리가 오늘날의 세계에서 부를 창출하는 방식에 가장 크게, 적어도 가장 직접적으로 영향을 주었고 여전히 큰 영향을 미치고 있다. 게다가 두 분야 모두 변혁을 향해 나아가고 있다.

지식의 지도

이런 위기조차 더 거대한 지적 드라마의 일부분일 뿐이다. 경제학과 과학이 물론 중요하지만 세계의 더 큰 지식체계 개념에서 보면 상호 작용하는 일부분에 불과하다. 그리고 이 거대한 체계는 이미 역사적인 격변에 휩쓸려 있다.

우리는 이런저런 새로운 방식으로 지식을 나누고 세분하며 산업시대 원칙의 울타리를 부수고 지식체제의 심층적 구조를 재조직하고 있다. 조직화되지 않은 지식은 접근성과 연결성을 잃는다. 그래서 수 세기 동안 학자들이 지식을 여러 부분으로 명확하게 구분해 왔다.

12세기 유럽인들이 아랍의 철학자 아부 나스르 알 파라비 **Abu Al-Nasr Al-**

Farabi(870~950 AD)[1]의 저서를 번역했을 때, 그들은 지식을 체계적, 계층적으로 분류하는 '알 수 있는 것에 대한 지도'를 찾아냈다. 이후 중세 서양의 대학에서는 지식을 다르게 도식화했다.[2] 모든 지식층은 문법, 수사학, 아리스토텔레스 논리학으로 구성된 '삼학'과 천문학, 산수, 기하학, 음악으로 구성된 '사학'[3]에 정통해야 했다.

오늘날 지식이 더욱 특화되고 하위에 하위 부분으로까지 세분화되면서 대학도 알 파라비의 계층적 구조를 따르는 교육 과정을 제공하고 있다. 이를테면 학계의 위치와 예산 면에서 과학은 너무 무르다고 간주되는 사회과학보다 조금 우위에 놓여 있다. 과학 내부를 보면 최근까지만 해도 물리학이 피라미드의 정점에 위치했지만 현재는 생물학에 의해 그 위세가 한풀 꺾인 상태이다. 사회과학 분야에서는 경제학이 다른 모든 분야를 앞서고 있다. 이것은 경제학이 상당 부분 수치화되어 있고 가장 딱딱하고 과학적으로 보이기 때문이다. 그러나 이러한 구조는 그 자체의 무게에 짓눌려 무너지기 직전이다.

여러 분야에 걸친 지식을 요구하는 직장이 늘어나면서 천문생물학자, 바이오물리학자, 환경기술자, 법률전문회계사처럼 두 단어의 조합으로 나타나는 직업군들이 증가하고 있다. 어떤 직업은 신경정신약리학자처럼 세 가지 전문 직업이 조합된 것도 있다. 머지않아 이들 직업군을 나타내는 단어가 바닥나지 않을까 싶다.

지식이 당장 눈앞의 문제 해결을 위한 임시변통의 비위계적 배열로 구성됨에 따라 영구적이라 생각했던 원칙과 위계도 사라지기 쉽다. 이에 따라 지식의 지도는 끊임없이 변화하는 패턴을 담은 불안정한 모음집이 될 것이다. 이처럼 지식 체계에서 벌어지는 지각 변동은 근무 집단, 직업, 대학, 병원 및 일반 관료체계를 변화시킬 것이다. 종신 재직하는 교수, 관료, 경제학자 등 이전에는 전문화된 지식 조직화의 혜택을 누려왔던 이들은 이런 변화에 반발할 것이다.

심층적으로 특화된 분야는 그간 어마어마한 이득을 남겼지만, 반면에 놀라움과 상상력을 없애 버렸다. 자신의 전문 분야 밖으로 나서기는커녕 생각하기조차 두려워하는 이들이 양산되었다.

뒤집어 보면 이전에 관련이 없던 아이디어와 개념, 데이터와 정보, 지식을 새로운 방식으로 결합할 때 상상력과 창의력이 생겨날 수 있다. 지식 노동자들은 폭넓고 다양한 개인의 경험과 노하우를 끌어모아 일시적이면서도 새로운, 기존과는 다른 유추 방법을 사고와 의사결정 체계로 가져올 수 있다. 그동안 과도하게 전문화된 장기적 지식으로 인해 잃어버린 것들을 새로운 시스템을 통해서 향상된 창의력과 상상력으로 보상받게 될 것이다.

강력한 신기술은 탈착이 가능한 새로운 모듈과 모델에 일시적인 질서를 세우는 데 도움을 준다. 이미 그러한 일이 벌어지고 있다. 우리는 이전에 알아채지 못한 형태와 연결성을 찾기 위해 서로 상치하는 크고 다양한 데이터베이스를 발굴하여 맞추고 있다. 이런 과정은 단순히 슈퍼마켓의 맥주와 기저귀, 과자 판매와 허리케인[4]이 서로 어떻게 연결될 수 있는지 알아내는 편리한 도구 정도에 머물지 않는다. 데이터 마이닝(이전에는 발전되지 않았던 데이터들 간의 상호 관계를 분석하는 것 - 옮긴이)은 누구도 예측 못한 놀라운 통찰력을 낳기도 한다. 미국 버지니아주의 보건부 직원은 이를 이용하여 살모넬라균[5]의 발생 진원지가 브라질 농장의 작은 포장 창고에서 생산된 과일이라는 사실을 추적해 냈다. 미국 질병관리예방국Centers for Disease Control and Prevention 직원은 "여태껏 진원지로 의심해 왔던 망고[6]에서는 균이 나타나지 않았다"고 발표했다. 연관성이 없어 보이던 새로운 사실이나 아이디어, 통찰력을 새롭게 결합하는 것이 창의력이라면, 이러한 발굴과 조합은 기술 혁신의 근본적인 부분이다.

이와 같은 변화를 한데 모아 데이터, 정보, 지식을 더 작은 덩어리로 분리하고, 더 깨지기 쉬운 형태로 만들어 다른 식으로 분류하고, 경우의 수를 증식시켜 더욱 빠른 속도로 새로운 모델을 도입하여 보다 차원 높은 추상적인 수준으로 이어나가게 된다. 이는 단순히 많은 지식을 축적하는 것과는 분명히 다르다.

여기에 경제적 사고와 과학에서 일어날 수 있는 위기를 추가하면 경제뿐만 아니라 문화, 종교, 정치, 사회에 이르기까지 우리가 역사상 가장 빠른 지식의 대량 재조직화의 한가운데 있음이 자명해진다. 동시에 세계적 지식 기반에 의존하여 개인과 국가의 부를 형성하고 있는 것이다.

확장하는 유기체로서 경제가 어떤 지름길 또는 가시밭길을 택하게 될지, 그리고 궁극적으로 우리를 어디로 이끌어 갈지는 알 수 없다. 인류의 시간, 공간, 지식과 다른 심층 기반들과의 관계에서 벌어지는 변화를 모두 합해도, 우리는 오늘 벌어지는 놀라운 혁명의 윤곽만을 어렴풋이 읽어 낼 수 있을 뿐이다. 그 너머를 보기 위해서 우리는 단순히 눈앞에 보이는 경제만이 아니라 부상하는 부 창출 시스템의 숨어 있는 절반에서 벌어지는 놀라운 변화를 바라보아야 한다. 이 탐험의 첫발을 떼지 않으면 우리 개개인과 사회는 손에 쥐고 있는 엄청난 잠재력을 알지 못한 채 비틀비틀 내일로 들어서게 될 것이다.

Prosuming

6부
프로슈밍

23

숨겨진 절반을 찾아서

The Hidden Half

우리는 10억 명 이상의 사람들이 하루 1달러 미만으로 연명하고 있다는 이야기를 종종 듣게 된다. 그런데 이보다 더 못한 경제 여건에서 생존하고 있는 사람들도 다수이다. 사실 아무런 소득 없이 살아가는 사람들도 여전히 많다. 그들은 세계 화폐 경제와는 전혀 상관없이 살아간다. 이들은 우리의 먼 조상들이 그러했듯 자신이 생산한 것만을 소비하는 사람들이다. 이렇게 가난에 찌든 사람들의 상당수는 화폐 경제에 진입하기 위해 안간힘을 써 왔다.

화폐 경제에 들어가기 위해 사람들은 소위 '일곱 개의 문'[1]을 거쳐야 했다. 긴 복도에 일곱 개의 잠겨 있는 문이 있다고 상상해 보자. 지치고 굶주리고 지저분한 사람들이 이 복도에서 서로 밀고 당기며 필사적으로 갈 길을 찾고 있다. 각각의 문에는 문을 열기 위해 무엇을 해야 하는지 간략하게 써 놓은 안내문이 붙어 있다. 지시사항은 말로 하기는 쉽지만 실행하기는 쉽지 않은 내용들이다. 글을 모르는 사람들은 안내문이 어떤 내용인지 알려달라고 아우성을 친다. 안내문에는 다음과 같이 적혀 있다.

1. 팔 수 있는 무언가를 만들어라: 옥수수를 경작하라. 초상화를 그려라. 샌들을 만들라. 구매자를 찾으면 이곳에 들어올 수 있다.

2. 직장을 구하라: 일을 하라. 그 보상으로 돈을 받아라. 이제 당신은 화폐 경제 안으로 들어서게 되었다. 가시 경제의 한 부분이 된 것이다.

3. 상속을 받아라: 부모님이나 친척이 유산을 남길 경우 이 문은 활짝 열릴 것이다. 자연스럽게 화폐 경제에 들어설 수 있다. 직장을 구할 필요가 없을 수도 있다.

4. 선물을 받아라: 누군가가 돈을 주거나 돈으로 교환 또는 판매할 수 있는 무언가를 줄 수 있다. 그것이 어떤 형태이든, 일단 받으면 이 안에 들어설 수 있다.

5. 결혼하라, 또는 재혼하라: 위의 문 중 한 곳에 이미 들어선 이를 배우자로 고르고, 그 배우자의 돈을 공유하라. 그러면 당신도 이 문 안으로 들어갈 수 있다.

6. 복지 혜택을 받아라: 정부가 불만스러워하며 마지못해 내주는 돈을 받을 수도 있다. 액수는 극히 적더라도, 그 정도만으로도 화폐 경제로 들어설 수 있다.

7. 훔쳐라: 마지막으로 훔치는 방법이 있다. 이는 범죄자의 첫 번째 수단이자 가난한 이에게는 최후의 수단이다.

뇌물처럼 우연한 기회로 얻은 돈과 같이 변형된 형태도 있다. 그러나 앞의 일곱 가지 방식이 수 세기 동안 인류를 화폐 경제로 들어서게 한 주요 방법이다.

오늘날 가시 경제에서 세계 화폐 경제의 연간 총생산액[2]은 50조 달러에 이른다. 흔히들 이것을 지구상에서 해마다 창출되는 경제적인 총가치로 평가한다. 그러나 우리 인간이 물품과 서비스, 경험을 통해 생산하는 액수가 연간

50조 달러가 아니라 100조 달러에 이른다면 어떻겠는가? 50조 달러 이외에 비공식적인 50조 달러가 존재한다면 어떨까? 충분히 있을 수 있는 일이며, 보이지 않는 50조 달러를 찾는 일이 앞으로 우리가 다루게 될 주제이다. 이를 위해 슈퍼컴퓨터에서 할리우드, 힙합 음악, 생물학적 위협, 지적재산권의 도용과 나아가 우주의 또 다른 생물체에 대한 탐사까지 살펴보자.

프로슈머 경제

경제 활동으로 입문하기 위한 일곱 개의 문 이외에 비공식적인 경제 활동으로 가는 길은 수천 가지에 달한다. 이 길은 돈이 있는 사람과 없는 사람을 불문하고 모두에게 열려 있다. 이곳을 통과하는 데에는 어떤 조건도 필요하지 않으며, 우리 모두 태어날 때 이미 그 자격을 부여받았다. 이러한 보이지 않는 경제를 돈세탁, 탈세와 테러, 독재와 마약상이 판치는 지하 경제 또는 검은 경제와 혼동해서는 안 된다. 검은 경제는 돈을 전달하고 숨기는 데 이용되고 있기 때문에, 우리가 지금 설명하고자 하는 비화폐 경제가 아니라 화폐 경제 체제에 속해 있다.

오늘날 대부분의 사람들이 사용하고 있으며 기업인과 정치가들이 크게 의존하고 있는 경제 지도는 아주 큰 지도의 단편일 뿐이다. 오직 화폐 경제만을 보여 주고 있기 때문이다. 그러나 추적되지도 측정되지도 않고, 대가도 없이 대대적으로 경제 활동이 벌어지는 숨은 경제도 있다. 바로 비화폐의 프로슈머 경제이다.

제품, 서비스 또는 경험을 화폐 경제 안에서 팔고자 하는 사람들을 '생산자'라고 부르며 그 과정은 '생산'이라 칭한다. 그러나 비공식 경제, 즉 비화폐 경제 안에서 벌어지는 활동에 해당하는 단어들은 존재하지 않는다. 나는《제3물결 The Third Wave》에서 판매나 교환을 위해서라기보다 자신의 사용이나 만족을 위해 제품, 서비스 또는 경험을 생산하는 이들을 가리켜 '프로슈머 pro-sumer'³라는 신조어로 지칭했다. 개인 또는 집단이 스스로 생산 PROduce 하면서 동시에 소비 conSUME 하는 행위를 '프로슈밍 prosuming'이라고 한다.

우리가 파이를 구워 그 파이를 먹는다면 우리는 프로슈머이다. 그러나 프로슈밍은 단순히 개인 차원의 행동이 아니다. 돈이나 그에 상응하는 보상을 바라지 않고 가족, 친구, 이웃과 나누고자 파이를 구웠을 수도 있다. 교통수단, 커뮤니케이션, IT의 발달로 세계가 점점 가까워지는 오늘날 이웃이라는 개념은 세계를 의미할 수도 있다. 이는 심층 기반인 공간과 우리의 관계가 변화된 결과이기도 하다. 프로슈밍에는 지구 반대쪽에 사는 타인과 공유하기 위해 대가를 받지 않고 가치를 창조하는 행위도 포함된다.

인생을 살면서 사람은 누구나 한 번쯤 프로슈머가 된다. 사실 모든 경제에는 프로슈머가 존재한다. 극히 개인적인 필요나 욕구를 시장에서 모두 충족시켜 줄 수 없으며, 시장의 상품이나 서비스가 너무 비싼 경우도 있기 때문이다. 혹은 사람들이 프로슈밍 자체를 사실상 즐기고 있고, 때때로 프로슈밍이 절박하게 필요한 상황이 벌어지기 때문이다.

화폐 경제에서 잠시 눈을 떼고 경제에 대한 이런저런 주장들에서 벗어나 보면 몇 가지 놀라운 점을 발견하게 된다. 첫째, 프로슈머 경제의 규모가 어마어마하다는 사실이고, 둘째 우리가 하고 있는 가장 중요한 것들의 일부가 이미 프로슈머 경제 안에서 이루어지고 있으며, 셋째 대다수 경제학자들이 크게 주의를 기울이고 있지 않음에도 불구하고 그들이 그토록 면밀히 관심을 기울이는 화폐 경제 안의 50조 달러는 프로슈머 경제 없이는 단 10분도 존재하지 못한다는 사실이다.

기업인과 경제학자에게 '공짜 점심은 없다'라는 격언보다 가슴에 와 닿는 말도 없을 것이다. 대부분의 사람들은 식사를 하는 와중에도 이 말을 아무 생각 없이 뱉어 낸다. 그러나 이 말만큼 혼란을 주는 말도 없다. 프로슈머의 생산력은 전체 화폐 경제가 의존하는 중요한 부분이다. 생산 활동과 프로슈밍은 불가분의 관계이다.

다수의 경제학자를 포함해서 대부분의 사람들은 프로슈머로서 하는 일, 즉 몸이 불편한 아버지를 돌보는 일이나 지역단체 혹은 소방서에서의 봉사 활동 등이 사회적 가치가 있다고 주저 없이 말한다. 그러나 돈을 벌기 위해 하는 일과 프로슈머로서 하는 일 사이에는 결코 넘을 수 없는 철의 장막이나 베를린 장벽 같은 높은 벽이 있다고 생각한다.

한편 일부 사람들은 이런 장막이나 장벽이 현실에 존재하지 않고, 많은 프로슈머들이 규칙적으로 양쪽을 왕래하고 있으며, 프로슈머로서 하는 행위가 화폐 경제에 알게 모르게 큰 영향을 미친다는 점을 증명하고 싶어 한다. 이는 논리적으로 가능한 일이다. 하지만 양적인 데이터로 증명하기란 쉽지 않다.

나는 프로슈밍이 경제학자가 머리를 싸매고 고민할 추상적 문제만은 아니라는 사실을 보여 주려 한다. 프로슈밍은 자녀의 미래를 위해 대학 등록금이나 세금을 내는 부모, 마케팅 고위 간부와 매니저, 광고회사와 투자자, CEO와 벤처기업 투자자, 은행 간부, 로비스트, 전략 기획가에게도 마찬가지로 중요한 문제이다. 우리를 안전하게 내일로 인도하고자 하는 정책 입안자와 정치 지도자에게는 더더욱 중요한 문제이다.

최고의 엄마

프로슈밍은 소프트웨어 샘플을 만들거나 램프 배선을 바꾸는 일에서 학교 기금 마련을 위해 과자를 굽는 자원봉사 활동에 이르기까지 그 형태가 무한하다. 탄저균 추적, 지진 피해자 구출, 교회 건설, 우주의 생물체를 찾는 일도 포함될 수 있다. 망치와 못으로 도울 수도 있고 대형 슈퍼컴퓨터와 인터넷을 활용할 수도 있다.

영국 얼버스턴 지역에 사는 샤론 베이츠[4]는 관절염을 앓고 있어서 거동이 불편하지만, 간질병 환자인 남편을 직접 간병한다. 이것 역시 프로슈밍에 해당된다. 두 명의 자녀도 돌보고 있는 그녀는 '최고의 엄마 상'을 수상하긴 했지만 남편을 보살피는 일로 돈을 받지는 않는다.

2004년 12월 우리 부부의 절친한 친구 엔키 탠[5]은 저녁 식사 약속을 갑자기 취소하고 한밤중에 캘리포니아에서 쓰나미로 폐허가 된 인도네시아 아체 지역으로 날아갔다. 이 역시 프로슈밍이다. 내과 의사인 엔키는 상상할 수 없을 정도로 어려운 상황에서 적절한 수술 장비도 없이 아이들에게 붕대를 감아 주고, 수술을 진행하고, 피해자들이 살아남을 수 있도록 애쓰며 분투했다. 그는 비극적인 대재앙의 희생자들을 돕기 위해 28개국에서 온 수천 명의 자원봉사자[6] 중 한 명이었다.

전기와 식수가 들어오지 않는 마을에 진료소를 세우기 위해 나이지리아와 수단 오지로 힘든 여행을 하고 있는 캐나다인 내과 의사 브루스 램퍼드[7]도 있다. 말타 가르시아[8]는 남편 없이 세 자녀를 키우느라 온 세상을 돌아다닐 수는 없지만 하루 여섯 시간 직장생활을 하는 것 외에도 근처 차터 스쿨charter school(미국 주 교육위원회로부터 통제받지 않는 독립적인 공립 초·중등학교 – 옮긴이) 도서관에서 자원봉사를 하고 지역협회에서 비서 업무를 돕고 있다.

일본 요코스카 지역의 은행원인 가츠오 사카키바라[9]는 해마다 정신지체자를 위한 스포츠 행사에 자원봉사자로 참여한다. 브라질 벨루오리존치에 사는 마리아나 피멘타 피네이로는 범죄와 폭력사건이 빈번한 동네라는 경고를 들으면서도 빈민가 꼭대기 동네인 파벨라로 간다. 일주일에 한 번씩 그는 아이들에게 영어와 컴퓨터를 가르쳐 주며, 그들이 비참한 현실에서 벗어날 수 있도록 도와준다.

보이지 않는 프로슈머 경제를 통해 우리는 아이를 잃은 부모를 위로해 주기도 한다. 집 없는 아이들에게 장난감을 마련해 주고, 쓰레기를 치우고, 재활용품을 분리 배출하고, 이웃집 아이를 놀이터로 데려가 주고, 교회 성가대를 조직하고, 그 밖에 수없이 많은 활동을 가정과 지역사회에서 무보수로 하고 있다.

작가이자 사회운동가인 헤이즐 헨더슨Hazel Henderson은 이러한 많은 협력 활동들을 사회적인 결속력[10]이라고 말한다. 이런 활동들은 보수를 받고 하는 경쟁적 경제 활동과 마찬가지로 가치 있는 일이다. 두 활동 모두 가치를 창조한다. 〈요미우리신문〉에 의하면, 2005년 일본의 노동후생성[11]은 보수를 받는 노동뿐만 아니라 비영리조직과 지역 활동을 위한 자원봉사 활동도 근로에 포함한다고 밝혔다.

옥스퍼드 대학의 노르웨이 사회학자 슈타인 링겐Stein Ringen은 "가족이 함께 식사하려고 자리에 앉았을 때[12] 구성원들은 시장과 가정에서의 다양한 활동의 산출물을 즐기게 된다. 시장을 통해 그들은 농업, 어업, 가공 처리, 포장, 저장, 운송 그리고 끝으로 구매에서 혜택을 누린다. 가족들은 쇼핑, 재료 준비, 요리, 식탁 차리기와 설거지로 식사 과정에 기여한다"며 가족에 초점을 맞춰 설명한다.

이런 측정되지 않는 모든 활동도 생산이다. 이와 유사한 활동들이 시장에서 벌어지면 그 하나하나가 모두 생산으로 평가된다. 그리고 이 측정되지 않는 활동들이 소비자생산prosumption, 즉 비화폐 경제의 생산력이 된다. 만약 이러한 활동을 위해서 사람을 고용한다면 어마어마한 비용이 지불될 것이다.

배변 훈련

화폐 경제가 프로슈머 경제의 생산력 없이 단 10분도 생존할 수 없다는 주장은 결코 과장이 아니다. 10분이라는 말은 조금 과장된 것일 수 있지만 핵심은 여전히 유효하다.

매일매일 노동 인력의 일부는 은퇴하거나 없어지고 대체되기도 한다. 한 세대가 노동시장에 들어서면 또 한 세대는 퇴장한다. 이러한 과정이 멈추어 세대별 자급자족 체계가 확대된다면 급여에 기반을 둔 경제 활동은 삐걱거리고 비틀거리다 결국 멈추게 될 것이다. 돈을 받고 일하는 사람이 한 사람도 남지 않게 되고 마르크스주의 경제학자들이 말한 경제적 재생산 활동[13]은 중단될 것이다. 생존자들은 우리의 먼 조상이 그랬듯 생필품을 프로슈밍하던 시기로 돌아가게 될 것이다.

이는 화폐 경제가 사회의 가장 기본적인 프로슈밍 형태인 부모의 양육 활동에 얼마나 의존하고 있는지를 알 수 있게 해준다. 부모 또는 그 대리인은 인간의 사회화와 문화 적응을 도와주고, 각각의 새로운 세대가 기존의 사회 질서와 경제 질서에 적응할 수 있도록 도와주는 주요한 단위이다.

고용주는 자신이 피고용인의 부모 덕을 얼마나 보고 있는지 거의 알지 못한다. 다소 점잖지 못하긴 하지만 나는 가끔 기업 간부들에게 "만일 부모가 화장실 훈련을 제대로 시키지 않았다면 당신의 직원들은 얼마만큼의 생산성을 낼 수 있을까요?"라고 묻는다. 여기서 화장실 훈련은 배변 훈련을 뜻하는 말이다.

고용주들은 대체로 이를 당연하게 생각하지만 사실은 누군가가 그 훈련을 시켜 준 것이고, 대부분은 엄마의 몫이었다. 부모가 아이들의 배변 훈련만 시키는 것은 아니다. 수년 동안 열심히 머리를 싸매며 아이들에게 닥쳐올 미래를 준비하도록 돕는다. 좀 더 넓게는 자녀가 다른 사람들과 함께 일할 수 있는 수단을 제공한다. 그중 언어는 가장 중요한 부분이다. 말을 제대로 구사하지 못하는 일꾼이 어떻게 생산적이겠는가? 언어는 너무나 기본적인 인간의 기술이라 이 또한 당연하게 여기게 된다. 언어는 화폐 경제에서 특히 중요하고 지식을 바탕으로 한 경제에서는 그 중요성이 두 배가 된다.

우리 인간이 언어를 배우느라 정신없이 시간을 보내고 있기는 하지만, 실제로 필요한 기술은 어릴 적 가정에서 가족 구성원의 말을 듣고 대화하면서 모두 습득했다고 볼 수 있다. 어머니와 아버지는 자녀가 가장 처음 만나게 되는 스승이다. 이들은 최초의 프로슈머이며, 이들의 기여가 없다면 우리가 돈을 지불하고 제품을 얻는 경제 활동을 하기 어려울 것이다. 더 넓게 보면 부모가 단체나 지역사회에서 타인과 함께 일할 수 있는 행동 규칙 등의 문화를 전수해 주지 않았다면 경제가 어떻게 생산적일 수 있겠는가?

오늘날 사회 구성원으로 들어서는 젊은이는 주로 자신의 육체적 노동력만을 가지고 일하던 전임자보다 훨씬 많은 준비를 해야 한다. 고용주들은 적절한 업무 능력이 결여되어 있는 피고용인에 대해 끊임없이 불평한다. 그들은 더 많은 수학, 과학 실력과 더 많은 공식적인 시험 결과를 요구한다. 사실 이런 모든 문제들이 업무 능력의 개발을 방해한다. 더 나아가 문화에 대한 전반적인 실패, 즉 혼란스럽고 자기 파괴적인 가치관, 의욕의 결핍, 타인과의 교제 능력 부족, 미래에 대한 부적절한 전망이 업무 능력의 개발을 방해하고 있다.

부모가 부모로서의 역할을 해내지 못했을 때 화폐 경제의 생산성은 얼마나 큰 손실을 입게 될까? 경제가 사람 없이 자동적으로 이루어지거나, 인간이 죽지 않는 불사의 능력을 지니게 되는 등의 공상과학 소설에서나 나오는 일들이 현실화된다면, 부모의 양육은 경제적으로 불필요해질 수도 있다. 하지만 그런 날이 오기까지 가장 근본적인 생산력은 수십억 프로슈머 부모들의 무보수 노력에 절대적으로 의지한다고 볼 수밖에 없다.

사회 분열의 대가는?

경제학에 있어서는 아웃사이더인 우리 부부와 많은 이들은 수십 년간 부 창출에 기여하는 프로슈밍의 결정적인 역할을 제대로 인정하지 않는 경제학자들을 비난해 왔다. 우리는 게리 베커Gary Becker와 아마티아 센Amartya Sen의 선구적 발자취를 따랐다. 경제학자인 이들은 숨은 경제의 중요성을 동료들에게 납득시키기 위해 일찍부터 노력을 다했지만 뒤늦게 노벨상을 수상하기 전까지 수십 년 동안 주변 사람들의 무관심 속에서 보내야만 했다.

《진보의 패러다임 Paradigms in Progress》과 그 밖의 통찰력 있는 저서를 쓴 헤이즐 헨더슨 Hazel Henderson,《타임 달러 Time Dollars》의 에드거 칸 Edgar Cahn,《여성의 보수와 무보수 노동 Women's Paid and Unpaid Labor》을 쓴 노나 글레이저 Nona Y. Glazer[14]와 기타 선구적인 학자들은 주류 경제학자들의 무지몽매함을 비난했다. 여러 국가의 수많은 NGO들 역시 비판의 목소리를 같이했다. 그러나 아직까지도 화폐 경제와 이 거대한 비공식적인 화폐 경제의 분신을 서로 이어주는 중요한 연결 고리를 체계적으로 설명해 주는 과정이 미미한 실정이다.

프로슈머는 일상생활의 한 부분으로서 가족, 지역사회, 사회의 결속력을 높이는 일을 할 뿐이다. 반드시 국가의 가시 경제에 미칠 영향을 고려하면서 하는 일은 아니지만 경제학자들이 사회적 결속의 가치와 사회적 분열의 비용을 달러, 엔, 위안, 원, 유로 등 각국의 화폐단위로 환산해 볼 수 있다면 큰 도움이 될 것이다. 이 모든 무보수 노동의 가치는 얼마일까?

국내총왜곡생산

1965년 당시 34살이었던 게리 베커는 자신의 논문에서 "노동시간보다 비노동시간[15]이 경제 복지에 더 중요하다. 그러나 경제학자들은 비노동시간을 연구하는 데 노동시간 연구에 들이는 노력의 절반도 할애하지 않는다"고 밝혔다. 그는 노동시간과 비노동시간 배분을 분석하며 교육 분야 등의 비노동 활동의 가치를 계산했다. 교실에서 보낸 시간은 돈을 받고 일할 수도 있었던 시간이라는 가정하에 그 가치를 수치화하여 과거의 수입과 합산하였다.

이렇게 간단하게 설명하지만 실제로는 훨씬 복잡했던 그의 연구는 경제학자들이 존중할 만한 수학적인 근거를 제시하며 경제학 이론에 빛나는 진보를 가져왔다. 그러나 베커는 27년이 지난 1992년에야 부분적으로나마 이 연구의 공을 인정받아 노벨상을 수상했다. 오늘날 많은 연구에도 불구하고 프로슈밍과 무보수 노동, 특히 여성의 무보수 노동은 전통적인 주류 경제학의 관심 밖에 머물러 있다.

사회학자들과 사회정책 전문가들도 프로슈밍의 가치를 계산[16]하고자 노력했다. 무보수 노동에 할애하는 시간을 계산하고, 유급 노동자에게 들어가는 비용을 조사한 결과, 놀라운 결론을 얻었다. 각각의 가정은 하나의 작은 공장이며 보수를 지급하는 노동시간은 전체 경제에 있어 보기보다 덜 중요할 수 있다는 베커의 가설을 반영하고 있었다.

1996년 슈타인 링겐은 "가정 생활의 영향력이 없었다면 물질적인 생활 수준은 절반도 향상되지 않았을 것이다. 가정은 국가 경제에 시장 제도만큼의 기여를 하고 있다. 경제적으로 가정의 역할을 사소하게 여겨온 상황에서, 이는 놀라운 결과이다"라고 밝혔다. 가정에서 생산하는 산출은 거의 모두 프로슈밍의 결과이다.[17]

이러한 수치가 부분적으로 옳다 하더라도 우리는 기존 경제학의 거대한 블랙홀을 바라보고 있다. 경제학자들은 프로슈밍의 역할에 적절한 관심을 기울이지 않은 채 그들 자신과 우리 모두를 잘못된 길로 인도하는 측정 방법과 수치에 맹목적으로 의지하고 있다. 이를 통하여 왜 세계 최고의 경제학자들조차도 그렇게 형편없는 경제 예측을 내놓는지 부분적으로 이해할 수 있다.

전통적인 경제학자들과 그들의 충성스러운 신봉자들은 실생활에 그와 상반되는 증거가 있는데도 숨은 경제 활동을 하찮게 치부한다. 오로지 돈에 관련된 경제적 가치만을 정의하여, 쉽게 측정 가능한 활동에만 초점을 맞춘다. 그들은 경제 발전에 가장 중요한 심층 기반인 시간, 공간, 지식과의 관계를 연구하지 않는다. 경제 가치의 전통적인 정의에 집착한 나머지 다가오는 내일의 모습을 보지 못하고 있는 것이다.

이들이 화폐 경제에 매달리는 이유는, 화폐는 계량화가 가능해서 경제 현상의 모델화가 쉽기 때문이다. 하지만 무보수 활동은 계량화가 불가능하다. 측정에 열중하는 이들이 프로슈밍을 주요 관심 대상 밖으로 밀어버리는 이유도 바로 이 때문이다. 프로슈밍 활동을 측정하고, 유보수와 무보수 체제가 상호 작용하는 여러 방식을 체계적으로 추적하려는 노력은 거의 이루어지지 않고 있다.

네덜란드 마스트리히트 대학의 리샵 아이어 고쉬Rishab Aiyer Ghosh는 "측정 도구로서의 돈 대신에 가치를 수치화할 수 있는 다른 방식을 찾아야 하며, 가치와 환율을 알려 줄 수 있는 다른 체계를 규명해야 한다"고 주장했다. 그러나 고쉬의 연구는 대체로 여러 분야의 무보수 기여가 아닌 소프트웨어 프로슈머의 무보수 노동에 초점을 맞추고 있다.

프로슈밍이 만일 하찮은 행위이고 화폐 경제에 미치는 영향력이 크지 않다면, 프로슈밍을 모른다고 해서 큰 문제가 되지는 않을 것이다. 그러나 그렇지 않다. 많은 기업과 정부가 의사결정의 기본으로 삼는 국내총생산의 측정 방식은 국내총왜곡생산을 측정하는 방식이라 해도 과언이 아니다.

세계적인 부의 창출에 내재된 이 엄청난 힘에 대해 아직 관심이 부족한 상태이고 활용 가능한 데이터가 워낙 부족하기 때문에, 우리는 그저 추측에 의지할 수밖에 없다. 그나마 이런 추측은 부를 창출할 수 있는 중요한 요소를 무시하는 것보다는 낫다.

프로슈밍의 가치가 경제학자들이 수치로 환산하는 화폐 경제의 산출과 거의 맞먹는다면, 그야말로 이는 숨은 절반에 해당되는 셈이다. 프로슈밍 활동으로만 살아가는 수백만 농부들의 생산력까지 감안하여 이런 추론을 전 세계에 적용해 본다면 사라진 50조 달러를 찾아낼 수 있다. 오늘날 이러한 사실이 중요한 이유는 혁명적 부의 다음 단계로 이동해 가는 프로슈머 분야가 급격하게 변화하는 역사적인 전환점에 놓여 있기 때문이다.

놀랍게도 가난한 나라의 수백만 빈농들은 화폐 경제로 들어서고 있는데, 부유한 나라의 수백만 부자들은 정반대로 가고 있다. 그들은 세계 경제의 비화폐 경제, 프로슈머 부문으로 영역을 급속히 확장하고 있다. 경제 대국에서는 프로슈밍 활동이 폭발적으로 증가하는 상황이다. 이는 자신의 집 창고가 다양해지는 정도의 수준이 아니다. 전혀 새로운 시장이 나타나고 더불어 많은 시장이 사라질 것이다.

프로슈머의 역할이 확장됨에 따라 소비자의 역할도 변화할 것이다. 보건의료, 연금, 교육, 과학 기술, 혁신, 정부 예산에도 커다란 영향을 미칠 것이다. 망치와 스크루 드라이버만을 생각하지 말라. 우리 모두가 프로슈머로서 전에는 상상도 하지 못했던 일들을 직접 하게 해주는 생물학, 나노 도구, 데스크톱 팩토리, 기타 환상적인 신소재들을 생각해 보라.

24

의료 분야의 프로슈머

The Health Prosumers

앞으로 프로슈머 경제가 폭발적으로 증가함에 따라 새로운 백만장자들이 수두룩하게 나타날 것이다. 물론 주식시장, 투자자, 방송 매체가 프로슈머 경제의 중요성을 인식하기 전까지는 알아차리지 못할 것이다. 선진 제조 방식, 틈새 마케팅, 고도로 숙련된 지식 노동자를 보유하고 있는 일본, 한국, 인도, 중국과 미국이 첫 번째 수혜국이 될 것이다. 그러나 이것이 전부가 아니다.

프로슈밍은 시장을 뒤흔들고, 사회 내 역할구조를 바꾸며, 부에 대한 우리의 생각에 변화를 가져온다. 미래의 건강 문제도 변화시킨다. 그 원인을 이해하려면 인구통계, 의료비용, 지식과 과학 기술에서 빠르게 일어나고 있는 변화를 살펴볼 필요가 있다. 보건의료 분야는 비조직적이고 비생산적이어서 가장 획기적인 신기술이 도입된다 하더라도 치명적인 실수를 저지르는 영역이다. '치명적'이라는 말은 결코 과장된 것이 아니다.

미국 질병관리예방국에 따르면, 미국의 병원에서 감염[1]되어 사망하는 피해자 수가 9만 명에 이른다. 4만 4,000~9만 8,000명의 환자가 병원이 저지른 의료 실수[2]로 인해 사망한다. 이 모두가 세계 최고이자 가장 투자가 많이 된 보건의료 체제에서 벌어지는 일이다. 2001년에는 의료사고나 새로운 형태의 감염으로 인한 사망률이 교통사고로 인한 사망률보다 훨씬 높았다.

물론 부유한 나라에서조차 얼마나 많은 사람들이 보건의료 체제의 부재로 사망하는지 우리는 알지 못한다. 그러나 일본, 미국, 서유럽의 잘사는 나라에서 의료비용이 걷잡을 수 없이 치솟는 중이며[3], 인구는 빠르게 노령화되고[4], 이에 따라 정치인들이 대혼란에 빠져 있다는 것은 알고 있다.

이는 좀 더 거대하고 심층적인 위기의 한 부분이다. 19세기 말과 20세기 초, 물질적 인프라에 대한 투자는 상하수도 시설과 공중위생을 개선했다. 덕분에 이전에는 한 나라의 인구수를 격감시키던 질병을 거의 대부분 퇴치할 수 있었다.[5] 또한 의학에 대한 개념이 달라져 의료상의 분업화가 이루어졌다. 병원들은 수적으로 급증했고, 더 관료적인 정부 기관과 보험회사 그리고 거대 제약회사들과 연결된 대형화된 관료조직이 성장했다. 이런 변화로 사람들의 건강은 눈에 띄게 개선되었고 현대 서양 국가에 만연했던 질병도 뿌리 뽑을 수 있었다.

그러나 오늘날은 교통 인프라의 발달로 지구 전체가 하나로 연결되면서 공간에 대한 심층 기반에 변화가 일어나고 있다. 그 때문에 각국은 초국가적인 질병이 창궐하고 확산되는 데 무방비 상태로 노출되어 있다. 공중 보건의료 체제의 재원을 확충하지 못한 상태이고, 종교나 정치 또는 정신이상자에 의한 생화학 및 핵무기 테러의 위험은 더 이상 만화영화 속에서나 벌어지는 환상이 아니다.

의료 세분화로 각 전문 분야 간 교류의 단절은 위험 수위에 이르렀다. 관료화된 의료 시스템은 경영 불능 상태에 다다랐고 병원은 파산하기에 이르렀다. 게다가 선진국에서 발생하는 질병의 형태도 크게 변화했다. 오늘날 선진국에서 치사율이 가장 높은 질병은 폐렴, 결핵, 인플루엔자 같은 전염성 질병[6]이 아니다. 심장질환, 폐암 등의 질병이나 잘못된 식습관, 운동 부족, 음주, 약물 복용, 흡연, 스트레스, 성관계와 해외여행 등으로 인해 유발된 기타 질병들이다.[7]

그럼에도 의사가 의료 제공자이고 환자는 의사의 고객이자 소비자라는 전제는 변하지 않았다. 그러나 인구통계 자료를 보면 이 관계를 재고해야 할지도 모른다.

백 살까지?

어떤 이들은 인구통계를 운명으로 받아들인다. 그 운명도 다른 것들과 같이 변하고 있다. 우리는 현재 지구상의 10억 인구가 60세를 넘어서는 시대로 빠르게 접근 중이다.

세계보건기구에 따르면 빈곤 국가에서도 영아 사망률이 빠르게 감소하고 있다. 지난 반세기 동안 여러 개발도상국의 평균 수명은 1950년대 초 41세에서 1990년에는 62세로 껑충 뛰어올랐다. 빈곤, 고난, 질병, 식수 부족과 환경 재앙에도 불구하고 말이다. 2020년에 이르면 아마도 70세를 바라보게 될 것이다. 코스타리카, 자메이카, 스리랑카, 말레이시아 같은 나라들은 이미 70세를 넘어섰다.

케임브리지 대학의 인구통계학자들과 독일의 막스 플랑크 연구소 Max Planck Institute는 오늘날 프랑스에서 출생하는 여아들이 100세를 넘겨 22세기를 맞이하게 될 확률이 50퍼센트라고 밝혔다. 세계보건기구는 지역적으로 세계에서 수명이 가장 긴 곳은 유럽이고 60대 이상의 인구 비율이 가장 높은 나라는 일본이라고 발표했다. 또한 2020년쯤에는 일본 인구의 3분의 1이 60세 이상이 될 것이며[8], 일본, 프랑스, 독일, 스페인에서는 60세 이상 인구 가운데 약 5분의 1이 80세 이상 살게 될 것이라고 예측했다.

사람들 개개인의 행동양식과 생활양식에 의한 질병과 노령인구 문제를 동시에 고려하여 보건의료 체제를 수립한 나라는 아직까지 없다. 역사적으로도 완전히 새로운 현상이며 현재 제안하고 있는 보건의료 체제 개혁만으로는 이에 대처할 수 없을 것이다. 세금, 연금, 주택, 고용, 은퇴, 재정과 그 밖의 핵심적 부의 변동 요인에 영향을 미칠 이러한 변화 양상을 제대로 파악하고 있지도 못하다. 단순한 개혁보다 훨씬 획기적인 무언가가 필요하다.

공황 상태

경제협력개발기구는 전통적 방식으로 측정했을 때 2002년 독일의 공공 및 민간 보건의료 비용 지출이 GDP의 10.9퍼센트를 차지한다고 밝혔다. 프랑스는 9.7퍼센트, 영국은 7.7퍼센트, 일본은 7.8퍼센트, 한국은 5.1퍼센트이며 미국은 무려 14퍼센트에 이른다.[9] 앞으로 이 수치가 파산 전문 변호사를 불러야 할 지경으로 커지지 않을지 걱정스럽다.

앞에서 보았듯이 GDP 통계는 심각하게 왜곡되어 있다. 프로슈머의 산출물을 고려하지 않은 통계이기 때문이다. 만일 경제학자들이 여기에 가치를 부여한다면 보건의료 분야의 총비용은 매우 부담스러울 정도로 커질 것이다. 미국 의회예산국Congressional Budget Office에 따르면 노인들을 위한 장기 보건의료 비용이 연간 1,200억 달러에 이른다. 로버트 우드 존슨 재단Robert Wood Johnson Foundation의 제임스 닉먼James R. Knickman과 에밀리 스넬Emily K. Snell은 이 금액이 장기 보건의료에 쏟아붓는 경제 자원을 과소평가하고 있는 것이라고 말한다.[10] 그들은 "대부분의 간병이 가족이나 친지에 의해 비공식적으로 행해지고 있는데도 이것이 경제 통계에 포함되지 않고 있다. 미국에서 이런 비공식적 의료 행위의 경제적 가치는 공식 의료 행위에 지출하는 비용의 1.5배에 해당하는 연간 2,000억 달러에 이른다"라고 지적했다.

다른 연구자들도 미국의 알츠하이머 환자[11]에 대한 가족 간병의 경제적 가치가 2004년 1,000억 달러를 넘었다고 말한다. 이 수치에 가벼운 질병을 위한 무보수 간병의 가치는 포함되지 않았다.

정부와 의료 산업 관계자들은 인구 고령화로 인해 질병과 쇠약화가 늘어날 것이며, 의료비 지출도 더욱 증가할 것이라고 우려한다. 의약 전문지 〈의약네트워크리뷰Chain Drug Review〉에 의하면 약국에서 다룬 처방전[12]은 55세 이상 고객의 것이 연평균 19건이고 젊은층은 여덟 건에 불과하다. 〈미국영양협회지Journal of American Dietetic Association〉는 "65세 이상의 인구에 대한 보건의료 비용은 65세 미만의 경우보다 세 배에서 다섯 배까지 높다"고 평가했다.[13] 여기에 연금체제의 파산 가능성까지 더해지면 사람들은 공황 상태에 빠질지도 모른다.

이러한 현상 파악에도 불구하고 허점은 있다. 첫째, 이러한 수치들은 과거의 경험을 직선적으로 반영하기 때문에 위기나 혁명의 시기에는 맞지 않을 수 있다. 장수하는 신세대는 그 부모 세대보다 훨씬 건강할 가능성이 높다. 둘째, 노인층의 비율이 높아지면 젊은층의 인구 비율이 줄어들고 교육비와 아동 진료비도 줄어들 수 있다. 다른 재정적인 삭감이 가능해질 수 있는 것이다. 이 모든 현실에도 불구하고 21세기 보건의료 문제를 과감하게 다시 생각할 필요가 있다는 사실에는 변함이 없다.

안타깝지만 산업시대의 가설을 바탕으로 한 의욕적인 개혁은 오히려 상황을 악화시킬 뿐이다. 비용 절감을 위해 정치인들은 보건의료 시스템을 조립라인화하고 획일화된 방식으로 문제를 해결하는 관리체제, 표준화된 치료체계로 효율성을 추구하고 있다. 그들은 고도의 기술이 필요하지 않은 공장처럼 보건의료 시스템을 다루고자 한다. 의료 조립라인의 속도를 증가시키는 데 초점을 맞추어 칸칸이 의사를 배치하고 그들이 각각의 환자를 몇 분 안에 진료할 수 있도록 만들어 둔다. 제3물결에 적합한 변화가 절실히 요구되는 상황에서 제2물결에 해당하는 전략을 내놓아 자멸하고 있는 셈이다.

의약 산업이 다른 산업 분야보다 뒤처지고 있는 상황에서 발 빠른 제약회사들은 부작용과 추가비용을 줄일 수 있는 탈대중화된 맞춤 제품 생산으로 방향을 바꿀 것이다. 그런데도 비용 절감을 추구하는 기업들은 표준화된 의약품과 획일화된 제조공정에 기초한 대량생산 시스템을 구축하는 데 초점을 맞추고 있다.

이제 산업시대의 해결책을 넘어서야 한다. 다가오는 지식 경제와 프로슈머 보건의료의 새로운 가능성을 직시해야 한다. 그러지 않으면 고비용과 저효율의 문제가 계속해서 독버섯처럼 퍼져 보건의료 경제에 닥친 위기는 해결될 수 없을 것이다.

새로운 돌파구의 출현

의료 부문의 혁명적인 개선은 최근 수십 년 동안 급속하게 증가해 온 의료 지식 또는 무용화되는 의료 지식에서만 가능한 것이 아니다. 지식을 통제하는 방식에서도 변화가 일어나고 있다.

오늘날 환자들은 인터넷이나 의료 정보 프로그램을 통해 의학 정보를 얻을 수 있다. 정확도는 다르겠지만 〈트라우마: 응급실에서의 삶Trauma : Life in the E.R.〉, 〈의사들MDs〉, 〈스크럽Scrubs〉, 〈휴스턴 메디컬Houston Medical〉 같은 텔레비전 드라마를 통해 어느 정도의 의학 지식을 얻고 있다. 미국에서 가장 빈번하게 전염되지만 병명이 생소했던 인체유두종바이러스HPV를 드라마 〈ER〉에서 다루었을 때[14], 500만 명이 넘는 시청자가 하룻밤 사이에 이 바이러스에 대해 알게 되었다.

의학 다큐멘터리[15]도 넘쳐난다. 일본에서는 농아에게 달팽이관을 이식하는 내용을 담은 프로그램이 텔레비전 다큐멘터리 부문에서 최우수상을 받았다. 중국에서는 보건정책의 일환으로 에이즈 관련 12부작 시리즈를 방송했고, 10대를 위한 성교육 시리즈인 〈어떻게 얘기해야 할까?How Can I Tell You This?〉라는 프로그램을 방송하여 오랫동안 지속된 성에 대한 금기를 깼다.[16]

1997년 이후 미국 식품의약국이 처음으로 제약회사의 텔레비전 광고[17]를 허용하면서, 시청자들은 항염제, 콜레스테롤 수치를 낮춰 주는 약에서부터 항히스타민제까지 모든 의약품 광고의 무차별 폭격에 직면했다. 이 광고들은 짧은 시간에 쏜살같이 부작용을 열거하며 자세한 내용은 주치의에게 물어보라는 말로 광고를 끝낸다. 보건의료 관련 방송을 24시간 내보내는 케이블 텔레비전 디스커버리 헬스 채널Discovery Health Channel이 생겨난 것도 이런 광고 허용의 영향이었다.

사람들은 건강 문제에 더 많은 관심을 기울이게 되었다. 또한 의사와 환자 간의 전통적인 관계에 변화가 생겨났으며, 환자 쪽이 좀 더 주도적인 역할을 할 수 있게 되었다.

이렇게 사방에서 퍼부어대는 건강 정보와 지식뿐만 아니라 잘못된 정보에 이르기까지 그 객관성과 신뢰도 수준은 각양각색이다. 그 수준이 천차만별이기는 해도 환자들은 점점 더 건강 관련 정보에 다가가고 있는 반면, 의사들은 증가하는 지식의 압박에 시달리고 있다. 의사들은 인터넷상이건 현실 세계에서건 최신 의학 정보 잡지를 정독하고 관련 전문가들과 환자들을 만나 교류하는 시간마저 갖기 힘든 형편이다.

더욱이 의사들은 얼굴을 채 기억하기도 전에 끊임없이 방문하는 여러 환자들의 각기 다른 상태를 알고 있어야 한다. 반면 교육 수준이 높고, 끈기 있고, 인터넷에서 얻는 정보로 무장한 환자들은 사실상 특정 질병에 대해 의사보다 더 많은 최신 연구자료를 읽고 있는 상황이다. 환자들은 인터넷에서 프린트한 자료며, PDRPhysicians' Desk Reference(의사들이 처방할 때 참고하는 약전 – 옮긴이)에 실려 있는 사진이나 의학 전문지, 건강 관련 잡지의 기사를 복사해 와서 의사들에게 질문을 던진다. 이제 환자들은 더 이상 의사들의 흰 가운만 보고서 고개를 끄덕이지 않는다.

심층 기반인 시간과 지식의 관계에 일어난 변화들이 의료 현실을 급격히 바꿔 가고 있다. 경제적인 의미에서 보면 서비스를 제공하는 의사는 여전히 생산자이다. 이에 비해 환자는 단순한 소비자가 아니라 복지와 건강에 관한 경제적 산출에 기여할 수 있는 좀 더 적극적인 프로슈머이다. 때로 생산자와 프로슈머가 함께 일하기도 하고, 독립적으로 또는 서로 상충되는 목적을 가지고 일하기도 한다. 그러나 전통적인 보건의료 통계 및 예측들은 오늘날의 급격한 역할과 관계의 변화를 거의 무시하고 있다.

많은 사람이 자신의 식습관을 바꾸고, 금연·금주하고, 운동 계획을 세운다. 이렇게 해서 건강이 좋아지면 의사의 역할이 어느 정도 작용했는지, 우리 자신의 노력은 어느 정도 작용했는지 어떻게 알 수 있을까? 다시 말해 보건의료 산출 중 어느 정도가 생산자에 의해 생산된 것이고, 어느 정도가 프로슈머에 의해 생산된 것일까? 왜 대부분의 경제학자들은 전자는 고려하면서 후자는 고려하지 않는가?

예일 대학 공중보건대학원의 로웰 레빈 Lowell Levin 명예교수는 "미국 내 85~90퍼센트 가량의 의료 활동이 민간인에 의해 이루어지고 있다"고 말한다. 두통이 있을 때 아스피린을 먹고, 발목을 접질렸을 때 얼음찜질을 하고, 화상을 입었을 때 연고를 바르는 등의 수없이 많은 자가 치료[18]가 여기에 포함된다. 레빈은 1987년 〈세계와 나 The World & I〉라는 잡지에 실린 인터뷰에서 "모든 의사와 병원은 필요하긴 하되 감옥처럼 달갑지 않은 사회악이다"라고 밝혔다.

오늘날 실제 비율이 어느 정도든 인구통계와 비용 문제, 의료 지식은 모두 프로슈머 요인의 급격한 증가를 보여 준다. 그러나 여기에는 가장 중요한 변화가 빠져 있다. 그것은 바로 내일의 기술이다. 위에서 말한 변화에 내일의 기술이 더해지면 어떤 일이 벌어지게 될까?

당뇨병 게임

건강에 관한 환자들의 프로슈밍은 단순히 운동을 더 하고 담배를 끊는 데 그치지 않는다. 이들은 자신이나 가족을 보살피는 데 도움이 될 과학 기술에 직접 돈을 투자한다.

미국 자택치료협회 Association for Homecare의 전 회장인 톰 앤톤 Tom Antone은 "1965년에 가정용 의료 장비는 지팡이, 목발, 보행보조기와 침대밖에 없었다"[19]고 말한다. 실제로 1980년 《제3물결》에서 의료 프로슈밍에 관심을 촉구했던 때만 해도 가정용 의료기 시장 규모는 비교적 왜소했다.

의료시장 조사회사인 메드테크 MedTech의 회장 새런 오라일리 Sharon O'Reilly는 오늘날 당뇨병 치료의 99퍼센트를 환자들이 책임지고 있으며, 2010년에는 가정 치료용 당뇨병 제품[20]의 판매액이 150억 달러에 이를 것으로 예상한다. 가정 치료용 의료 기술은 더 이상 인슐린 주입 기구, 혈압 측정기, 임신 테스트기 같은 기본적인 몇몇 제품에 국한되지 않는다. 자기 자신이나 사랑하는 사람들의 건강을 돌보는 프로슈머를 위한 다양하고 폭넓은 최첨단 기술이 속속 등장하고 있다.

요즘 인터넷만 접속하면 알레르기에서 인체면역결핍바이러스 HIV, 전립선암에서 간염에 이르는 모든 질병 감지를 위한 자가 테스트 기구들[21]을 구입할 수 있다. 혹시 손에 문제가 있는가? 특수 환자를 위한 플래그 하우스 Flag House의 카탈로그[22]에는 중수지절관절의 움직임을 측정할 수 있는 손가락 각도계가 소개되어 있다. 그 밖에도 다른 측정을 위한 유압식 악력계와 유압식 통증 측정계도 구할 수 있다. 호흡에 문제가 있다면 초음파 호흡기, 폐활량계, 구명 호흡 장비를 구입할 수 있다. 신경과 의사가 사용하는 망치, 소아용 청진기도 구입할 수 있다. 여성은 자신의 에스트라디올 estradiol(난소 호르몬의 일종), 테스토스테론 testosterone(남성 호르몬의 일종), 프로게스테론 progesterone(황체 호르몬)의 수치를 규칙적으로 측정할 수 있다. 가정에서 골다공증과 대장암도 진단할 수

있다.[23]

미국 식품의약국에 따르면 가정 치료 부문은 의료기구 산업에서 가장 빠르게 성장하는 분야라고 한다. 그러나 앞서 제시된 이 모든 자가 진단 기술은 다음에 소개할 내용과 비교해 보면 여전히 원시적인 수준이다.

미국 식품의약국 잡지에 "현재 기획 구상 중인 의료기구들을 보면 마치 공상과학 작품을 읽고 있는 듯하다. 양치질할 때 혈당과 박테리아 수치를 측정하는 바이오센서 칩이 내장된 칫솔, 사람이나 사물을 기억할 수 있도록 도와주는 초소형 화면이 박힌 컴퓨터 안경, 상처 부위 박테리아나 바이러스를 감지하고 항생제 투여 여부나 어떤 치료를 받아야 할지 알려 주는 스마트 붕대 등을 상상해 보라"는 기사가 실린 적이 있다. 그 잡지에는 에베레스트산을 오를 때 산악인의 건강 상태를 점검할 수 있는 스마트 티셔츠[24]와 장애인이 눈을 깜빡이는 행위나 생각을 통해 기계를 조작하는 핸즈프리 기구에 대해서도 소개하고 있다.

〈뉴욕타임스매거진〉은 "집에서 컴퓨터단층촬영CAT을 하고[25], 변기 물을 내리면 자동으로 소변 검사가 되고, 매끼 식사 후 컴퓨터로 수명 분석이 나온다고 상상해 보라"고 말한다.

이런 상상 속의 제품이 실용화되었거나 가격 효율성과 안정성을 검증받은 것은 아니다. 그러나 이는 다가올 과학 기술 급류의 작은 물방울에 불과하며 자가 진료와 유료 진료 경제 모두에 변화를 가져올 것이다.

프로슈머는 비화폐 경제에서 더 나은 활동을 하기 위해 자신의 돈으로 자본재를 구입한다. 그리고 결국 화폐 경제 내 수익을 감소시킨다. 측정되지 않는 대부분의 프로슈머 경제가 화폐 경제와 상호 작용하는 또 다른 방식을 여기서 살펴볼 수 있다.

전체 보건의료의 경제적 부가가치를 증가시키기 위해서는 프로슈머의 본질적인 역할을 인식하고 의사에 의한 투입과 환자에 의한 투입 간의 비율을 변화시켜야 한다. 인구통계나 비용, 의료 지식의 양, 사용 가능성의 변화, 앞으로 다가올 과학 기술의 약진을 보면 프로슈머가 미래의 거대한 보건의료 경제에 더욱 큰 역할을 하게 되리라는 사실은 분명하다.

이제 경제학자들은 비화폐 경제를 부적절하고 중요하지 않은 분야로 생각하기보다 부와 건강을 창출하는 시스템을 형성하기 위해 이 두 분야의 경제가 어떻게 서로 도움을 주고받고, 통합되어야 하는지 체계적으로 연구해야 한다. 이러한 관계를 잘 이해한다면 전 세계적으로 벌어지는 의료 위기 사태에 대한 주요 단서를 인식할 수 있을 것이다. 최소한 오늘날 많은 국가에서 벌어지는 보건의료에 대한 정치적 논쟁에 중요하고도 새로운 문제를 제기할 수도 있다.

프로슈머가 보건의료 분야에 있어서 무상으로 어마어마한 기여를 할 수 있고, 자신들의 돈으로 이런 기여를 하고 있다면, 현재 생산자를 훈련시키는 만큼의 비용으로 프로슈머를 교육시키고 훈련시킬 수 있을 것이다. 그럼으로써 전체 의료비용을 줄일 수 있지 않겠는가. 로웰 레빈은 보건의료 분야에 정부가 할 수 있는 가장 훌륭한 투자는 어린 학생들에게 훌륭한 프로슈머가 될 수 있는 방법을 교육하는 일이라고 했다.[26] 그는 "기본적인 해부학과 생리학, 질병의 원인과 치료법 등 의대에서 가르치는 내용의 일부를 의대와 똑같이 가르쳐 주어라. 일반적이고 간단한 질병에 대한 진단과 치료 그리고 어떤 질병이 전문적인 도움을 필요로 하는지 가르쳐 주어야 한다"고 주장한다. 비크람 쿠마르Vikram S. Kumar는 조슬린 당뇨병 센터에서 제1형 당뇨병 어린이들을 대상으로 하는 '커뮤니티 기반의 예측 게임'[27]을 만들고 있다. 다이아벳넷DiaBet-Net(당뇨병에 관한 정보를 공유하는 웹 사이트 – 옮긴이)은 어린 환자들의 심리 모델을 개발하여 환자들이 직접 자신의 포도당 수치를 더 자주 확인할 수 있도록 하는 데 목표를 두고 있다. 이 게임을 통해 당뇨병 어린이들은 인터넷상에서 컴퓨터 게임을 하며 자신과 다른 아이들의 포도당 수치를 예상한다. 의사와 환자 간의 지시 전달이나 부모의 잔소리에 전적으로 의존하기보다는 잠재되어 있는 사회성을 활용하는 아이디어이다.

촘촘하게 연결된 지식 경제 안에서 의료 위기와 교육 위기가 상호 연결되지 않은 별개의 문제라고 생각하는가? 이 두 분야에 대한 생각과 제도를 혁명적으로 바꾸기 위해 상상력을 조금 동원해 보라. 수백만 명의 프로슈머가 이를 돕기 위해 기다리고 있다.

25

제3의 직업

Our Third Job

지나친 스트레스를 받고 있는가? 눈코 뜰 새 없이 바쁜가? 시간이 언제 이렇게 지나가 버렸는지 모르겠는가? 초고속으로 진행되는 화폐 경제 속에서 시간을 쥐어 짜내는 일은 이제 거의 전 세계적으로 화를 유발하는 원인이 되고 있다. 사람들은 하루에 200통도 넘는 이메일을 받는다고 난리를 친다. 끊임없이 울리는 휴대전화는 잠시의 여유도 허락하지 않는다. 한 번에 여러 일을 하는 이들은 텔레비전, 전화, 온라인 게임, 증권시장 조사, 문자 메시지 등을 통해 끊임없이 바깥세상과 소통한다.

과도한 경쟁으로 인해 한 번에 하나씩 하던 일들을 거의 동시다발로 처리해야 하는 급속한 환경 변화는 부 창출 시스템의 심층 기반인 시간과 일의 관계, 친구와 가족과의 관계에 중대한 변화를 초래한다. 이러한 압박과 변화로 인하여 직장에서의 시간과 가정에서의 시간 사이에서 힘겨운 줄다리기가 벌어지고 있다.

직장에서 보내는 시간, 직업적으로 수익을 내는 데 사용하는 시간 외에도, 우리는 개인 생활이나 가족과 관련된 무보수의 일에도 시간을 할애한다. 이러한 부담은 자녀와 연로한 부모를 동시에 보살펴야 하는 샌드위치 세대와 여성에게 특히 가중된다. 오늘날에는 이것과 더불어 새로운 짐이 하나 더 늘었다. 유급 노동인 제1직업과 무보수 가사노동에 해당하는 제2직업, 더불어 역시 무보수인 제3의 직업이 하나 더 생긴 것이다.

나는 최근에 복사기를 구매했는데, 제조사로부터 무뚝뚝한 명령조로 작성된 이메일을 한 통 받았다. 청구서를 보낼 수 있도록 복사기 계기판에 나오는 내용과 제조번호를 이메일로 보내라는 내용이었다. 사무실에 계기판을 확인하러 오던 직원은 어찌 된 것일까? 페덱스 소포가 제때 안 오면 수신자 부담으로 전화를 걸어 왜 소포가 늦어지고, 어디쯤 오고 있는지 물어볼 수 있었던 때가 있었다. 테네시주 멤피스 같은 시골 도시 어딘가에서 컴퓨터 앞에 앉은 젊은 여성 직원이 소포의 소재를 친절하게 확인해 주었다. 그 후 페덱스는 소비자의 편의를 위해 대단히 혁신적인 도구를 마련했다고 자랑하며, 이제는 소비자들이 인터넷으로 데이터를 입력하여 직접 소포를 추적할 수 있다고 선언했다. 그렇다면 그 젊은 직원은 어떻게 되었을까?

소비자에게 프로슈머로서의 참여를 요구하는 곳이 비단 복사기 제조회사나 운송회사만은 아니다. 아메리카 은행 **BOA, Bank of America**은 수표 확인 업무에 대한 고객의 요구가 어마어마하여 마이크로필름으로 수표를 찾고, 복사하고, 우송하는 일에 800여 명의 직원이 필요하다면서[1], 고객이 직접 인터넷이나 현금자동입출금기에서 결재 완료된 수표를 확인할 수 있는 기술[2]을 도입했다고 발표했다. 이들은 새로운 변화가 소비자에게 돌아가는 혜택인 것처럼 전했다. 물론 거기에 의심의 여지는 없다. 그러나 고객도 어느 정도의 수고를 해야 한다. 그 은행은 새로운 서비스를 내놓았다고 자랑하며 6.7퍼센트의 인원을 감축했다.

뷔페식당을 넘어서

2002년 미국의 은행을 찾은 고객들이 현금자동입출금기로 거래를 한 횟수는 거의 140억 회 이상이다.[3] 고객들이 현금자동입출금기를 선호하는 이유 중에 하나는 줄을 서서 기다릴 필요가 없기 때문이다. 무엇이든 서둘러야 하는 경제에서는 일분일초가 소중하다.

은행 창구에서의 간단한 거래에 평균 2분이 걸린다고 가정해 보자. 이는 고객들이 280억 분에 해당하는 무보수 노동을 행한다는 뜻이다. 고객들이 현금자동입출금기를 이용하는 무보수 노동을 하지 않았다면 은행은 추가적으로 20만 명 이상의 정규 직원을 고용해야 했을 것이다. 예전에는 창구 직원이 하던 업무를 지금은 고객이 손수 진행한다. 현금자동입출금기에 직접 번호를 입력하고 가끔은 이에 대한 수수료도 지불한다. 은행 산업 전문가에 따르면 고객들은 이러한 일처리를 직접 실행하여 대기 시간을 줄였다고 생각하게 된다고 한다.

프로슈머에게로 일이 전가되는 이런 변화가 확산되는 추세이다. 2002년 1,700만 미국 가정이 인터넷으로 증권거래를 했고[4], 4,000만 고객이 인터넷으로 여행상품을 예약했다.[5] 미국의 인터넷 쇼핑 건수는 3억 6,000만 건에 이른다.[6] 기업들이 노동비용을 외부로 전가하는 가운데 프로슈머들은 이런 거래를 통해 주식 중개인이 되기도 하고, 여행사 직원, 판매원이 되기도 한다.

제너럴 일렉트릭[7]은 다른 가전제품 제조사와 마찬가지로 제품 정보를 요구하는 소비자들 때문에 애를 먹었다. 이 기업은 인터넷을 통해 소비자들의 문의를 해결하면 9,600만 달러의 비용이 절감될 것으로 기대했다. 한 통의 전화 문의에 답하는 데 5달러가 들고 소비자가 인터넷으로 정보를 얻는 데는 20센트밖에 들지 않는다. 인터넷으로 문의에 응하면 그만큼 노동력도 줄어든다. 그럼 그 직원들은 어디로 갔을까? 이는 은행 창구 직원과 마찬가지로 유급 생산자에서 무급 프로슈머의 역할로 이동한 것이다.

빈틈없는 기업들은 노동을 외부로 돌리는 보다 영리한 방법들을 찾아내고 있다. 만약 이를 주도하는 혁신적인 기업에게 상을 준다면 그것은 탐욕스러운 미국 대기업이 아니라 일본의 도톤보리 레스토랑[8] 체인이 받게 될 것이다. 도톤보리에서는 자신이 직접 가져다 먹는 단순한 뷔페 스타일을 넘어 고객이 직접 요리를 한다.

물론 이런 변화는 부분적으로 새로운 서비스를 제공하고 있으며, 소비자로부터 환영받고 있다. 이론적으로 완전 경쟁이 서비스 가격을 떨어뜨려 간접적으로 소비자에게 보상한다는 말도 맞다. 노동비용을 외부로 돌려 절감한 비용이 언젠가는 소비자에게 돌아올 날이 있을 것이다. 그러나 현시점은 완전 경쟁과는 거리가 멀며 오히려 소비자가 기업들에게 공짜 점심을 주고 있다. 외부로 전가되는 노동은 앞으로 더욱 증가할 것이다. 생산자에서 프로슈머로의 변환은 차세대 아웃소싱의 커다란 미개척 분야이다.

슈퍼마켓 일 떠넘기기

소비자에게 일을 떠넘기는 상황은 어제오늘의 일이 아니다. 예전에는 작은 식료품점에서 계산대 뒤에 물건이 놓여 있어서 점원이 직접 손님이 요구한 물건을 가져다주었다. 1916년 클라렌스 사운더스Clarence Saunders[9]는 소비자가 대신 일할 수 있음을 깨닫고 셀프서비스 슈퍼마켓을 도입하여 특허를 따냈다.

새로운 과학 기술이 구체적인 이익을 만들어 내고 있다. 사운더스가 다시 살아 돌아와 오늘의 슈퍼마켓을 본다면 계산대 위의 스캐너가 무엇에 사용되는 물건인지 알아보지 못할 것이다. 그래도 이곳에서는 점원이 필요하다. 오늘날 미국과 다른 여러 지역의 슈퍼마켓 체인에서는 소비자에게 휴대용 소형 기기를 통해 구입하려는 통조림이나 물품의 상자를 직접 스캔하여 신용카드로 결제하게 한다. 점원이 필요 없는 구조다.

현재 대형 슈퍼마켓 체인들은 소비자가 계산을 위해 줄을 서서 기다리는 시간을 줄일 수 있는 셀프스캔 계산대[10]를 놓고 직원의 수를 줄이고 있다. 물론 로스앤젤레스 광고업자인 도널드 포터Donald L. Potter처럼 "종업원이 해야 할 일을 대신하는 고객에게 할인 혜택[11]조차 주지 않는다"고 불만을 토로하는 이들도 있다. 인터넷에서는 "슈퍼마켓이 주유소처럼 셀프서비스일 때와 서비스를 제공할 때의 가격을 달리해야 하며, 그래야 셀프서비스 계산대를 좀 더 자주 이용하고 싶은 마음이 생기지 않겠는가"라는 제안도 나온다.

근래 나타난 새로운 모습은 소비자에서 프로슈머로의 전환을 용이하게 만드는 엄청나게 광범위한 사이버 구조이다. 이것만으로도 수많은 기업들이 맛있는 공짜 점심 경제의 가능성을 발견하고 있다.

21세기 초 닷컴 붕괴로 인해 사라져 버린 전자상거래 업체들 가운데 생존자 하나가 우뚝 서 있다. 바로 무보수 프로슈머의 생산성을 최대한으로 이용하는 기업이다. 아마존닷컴[12]의 소비자들은 서적과 음반 리뷰, 개인 의견, 선호하는 서적 리스트 등 콘텐츠를 사이트에 무료로 제공하고 있다.

한편 타인의 무급 노동으로 자기 비용을 절감하는 철면피에게 주는 상이 있다면 아마 세무기관이 대상을 받을 것이다. 그들은 납세자에게 복잡한 장부 관리와 세금 계산을 떠넘기고 있다. 납세자들이 세금을 내면서 무보수로 노동을 하는 격이다.

유급 노동과 무급 프로슈밍에 더하여 제3의 무보수 직업까지 추가된 것을 보니, 우리가 시간에 지쳐 버리는 것도 당연하다. 우리는 생산, 소비, 프로슈밍 사이의 시간을 재배치하고 있다.

노령인구의 증가와 지식의 발달, 특히 프로슈밍에 활용 가능한 기술의 발빠른 확산에 화폐 경제에서의 경쟁 압력까지 추가되면, 프로슈밍이 폭발적으로 증가하리라는 것은 충분히 예상할 수 있다.

프로슈밍의 증가로 노동이 외부로 전가되는 움직임이 강하게 번지자, 최

근 제작된 〈딜버트Dilbert〉라는 제목의 만화[13]에는 한 기업 임원이 "조금만 있
으면 소비자들이 제조에서 배송까지 직접 하도록 훈련시킬 수 있겠다"고 이
야기하는 내용이 실리기도 했다. 이 간부의 말이 맞을지도 모를 일이다.

26

다가오는 프로슈머의 폭발

The Coming Prosumer Explosion

다가오는 프로슈머의 폭발은 비즈니스와 금융을 다루는 방송 매체뿐만 아니라 학계와 정부에서도 과소평가되고 있다. 프로슈머가 세상을 지배하게 되지는 않더라도, 앞으로 서서히 새로운 경제 형태를 만들 것이다. 세계적인 거대 기업과 일부 산업의 존재 자체에도 위협을 가할 것이다. 이미 이와 같은 일이 벌어지고 있다.

앞에서 우리는 제3의 직업이 은행, 항공사와 그 밖의 수많은 산업에 공짜 점심을 주고 있는 상황을 보았고, 그들이 보건의료 체제에 기여하는 경제적 가치의 증가도 보았다. 하지만 프로슈머에 관한 진짜 이야기는 이제부터가 시작이다.

직접 생산하는 기타와 골프채

프로슈머가 도구와 기술을 구입하여 보건의료의 경제적 부가가치를 증가시키는 것처럼 다른 분야에서도 동일한 현상이 일어나고 있다. 홈디포Home Depot[1]는 2005년 기준 미국, 캐나다, 멕시코에 1,800개 점포를 보유하고 있다. 미국 최대의 주택 개량 소매점으로서 30만 명의 직원을 채용했고 연 매출 730억 달러를 기록했다. 점포에는 4만 가지의 물품이 비치되어 있다. 대부분이 DIY 애호가를 위한 것이다. 전체적으로 미국 주택 개량 용품의 DIY 시장은 연간 2,000억 달러에 이를 것으로 추정된다.[2] 주택 크기가 작고, 가구도 그리 많이 갖추지 않는 일본에서도 DIY 시장 규모는 300억 달러를 넘어선다.[3] 오비Obi, 프락티커Praktiker, 바우하우스Bau-haus 같은 DIY 업체가 주도하고 있는 독일의 경우는 330억 달러 규모이다.[4] 2003년 유럽의 주택 개량 시장은 한 해 1,000억 달러 규모로 추정되었다.[5]

이 모든 상황은 텔레비전의 주택 개량 관련 프로그램에 열광하는 시청자에 의해 고무되었다. 영국에서는 DIY 애호가들에게 자기 손으로 직접 제품을 만드는 방법을 조언해 주는 〈체인징 룸Changing Room〉[6]과 〈그라운드 포스Ground Force〉 등의 방송 프로그램이 BBC 시청률 상위에 랭크되었다. 미국의 8,000만 시청자[7]와 일본, 호주, 태국, 체코, 헝가리에 이르는 29개국[8]이 HGTV Home and Garden TV(가정원예 방송)와 DIY 네트워크 채널을 시청하고 있다. 이 정도의 정보로 만족할 수 없는 프로슈머들은 인터넷으로 가전제품의 부품을 판매하는 리페어 클리닉닷컴Repair-Clinic.com에 접속하거나 사이트 내 리페어 구루Repair Guru에 들어가 수리 안내서를 얻는다. 경쟁사인 포인트앤클릭 어플라이언스 리페어Point and Click Appliance Repair는 냉동고와 냉장고, 오븐과 전자레인지에 이르는 모든 가전제품의 문제에 전문가적 진단을 내려 준다.[9] 시어스 백화점[10]의 웹 사이트는 잔디 깎기, 동력 도구, 가전제품에 맞는 4,500만 가지 이상의 부품을 DIY 애호가에게 제공한다.

프로슈머들은 이런 기업에서 물품을 구입하여 자신의 집에 방을 하나 더 만들고, 세탁기의 수명을 늘리며, 집안 전체를 꾸미는 등 경제적 부가가치를 창출하기 위해 땀의 분담sweat equity, 즉 무보수 노동을 투입한다.

이와 비슷한 무보수 노동 투자는 대형 자동차 부품 가게에서 제공하고 있는 자동차 자가 수리에서도 볼 수 있다. 미국 자동차A/S부품협회에 의하면 미국 DIY용 부품 판매실적이 한해 370억 달러에 이른다고 한다.[11]

미국 국립원예협회 National Gardening Association 는 "2002년 약 80퍼센트의 미국 가정이 스스로 잔디를 가꾸거나 원예 활동을 했으며 총지출비용이 400억 달러에 달한다"고 계산했다.[12] 〈타임〉에 따르면 미국보다 국토가 좁은 영국에서도 소위 '원예에 푹 빠져 있는 영국인'이 연간 약 50억 달러를 지출한다고 한다.[13] 재능 있는 원예가로 일컬어지는 독일인은 연간 70억 달러를 쓴다.[14] 건물 사이의 공간에도 화초를 가꾸는 프로슈머의 나라 일본은 전체 인구의 3분의 1인 4,000만 명에 가까운 인구가 원예 도구, 식물, 비료 등의 구매에 연간 150억 달러를 소비한다.[15]

자동차 수리나 원예 분야 외에도 프로슈머용 제품은 다양하다. 미국 성인 여성의 3분의 1에 해당하는 3,000만 명의 대졸 출신 젊은 여성들은 바느질을 단순한 취미 이상으로 여긴다.[16] 그들은 고급 홈쇼핑 카탈로그에서 광고하는 가정용 드라이클리닝 세트[17]를 구입해 직접 바느질해서 만든 옷을 깨끗하게 손질하고 있다.

한편 남자건 여자건 매우 도전적인 것을 원하는 프로슈머를 위해 전자기타, 컴퓨터, 골프채, 요트, 방 네 개짜리 통나무집, 대회에 나갈 수 있을 만한 비행기까지 만들 수 있는 DIY용 제품도 판매 중이다.

만연하는 소비자 중심주의?

전통 경제학에서 보면 제품의 구입은 소비이다. 그러나 완전히 다른 방식으로 생각해 보면, 제품의 구입은 프로슈머 산출물의 가치를 증대시키기 때문에 일종의 자본재에 대한 투자라고 볼 수도 있다.

오늘날 선진 경제의 평범한 직장인 가정에서 볼 수 있는 자본재 목록은 세탁기, 건조기, 식기세척기, 전자레인지, 냉장고, 가스레인지, 에어컨, 토스터, 커피메이커, 믹서나 쥬서기, 간단한 수리 도구, 전기 배선을 위한 여분의 전기 코드 정도일 것이다. 이제 여기에 컴퓨터, 캠코더, PDA, 그 밖에 DIY 애호가들이 사용하는 많은 디지털 기구[18]들을 추가해야 한다. 이런 자본재를 이용해 증권 투자를 하거나, 주택을 구입하거나, 혹은 오랫동안 연락이 끊어졌던 친척을 찾기도 하고, 신년카드를 만들기도 한다. 〈타임〉은 이런 현상에 대해 "디지털 도구로 인해 최소한의 기술만 가지고도 자신만의 영화, 텔레비전 쇼, 앨범, 책, 라디오 방송을 만들 수 있다. 자신만의 엔터테인먼트를 만들어 내는 일이 갑자기 무척 쉽고 저렴한 일이 되었다. 이는 DIY의 꿈이다. 앞으로 이런 디지털 엔터테인먼트는 점점 더 확장될 것이다"라고 평했다.

한편 소비자 중심주의의 만연을 비판하는 이들은 이런 제품 구매를 비웃으면서 그 중요성을 간과하고 있다. 하지만 분명 그들의 집에도 이런 제품이 상당수 있을 것이다. 게다가 이 행위는 물질적인 탐욕의 표현이 아니라 프로슈머의 힘에 대한 투자이다. 부분적으로나마 시장에서 벗어나 자신과 가족을 위해 더 많은 일을 하는 능력을 키우고 있는 것이다. 이런 의미로 보면 프로슈머가 바로 소비자 중심주의의 반대편에 서 있는 셈이다. DIY 제품은 우리로 하여금 시장 밖에서도 일을 할 수 있도록 해준다. 이것이 없었다면 구매 불가능한 것들을 포함해서 모두 돈을 주고 구입했어야 했을 것이다.

주택 개량, 자동차 수리, 원예, 컴퓨터 기술, 디지털 창작과 같은 DIY 기술에 쓰인 돈을 모두 합하면 단순 소비가 아니라 어마어마한 규모의 투자임을 알 수 있다. 이는 부 창출 시스템에 가치를 부여하기 위해 프로슈머가 자본을 투자한 것이다.

여기에 이 모든 도구와 물품을 사용하는 데 들인 시간을 더하고, 무급으로 노동한 시간에 대해 시간당 최소 임금을 부여해 환산하면 통계학자들은 아마 당황할 것이다. 부 창출 시스템이 돌아가는 방식에 대한 전통적인 가설마저 흔드는 어마어마한 액수에 도달할 것이기 때문이다.

유보수와 무보수 노동의 경계, 즉 생산자가 산출한 측정할 수 있는 가치와 프로슈머가 산출한 측정할 수 없는 가치의 경계는 정의상의 허구에 불과하다. 우리의 한쪽에는 화폐 경제가 있고 다른 한쪽에는 비화폐 경제가 있다. 현재의 부 창출 시스템에는 양쪽이 모두 필요하며 미래를 준비하는 사람은 부 창출 시스템 전체를 파악해야 한다.

쿠키와 시뮬레이션

프로슈머는 마치 이 허구적인 경계가 존재하지 않는다는 듯 양쪽을 자유롭게 넘나든다. 전 세계 수천 개 소규모 업체들은 사실 프로슈밍을 취미로 하던 이들이 자신과 친구, 이웃을 위해 만들던 물건을 팔기 시작하면서 생겨난 것이다.

코네티컷주의 윌튼에 사는 던 데이빗슨[19]은 50대 중반에 자신이 60세 이후에 무엇을 해야 할지 생각했다. 그는 고민 끝에 〈레이디스홈저널 Ladies' Home Journal〉과 〈워먼스데이 Woman's Day〉의 공동 발행인직을 사임했다. 그에게는 도구함이 빼곡히 들어찬 작업장이 있었고, 주말에는 목공일로 시간을 보냈다. 그는 자연스럽게 자신의 목공 기술을 은퇴 후 사업으로 연결시켰다. 그의 계획대로 되지 않은 것이 있다면 그 사업이 성공적인 가족경영 기업으로 성장하여 손자 두 명까지 채용하게 되었다는 것뿐이다. 텍사스주 플래노의 닐

플래닉[20]은 슬롯카slotcar(트랙에 파여 있는 홈에서 전원을 공급받아 모터를 가동시켜 작동하는 모형 미니 자동차 ─ 옮긴이) 경주가 취미였다. 그는 그 도시의 중소기업개발센터의 도움을 받아 자신의 취미를 '닐의 모형카 스피드웨이'라는 사업체로 변모시켰다.

이렇듯 프로슈머들은 자신의 능력과 흥미를 개발, 시험하면서 이를 판매용 상품과 소규모 사업체로 변형시키고 있다. 화폐 경제에 또 다른 가치를 투입한 셈이다.

프로슈머에서 발전한 기업이 특화된 소규모 사업체만 있는 것은 아니다. 고등학교를 중퇴하고 할리우드에서 무대 관련 에이전트로 활동하던 월리 에이모스Wally Amos는 1960년대 사이먼 앤 가펑클을 발탁하여 이들의 매니저가 되었고 다이애나 로스와 마빈 게이와 같은 뛰어난 가수도 키워 냈다. 그는 종종 취미로 쿠키를 구워 사람들에게 나누어 주었는데 반응이 좋았다. 월리는 "언제부터인가 사람들이 나를 만나면 '안녕하세요' 하고 인사하는 대신에 '쿠키 어딨어요?'라고 묻기 시작했다. 모두가 나더러 쿠키 사업을 하라고 했지만 그때는 별로 진지하게 듣지 않았다"라고 회상한다. 마침내 그는 쿠키 사업을 하기로 결정했고 그 유명한 '에이모스 초콜릿 칩 쿠키'[21]가 탄생했다. 이는 현재 미국에서 가장 잘 알려진 쿠키 브랜드이며 고급 쿠키 사업의 선구적 역할을 하고 있다.

작아지는 할리우드

프로슈머들은 취미를 비즈니스로 바꾸었을 뿐 아니라 산업 자체를 창출하고 전개하는 데 기여했다. 25년 전 정교한 컴퓨터 게임이나 시뮬레이션은 주로 군대에서 만들어졌고 사용됐다.[22] 허츠J.C. Herz와 마이클 매시도니아Michael R. Macedonia는 〈디펜스호라이즌스Defense Horizons〉에 기고한 글에서 "전문

솔루션 제공업자들이 군대에서 사용되는 게임과 시뮬레이션에 강력한 워크 스테이션과 고가의 특정 애플리케이션을 장착했다. 그렇게 군대의 게임과 시뮬레이션은 집중적이고 공식적이며 체계적인 환경으로 진화했다. 이에 비해 당시 상업용 컴퓨터 게임은 소수의 마니아들이 비닐봉지에 든 플로피디스크를 사람들에게 퍼뜨리는 식의 불안정한 형태였다"고 설명한다. 민간 게이머들은 곧 온라인 커뮤니티를 형성해 대부분 군사 전략에서 응용하던 상업 게임들을 집단적으로 변경하고, 개조하고, 개선해 갔다. 1990년대 말이 되자 시장에 나와 있는 거의 모든 전략·전투 게임에는 난이도 설정 기능, 캐릭터 또는 스토리를 자신이 원하는 대로 만들 수 있는 툴이 내장되었다. 상업용 게임은 프로슈머 자신의 필요에 맞게 게임을 복잡하게 만들거나 다양하게 만들 수 있는 환경을 조성해 냈다. 그 결과 오늘날 게임 산업은 혁신성에서 군대를 능가한다. 플레이어 중심의 높은 동기 유발, 세계적으로 연결된 네트워크, 자체적으로 조직된 수백만 인구가 서로를 견제하며 앞서가기 위해 노력하고 있다. 비화폐 경제에서 수행한 프로슈머의 혁신은 오늘날 200억 달러에 달하는 컴퓨터 게임 산업[23]의 탄생에 일조했다. 이는 할리우드 영화 산업보다도 더 큰 규모이다.

집단 프로슈밍

현재 어떠한 프로슈밍도 21살의 대학생이 제안했던 프로젝트에 비할 바가 못 된다. 그 프로젝트는 소프트웨어 산업을 뒤흔들었으며, 비즈니스와 국제 관계, 심지어 세계 자본주의에 폭발적인 영향을 미쳤다.

헬싱키 대학의 학생이던 리누스 토발즈Linus Torvalds는 거대 컴퓨터에서 쓰는 유닉스Unix 운영체제의 한 부분이었던 미닉스Minix를 사용하고 있었다. 그는 여기에 만족하지 못했고, PC에 쓸 수 있는 새로운 버전의 운영체제를 만들기 시작했다. 돈도 받지 않고 3년 동안 자신의 프로젝트에 심혈을 기울인 끝에, 1994년 지금의 리눅스 운영체제의 핵심을 내놓는 데 성공했다.

리눅스는 마이크로소프트와 같은 회사의 독점 제품과 달리 기본 소스 코드가 공공 소유이자 무료이기 때문에 '무료 공유' 소프트웨어라고도 불린다. 소스 코드가 계속 개방되어 있는 한 다른 프로그램에서도 필요에 맞게 리눅스 프로그램을 적용하거나 그것을 기반으로 새로운 상업적 제품을 만들어 낼 수 있다.

오늘날 리눅스 운영체제는 많은 컴퓨터 제조업체의 지원을 받고 있으며 전 세계적으로 수백만 명이 사용하고 있다.[24] 〈뉴욕타임스〉에 따르면 미국 기업 중 대략 40퍼센트가 사용하고 있다고 한다.[25]

리눅스의 영향력은 미국의 비즈니스계에 그치지 않는다. 비용 절감과 자체 소프트웨어 산업 개발에 열을 올리고 있는 세계 각국의 정부에서도 리눅스 사용을 장려했다. 중국에서 리눅스는 국영 우편국, 국제통상부와 중국 국영 방송국의 운영 시스템이 되었고, 정부는 모든 공무원들이 이를 채택하도록 강력하게 지원하고 있다. 브라질 정부는 각 부처 프로그램을 리눅스나 다른 오픈 소스 소프트웨어로 바꾸도록 지시하고 있다.[26] 인도는 중앙은행과 지방 재무부에 리눅스 프로그램을 설치했다.[27] UPI통신은 "전 세계 정부는 리눅스에 20억 달러 이상을 투자했고 160개국 이상의 정부에서 리눅스 프로그램을 사용한다"고 밝혔다.[28] 리눅스의 사용은 개개의 국가나 기업이 아닌 지역 단위로도 확대되었다. 중국, 일본, 한국은 최근 공동 IT정책하에 리눅스 활용 문제를 논의하기 위해 모이기도 했다.

리눅스에 대한 열광은 여기서 그치지 않는다. IT를 주제로 한 유엔 회의에서 주요 국가들은 각국 대표단에게 정보격차 digital divide(정보 접근과 정보 이용이 가능한 자와 불가능한 자 사이의 경제적, 사회적 격차가 심화되는 현상을 가리키는 말 – 옮긴이)를 줄이는 핵심으로 오픈 소스 소프트웨어를 허용할 것을 촉구했다.[29] 이 모든 일이 토발즈와 세계 각국에 흩어져 있는 프로그래머 네트워크의 무보수 노동에서 비롯되었다. 이들은 인터넷을 통해 서로 연락을 취하고 제품을 종합적으로 강화하기 위해 개인의 시간과 노력을 자발적으로 투자했다.

토발즈와 리눅스 프로그래머가 해낸 일은 화폐 경제 안에서 강력한 영향력을 발휘하였다.[30] 어떤 열성 마니아가 말하는 것처럼 리눅스가 자본주의의 종말을 고하지는 않는다. 여기서도 프로슈머 활동이 화폐 경제에 얼마나 큰 영향을 미치는지 알 수 있다.

계층의 분열

혁명적인 부가 점점 더 많이 의존하고 있는 심층 기반 중 하나가 지식이라면, 우리가 지식을 활용하고 구축하는 방식은 화폐 경제의 성장과 직접적으로 연관된다. 오늘날 인터넷 없는 세상은 상상할 수 없고, 월드 와이드 웹 없는 인터넷도 상상할 수 없다. 이 두 가지는 이제껏 발명된 지식 도구 중 가장 강력한 도구들이다.

근래에 유비쿼터스 웹 Ubiquitous WWW(어디에나 존재하는 웹 - 옮긴이)은 온갖 종류의 데이터와 정보, 지식을 새로운 방식으로 교차 연결하여 인터넷을 통합한다. 1980년대 제네바의 유럽입자물리연구소의 한 젊은 소프트웨어 기술자가 공통점도 없고 상·하위 질서도 없는 네트워크상의 지식들을 한데 모으기 위해 연구를 진행하던 그 당시에는 우리가 어떻게 살았는지 상상조차 되지 않는다.

월드와이드웹의 아버지라 불리는 팀 버너스 리 Tim Berners-Lee는 그의 저서 《월드와이드웹: 당신이 꿈꾸는 인터넷 세상 Weaving the Web》에서 유럽입자물리연구소 시절을 떠올리며, "시간 여유가 있을 때 개인적으로 사용하려고 인콰이어 Enquire라는 최초의 웹을 만들었다. 특별한 이유는 없었고 그저 연구소에서 다양한 사람들, 컴퓨터, 프로젝트 간의 연관을 기억하는 데 도움이 될까 해

서 만들었을 뿐이다"라고 밝히고 있다. 이처럼 웹은 프로슈밍의 결과였다.[31]

프로슈밍을 통해 우리 문화와 젊은이들의 학습 방식이 바뀌었을 뿐만 아니라 돈을 벌고, 사업을 하고, 경제가 운영되고, 부가 창출되는 방식을 획기적으로 변화시키는 지식 도구가 탄생했다.

토발즈와 버너스 리의 예로 만족하지 못하겠다면, 인터넷 자체와 프로슈밍의 산물을 공유하는 30억 개 이상의 웹 사이트[32]는 어떤가? 수백 수천 명까지는 아니더라도 수십 명의 교수와 학생들이 자기 시간을 투자하고 머리를 짜내, 중세 역사에서 수학까지 우리가 상상할 수 있는 모든 주제에 관한 학술 논문과 연구자료를 인터넷에 올리고 있다.

공간, 지식의 심층 기반과 우리의 관계를 혁명적으로 바꾸어 놓은 인터넷의 사용으로 과학자들 역시 무보수 시간을 들여 프로테오믹스proteomics(단백질체학 – 옮긴이)에서 플라스틱까지 모든 분야의 최신 연구 결과를 놓고 논쟁을 벌인다. 야금학자, 경영자, 잡지 기고가와 군사 전문가들도 인터넷을 통해 수십억 페이지에 달하는 정보를 캐고 자유롭게 자신의 정보를 더한다. 수백 수천 명에 달하는 시민기자들은 자신의 웹 로그, 혹은 개인 블로그[33]에 그날의 뉴스를 올리고 의견을 낸다.

설사 이 모든 인터넷 웹 사이트의 정보 중 95퍼센트를 과도하게 상업적이거나 무의미하고, 부정확하고, 무분별하고, 소수의 관심사에 불과하다는 이유로 가차 없이 삭제한다고 해도 수많은 방식으로 검색, 연결, 재배열할 수 있는 콘텐츠가 담긴 1억 5,000만 개의 사이트가 남는다.[34] 이 사이트만으로도 부의 창출 및 삶과 관련된 거의 모든 분야에서 신선하고 창의적인 사고방식을 충분히 생산해 낼 수 있다.

끊임없이 확장하는 인터넷 콘텐츠는 부분적으로 인류 역사상 가장 큰 자발적 프로젝트이다. 프로슈머들은 그 구조와 내용에 기여함으로써 가시적인 시장의 혁신을 가속화한다. 일하는 방식, 시간과 장소, 기업이 소비자와 공급자에 연결되는 방식, 가시 경제의 모든 분야에서 나타나는 변화에 영향을 미치고 있다.

경제학자들은 그들이 지칭하는 성장에 인터넷과 웹이 기여한 바에 대해 계속해서 논쟁을 벌일 것이다. 프로슈머가 만들어 낸 성장을 고집스럽게 무시할지도 모른다. 그러나 부모의 양육, 건강관리 개선, DIY 분야의 노력, 새로운 비즈니스의 창업, 새로운 필요성의 규명, 신제품 예시, 무료 소프트웨어 제작, 지식 경제를 위해 방대한 지식에 접근하고 조직화하는 일과 같은 비가시 경제와 가시 경제 간의 놀랍고도 복잡한 상호 작용을 무시한다면 경제학자들은 프로슈머와 성장의 관련성을 결코 이해하지 못할 것이다.

화폐 경제와 비화폐 경제가 합해질 때 부 창출 시스템이 형성된다. 분명히 화폐 시스템은 극적으로 확장될 것이다. 돈과 관련 없이 하는 행위는 돈과 관련 있는 행위에 점점 더 커다란 영향을 미치게 될 것이다. 프로슈머는 앞으로 다가올 경제의 이름 없는 영웅이다.

27

더 많은 공짜 점심

More Free Lunch

7월의 쌀쌀한 밤, 47세의 로즐린 베티포드는 뉴욕 맨해튼을 출발해 두 시간을 운전하여 코네티컷주 워싱턴에 있는 주말 별장에 도착했다. 사춘기 아들은 침실에서 잠들었고, 거실은 어두컴컴했다. 어둠에 눈이 익숙해지자 커다란 미닫이창 하나가 활짝 열려 있는 것이 보였다. 그녀는 창문을 닫으려고 손잡이를 잡았다. 그 순간, 두꺼운 유리창이 갑자기 창틀에서 빠져 버렸다. 로즐린은 비명을 지르며 유리창과 함께 3.6미터 아래 돌바닥 테라스로 추락했다. 이 추락 사고로 그녀의 두개골이 깨지고, 몇 개의 척추뼈에 금이 갔다. 한 팔은 부러졌고, 발가락은 모두 으스러졌다. 귀에서 투명한 액체가 흘러나오는 가운데 반쯤 의식을 잃고 신음하는 로즐린을 아들이 발견했다. 채 몇 분이 지나기 전, 두어 명의 젊은이가 달려와 재빨리 로즐린의 팔에 부목을 대고 빠른 속도로 시골길을 내달려 그녀를 가장 가까운 병원으로 이송했다. 로즐린의 생명을 구한 그들은 의사가 나타나자 조용히 사라졌다. 그들은 다음 날 병원에 있는 로즐린의 상태를 확인하기 위해 다시 나타났다. 알고 보니 그들은 그 지역 소방서의 자원봉사자들이었다. 로즐린과 가족들은 굳이 9·11테러의 공포를 떠올리지 않아도 소방대 자원봉사자들이 제공한 응급처치의 소중함을 깊이 느낄 수 있었다. 이런 예는 미국에서만 벌어지는 일이 아니다.

2001년 일본의 지역 자원봉사 소방협회인 쇼보단[1] 회원은 95만 1,069명이었다. 이와 유사한 단체가 호주, 캐나다, 핀란드, 독일, 이탈리아, 포르투갈, 남아프리카공화국 및 세계 여러 나라에 포진하고 있다.[2] 이들은 자신의 생명을 걸고 봉사 활동을 한다. 경제적인 의미에서 봤을 때 자원봉사자들은 그들의 시간과 능력, 위험 부담에 대한 보상 없이 가치 있는 서비스를 제공하는 프로슈머들이다.

미국 내 자원봉사 활동 규모는 어마어마하다. 1억 1,000만 명 정도의 미국인들이 적어도 일주일에 한 번씩 봉사 활동에 시간을 투자한다.[3] 물론 무보수로 말이다. 기부 및 비영리 봉사협회인 인디펜던트섹터 Independent Sector의 2001년 보고에 따르면, 2000년 미국인들은 음식을 배식하거나, 환자를 돌보거나, 기금을 모으거나, 다른 이들의 일을 돕거나, 교회 또는 NGO에서 안내문을 붙이거나 하는 활동을 통해 총 155억 시간의 자원봉사 활동을 했다. 이런 무보수 활동을 화폐 가치로 환산하면 2,390억 달러에 이른다.[4] 가시 경제에 추가적인 공짜 점심을 제공한 셈이다.

2005년 허리케인 카트리나와 리타가 미국의 멕시코만 연안을 강타해 수십만 채의 가옥과 일자리가 파괴되었다. 정부의 긴급 구조 활동은 아무런 소용이 없었다. 반면 미국 남부 지역의 자원봉사자들은 자기 집을 개방하고, 음식, 의료 서비스, 기타 필수품을 난민들에게 제공했다.

1995년 1월 17일 고베 지역에 한신대지진[5]이 났을 때, 일본의 응급 서비스 활동은 매우 미비한 상태였다. 대재앙이 일어나자 국가 전체가 충격을 받았다. 건설, 의료, 식료품과 식수 조달, 상담 서비스를 제공하기 위해 135만 명의 자원봉사자들이 몰려들었다.[6] 이들의 활동이 일본 경제에 기여한 화폐 가치는 얼마일까? 이 중 일부라도 일본의 GDP에 포함되었을까? 그보다 더욱 중요한 질문도 있다. 그들의 활동의 인간적인 가치는 어느 정도일까?

한국에서는 약 650만 명의 시민이 자원봉사자로 활동한다.[7] 이들은 태풍, 홍수 피해 구제 활동을 하고, 사랑의 집짓기 프로그램을 통해 집을 짓고, 탈북자들이 서울에서 적응할 수 있도록 교육한다.[8] 이탈리아 자원봉사자들은 암환자들을 돌보고 호스피스로 일한다.[9] 2002년 독일에 유례없는 홍수가 들이닥쳤을 때 수만 명의 자원봉사자들이 각지에서 달려와 불어나는 물을 막기 위해 고군분투했다.[10]

이 모든 활동은 각국의 부 창출 시스템에서 주로 비공식적인 형태로 숨겨져 있는 절반 중 일부분에 해당한다. 그들의 가치를 모두 계산하면 기업인과 정치인이 내리는 결정 중 많은 것들이 바뀌어야 할 것이다.

교사, 간호사와 말

경제가 지역화, 분권화되어 있었던 때에는 프로슈밍도 지역적 현상으로 머물러 있었다. 하지만 전국적인 시장과 국가가 생성되자 도움을 주는 손길도 마을과 이웃 너머로 뻗어 갔다. 최근 경제가 갈수록 세계화 또는 재세계화되는 가운데 단체들도 세계로 나아가 인류 전체를 공동체로 확장시키고, 그에 맞게 각 분야의 운영을 확대하고 있다.

국제적인 자원봉사의 예는 얼마든지 있다. 1989년 샌프란시스코 지진이 일어나자 일본 봉사단체는 희생자들을 돕기 위해 태평양 너머로 학생 자원봉사자들을 보냈다.[11] 2002년 짐바브웨에서는 농부들이 퇴거 명령을 당해 수천 마리 말들이 버려진 일이 있었다.[12] 말들이 굶주리고 있을 때 남아프리카공화국뿐만 아니라 멀리 스코틀랜드와 스위스에서 수천 명의 자원봉사자들이 쇠약해진 동물들을 구출하려고 날아갔다.

좀 더 큰 규모로는 적십자사와 적신월사 Red Crescent(이슬람 국가의 적십자사에 해당하는 조직 – 옮긴이)[13]가 전 세계적으로 활동하고 있다. 이들 단체에는 178개국의 1억 500만 자원봉사자들이 속해 있으며, 세계의 NGO들과 마찬가지로 의사, 간호사, 교사, 농업경제학자, 그 밖의 전문가들을 지구 곳곳으로 보내어 전문 서비스를 펼치고 있다. 이들 자원봉사자들은 위기나 급박한 상황이 발생하면 항상 달려오는 그 지역 아마추어의 지원을 받는다.

2004년 12월 쓰나미 참사 직후 물밀듯이 몰려들었던 자원봉사 활동[14]은 그 무엇과도 비교할 수 없다. 각국 정부와 단체들이 공공연하게 엄청난 액수의 지원금을 약속했지만 대부분 한참이 지나서야 오거나 흐지부지되었다. 이에 비해 자원봉사자들은 지구 곳곳에서 즉시 날아갔다. 호주 정부는 기대를 훨씬 뛰어넘은 1만 건의 자원봉사 신청이 폭주하여 직통 전화가 마비되었다.[15] 전 세계의 구호 단체들은 너무나 많은 자원봉사 신청자들로 넘쳐나[16] 이들을 거절해야 할 지경이었다. 아마추어 무선통신사, 조종사, 간호사, 교사, 건설업자, 트럭 운전사들이 공익을 위해 자신들의 능력을 아낌없이 내놓았다.

여기서 우리가 본 것은 화폐적인 기여를 넘어 이 나라에서 저 나라로, 이쪽 지구 끝에서 저쪽 지구 끝으로 옮겨 가는 보이지 않는 부이다.

아마추어는 중요하다

오늘날처럼 고도로 전문화된 세상에서 기업 경영진이나 경제학자들은 아마추어라는 용어를 거들떠보지도 않는다. 그러나 역사적으로 봤을 때, 자기 자신과 가족 또는 공동체를 위해 무보수로 일하는 아마추어들이 과학과 기술 분야를 포함하여 다양하고 광범위한 분야에서 놀라운 위업을 이루었다.

고대에 과학이란 돈을 받고 연구할 수 있는 분야가 아니었다. 그렇기 때문에 초기 과학자들은 거의 모두가 아마추어였고, 많은 이들이 다른 분야에서도 일하며 생계를 꾸렸다. 그들은 파트타임 프로슈머로서 역사에 위대한 기여를 했다. 예컨대 1774년 산소를 발견한 조지프 프리스틀리 Joseph Priestley는 목사였다. '마지막 정리 Last Theorem'로 수 세기 동안 수학자들을 혼란스럽게 했던 피에르 드 페르마 Pierre de Fermat는 변호사였다. 인쇄, 출판업자이자 정치가였던 벤저민 프랭클린은 취미로 해류를 연구하면서, 이중 초점 렌즈를 발명하고 번개가 전기의 형태라는 사실을 증명했다.[17] 그 또한 프로슈머였다.

오늘날 프로슈밍하는 아마추어들은 필리핀에서 지진 관련 정보를 수집하는 등[18] 어마어마한 양의 유용한 환경 정보를 모으고 있다.[19] 사실 아마추어들은 천문 및 우주 분야에서 전문가와 협력하여 굉장히 중요한 발견을 해내곤 하는데 이런 일들은 일찍이 시작되었다.

1957년 세계 최초의 인공위성 스푸트니크호가 지구궤도 위로 올랐을 때, 스미소니안 천체물리관측대 Smithsonian Astrophysical Observatory 책임자이자 천문학자인 프레드 위플 Fred Whipple이 조직한 전 세계 아마추어들은 하늘 위를 지나가는 위성을 추적하기 위해 기다리고 있었다. 이들의 노력은 '달 관측'[20]이라고 불렸다. 넬슨 헤이즈 E. Nelson. Hayes는 저서《하늘을 쫓는 자들 Trackers of the Skies》에서 "달 관측은 아마추어들을 적절히 고무시키고 이끌어 갈 경우 그들이 무엇을 할 수 있는지 잘 보여 주었다"라고 적고 있다. 실제로 오늘날 아마추어 천문학자들[21]은 소행성과 우주에서 나타날 수 있는 위험 물체의 도표를 만들어 내고 있다.

우주비행사였던 육군 준장 사이먼 피트 워든 Simon Pete Worden[22]은 미국 하원 과학위원회 House Commitee on Science에서 "핵무기 정도 크기의 작은 물체가 2주에 한 번 꼴로 지구 상층 대기권에 날아온다"고 말했다. 2002년 6월 지중해 부근에서 이 같은 일이 발생했는데, 히로시마 원폭 투하 때보다 더 큰 2~3만 톤의 에너지가 방출되었다. 워든은 "이 일이 인도나 파키스탄에서 발생했다면 핵전쟁이 발발하게 됐을지도 모른다"고 지적했다. 그는 발생 가능성은 낮더라도 엄청난 재앙이 될 수도 있는 현상에 좀 더 주의를 기울일 것을 촉구했다. 또한 달 관측을 한 아마추어들의 공로에 찬사를 보내며 이들 중 몇몇은 절대 아마추어가 아니라고 강조했다.

리처드 누젠트Richard Nugent [23]는 아마추어 소행성 추적자이자 기고가이다. 그는 존슨 스페이스센터 천문학회Johnson Space Center Astronomical Society의 뉴스레터인 〈스타스캔Starscan〉에서 "아마추어들이 몇몇 분야에서는 전문가들을 따라잡고 있으며, 소행성 발견, 신성, 초신성, 다양한 별들, 성식, 유성, 혜성, 천문 관측, 위성 통과, 그 밖의 독특한 우주 관련 분야에서는 이미 전문가들을 넘어서고 있다"고 밝혔다.

연구 장비가 점점 작아지고, 저렴해지고, 똑똑하고 강력해짐에 따라 지식의 심층 기반과 우리의 관계에 더 큰 변화가 일어나는 것이 가능해졌다. 앞으로 아마추어들은 새로운 분야에도 다가서게 될 것이다. 여기에서 우리가 미처 깨닫지 못한 프로슈머의 기여를 볼 수 있다.

'경제서' 제대로 보기

매일 전 세계 수많은 자원봉사자들이 학교, 교회, 이슬람 사원, 유대 사원, 병원, 놀이터 또는 지역 센터에서 무보수로 서비스를 제공하기 위해 차를 타고 운전을 한다. 이웃에 식료품을 가져다주거나 몸이 불편한 친척을 의사에게 데려다주기 위해 운전할 때도 자동차 주행기는 올라간다. 1년을 통틀어 그들이 얼마나 많은 거리를 운전하는지, 휘발유는 얼마나 쓰는지, 또는 그러한 무보수의 가치를 창출하는 과정에서 자동차가 얼마나 낡는지는 아무도 모른다.

무보수 시간과 노동을 제공하여 화폐 경제에 공짜 점심을 가져다주는 일 외에도, 이들은 자동차 사용과 같이 다른 사람을 위해 가치를 창출하거나 가치 창출을 가능하게 만드는 프로슈머 자본자산에 기여한다. 더 많은 공짜 점심을 제공하는 것이다. 프로슈머의 자본 사용의 예가 자동차 운전만 있는 것은 아니다. 앞서 살펴본 대로 프로슈머 집단은 기계와 도구를 구입한다. 좀 더 정확히 말하면 프로슈밍에 쓸 자본재에 상당액을 투자한다. 이런 도구에는 망원경, 재봉틀, 디지털 콜레스테롤 수치 측정기에서 자동차나 그 밖의 운송수단까지 포함된다. 또 다른 새로운 형태도 빠르게 확산되는 추세이다. 바쁜 프로슈머들은 노동을 제공하는 대신 자신의 도구를 제공한다. 우리는 이러한 행위를 살펴보아야만 경제서를 제대로 볼 수 있다.

지구를 향하여

가장 잘 알려진 사례는 세티 SETI, Search for Extraterrestrial Intelligence, 즉 외계 문명 탐사 계획이다. 외계 생명체의 발견, 더구나 지적 생명체의 발견 가능성은 극히 희박하다. 하지만 이런 발견에 내포된 과학적, 철학적, 문화적 내용은 결코 과소평가할 수 없다. 자원봉사자들도 앞장서서 이 탐사 계획에 도움을 주고 있다.

탐사를 위해서는 엄청난 양의 전파망원경 데이터가 필요하고, 이를 분석하는 일에는 개인용 컴퓨터보다 훨씬 큰 슈퍼컴퓨터가 필요하다. 시애틀의 컴퓨터 과학자 크랙 캐스노프 Craig Kasnoff와 데이비드 지다이 David Gedye는 컴퓨터를 인터넷에 연결하여 활용하는 사용자들에게 그들이 컴퓨터를 사용하지 않는 동안 세티 탐사원들이 이를 사용할 수 있도록 허락을 받고자 했다. 일이 성사되면 가상 슈퍼컴퓨터를 만들 수 있다고 생각한 것이다. 그들은 일반 개인들에게 컴퓨터의 사용을 요청했고 최대 수십만 대의 컴퓨터를 연결할 수 있으리라 기대했다.

2002년 봄이 되자 350만 명의 컴퓨터 사용자들이 총 100만 년 이상에 달하는 프로세싱 타임을 세티 프로젝트에 제공했다. 그 결과 캘리포니아 버클리 대학에 본부를 두고 있는 이 프로젝트는 개인용 컴퓨터들을 바탕으로 매일

60만 패킷의 데이터를 프로세싱하게 되었다. 행성협회 Planetary Society는 "전 세계 수백만 컴퓨터[24]가 세티앳홈SETI@ home 프로젝트[25]를 유례없이 가장 섬세한 우주 탐사 작업으로 만들었다"고 말했다.

탄저병 공격하기

세티 프로젝트와 같은 형태는 다른 곳에서도 나타난다. 옥스퍼드 대학 과학자들은 천연두, 암, 에이즈, 기상 이변과 그 밖의 많은 문제에 대해 전 세계 인터넷 사용자들에게 도움을 요청하고 있다.[26]

9·11테러 후 워싱턴 국회의사당과 다른 몇몇 장소에 탄저균이 든 봉투[27]가 배달되었을 때 미국 전역이 테러 공황 상태에 빠져들었다. 마이크로소프트, 인텔, 유나이티드 디바이스United Devices의 세 개 기업과 옥스퍼드 대학, 미국 국립암연구재단National Foundation for Cancer Research에서 재빨리 탄저균의 치명적인 활동을 막을 수 있는 분자를 찾기 위한 프로젝트[28]를 시작했다. 이들은 24일 만에 35억 개의 각기 다른 혼합균을 걸러 냈다. 이 프로젝트 과정에서 과학자들은 탄저균과 관계 없는 30만여 개의 혼합균을 제거하고, 다시 이 중에서 가능성 높은 1만 2,000개의 목표균을 확인했다. 이 프로젝트를 통해서 전통적 방법으로 일을 진행했다면 틀림없이 간과하고 넘어갔을 매우 유용한 혼합균 상당수를 발견해 냈다.

마이크로소프트와 인텔 같은 거대 기업의 도움을 받긴 했지만, 이런 발견은 프로슈머, 즉 자원봉사자들의 기여가 없었다면 불가능한 일이었다. 탄저균 연구는 암 연구를 위해 이미 가지고 있던 기계에 부분적으로 의존했고, 여기에 다른 요소들이 추가됐다. 또한 멕시코, 중국, 적도기니와 아제르바이잔에서 온 자원봉사자 135만 명이 참여했다. 미국의 기계 10만 대가 협력했고, 독일에서는 1만 4,000대, 프랑스 4,400대, 한국에서 1,593대가 참여했다. 아프가니스탄에서도 4대나 왔는데, 알 카에다의 화학 무기를 추적하던 중이었다는 점을 고려하면 다소 놀라운 일이다.

세티, 탄저균, 암 연구자들에 의해 촉발된 컴퓨터 혁신은 그리드grid(지리적으로 분산돼 있는 컴퓨터, 데이터베이스 등 정보통신 자원을 네트워크로 연동해 대용량 컴퓨팅, 첨단 장비의 상호 공유 등을 가능하게 하는 차세대 인터넷 이용체계 - 옮긴이) 또는 분산 컴퓨팅[29]이라 불리는 형태로 폭발적으로 전개됐다. 수백 곳의 대기업들은 프로슈머 프로젝트를 모방하여 자사 네트워크에서 사용하지 않는 용량을 이용해 내부 그리드를 만들어 냈다.

바로 여기에 프로슈머 프로젝트가 화폐 경제에 부여하는 또 다른 형태의 공짜 점심이 있다. 이러한 프로슈머 활동은 강력한 혁신의 초기 테스트 과정이다. 이는 화폐 경제 내에서 수십, 수백억 달러 규모의 시장에 해당한다. 이처럼 상업 세계와 프로슈머 세계를 가르는 벽은 존재하지 않는다.

이미 예상보다 훨씬 커진 프로슈밍이 조만간 더욱 거대해질 것이다. 프로슈밍이 사회, 문화, 인구학적인 요인들의 변화에 의해 촉진되고, 다시 이 변화는 새로운 프로슈머 기술들을 폭발적으로 발전시킬 것이다.

미국 내 인구 고령화 현상과 더불어 종래와는 다른 성격의 퇴직자들이 나타나고 있다. 반半 은퇴나 프로슈머 활동, 무보수의 자원 활동 등이 늘어나면서 많은 다른 분야에서처럼 직장 생활과 은퇴 사이의 경계가 모호해지고 있다. 50세 이상의 미국인으로 구성된 전미은퇴자협회AARP, American Association of Retired Persons에 따르면, 이 연령층 집단이 미국 자원봉사 활동의 중추를 이루고 있다.[30] 사람들이 건강하게 장수하며 살고, 쓸모없는 존재가 되기를 거부할수록 자원봉사 활동은 증가할 것이다. 일본에서도 이와 같은 형태가 나타나고 있다.[31]

계속 변화가 가속화됨에 따라 마찰적 실업, 즉 직장을 바꿔서 옮기는 사이에 나타나는 일시적인 무직 상태 역시 늘어날 것이다. 오늘날 변호사, 회계사, 마케팅 전문가, 웹 디자이너 같은 전문직 종사자들도 비영리 단체에서 무료로

'마찰적 자원봉사자'로 일하고 있다.

　더욱이 인터넷을 통해 지금껏 들어 보지도 못한 온갖 종류의 프로슈머 활동들이 일시적인 집단을 형성할 것이다. 이러한 프로슈머 활동에 의해 신기술 시장을 비롯한 일시적인 신시장들이 속속 생겨날 것이다. 또한 과학 기술은 프로슈머들을 더욱 다양화하며 이들의 힘을 강화할 것이다. 이러한 자체 공급 과정은 이제 막 시작되었다. 그 힘을 키워나갈수록, 떠오르는 혁명적인 부 창출 시스템에 숨어 있는 절반과 그에 동반되는 심각한 위험, 놀라운 기회들을 인식하지 않을 수 없다.

28

음악 폭풍

The Music Storm

1970년 미국, 긴 머리를 늘어뜨리고 마약에 취해 살던 히피족의 전성기[1]에 애비 호프만**Abbie Hoffman**의 저서 《이 책을 훔쳐라**Steal This Book**》가 출간되어 서점에 진열되었다. 일부 서점 주인들은 분개하며 이 책의 진열을 거부하기도 했다. '자산이나 소유는 근본적으로 악惡'이라는 이 책의 메시지는 19세기 무정부주의자의 수사적 표현으로 보면 약탈 그 자체였기 때문이었다. 하지만 이에 열광하는 독자도 있었다.

《미래 쇼크》가 그리니치빌리지에 있는 8번가 서점에 진열되었을 때, 한 젊은 고객이 진열대에서 이 책을 집어 들며 계산대 뒤에 서 있던 같은 또래의 점원에게 가격을 물었다. 점원은 "8달러 95센트"라고 대답했다. 풀이 죽은 고객은 책을 다시 가져다 두고 자기에게는 그만한 돈이 없다고 말했다. 이 말에 점원이 쾌활하게 "저 아래 블록에 가면 다른 서점이 있어요. 거기 가서 한 권 훔치시죠"라고 대답했다. 이 말을 호프만이 들었다면 기뻐했을 것이다.

하지만 이는 구석기시대적인 지적재산권 침해의 모습이다. 만일 호프만이 오늘날까지 살아 있다면 의심할 바 없이 그 책의 제목을 '책을 훔쳐 8,000만 명이 볼 수 있도록 인터넷상에 공짜로 배포하라'로 정했을 것이다.

지적재산권의 미래에 관한 논란이 전 세계적으로 거세게 일고 있다. 고정적인 수입을 걱정해야 하고 자녀의 미래를 준비해야 하는 사람에게 이런 문제는 단지 추상적인, 부수적인 문제로 비쳐질 수도 있다. 하지만 막대한 자산이 수많은 직업이나 주요 산업의 운명과 함께 위기에 처해 있다. 이 문제에 관해 심도 있게 다루어 보려 한다.

여기서 중요한 문제는 프로슈머와 프로슈밍이 전 세계적인 논란에서 맡게 될 중대한 역할에 관해 인식하는 일이다. 이를 이해한다면 미래 부의 창출에 대한 놀라운 비전이 선명하게 다가올 것이다.

에스토니아 컴퓨터광

음악을 매우 좋아하고 항상 야구 모자를 눌러쓰고 다니던 외골수 기질의 18세 소년이 새로운 컴퓨터 프로그램과 씨름하기 시작했을 때, 그 자신은 물론이거니와 그 누구도 장차 이 젊은이가 태풍을 몰고 오게 될 것이라고 짐작하지 못했다.

21세기의 첫 몇 해를 순전히 잠으로 보냈거나 귀를 막고 지낸 사람들을 위해 굳이 설명하자면, 18세 소년이 설립한 냅스터 Napster가 저작권이 있는 노래를 자유롭게 주고받을 수 있는 소프트웨어를 대략 8,000만 명의 젊은이들에게 제공해 주었다.[2] 이 모든 일을 시작한 10대 소년 숀 패닝 Shawn Fanning[3]은 곧 전 세계 모든 신문 1면에서 신격화되거나 혹은 악마로 묘사되었다.

그는 화폐 경제에 팔기 위해 출시된 상품을 비화폐 경제로 전환할 수 있는 새롭고 강력한 기술을 만든 것이다. 이 프로그램에 열광한 사람들은 다른 사람의 컴퓨터에 접속해 음악을 자기 컴퓨터로 옮기고, 교환하고, 변형해 갔다. 한 달에 거의 28억 곡에 달하는 음악 파일이 무료로 다운로드되었다.[4]

저명한 음악 그룹 매니저인 데이비드 벤베니스트David Benveniste[5]는 "요즘 젊은이들은 매우 영리해서 인터넷상에 있는 어떤 음악이나 기술이라도 찾아내며, 퍼뜨리고 또 만들어 낼 수 있다. 찾아낸 음악 파일을 북아프리카에 있는 친구에게 보낼 수 있고, 자신이 원하는 식으로 다시 리믹스하거나 비디오로 만들고 자신의 것으로 만들어 버린다. 기술이 이들을 아주 막강하게 만든다"라고 말한다. 사실상 젊은이들은 이 모든 일을 순식간에 해치운다.

음악업계는 결국 냅스터를 고소했고 미국 연방법원의 판결에 따라 냅스터는 문을 닫아야 했다. 그러나 이후 유료 서비스로 다시 회생했다. 화폐 경제로 되돌아온 것이다.

무료 음악 파일 공유에 관한 논쟁은 아직 끝나지 않았다. 냅스터 사건은 앞으로 다가올 일들에 대한 최초의 경고 사격일 뿐이다. 앞으로 닥쳐올 회오리는 단지 음악에 국한되지 않는다.

얼마 전 두 명의 스칸디나비아인과 에스토니아 컴퓨터광들이 설립한(실리콘밸리가 아니라 에스토니아이다!) 카자Kazza[6]가 냅스터가 떠난 자리를 대신하고 있다. 카자는 대략 3억 1,500만 컴퓨터 사용자들에게 음악뿐만 아니라 영화, 포르노, 그 외의 많은 파일들을 자유롭게 주고받을 수 있는 파일 공유 프로그램을 배포했다. 또한 같은 부류의 젊은 프로그래머들이 만든 스카이프Skype라는 프로그램도 있다. 이 프로그램은 PC를 다른 PC와 연결해 무료로 전화 통화를 할 수 있게 해준다.

미국 연방통신위원회Federal Communication Commission 위원장인 마이클 파월Michael Powell[7]은 〈포천〉에서 "스카이프나 VoIP Voice over Internet Protocol(인터넷 전화방식 - 옮긴이) 방식의 응용 제품이 의미하는 바는 다름 아닌 기존 통신 산업의 소멸이다"라고 밝혔다.

시간이 가속화되고, 공간이 전 세계로 확대되며, 젊은이들이 기술 지식으로 무장하는 등의 심층 기반에서 벌어지는 변화는, 일부 사람들이 '시장 파괴 무기'라고 칭하는 것으로 향하고 있다. 그렇지만 이러한 발전들도 상품과 서비스를 기존의 시장 지불 방식에서 이탈하게 만드는 여러 독창적인 방식의 시작에 불과하다.

위의 사례들은 소규모 회사나 리눅스 같은 비공식 프로그래머 집단이 만들어 낸 간단한 창의적인 소프트웨어만으로도 경제 활동의 상당 부분을 화폐 경제에서 비화폐 경제 또는 프로슈머 경제로 전환시킬 수 있다는 것을 보여 준다. 또한 그 반대의 경우도 가능함을 시사한다. 법의 테두리 안에 있든 없든 상관없이 말이다.

사실상 냅스터는 음악을 탈시장화 de–marketized하게 만들었다. 하지만 그와 정반대의 경우도 많이 일어난다. 앞서 살펴본 에이모스 쿠키의 예처럼 사람들은 프로슈밍 방식으로 생산하고, 그 생산품을 시장화한다. 프로슈머 가치를 화폐가치로 전환시킨 것이다.

만일 고성능 컴퓨터에 여력이 있어 이를 세티나 암 연구 혹은 다른 가치 있는 일에 사용할 수 있도록 한다면, 이것 또한 시장화할 수 있지 않겠는가? 임시로 가상 슈퍼컴퓨터를 필요로 하는 기업에 브로커를 통해 팔 수 있지 않을까? 동일 기술이지만 우리의 의지에 따라서 시장화 혹은 탈시장화에 공헌할 수 있다.

프로슈머 파워

여기에 함축된 의미는 더욱더 확장될 수 있다. 그리고 최소한 이론적으로 이렇게 질문할 수 있다. "만일 고객이 컴퓨터의 능력을 되팔 수 있다면 왜 에너지는 못 팔겠는가?"

소량이긴 하지만 가정에서 풍력으로 얻은 잉여에너지[8]가 지역 전력회사로 팔리고 있다. 미국 에너지국 Department of Energy은 1978년 공익사업 규제정책법 Public Utility Regulation Policy Act에 따라 가정에서 가정용 풍력 발전기로 생산한 에너지 중 필요량을 초과하는 여분의 에너지를 전력회사들이 반드시 구매하도록 하고 있다.[9]

비록 거래되는 에너지는 소량이지만, 이 거래는 역할의 복잡성을 나타내며 역할이 서로 뒤바뀔 수 있다는 가능성을 보여 주는 예이다. 가상의 예로 살펴보자. 환경론자인 트레이시와 빌 파커는 자신의 집에서 사용할 전력을 얻기 위해 풍차를 구입한다. 이를 판매한 회사는 의심할 바 없이 이들을 고객 혹은 소비자로 여길 것이다. 하지만 이 구매는 사실상 자본 투자이다.

파커 부부는 필요한 전력을 생산하기도 하고 사용하기도 하므로 그들은 전력 프로슈머이다. 하지만 돈을 자기 자신에게 지불하는 일은 없으므로 실제로 돈이 움직이지는 않는다. 필요 설비를 구입하는 것을 제외하면 경제학자가 추적할 만한 어떤 거래도 이루어지지 않는다. 파커 부부가 창출하는 가치는 숨은 경제의 일부분이다. 그러나 만일 그들이 산출한 전력을 지역 전력회사에 판다면 그들은 더 이상 단순한 프로슈머가 아니라 에너지 생산자가 된다. 금융거래도 시작되고, 이 거래는 추적이 가능하며 GDP 통계에도 반영된다.

수백만 가정에서 생산소비와 생산 모두에 이용할 수 있는 미래의 첨단 기술을 상상해 보자. 이를 가능하게 할 수 있는 것은 무엇인가? 더 값싸고 강력한 태양열 에너지가 있을 것이다. 하지만 많은 에너지 전문가들의 생각이 옳다면, 다음 세대의 위대한 진보는 연료전지 기술로 생산된 잉여에너지가 자동차와 가정에서 다시 발전소로 되돌아가는 형태가 될 것이다. 거대 자동차 기업들이 이미 20억 달러를 연료전지 연구개발[10]에 투자했다.

긍정적인 의미에서 에너지 전도사[11]로 불리는 록키 마운틴 연구소 Rocky Mountain Institute의 에모리 로빈스 Amory Lovins와 헌터 로빈스 Hunter Lovins는 오랫동안 소프트 에너지 soft energy(에너지 공급의 중심을 석유 등의 화석연료나 원자력이 아닌 태양열, 풍력, 해양 에너지 등 재생 가능한 에너지에 두는 것 - 옮긴이) 경제를 구상해 왔다.

에모리 로빈스는 "연료전지를 초경량 자동차에 탑재한다면 바퀴 구동에 사용될 20~25킬로와트의 전력원을 갖게 된다. 이 차의 운전 시간은 전체 시간의 4퍼센트뿐이고 96퍼센트는 주차되어 있다. 그렇다면 건물 내부에서 일하는 사람에게 이 연료전지 자동차를 빌려주는 것은 어떨까?"라고 묻는다.

이 시나리오에 의하면 자동차는 주차되어 있는 동안 건물 안에 플러그를 꽂아 두게 된다. 자동차는 전력 수요가 정점에 이르는 시기에 팔 수 있는 전기를 생산한다. 로빈스가 말한 대로 휘발유를 집어삼키는 무거운 자동차 대신 연료전지로 움직이는 경량의 자동차로 전환하면 결과적으로 전국 배전망 발전 용량을 대여섯 배까지 늘릴 수 있다.

어떤 방식으로 소프트 에너지를 현실화할 수 있을지는 모른다. 하지만 가정, 공장, 사무실 등 서로 연결되어 있는 다른 건물에 에너지를 공급하는 경우에는 고도로 분산된 에너지 시스템을 구축할 가능성이 커 보인다. 오염이 심한 거대 중앙집중식 발전소로는 이런 일을 이룰 수 있는 가능성이 아주 낮다.

이 책은 이런 시나리오의 실현 가능성이나 연료전지 기술의 놀라운 잠재성을 탐구해 보기 위한 것이 아니다. 중요한 점은 부 창출 시스템의 가시적인 면과 비가시적인 면 사이의 상호 작용이 더욱 다양화되고 있으며 한층 복잡하게 성장하고 있다는 것이다.

<u>아기 프로슈머</u>

다음에 이어지는 내용이 어처구니없게 느껴질지도 모르지만 오늘날 실제로 벌어지고 있는 일이다. 만일 우리가 프로슈머로서 이미 우리 자신의 믹스 앤드 매치 mix-and-match(여러 소재들을 선택하여 재구성함 – 옮긴이) 음악, 영화, 축하 카드, 디지털 사진, 이 외에도 많은 물건들을 만들 수 있다면, 그리고 우리 스스로 에너지 생산 및 프로슈밍이 가능하다면 거기에서 멈출 이유가 있을까?

이는 단순히 할리우드의 공상과학 영화 작가나 떠올려 볼 듯한 시나리오가 아니다. 스테레오리토그라피 stereolithography(입체 모델링 인쇄 기법 – 옮긴이)[12]를 발명한 찰스 헐 Charles Hull이 1984년에 설립한, 캘리포니아 발렌시아에 있는 3D 시스템즈 3D Systems사의 중역들도 할 수 있는 생각이다. 쾌속 조형 rapid prototyping(컴퓨터로 작도 또는 디자인한 제품 또는 부품을 빠른 시간 안에 시제품 또는 시작품으로 형상화하는 작업 – 옮긴이)이나 3차원 프린팅에서 솔리드 이미징, 데스크톱 제조 방식, 홀로포밍, 초고속 복제, 패빙에 이르기까지 다양한 이름으로 불리는 기술들이다. 아직 초기 단계이고 용어들도 정착되지 않았지만 실제적인 이용이 그리 요원하지만은 않다.

패버(디지털 제작을 위한 디지털 패브리케이터의 속어로, 디지털 데이터를 이용해 자동적으로 물건을 만들어 내는 컴퓨터 안의 공장을 뜻함 – 옮긴이)는 어떤 물건을 제조할 때 물체를 비틀거나 구부리고, 서로 결합하거나 아니면 한 재료에서 다른 조각들을 잘라내거나, 조각내고, 뿌리거나 분리하는 작업을 전제로 한다.[13] 사용자들은 원하는 물체의 3차원 디지털 모델을 만든 후 프린터가 잉크를 더하거나 어느 부분은 건너뛰며 인쇄하는 것처럼 물질을 더하거나 빼거나 결합할 수 있는 도구를 프로그래밍한다.

팬스키 레이싱 Penske Racing[14] 엔지니어들이 윈스턴 컵 시리즈에서 얀 뉴만과 러스티 왈라스가 운전할 차의 엔진 시제품이 필요하다면, 헐의 회사로 달려가 기존 제조사들보다 더 빨리 모델을 만들어 달라고 주문할 것이다.

이런 기술들은 지퍼, 전구, 심장 판막, 배수관에서 식기, 의치에 이르기까지 여러 분야에서 이용된다. 건축가, 조각가, 영화 무대 설치가, 치과 연구소는 물론 에어버스 Airbus, 보잉, 마텔 Mattel, 모토로라, 타파웨어 Tupperware, 텍사스 인스트루먼트 Texas Instruments 등 수많은 거대 기업에서도 사용한다. 〈디스커버 Discover〉에 따르면 사실상 현재 미국의 모든 가정에 스테레오리토그라피 기계를 이용해 제작한 제품 견본들이 있다고 한다.

사실 제품 견본 작업 prototyping은 첫 단계일 뿐이다. 잉크젯 프린터가 미리 지정된 종이 위의 지점에 잉크를 뿌릴 수 있다면 컴퓨터로 디자인된 프로그램에 따라 다른 물질을 뿌리는 일도 가능하지 않겠는가? 3차원상에서 이를 구현해 보는 것은 어떤가? 미세한 레이저를 이용하여 원하지 않는 물질을 한 켜 한 켜 벗겨 내면서 원하는 모양을 만들어 가는 일은 가능할까? 혹은 이음매에 결합체를 밀어 넣어 구성 요소들을 서로 결합시키는 일도 가능하지 않을까?

지금은 투박하고 비싸지만 이런 기술을 이용하면 잉크 대신 다양한 가루나 화학물질을 담고 있는 카트리지로 더 작고, 더 값싸고, 더 다양한 모형을 만들어 낼 수 있을 것이다. 이론적으로는 그 누구라도 인터넷에서 사용 설명서를 다운로드하여 데스크톱 팩토리를 만들 수 있다는 말이다. 3D시스템즈[15]의 머빈 러겔리 **Mervyn Rudgley**는 "우리 자녀의 자녀들은 자신의 장난감을 스스로 찍어 내게 될 것이다"라고 말한다.[16] 이들은 미래의 아기 프로슈머들인가?

데스크톱 제조 방식은 여기서 멈추지 않는다. LA에 기반을 둔 에넥스 **Ennex**의 마샬 번즈 **Marshall Burns**와 제임스 휴손 **James Howison**은 데스크톱 패브리케이션 **desktop fabrication**이 전혀 새로운 목적의 개인 대 개인 **P2P, peer-to-peer** 교환을 제공할 것이라고 말한다.[17] 사용자는 장난감, 옷, 가구, 운동 기구, 소비자 전자제품 그리고 언젠가는 자동차를 만드는 데 사용하는 파일까지 서로 교환할 수 있을 것이다. 이런 패브리케이션 기술은 사용자들이 상상 가능한 모든 물건, 아니 도저히 상상할 수 없었던 어떤 제품이라도 만들어 낼 것이다.

2005년 〈포브스〉는 "우리가 지금 음악 파일을 다운로드받는 것처럼 식빵에 그림을 그리는 토스터를 만드는 설명서[18]를 쉽게 내려받을 수 있다면 어떨까?"라는 질문을 던진다. 나아가 그는 우리 개인의 책상이 토스터 공장이 된다면 공장의 가격은 1,000달러로 뚝 떨어질 수 있다고 제시한다.

이 분야 종사자들은 기술이 아직 원시적이고 사용도 매우 제한적임을 인정한다. 하지만 MIT 미디어랩 **Media Lab**에 소속된 네일 거쉰필드 **Neil Gershenfeld**는 개인용 패브리케이터 보급을 불가피한 것으로 본다. 그는 1943년 당시 IBM 회장이던 토머스 왓슨 **Thomas Watson**이 초기 메인프레임 컴퓨터 보급에 관해

"컴퓨터를 전 세계 시장에 내놓아야 겨우 5대나 팔릴 것이다"라고 선언한 말을 인용한다. 거쉰필드는 컴퓨터가 그 당시에는 "특수한 방에 장치되어 기술을 갖춘 운영자가 운용하는 거대한 기계였으며, 제한된 시장밖에 갖지 못한 고정된 산업용 제품이었다"라고 지적한다.[19] 실제 오늘날 전 세계에는 8억 대가 넘는 개인용 컴퓨터[20]가 있다. 거쉰필드는 앞으로의 패브리케이터는 개인용 컴퓨터를 대체하면서 더욱 번성하게 될 것이라고 예측한다.

번즈와 휴손은 수백 개 대학, 기업과 전 세계의 정부 연구기관들이 오늘날 패브fab 기술을 연구 중이며 소수이지만 이미 홈 패브리케이터 파일을 주고받는 사용자들이 있다고 말한다. 그러면서 "음반사들이 냅스터를 비난하며 흥분한다고? 그렇다면 개개인이 로렉스 닷 패브Rolex.fab나 페라리 닷 패브Ferrari.fab를 다운받아 스스로 제품을 생산하게 되는 날에 제조사들이 보일 반응을 기다려 보라"고 말한다.

패버가 수백만 가정으로 파고들기 전에도 비슷한 확산 과정을 확인해 볼 수 있다. 필름 현상과 인화 작업이 코닥이나 후지필름 작업 공장에서 길모퉁이의 60분 현상소로 옮겨지고, 다시 디지털카메라의 등장과 함께 프로슈머의 손으로 넘어갔다. 실제 가정 패브리케이션이 현실화되는 중간 단계에서는 요즘 사람들이 복사하러 킨코스Kinko's에 들르는 것처럼 DIY 애호가들이 기계를 사용하기 위해 인근 작업실에 가게 될 것이다.

수술 없는 지방제거술

이런 점증적인 발전 과정이 10억 분의 1미터 측정 단위의 아주 미세한 분자 수준에서 조작하는 나노 기술[21]의 진보와 함께 융화된다면 막대한 비선형적인 도약이 이루어지게 된다. 이를 잘 이용한다면 무한한 잠재적 적용 가능성을 지닌 자가 조립 생산품의 출현을 내다볼 수 있다.[22]

이 중 많은 부분이 포어사이트 연구소Foresight Institute의 창립자이며 나노 기술이란 용어를 처음으로 만들어 낸 에릭 드렉슬러 K. Eric Drexler가 쓴《나노 테크노피아 Unbounding the Future》에 기술되어 있다. 물론 많은 과학자와 공상과학 소설가, 기술 애호가와 기술 기피자, 의료 연구자와 비즈니스 리더들도 다른 첨단 과학 기술에 관해 설명하거나 논의하고 있다.

자기 스스로 치료하는 치아, 스스로 세척하는 접시, 실리콘 기반의 컴퓨터보다 몇 천 배 더 빠르고 저렴하며 에너지 효율이 높은 컴퓨터에 이르기까지 이들의 입에 오르내리는 목록은 끝없이 이어진다. 크기, 질감, 패션 스타일을 자동적으로 조절할 수 있는 옷과 아주 미세해서 벽에 칠하거나 아스팔트 재료에 같이 섞어서 도로에 깔 수 있는 태양전지, 동맥에 들어가서 해로운 이물질을 제거하는 초극소형의 의료용 로봇과 그 내부에 수많은 초극소형 모터, 컴퓨터, 광섬유를 장착한 물체들도 여기에 포함된다. 수술 없이 지방제거술을 시행하고 나노 기구로 우리 몸을 다시 새롭게 만들 수 있을 날이 올지도 모른다.

상호 소통하는 나노 크기의 센서는 군사 정보에 이용할 수도 있다. 나노 기술은 또한 공장 폐기물을 감소시키고 에너지를 생성하며 발사나무balsa(중앙아메리카, 남아메리카가 원산지인 벽오동과의 가볍고 단단한 나무 - 옮긴이)보다 가볍지만 강철보다 강한 신소재를 제공할 수 있다. 하지만 핵 에너지와 유전공학처럼 나노 기술도 안전에 관한 심각한 우려를 낳는다. 자기 복제라는 개념이 나노 기술에 덧붙여질 경우에는 특히 더 그렇다.

여기에서 나노 기술을 논하자는 것은 아니다. 강조하고 싶은 요점은, 나노 기술이건 아니건 우리는 극적인 변화가 가능한 미래 경제에 직면하고 있다는 것이다. 미래 경제는 수백만 명의 파일 교환자들이 자신을 위해 재화를 프로슈밍하고 동시에 타인을 위해 재화를 생산하는, 지금보다 훨씬 더 분산된 경제일 것이다. 이는 맞춤 생산과 프로슈밍을 위한 진보된 도구를 바탕으로 수백만의 소규모 사업이 이루어질 수 있음을 암시한다. 오늘날 북부 이탈리아에서는 이런 하이테크 장인들이 광범위하게 성장하고 있는 모습을 많이 볼 수 있다.

물론 이 모든 것은 아직 추론 단계이다. 현재 추세는 이 방향으로 흐르고 있지만 방향이 바뀔 수 있으며 왜곡될 수도 있다. 심지어 반대되는 추세로 인해 역행할 수도 있고 중립적이 될 수도 있다. 그럼에도 불구하고 분명한 점은, 지금 우리는 농업, 대량생산 산업, 지식 기반 산업에 기초한 부 창출 시스템 내에 존재하는 화폐 경제와 비화폐 경제 사이에 있다는 것이다. 또한 그 속에서 과거 어느 때보다 두 경제 간에 밀도 있고 복잡한 상호 작용을 발전시켜 나가고 있다.

다가올 역사는 놀라움 그 자체일 것이다. 전 세계적으로 가난한 사람들이 화폐 시스템 안으로 더 많이 유입됨에 따라 빈곤 극복형 프로슈밍을 특징으로 하는 제1물결의 상대적인 몰락을 목격하게 될 것이다. 이와 더불어 하이테크형 프로슈밍을 특징으로 하는 제3물결의 상대적인 발전을 경험하게 될 것이다. 하이테크형 프로슈밍은 선진 경제체제의 평범한 개인들이 만들어 내는 더욱 강력하고 다양한 도구들에 기반을 두고 있다. 이러한 역사적인 전환을 인식하지 못할 경우 혁명적인 부의 창출과 그것이 우리와 우리 자손에게 미칠 영향을 이해하려는 어떠한 노력도 허사가 될 것이다. 경제학자들은 이 사실을 직시해야 한다.

29

창조생산성 호르몬

The Producivity Hormone

창조생산성: 프로슈머들에 의한 생산성 공헌도를 말함

현대 역사에서 볼 수 있었던 프로슈머 파워의 놀라운 사례들은 말 그대로 전 세계 사람들이 일하고, 생활하고, 사고하는 방식을 바꾸어 놓았다. 그러나 이를 눈치챈 이는 거의 없었다.

지금까지는 프로슈머가 어떻게 비화폐 경제 안에서 부를 창출하여 화폐 경제에 공짜 점심을 제공해 주었는지를 살펴보았다. 하지만 프로슈머의 기여가 그 이상인 경우도 많았다. 그들은 화폐 경제에 성장 호르몬을 투여해 화폐 경제의 성장을 촉진시키고 있다. 더 분명하게 표현하면 생산뿐만 아니라 생산성에도 영향을 끼치고 있다.

주류 경제학자 중에서 생산성 증가가 병든 경제를 치료하는 데 얼마나 좋은 약이 되는지에 대해 동의하지 않을 사람은 없다. 하지만 프로슈밍이 생산성에 미치는 영향을 따져 본 경제학자는 거의 없다. 그렇기 때문에 요즘처럼 전문 용어들이 난무하는 시대에도 이를 표현할 적절한 단어조차 없는 것이다.

나는 이를 '창조생산성 producivity'이라 규정하고자 한다. 이는 프로슈머가 대가 없이 창출하는 가치를 화폐 경제로 유입시킬 뿐만 아니라 실질적인 성장률도 동시에 향상시키는 특별한 그 무엇을 의미한다.

교육을 넘어

대부분의 사업가나 경제학자들은 근로자 교육의 질을 높이면 생산성도 향상시킬 수 있다고 말한다. 그러나 선진국에서 현대적이라 여겼던 교육기관조차도 그동안 시행해 온 공교육과 마찬가지로 역기능적이고 시대에 뒤처져 있다. 게다가 소위 개혁이라 불리는 것들조차 공장형 대량교육만이 교육의 유일한 방법이라는 은밀한 가정을 내포하고 있다. 공장 형태를 벗어난 새로운 모델로 교체하기보다 무의식적으로 '학교 공장'을 더 효율적으로 굴러가게 하는 것에 집중해 온 것이다. 오로지 교사만이 교육을 할 수 있다는 고정된 사고도 만연해 있다.

최근 교육의 역사에서 가장 놀라운 사건 중 하나가 그대로 간과되었다. 그 사건은 1977년에 누구도 예상치 못한 방식으로 시작되었다. 당시에는 갖가지 실용적인 용도를 가진 PC[1]란 존재하지 않았다. 그러나 2003년을 기준으로 미국에서만 1억 9,000만 대의 PC가 사용되고 있다.[2] 놀라운 일이다. 하지만 이보다 놀라운 일은 1억 5,000만 명 이상의 미국인들이 컴퓨터 사용법을 알고 있다는 사실이다. 더 놀라운 점은 이들이 컴퓨터를 다루는 기술을 어떻게 배울 수 있었는지이다.

알테어 8800 Altair 8800과 솔 20 Sol 20 컴퓨터 같은 초기의 PC[3]는 당시 가전제품에 비해 사용하기가 훨씬 어려웠다. 또한 고장이 잘 났으며 복잡했다. 이러한 초기 PC 상품은 버튼과 플로피디스크, 미국인들이 이전에 접해 보지 못했던 생소한 소프트웨어, 매뉴얼, DOS 명령어와 같은 어휘들로 구성되어 있었다.

그렇다면 어떻게 전 인구의 절반이나 되는 많은 사람들이 이 복잡한 기계 사용법을 습득할 수 있었을까? 그들이 어떻게 배울 수 있었을까?

분명한 것은 초창기에는 거의 대다수가 컴퓨터를 배우기 위해 컴퓨터 학원이나 학교에 가지 않았다는 사실이다. 사실 몇몇 극소수의 예외를 제외하고는 정식 교육을 전혀 받지 않았거나 아니면 아주 조금 받았을 뿐이다. 이들은 최초의 컴퓨터 소매 체인점이었던 라디오색 Radio Shacks에 발을 들여놓으며 학습을 시작했다. 당시 라디오색은 아주 작은 가게였다. 전선과 전기 기구들로 발 디딜 틈이 없었고 점원들도 얼굴에 여드름이 잔뜩 난 16살의 열의 넘치는 소년들이었다. 공상과학 소설을 즐겨 읽던 이 소년들이 나중에 컴퓨터광이 되었다.

그들은 고객이 초기 PC 모델인 TRS-80에 흥미를 보이면 어떻게 전원을 켜고 키를 두드리는지 시범을 보여 주었다.[4] 당시 고객 중에 여자는 드물었다. 컴퓨터를 산 사람은 서둘러 집으로 돌아가서 포장을 풀고 599달러짜리 기계에 전원을 꼽고는 설명서대로 따라 해보지만 컴퓨터에 대해 아는 게 별로 없어서 한계를 느꼈다. 어쩔 수 없이 다시 컴퓨터 가게로 돌아가 점원에게 몇 가지 질문을 더 해 보지만 점원 역시 궁금증을 완전히 해결해 주지 못했다. 그에게는 컴퓨터 전문가가 필요했다. 그다음으로 이어지는 일은 미친 듯이 누군가를 찾아 헤매는 일이었다. 이웃, 친구, 동료, 가끔씩 만나는 지인까지 도움이 될 만한 사람이면 누구든지 찾아보고, 컴퓨터에 관해 자기보다 조금이라도 더 안다 싶으면 누구든 쫓아다녔다. 이내 주위에서 찾을 수 있는 컴퓨터 전문가는 자기보다 일주일 먼저 컴퓨터를 산 사람이라는 것을 깨달았다. 다음 단계로 PC에 관한 정보 교환이 폭포수처럼 이루어졌다. 수백만 명이 참여하는 경험 학습이 이루어지면서 전 미국 사회를 관통하며 정보가 퍼져 나갔다.

오늘날에는 이를 가리켜 개인 대 개인 학습이라고 하는 사람도 있다. 하지만 사실 이런 방식은 냅스터를 통한 음악 교환보다 한층 복잡하다. 전문가와 학습자는 동료가 아니기 때문이다. 한쪽이 다른 쪽보다 내놓을 지식이 더 많다. 이들이 함께한 이유는 분명한 지식 차이 때문이지 평등을 위해서가 아니다. 이런 사실 자체로도 흥미로운 일이지만 더 흥미로운 사실은 역할이 뒤바뀔 수 있다는 데 있다. 이들이 서로 경험과 정보를 나누는 동안 나중에 배운 학습자가 스승이 되고 원래의 스승이 학습자가 되는 일도 생긴다.

그 이후로 프로슈머는 컴퓨터에 관한 지식을 나날이 더 발전시켜 왔다. 팔로알토 리서치 센터 PARC, Palo Alto Research Center의 키이스 에드워드 W. Keith Edwards와 레베카 그린터 Rebecca E. Grinter는 "하드웨어를 업그레이드하거나 소프트웨어를 설치, 삭제하는 일 등 예전에는 메인프레임 컴퓨터 운영자5에게나 익숙했던 일들을 오늘날에는 일반 컴퓨터 사용자들이 하고 있다"고 말한다.

이런 점진적인 학습 과정을 통제하는 이는 없었다. 그 누구도 이를 이끌어가지 않았고 학습은 조직화되지도 않았다. 대가를 받는 이도 거의 없이 하나의 거대한 사회화 과정이 진행되고 있었다. 교육자도 경제학자도 이를 크게 인식하지 못한 채 미국의 화폐 경제는 바뀌고 있었다. 기업 조직을 광범위하게 바꾸고 언어에서부터 생활양식까지 모든 부분에 영향을 미쳤다. 한참이 지나서야 기업은 구성원들에게 대대적으로 PC 교육을 시켰다. 전문 프로슈머들은 PC 혁명을 이끈 필수불가결한 추진체였지만 그 존재는 인식되지 못했다.

라젠더 놀이

이런 과정은 인터넷 사용자와 전문가 사이에 서로 교류되는 학습에 의해 가속되기도 하고, 줄어들기도 하면서 아직 진행 중이다. 전 지구촌 사람들이 역사상 가장 복잡한 개인 기기의 사용법을 서로 가르치고 있다. 아이들이 종종 어른들을 가르치기도 한다.

터치패드와 초고속 인터넷이 설치된 컴퓨터를 슬럼가와 가까운 돌담에 놓아두어 보자. 반대편에 카메라를 설치하면 사무실에서도 그곳에서 무슨 일이 일어나는지 관찰할 수 있다.

이것은 정확히 뉴델리에 있는 소프트웨어 제조사이자 컴퓨터 교육기관인 나이가타 공과대학NIIT의 물리학자 수가타 미트라Sugata Mitra가 한 실험이다. 그곳에는 지시사항도 없고 질문에 대답해 줄 어른도 없었다. 슬럼가에 인접한 사르보다야 캠프6에 있던 어린이들은 곧 터치패드와 컴퓨터를 발견했다. 12살에서 16살 정도 연령대인 사티쉬, 구두, 라젠더와 여러 소년들은 이 컴퓨터를 훔쳐가는 대신 가지고 놀기 시작했다. 하루 이틀 만에 아이들은 파일과 폴더를 끌어오고, 지우고, 생성하는 법 그리고 인터넷 검색 방법 등을 서로 가르치고 배우기에 이르렀다. 다시 강조하지만 교실이란 없었다. 시험도 없고 선생님도 없었다.

3개월 만에 이들은 1,000개가 넘는 폴더를 만들었고, 디즈니 만화를 보았으며, 인터넷 게임을 즐겼고, 디지털 그림을 그렸고, 크리켓 경기를 시청했다. 처음에는 개인적으로, 나중에는 서로 배운 것을 나누어 가며, 이 실험을 고안한 미트라가 언급했던 '기본 컴퓨터 리터러시basic computer literacy'를 발전시켰다.

그는 아이들의 호기심과 학습 능력을 이용하면 정보격차를 극복하기 위한 비용을 현저하게 줄일 수 있다고 믿었다.7 이를 통해 수백만 명을 궁핍에서 구해 낼 수 있고 또한 창조생산성의 원리를 적용하여 인도 경제의 성장력과 잠재력을 급격하게 상승시킬 수 있다고 보았다.

일부 경제학자들과 통계학자들은 낡아빠진 법칙이나 정의를 변호하고자 둘러대기를 계속할지도 모르겠다. 하지만 컴퓨터 기술을 무료로 공유하는 일이 창조생산적이고, 화폐 경제의 일상적인 운용에도 생산성을 증대시킨다는 사실을 그 누구도 부정하지 못할 것이다.

물론 교육은 단순한 직업 이상의 의미를 가져야 한다. 하지만 만일 경제의 기술 기반 확장이 생산량과 생산성을 동시에 증가시킬 수 있다면, 또한 우리가 그 기술을 가르치도록 교사들에게 대가를 지불한다면 컴퓨터 전문가들의 공헌도 그와 동등한 가치가 있는 것이 아닐까? 교사와 컴퓨터 전문가가 전수하는 기술이 같다면 하나가 다른 하나보다 가치가 더 큰 이유는 무엇인가? 더 나아가서 수많은 웹 페이지 디자이너들이나 프로그래머, 비디오 게임 개발자들이 자신의 능력을 숙달시켜 나중에 시장화를 이뤘듯이, 그런 기술들을 스스로 배운다면 어떻겠는가?

개발된 기술이 첨단 신기술이어서 공식적인 유료 강의를 쉽게 이용할 수 없는 경우, 스스로 학습하거나 전문가에게 물어 비공식적으로 지식을 전수받는 교육 방식은 특히 창조생산적이라 할 수 있다. 만일 학교에서 컴퓨터를 구입하고, 교육 과정을 만들고, 교육 시간을 정하고, 교사들을 훈련시키고, 이 모든 일을 추진할 자금을 마련할 때까지 컴퓨터 입문자들이 기다려야 한다면, 이 기술이 기업과 경제에 확산되는 과정은 심각할 정도로 지체된다. 그런 면에서 그들이 해낸 일은 진정으로 창조생산적이다. 자발적으로 지식을 전파하고 지연을 막아 화폐 경제에서의 기술적인 진보를 엄청나게 가속시킨 것이다.

개인과 개인 간의 학습 물결로 인해 우리가 부의 심층 기반과 맺고 있던 많은 관계들은 변화를 맞고 있다. 사람들이 시간을 사용하는 시기와 방법을 변화시켰다. 일이 이루어지는 장소를 바꿈으로써 공간과 우리의 관계가 바뀌었다. 사회 내에서 공유되는 지식의 본질도 바뀌었다. 프로슈머는 단지 생산적인 것에 그치지 않는다. 오히려 창조생산적이다. 그들은 미래의 혁명적인 부 창출 시스템의 성장에 역동적인 역할을 담당하고 있다.

30

결론: 보이지 않는 경로

Coda: Invisible Channels

이제 지금까지 풀어 놓은 여러 가닥의 이야기들을 논리적으로 요약해 보자. 나는 다음과 같은 세 가지 주요 개념을 제시했다.

첫째, 현재 세계는 부의 형성 방식에 있어 역사적인 변화를 겪고 있으며, 이런 변화는 새로운 생활방식이나 문명 탄생의 일부이다. 그리고 적어도 지금까지는 미국이 이 변화에서 선두를 달리고 있다.

둘째, 기업가와 투자가, 경제학자들이 보고 있는 표층 기반 저 아래에 심층 기반이 있다. 우리는 심층 기반과의 관계를 혁명적인 방식으로 변화시켜 가고 있다. 특히 시간, 공간, 지식과의 관계에서 그러하다. 살펴본 것처럼 가속화되고 있는 오늘날의 변화는 갈수록 점점 더 많은 경제 분야에서 탈동시화를 유발한다. 이런 변화는 경제 분야에서는 탈세계화 가능성이 있음을 암시하기도 한다. 한편 그 변화는 다른 분야에서는 재세계화를 진전시키고도 있다. 무엇보다 그 변화는 과학뿐만 아니라 진실 그 자체에도 도전장을 내밀어 지식의 상당 부분을 쓸모없고 부적합한 것으로 만들었다. 그 결과 부의 창출이 의존하고 있던 지식 기반을 변형시켰다.

셋째, 화폐 경제라는 것이 매우 커다란 부 창출 시스템의 일부라는 것을 살펴보았다. 그리고 이 화폐 경제는 전 세계적으로 프로슈밍에 기반을 둔 거대한 비화폐 경제로부터 은밀하게 투입되는 가치에 크게 의존하고 있음을 보았다. 이 두 가지의 부 창출 시스템에 대한 개념을 이해해야 돈이 무엇인지를 알 수 있다. 미래의 혁명적인 부 창출 시스템에서 돈의 역할이 무엇인지를 좀 더 분명하게 아는 데에도 도움이 될 것이다.

돈의 막강한 힘은 인간의 삶 속에서 돈이 자주 언급된다는 점을 보면 알 수 있다. 왜 은행을 털었느냐고 질문을 받은 윌리 셔튼Willie Sutton은 왜 그렇게 어리석은 질문을 하는지 모르겠다면서 "거기에 돈이 있으니까!"라는 유명한 말을 했다. 최근에는 영화 〈제리 맥과이어 Jerry Maguire〉에서 영화배우 쿠바 구딩 주니어1가 거칠게 내뱉었던 "내게 돈을 보여 줘!"란 말이 돈과 관련된 유명 문구로 떠올랐다. 소설가 톰 로빈스Tom Robbins 2는 종교적인 해석을 내리며 "은행에 예치한 돈이 있다는 것만으로도 일종의 불교적인 안정감을 얻는다"라고 말하기도 했다. 돈은 신성시되어 왔다. 신격화는 신비화이기도 하다.

이제 부는 경제학자들이 일반적으로 측정할 수 있는 것에서 창출된다는 잘못된 가설을 파헤쳐 보아야 한다. 돈이 주인을 바꿀 때 가치가 창출된다는 가설도 마찬가지이다. 대신 우리는 더 커다란 부 창출 시스템으로 관심을 돌려 볼 필요가 있다. 부 창출 시스템은 화폐 경제가 생명력을 유지하는 데 도움을 주는 동시에 강력한 도전을 하고 있는 프로슈머들이 제공하는 공짜 점심에 의해 형성된다.

프로슈머 영향

지금까지 설명한 바에 의하면 프로슈머와 프로슈밍이 화폐 경제와 가치를 서로 교환하며 상호 작용하는 데는 최소한 12개 정도의 중요한 경로가 있음을 알 수 있다. 이 경로는 앞으로 점점 더 중요해질 것이다.[3] 그 경로들을 정리하면 다음과 같다.

1. 프로슈머는 제3의 직업과 자가 서비스 활동을 통해 무보수로 일을 수행한다. 은행에서 현금자동입출금기를 이용하거나 슈퍼마켓에서 스스로 계산을 하는 프로슈머의 일은 화폐 경제의 노동비용을 감소시키고 단순 근로직을 줄인다. 병자나 노인을 돌보고, 스스로 요리하고, 집 청소를 하고, 홈스쿨링(아이들을 정규 학교에 보내지 않고 부모들이 스스로 행하는 교육 – 옮긴이)하거나, 다른 사람에게 보수를 주고 일을 시키는 대신 스스로 일하는 경우가 여기에 해당된다.

2. 프로슈머는 화폐 경제에서 자본재를 구입한다. 그들은 전기톱, 컴퓨터, 디지털카메라 등을 구입하여 비화폐 경제 안에서 자신이나 타인을 위한 가치를 창출해 낸다. 이러한 활동으로 화폐 경제에 또 다른 시장이 형성된다.

3. 프로슈머는 자신의 도구와 자본을 화폐 경제에 있는 사용자들에게 빌려준다. 또 다른 공짜 점심이다. 예컨대 의학이나 환경 연구를 위해서, 천문학적인 관찰을 위해서, 다른 많은 사회적으로 중요한 목적을 위해서 다른 사람들이 컴퓨터의 잉여능력을 공짜로 사용하도록 허락한다.

4. 프로슈머는 주택 가치를 향상시킨다. 그들이 공사 인력을 이용하는 대신에 스스로 페인트칠, 지붕 교체, 방 확장, 나무 심기와 같은 일을 할 때마다 주택의 가치는 상승된다. 상승된 주택의 가치는 모기지 mort-gage(장기주택담보대출 – 옮긴이), 이자율, 기타 화폐 경제 안의 다른 변수에도 영향을 미친다.

5. 프로슈머는 제품이나 서비스, 기술을 시장화한다. 이들은 개인적인 용도로 개발한 기술이나 제품, 서비스를 시장에 내놓기도 한다. 그 과정에서 가

끔 신생 회사나 사업이 만들어진다. 시장 외부에 있던 프로슈머가 만든 리눅스는 화폐 시장 안으로 들어와 중요한 상업적인 가치를 지닌 제품이 되었다.

6. 프로슈머는 또한 제품이나 서비스를 탈시장화한다. 프로슈머는 사용자들에게 공짜나 다름없는 대안을 제공하여 기존의 재화와 서비스를 시장 밖으로 내쫓는다. 화폐 경제 밖에서 가해지는 이런 위협은 더욱 새롭고 값싼 제품을 만들어 내는 원동력이 된다. VoIP나 아이팟 같은 상품들을 보라. 프로슈밍은 탈시장화와 시장화의 주기를 단축시킬 수 있다.

7. 프로슈머는 자원봉사자로서의 가치를 창출한다. 이들은 비상시에 대가를 바라지 않고 도움을 준다. 물론 비상시가 아니라도 이들은 날마다 노인복지관에서 봉사하고, 의료적인 도움과 많은 다른 서비스를 사회에 제공한다. 청소년 폭력배를 선도하고, 지역사회협의회나 사회적 유대감 형성에 기여할 교회나 다른 조직체를 만들고 유지시킨다. 그들의 역할이 없었다면 더 많은 경찰이나 교도소가 필요하게 되어 훨씬 많은 비용이 필요했을 것이다.

8. 프로슈머는 영리기업들에게 유용한 무료 정보를 제공한다. 프로슈머는 새로운 생산품에 대한 베타 테스트beta–test(제품 출시 전 실제 사용자를 대상으로 오류 또는 개선점을 찾아내기 위해 시행하는 검사 – 옮긴이)와 조사에 응하고, 새로운 고객의 욕구를 찾아낼 수 있도록 돕고, 바이러스 마케팅viral marketing(홍보를 소비자들의 입이나 이메일을 빌어 전하는 방식 – 옮긴이) 같은 수많은 무보수 서비스를 수행함으로써 기업에 유용한 정보를 제공한다.

9. 프로슈머는 화폐 경제에서의 소비자 힘을 강화시킨다. 이들은 구매 정보를 서로 공유한다. 예컨대 다양한 건강 관련 문제나 의약품과 관련된 경험을 서로 공유함으로써 환자는 의사에 대한 영향력을 높일 수 있다.

10. 프로슈머는 혁신을 가속화한다. 프로슈머는 무보수 전문가, 지도자, 교사, 상담가로 활동한다. 그들은 최신 기술이 출현하자마자 최대한 빨리 이를 이용할 수 있도록 서로를 교육한다. 이를 통해서 기술적인 변화가 가속화되고, 유급 경제의 생산성이 향상된다. 이들의 활동은 단순히 생산적인 것이 아

니라 창조생산적이다.

11. 프로슈머는 지식을 신속히 창출하고 그것을 전파하며 지식 기반 경제에서 사용할 수 있도록 사이버 공간에 저장한다. 사이버 공간에 저장된 많은 데이터, 정보, 지식은 소프트웨어 제작자, 금융 전문가, 사회학자, 인류학자, 과학자, 기술자, 기타 모든 사람들이 공짜로 공헌한 결과이다. 내용의 정확도 수준은 천차만별이지만 그중 많은 부분이 언젠가 시장화될 것이고, 또한 투자자, 사업가, 화폐 경제 안에서 일하는 다수의 사람들이 이용하게 될 것이다. 이 또한 공짜 투입물이다.

12. 프로슈머는 어린이를 양육하고 노동력을 재생산한다. 프로슈머의 공헌은 부모와 보호자로서의 역할에 있어서도 지대하다. 이에 비하면 다른 활동들은 상대적으로 왜소하게 보일 정도이다. 자녀의 사회화를 돕고, 이들에게 언어를 가르치고, 현재의 중심 경제에 부합하는 가치들을 지속적으로 심어 준다. 그럼으로써 자녀들이 자손 대대로 부를 창출할 수 있도록 준비시킨다. 이들이 제공하는 공짜 점심이 없다면 유급 경제도 곧 사라질 것이다.

주목받지 못한 치료

지금까지 두 개의 부 창출 시스템 사이에서 상호 작용하는 12가지 방식에 대해 살펴보았다. 이 12가지 방식들의 영향력을 상호 교차시켜 생각해 보면 미래의 혁명적인 부에 관한 새로운 의문들이 생긴다.

아직도 화폐 경제에 공짜 점심은 없다고 말할 수 있을까? 화폐 경제 안팎으로 드나드는 공짜 점심의 순수 가치는 어느 정도인가? 이런 상호 작용을 더 많이 이해한다면 기업이나 개인의 전략이 어떻게 변화할 수 있을까? 저축, 투자, 성장, 노동, 세금, 다른 주요 변수들에 관한 현재의 가설 중에서 여전히 이치에 맞는 부분은 어느 것일까? 이러한 가설들의 변화가 향후 전 세계 빈부에 어떤 영향을 미칠까? 만일 우리가 지금까지 언급한 내용이 본질적으로 정확하다면 다양한 계층의 사람들이 비생산적이라고 빈번히 제기하고 있는 주장은 사실일까? 직업이 없는 사람은 꼭 비생산적인가? 정부 보조금으로 생활하는 사람은 모두 비생산적인가? 모든 노인과 퇴직자들이 비생산적인가? 장애인은 비생산적인가? 사지마비 환자가 친구들에게 전화로 아무런 대가 없이 통찰력 있는 조언을 해주는 일과 정신과 의사가 시간당 100달러를 받고 제공한 치료가 동등할까? 만일 그의 전화 충고가 자살하려던 한 사람의 생명을 구했다면 그것을 어떻게 가치로 환산할 수 있을까? 시간당 200달러의 가치일까? 혁명적인 부는 단순히 돈의 문제가 아니다.

Decadence

7부

데카당스

―
데카당스
퇴폐, 부패, 쇠퇴의 뜻으로 원래는 로마제국 쇠망기의 타락과 방탕의 시대상을 가리킴 ─옮긴이

31

변화의 복음

The Gospel of Change

문명화란 말에는 철학자와 역사가들이 관심을 보일 만한 심오한 의미가 담겨 있을지도 모른다. 하지만 "우리 문명이 위협당하고 있다"처럼 문장 속에 사용되지 않는 한 이것이 일반인들의 흥미를 자극할 만한 말은 아니다. 사실 그런 말이라면 많은 사람들이 AK-47s 소총을 장전하려 할 것이다.

오늘날 많은 사람들이 자국의 문명이 위협받고 있으며 위협을 가하는 이는 바로 미국이라고 믿는다. 이는 사실이기는 하지만 우리들 대부분이 생각하는 그런 방식은 아니다.

제3의 근원

전 세계적으로 미국을 비난하는 사람들은 미국의 지배력이 미국의 군사력과 경제력에서 비롯되었다고 지적한다. 하지만 광범위한 의미에서 보면 그 근원은 지식과 새로운 기술에 있다. 지식이 미국의 군사력과 경제력을 통합시키고, 그것들을 앞으로 질주하게 만들고 있다.

미국의 기술적인 우위가 위협받고 있다는 말 역시 사실이다. 미국 국립과학위원회 NSB, National Science Board에 따르면 미국에서 수학, 컴퓨터 과학, 컴퓨터 공학 분야의 박사 학위를 받는 학생들 중 50퍼센트가량이 외국에서 온 학생들이다.[1] 미국의 젊은이들은 이런 분야에 점점 더 관심을 잃고 있다. 미국 나사의 관리자들은 60세 이상인 직원이 30세 이하의 직원보다 세 배나 많다고 불평한다.[2]

미국과학진흥회 AAAS, American Association for the Advancement of Science의 회장 셜리 잭슨 Shirley Ann Jackson은 다음과 같이 경고했다. "기술 기반 활동, 교육 및 기업가 정신의 함양을 목적으로 하는 시설[3]이 전 세계에 급속히 확산되고 있다. 미국이 현상 유지 상태라고 하더라도, 글로벌 시장에서 볼 때 미국은 혁신과 아이디어 분야에서 쇠퇴하고 있다고 보아야 한다." 그럼에도 미국은 디지털 기술, 미생물학뿐만 아니라 많은 과학 분야에서 여전히 앞서가고 있다. 미국은 세계 연구개발 예산의 44퍼센트를 사용하고 있다.[4] 1999~2003년까지 화학, 물리, 의학 분야에서 배출된 36명의 노벨상 수상자 중 약 3분의 2가 수상 당시 미국인이었거나 미국 기관에서 일하고 있었다.[5] 최소한 지금까지는 미국이 과학 분야에서 전 세계를 이끄는 힘의 근원지이다.

이것보다 더욱 중요한 것은 속도이다. 여러 분야에서 생성된 과학과 기술의 발견은 시장과 상품에 적용할 수 있도록 전환되어 제조업과 금융, 농업, 군사, 생명 기술 등 다른 여러 분야로 빠르게 퍼지고 있다. 그 결과 모든 측면에서 경제적인 생산성을 향상시키고, 더 나아가 변화를 촉진시키며, 미국의 능력을 세계 수준에서 경쟁할 수 있도록 함양시킨다. 하지만 지식은 단순히 비트 bit와 바이트 byte 또는 과학과 기술만의 문제가 아니다.

청소년의 쓰레기 문화

지식 경제에는 예술과 오락에서 나온 산물도 있다. 미국은 대중문화의 세계 최대 수출국이다.[6] 대중문화는 패션, 음악, 텔레비전 프로그램, 서적, 영화, 컴퓨터 게임을 포함한다.

미국인들은 미국이 세상에 전해야 할 가장 중요한 메시지가 민주주의와 개인의 자유, 관용, 인권에 대한 관심, 최근에는 여성의 권리 증진이라고 말해 왔다. 그러나 미국의 대중매체는 최근 30년 동안 외국 시장으로 흘러들어가면서 전혀 다른 종류의 메시지를 전파하고 있다. 이 중 대부분은 젊은층을 대상으로 한다.

이 메시지의 상당 부분은 혐오스럽게도 포주, 폭력배, 마약계 대부, 마약 밀매자, 마약 중독자를 미화한다. 물론 전체가 그렇다고는 할 수 없지만 끝없이 질주하며 쫓고 쫓기는 차들, 상상을 초월하는 특수효과, 성차별적인 내용으로 가득 찬 노래로 극단적인 폭력을 찬양한다. 이 모든 것은 갖가지 상품을 강매하는 극단적인 광고에서 더욱 심화된다. 예를 들면 할리우드는 환상적인 미국을 그린다. 그 안에서 청소년들의 향락주의는 세상을 지배하고, 기존의 권위를 지닌 경찰, 선생님, 정치가, 사업가들은 모두 비하된다.[7] 영화도 텔레비전도 줄줄이 청소년층이 듣고 싶어 하는 말, 즉 "어른들은 무능하기 짝이 없는 바보이다", "천하의 바보가 되어도 괜찮다", "우리에게 교육은 필요 없다"[8], "나쁜 사람이 되는 것은 사실 잘하는 일이다", "섹스는 무한히 다양한 방법으로 즐겨야 하는 행위이다" 등을 읊어 댄다. 이 환상의 세계에서는 언제든 쉽게 여자를 손에 넣을 수 있고, 슈퍼맨처럼 단 한 번의 도약으로 거대한 빌딩 숲을 뛰어넘을 수도 있으며, 제임스 본드처럼 총을 쏴서 사람을 죽일 수도, 브루스 리처럼 무술을 연마할 수도 있다.

우리는 극단적인 것은 좋은 것이고, 억제하는 것은 나쁜 것이라는 메시지를 반복적으로 듣는다. 미국은 너무나 풍요로운 국가라서 비서나 경찰, 점원,

다른 평범한 노동자들까지 고층 건물의 초호화 아파트나 말리부 해변의 맨션에 산다고 생각하게 만든다. 이런 이미지들은 대만에서부터 아프리카 팀북투의 청소년들에게까지 두루 퍼져 있다.

그런데 미국의 대중문화를 비판하는 외국의 비평가들이 모르고 있는 것이 있다. 아이러니하게도 이런 쓰레기 중에서도 최악의 문화를 생산하고 배포하는 많은 회사들이 표면적으로는 미국 회사이지만 실제로는 예전이나 지금이나 미국인이 아닌 유럽인 혹은 일본인이 자본을 투자한 회사라는 점이다. 또한 대다수의 쇼가 유럽 감독, 호주 배우, 중국의 무예 전문가, 일본 및 다른 나라에서 온 만화가들에 의해 만들어진다는 사실도 잘 알려져 있지 않다.[9] 그러는 동안 쓰레기 문화의 영향력은 너무나 강력해져서 일부 나라에서는 자국의 고유한 문화가 생존의 위협을 받고 있다고 우려한다.

폴의 이야기

수 세기 동안 팀북투는 서구 사회에서 가장 외딴곳으로 알려져 있다. 호주 출신의 유명 작가이자 모험가인 내 친구 폴 라파엘Paul Raffaele은 서아프리카에 있는 말리의 수도 바마코에서 북쪽으로 두 시간쯤 가야 하는 팀북투[10]를 방문했다. 그가 우리에게 이메일을 보내왔다.

'수백 년 동안 팀북투는 별로 변한 것이 없어요. 유목민들은 나귀 행렬을 시장으로 몰아가고, 길고 헐렁한 외투에 터번을 두르고 베일을 뒤집어쓴 채 눈만 내놓은 투아레그족 남자들이 14세기에 진흙으로 지어진 사원을 지나 골목을 누비고 다니죠. 그런데 내 앞에 신기루 같은 모습이 나타났어요. 미국 빈민가 스타일로 차려입은 검은색, 흰색, 갈색 피부를 한 20여 명의 10대 아이들이 줄지어 거리를 지나가더군요. 남자아이들은 진한 색 트레이닝 바지에 하이테크 운동화를 신고, 레이커스Lakers 등의 팀명이 적힌 길고 헐렁한 농구 셔츠를 입었어요. 여자아이들도 딱 달라붙는 청바지와 티셔츠 차림에 운동화를 신었어요. 그들은 시청으로 향하고 있었어요. 저도 그들과 합류했지요. 한 소년이 "랩 경연대회가 있어요"라고 말해 주었습니다. 그리고 "랩을 접한 지는 2~3년이 되었고, 지금은 우리가 가장 좋아하는 음악이 되었습니다. 팀북투에는 이제 케이블 텔레비전이 있고 MTV에서 24시간 랩을 들을 수 있어요." 하고 말하더군요. 강당에는 비슷한 옷차림을 하고 모인 아랍족, 투아레그족, 플라니족, 송가이족의 젊은이 수백 명이 마이크를 잡고 노래하는 네 명의 젊은이와 함께 소리 지르며 발장단을 맞추고 있었습니다.'

하지만 폴은 그 후 2주 동안 팀북투의 거리와 사막에서 전통적인 복장을 한 사람들 외에 특이한 모습을 한 사람들을 좀처럼 보지 못했다. 폴의 이메일에는 계속해서 이렇게 적혀 있었다.

'그날 오후 현대적인 복장과 음악에 대한 팀북투 아이들의 중독적인 모습을 보았을 때 내가 이들의 미래를 엿본 것은 아닐까요?'

폴의 의문점은 자신의 문화가 침략당했다고 보고 있는 전 세계 수많은 부모들의 질문을 반영한다. 그들은 미국이 자기 아이들을 현혹시키고 있다고 느낀다. 하지만 무엇으로부터 멀어지는 것일까? 폴이 강력한 힌트를 준다.

'나는 어느 남자아이에게 여기에 있는 아이들 중 16살 이상 되어 보이는 여자아이들이 왜 한 명도 없냐고 물었어요. 아이들은 부모들이 여자애들을 시집보내 버려서 집안에서만 지내야 하기 때문이라고 대답해 주었습니다. 그래서 난 여자들이 결혼 상대를 스스로 선택할 수 있느냐고 물었죠. 당연히 안 된다는 대답이었어요. 결혼은 애들이 결정하기에는 너무나 중대한 문제라서 항상 부모가 결정한다고 합니다.'

폴의 편지에서 팀북투의 미국화는 엄격한 한계가 있음을 알 수 있다.

할리우드의 향락주의

할리우드가 '자유란 속박 없는 향락주의를 의미한다'는 메시지를 전하는 동안 월 스트리트도 이와 유사하게 제약 없는 사업과 교역이 부를 향한 최상의 길임을 주장하는 메시지를 보냈다. 미국 정부도 같은 주제를 반영하여 제약 없는 자유무역과 공평한 경쟁의 장이 모든 이에게 이득이라는 주문을 외웠다. 알다시피 이 주문은 '자유화+세계화=민주주의'라는 마법의 공식으로 결합되었다.

지난 반세기 동안 미국은 자국을 비롯한 전 세계에 불간섭주의, 특히 사유화와 규제 철폐만이 민주주의의 이상에 적합하다고 말해 왔다. 종교, 문화, 역사, 경제, 제도의 발전 수준에 존재하는 차이는 무시한 채 기계적이고 일률적인 접근방식을 여기저기에 통용시켰다.

만일 미국이 전 세계에 전하고자 하는 메시지가 전면적인 규제의 철폐라면, 그리고 그것이 자유의 정의라면 다른 문화권의 사람들이 이를 자유가 아닌 혼란으로 여기는 것도 놀라운 일은 아니다. 하지만 제3물결의 경제 발전에 규제 없는 향락주의, 자유 시장주의가 항상 내재한 것은 아니며, 필연적으로 동반해야 하는 것도 아니다. 다만 산업 경제사회에서 지식 기반의 경제사회로 옮겨 가는 과정이 전례가 없었다. 이전 세대는 이와 유사한 변화 과정을 완성해 보기는커녕 겪어 보지도 못했다. 역할모델이 존재하지 않았던 것이다.

가끔 거만해 보이는 미국의 이면에는 새로운 아이디어와 사회구조가 존재한다. 그리고 가치를 실험하며 겪는 불안과 불확실성에 시달리는 모습도 보인다.

전 세계 비평가들은 미국이 자신의 문화로 세계를 지배하려 하고 동질화시키려 한다고 불평한다. 하지만 이들이 이해하지 못한 점이 있다. 동질화로 떠미는 힘이 미국 경제와 사회의 진보된 제3물결에서 나온 것이 아니라 제2물결의 잔재에서 나왔다는 점이다. 대중매체, 대량 마케팅, 대량 유포라는 미국의 대중문화와 가치의 수출은 과거 산업적인 대량 사회의 표현일 뿐이다. 고객화와 탈대중화를 지향하는 미래 지식 기반 사회의 방식이 아니다.

사실상 지식 기반의 개발과 이에 동반되는 다양성으로 인해, 미래를 향해 나가는 다른 나라들은 미국과 다른 경제, 사회, 정치적 진로를 택할 것이다. 그들은 미국처럼 보이지 않을 것이다. 내일의 미국도 마찬가지이다.

한 번 발을 담근 강물

이데올로기적이고 상업적인 웅변 이상으로 미국이 전하고자 하는 진정한 메시지는 변화의 복음이다. 이것이 경직된 사회에 사는 전 세계 수십억 인구에게 전달되고 있는 지배적인 메시지이다. 변화는 이루어진다. 비현실적인 이야기가 아니다. 조만간 우리 세대 아니면 우리 자손 세대에서는 변화가 이루어질 것이다.

변화의 복음은 변화가 좋을지 나쁠지에 대해서 구체화하지 않는다. 받아들이는 이마다 변화에 대해 다르게 해석할 것이고, 논쟁은 끊이지 않을 것이다. 이 지구상의 많은 인구에게 아직까지는 변화가 이루어진다는 생각 자체가 혁명적이다. 극빈층 젊은이들에게는 특히 더하다. 하지만 수없이 많은 예들이 보여 주듯이 미래는 변화가 불가능하다고 여기는 사람의 손아귀에는 잡히지 않는다.

만일 신생 세대가 변화의 복음으로 고취된다면 다가올 변화가 반드시 미국과 미국인에게만 유리하지는 않을 것이다. 이런 현상이 중동에서는 대중이 선출한 신정주의를 기반으로 한 파시스트 정권이 정당하게 권력을 쟁취하는 형태로 나타날 수 있고, 아프리카와 라틴아메리카에서는 또 완전히 다른 형태의 무엇이 나올지도 모른다.

변화의 복음은 기존 제도나 질서에 가장 위험하다. 근본적으로 좌익이나 우익, 민주주의나 권위주의의 문제가 아니기 때문이다. 변화의 복음이 전하는 암묵적인 속뜻은 우리 사회와 현재 삶의 방식과 믿음이 일시적일 수밖에 없다는 것이다.

이는 애덤 스미스나 칼 마르크스의 메시지가 아니다. 프랑스나 미국 혁명가들의 메시지도 아니다. 철학자 중 가장 혁명적인 철학자인 헤라클리토스Heraclitus[11]의 메시지이다. 그는 "같은 물에 발을 두 번 담글 수는 없다. 두 번째 들어갈 때 이미 그 물은 흘러가 버렸기 때문이다"라는 유명한 말을 남겼다. 모든 것은 과정일 뿐이다. 모든 것은 변화한다. 헤라클리토스는 모든 제도들처럼 모든 이데올로기나 종교도 역사적으로 일시적이라고 암시한다. 이것은 바로 미국이 발신하는 진정한 메시지이다. 수십억 인류의 꿈을 심층부에서부터 혼란스럽게 하고 악몽을 유발하는 메시지이기도 하다. 미국은 그 스스로 변화의 한 예이기 때문에 이런 메시지를 전달할 수밖에 없다.

오늘날 많은 나라들은 새로운 삶의 방식 없이는 새로운 부 창출 시스템을 갖출 수 없다는 사실을 인식하지 못한 채, 산업시대의 부 창출 시스템과 문명에서 지식 기반의 부 창출 시스템으로 전환을 시작했다. 미국은 모든 범위를 포괄하는 변화의 첨단에 서 있다. 그리고 미국이 수출하는 가장 중요한 상품은 바로 변화이다.

과거와 현재의 동맹국들조차 미국이 세계에서 맡은 역할에 극도로 불편해하는 이유가 여기에 있다. 최근 이루어진 EU의 확장, 그와 관련된 헌법안을 몇몇 나라들이 부결시킨 예화에서도 알 수 있듯 그들 역시 중대한 변화를 겪고 있다. 하지만 전반적인 변화의 폭은 더 느리고 덜 혁명적이다. 그들이 자신만의 고유한 미래를 확립하려고 애쓰는 동안 미국은 다른 문화와 나라에 거친 혼란을 야기하며 미지의 세계로 빠르게 흘러가고 있다. 결론적으로 모든 것이 일시적인 현상이라면 미국의 힘 역시 일시적인 것이다.

32

내부 폭발

Implosion

전 세계 수백만 명의 사람들이 갈수록 불안과 분노를 표출하며 미국의 지배력에 대해 우려를 표하고 있다. 하지만 역사적으로 봤을 때 내부적인 위기를 겪는 사회나 강대국이 외부적인 지배력을 오랫동안 유지한 예는 없었다.

지금까지는 주로 미국 내 제2물결과 산업시대 제도들의 퇴화를 하나하나 짚어 보았다. 하지만 이러한 분석을 확장하여 상호 관련성을 살펴보아야 진실에 가까운 그림을 선명하게 그릴 수 있다.

미국이 그렇게 강력하다면 왜 미국의 의료보장제도가 위기에 처해 있을까? 국민연금제도는 왜 위태로워졌을까? 교육제도나 법체계, 심지어 정치제도까지 왜 모두 동시다발적으로 문제를 드러내고 있을까? 왜 미국은 내부 폭발에 직면하고 있는가?

외로움의 만연

　미국 사회의 근본 조직인 핵가족[1]은 왜 이 지경에 이르게 되었을까? 미국에서 남편이 회사에 나가고, 아내가 한 명 이상의 18세 이하 자녀를 양육하고 가사를 돌보는 가정은 이제 전체 인구의 25퍼센트 미만에 불과하다. 1960년대 이래로 급격한 변화를 겪은 것이다. 지금 미국 어린이의 3분의 1은 편부모 가정이나 부모가 없는 가정[2]에서 자라고 있으며 65세 이상 노인 중 약 30퍼센트가 혼자 산다.[3] 왜 결혼한 부부 중 절반이 이혼으로 결혼생활의 막을 내리는가?[4] 미국의 젊은이들은 소위 결혼 리허설(진짜 결혼 이전에 예행 연습으로 하는 결혼으로 이때는 아기를 갖지 않음)[5]을 공공연히 이야기한다. 미국에 외로움이 만연하게 된 것도 놀랍지 않다.

　이 모든 주제에 관하여 치열한 논쟁이 벌어진다. 그러나 한 곳에서의 위기가 다른 곳에서의 위기로 연결될 수 있다는 사실을 모른 채 단편적인 논쟁이 오고갈 뿐이다. 핵가족 제도의 위기는 빙산의 일각에 불과하다.

유치원 이후의 공장식 교육

　급박하게 변화하며 21세기가 요구하는 것들에 간신히 적응해 가고 있는 동강 난 가족제도 안에서 양육된 5,000만 미국 어린이들은 다시 삐걱거리는 교육제도 안으로 들어간다.[6]

　우리가 주시한 대로 미국은 유치원에서부터 2차 교육까지의 공교육에 해마다 거의 4,000억 달러를 쏟아붓고 있다. 학생 한 명당 평균 7,000달러가 사용되고 있는 것이다.[7] 그러나 교과서를 이해할 수 있을 정도의 읽기 능력을 갖추지 못한 고등학생이 전체 고등학생의 60퍼센트에 이른다.[8] 졸업생의 3분의 1이 초보 목수에게 필요한 만큼의 기본적인 수학 능력도 갖추지 못했으

며[9], 젊은 성인 중 3분의 1은 태평양이 어디에 있는지 지도에서 찾아내지 못한다.[10]

미국의 수도 워싱턴 D.C.는 매년 학생 한 명당 1만 달러 이상을 쓴다. 미국의 50개 주 중에서 최고 수준이다. 하지만 워싱턴에 있는 학교들은 미국 전체에서 가장 낮은 성적을 보인다.[11] 〈워싱턴포스트〉에 따르면 워싱턴 학생들의 2002년 성적은 50개 주 중 최하위다.[12]

교내 총기 사건, 폭력, 약물 문제는 콜럼바인 총기 난사 사건과 같은 양상의 참극이 일어날 때마다 뉴스가 되곤 한다. 이것은 순전히 공장식 교육체계에서 비롯된 증상이다. 몇몇 예를 제외하고 현재의 교육제도로는 젊은이들을 지식기반 경제에 대비할 수 있도록 재구조화하기는커녕 재개념화 reconceptualized 할 수도 없다. 붕괴된 가족제도가 아이들을 붕괴된 학교로 보내는 것처럼 학교는 다시 붕괴된 다른 제도 안으로 아이들을 밀어 넣고 있다.

창조적 회계

창조적 회계|creative accounting(회계 기준이 모호한 것을 이용해서 기술적으로 기준을 교묘하게 적용하는 회계 – 옮긴이)

미국의 가족이나 학교와 같은 기본 제도가 깊은 수렁에 빠져 있다면 경제의 주요 부분 역시 제대로 작동하지 않는다고 해도 충격적인 일은 아니다. 미국 전역의 고용주들은 자녀들에게 건전한 직업관을 심어 주지 못했다고 부모들을 원망한다. 또한 21세기에 필요한 기능을 가르치지 못했다며 학교를 원망한다. 이처럼 한 제도의 실패는 다른 제도의 운영에 영향을 미치게 마련이다.

수세대 동안 미국인들은 전 세계에서 가장 깨끗하고 효율적인 경제 시스템을 가졌다고 자랑스러워했다. 미국이야말로 가장 효율적으로 가장 생산성 높은 곳에 자본을 할당하는 능력이 있다고 믿었다.

그러나 1990년대 말 엔론의 초대형 파멸[13]에 이어 줄줄이 터지는 스캔들에 미국인들은 놀라지 않을 수 없었다. 기업과 기업 중역들의 경영 실패, 월권 행위, 분식회계와 거짓들이 전례 없이 난무했다.[14] 월드콤, 타이코, 라이트 에이드Rite Aid, 아델피아 커뮤니케이션즈, 퀘스트Qwest, 제록스Xerox 등으로 끝없이 이어지던 대규모 기업들과 그 뒤를 봐주던 투자은행들이 스캔들의 장본인[15]이었다. 이런 사건 뒤로는 반드시 대량 해고가 뒤따랐다.

한편 기업의 회계장부를 감사하고 투명하게 유지시켜야 할 미국의 주요 회계법인들마저 조사의 집중포화를 맞으며 비지땀을 흘렸다. 엔론의 회계감사를 맡았던 아서 앤더슨은 곧 파산했다. 〈포천〉은 "상장회사 1만 5,000개 중 78퍼센트의 회계감사를 맡은 4대 회계법인이 모든 신문의 헤드라인을 굴욕스럽게 치장했다"고 보도했다. 풍자 만화가들은 1만 명이나 되는 경영진들이 국경을 넘어 멕시코로 떼 지어 달아나는 그림을 그렸다.[16] 사기를 당한 투자자들은 비명을 내질렀다. 미국의 증권시장과 비즈니스 시스템에 대한 신용은 모두 하수구로 내팽개쳐졌고, 수많은 직장인들의 퇴직 수당과 일자리도 같이 사라져 버렸다.

경제의 빠른 변화와 휘몰아치는 소동, 혼란은 법률, 사회적 규범과 함께 느리게 변화하는 규제와 법 집행 방식을 압도하고 있다. 예전에는 명료했으나 지금은 모호해진 경계선에서 새로운 기회를 엿보는 이들도 있다. 이는 탈동시화 효과의 명백한 증거이다.

중증 치료

기업과 종업원들이 치솟기만 하는 의료보험료를 지불하려고 애쓰는 사이 유일한 슈퍼파워라는 미국의 제도적인 기반에는 또 다른 틈새가 크게 벌어지고 있다. "미국은 2000년에 국민 1인당 의료보험료로 4,499달러를 지불했다. 그런데도 미국의 의료보장제도가 중증 치료가 필요할 만큼 심각한 상태란 말인가? 아이티 공화국의 56달러와 비교하면 엄청나지 않은가?"[17]라고 물어볼 사람도 있을 것이다.

물론 위기의 정의는 다르겠지만 실상은 이렇다. 미국인 중 약 4,000만 명에게 의료보험이 없다.[18] 또한 전 세계에서 가장 부유하다는 병원에서 치명적인 실수가 연일 발생하고 있다.[19] 아무 때나 건강에 대한 이상 과열 증상이 일어나 바이러스처럼 사회 전체로 퍼져 나가고 있다. 처음에는 금연이 그랬고, 그다음에는 저탄수화물 다이어트였다. 다음에는 무엇일까? 게다가 보건의료 관계자가 국회 소위원회에서 "미국의 의료보장제도는 폭발하기 일보 직전이다. 알츠하이머[20]가 그 뇌관이 될 것이다"라고 경고했다. 베이비 붐 세대가 이제 막 그 끔찍한 병에 걸릴 나이가 되었기 때문이다.

다른 나라의 보건의료 상태가 더 나쁘다고 해서 미국의 이런 현실이 바뀌지는 않는다. 전 세계에서 가장 비싼 의료보장제도는 현재도 심각하게 기능 장애를 겪고 있으며, 점점 더 심각해지고 있다.

<u>인생의 황금기</u>

미국 근로자들은 붕괴된 가정과 학교, 의료제도와 씨름하고, 부도덕한 금융기관에 돈을 빼앗기면서 인생을 보낸다. 그리고 퇴직에 이르러 인생의 황금기를 기대한다. 기나긴 싸움에서 벗어나 한숨 돌린 후 우편함으로 천천히 걸어가 오랫동안 기다려 온 연금봉투를 집어 든다. 젊은이나 노인이나 할 것 없이 미국인이라면 모두 연금제도라는 또 다른 제도적인 재앙과 마주친다. 현재의 연금정책을 비판하는 이들은 다가올 금융 붕괴를 경고한다.

〈비즈니스위크〉는 "기업연금 계획의 손실에서 오는 피해는 슬로모션으로 보는 기차의 충돌 장면처럼 차곡차곡 불어났다"[21]고 전했다. 최근 3년 동안 미국의 개인연금 자산은 15퍼센트가 감소했다. 반면 부채는 거의 60퍼센트로 치솟았다. 〈비즈니스위크〉에 따르면 연금 부족의 가장 큰 원인 중 하나는 제너럴 모터스이다. 그다음은 다른 자동차 제조사, 항공사, 제지업체들이다. 2003년 미국 기업연금 지급액은 예치해 둔 액수보다 훨씬 많은 3,500억 달러 이상이었다.

미국 정부는 4,500만 노동자들과 연금 수급자들을 안심시키기 위해 연금 수혜보장공사PBGC를 통해 그들의 연금을 보장해 주겠다고 나섰다. 하지만 2003년 연금수혜보장공사는 112억 달러의 적자를 냈고[22], 책임자인 스티븐 칸다리안Steven A. Kandarian은 공사도 파산하기 직전이라고 말했다.

인구의 급격한 노령화와 연금 고갈이라는 상황에 직면하여 세대 간 갈등도 증폭되고 있다. 한편에는 연금 수급자 집단이 있고, 다른 한편에는 자신이 퇴직할 때가 되면 기금이 고갈되지 않을까 우려하는 젊은층이 있다.

전면적인 제도적 실패에 다다른 많은 미국인들은 오랫동안 영리단체보다 도덕적으로 깨끗하다고 믿어 온 자선단체에 도움을 구해 보고자 했다. 하지만 유나이티드 웨이 United Way [23]나 미국 적십자사[24] 같은 가장 저명한 비영리기관마저 기부금의 회계부정이나 기금 오용으로 조사를 받는 실정이다.

많은 미국인들이 이 위기에 관해 더 자세히 알아보기 위해 달려간 곳은 어디였을까? 물론 인터넷이었다. 하지만 신문들이 그저 지적하느라 열심인 것처럼 인터넷상에 올라오는 정보의 많은 부분이 검증되지 않은 것이었다. 혹은 편향적이거나 오보였다. 언론인들은 우리에게 필요한 정보는 믿을 만하고, 정확하고, 신중하게 재차 검증을 마친 정보라고 말한다. 하지만 인쇄와 방송 매체도 최근에 발생한 일련의 언론 스캔들[25]과 함께 그들의 미래를 위협하는 신용 위기를 겪고 있다. 〈뉴욕타임스〉, 〈USA투데이USA Today〉, 〈뉴스위크〉, CBS의 뉴스 그리고 기타 언론기관들이 이런 스캔들에 휘말렸다. 이런 스캔들의 발생 배경에는 구독자 수와 청취자 수의 감소라는 요인이 자리 잡고 있다. 〈로스앤젤레스타임스Los Angeles Times〉는 걱정으로 숨을 죽이면서 "일간 신문의 발행 부수가 1984년 6,330만 부를 정점으로 해서 2005년 거의 900만 부로 떨어졌다"[26]고 지적한다. 이와 더불어 1960년부터 2004년까지 306개의 일간 신문사가 사라졌다.

초현실주의적 정치

초강대국 미국의 제도적인 붕괴에 관한 사례는 무수하다. 미국 정보기관과 첩보기관은 빌 클린턴과 조지 부시 두 대통령의 통치 아래 있던 백악관과 합작하여, 초기 경고가 많이 있었음에도 불구하고 9·11테러를 막지 못했다.[27] 또한 이라크의 대량학살무기 시찰을 실패로 이끌었다.

이제 미국 제도의 실패에 관하여 장황하게 이어지던 이야기의 대미를 장식할 가장 중대한 문제에 이르다. 아마도 미래의 역사가들은 "21세기가 현직 대통령의 탄핵 사태로 시작되었으며, 다음 대통령은 사실상 대법관의 아홉 명판사 중 다섯 명에 의해 선출되었다"고 기록할지도 모른다. 2년 사이에 미국은 가장 밑바탕이 되는 정치제도가 두 번이나 심각한 위기에 휩쓸렸다.

이 위기는 캘리포니아 주지사인 그레이 데이비스Gray Davis를 쫓아내기 위해 특별 선거[28]를 시행했을 때 더욱 확실해졌다. 주지사 후보자로 포르노 배급업자, 퇴직한 식육가공 도매업자, 스모 선수, 중고차 영업사원에서부터 자기의 이름과 가슴 사진을 거대한 게시판에 붙여 놓은 것으로 알려진 나이 많은 여성에 이르기까지 모두 135명이나 되는 사람이 나서는 믿기 어려운 사태가 발생했다. 결국 데이비스는 쫓겨났고 근육질 배우 아놀드 슈왈제네거가 그 자리를 차지했다.

체제의 붕괴

위기는 보는 이의 시각에 따라 다르고, 극적인 변화를 요구하는 이기주의자들의 수사적인 언어에나 존재한다고 말할지도 모른다. 하지만 통계적인 오류, 추세외삽법(통계적 자료를 활용하여 현재의 추세를 미래까지 연장하여 봄으로써 변동의 유형, 방향을 분석하는 것 - 옮긴이)의 극단적인 단순화, 수사적인 언어의 과장 혹은 중요성, 강도, 즉시성 측면에서의 차이를 모두 감안해 본다 해도 수많은 사례들은 중요한 점을 시사한다. 바로 부분들이 더해지면 전체는 훨씬 더 커진다는 사실이다.

최근까지도 이런 현상을 지켜본 사람들은, 미국인이든 아니든 상관없이 미국 내의 모든 제도적인 위기들이 서로 관련이 없다고 판단했었다. 하지만 이제 이런 시각은 더 이상 가치가 없다. 미국에서 발생하고 있는 개별적으로 각기 두드러져 보이는 위기들은 점점 더 상호 관련성이 높아지고 있다. 의료보험과 연금이 그렇고, 연금과 기업의 위기가 그렇다. 가족과 교육 역시 마찬가지이다. 정치적인 위기와 모든 다른 위기들이 서로 연결되어 유기적으로 발생하고 있다. 대다수 사람들이 전 세계에 미국이 미치는 영향력이 점점 줄어들고 있다고 믿는 바로 지금, 미국의 중추적인 제도적 기반에서는 체계적인 붕괴가 발생하고 있다.

만연된 실패

이 거대한 붕괴를 완전하게 이해하려면 미국의 내부를 들여다보는 것만으로는 불충분하다. 이런 일이 미국만의 상황은 아니기 때문이다. 사실 독일과 프랑스, 영국을 비롯해 한국과 일본에서도 이와 비슷한 실패가 만연해 핵가족에서 비롯된 주요 제도의 갈라진 틈이 점점 크게 벌어지고 있다.

일본에서는 이혼율, 특히 20년 이상 결혼 생활을 해온 부부의 이혼율이 전례 없이 급증하고 있다.[29] 일본의 유스 리서치 인스티튜트Youth Research Institute가 조사한 결과는 이보다 훨씬 더 우리의 시선을 사로잡는다. 〈비즈니스 2.0 Business 2.0〉에 따르면 미국 젊은 여성들은 75퍼센트가 '결혼은 해야 한다'는 설문 문항에 동의했지만 놀랍게도 일본의 젊은 여성들은 88퍼센트가 동의하지 않았다[30]. 전통적으로 낮은 이혼율을 자랑하던 한국도 지금은 세계 최고 수준의 이혼율을 보이고 있다.[31] 영국의 〈런던타임스〉는 '핵가족의 몰락 지속'에 관해 보도했다. 영국 내 결혼한 부부가 가정을 지키는 비율이 처음으로 50퍼센트 아래로 내려갔다는 것이다.[32] 영국 가정의 파격적인 사회적 변화를 반영하는 보도이다.

교육의 위기 또한 미국의 전유물이 아니다. '교실 붕괴 현상[33]이 전국의 학교로 퍼져가고 있다'라는 제목이 〈재팬타임스Japan Times〉의 헤드라인을 장식했다. 〈뉴욕타임스〉도 '일본의 폭력 교실을 길들이려 하는 교육자들'이란 기사를 내보냈다.

일본에서도 미국의 엔론 스캔들과 비슷한 사건이 발생했다. 높은 평가를 받던 거대 기업이 연이어 터진 스캔들에 시달렸다. 일본의 금융 시스템이 과도한 부실 여신[34]으로 시달리고 있을 때, 일본인들은 도쿄전력[35]의 회장과 사장이 불명예를 뒤집어쓰고 사퇴하는 모습을 보아야 했다. 회사가 원자력 발전소의 안전 정보를 허위로 조작했기 때문이었다. 도쿄전력의 뒤를 이어 미쓰이 그룹, 스노우 브랜드 푸드, 닛폰 포장육, 미쓰비시 자동차, 닛소 이와이 그리고 다른 기업들의 총수들도 불명예스러운 모습을 보였다.[36] 뒤이어 2005년 도쿄증권거래소에 위기가 발생했다.[37] 컴퓨터 고장으로 56년 역사상 처음으로 도쿄증권거래소의 모든 거래가 중지되었다. 몇 주 후 미즈호증권 직원이 주문 실수로 1주당 61만 엔인 주식을 1엔에 61만 주를 매각한 일이 발생했을 때는 웃음을 억누를 정도였다. 이 증권사는 사소한 실수로 3억 4,000만 달러의 손실을 입었다.

최근 한국에서 일어난 기업의 위기는 한층 극적이다. 대우 그룹의 창업자가 해외로 도피했다가 재판을 받고 있으며[38], 현대 그룹 창업자의 아들은 자살했고[39], 또 다른 재벌인 SK 그룹의 총수는 구속됐다.[40]

유럽에서 일어난 스캔들로는 독일의 폭스바겐, 이탈리아의 파마라트 Parma-lat[41], 프랑스의 크레디 리요네 Crédit Lyonnais[42], 스웨덴의 스칸디아 Skandia[43], 정유회사인 엘프 Elf[44]와 로열더치셸 Royal Dutch–Shell[45]의 경우를 들 수 있다.

이것만으로도 헤드라인을 작성하는 기자들을 바쁘게 하는 데 부족했는지 미국에서처럼 여러 나라의 의료 분야에 혼란과 격변이 난무하고 있다. 미국의 일부 정치가들은 본받아야 할 모델로 영국의 의료보험제도를 자주 지목한다. 하지만 영국 의회는 "국민건강보험제도의 위기를 거론하지 않고는 단 하루도 그냥 지나가지 못한다"고 불평한다.[46] 언론에서는 독일의 의료보장제도도 붕괴되고 있으며[47], 스웨덴의 시스템은 '급성 금융 대란'이라고 결론지었다.[48] 일본의 〈마이니치신문〉은 건강보험 시스템이 5년 안에 붕괴될 것이라고 보도한다.[49]

연금은 어떤가? 프랑스 수상은 "자국이 당면한 연금 재앙이 국가의 생존을 위협한다"고 주장한다.[50] 프랑스만이 아니다. 〈비즈니스위크〉에 따르면 유럽은 퇴직 위기에 처해 있다.[51] 일본의 일간지 〈요미우리신문〉은 "보고서에 따르면 국가의 연금 시스템에 관한 충격적인 수치가 밝혀졌다"고 보도한다.[52] 〈코리아타임스 Korea Times〉는 헤드라인에 '국가적인 연금 위기'라고 밝힌다.[53] 기업연금은 어떤가? 기금 부족이 미국만의 현상인가? 독일의 지멘스는 50억 달러의 적자 상태에 있는 연금기금을 해결하기 위해 노력하고 있다.[54]

스타들의 파업

원인이야 서로 다르더라도 미국 언론에서 발생한 중대한 신용 실추가 프랑스 최고 일간지인 〈르몽드〉[55]와 〈르피가로〉[56], 일본의 〈아사히신문〉[57]의 위기에도 투영된다.

자선단체는 어떤가? 얼마 전 영국에서는 미국 적십자사와 유나이티드 웨이와 같은 자선단체에서 스캔들이 요란스럽게 터져 나왔다. 테너 가수 루치아노 파바로티와 록가수 데이비드 보위, 극작가 톰 스토파드Tom Stoppard가 전쟁으로 폐허가 된 나라의 어린이들을 돕는 자선단체인 워차일드War Child UK 58에서 손을 떼기로 했다는 소식이 각 신문의 헤드라인을 장식했다. 이 단체의 공동 창립자와 컨설턴트가 계약을 맺은 건설업자로부터 뇌물을 받은 사실이 드러나자 파바로티가 대변인을 통해 부패한 것과의 결별을 선언하고, 다른 이들의 동참을 유도했다.

역사적으로 스캔들과 실패, 위기가 넘쳐났음은 말할 필요가 없다. 스캔들과 위기를 우리 세대가 창조한 것은 아니다. 하지만 오늘날 세계 각국에서 벌어지는 사태는 이전과 질적으로 다르다. 제2차 세계대전이라는 최악의 날은 예외로 하고, 단 한 세대 만에 그 많은 나라에서, 그토록 짧은 시간에, 이처럼 눈코 뜰 새 없이 수많은 제도적인 붕괴가 일어난 경우는 없었다.

지금처럼 제도적인 위기들이 서로 밀접하게 관련을 맺고 있는 경우는 찾아보기 어렵다. 부 창출 시스템과 관련된 가족, 교육, 직장, 건강, 퇴직, 정치 그리고 매체들이 서로에게 강한 영향을 주고받고 있다. 그리고 재세계화는 이러한 금융적인 위기의 여파를 엄청난 속도로 국경과 국경을 가로지르며 전달하고 있다. 지금 발생하는 상황은 고립된 혼란이 아니라 심각한 체제의 붕괴이다. 흔들리고 동요하는 제도에 의존하고 있는 사회 전체의 생존에 대한 도전이다.

오늘날과 같은 제도적인 격동은 또 하나의 중대한 원인 때문에 역사적으로 유례가 없다. 이 모든 국가적인 차원에서의 위기가 유엔을 비롯한 국제기구들에서도 발생하고 있다. 유엔은 2005년에 이라크 석유 - 식량 연계 프로그램과 관련하여 대규모 부정부패 의혹에 시달렸고59, 코피 아난Kofi Annan 사무총장60은 자신의 아들이 이라크와 계약을 체결하려던 회사와 연루되어 곤욕을 치렀다. 그런데 또 하나의 스캔들이 신문 헤드라인으로 대서특필되었다. 아프리카에서 일하던 유엔 평화봉사단 일원이 소아애호증 pedophilia(아동 대상의 성도착증-옮긴이)과 여성 성폭력 혐의로 고소를 당한 것이다.[61] 일찍이 코피 아난은 유엔이 시대에 뒤처진 쓸모없는 조직구조로 인해 잠재적으로 치명적인 위기[62]에 봉착할 수 있다고 경고한 바 있다.

한편 외부 분석가들이 세계은행의 무능력, 비효율성, 부적절성을 꼬집고 나선 가운데, 세계은행은 내분을 겪고 있다.[63] 거만한 IMF는 마지못해 자신들도 위기에 직면해 있다고 인정한다. 세계무역기구도 다른 여러 정부 간 기구들과 함께 쇠퇴하고 있다. 국제적인 차원에서도 빠르게 체제의 위기로 치닫고 있다.

주요 국가에서 벌어지는 제도적 위기가 국제기구의 체제 붕괴와 맞물린다면, 이것이 가져올 충격의 여파는 미국에만 영향을 미치지는 않을 것이다. 중앙아프리카의 커피 재배자, 중국의 공장 조립라인에서 일하는 여성, 월 스트리트와 런던, 프랑크푸르트와 서울에 이르기까지 각 지역의 금융 분석가와 투자가들, 독일의 중산층을 이루는 중소기업인, 도쿄의 오모테산도에서 라떼를 마시는 유복한 젊은이들까지 모두가 여파를 느낄 것이다.

전쟁, 테러, 이민, 지구 생태적인 재앙, 지정학적 변동과 같은 강력한 요소들도 발생하는 사태에 당연히 영향을 미칠 것이다. 이런 요소가 없더라도, 국가적인 위기와 범세계적인 위기가 융합될 경우 한 제도의 실패나 한 나라의 인프라 파괴보다 훨씬 위험한 사태가 촉발될 수 있다.

줄줄이 이어지는 붕괴와 스캔들이 미국과 서구 사회 혹은 부유한 나라를 미워하는 사람들에게는 유쾌한 일일 수 있다. 그러나 그들에게 충고하자면 축하 파티는 뒤로 미루는 것이 현명한 일이다. 중국의 속담에서 말해 주듯이 위기와 기회는 함께 온다. 상호 연결된 이 위기가 역사적인 재앙이 아닌 막대한 이득으로 바뀔 수도 있다. 위기를 겪은 나라만 그 이득을 누리는 것도 아니다.

이런 일을 현실화하려면 상호 연결된 제도가 왜 그렇게 많은 국가와 세계 질서 차원에서 내부 폭발의 위험에 직면하고 있는지를 이해할 필요가 있다.

33

철선 부식시키기

Corroding the Wires

> 새롭게 떠오르는 세계라 해도 아직 절반은 썩어 무너지는 과정[1]에 있다.
> 구제도 중 어느 것이 다시 고개를 쳐들게 될지 결국 어느 것이 완전히 가라앉게 될지아무도 모른다.
> – 알렉시스 드 토크빌Alexis de Tocqueville

2002년 10월 14일 워싱턴 D.C. 외곽에 살던 린다 프랭클린Linda Franklin과 그녀의 남편은 주택 리모델링 상점 밖에서 차에 물건을 싣고 있었다. 그때 한 발의 총성이 울렸다. 린다에게 날아든 총알은 22일 동안이나 그 근방을 공포로 몰아넣은 저격범이 쏜 것이었다.[2] 저격범은 워싱턴 외곽에서 아홉 명의 목숨을 더 앗아갔다. 미국의 최고 경찰기구인 연방수사국은 수사에 착수했다.

FBI 요원들은 전화 신고센터로 밀려드는 제보들을 '래피드 스타트Rapid Start'[3]라는 컴퓨터 프로그램 데이터베이스에 수동으로 입력했다. 그러나 6만 통이나 되는 전화가 폭주하자 이 시스템은 맥을 추지 못하면서 가동을 멈추었다. 래피드 스타트는 FBI의 자동화 사례 지원 시스템Automated Case Support System이 다른 사무실 요원들과의 정보 공유를 허용하지 않기 때문에 이를 대신해 설치된 것이었다. 이 사고로 1995년 오클라호마 알프레드 머레이 연방청사를 폭파하여 168명의 목숨을 앗아간 티모시 맥베이 Timothy McVeigh [4]의 재판에 제출해야 할 4,000개가 넘는 서류도 함께 유실된 것으로 알려졌다.

린다 프랭클린의 죽음은 FBI 국장 로버트 뮬러 Robert Mueller가 조직의 정보 기술을 재조정하는 데 2년여가 걸릴 것이라고 예측한 지 석 달 만에 일어났다. FBI의 기술 전문가는 FBI 요원들의 컴퓨터 작업 수준이 보통 사람들이 집에서 컴퓨터를 다루는 수준보다 낮다고 지적하며 전면적인 정비의 필요성을 강조했다.[5] 게다가 2005년에는 FBI가 정보 기술의 업그레이드에 필요한 핵심 요소를 폐기해 프로젝트를 4년 더 지연시켜야 할 상황이라는 것이 밝혀지면서 정치권의 호된 질책[6]을 받았다. 문제의 핵심 근원은 뮬러의 선임자였던 루이스 프리 Louis Freeh [7]였다. 프리는 컴퓨터를 아주 싫어했고, 정보 기술 면에서 FBI가 훨씬 뒤처지게 만든 장본인으로 악명이 높다. FBI의 정보 기술은 자기 차 안에 노트북[8]을 장착하고 다니면서 FBI 요원으로 위장했던 KGB 스파이 로버트 한센 Robert Hanssen [9]을 능가하지 못했다. 아이러니하게도 린다 프랭클린은 FBI에서 사이버 네트워크에 대한 위협을 조사하는 업무를 담당하고 있었다.[10]

미국에서 FBI는 단순한 조직 이상이다. 이 역시 하나의 제도이며 현재 위기에 처해 있다. 다른 제도의 위기와 마찬가지로 FBI의 위기도 혁명적인 부의 심층 기반을 다루는 사회 변화에 그 뿌리를 두고 있다.

FBI의 대응 시간

비즈니스 거래 혹은 범죄 행위에 해당하는 거래가 가속화되고 있는 상황에서 FBI의 대응 시간은 다른 모든 관료조직과 마찬가지로 매우 느리다. 뉴저지 해밀턴의 우편물 처리시설[11]에서 탄저균 흔적이 발견되고 다섯 명이 사망했을 때, FBI는 모든 우편함을 검사하는 데 1년이라는 긴 시간을 소비했다. 느닷없이 나타난 슬래머 바이러스Slammer Virus(마이크로소프트의 데이터베이스 서버인 Microsoft SQL DB 서버를 공격하는 컴퓨터 바이러스의 일종 - 옮긴이)[12]가 수천 대의 컴퓨터에 침입했을 때도 FBI는 13시간이 지나서야 대중에게 이 사실을 알렸다. 이미 안티 바이러스 회사들이 경보를 발령하고 난 후였다. 백악관 관료는 FBI 전문가들이 귀가한 상태였고 적절한 담당자와 연락을 취하기 어려웠다는 궁색한 변명을 내놓았다.

이것이 FBI에만 국한된 이야기는 아니다. 다른 관료조직과 상황이 약간 다르기는 하지만 비교하자면 FBI는 그나마 나은 편이다. 미국 이민국Immigration and Naturalization Service의 경우는 타의 추종을 불허한다. 미국 이민국은 위험한 테러리스트인 모하메드 아타Mohamed Atta와 마완 알 세히 Marwan al-Shehhi에게 학생 비자를 내주었다.[13] 이들은 6개월 후 세계무역센터로 두 대의 비행기를 몰고 간 장본인이다.

2005년 국무부 관료 마크 그로스만Marc Grossman은 자신이 몸담은 조직의 전반적인 위기 대응 능력[14]에 대해 "비즈니스에서는 매우 빠른 의사결정 사이클이 국무부에서는 너무 느리다. 변화하지 않는다면 우리는 문을 닫아야 할 것이다"라고 토로했다.

뉴올리언스는 2005년 허리케인 카트리나로 인한 황폐화와 도시 제방 시스템의 붕괴로 사실상 문을 닫았다. 국가, 주, 도시의 관료조직 간에 협력은 절망스럽게도 불가능했다.[15] 미국 연방재난관리국Federal Emergency Management Agency은 고군분투하는 수십만 명의 피해자를 저버리는 무기력함을 보였다. 미국만 이런 것은 아니다. 유럽과 아시아에도 새로운 유행성 감기가 전국적으로 발생한다면 오늘날의 관료조직으로는 더 이상 효과적으로 대응하지 못할 것이다.

오늘날 그 어느 곳이든 관료조직은 점차 빨라지는 변화의 가속화를 따라잡지 못해 애를 먹고 있다. 그들은 느리게 움직이고 사고한다. 여러 강력한 힘들이 상호 결합되어 우리를 이 방향으로 몰고 있다. 이런 현상은 갈수록 심각해질 것이다.

극심해지는 경제 경쟁, 과학 연구의 축적, 혁신 마인드의 증가, 즉각적인 커뮤니케이션은 사회가 실시간으로 반응하도록 강요하는 반면 관료조직들을 뒤처지게 만든다. 많은 부분이 가속화 효과 acceleration effect로 어지럼증을 느끼고 있다. 설상가상으로 경제, 사회에서 일어나고 있는 초고속 변화는 그 속도가 고르지 못하고 본질상 비동시화 효과를 증대시킨다. 앞서 살펴본 것처럼 회사 수준에서 한 부서가 정확한 시간에 맞게 전환하면, 다른 부서와의 비동시화를 야기한다. 그 부서는 다시 동시화해야 한다. 물론 그들과 관련된 공급자들은 말할 것도 없다. 정부 기관 역시 별반 다르지 않다. 하지만 그보다 훨씬 근본적인 상황이 더 높은 차원에서 일어나고 있다.

전면적으로 시간이라는 쐐기가 민간 부문과 공공 부문을 갈라놓고 있다. 하나가 빠르게 달려 나갈수록 다른 하나는 자꾸만 뒤처진다. 이것이 둘 사이의 관계를 더 악화시키고 있다. 기업과 정부가 부주의하게 서로 부딪히면서 서로의 계획에 차질을 주고 있다. 서로를 방해하며 모든 부분의 시간과 돈을 낭비하게 만든다. 정치적인 적대감이 커지며, 관료들은 무기력하고, 게으르고, 부도덕하다고 매도된다. 사업을 하는 이들은 욕심이 많다고 낙인찍힌다. 정치는 훨씬 더 양극화된다.

오늘날 심층 기반인 시간과 우리의 관계에서 벌어지고 있는 전환적인 변화로 인해 부분적으로 제도의 역기능이 증대되고 있다.

세계의 공간

시간은 제도가 의존하는 심층 기반의 하나일 뿐이다. 공간적 측면에서 증가하는 불균형 역시 시간적 측면에서의 불균형과 맞먹는다.

오늘날 명목상으로는 미국 기업이지만 제조는 다른 나라에서 이루어지고,

회계와 지원부서는 또 다른 나라에서 운영하며, 또 다른 어딘가에서 소프트웨어를 사용하고, 또 다른 나라에 고객 서비스 콜센터를 두고, 전 세계에 걸쳐 있는 판매망을 관리하며, 조세 회피를 위해 카리브해의 외딴 섬에서 금융 업무를 처리하는 기업이 있을 수 있다. 이는 2005년 기준 자사 주식의 70퍼센트를 일본 외부에서 소유하고 있는 소니[16] 같은 기업일 수도 있다. 그린피스Green-peace[17]나 옥스팜Oxfam[18] 같은 NGO들도 각기 40개국, 70개국에서 운영되고 있다. 이처럼 민간 부문의 조직과 NGO가 모두 점점 세계화되는 추세이다.

반면 공공부문 조직들은 대부분 국내에서, 혹은 지역적으로 운영된다. 더 빠른 커뮤니케이션으로 세상이 더욱 견고히 연결되면서 상품, 서비스, 인간, 아이디어, 범죄, 질병, 오염, 테러리스트들이 국경을 넘나들고 있다. 이들은 주권이라는 전통적인 개념을 부식시키고, 단지 지역적이고 국가적인 목적으로만 고안된 공공 부문 조직을 능가하고 허를 찌르고 앞지른다.

공간의 심층 기반을 허무는 이런 변화들은 시간적인 붕괴를 증폭시킨다. 세계화 이전 세상의 느린 속도에 맞게 고안된 많은 조직들이 그들에게 부여된 기능을 효율적으로 수행할 수 없다는 건 놀랄 일도 아니다.

무용지식의 과다 축적

지식 기반의 변화로 인해 불안정한 기관들의 내부 폭발은 한층 현실화된다. 여기서도 공공 부문의 관리자와 근로자들이 불리한 위치에 처하게 된다. 급격한 변화로 인해 우리가 알고 있는 것이나 혹은 우리가 알고 있다고 생각하는 것들이 점점 쓸모없어진다. 이런 무용지식을 대체 갱신하고 재조합하는 속도는 공공 부문보다 민간 부문에서 더욱 빠르다. 민간 부문은 치열한 경쟁에서 신속한 대응이 불가피하고 보다 발전된 기술을 필요로 하기 때문이다. 공공 부문 종사자들이 업무에 필요한 자료와 정보, 지식을 적당한 형태로 제공받을 때면, 민간 부문에서는 이미 이것들을 활용하는 단계에 도달해 있다. 그렇기 때문에 공공 부문 종사자들은 버텨낼 수가 없다.

더 큰 문제는 공공 부문과 민간 부문 내에 존재하는 관료조직이 지식과 그 요소들을 파괴하고 있다는 것이다. 관료조직은 지식을 마치 난로 연통에 보관하듯 각각의 분리된 조직에 저장하고 가공 처리해 버린다. 시간이 지남에 따라 이 연통이 많아지면서 하부의 전문성은 협소해지고 넘을 수 없는 장벽의 수만 늘어난다. 이렇게 되면 인위적으로 나눈 부서의 장벽을 뛰어넘어 폭넓은 지식으로 해결해야 하는 빠르게 변화하는 새로운 문제에 대응하기가 극도로 어려워진다. 게다가 데이터, 정보, 지식을 공유하는 데 따르는 인센티브는 없이 통제만이 존재하기 때문에 각각의 연통을 보호하는 책임자의 힘만 더욱 강화된다.

오늘날 산업시대적인 경계가 허물어지고 있기 때문에 중요한 문제를 해결하기 위해서는 서로 공유해야 한다. 조직 내에서 공유를 꺼리는 경향은 외부자 앞에서는 더욱 분명해진다. 9·11테러 이후 조사에서 드러난 바와 같이 미국 중앙정보국 CIA, Central Intelligence Agency과 FBI는 서로 협조하기를 거부했다. 지역 경찰은 국가 경찰기관과 범죄 정보를 공유하기 싫어한다. 판매 조직, 정치 집단, 심지어 과학자들조차 자신의 카드를 서랍 안에 감추려고 한다. 이로 인해 가끔씩은 끔찍한 대가를 치러야 할 때도 있다.

따라서 산업시대에 서로 엮어 놓은 제도들의 볼트를 풀고 철선을 부식시키면 심층 기반들 사이에서 발생하는 상호 연관된 변화가 확연히 드러날 것이다. 각각의 변화는 나름의 영향을 미치기 때문에 각국 제도, 나아가 세계적인 차원에서의 내부 폭발 가능성을 증대시킨다. 시간과 공간과 지식, 이 세 가지 변화의 결합은 익숙한 제도들을 무너뜨리고 아직 준비되지 않은 우리를 낯설고 새로운 경제, 사회적인 미래로 이끌어 갈 것이다.

34

복잡드라마

Complexorama

스포츠가 얼마나 복잡해지고 있는지 알고 있는가? 예전에 스포츠는 단순한 여가 활동이었으며, 전문적인 스포츠라도 현대 경제에서 차지하는 부분이 비교적 작았다. 오늘날에는 팀, 리그, 규칙이 더욱 많아졌고, 팀과 리그 간에는 다양한 관계가 존재한다. 나아가 스포츠 세계에는 약물 관련법, 텔레비전, 정치, 노동조합, 성 갈등에서부터 도시계획과 지적 소유권에 이르기까지 다양한 문제들이 복잡하게 얽혀 있다. 그리고 비즈니스로서의 스포츠는 다른 산업, 신기술, 관객과의 연계가 많아져 복잡한 관계망을 형성한다.

오하이오 대학은 "학교 졸업생들이 이제 대학연합 경기, 프로 스포츠, 공공집회 시설, 스포츠 관광, 모터 스포츠, 기업 스포츠 구단, 스포츠 미디어, 연예 산업 등 다방면에 종사하고 있다"[1]고 밝혔다. 남아프리카공화국의 케이프 타운 대학 공학부에서는 크리켓 배트의 경도 테스트, 자전거 바퀴의 브레이크, 산악용 자전거 타이어의 공기역학, 사이클링 헬멧의 열전이 현상 등을 연구한다.[2] 어느 소프트웨어 회사는 자사의 맞춤형 소프트웨어[3]가 점점 증가하는 대규모 스포츠 행사의 복잡한 문제를 해결할 수 있다고 광고한다. 어떤 시스템에서건 상호 작용하는 요소들이 많아지고, 다양성이 커지고, 그들 사이의 변화 속도가 빨라질수록 복잡성은 더욱 증가한다. 단순히 축구나 스케이트에만 해당되는 문제가 아니다.

역사상 가장 커다란 세 가지의 부 창출 시스템인 농업, 산업 그리고 지식 기반은 복잡성의 수준에 각기 차이가 있다. 오늘날 우리는 점점 더 큰 경제 사회적 복잡성을 가져오는 체제 전반에 걸친 도약을 경험하고 있다. 이는 비즈니스에서 정치, 육아에서 쇼핑까지 모든 부분에 영향을 미친다. 쇼핑몰에는 더욱 다양한 디자인의 화려한 운동화가 가득 진열되고, 피자에는 더욱 기묘한 토핑이 얹어진다. 생수에도 다양한 맛이 가미된다. 약국은 환자 개개인에게 맞춘 약을 준비한다.

일상생활의 모든 부분이 더욱 복잡해지고 상호 종속적인 상태가 되었다는 점은 이제 더는 놀라운 일이 아니다. 휴대전화, 신용카드, 인터넷을 선택하는 일이 그렇다. 아이들이 친구를 선택하는 일조차 그렇다. 청소년들은 휴대용 디지털 기기를 고를 때, 자신이 즐기는 게임과 어울려 노는 사회집단을 고려한다. 어떤 사회집단이냐에 따라 입는 옷과 듣는 음악이 달라지고, 자신의 집단에 누구를 포함시키고 누구를 제외시킬지 결정하는 데 영향을 준다.

작가인 조지프 엡스타인Joseph Epstein은 "속물의 기준[4]도 더욱 복잡해지고 있다. 다양성과 상호 종속성이 결합되어 인생은 더욱 복잡해진다"라고 말한다.

빌 게이츠가 알고 있는 것

기업들은 시장을 확대하기 위해 단일 제품에 여러 기능을 집어넣어 소비자에게 '잉여복잡성surplus complexity'을 부과한다. 이는 인생을 복잡하게 만드는 요인 중 하나로 고객 맞춤형 생산이 아닌 대량생산 시대에서 비롯된 유물이다. 그 결과 음악을 듣고, 사진을 찍고, 비디오를 보고, 게임도 하고, 스케줄을 관리하고, 길 안내를 받고, 메모도 저장하고, 전화 통화를 예약해 두었다가 받을 수 있는 다기능 휴대전화가 나왔다. 생선 초밥을 신선하게 유지해 주는 냉장칸 등 120가지의 특징을 자랑하는 폭스바겐 파사트[5]도 등장했다. 하지만 단일 제품에 기능이 많아지고, 부분적으로만 최적화하는 게 많아질수록, 가격은 비싸지고 사용하기도 어려워진다. 이 모든 기능을 원하는 소비자는 거의 없다. 즉 소비자는 잉여복잡성의 희생물이 되고 있는 것이다.

복잡성은 비즈니스, 금융, 경제와 사회 차원으로 가면서 더욱 증대된다. 미국에서는 이 사실을 알아야 할 당사자인 빌 게이츠가 '천문학적으로 증가 일로에 있는 복잡성'[6]을 논하고 있다. 독일에서는 금융감독원이 은행 업무에서 증가되는 복잡성[7]을 언급한다. 스위스 바젤에서는 전 세계 은행들에게 새로운 규정을 부과하고 보유해야 할 자금의 양을 정하는 강력한 국제결제은행 BIS, Bank for International Settlements이 바젤Ⅱ[8]라는 새로운 권고안을 만들었다. 이 규정들은 세계적으로 가장 규모가 큰 은행들을 뒤흔들어 놓을 수 있는 것이다. 각국의 정부들이 도처에서 이 규정에 대해 논쟁을 벌이고 있다. 하지만 이 규정들은 너무 모호하고 복잡해서 맥킨지 앤 컴퍼니 McKinsey & Co.의 은행 컨설턴트 에마뉘엘 피츨리스 Emmanuel Pitsilis는 "바젤Ⅱ 혹은 그것이 시사하고 있는 바를 100퍼센트 이해하는 사람은 아무도 없다"고 말한다.

이와 유사하게 유엔 무역개발회의 UNCTAD, United Nations Conference on Trade and Development[9]는 해외직접투자와 다국적 기업 간의 거래에서 사용되는 금융 및 비즈니스 도구들을 한곳에 모으고 있다. 사용자가 편리하게 이용할 수 있도록 디자인된 이 일람은 2005년까지 14권이 시리즈로 출간되었다.

사실 '복잡드라마'는 새로운 일상적 현실이 되어 버렸다.

컴퓨터는 복잡성을 다루는 데 도움을 주기 위해 만들어졌지만 MIT의 〈테크놀로지리뷰 Technology Review〉는 "소프트웨어[10]는 우리의 이해 능력을 벗어난다. 프로그램이 몇 백 줄 이상 넘어가는 코드들로 구성되면, 어떤 일이 진행되고 있는지 이해하기란 거의 불가능하다. 현재의 컴퓨터 소프트웨어는 수백만 줄도 넘는다"라고 전한다. 사실 도처에 깔린 마이크로소프트의 윈도우즈[11]는 5,000만 줄로 이루어져 있고, 차세대 윈도우즈 버전인 비스타Vista는 그 이상이다. 미국 정보보증조합National Information Assurance Partnership의 론 로스Ron S. Ross는 "IT 시스템의 복잡성[12] 그 자체가 IT 시스템을 보호하려는 우리의 능력을 능가했다. 복잡성은 보안에 있어 제1의 적이 되었다"라고 말한다.

일정 관리나 마케팅에서부터 세금 계산에 이르기까지 비즈니스의 모든 측면에서 복잡성은 높아지고만 있다. 특히 세금 계산은 더욱 복잡하다. 워싱턴의 카토연구소Cato Institute(미국의 민간 정책 연구소로 정부 규제 철폐와 자유시장주의를 일관되게 주장 – 옮긴이)는 "미국 세법이 지난 20년 동안 7,000번 바뀌었고 페이지 수만 해도 74퍼센트가 증가되었다"[13]고 보고했다. 세법체계의 복잡성 때문에 미국인이 세금신고서를 작성하고, 규정을 이해하고, 거래 기록을 수집 보관하는 데 매년 60억 시간 정도 든다.

〈USA투데이〉는 "항상 낮은 수준에 머무는 미국의 예금 금리가 복잡성으로 인해 더 낮아질 것이다"[14]라고 일침을 가한다. 일곱 가지 종류의 개인 연금 계정이나 기타 여러 고용주에게 제시되는 계정들도 각각 고유한 규정과 제약 조건을 갖고 있다. 한때는 간단하기만 했던 저축의 개념이 높은 보수를 받는 회계사들이나 파악할 수 있는 복잡한 것으로 변해 버렸다.[15] 당연하게도 미국 노동통계청은 회계사 직업이 급속히 늘어나고 있다고 보고했다.[16] 한 구직 회사에 따르면 늘어나는 회계사 수요는 기업 거래의 복잡성 증가와 정부의 성장을 반영한다고 한다.

하늘 높은 줄 모르고 치솟는 복잡성의 또 다른 척도는 많은 영역에서 증가 일로에 있는 하부 – 하부 – 하부 조직들의 생성이다. 지식 기반 사회로 전환하기 전인 반세기 전에는 건강관리 분야에 10개 정도의 전문 분야가 존재했다. 카이저 퍼머넌트Kaiser Permanente 보건의료 네트워크의 데이비드 로런스David

M. Lawrence는 "오늘날에는 220개 이상으로 나뉜다"고 말한다. 1970년대에는 연간 무작위로 추출되어 통제되는 임상실험이 대략 100건 정도 있었다. 오늘날 그 수는 1만 건에 이른다.[17]

1만 2,203개의 문제들

미국 밖에서도 느리긴 하지만 유사하게 진행되는 복잡화 과정을 볼 수 있다. 연구개발에 혼신을 다했던 EU는 모든 사회에 걸쳐 점증되는 복잡성[18]을 거론하며 이 복잡성을 다루는 회사의 능력이 미래 유럽의 혁신 능력을 결정하는 요소가 될 것이라고 덧붙였다. 영국 수상실 소속 공공개혁실의 한 담당 관리는 "더욱 복잡한 개인적이고 사회적인 문제들이 국가 차원에서 해결해야 할 과제[19]로 부각되었다. 더 나은 교육, 건강 등 국가의 정책 목표는 이러한 복잡성과 싸워 이겨야 달성할 수 있다"고 말한다.

한편 독일 마인즈 대학의 카롤라 캄프Karola Kampf는 고등교육의 많은 부분이 점점 더 복잡해지고 있다고 설명한다.[20] 시스템 수준의 증가, 대학과 관련된 법인 관계자의 다양한 유형 증대, NGO와 조정자의 중요성 강화, 고등교육과 관련된 정책 분야 증가, 서로 다른 방식의 협력 증가 등을 예로 든다. 유럽이건 다른 어디에서건 대학의 복잡성 역시 급속히 증가하고 있다. 그러나 상호 작용하고 있는 의료 전문 분야, 의료 치료의 테스트 및 형태, 장비, 스케줄, 정부 규제, 금융과 회계 관리 등에 의존하고 있는 건강관리 체계의 어지러운 복잡성에 비하면 아무것도 아니다.

이상은 몇몇 예에 불과하다. 지역과 국가, 세계의 환경 규약, 금융과 무역에 관련된 규정, 질병 통제와 테러 예방 조치, 물과 자원에 관련한 협약들이 정교하면서도 복잡하게 얽혀 있으며, 이 외에도 서로 관련성을 갖고 있는 기능과 절차, 법규 등이 끝없이 이어진다. 여기에 자신들의 제안이나 요구를 제출하는 수만여 개의 NGO들이 복잡성 위에 새로운 복잡성을 추가한다.

10년 전 브뤼셀에 있는 국제협회연합 Union of International Association은 두 권으로 구성된 《국제 문제와 인간의 잠재력에 관한 백과사전 Encyclopedia of World Problems and Human Potential》을 펴냈다. 이 책에는 일반적이거나 구체적인 연관성이 있는 것 또는 없는 것, 악화되고 있거나 악화된 것 등 서로 참고가 될 만한 1만 2,203가지의 세계적인 문제들[21]이 수록되었다. 색인에는 5만 3,825개의 수록어와 이를 뒷받침하는 4,650개의 참고문헌이 담겨 있었다. 10년 전 당시 기준으로 말이다.

현재는 단일화, 표준화, 일률적인 대량화만을 강조하던 산업시대에 비해 훨씬 복잡해지고 있다. 이런 새로운 복잡성을 창조하는 나라가 미국만은 아니다. EU가 교육에서부터 치즈에 이르는 모든 것을 조화롭게 만들려는 시도에서 생겨난 비잔틴적 복잡성 Byzantine complexity(너무 복잡해서 이해하기 불가할 정도로 과도하게, 불필요하게 복잡하게 만드는 일 – 옮긴이)도 있다. 단지 컴퓨터만이 이를 추적할 수 있다.

우리가 보고 있는 것은 전례 없는 수준의 사회경제적 복잡성을 토대로 한 혁명적인 부 창출 시스템과 그에 상응하는 삶의 방식을 창조하는 심층 기반의 변화들이다. 거대한 해일같이 몰려오고 있는 새로운 지식과 함께 가속화, 비동시화, 재세계화의 융합은 쇠퇴하는 이 시대의 제도들을 압도하고 있고, 우리를 내부 폭발 지점으로 몰아가고 있다. 그러나 다행히 탈출구는 있다.

35

세풀베다 해법

The Sepulveda Solution

미국 로스앤젤레스의 고속도로 중 405번 도로는 극심한 교통 체증으로 악명이 높다. 얼마나 막히는지 그 도로와 나란히 있는 세풀베다 대로Sepulveda Bou-levard까지도 차들이 넘쳐난다. 세풀베다에는 세계에서 가장 특이한 사업으로 간주될 만한 자동차 세차장[1]이 있다. 이 세차장을 독특하게 만드는 것은 차를 세웠을 때 볼 수 있는 주유기나 다른 차들이 아니다. 계산을 하려고 안으로 들어갔을 때에야 비로소 볼 수 있는, 세상에 단 하나뿐인 세차장 내 서점이다. 우리의 일상생활을 지탱하는 제도들의 체계 붕괴를 극복하고, 더 나아가 방지하기 위해서 필요한 것이 바로 이런 기발한 조화를 이끌어 내는 정신이다.

미국의 평범한 여성

미국의 AT&T는 1900년대 초에 설립되어 1980년대에 세계 최대의 회사[2]로 성장했다. AT&T가 근 한 세기가량 미국인의 생활에 얼마나 영향력 있는 회사로 자리했는지 평가하기란 쉽지 않다. 마 벨Ma Bell이라는 애칭으로 불리는 이 기업은 지역사회 곳곳에 분포되어 있었으며, 거의 모든 가정이 이 회사의 검은색 다이얼식 전화기를 갖고 있었다. 이 기업이 행사하는 정치적 영향력은 워싱턴을 비롯해 미국 전역의 모든 지역사회에 미쳤다. 벨연구소Bell Labs[3]에는 노벨상 수상자들이 포진했고, 세계에서 가장 훌륭한 산업 연구개발 기관으로 간주되었다.

1970년대 AT&T는 100만 명에 가까운 직원[4]을 고용했다. 디지털 전화 이전 세대였던 당시에 이 엄청난 수의 직원 중 거의 대부분은 여성 전화 교환원이었다. 이들의 숫자는 해가 갈수록 늘어났다. 하지만 1984년 정부에 의해 와해된 이후 AT&T는 결국 과거의 모습으로 돌아갔다. 2005년 중반 SBC커뮤니케이션스SBC Communications는 AT&T의 나머지를 인수했다.[5] AT&T에 이런 일이 일어났다는 사실은 가장 견고해 보이는 어떤 제도나 조직에서도 이와 유사한 일이 훨씬 빠르게 일어날 수 있음을 시사한다.

허위 전환

유럽, 일본, 다른 경제 대국의 제도들도 심층 기반의 변화로 인해 동요하고 있지만 새로운 제도적 하부 구조를 창출할 필요성이 가장 커진 곳은 미국이다. 그동안 미국은 다른 나라보다 산업시대에서 더 멀리 진보해 나갔기 때문이다. 하지만 미국은 전환에 대해 관심이 적은 것은 물론이고 그것이 의미하는 바에 대해서도 아직 이해하지 못하고 있다.

교육의 경우를 보자. 최근의 대통령들은 모두 교육 대통령[6]이 되고자 했다. 조지 부시도 예외가 아니다.[7] 그런데 실질적인 교육 향상을 도모하고자 한다면 일차적으로 지식의 생산과 분배에 근거하여 경제가 요구하는 변화에 대한 인식이 필요하다. 교육이 직업을 준비하도록 돕는 역할만 하는 것은 아니지만, 원하지도 않는 직업에 대비하도록 학생들을 이끌고 간다면 이는 학생들을 기만하는 행위이다. 하지만 경제와 조화를 이루지 못하는 오늘날의 대량생산 학교들은 아직도 기계적이고 반복적인 공장식의 학습 방식을 강조하고 있다.

급진적이라고 생각되는 부시의 교육 계획도 호기심, 사고, 창의성, 개별성, 기업가 정신 등 지식 기반 경제에 필요한 자질들을 강조하지 않는다. 대신 학교를 효율적으로 운영하는 도구로서 이미 진부해진 틀에 박힌 것들, 즉 표준화된 시험[8]과 학생, 교사를 요구하고 있다.

허위 전환fake transformation이라 불릴 만한 것의 또 다른 사례는 9·11테러에 대한 워싱턴 관료들의 대응에서 찾아볼 수 있다. 상당한 예산을 차지하는 내각 수준의 부서인 국토방위청 Department of Homeland Security[9]은 기존의 22개 피라미드식 관료조직을 하나의 거대한 피라미드 구조에 구겨 넣었다. 산업사회식의 관료체계를 구성한 것이다. 워싱턴은 나름대로 이 방식이 최선이라 생각했다. 이들이 창조한 결과는 셀 수 없이 많은 단위를 가진 수천 개의 더 작은 자치정부와 주 정부의 관료조직들을 연결하고 지원해야 하는 거대한 수직 구조의 위계적인 조직체였다. 이와 대조적으로 테러조직은 관료조직보다 훨씬 신속하게 운영된다. 구성원들은 한두 명의 신분만 알고 있는 작고 느슨하게 연결된 망 조직으로 구성되어 빠르게 의사결정을 내릴 수 있다. 그들은 민첩하게 치고 달아나거나 자폭하도록 훈련받는다. 알 카에다의 조직층은 국토방위청과 비교하면 팬케이크만큼이나 얇다. 구성원들은 공무원 노동조합에 가입하지도 않는다.

허위 전환 역시 미국만의 전유물이 아니다. 유럽에도 널리 퍼져 있다. 유럽의 기업과 공공 부문은 그 자체가 산업시대 관료조직의 전형인 EU가 부과한 더 경직되고 증가된 제약에 굴복해야 한다.

변동하는 지위들

이보다 놀라운 세계 수준의 허위 전환을 유엔에서 발견할 수 있다.[10] 2003년 유엔이 심각한 위기에 처했을 때, 사무총장인 코피 아난은 "유엔 안전보장 상임이사회 United Nations Security Council가 21세기의 새로운 지정학적 현실들을 반영할 수 있도록 구조조정해야 한다"[11]며 긴급하게 이의 필요성을 제시했다. 하지만 오늘날까지도 유엔 안전보장 상임이사회는 미국, 영국, 러시아, 프랑스, 중국과 그 동맹국들이 나치 독일과 이탈리아, 일본이 연합하여 세계를 전복시키고자 일으켰던 전쟁에서 승리한 후 얻은 반세기 전의 힘을 과시하고 있다. 각 승전국은 영구적인 상임이사국 자리와 이사회 전원이 승인한 어떤 조치라도 거부할 권리를 부여받았다.

그 후 이 주요 다섯 개국 중 일부는 일본, 인도, 브라질, 독일과 같은 나라가 국제사회에서 경제적·외교적인 세력을 획득하자 그 힘을 잃었다. 하지만 영구적인 지위와 거부권은 여전히 유지하고 있다. 아난은 이 문제를 해결하고 싶어 하지만, 그렇게 하기 위해서는 국가들의 자리 재배치 이상의 무언가가 필요할 것이다.

오늘날 전 세계에서 유엔의 영향력은 약화되고 있다. 민족이나 국가들이 집단으로서의 힘을 잃어가고 있기 때문이다. 반면에 글로벌 기업이나 채권, 통화시장, 부활하는 세계 종교, NGO, 국가 내부 또는 초국가적인 지역 단위 같은 다른 세력들이 힘을 얻고 있다. 이런 현상은 개별적인 민족이나 국가의 지배력을 깨뜨린다. 더 나아가 유엔의 힘까지 약화시킨다. 유엔이 진정으로 21세기의 새로운 현실을 대변하려 한다면 민족 혹은 국가만이 아니라 새롭게 등장하는 강력한 국제적 플레이어를 불러들여 투표권을 함께 주어야 한다.

매우 다른 제도들의 다양한 사례에서 지식을 기반으로 하는 부 창출 시스템의 혁명적인 성격에 대한 과소평가, 심층 기반에 관한 무지 그리고 허위 전환이 그들을 구할 수 있을 것이라는 헛된 희망을 보게 된다.

카메라와 경찰

진정한 전환이란 기업이나 학교 등 어떤 조직에서든 조직의 주요 기능, 기술, 금융구조, 문화, 사람과 조직 차원의 중대한 변화가 일어나는 것을 의미한다. 이에 대한 좋은 예로 IBM의 전략적인 전환을 들 수 있다. IBM은 기업 주요 활동의 최우선 순위를 제품 생산에서 서비스 판매로 전환했다. 2004년 서비스 부문에서의 수입은 IBM 총수입의 48퍼센트를 차지하는 460억 달러에 달했다.[12] 현재 서비스 부서에는 17만 5,000명의 직원[13]이 있으며, 이는 IBM에서 가장 큰 부서로 자리매김하고 있다.

코닥 Kodak도 뒤늦게나마 디지털 카메라 영역[14]으로 진입하고자 하는 결정을 내렸다. 거의 한 세기 동안 코닥의 주요 기능 중 하나는 실버 할로겐 필름을 제조, 인화, 현상하는 일이었다. 이런 일들은 디지털 사진 기술에 의해 상당 부분이 없어지고 있다. 2004년 코닥은 이 새로운 분야에서 우월적인 위치에 오르게 되었다.[15]

공공 부문에서도 허위 전환과 구별되는 진정한 전환이 가능하다. 1994년 윌리엄 브라톤 William J. Bratton [16]은 3만 7,000명 경찰 병력[17]을 총지휘하게 되었을 때 이 사실을 보여 주었다. 그는 뉴욕 경찰의 기능을 앞으로 범죄자 검거에만 묶어 두지 않고 미래에 일어날 범죄를 예방하는 데 중점을 두겠다고 선언했다. 브라톤이 총지휘하기 이전의 뉴욕 경찰청은 6개월에 단 한 번 공급되는 FBI 데이터를 바탕으로 다른 경찰서와 비교하여 그 수행 능력을 평가했다. 브라톤은 경감들을 불러 그들이 반항적이든, 과로로 지쳐 있든, 아니면 화가 나 있든 상관없이 '일주일에 한 번씩' 자신이 맡은 지역에서 증가되거나 감소되는 특정 형태의 범죄를 담은 새로운 컴스탯 Compstat (범죄예측분석시스템)[18] 자료를 의무적으로 보고하게 했다. 그리고 이런 범죄에 대처하기 위해서 자신이 수행한 일에 관해 매주 설명하도록 했다. 이처럼 현장에서 더 빠르고 유용한 피드백이 들어오자 그들의 수행 능력은 순식간에 향상되었다. 그가 이룬 혁신중 가장 널리 알려진 것은 깨진 창문broken window(사소한 범죄 행위가 더 큰 범죄 행위를 유발시키는 요인으로 발전된다는 이론 - 옮긴이) 정책[19]이다. 이 정책은 창문을 깨거나, 벽에 낙서하거나, 자동차 앞 유리를 닦아주면서 돈을 요구해 운전자를 귀찮게 하는 아주 작은 범죄조차도 끝까지 추적하도록 한다. 이렇게 삶의 질을 떨어뜨리는 작은 범법 행위를 소탕하는 일은 더 심각한 중범죄를 저지르려는 범죄자의 의도를 애초부터 꺾었으며, 경찰 업무도 비즈니스와 마찬가지라는 것을 전 도시에 보여 주는 성과를 낳았다.

브라톤은 조직적으로는 권력을 지역 관할기관으로 하부 이양하고, 문화적으로는 부패를 단호히 근절시키고 범죄에 강력하게 대처함으로써 경찰의 도덕심을 함양했다. 또한 자신이 경찰을 대표해 정치인이나 대중과 싸울 것이라고 밝혀 경찰에게 새로운 존경심과 확신을 심어 주었다.

전반적인 개혁으로 브라톤은 뉴욕 경찰청을 바꾸어 놓았다. 범죄율[20]을 낮추는 건 지금도 까다로운 일이다. 그럼에도 불구하고 브라톤은 뉴욕에서 일어나는 살인을 44퍼센트나 감소시켰고, 27개월의 재임 기간 동안 중범죄를 25퍼센트나 감소시킨 것으로 널리 인정받는다.[21] 그는 경찰 부서를 전환시켰고, 이제 로스앤젤레스 경찰을 대상으로 같은 일을 하려고 한다.[22]

새로운 기관의 창조

IBM, 코닥, 뉴욕 경찰청 모두가 오랫동안 존속해 온 큰 조직이다. 하지만 다가오는 내부 폭발을 막기 위해서는 내부 기관의 변화만으로는 부족하다. 크건 작건 사회 전체에서 새로운 형태의 회사, 조직, 기관을 창조해야 한다. 또한 부적절한 자원, 경쟁, 의심, 비판, 단순한 어리석음에 대처할 수 있는 준비된 사회 발명가social inventor가 필요하다.

이 모든 이야기가 너무 위압적으로 들리긴 하지만 IBM, 코닥, 유엔, IMF,

경찰, 우체국 등 우리에게 익숙한 기관 중 그 어느 하나도 하늘에서 떨어진 것은 없다는 점을 되새기게 해준다. 중앙은행에서 혈액은행까지, 공장에서 소방서까지, 미술관에서 공항까지 이 모든 기관들은 비즈니스 혁신가와 사회 발명가들이 고안해 냈다. 그리고 사회와 경제의 여러 혁신은 기술의 혁신과 동등하게 중요하다.

사베리 Savery와 뉴코먼 Newcomen 그리고 증기 기관[23], 휘트니 Whitney와 조면기 cotton gin(면화 속의 씨를 빠르게 제거하는 기계 – 옮긴이), 에디슨과 전기 조명, 모스 Morse와 전신 telegraph, 다게르 Daguerre와 사진, 마르코니 Marconi와 라디오, 벨 Bell과 전화, 이처럼 우리는 역사 속의 많은 위대한 기술 발명가들의 이름을 알고 있다. 그들의 지대한 공헌은 정당한 대우를 받고 있다.

반면 안타깝게도 전문가나 역사가가 아닌 이상 유한책임회사 limited liability corporation와 관련된 사회 발명가의 이름은 즉시 떠올리지 못한다. 1892년 처음으로 독일 법률에 게젤사프트 밋트 베쉬렝크터 하프퉁 Gesellschaft mit beschränkter Haftung(유한책임회사)을 명문화한 이의 이름을 아는 사람 역시 없다.[24] 오늘날 세계 경제와 금융체계가 투자자들을 위한 유한책임을 빼버리면 어떻게 될지 상상할 수 있을까? 그것이 전신보다 가치가 덜한 성취라고 말할 수 있을까?

요즘 화재보험에 가입하지 않고 집이나 아파트, 사무실, 쇼핑센터, 극장이나 공장을 건축하는 투자자들은 거의 없다. 하지만 1790년대에 피닉스 보증회사 Phoenix Assurance Company의 지도 제작자인 리처드 호우드 Richard Horwood에게 화재보험을 위한 재산 가치를 평가할 수 있도록 최초의 런던 지도[25]를 그리게 한 혁신가는 누구인가? 최초의 뮤추얼 펀드, 최초의 교향악단, 최초의 자동차 클럽 그리고 오늘날에는 누구나 그 존재를 당연하게 여기는 수많은 회사와 기관들을 세운 과감하고 상상력 넘치던 사람들은 모두 누구인가? 왜 사회적인 발명에 주는 노벨상은 없는 것인가?

과학적이고 기술적인 연구와 혁신에 투입되는 투자금 중 극히 일부라도 새로운 조직이나 제도의 구조를 시험하고 구상하려는 연구로 돌려진다면 다가오는 내부 폭발에서 벗어날 수 있는 방법을 선택할 수 있는 여지도 더 넓어질 것이다.

혁신을 낳은 혁신

1976년 방글라데시의 경제학자 무하마드 유누스Muhammad Yunus는 전 세계 극빈자들에게 돈을 빌려주는 그라민 은행Grameen Bank을 창설했다.[26] 이 은행은 조그만 사업을 시작하려는 농촌의 개인사업자들에게 30달러나 50달러 정도를 빌려준다. 이는 상식적으로 상상이 안 되는 일이다. 기존의 은행은 이렇게 적은 서비스나 대출금을 제공해 주지 않는다. 또한 그라민 은행에서 대출을 받는 사람들은 담보도 신용도 없다.

그라민 은행은 대출자에게 담보를 요구하는 대신 지역사회에서 공동 서명인[27]을 모집해 상환 보증을 하도록 했다. 이 공동 서명인들은 대출받은 사람의 소규모 사업에서 나오는 이익을 같이 나누어 가질 수 있고, 상환이 늦어지면 사회적인 압력을 가하거나 도움을 줄 수도 있다. 부채가 상환된 후에는 구성원들이 차례로 돈을 빌릴 수 있다.

2005년 그라민 은행이 430만 명에게 소액대출해 준 금액은 470억 달러에 이른다. 대출은 대부분 더욱 성공적으로 사업을 이끌고, 대출금 상환도 잘하는 여성들에게 이루어졌다.[28] 그라민은 비슷한 방식의 은행을 최소 34개국에 개설했으며 NGO를 돕기 위한 재단도 설립했다. 그라민의 모델을 복제하는 다른 조직들도 생겨났다.[29]

오늘날 소액 금융이 글로벌 산업에서 차지하는 비중은 상당하다. 그라민 은행을 성공으로 이끈 두 개의 열쇠는 대출금에 대한 이자율과 98퍼센트라는 놀라운 상환율[30]이다. 미국이나 유럽의 기준으로 볼 때 그라민 은행의 이자율은 매우 높았다. 그리고 그라민 역시 대출금 회수에 어려움을 겪었다. 하지만 여성사회연대은행 Women's World Banking의 회장인 낸시 베리 Nancy Barry는 "이 대출자들이 전 세계의 많은 도널드 트럼프들보다 덜 위험하다"고 말한다.

이런 사회적 발명에 관해 한층 흥미로운 점은 다른 기관들의 전환에 미치는 영향력이다. 방글라데시에서 문을 연 그라민 은행을 모델로 삼은 비슷한 은행들이 많이 생겨났다. 2001년 〈월스트리트저널〉은 "바질 바자 Bagil Bazar 마을에서 카드놀이를 하던 상점 주인들은 일곱 군데의 소규모 융자업체의 대출 조건을 기억할 수 있었다"라고 보도했다.

그라민이 높은 수익을 올리고 있었으므로, 가난한 나라에서 활동하던 다른 26개 NGO들도 자신들의 비영리 활동 자금을 조달하기 위해 소규모 대출은행을 설립했다.

소액금융업이 확산되면서 소액금융 은행을 위한 평가기관인 마이크로 레이트 Micro-Rate가 창설되었다. 창시자인 다미안 본 스타우펜버그 Damian von Stauffenberg는 더 많은 NGO 은행들이 돈을 빌려주고 빌릴 수 있도록 향후 10년 내에 기존 개념의 은행들로 전환할 것이라고 말한다.[31] 그중 200개 정도는 이미 사전 준비에 착수했다. 일부는 기존의 은행과 경쟁하게 될 것이다. 커다란 글로벌 소매 은행과 지역 상업 은행이 소액 융자사업에 뛰어들게 될 것이다.

한마디로 그라민 은행이라는 새로운 조직의 탄생은 가난한 사업가들[32]의 삶에만 영향을 끼친 것이 아니라 NGO들이 자신의 활동 자금을 모을 수 있도록 전환하는 데에도 영향력을 발휘했다. 또한 영리와 비영리 사이의 경계를 유연하게 만들어 은행에 대한 기존의 개념을 바꾸어 놓았다.

커다란 영향력을 발휘한 사회적 발명의 예는 그라민 은행만이 아니다. 아마존닷컴은 서점 없는 서점을 창출했다. 이베이는 소비자들이 경매하는 경매장을 만들었다. 구글, 야후 같은 검색 사이트들[33]은 도서관이 하는 일을 바꾸어 놓고 안정적이던 출판 산업의 변화와 전환을 촉진하며 하루에 6억 개의 질문을 처리한다.

호주의 베른 휴Vern Hughes는 산업시대의 사회복지 모델을 공격하며 "정치인들은 아직도 더 많은 학교, 더 많은 병원, 더 많은 간호사와 경찰을 약속함으로써 그들의 잘못을 모면할 수 있으리라 생각한다"고 비난한다. 이 모델에서 많은 사회기관들은 단절되어 있고, 수동적이고, 무능한 고객들에게 모두 똑같은 서비스를 제공한다.

휴는 멜버른에서 운영하고 있는 장애아 자녀를 둔 가정을 대상으로 한 개인 대 개인 프로그램[34]을 대안으로 제시한다. 이런 가정들은 저마다 다른 욕구를 가진 자녀들에게 제공되는 표준화된 서비스에 진절머리가 나 있었다. 장애아를 둔 가정들은 서비스 대신 현금을 가정이 지정한 지원 조정자에게 지급해 주도록 호주 복지부Department of Human Service를 설득했다. 그렇게 하면 조정자는 가정이 선택한 교육, 가사 서비스, 탁아 등의 여러 가지 서비스를 구입해 필요로 하는 가정에게 할당해 줄 수 있게 된다.

휴가 말한 대로 복지 서비스의 새로운 패러다임은 공급 측면의 전달에서 수요 측면의 개별화로 중점이 옮겨지고 있다. 시장에서의 생산품 맞춤 서비스와 같이 복지 서비스 역시 탈대량화되는 것이다.

싱크탱크 창조

이상은 사회적인 상상력과 전환 모델의 몇몇 예에 불과하다. 위의 예들은 계획한 대로 이루어진 것이 아니라 산업시대의 기관들이 내부 폭발을 향해 내달리는 바로 그 시점에 사회적인 독창성을 보였다.

구시대의 제도를 정비하고자 하는 선구자들은 부정이나 고집스러운 저항 그리고 갈등에 직면한다. 새로운 제도와 조직을 만들고자 하는 혁신가들은 이런 비난에 대항해야 한다. 선구자와 혁신자 모두에게 용기와 정치적 기술, 집념, 시간 감각, 동맹자의 헌신이 필요하다. 외부적인 위기에 대한 내적 인식이 이루어진다고 할지라도 대안에 대한 설득력과 가망성 있는 실제적인 비전이 없다면 전환을 불러오기 어렵다. 사회적인 상상력이 요청되는 이유도 이 때문이다.

다행히 사회적인 상상력을 발휘하는 데 도움이 될 만한 입증된 도구가 있다. 그중 하나가 기능의 첨가와 제거이다. 대학으로 예를 들자면, 대학은 원래 학생을 가르치는 곳이다. 그런데 19세기에 베를린 대학[35]은 그 핵심 기능에 연구 기능을 첨가했고 전 세계적으로 다른 대학의 모델이 되었다. 20세기의 혁신가들은 정반대로 했다. 오로지 연구만을 남겨 놓고 학생들을 연구 대학 모델에서 빼내었다. 결과는 싱크탱크think tank라 불리는 새로운 형태의 기관이었다. 최근에는 기능의 첨가와 제거 물결이 인소싱과 아웃소싱이란 이름으로 미국 산업 전반에 퍼져 있다.

기업 전환은 기존 기능이 광범위하게 확대되거나 축소될 때 발생한다. 규모 면에서의 커다란 변화가 질적인 전환을 유발할 수도 있다.

경계에 대한 융통성이 많이 허용되는 세계에서는 외국과 국내 문제의 구별이 무너진다. 그렇다면 각 나라에 외교부를 존속시킬 필요가 있을까? 대학마다 확연히 나누어진 학문 영역을 영구적으로 존속시켜야 할까? 다양한 전공을 가진 학생과 교수가 참가하는 팀으로 학과를 일시적인 문제 중심의 조직으로 전환하는 것은 어떤가?

공공 부문, 기업, 민간 할 것 없이 사회 각 부문에는 완전히 새로운 조직[36] 모델이 필요하다. 구체적인 목표를 달성하기 위해서는 관료조직 내 네트워크의 기묘한 조합, 네트워크 내의 관료조직, 장기판식 조직, 규모를 배가시키거나 하룻밤 만에 반으로 줄여도 무리가 없을 만큼 유연한 조직, 특정 목표를 달성하기 위해 임시적으로 구성된 자발적인 연합조직이 필요하다. 체계와 제도의 내부 폭발을 예방하기 위해서는 단순히 큰 기업과 정부 부서뿐만 아니라 소규모 사업체에서 교회, 지역연합, 지역의 NGO에 이르기까지 경제와 사회 전반에 걸친 전환이 필요하다.

더 느리고 더 작아진 규모로의 전환은 백화점과 경찰서에서부터 중앙은행과 싱크탱크에 이르기까지 산업혁명의 시작 초기이자 새로운 후기 농업기관을 필요로 하던 시기 이전부터 있었다. 전혀 예상하지 못했던 장소에서 출현한 혁신가들은 산업주의를 넘어 전환된 오늘날의 사회보다도 더 심한 저항과 역경을 딛고 이런 결과를 이루었다.

미국의 가장 큰 강점은 보호해야 할 전통이 길지 않다는 것이다. 또한 전 세계에서 미국으로 아이디어를 들여오는 민족적이고 문화적인 집단 이주가 있다. 세계 최강의 기업가 정신으로 뭉친 사람들도 많다. 비즈니스에서뿐만 아니라 지적 기업가, 사회 활동 기업가, 온라인 기업가, 종교적인 기업가, 학문적인 기업가 등 다양하다. 개별적인 기업가 정신을 탄압하는 사회들과는 다르게 미국에서는 그것을 축하하는 변화의 복음이 울려 퍼진다.

혁신적인 자원이 미국에만 있는 것은 아니다. 인류 역사상 변화를 야기하기 위해 헌신하는 지식인들이 이보다 많았던 적은 없었다. 새로운 제도가 추구하는 모델을 맞춰 보고, 섞어 보고, 시뮬레이션해 보고, 디자인하고, 테스트하기 위한 다양한 제도와 강력한 도구도 지금처럼 풍부했던 적이 없었다.

다행히 열정과 상상력으로 뭉쳐 꿈틀거리는 민간 사회에 중점을 둔 한 차원 높은 기관meta-institution, 사회적인 발명과 기업가 정신을 위한 몇몇 연구소들이 등장하기 시작했다. 일부 대학에서는 사회적 발명에 관한 강의[37]를 개설하고 있다. 일부 재단들은 최상의 아이디어에 일정한 상금을 수여한다.[38] 미국 특허청은 새로운 비즈니스 모델에 특허[39]를 부여한다. 이제 창의적인 사회 모델에 부여하는 새롭고 독창적인 형태의 특허도 있어야 하지 않겠는가.

점점 많은 산업시대 기관들이 붕괴되고 체계적인 내부 폭발이 임박해 오면서 혁신은 기존의 기관들을 전환시키려 하는 상층부 지도자들에 의해 활기를 띠거나 또는 아래에서부터 폭발해 올라갈 것이다.

선진화된 경제는 수백만 명의 사회적 발명가, 혁신가, 모험가, 공상가, 현실적인 교양인과 더 나은 미래를 만드는 기회를 잡기 위해 혈안이 된 사람들로 벌집 모양을 이루고 있다. 그들은 어디서건 접근 가능한 더 많은 지식, 인류에게 알려진 더 강력한 지식이라는 도구를 이용한다. 그들은 전 세계에 걸쳐 있으며 다시 한번 도전할 준비가 되어 있다.

미국은 그 어느 때보다 혁신적이고 창조적이고 시도를 두려워하지 않는 이들, 새로운 아이디어와 새로운 모델을 시험해 보고자 도전하는 이들로 가득 차 있다. 세차 서비스가 신간 서적, 실용 서적, 세르반테스Cervantes와 가르시아 마르케스의 작품, 단테, 다윈, 드보아DuBois, 위트만Whitman과 울스턴크래프트Wollstonecraft, 아리스토텔레스, 플라톤, 마키아벨리, 루소, 존 로크, 언제나 가슴을 울리는 토머스 페인Tomas Paine의 《인권 Rights of Man》과 함께 너무나 멋진 병치를 이루는 세풀베다식 해결책까지 등장했다.

물론 세차장에 서점을 같이 운영한다고 해서 세계는 고사하고 미국도 바꿀 수 없다. 하지만 지식 경제하에서의 신흥시장과 문화, 조건에 창의적으로 적응한다면 가능하다. 세차장이 서점이 될 수 있다면 제도적인 내부 폭발을 예방하기 위한 다양한 선택들은 단지 우리의 사회적 상상력에 제한을 받을 뿐이다. 그 상상력의 한계를 자유로이 풀어 주어야 할 시간이 왔다.

36

결론: 데카당스 이후

Coda: After Decadence

물질적인 기준으로 보면 오늘날 대부분의 미국인은 새로운 신경제가 시작되던 1950년대에 살았던 그들의 조상보다 훨씬 더 잘살고 있다. 그 당시 일반 미국 가정은 개인 가처분 소득의 약 5분의 1을 식비로 사용했다. 2002년에는 10분의 1을 식비로 사용했다.[1] 예전에는 의복비가 개인 지출의 11퍼센트를 차지했던 반면 2003년에는 패션에 대한 높은 관심에도 불구하고 6퍼센트로 감소되었다.[2] 그 시절에는 미국인의 55퍼센트만이 자기 집을 소유한 데 비해[3], 오늘날에는 그 수치가 70퍼센트에 이르고[4] 집의 크기도 훨씬 커졌다. 2000년에 이루어진 주택 거래 중 13퍼센트는 별장[5]을 사기 위한 거래였다. 건강과 관련한 그 많은 문제들에도 불구하고 평균 수명은 1950년 68.2세에서 2000년 76.9세로 상승했다.[6] 이 모든 것이 사실이고 이 점에 대한 많은 증거 자료가 있는데도 미국인들은 왜 그렇게 불행해 보이는가?

해답은 무형이라는 말과 반대되는 개념인 물질적이라는 말에서 찾을 수 있다. 화폐 경제와 비화폐 경제가 육체노동과 금속 기반에서 지식 기반의 부 창출과 그에 따른 무형화로 이동해 감에 따라 또 다른 역사적 변화가 일어날 것이다. 가치관의 부활이 주요한 관심사로 등장한다.

가치관 전쟁

평범한 미국인들이 서로 주고받는 말을 들어 보면 소득이 갈수록 불공평해진다든지, 교통 체증이 심각하다든지, 시간에 대한 압박감이 커진다거나 컴퓨터가 너무 자주 다운된다든지, 휴대전화가 통화 중에 자주 끊긴다는 불만들이다. 이것은 새로운 이야기는 아니다. 하지만 더 자세히 들어 보면 거기에는 하나의 패턴이 있다. 이는 학교, 사무실, 병원, 대중매체, 공항, 경찰서, 투표소 등에서 접하는, 점점 늘어만 가는 비효율성, 욕심, 부패, 무능함, 어리석음에 관한 불만의 토로이다. 이것은 내부 폭발하고 있는 기관들과의 일상적 상호 작용과 관련된다.

가치관에 관한 주제로 넘어가면 감정이 고조된다. 사적인 대화나 정치적인 연설에서 우리는 귀가 아프게 가족의 가치, 도덕의 가치, 전통의 가치, 종교의 가치, 개인과 기업의 윤리가 모조리 사라졌다는 통렬한 비난을 듣는다. 그러나 제도적인 내부 폭발과 과거 가치체계의 내부 폭발 사이에 서로 직접적인 연관이 있다는 사실을 알아차리는 이는 거의 없다.

가치관의 원천은 다양하다. 하지만 어느 사회에서건 제도는 그 설립자의 가치관과 제도의 존재를 정당화하는 가치관을 반영한다. 우리의 제도가 현재의 형태대로 살아남을 수 없다면 그 제도가 담고 있거나 추구하는 가치관과 규범도 존속될 수 없다. 일부 가치관을 내버리고 새롭게 등장하는 가치관을 추구해야 한다.

어떤 이는 가치관을 악 혹은 미덕으로 규정할지도 모른다. 그런데 왜 지금 우리의 다양한 가족체계가 산업시대의 일률적인 핵가족체계가 담았던 것과 같은 가치관을 심어 주거나 나타내기를 기대하는가? 또는 어째서 산업사회 이전의 농경사회에서나 흔했던 대규모 다세대적인 가족의 가치관과 같기를 기대하는가?

더 이상 육체적인 힘에 의존하지 않는 기업이 왜 남성적인 가치를 계속 반영하기를 기대하는가? 리처드 톰킨스 **Richard Tomkins** 는 〈파이낸셜타임스〉에 다음과 같이 조롱 섞인 글을 실었다. "오늘날 서구사회 대부분의 거대 기업들은 사랑받기를 원한다.[7] 그래서 비즈니스에서 사용하는 어휘들이 바뀌고 있다. 거칠고 퉁명스러운 스타일의 카리스마 있는 대머리 사장의 이미지는 이제 열린 마음을 가지고 있으며, 다가가기 쉽고, 상냥하며, 설득력 있고 친절한 모습으로 바뀌었다. 굳건한 위계와 엄격한 규칙으로 경영하던 명령과 통제는 융통성, 협조, 팀워크에 자리를 내주었다." 그는 이것을 경영의 여성화로 설명했다. 톰킨스는 육체노동의 필요성이 감소하고 브랜드 같은 무형적인 것들의 중요성이 새롭게 부각되면서 이런 가치관의 변동이 이루어졌다고 보았다. 그는 요즘 많은 회사들이 팔고 있는 것은 브랜드로 전달하는 감성, 아이디어 그리고 믿음의 집합체라고 말한다. 궤변으로 치부할 수도 있겠지만 그의 말에는 중대한 핵심이 담겨 있다. 가치체계의 내부 폭발에 담긴 좀 더 불길한 시사점을 볼 수 있는 사람만이 할 수 있는 말이다.

극단적인 극단

제도화된 스포츠를 예로 들어 보자. 한때 아마추어들이 그저 즐기기 위해 하던 경기가 시간이 흘러 공식적인 형태의 클럽이나 리그로 조직화되었다. 최근 몇 십 년 동안 스포츠는 글로벌 제도화되었으며, 온갖 종류의 상품을 팔아 수조억 달러를 챙기는 산업이 되었다. 스포츠 자체가 텔레비전 산업의 요구에 상당 부분 종속적으로 변했다.

물론 스포츠계의 부패는 어제오늘의 일이 아니다. 권투선수가 경기를 팽개쳤던 일[8], 야구에서 있었던 블랙삭스 스캔들 Black Sox scandal(화이트 삭스의 선수들이 도박꾼과 손잡고 야구의 건전성을 해친 사건 - 옮긴이)[9]은 누구나 아는 일이다. 올림픽에 참가한 선수들이 마약을 복용한 일[10] 역시 누구나 아는 진부한 이야기이다. 올림픽이라는 거대한 산업에서 뇌물이 오고 갔다는 이야기[11]가 수년째 신문의 헤드라인을 장식하고 있다. 소규모 리그[12]에는 부패가 없는가? 면도를 하기에도 아직 어린 소년들의 스포츠는 어떤가? 유명 운동선수들이 약물, 강간, 폭력, 심지어는 살인 혐의로 줄줄이 쇠고랑을 찼을 때, 모든 이들이 겉으로 비난의 목소리를 높였지만 클럽 소유주는 시청률과 투자금 회수에만 혈안이 되지 않았던가?[13] 제도가 병이 들었다면 어떤 가치관이 이 병을 퍼트렸을까?

오늘날 우리 주변에서 볼 수 있는 이상스러운 행위의 대부분은 우리 사회에 일고 있는 쇠퇴와 혁명적인 부활 간의 투쟁을 반영한다. 역사를 통해 보면 극단[14]의 추구는 데카당스와 르네상스 모두에서 볼 수 있었던 특징이다. 이런 현상은 '극단'이란 형용사를 상상 가능한 모든 명사에 적용할 수 있게 만든다. 우리는 극단적인 패션, 극단적인 변신, 할로윈 데이의 극단적인 호박 조각은 말할 것도 없고 극단적인 스포츠, 극단적인 소프트웨어에 대해 알고 있다. 엘비스 프레슬리에 대해 우리가 알고자 하는 것보다 더 많은 것을 온라인을 통해 알 수 있는 극단적인 엘비스도 있다.

이 모든 것은 극단적인 맹목적 포르노 사이트의 전주곡이다. 섹스, 다양성, 실험은 점점 더 공개적이고 가시화되어 간다. 텔레비전 프로그램은 게이나 가학·피학적 변태, 반대되는 성의 옷차림을 하고 다니는 사람들, 성전환자들을 특집으로 다룬다. 컴플리틀리 베어 스파의 광고 인쇄물[15]에는 구찌 꾸뛰르 Gucci Couture를 선전하기 위해서 외음부를 구찌 로고로 장식한 벌거벗은 여자 그림이 그려져 있다. 10대들을 겨냥하는 아베크롬비 앤 피치 Abercrombie & Fitch 카탈로그[16]는 이 브랜드의 옷을 은근히 그룹 섹스와 연관시킨다. 비닐봉투에 담겨 문 앞에 놓이는 〈로스앤젤레스타임스〉에는 당첨자를 라스베이거스에 보내 주겠다며 비행기 안에서 옷은 벗어도 되지만 안전벨트는 꼭 매고 있어야 한다고 적힌 베가스닷컴 Vegas.com 복권[17]의 광고가 실린다.

이 모든 것이 격분한 종교 집단과 빅토리아 시대의 가치관(역사가들이 역사를 되짚어 본 후에 전혀 고결하지 않았음이 드러난)을 되살리고 싶어 하는 여류 문학가들의 열성적 반응을 불러오리라 예상된다.

섹스는 섹스이고 폭력은 폭력일 뿐이다. 무엇이 사람들로 하여금 경찰을 죽이고, 코카인을 팔고, 창녀를 죽을 때까지 두들겨 패서 점수를 얻는 '그랜드 테프트 오토: 바이스 시티 Grand Theft Auto : Vice City'[18]라는 온라인 게임에 열광하게 하는가? 갱스터 래퍼들[19]이 '살인 주식회사 Murder, Inc'나 '사형수 감방 Death Row'과 같은 기가 막힌 이름의 회사에서 음반을 내고, 경찰 살해나 여성 학대와 관련된 노래로 유명세를 얻게 만드는 것은 또 무엇일까? 무엇이 독일인으로 하여금 극단적인 경험을 해보기 위해 인터넷상에서 살아 있는 채로 잡아먹힐 파트너를 구하게 했는가? 독일의 법 집행 기관에는 사람을 잡아먹는 일과 같은 신종 범죄[20]를 처벌할 법이 없었다.

많은 극단적인 행위가 부모와 사회 전반, 아직 남아 있는 풋내기들에게 충격을 주기 위한 것임을 인식하는 데 박사학위까지 필요하지는 않다. 하지만 풋내기들은 점점 더 발견하기 어려워지고 있다. 이들 집단은 너무 자주 놀라 면역이 되어 버린 중산층으로 교체되었고 점점 줄어드는 소규모 집단이 되었다. 프랑스인들은 '부르주아 계층에 침 뱉기'라는 의미의 '에빠떼르 르 부르주아 épater le bourgeois'라는 말을 사용한다. 오늘날 달라진 점은 중산 계층이 이제 스스로에게 침을 뱉고 떠들썩하게 웃어 댄다는 것이다. 이런 예들은 산업사회가 부과한 행위의 한계가 어디까지인지를 광범위하게 보여 준다. 이것은 보헤미안이나 급진주의자들이 한 일이 아니다. 〈블랙 북 Black Book〉은 "문화 운동은 삶의 부적응자들[21]이 얼마나 많은가를 보여 준다. 이들은 더 이상 반역자나 추방자가 아니다. 그들은 이제 은행원, 투자가, 봉급 생활자, 육체노동자들이다. 이 모든 사람들이 어디로 이끌려 가고 있는가?"라고 꼬집는다. 이는 어제의 제도적 기반이 쇠퇴하고 파괴되는 것만 반영하는 것이 아니다. 이와 함께 성장한 문화, 가치체계, 사회적 특징들이 함께 몰락한다는 것이다. 대기에 떠도는 이 악취는 퇴폐의 냄새이다.

퇴폐에 반대하다

혁명은 언제나 두 얼굴을 가지고 있다. 현재도 예외가 아니다. 하나는 해체의 성난 얼굴로 구시대의 유물을 갈가리 찢고 부순다. 두 번째는 재통합의 웃는 얼굴이다. 새로운 것이건 낡은 것이건 새로운 방식으로 서로 통합한다.

오늘날의 변화는 너무나 빨라서 두 과정이 거의 동시에 일어난다. 반사회적 폐물과 데카당스적인 증거뿐 아니라 신생 지식 경제를 향한 친사회적인 적응을 보이는 긍정적인 혁신도 수많이 출현하고 있다.

심지어 래퍼 집단도 깊이 있는 생각을 가지고 있다. 그들은 패션, 향수 등을 파는 거대한 사업가로 탈바꿈해 일부는 자신의 이름과 이미지까지 바꾸기 시작했다.[22] 또는 익명의 가수가 "이제 우리는 총을 들이대고 쏘는 대신에 우리의 졸업장을 꺼내 보이네. 이것이 일시적인 현상일지도 모르지. 하지만 랩은 정화의 길에 올랐네"라고 노래한 것처럼 바뀌고 있다. 최근 들어 몇몇 래퍼 집단은 대학교에 장학금을 주고 젊은 투표자들을 투표에 동참시키자는 혁신적인 캠페인을 시작했다. 경찰을 죽이자던 주장과는 분명히 차이가 있다.

일부 혁신가들은 과거 산업사회 이전의 모델을 찾아 변혁을 일으키고, 과거와 닮았지만 실제보다 더 보기 좋은 상(像)을 만들어 낸다. 결혼 중매가 바로 그 예이다. 시골에서는 동네 중매쟁이가 부부의 연을 맺어 준다. 도시에서는 일상생활의 익명성이 강해지고 접촉은 더욱 개인적인 일이 된다. 외로운 젊은 이들은 짝을 찾기 위해 영화 속의 술집 장면을 연출하기도 하고, 수백만 명이 인생의 동반자를 찾기 위해 광고를 낸다. 오늘날은 컴퓨터가 중매쟁이의 역할도 한다. 온라인 결혼 중매는 더욱 세련되어지고 있다.

e하모니 eHarmony [23]는 서로 어느 정도 공통점이 있는 남녀를 엮어 준다. 그 대신 자사의 사이트를 통해 심리학자가 선정한 성공적인 결혼과 관련된 29가지의 주요 특징을 기반으로 하는 480개의 질문에 답하도록 한다. 이런 과정은 적어도 이론적으로 자신의 가치관을 명확히 하고 우선순위를 매기는 데 도움이 될 수 있다. 누더기가 된 과거의 가치관과 빠르게 다가오는 미래의 불확실성 가운데에 서 있는 사회에서 이런 자기 평가는 개인에게 유용할 수 있다. 미래의 결혼 중매자는 고객을 서로에게 소개하기 전에 그들의 사고방식과 행위에서 무의식적으로 도출되는 편견을 식별하기 위해 특별 고안된 심 라이크 Sim-like 온라인 게임으로 고객을 유도할 수도 있다. 결혼이 성사되면 보너스를 요구하거나 직접 결혼식을 준비하여 추가 요금을 거둬들일지도 모른다.

친구나 친구의 친구를 찾아주는 온라인 서비스가 비슷한 성향을 가진 사람끼리 모이게 하는 게임을 개발할 수도 있다. 혹은 새로운 도시에 여행 온 여행자에게 집에서 요리한 식사, 저녁 시간의 볼링게임, 실내악을 제공해 줄 가정을 소개해 줄 수도 있다. 미트업닷컴 meetup.com [24] 같은 온라인 사이트는 정치적인 급진주의자에서 포커 게임자, 외국어를 배우는 학생, 영화광 등 모든 종류의 그룹을 일대일로 모으고 있다.

한편 스타벅스나 보더스 같은 회사[25]는 사람들이 커뮤니티와 사회적인 접촉에 대해 갈증을 느끼고 있다는 사실을 알고는 자사의 커피숍이 사람들에게 만남의 장소를 제공해 준다고 홍보한다. 이들은 과거의 중부유럽 스타일 커피숍으로 노트북 컴퓨터용 무선 랜[26]도 제공해 주고 있어 프라푸치노를 마시면서 세계와 소통할 수 있다.

이 모든 것이 최근까지 외로운 영혼들을 위해 커뮤니티 소속감, 만남, 장소를 제공하던 친숙한 기관이 붕괴되면서 생긴 외로움의 고통을 치유하기 위한 노력이다.

거물과 어울리기

대량교육 시스템에서도 실패를 보상하기 위한 창의적인 노력을 찾아볼 수 있다. 대량생산 사회에서는 보통 동네에서 가장 교육 수준이 높고 학식 있는 사람이 교사였다. 그러나 오늘날에는 부모들이 자신의 자녀를 가르쳐 주는 교사보다 훨씬 많은 교육을 받았다.

가수 돌리 파튼의 상상력 도서관Imagination Library[27]은 부모가 자녀에게 책을 읽어 주어 자녀의 읽기 능력을 신장시킬 수 있음을 인식했다. 상상력 도서관은 아기가 태어나면 다섯 살이 될 때까지 총 60권의 책을 부모에게 매달 무료로 보내 준다. 이 프로그램은 39개 주에서 활발하게 진행되어 2004년 한 해에만 거의 100만 권의 책을 전달했다.[28]

한편 점점 더 불만이 많아지는 부모들은 아이를 학교에 보내지 않고 집에서 스스로 가르친다.[29] 이런 부모들을 위해 최신 온라인 서비스와 도구[30]를 포함한 다양한 지원이 점점 더 많아지고 있다. 어린이를 집에서만 교육시키면 안 된다고 반대하는 이들은 다른 아이들과 어울리는 법을 배우지 못하게 된다는 점을 그 이유로 든다. 하지만 공립학교가 갈수록 쇠락하고 많은 학교들이 위험해지거나 마약을 하는 아이들로 가득 차면서 부모들은 학교에서 담당하는 사회화가 과연 건강한지에 대해 의문을 품게 되었다. 자녀를 집에서 가르치고 싶어 하는 부모들은 아이들끼리 모여 축구를 하게 하고, 나중에 아이가 더 자라면 지역사회 서비스에 참여하는 청년들과 어울리도록 NGO 같은 곳에서 자원봉사 활동을 하게 하여 사회성을 발달시키면 된다고 생각한다.

여기서 우리는 다시 한번 탈산업시대의 요구에 의해 대부분의 어린이들이 집에서 교육을 받았던 산업시대 이전의 관행이 변형되어 나타나는 것을 볼 수 있다.

제한적이지만 학교를 실험적으로 운영할 자유를 부여받은 공립학교인 차터 스쿨[31]은 교육 시스템 내에서 혁신을 이루고자 하는 시도이다. 미국의 전체 학생 중 2퍼센트 미만이 이런 학교를 다니고 있다. 교육 성과는 고르지 못하지만 그중 많은 학교들이 효율적인 혁신의 가능성을 보여 주고 있다. 예컨대 캘리포니아 클로비스에 있는 첨단연구기술센터 Center for Advanced Research and Technology [32]에서는 1,200명의 고등학생들이 정보 기술을 이용하여 실제 지역 사회 문제를 해결하고 있다. 멘토 중에는 지역의 비즈니스 리더들도 있다. 학생들은 파트 타임으로 일하면서 회사, 산업체, 무역, 서비스 분야의 어른들과 함께 연구 프로젝트를 수행한다. 이 센터의 주요 임무는 젊은이들에게 학문적인 주제와 실제적인 문제, 현장에서 기대하는 바와 실제적인 업무의 연관성을 보여 주는 것이다.

학생들은 실질적인 문제를 해결하는 데 도움이 되는 시장성 있는 새로운 생산품을 발명한다. 지금까지 시각 장애인을 위한 초음파 지팡이[33]를 비롯해 장애인을 위한 여러 기구를 발명했다. 이처럼 21세기를 준비하는 현명한 젊은이들이 이 학교의 주요한 성과물이다.

제도적인 발명과 실험은 다른 분야에서도 역시 성장하고 있다. 우간다와 브라질에서 역학자로 일해 온 의사 세스 버클리 Seth Berkley는 2001년 뉴욕으로 건너가 국제에이즈백신기구 IAVA, International AIDS Vaccine Initiative를 설립했다. 이를 통해 에이즈 백신을 만들기 위한 기금으로 2억 3,000만 달러를 모금했다. 이는 미국 정부가 전체 백신 연구를 위해 사용한 비용과 맞먹는 액수로 많은 나라에서 행해지는 다양한 연구를 지원한다.[34] 주목할 점은, 국제에이즈백신기구의 연구 결과로 발명한 에이즈 약물은 어떤 것이든 가난한 나라에서 원가로 팔도록 했다는 것이다.

이런 사회적 기업가들은 빠르게 증가하고 있다. 오늘날 스탠퍼드, 하버드, 예일, 컬럼비아, 듀크를 포함한 30개 이상의 미국 비즈니스 스쿨[35]이 친사회적 기업에 대한 강좌를 제공하고 있다. 또한 실리콘밸리의 산타클라라 대학은 혁신가들이 사회적 요구를 실현하는 데 기술을 적용하고 그들의 노력을 배가시키기 위해서 글로벌 사회 혜택 인큐베이터 Global Social Benefit Incubator [36]를 창설했다.

스위스의 다보스에서 열리는 세계경제포럼World Economic Forum[37]은 많은 사람들이 현시대 자본주의의 이상적인 워크숍이라고 여기는 연례 회의이다. 여기에서는 NGO 리더들과 사회적인 기업가들이 대통령, 수상 및 다른 최고위층 정책 입안자들과 어깨를 나란히 하며 거물과 부호들 사이에서 질문을 받는다.

일부 사회적 기업가들은 NGO에 비즈니스적인 방식을 도입하여 업무를 향상시킬 방법을 찾는다. 또 어떤 이들은 사회 문제를 다루기 위해 새로운 조직으로 출발하기도 한다. 양쪽 모두 자원봉사자들에게 의존하는 특징이 있다. 이들은 화폐 경제가 의존하고 있는 사회적 자본과 공짜 점심을 창출하는 비화폐 경제 혹은 프로슈머 경제의 일부를 형성한다.

사회적 기업가들의 놀라운 성장은 산업사회에서 정부가 제공하는 천편일률적인 사회적 안전망의 급속한 감소를 반영한다. 또한 새로운 사회 문제에 창의적인 맞춤형 해결책을 찾지 못한 굴뚝기관들의 무능력을 반영한다. 정부와 공공기관들이 문제를 해결해 주기를 기다리기에는 전 세계 수백만 명의 인내심이 한계에 이르렀다. 이외에 풍요로운 사회에서는 다른 사실도 반영하고 있다. 과거에는 인구 중 소수만이 미래의 새로운 제도를 상상하고 고안하거나 도전하는 데 헌신할 시간과 에너지를 가졌고, 그에 합당한 교육을 받을 수 있었다. 오늘날에는 최고의 교육과 독창성으로 무장한 다수의 남녀가 시간과 돈을 갖추고 있으며, 각자 인터넷이라 불리는 세계적으로 막강한 변화 제조기에 접근할 수 있다.

새로운 모델 만들기

모든 사회 혁신가들이 민주주의, 문명, 비폭력의 풍미를 공유하고 있는 것은 아니다. 종교적, 정치적, 단순한 정신적 광신자들[38]도 사회 기업가로서 사업체를 세운다. 사실 일부 테러리스트 조직들은 자신들의 활동 기금을 마련하는 것을 위장하거나 정당화할 목적으로 학교와 병원을 운영한다. 물론 모든 인간의 행위가 그렇듯이 좋은 의도를 지닌 기업가 정신도 예상치 못한 부정적인 결과를 가져올 수 있다. 민주주의 사회라 해도 사회적 기업가들이 성취할 수 있는 일을 과대평가해서는 안 된다. 하지만 이들의 업적을 과소평가하는 것은 더 큰 실수이다. 결과가 성공이건 그 반대이건 그들의 실험정신 덕분에 새로운 형태의 제도 모델이 수립될 수 있었다. 그 모델들이야말로 더 나은 미래를 모색하기 위한 연구개발의 시험장이다.

어느 사회에서건 그들의 가치와 존재는 정부나 사회가 내부적인 논쟁, 의견 차이, 관습과의 불일치 등에 얼마나 관용을 보이느냐에 따라 달라진다. 사회적인 기업을 형성하는 일이나 일반적인 사회 혁신은 북한처럼 정부의 압력이 심한 곳이나 이란, 사우디아라비아처럼 종교 경찰이 지배하는 곳, 혹은 단순히 자만한 전통적 세력이 지배적인 곳에서는 번성할 수 없다. 이에 비해 미국은 이러한 가치를 수용한다.

미국의 사회 비평가와 종교 지도자들은 전통적인 가치관의 붕괴와 '무엇을 해도 괜찮다'는 데카당스에 가까운 윤리의 출현을 보고 화를 내며 견제할지 모른다. 하지만 그런 두려움은 1950년대 이후의 지식 기반 경제 발전을 추진해 온 미국의 개방성, 실험과 혁신에 대한 환영, 새로운 기술, 상품, 조직의 형태와 아이디어에 위험을 감수하겠다는 의지에 의해 상쇄된다.

회의론자들은 수입의 불평등, 미국의 무역 적자, 부채, 일자리 수출, 부랑자[39]나 다른 경제적인 약점들을 지적하며, 요즘 중산 계층 수준을 유지하려면 한 가정에 두 사람의 부양자가 필요하다고 꼬집는다. 이처럼 동향을 헐뜯고 깎아내리기는 쉽다. 외교정책은 차치하고서라도 누구라도 미국의 매스꺼운 오점들을 쉴 새 없이 들먹일 수 있을 것이다.

산업에 컴퓨터가 처음 도입된 이래로 카산드라(아폴론 신에게서 예지력을 받았지만 설득력을 빼앗겨서 아무도 그의 말을 믿지 않았다는 그리스 신화에 나오는 여자 예언자ー옮긴이)와 같은 예언자[40]가 반복해서 나타났음에도 불구하고 새로운 기술은 1930년대식의 대량실업을 동반한 적이 없다. 오늘날 미국의 지배적인 지식기반 경제는 제2차 세계대전 이후 산업 경제가 고용했던 인력의 두 배 이상을 고용하고 있다. 최근 실업률은 유럽에서보다 미국에서 지속적으로 낮아지고 있다.[41]

미국이 안고 있는 문제를 자세히 들여다보면, 오래된 산업 경제와 사회구조가 사라져가고 있음에도 이를 대체할 것이 절반밖에 조성되지 못했기 때문에 많은 문제가 야기되고 있음을 알 수 있다.

악마의 공장들

앞서 본 물질적인 향상과 더불어 삶의 질적인 측면도 현저히 발전했다. 미국 환경보호국Environmental Protection Agency에 따르면 산업 및 하수 처리장에서 나오는 오염물은 급격히 줄어들었다. 어떤 측정 방법을 사용하건 간에 배출되던 오염 물질은 줄었고, 하수 부분은 개선되었으며, 물고기가 살 수 있는 환경으로 회복되었다. 오염원에서 배출되던 오염 물질이 크게 감소했고, 전국의 수질은 향상되었다.[42] 더욱이 1970년 이래로 여섯 가지 주요 오염원의 총배출도 48퍼센트가량 줄었다.[43] 미국 전역에서 사용한 종이의 45퍼센트와 6,260억 개의 알루미늄 캔이 현재 재활용되고 있다.

물론 그 어떤 데이터라도 발표자가 원하는 대로 왜곡될 수 있는 상황이다. 강력한 산업로비 활동으로 변화에 강력하게 대응하고 있는 국가의 경우 자연 파괴를 막아보려는 투쟁은 아직 유아기 수준에 머물러 있다. 전 세계 수백만 인구가 교토의정서[44]를 거부한 미국에게 분노했다. 그렇지만 미국과 세계 전반에 가해지는 가장 큰 환경적인 도전은 낮은 기술 수준의 공장 생산라인이나 용광로, 굴뚝 등 산업시대의 악마 같은 공장, 즉 지식 기반의 부 창출 시스템이 창조되는 무형의 활동과는 거리가 먼 것들이다.

마지막으로 미국 경제와 환경의 극적인 변화는 주요한 사회적 변화와 함께 나타나고 있다. 많은 문제가 있음에도 오늘날 미국에는 인종차별주의자들이 적어졌고, 성차별도 줄었으며, 흑인 노예들과 그 후손들은 물론이고 유럽, 아시아, 라틴아메리카에서 온 이민 초기 세대들이 이룬 공헌에 대해서도 더 많은 사람들이 인식하고 있다.

나름대로 결점은 있으나 텔레비전 방송에서도 그 어느 때보다 다양한 피부색을 지닌 사람들이 활동하고 있다. 미국의 슈퍼마켓들은 각기 다른 국적의 쇼핑객들이 즐길 수 있는 전 세계에서 온 식품들로 가득하다. 이 모든 현상이 문화와 상품, 사람의 내부적인 다양성 증가와 이 변화에 대한 사회의 수용을 드러낸다. 이는 혁명적 부를 기반으로 새로운 문명을 향해 세계를 주도하는 나라에서 들려오는 좋은 소식이 아닐 수 없다.

카산드라 이후?

지금까지 이야기한 것은 새로운 지식을 기반으로 한 부 창출 시스템과 새로운 문명 출현에 관한 내용이다. 동시에 경제와 문명의 변화를 떠받치는 심층 기반에 관한 이야기이며, 우리의 삶과 미래의 세상에서 활약할 시간, 공간, 지식의 역할에 관한 이야기이다. 산업시대의 경제가 쇠퇴하고, 진실과 과학에 대한 위협이 다가오고 있음에 관한 이야기이다. 부에 관한 이야기만이 아니라 우리와 부가 소속된 문명 안에서 어떻게 적응하고 변화되는지에 대한 이야기이다.

이러한 발전을 모두 합하면 세계적으로 부의 역할과 특성에 대해 완전히 새롭게 생각해야 할 필요성이 대두된다. 이것은 우리에게 피할 수 없는 세 가지 질문을 던진다. 첫째, 우리가 알고 있는 자본주의는 혁명적 부로의 전환을 견뎌낼 수 있을까? 둘째, 유엔이 내놓는 시시한 결의안으로 우리가 실제로 세계 빈곤의 벽을 깨뜨릴 수 있을까? 셋째, 지식 기반 경제의 확대는 세계 강대국의 지도를 어떻게 다시 그릴 것인가?

Capitalism's future

8부
자본주의의 미래

37

자본주의의 위기

Capitalism's End Game

브로드웨이의 극장이 그랬던 것처럼 자본주의는 수없이 많이 사망 선고를 받아왔다. 대개 장기 불황의 골이 깊거나 살인적 인플레이션이 절정을 이루던 시기에 그랬다. 물론 19세기의 금융 혼란과 1930년대 대공황을 극복한 것처럼 자본주의는 그 어떤 어려움에도 쉽사리 무너지지 않는 강한 생명력을 가지고 있다고 말하는 사람도 있다. 이들은 우리에게 "자본주의여, 영원할지어다!"라고 말한다.

하지만 인간이 만들어 낸 것 중에 영원한 것이 있던가? 왜 유독 자본주의만 이런 법칙에서 예외일 것이라고 생각하는가? 자본주의의 생명력이 다한다면 어떻게 될까? 사실 자본주의의 네 가지 핵심 구성 요소인 자산, 자본, 시장, 돈은 오늘날 그 실체를 거의 알아볼 수 없게 변했다. 그 결과 소유의 주체와 대상, 노동 방식, 고용 방식, 소비자의 역할, 주식투자, 자본 분배 방식, 노사와 주주 간의 갈등, 최종적으로는 전 세계 여러 국가 경제의 흥망성쇠에 직접적인 영향을 미치고 있다.

1990년에 출간한《권력이동 Powershift》에서 권력과 관련하여 자산, 자본, 시장, 돈이라는 네 가지 요소의 역할에 대해 살펴본 바 있다. 여기에서는 그 이후 각 요소에서 발생한 변화, 즉 개인의 행복뿐만 아니라 자본주의의 생존 자체에 중대한 영향을 미치는 변화에 초점을 맞춰 보겠다. 이런 새로운 변화는 자본주의의 적과 동지 모두에게 영향을 미친다.

자동차와 카메라

먼저 자산에 대해서 살펴보자. 자산은 자본주의의 뿌리가 되는 자본의 원천이다. 오늘날 자산과 자본은 모두 미증유의 변화를 겪고 있다.

자산의 사전적 정의는 '누군가가 소유하고 있는 것'이다. 하지만 자산은 결코 단순히 유형의 '것'으로 정의되기 어렵다.[1] 페루의 저명한 경제학자 에르난도 데 소토 Hernando de Soto는《자본의 미스터리 The Mystery of Capital》라는 혁신적인 저서에서 가시적인 형체와 관계없이 자산은 항상 무형적 측면을 가지고 있다고 지적했다.

법과 사회 규범의 보호를 받지 못한다면, 주택, 자동차, 카메라는 자산이 아니다. 언제라도 다른 사람이 빼앗아 임의의 용도로 사용할 수 있기 때문이다. 자본이 풍부한 나라에서는 법적 소유권을 보장하고, 더불어 자산을 투자 가능한 자본으로 전환해 경제개발과 부의 창출을 유도하는 거대한 시스템이 마련되어 있다.

이러한 시스템은 소유의 주체와 대상을 명시하고, 거래를 추적하며 계약에 대한 책임을 묻고, 신용정보를 제공한다. 또한 사용자가 특정 지역에 국한되지 않고 사업 영역을 확대할 수 있도록 전국적으로 통합된 거대한 지식 기반으로 구성되어 있다. 이를 통해 자산 가치는 상승한다. 소토는 "자본이 빈약한 나라에서는 이렇게 고도로 발달된 정보 시스템을 찾아볼 수 없다"[2]고 말한다. 자산의 정의와 가치는 물리적 측면뿐만 아니라 무형적 측면도 포함한다. 소토는 자본주의를 확대 강화하는 한편, 경제적 최빈국을 지원하기 위해 중요한 정책 변화를 제안한다. 이러한 독창적 견해를 한 단계 발전시켜 선진 경제에 적용해 보면 지식에 기반한 오늘날의 경제체제가 자산의 개념과 자본주의에 어떤 영향을 미치는지 알 수 있다.

무형자산

우리가 유형자산과 연결시켜 생각하는 무형의 가치는 여전히 빠르게 증가하고 있다. 예컨대 새로운 법적 관례와 부동산 기록, 거래 자료 등은 하루가 다르게 증가한다. 각각의 유형자산에 더 많은 무형요소가 포함되고 있는 것이다. 선진 경제 사회에서는 자산 기반에 대한 무형의 비율이 급격히 증가하고 있다.

산업시대를 주도하던 제조업 분야의 거대 기업들조차 이제는 홍수처럼 밀려드는 새로운 기술, 연구개발 결과, 스마트 경영, 마켓 인텔리전스 등에 의존한다. 업그레이드된 생산라인은 쉴 새 없이 데이터를 주고받는 디지털 장비로 바쁘게 돌아간다. 인력 구성에서도 블루칼라보다는 화이트칼라의 비율이 증가하고 있다. 이러한 모든 변화는 경제의 자산 기반에서 무형자산이 차지하는 비율을 높이는 반면 유형자산의 역할은 더욱더 축소시킨다.

이런 변화와 함께 처음부터 눈에 보이지 않는 무형자산에 무형자산을 덧붙이는 이중 무형성의 급속한 증가를 생각해 보자.

2004년 인터넷 검색업체 구글[3]의 주식을 사기 위해 몰려든 많은 투자자들은 기업의 자산과 운영이 눈에 보이지 않는 무형자산 기업의 주주가 되길 자청했다. 오라클 소프트웨어, 정보 시장, 온라인 경매 사이트, 비즈니스 모델,

결제 시스템에 투자하는 사람들은 물리적 실체가 있는 원자재나 용광로, 석탄, 철도 궤도, 공장 굴뚝을 소유하는 것이 아님에도 걱정하지 않는다.

결국 자산의 형태는 두 가지로 나눌 수 있다. 하나는 무형성이 유형적 핵을 둘러싸고 있는 형태이고, 다른 하나는 그 자체가 무형인 핵을 무형성이 둘러싸고 있는 이중 무형성 형태이다. 그런데 현재 우리에게는 이런 두 종류의 자산을 구분할 수 있는 적절한 어휘조차 없다. 두 가지 자산과 급속한 성장 속도를 포괄적으로 생각해 보면 지식 기반 경제체제로의 발전에 동반하는 엄청난 무형화에 대해 새로운 깨달음을 얻을 수 있다.

유형자산에 대한 집착

오늘날 미국 경제의 자산은 대부분의 사람들이 상상하는 것보다 훨씬 더 무형화되어 있다. 브루킹스 연구소Brookings Institution의 연구에 따르면 1982년에 이미 광업과 제조업 분야에서조차 무형자산이 시가 총액에서 차지하는 비율이 38퍼센트에 이르렀다. 10년 후 인터넷 거품이 정점에 이른 후 붕괴되기 훨씬 전인 1992년에는 그 비율이 62퍼센트에 이르러 시가총액의 거의 3분의 2를 차지했다.

이런 놀라운 수치도 앞으로 벌어질 일에 대해서는 별다른 단서가 되지 못한다. 1990년대 말 주식시장 붕괴의 여파로 월 스트리트에서는 유형자산의 안전성을 추구할 것을 투자자들에게 권고했다. 하지만 "기본으로 돌아가라"라고 외치며 주식 판매에 열을 올리는 월 스트리트의 증권 거래인들이 뭐라고 하든 상관없이 모든 선진 경제국들은 무형자산으로의 거침없는 행진을 다시 시작할 것이다.[4]

이러한 현상의 핵심적인 원인은 시간이라는 심층 기반과 관련한 변화의 가속화이다. 변화의 가속도가 제품과 기술, 시장의 사이클을 단축시키는 오늘날, 기업들이 생존할 수 있는 유일한 길은 끊임없는 혁신이다. 《무형자산Intangibles》의 저자인 바루크 레브Baruch Lev 뉴욕 대학 교수가 말한 것처럼 이제 기업의 생사는 혁신에 달려 있으며 이는 무형자산의 엄청난 증가를 의미한다.[5]

더구나 혁신은 전염성이 있다. 첨단을 달리는 기업들은 다른 기업들을 자극한다. 소규모 영세 기업들조차 고객의 요구에 의해 IT 시스템 도입 및 개선, 이메일 통신, 인터넷 접속을 통한 고객과의 네트워크, 전자상거래, 연구 확대 등의 노력을 기울이고 있다. 무형화의 실패는 곧 파국을 의미한다.

일부 기업들은 생존을 위해 고부가가치 생산으로 발 빠르게 움직이고 있다. 이런 전략 역시 거의 예외 없이 데이터, 정보, 지식 등 더 많은 무형자산을 필요로 한다. 더구나 익숙한 비즈니스 문제를 처리하도록 교육받은 관리자들은 급변하는 유동성과 복잡성으로 인해 생소한 사회적, 정치적, 문화적, 법적, 환경적, 기술적 문제들에 직면하고 있다. 생소하거나 이례적인 환경에서 의사결정을 할 경우에도 역시 무형의 데이터, 정보, 지식이 필요하다.

모든 선진국에서 생산된 재화가 전체 소비자 지출에서 차지하는 비중이 점차 낮아지고 있다[6]는 스탠퍼드 대학의 로버트 홀Robert E. Hall 경제학 교수의 지적에도 주의를 기울일 필요가 있다. 반면 가격이 비싸지고 있는 서비스에 대한 지출은 증가하고 있다. 이런 서비스에는 보건, 교육, 미디어, 엔터테인먼트, 금융 서비스처럼 무형성이 높은 분야가 포함된다.

단일 무형성과 이중 무형성이라는 두 가지 종류의 무형성이 사회의 자산 기반에서 차지하는 비중은 점차 커질 것이다. 이를 확신하는 이유는, 무형자산의 증식에는 사실상 한계가 없기 때문이다. 이런 사실만으로도 자본주의는 심각한 위기를 맞고 있다. 공급이 유한하다는 전제야말로 자본주의 경제학의 근간이며, 수요와 공급의 법칙보다 더 신성시되는 자본주의 법칙은 없다. 하지만 두 가지 종류의 무형자산이 사실상 무한히 공급될 수 있다면 무한한 무형의 경제가 자본주의와 공존할 수 있을까? 경제의 자산 기반이 어느 정도나 무형화될 수 있으며 동시에 자본주의적일 수 있을까?

말과 음악

전체 자산 기반이 무형화될수록 결과적으로 자산 공급의 무한성이 점점 커져 비경쟁성이 증가한다. 앞서 말했듯이 지식 상품은 수백만 명이 동시에 이용해도 고갈되지 않는다. 수백만 명의 사람들이 인터넷에서 음악을 공짜로 다운로드한다고 해서 그 음악이 닳아 없어지지 않는다.

이런 변화는 시스템 전반에 커다란 영향을 미친다. 기존 기술의 존립 기반이었던 저작권, 특허권, 상표권의 지적재산 보호조치는 새로운 기술의 등장으로 힘을 잃고 이에 따라 산업 전체가 공멸의 위기에 직면해 있다.

미디어 기업이 영화와 음반을 출시하면 그 즉시 불법 해적판이 인터넷을 통해 전 세계를 떠돌아다닌다. 제약회사가 수억 달러를 투자해 신약을 개발해 놓으면 엉뚱한 업체들이 아무런 대가도 지불하지 않고 헐값에 판매해 수익을 올린다. 열심히 홍보한 제품이 브랜드 이름까지도 도용당해[7] 노점상과 중고품 시장에서 헐값에 판매되기도 한다. 이들 기업들은 지적재산권이 보호받지 못하면 제품 개발 의욕이 떨어지고 산업 전체가 파산할 거라고 목소리를 높인다.

이들은 노련한 변호사와 로비스트를 고용해 혁명적 환경에 맞서려 하고 있지만 변호사와 로비스트들이 지금까지 내놓은 제안은 결코 혁명적이지 못하다. 이들은 단지 과거의 제2물결에 적용되던 법률 코드를 연장해 끊임없이 밀려오는 폭발적 기술 혁신인 제3물결이 가져오는 새로운 도전에 대응하려 할 뿐이다. UCLA 로스쿨의 유진 볼로크 Eugene Volokh[8] 교수는 "변호사들이 하는 일은 과거 모델을 계속해서 연장하려는 것이다"라고 꼬집는다. 그의 말에서 한 가지 분명한 점이 드러난다. 그것은 법적 공방이 누구의 승리로 끝나든지 자산의 무형화는 더욱더 빠른 속도로 진행될 것이며, 자산 보호가 더욱더 어려워질 것이라는 점이다.

록그룹 그레이트풀 데드의 멤버였으며, 현재는 지적재산권의 추가적 확대를 저지하는 운동을 이끌고 있는 존 페리 발로우John Perry Barlow [9]는 "평소에는 똑똑하다는 소리를 듣는 사람들이 내 말馬을 훔치는 것과 내 노래를 훔치는 것이 똑같은 일이라고 생각한다"고 지적한다. 자산으로서 말은 가시적인 형체의 유형성과 경쟁성을 모두 가지고 있지만 노래는 그렇지 않다. 수백만 명의 사람들이 동시에 같은 말을 탈 수는 없다. 반면 발로우는 "노래는 과거에도 그랬던 것처럼 자유롭기를 원한다. 그렇기 때문에 음악인들이 생계를 위해 저작권료에 의존해서는 안 된다"[10]고 말한다.

발로우를 비롯한 많은 사람들은 저작권으로 대표되는 재산권을 연장하려는 것이 거대 기업의 사악한 전략이라고 간주한다. 거대 기업이 인터넷 등 다양한 매체의 콘텐츠를 장악하려 한다는 것이다. 그들은 새로운 매체는 급진적인 변화를 요구한다고 주장한다. 지적재산권 문제를 놓고 팽팽하게 맞서고 있는 양측 모두 창의성과 혁신을 보호한다는 명분은 같지만 사실 이런 논쟁은 창의성과 혁신, 그 어느 것도 반영하지 못해 왔다. 지적재산권을 둘러싸고 벌어지는 치열한 전쟁은 휴전의 기미를 보이지 않고 있다. 게다가 이 전쟁은 아직 절정에 이르지도 않았다. 비서구 문화권에서 오랜 관념 또는 개념으로 발전된 소유권을 둘러싼 전투가 예상되기 때문이다.

디지털 컴퓨터는 0과 1을 단위로 작동한다. 최근까지만 해도 상상조차 할 수 없었던 개념이다. 만일 우리가 새로운 생활 형태[11]에 대한 소유권을 주장할 수 있다면 일부 극단적 인종, 민족 또는 종교 그룹이 유엔 세계지적재산권기구 회의장에 나타나 숫자 0 혹은 알파벳에 대한 소유권을 주장하지 않으리라고 누가 장담할 수 있겠는가? 엄청난 저작권료를 생각해 보아라!

무형자산을 어떻게 측정하건, 무형자산을 보호하건 보호하지 않건 간에 이런 일은 자본주의 역사상 전례가 없다. 그 어떤 것도 이렇게 자산의 개념을 송두리째 흔들어 놓은 적이 없었다. 하지만 혁명적 무형성으로의 변화는 현재 진행 중인 자본주의의 극단적 변신의 첫 시작에 불과하다. 자본주의가 버텨내지 못할 수도 있는 변신 말이다.

38

자본의 전환

Converting Capital

Q. 인류 역사상 최악의 경제 대공황 속에서 실직한 세일즈맨이 백만장자가 되는 방법은 무엇인가?

A. 수백만 명의 사람들에게 부자가 되는 법을 알려 주는 것이다. 모노폴리 Monopoly라는 보드게임의 게임 머니로 말이다.

1935년 찰스 대로우 Charles Darrow[1]가 파커 브라더스 Parker Brothers에게 모노폴리 게임[2]의 아이디어를 판 이후 전 세계 80개국, 약 5억 명의 사람들이 체코어, 포르투갈어, 아이슬란드어, 아랍어 등 26개 언어로 제작된 모노폴리 게임을 즐긴 것으로 추정된다. 이 게임을 해본 사람이라면 턱시도에 높은 실크 모자를 쓰고 커다란 돈 자루를 은행에 가져가는, 땅딸막한 체구의 흰 콧수염을 기른 인물을 알고 있을 것이다.

이 인물의 모습과 돈을 획득하려는 게임의 성격 자체는 과거 산업시대 미국의 현실을 비꼬고 있다. 당시 미국은 모건, 록펠러, 카네기, 해리먼, 밴더빌트, 멜런 등 몇몇 소수의 대자본가들에게 거의 모든 부와 권력이 집중되어 있었다. 이들 대자본가들은 친기업 정서를 가진 미국인들에게는 미국 경제를 일으킨 위대한 실업계의 거물로 기억될 것이다. 반면 반기업 정서를 가진 미국인들에게는 경제를 일으키기보다는 착취에 열중한 악덕 자본가에 불과하다. 양측 모두가 동의할 수 있는 정의는 다만 이들이 모두 자본가라는 점이다.

산업화 시대에 전 세계에서 자본주의가 가장 발달한 미국은 소수에게 자본이 집중되어 있었다. 론 처나우Ron Chernow는 저서《은행가의 죽음The Death of the Banker》에서 "1920년대 이전 월 스트리트는 개인 소액 투자자들을 하찮게 취급했다"[3]라고 지적한다.

화이트칼라와 서비스직 종사자의 수가 블루칼라 노동자 수를 초과하기 시작한 1950년대 중반, 약 700만 명의 미국인이 주식을 보유하고 있었다.[4] 1970년에 이르러서는 주식 보유자 수가 3,100만 명으로 급증했다.[5] 이 중 대부분이 소액 투자자였지만 시가 총액으로 따지면 더 이상 무시할 수 없는 세력으로 성장해 있었다. 그 후 지식 경제로의 전환이 계속되면서 금융 자산에 대한 일반인들의 직·간접 투자가 급격하게 증가했다.

개인 기업으로 출발했던 기업들은 사업 자금을 조달하기 위해 주식 상장을 서둘렀다. 포드 자동차가 대표적인 경우이다. 1919년에 창업자 헨리 포드Henry Ford와 그의 아들 에드셀 포드Edsel Ford가 소유권을 완전하게 취득했던 포드는 1956년 주식을 상장했다.[6] 오늘날 포드자동차는 95만 명 규모의 주주를 자랑한다.[7]

비즈니스 전문가인 제임스 플래니건James Flanigan은 "오늘날 미국의 주인은 연금기금, 퇴직기금, 개인 퇴직계정 등을 통해 5조 달러가 넘는 기업 주식을 보유하고 있는 약 1억 명의 미국인이다. 미국 근로자들은 전체 미국 상장 기업의 주식 중 60퍼센트 이상을 보유하고 있다"[8]라고 말한다. 이는 전체 근로자의 약 70퍼센트가 보유하고 있는 주택 자산가치[9]와 건강, 생명, 손해보험 등 보험 형태로 보유하고 있는 추가 자산을 제외하고도 1인당 평균 5만 달러에 이르는 규모이다.

그러나 이런 통계 수치만으로는 모든 상황을 제대로 파악하기 어렵다. 1억 명의 미국인을 포함해 대부분의 미국인은 마치 자본가의 거대한 돈 자루처럼 불어나는 가계부채라는 무거운 짐을 지고 있다. 자칫 잘못하면 보유 자산 규모를 쉽게 초과할 정도이다. 미국 연방준비제도이사회의 집계에 따르면, 2005년 현재 미국의 주택 보유자들은 모기지[10]로만 7조 달러의 부채를 지고 있으며 여기에 신용카드, 오토론car loan, 다른 소비자 부채 등으로 2조 달러의 부채를 지고 있다.[11]

그렇다 하더라도 미국의 근로자들은 주식을 비롯한 다양한 자산의 분배를 통해 주인으로서의 권리를 행사하고 있다. 이는 사회민주주의체제의 서유럽 국가를 포함해 주요 자본주의 국가에서 찾아보기 힘든 독특한 것이다. 후진국의 국민들에게는 이런 수치가 상상을 초월하는 것이다.

중국 전체 인구의 10퍼센트가 비국영 기업의 공개 상장 주식을 보유한다면 공산당은 마르크스가 말한 생산 수단의 소유권을 노동 계급에게 이전하는 데 성공했다고 자랑할 수 있을 것이다. 하지만 아이러니하게도 현재로서는 그 수치가 1퍼센트 정도밖에 되지 않는다.[12]

리스크의 범위

자본의 소유권뿐만 아니라 자본의 조성, 분배, 이전 방식 또한 유례없는 변화를 겪고 있다. 특히 전 세계 자본의 심장부라고 할 수 있는 미국의 금융 인프라는 지식, 시간, 공간이라는 심층 기반의 변화에 적응하기 위한 대변혁기를 거치고 있다. 투자는 몇 밀리세컨드(1,000분의 1초) 사이에 공간과 국경을 초월해 이루어지고, 투자자들은 다양한 맞춤식 데이터, 정보, 지식을 보다 쉽고 빠르게 입수할 수 있다.

이렇게 빠르게 성장하는 인프라의 주요 기능은 자산을 자본으로 좀 더 쉽게 전환하고 이 자본을 가장 '효율적'으로 사용할 수 있는 사람에게 분배한다. 여기에서 말하는 효율이란 투자 자본의 수익률을 의미한다. 새로운 인프라는 고수익 채권, 벤처캐피털, 뮤추얼 펀드, 주가지수의 등락에 따라 수익이 결정되는 펀드 등 어지러울 정도로 다양한 리스크·수익 옵션을 제공한다. 투자자들은 스파이더스Spyders, 바이퍼스Vipers, 큐브Qubes, 코코스Cocos 등 톡톡 튀는 이름의 파생 금융 상품, 증권화 모기지, 패키지 금융 상품뿐만 아니라 사회책임투자 펀드SRI(사회책임이나 윤리성이 높은 기업에 투자하는 상품 – 옮긴이), 환경 포트폴리오, 미시 금융(저소득층을 위한 신용대출 상품 – 옮긴이)등 이루 헤아릴 수 없을 정도로 다양한 투자 옵션에 직면한다.

민주적 통로

금융 상품과 투자 수단이 더욱 다양해지면서 동시에 이에 대한 접근성도 확대되고 있다. 그에 따라 미국은 댈러스 연방준비은행의 존 두카John C. Duca 리서치 담당 부총재가 말한 '미국 자본시장의 민주화'[13]를 보게 되었다.

과거에는 기업가나 오래된 기업이 사업 확장 또는 창업을 위한 자본이 필요할 때 두드릴 수 있는 문이 많지 않았다. 최상위 계층의 몇몇 거물만이 풍부한 자금력을 바탕으로 아르헨티나의 철도사업이나 시카고의 식용가공 도매업, 중국에서 석유 사업을 통해 큰 수익을 올릴 수 있다는 기업에 자본을 투자할 뿐이었다. 나머지 사람들에게는 자본을 얻을 수 있는 문이 완전히 닫혀 있었다. 채권의 경우에는 건실한 중소기업들조차 투자 부적격 판정을 받았고 많은 기관 투자자들은 법률 또는 규정에 의해 이런 기업에 투자할 수 없었다.

두카 부행장은 댈러스 연방준비은행이 내놓은 〈경제금융 보고서Economic and Financial Review〉에서 몇 가지 요소가 투자 자유화에 기여했다고 지적한다. 그중 하나가 고수익 채권시장의 발전이고, 다른 하나는 IT 기술의 발전이다. IT 기술의 발전으로 백오피스(외환, 자금의 딜링룸이 딜링 기능을 수행할 수 있도록 각종 지원, 확인 등 사후관리 서비스를 제공하는 부문 – 옮긴이)의 비용 절감을 이루었을 뿐만 아니라 투자자가 입수할 수 있는 정보의 양도 급격하게 증가했다.

과거 중소기업은 사업자금을 마련하기 위해 사업주가 사비를 털거나 사채를 쓰거나 혹은 가족에게 손을 벌려야 했다. 그러나 오늘날에는 두카의 지적처럼 미국 자본시장의 개방화, 민주화가 가속화됨으로써 일반인들이 다양한 투자 옵션을 갖게 되었고 중소기업이 자본을 조달하는 원천도 다양해졌다.

대부분의 투자가 여전히 기관 투자자나 투자 은행가, 주식 중개인 등 중개인을 통해서 이루어지고 있다. 이들은 투자자의 요구에 따라 투자하거나 투자자를 대신해 투자를 선택한다. 하지만 오늘날의 투자자들은 본인이 원할 경우에는 투자 규모와 관계없이 중개인을 거치지 않고 인터넷을 이용해 거래할 수 있다. 자신이 원하는 기업에 자본을 직접 투자할 수 있는 것이다.

두 명의 스탠퍼드 대학생이 창업한 인터넷 검색업체 구글[14]은, 2004년 일반인들에게 주식을 공모하면서 투자은행을 거치지 않고 공개 경매 방식[15]으로 주가를 결정하겠다고 발표해 많은 사람들을 놀라게 했다. 구글은 한걸음 더 나아가 일반 투자자들에게도 주요 투자은행 및 내부 거래인과 동일한 주식 취득 기회를 제공하겠다고 발표했다. 구글은 일반적인 관행을 거부하고, 주가[16]가 지나치게 높게 상장되지 않도록 여러 가지 조치를 취했다. 일반인들은 구글에 뜨거운 관심을 보였다.

지난 10년간 각종 스캔들에 시달렸던 월 스트리트의 투자은행과 증권거래소는 구글의 주식 공매 결정에 콧방귀를 뀌었다. 하지만 내심 다른 기업들도 구글의 선례를 따라 비싼 중개료를 내지 않고 직접 자본을 조성할까 봐 초조해했다.

이 같은 자본의 조성과 분배는 어느 날 갑자기 발전한 것이 아니다. 이런 발전은 다른 경제 부문의 변화와 접한 관련을 맺고 있다. 앞서 살펴본 대로 제조업 분야에서도 제품의 다양화, 맞춤형 생산이 빠르게 진행되고 있고, 소매업 분야 역시 온라인 쇼핑 등 고객의 구매 채널이 급격히 증가하고 있다. 이 모든 것은 사회 전반이 지식 기반 경제체제로 전환하는 과정의 일환이다. 금융과 미디어의 결합이 자본 흐름에 미치는 영향 역시 마찬가지이다.

<u>이코노랜드의 성장</u>

미국의 미디어는 뜻하지 않게 국가 전체 금융 인프라의 중요한 일부가 되었다. 투자자의 정보 욕구가 커짐에 따라 이코노랜드 역시 성장을 거듭해 왔다. 이코노랜드란 경제학자, 비즈니스 전문가, 정치가들이 매일같이 금융과 경제 문제에 관한 자신들의 의견을 쏟아 놓는 유사 지식광장을 말한다. 이들은 텔레비전 방송과 인터넷을 통해 24시간 금융 문제와 관련된 의견을 제시하여 투자자들의 정보 취득 욕구를 채워 주고 있다. 24시간 계속되는 시황 보도, CEO와의 인터뷰, 인수합병에 관한 논의, 텔레비전과 컴퓨터 모니터 화면을 통해 실시간으로 주가 변동을 알려 주는 자막은 이제 우리 생활의 일부가 되었다. 여기에 은행, 뮤추얼 펀드, 보험회사, 모기지 중개업체 등 다양한 금융 서비스 광고가 난무한다. 공중파, 위성·케이블 텔레비전과 인터넷의 발전으로 수백만 명의 평범한 미국 시민들이 과거에는 소수 대자본가들의 전유물이었던 다양한 금융 옵션에 대해 알게 되었다.

이코노랜드에서 이루어지는 미디어 보도는 대개 피상적이며 혼동을 준다. 그것은 또한 지극히 정형화되어 있다. 하지만 미디어의 엄청난 위력은 자본투자의 양과 형태, 방향에 영향을 미치며 예상과 분석 범위를 벗어나 판세를 뒤집어 놓는다.

시라큐스 대학 대중텔레비전 연구소Center for the Study of Popular Television 로버트 톰슨Robert Thompson 소장은 "케이블 텔레비전은 아마추어 투자자를 열광시키며 사실상 모든 미국 가정에 티커 테이프(증권시세를 알리는 자막–옮긴이)를 들여놓았다"[17]고 말한다.

미국 중산층을 겨냥한 금융 정보의 홍수로 인해 경제에 대한 일반인들의 관심이 전례 없이 높아졌다. 연방준비제도이사회의 앨런 그린스펀Alan Greenspan 의장의 말 한마디 한마디가 고속도로 휴게소와 병원 대기실에서 벌어지는 대화의 소재가 된다. 세계적인 투자가인 워런 버핏이 주식시장에 대해 무심코 내뱉은 말 한마디는 마치 성서의 가르침이라도 되는 것처럼 회자된다.

자본 투자 등 경제 전반에 대한 대중의 높아진 관심은 소비심리에서 아웃소싱, 무역정책과 정치에 이르기까지 사회 전반에 영향을 미친다. 단적인 예로 미국 기업이 인도를 비롯한 다른 나라에 일을 맡기는 아웃소싱을 반대하는 CNN[18]의 캠페인은 백악관을 향한 민주당의 공세에 기름을 부었다. 한편 부시 대통령이 국내 경제 현안에 관해 열을 올려 연설하고 있는 동안 곤두박질치는 주식시장 상황을 방송으로 내보낸 두 곳의 케이블 텔레비전 뉴스 채널에 백악관이 항의하는 소동이 벌어지기도 했다.[19]

금융 인프라에서 일어나는 다른 변화와 마찬가지로 이코노랜드의 급성장 역시 심층 기반의 변화를 반영한다. 이코노랜드가 자본시장에 즉각적으로 미치는 영향은 모든 경제 활동의 시간적 차원에서의 변화로 인한 가속화의 일부이다. 나스닥과 뉴욕증권거래소뿐만 아니라 일본의 니케이지수, 홍콩의 항셍Hang Seng지수, 영국의 FTSE지수, 독일의 DAX지수, 멕시코의 Bolsa지수 등 전 세계 자본시장에 관한 이코노랜드의 끊임없는 보도는 자본시장의 공간적 통합을 반영한다. 자본시장에 관한 데이터, 지식, 올바른 정보와 오보의 홍수는 지식에 의존하는 부의 성장에 대한 분명한 반응이다.

경기 후퇴를 막다

우리는 이제서야 이러한 변화의 결과를 보기 시작했다. 가장 중요한 결과 중에 하나는 발을 구르면서 항상 움직이려고 하는 자본의 유동성 mobility 이다. 유동성이 증가하면서 자본은 매력 없는 투자처에 묶여 있지 않으려 한다. 앞으로 자본의 유동성은 더욱 증가할 것이다.

수잔 트림배스 Susanne Trimbath 와 함께 고수익 시장에 관한 서적을 저술한 경제학자이자 자본 분배 민주화 운동의 선구자인 글렌 야고 Glenn Yago [20] 는 "자본의 유동성 증가와 리스크 분산이 2000년대 초반 미국 경제가 더 깊은 장기 불황으로 빠지는 것을 막은 요인이다"라고 말한다.

자본 인프라의 변화가 가져온 또 다른 결과는 긍정적인 측면보다는 부정적인 측면이 강하다. 속도가 빠른 금융은 속도가 느린 실제 경제로부터 비동시화될 수 있다.

1997~1998년 사이 아시아에 외환위기가 불어 닥쳤을 때 인도네시아의 환율 [21] 은 하루아침에 무려 70퍼센트나 곤두박질쳤다. 핫머니 Hot money (국제 금융시장을 돌아다니는 투기성 단기 자본 - 옮긴이)가 일시에 국외로 빠져나갔다. 이 여파는 마치 전체 근로자의 70퍼센트가 파업에 돌입하고 전체 상점의 70퍼센트가 문을 닫은 것과 같은 결과를 초래했다. 금융의 속도와 유동성이 경제를 살리기보다 경제를 무너뜨린 것이다.

자본과 금융 인프라의 혁명이 몰고 올 긍정적, 부정적 여파는 분명 여기에서 그치지 않을 것이다. 그렇다면 이 모든 변화가 어디로 향하고 있는가? 이런 변화가 계속된다면 적어도 이론적으로는 전 세계 자본시장의 단일화와 완전 통합으로 이어질 수 있다. 어느 날 갑자기 2,000만 명, 아니 1억 명의 인도인 투자자들이 영국의 주식시장에 밀물처럼 밀려들어 왔다 다음날 썰물처럼 빠져나가는 일도 상상해 볼 수 있다. 아니면 구글의 주식 공개 경매가 무색할 정도로 하룻밤 사이에 갑작스럽게 글로벌 경매가 이루어질 수도 있다. 하지만 트렌드 전망으로는 미래를 제대로 예측하기 어렵다. 특히 오늘날과 같은 급격한 변화 속에서는 더욱 그러하다. 역사나 미래 그 어느 것도 일직선으로 움직이지 않는다.

보다 복잡한 대안적 시나리오가 등장해 지식 자본, 사회 자본, 인적 자본, 문화 자본, 환경 자본 그리고 무보수 프로슈머의 기여 등 다른 형태의 자본을 인정하고 이를 화폐화함으로써 자본의 의미 자체를 뒤바꿔 놓을 수도 있다. 대안 화폐를 만들어 이를 거래하는 시장을 창출하고, 기존 화폐시장과 통합하여 세계 경제를 변형시킬 것이다. 더 나아가 미래의 부 체계를 구성하는 두 가지 요소, 즉 화폐적인 요소와 비화폐적인 요소를 통합할 것이다.

우리가 알고 있는 자본의 의미는 이미 거의 인식이 불가능한 정도로 변했다. 자본 제공의 주체, 자본의 분배 방식, 자본의 일괄 거래 방식, 자본 흐름의 속도, 자본의 방향, 자본에 관한 올바른 정보와 오보의 양과 종류, 자본이 파생하는 자산의 유형성 대비 무형성의 비율 등이 모두 변화를 겪었다. 자산과 자본 모두 전혀 새로운 형태로 변화하면서 훨씬 더 광범위한 변화가 자본의 다른 중요한 특징들, 즉 시장과 돈을 재구성하고 있다.

39

시장의 부재

Impossible Markets

최근 인터넷에서 '부'라는 단어를 검색해 보니 5,200만 개의 결과가 검색되었다. 물론 '신'이라는 단어의 검색 결과가 1억 4,200만 개인 것에는 훨씬 못미치지만 부에 대한 사람들의 관심이 큰 것만은 사실이다. 그런데 신과 부의 검색 결과를 합한 것보다 두 배나 많은 4억 500만 건에 달하는 검색 결과를 보인 단어가 있다. 그 단어는 바로 '시장'이다.

시장은 서구 주류 사회의 CEO와 중역, 경제학자, 정치가에게는 숭배의 대상이자 자본주의 비평가에게는 혐오와 배척의 대상이다. 시장 역시 자산이나 자본과 마찬가지로 부의 혁명에 의해 급격한 변화를 겪고 있다. 앞으로 다가올 변화가 얼마나 놀라운 일인지를 제대로 알기 위해서는 먼저 잠시 과거를 되돌아보는 것이 도움이 될 수 있다.

자본 거래의 부재

시장의 다채로운 역사는 낙타를 타고 실크로드를 따라 중국과 서방을 왕래하던 대상隊商에서부터 바다에서의 해적 행위, 바그다드의 바자, 전쟁까지도 불사했던 베네치아와 제노바 간의 치열한 금융 패권 다툼 등에서 찾아볼 수 있다. 이러한 이야기들은 오랫동안 사람들의 입에 오르내렸다. 또한 교역이 그 규모에 걸맞지 않게 엄청난 정치적, 군사적, 경제적 영향을 미친 것 역시 사실이다.

인류 역사를 통틀어 시장에 관한 가장 중요한 한 가지 사실은 시장이 얼마나 중요했는가가 아니라 시장이 얼마나 작고 상대적으로 드물었는가 하는 점이다. 불과 몇 세기 전까지도 우리 조상들의 절대다수는 시장이란 개념이 없는 세상에서 살았다. 물론 초보적인 개념의 상업 활동이 이루어지긴 했지만 평생 어떤 물건도 사거나 팔지 않고 살아간 사람들이 대부분이었다.

극히 일부를 제외하고 우리 조상들은 농업을 기반으로 의식주에 필요한 거의 모든 것을 직접 해결하는 프로슈머였다. 프린스턴 고등연구소Institute for Advanced Study의 역사학자 패트리샤 크론Patricia Crone 박사는 "모든 마을이나 장원이 자립 경제를 기반으로 했고 교역은 극히 제한적으로 이루어졌다"고 말한다. 농업에 대한 의존도가 높다 보니 지방의 토지를 거래하는 일도 매우 드물었다. 대부분의 토지는 왕이나 국가가 소유하고 있었고, 토지를 양도받은 귀족들은 왕이나 국가의 허락 없이 토지를 마음대로 처분할 수 없었다. 토지는 아버지에게서 아들로 여러 세대를 거치며 세습되었다. 노예 거래를 제외하면 발달된 노동시장 역시 없었다. 크론 박사는 고용보다는 강제 노동 형태가 일반적이었다는 점을 지적한다. 노예제와 함께 다양한 형태의 봉건 농노제도1가 존재했으며, 임금을 받는 노동 형태는 극히 드물었다.

토지나 노동시장보다 훨씬 더 일반인의 삶과 동떨어져 있던 것이 금융시장이었다. 중국인은 약 1000년 전 성두, 평요 지역에 세계 최초의 은행이 있었다고 주장하고, 이탈리아인은 1472년에 설립된 시에나 지역의 몬테 데이 파스키 Monte dei Paschi 은행이 세계 최초의 은행[2]이라고 주장한다. 물론 다른 의견들도 분분하지만 기본적으로 금융 거래는 엘리트 계층에서만 이루어졌고, 전체 인구의 98~99퍼센트를 차지하는 일반인의 삶과는 동떨어진 일이었다. 이런 측면에서 볼 때 대부분의 사람들은 시장뿐만 아니라 자본과도 동떨어진 삶을 살았다.

대량 + 대량 = 대량⁺

제2물결을 일으킨 산업혁명은 전 세계 시장과 기업 그리고 일반인들 사이의 관계 변화를 가져왔다. 산업화 이전까지 주로 화폐 경제 밖에서 프로슈머로 살았던 수백만 농민들이 산업화로 인해 화폐 경제 안으로 들어와 생산자와 소비자로 변모해 시장에 의존하는 형태가 되었다. 노동시장에서는 임금 노동이 노예제와 봉건제를 대신하게 되면서 노동 인구가 급격하게 증가했다. 노동의 대가로 돈을 받는 노동자가 처음으로 탄생한 것이다.

산업의 대량생산이 본격화되면서 그에 걸맞은 대량시장이 등장했다. 그리고 이는 세 가지 요인에 의해 가속화되었다.

첫 번째 요인은 도시화이다. 1800~1900년 지방 농민들이 대거 도시로 몰려들면서[3] 런던은 86만 명에서 650만 명으로, 파리는 55만 명에서 330만 명으로, 베를린은 17만 명에서 190만 명으로 인구가 폭발적으로 증가했다. 도시 인구가 급격하게 불어나면서 대량생산 제품을 취급하는 도시의 시장 규모가 커졌고, 최초로 철도가 부설되면서 전국적 규모의 시장이 등장했다.

대량시장과 대량생산은 대중매체의 등장으로 성장에 탄력을 받게 된다. 19세기 초 영국에서는 이른바 페니 프레스 penny press[4]라는 대중 염가지가 처음으로 등장했다. 페니 프레스란 시계, 가구, 안경, 벽지, 식기, 기성복 등 수없이 많은 제품이 공장에서 만들어져 쏟아지고, 이를 취급하는 시장이 속속 등장하면서 생겨난 것으로 다수의 독자를 겨냥한 광고를 실은 저가(한 부당 1페니)의 간행물을 말한다.

기술과 생산의 혁신은 시장과 마케팅의 혁신으로 이어졌다. 1852년 프랑스 파리에는 세계 최초의 백화점인 봉마르셰 Bon Marché 백화점이 등장했고, 10년 후 뉴욕 맨해튼에는 8층짜리 캐스트 아이언 팰리스 Cast Iron Palace 백화점이 들어섰다.[5] 얼마 되지 않아 도심의 백화점은 전 세계 도시의 일반적인 특징으로 자리 잡았다.

1872년 에런 몽고메리 워드 Aaron Montgomery Ward는 대량생산된 제품을 지방에 거주하는 소비자에게 팔기 위해 통신 판매를 발명했다.[6] 에런이 창안한 통신 판매사업은 우편 서비스와 교통의 발달에 힘입어 1904년에는 미국 전역의 300만 잠재 고객에게 약 1.5킬로그램에 달하는 두툼한 백화점 카탈로그를 발송하는 규모로 성장했다. 대량생산과 대중매체, 대량시장이 상호 시너지 효과를 일으키면서 혁신적 소매상들과 부동산 개발업자들은 소비주의의 상징인 쇼핑몰을 발명하고 이를 미국, 유럽, 중남미와 아시아 전역으로 확대했다. 산업혁명이라는 복잡다단한 변화의 물결은 많은 사람들의 일상생활에서 시장의 역할을 대폭 확장시켰다.

플래시 마켓

오늘날 지식 기반 경제체제로의 전환은 심층 기반 변화에 대응해 다시 한 번 시장을 변모시키고 있다. 이러한 상황을 이해한다면 미래를 내다볼 수 있다. 변화가 심한 경제에서는 전혀 새로운 방식으로 서로 연관된 신상품이 계속해서 시장에 쏟아져 나온다. 통화 및 주식시장이 이미 숨 가쁘게 돌아가는 상황에서 변화 속도에 가속이 붙으면 시장에서의 제품 수명은 계속해서 단축

될 것이다. 서로 관련이 없어 보이는 기업에서 공급되는 여러 시장의 동시화가 긴급하고 필수적인 일이 될 것이다. 우리는 이미 이런 추세에 따른 기업 간의 합종연횡合從連橫을 목격하고 있다.

고객과 브랜드 또는 제품 간의 영구적인 연결 고리를 구축하려는 일부 마케터들의 노력은 실현 불가능하지는 않겠지만 더욱 힘들어질 가능성이 높다. 변화의 속도는 브랜드에 대한 고객 충성도를 포함해 시간적 관계를 계속해서 단축시키고 있다. 다른 한편으로는 글로벌 시장으로 공간적 이동이 일어나면서 고정적인 친숙한 제품, 가격에서뿐만 아니라 혁신의 속도 면에서도 외부 세력이 국내 경쟁에 가세하고 있다. 지구 반대편에 위치한 서로 다른 기업이 플래시 마켓을 놓고 서로 치열하게 경쟁할 수밖에 없는 처지에 놓이게 될 것이다.

이와 동시에 무형성과 복잡성이 증가하면서 데이터, 정보 및 노하우의 흐름이 급격히 빨라질 것이다. 마케터들은 점차 자신만의 정보로 무장한 소비자들을 상대해야 한다. 자신만의 제품을 갖기 위해 디자인에 참여할 권리를 요구하는 소비자들이 증가할 것이다. 자신이 제공한 데이터, 정보, 지식에 대한 대가를 요구하는 목소리도 커질 것이다. 한편 마케터들은 전혀 다른 종류의 소비자들도 상대해야 한다. 시간을 낭비하게 하는 불필요한 복잡성에 반기를 들고 원치 않는 기능을 빼달라고 요구하는 성급한 고객들이 바로 그들이다.

기술 발전이 가속화되면서 대량생산이 가진 비용적 매력은 줄어들고 있다. 대량맞춤이라는 중간 단계가 사라지기 때문에 추가비용이 거의 들지 않는, 진정한 개인화 제품을 생산할 수 있다. 결국 시장은 더욱 폭이 좁고 수명이 짧은 지식 집약적 화폐시장으로 세분화될 것이다. 탈대중화는 집단적 획일성보다 개성을 선호하는 문화나 중산층이 있는 곳이라면 장소를 가리지 않고 계속해서 확산될 것이다.

가격 맞춤화

제품 맞춤화가 계속 확대되면서 한 가지 눈에 띄지 않는 변화가 발생하고 있다. 시장 가격 역시 맞춤화되는 것이다. 표준 제품에 고정된 표준 가격이 매겨지는 구조에서 벗어나, 동일한 품목이라 하더라도 계층화가 이루어지고 가격 변동이 가능해지는 가격구조로 전환되고 있다.

산업화 이전의 재래시장에서는 판매자와 구매자 간에 물건값을 두고 옥신각신하는 일이 많았다. 이런 일은 오늘날 대부분의 빈곤 국가에서 쉽게 볼 수 있는 광경이다. 반면 대량생산 경제체제의 획일화된 제품에는 가격 역시 고정된 표준 가격이 매겨졌다. 그러나 헤겔 변증법이 말하는 정반합正反合의 원리처럼 오늘날의 가격구조는 다시 한번 유연하고 맞춤화된 체제로 전환되고 있다. 예컨대 오늘날 미국의 항공 요금7은 동일한 항공편의 동일한 좌석이라 하더라도 천차만별이다. 어떤 경우에는 동일한 좌석의 가격이 15가지나 되는 경우도 있다. 판매자는 대안적 또는 동적인 가격 모델을 이용해 유통망, 시간, 개별 고객의 특성에 따라 다른 가격을 제시한다.

가격의 맞춤화 경향은 경매에 의해 가격이 결정되는 이베이를 비롯한 여러 온라인 사이트의 엄청난 성공을 통해 재확인되고 있다. 사실 호텔 예약에서 하드웨어, 비니 베이비 Beanie Babies (개별적 디자인으로 캐릭터의 이름과 생년월일, 메시지 등이 제각기 다른 봉제 동물 인형 시리즈. 한정 디자인, 한정 판매라는 전략으로 5달러에 불과했던 인형 가격이 수백 달러까지 높아진 경우도 있었다 - 옮긴이), 보트, 자동차, 컴퓨터, 의류에 이르기까지 전문화된 경매시장이 확산되고 있는 추세이다. 프라이스라인 priceline 8은 브랜드를 따지지 않는 구매자가 원하는 가격을 게시하면 판매자가 이들에게 다가가는, 이른바 역경매를 통해 한걸음 더 나아갔으며 다른 형태의 전문화된 가격 결정 방식도 속속 등장하고 있다.

경매는 참가자들을 위한 전문화된 결제 서비스라는 또 다른 틈새시장을 낳았다. 웨스턴 유니언 Western Union은 '벨벳 투우사 그림을 구입하다'라는 헤드라인 옆에 자사의 온라인 결제 서비스에 무척 만족해하는 고객의 모습을 보여주는 광고[9]를 내보냈다.

가격 맞춤화 추세는 몇 가지 중점적인 이유 때문에 계속될 것이다. 먼저 판매자 입장에서 보면, 맞춤형 또는 부분 맞춤형 제품을 생산하거나 공급할 때 모두 동일한 비용이 소요되지 않는다. 또한 다양한 가격 결정체계로 인해 더해지는 복잡성은 컴퓨터가 처리하면 되고, 판매자는 개별 고객에 대한 보다 상세한 정보를 수집할 수 있다.

구매자 입장에서는 전문화된 온라인 로봇 또는 대리인이 복잡하고 개별화된 사양을 최저가와 비교하는 능력으로 무장해 인터넷을 점령하게 될 것이다. 이제껏 손꼽아 기다려 오던 일이 일어날 것이다.

좀 더 심오한 이유가 한 가지 더 있다. 대량생산 체제에 가장 적합한 획일화된 고정 가격은 비교적 안정적이고 변화의 속도가 느린 시장에서 최대의 효과를 발휘한다. 그러나 더 이상 이런 가격구조가 효과를 발휘할 것이라고 기대하기는 어려워졌다.

한계에 다다랐나?

대량시장의 후퇴를 가속화시키는 또 다른 요인은 미디어와 광고이다. 이런 도구들이 없었다면 지금과 같은 자본주의 시장이 존재하기 어려웠을 것이다. 과거에 막강한 영향력을 발휘하던 대중매체는 점점 작아지고 있는 마이크로 시장에 타깃을 맞추는 탈대중화된 매체에 자리를 내주고 있다. 1961년부터 시작된 이런 경향은 당시 나와 하이디가 IBM 간행물에서 예측한 것처럼 빠른 속도로 확산되었다. 2004년에 이르러선 그 경향이 너무나 뚜렷해 늦게나마 1인 관객 시대의 도래와 대량시장의 종말[10]을 알리는 글이 〈파이낸셜타임스〉에 실렸다.

새로운 시장으로의 전환에 실패한 기업들은 시장의 분화에 대해 불만의 목소리를 내고 있다. 반면 새로운 환경에 성공적으로 적응하고 있는 기업들은 점차 개성화되고 있는 고객들에게 제공되는 다양한 선택지에 찬사를 보낸다. 개별 시장과 전체 시장 부문이 뜨고 지는 속도는 전례 없이 빠르다. 이렇게 자본주의의 신진대사 속도가 점점 빨라지면서 자본주의가 정상 한계치를 넘어 분화될 때 어떤 일이 벌어질지에 관한 의문이 제기되고 있다.

예를 들어 시장화와 탈시장화의 속도를 살펴보자. 팔 물건이 없다면 어떤 시장도 존재할 수 없다. 시장은 당연히 투입 요소, 즉 상품으로 판매할 품목이 필요하다. 에너지, 노동시간, 장갑, DVD, 도요타[11]의 캠리 Camry 자동차, 오페라 티켓 등이 모두 상품이라고 말할 수 있다. 오늘날 더욱 많은 것들이 판매용으로 시장에 나오고 있다. 전 세계에서 판매되고 있는 품목은 이루 헤아리기 어려울 정도이고 시시각각 증가하고 있다. 결국 경쟁적 자본주의의 가장 큰 특징은 재화와 서비스, 경험, 데이터, 정보, 지식, 노동시간을 최대한 상품화하는 것이다. 시장 자본주의의 확산, 치열한 경쟁, 점점 빨라지는 혁신 속도, 인구 성장 등이 모두 동시에 일어나면서 상품화는 더욱 가속화되고 있다. 하지만 동시에 더 많은 것들이 시장에서 사라지고 있다. 예를 들면 오래된 모델과 그 부품 같은 것이 그렇다. 도요타가 캠리를 수백만 대 추가 시판하는 동안 다임러크라이슬러 DaimlerChrysler[12]는 플리머스 Plymouth 모델을 완전히 단종했다. 이에 따라 동종 계열의 프라울러 Prowler도 시장에서 사라졌다.

모든 시장에는 시장화와 탈시장화라는 두 가지의 기본적인 프로세스가 동시에 진행된다. 하지만 프로세스가 진행되는 속도는 별다른 주목을 받지 못하고 있다. 이 프로세스가 진행되는 속도는 산업별, 나라별로 다르다. 그런데 두 프로세스의 속도차가 너무 크게 벌어진다면 어떤 일이 발생할까? 반대로 두 프로세스가 동시에 느려지거나 빨라지면 어떤 일이 발생할까? 시장이 기능할 수 있는 최대 또는 최적의 속도라는 것이 있을까? 한 국가의 속도가 다른 나라에는 어떤 영향을 미칠까? 이런 질문을 누구에게 물어봐야 하는 걸까?

속삭이는 비밀

지식은 지금까지 항상 부를 창출하는 요인이었다. 하지만 부 창출 시스템에서만큼 지식이 막강한 영향력을 행사한 적은 없었다. 오늘날 모든 시장에서 가치를 설계, 생산 및 전달하는 데 필요한 지식의 양과 종류, 복잡성이 폭발적으로 증가하고 있다. 그 결과 데이터와 정보, 지식 시장 자체도 크게 성장하고 있다.

소비자들은 비즈니스와 금융에서부터 뉴스, 오락, 건강, 종교, 섹스, 스포츠에 이르기까지 우리가 생각할 수 있는 모든 주제에 관해 끊임없는 정보와 오보, 허위 정보를 집어삼키고 있다. 기업은 고객과 경쟁업체, 공급업체에 관한 끊임없는 데이터를 필요로 한다. 과학자와 연구가들은 전 세계에서 자료와 공식을 수집한다.

지식은 언제나 정의내리기 어렵지만 여기서 말하는 지식이란 단순히 문자나 컴퓨터 데이터만을 의미하지 않는다. 속삭이는 비밀, 시각적 이미지, 주식 정보 등 무형적인 것들도 포함한다. 오늘날의 지식 시장이 어느 정도 규모인지 정확하게 알 수는 없다. 더구나 무엇을 포함하고 무엇을 제외해야 하는지에 관해 논란이 뜨겁다. 하지만 지식과 데이터, 정보 또는 무용지식을 대가로 지금처럼 많은 돈이 거래된 적은 없다. 지식시장은 단지 규모만 확장되고 있는 것이 아니다. 규모 확장과 동시에 부 창출 시스템의 심층 기반 변화로 인해 그 형태가 바뀌고 있다. 가공되지 않은 데이터에서부터 가장 추상적이고 정제된 지식에 이르기까지 모든 정보가 지금처럼 빠른 속도로 사회와 시장 전반에서 수집, 체계화, 확산된 적이 없다. 이러한 현상은 모든 경제 부문에서 우리가 목격하는 가속적 프로세스와 같은 속도로, 심지어 더 빠른 속도로 진행되고 있다. 시간도 나노 단위까지 축약된다. 동시에 지식은 갖가지 형태로 공간적 범위를 확장시키며 모든 경계를 뛰어넘어 확산되고 있다.

이보다 훨씬 더 중요한 변화는 기존의 학문적 분류체계가 무너지면서 지식에 관한 우리의 지식이 변화한다는 것이다. 더욱이 지식이 체계화되는 방식도 변화한다. 기존의 경제체제에서는 경제적 가치가 있는 지식에 대한 접근이 극히 제한되어 있었다. 하지만 오늘날에는 전 세계 어디에서나 사무실, 가정, 기숙사 방에 놓인 텔레비전이나 컴퓨터만 켜면 언제나 시간에 상관없이 대부분의 정보를 얻을 수 있다.

수천 년간의 농경사회에서 농부는 농작물을 심고, 기후를 예측하고, 수확한 농작물을 저장하는 방법에 대해 알고 있어야 했다. 이런 지식은 지역적 단위에 국한되어 있었고 입에서 입으로 전달되었으며, 기본적으로 변하지 않는 지식이었다. 산업화 경제에는 근로자와 관리자 모두 더 많은 출처로부터 더 많은 것에 관한 비지역적인 지식을 필요로 했다. 하지만 경제적 가치가 있는 지식, 예컨대 야금술의 발전에 관한 지식은 업데이트가 비교적 자주 필요하지 않았다.

반면 오늘날의 지식은 전달되기도 전에 무용지식이 되어 버린다. 주제의 범위도 끊임없이 확장되고, 지식의 출처도 급증하고 있다. 전 세계 어떤 지역이건 가리지 않는다. 제품뿐만 아니라 전체 시장도 변화에 따라 관계가 강화되고 서로 영향을 미친다. 하지만 장기적인 관점에서 볼 때 이런 모든 변화의 총체적 영향은 기존에는 상상조차 할 수 없었던 전혀 새로운 시장의 등장으로 무색해졌다.

가상의 쌍둥이

이미 언급했듯이 기존의 모든 시장, 즉 토지시장, 노동시장, 자본시장, 재화시장, 서비스시장, 경험시장, 지식시장 등이 이제는 가상의 쌍둥이를 갖게 되었다. 거대한 사이버 공간에 기존 시장의 모든 부문을 꼭 빼닮은 사이버 시장이 전 세계적으로 등장한 것이다. 이는 전례가 없는 일이다.

20세기 후반 닷컴 거품이 붕괴되면서 투자자들 사이에서는 한때 전자상거래라는 말이 곧 파국을 의미하기도 했다. 이에 뒤질세라 언론에서도 '닷컴 열풍의 소멸', '파티는 끝났다', '닷컴 재앙', '순식간에 곤두박질치다', '광풍이 사그러들다', '인터넷 시대의 종말' 같은 표현을 써가며 대대적으로 온라인 비즈니스의 종말을 선언했다.

하지만 아이다호에서 한 아기[13]가 사망 선고를 받은 지 한 시간 만에 다시 살아났던 사건처럼 성급한 비관론자들은 전자상거래를 너무 빨리 묻어버렸는지도 모른다. 2003년 전 세계 전자상거래는 2,500억 달러라는, 20년 전만해도 존재하지 않았던, 아니 상상조차 할 수 없었던 규모로 엄청나게 성장했다. 이는 전 세계 인구 일인당 연간 50달러어치의 물건을 온라인에서 거래한 셈이다. 이 수치조차 전자상거래의 실제 규모[14]를 크게 깎아내리는 것일 수도 있다. 2003년 미국에서만 온라인 매출이 550억 달러였으며 상무부가 발표한 이 수치[15]에는 여행 상품, 금융 서비스, 엔터테인먼트 티켓 판매, 온라인 데이트 사이트 이용료 등과 같은 품목은 포함되지 않았다. 더구나 이 수치는 기업 간 직접 거래를 위한 온라인 시장 또는 거래소의 실제 규모와 영향력, 잠재력에 대해서 어떤 단서도 제공하지 않는다.

전일본항공ANA, 네덜란드항공KLM, 루프트한자Lufthansa, 뉴질랜드항공Air NewZeland, 노스웨스트Northwest 등 13개 항공사는 제품 전시와 거래를 위해 에어로익스체인지Aeroxchange라는 가상의 온라인 거래소를 마련했다.[16] 오늘날 이 거래소의 33개 회원사는 30개국 400개 온라인 업체로부터 부품을 공급받고 있다.[17] 오늘날 자동차, 유틸리티, 화학, 방위, 보건, 외식업, 각종 수리 서비스, 예비 부품 등 다양한 산업에도 이와 유사한 전자 거래소[18]가 운영되고 있다.

기업 간 전자상거래 규모는 2003년 이미 연간 1조 4,000억 달러를 넘었으며, 이를 전 세계 1인당 규모로 환산하면 230달러에 가깝다.[19] 이 수치는 앞으로도 계속해서 증가할 것이며 전체 상거래에서 차지하는 비중 역시 증가할 것으로 보인다.

지식 기반 경제체제로 나아가는 세계적인 추세를 단지 주가 변동과 기술 확산의 관점에서 평가해서는 안 된다. 그보다 훨씬 더 깊은 의미가 숨어 있으며, 이러한 변화는 지금까지 우리가 알던 자본주의를 위협하고 있다.

제3물결로 인해 지식 집약적 부 창출 시스템이 아시아를 비롯한 세계 여러 지역에 영향을 미치면서 동시에 자산 기반과 자본 형성, 시장 그리고 다음에 살펴볼 화폐 그 자체에 혁명적인 변화를 몰고 올 것이다.

40

미래의 화폐

Running Tomorrow's Money

"미래의 경제는 좀 다릅니다. 아시다시피 24세기에는 돈이란 것이 없습니다." 공상과학 영화 〈스타트랙8: 퍼스트 콘택트Star Trek: First Contact〉에 등장하는 우주선 선장 장 뤽 피카드[1]의 말이다. 그때쯤에는 아마 자본주의라는 것도 없을 것이다. 어쩌면 2300년이 되기 훨씬 전에 자본주의가 사라질지도 모른다.

부의 혁명이 계속됨에 따라 우리는 낯설고 새로운 세상을 맞이하게 될 것이다. 그런데도 자본주의를 옹호하는 측과 반대하는 측 모두 몇 세기 동안 지루한 공방만 계속하고 있다. 자산과 자본, 시장의 변화가 이들이 가지고 있는 과거에 대한 케케묵은 생각을 떨쳐 버릴 만큼 강력하지 않다면 돈의 미래를 살펴보는 것이 도움이 될 것이다. 자본주의의 다른 핵심 요소와 마찬가지로 돈도 수 세기 만에 가장 빠르고 강력한 혁명을 경험하고 있다. 이 혁명은 지불·결제 형태와 방식을 획기적으로 뒤바꿔 놓고, 돈을 전혀 사용하지 않는 비즈니스 기회를 증가시키고 있다.

보이지 않는 세금

화폐의 발명은 분명 역사상 인류에게 가장 큰 변화를 가져온 대사건 중 하나이다. 모든 자본주의는 화폐를 기반으로 운영되어 왔다. 화폐의 발명은 이후 갖가지 부작용에도 불구하고 인류 복지 증진에 엄청난 발전을 가져오는 길을 열었다.

돈을 사용하는 사회, 보다 정확히 말해 화폐 시스템을 운영하기 위해서는 엄청난 사회적, 개인적 비용이 든다. 하지만 우리는 이런 비용을 잘 인식하지 못한다. 우리가 재화나 서비스, 기타 시장에서 판매하는 물품을 구입하면서 지불하는 가격 안에 포함되어 있는 경우가 대부분이기 때문이다. 예컨대 극장이나 스포츠 경기장을 찾았다고 생각해 보자. 우리가 지불하는 요금에는 티켓 판매원의 인건비가 포함되어 있다. 미국 내 월마트나 홈디포, 세븐일레븐, 오피스 디포, 오피스 맥스, 슈퍼마켓, 백화점, 철도역 등에서 근무하는 350만 카운터 점원들[2]의 인건비 역시 마찬가지이다. 맥도날드나 버거킹 같은 패스트푸드 체인점에서도 카운터 점원은 우리의 주문을 받고 우리가 지불하는 돈을 받는다. 엄밀히 말하면 손님의 주문을 받아 주문 내용을 주방에 전달하는 것과 현금 출납은 분명 다른 일이다. 카운터 점원이 받는 임금 중 일부만이 손님의 돈을 받는 데 소요된 시간에 대한 대가이다. 돈을 받는 일은 웨이터, 이발사, 세일즈맨 등 수많은 다른 직업의 경우와 마찬가지로 업무의 한 부분이다. 이런 모든 비용 역시 결국 고객 몫으로 돌아간다.

이런 비용은 전 세계 화폐 시스템을 운영하는 가장 가시적인 비용일 뿐이다. 이 비용에는 다른 비용도 포함되어야 한다. 예를 들어 누군가는 화폐 시스템에서 발생하는 모든 거래를 추적해야 한다. 이 일 역시 돈이 드는 일이기 때문에 장부 관리 인력과 전 세계 250만 회계사[3]에게 지급되는 비용을 추가해야 한다. 그리고 누군가는 우리가 사용하는 현금을 찍어내고 보관하고 운송해야 하며, 절도나 위조로부터 보호해야 하며, 관련 서류를 증명해야 한다. 이 역시 모두 돈이 드는 일이다.

최종적으로 고객에게 전가되는 모든 비용은 사실상 우리가 돈의 사용이라는 편리함을 누리는 대가로 지불하는 '보이지 않는 세금'이다. 사실 이런 비용은 빙산의 일각에 불과하다.

이는 생각해 봐야 할 중요한 의문을 제기한다. 보이지 않는 세금을 줄이거나 완전히 없앨 수 있다면 어떨까? 이런 일이 가능할까? 지식 기반 경제체제를 운영하는 데 꼭 돈이 필요한 걸까?

경고음

18세기 브로커들이 조나단 카페Jonathan's Coffee House [4]에 모이기 시작하면서 후일 런던증권거래소London Stock Exchange를 탄생시킨 이래, 서방 세계 각국의 화폐 시스템에는 차입자와 투자자의 필요에 따른 금융 서비스 산업이 존재해 왔다. 금융 서비스 산업은 각 시대에 가장 진보된 데이터 저장과 통신 시스템에 의존했다. 하지만 1950년대까지만 하더라도 파일 캐비닛과 우체국, 전화, 티커 테이프 정도가 금융 관련 지식을 관리하기 위한 시스템의 전부였다.

그 후 지식 기반 경제체제는 끊임없이 변화하는 데이터, 정보, 지식의 급속한 팽창뿐만 아니라 중산층의 성장, 연금기금과 보험 혜택의 확대, 금융 서비스를 요구하는 고객의 급격한 증가에 힘입어 성장했다. 더불어 전혀 새로운 금융 인프라의 필요성도 대두되었다.

2002년에 이르러서는 미국 전체 노동력의 5.5퍼센트가 금융 서비스 산업에 종사하게 되었다. 미국인 20명당 한 명 이상이 은행, 보험, 연금 관리, 모기지 업체, 부동산 투자신탁, 증권업에 종사하게 된 것이다.[5] 이런 비즈니스들은 화폐 시스템을 통해 돈의 흐름을 관리한다. 즉 유동성 제공, 투자 모집과 분배, 신용 평가 및 제공, 주식과 채권의 간접시장 관리, 리스크 평가 및 관리 등의 업무를 담당한다.

수도 런던에 유로채권, 파생 금융 상품, 보험 등을 취급하는 세계 굴지의 거래소들이 밀집해 있는 영국의 경우 금융업 종사자가 100만 명이 넘는다.[6] 이밖에도 취리히, 프랑크푸르트, 도쿄, 홍콩, 싱가포르 등도 금융서비스가 집중적으로 발달된 곳이다. 또한 상하이에서 두바이에 이르기까지 다양한 지역에서 새로운 금융 중심지가 속속 등장하고 있다. 이런 금융 중심지들은 고성능 컴퓨터와 고속 네트워크로 서로 연결되어 있어 투기는 물론 투자와 신용을 위한 자금을 모으기도 하고 확산시키기도 한다.

네트워크가 고도로 집적되고 발달한 미국의 금융업체들은 2001년 한 해 동안 IT에 1,950억 달러를 쏟아부었다.[7] 이는 여타의 다른 산업 규모를 초과하는 액수로 싱가포르, 핀란드와 같이 첨단 기술 수요가 높은 나라들의 그해 GDP보다도 많은 액수이다.[8] 하지만 보다 빠른 정보와 데이터, 지식에 대한 수요는 끊임없이 증가 추세에 있다.

산업시대의 금융 인프라에서 초고속 글로벌 디지털 형태로의 전환이 앞으로 어떤 결과를 가져올지는, 정책 입안자나 일반인은 말할 것도 없이 그 사용자나 고객 모두 결코 이해하지 못하고 있다.

클로징 벨

전 세계 주식시장에서 매일 거래되는 엄청난 금액 중 실제로 기업에 필요하거나 장기적인 전망에 의해 흘러가는 돈은 얼마 되지 않는다. 오히려 사전에 프로그래밍된 컴퓨터를 통해 동시에 수천 개 회사의 극히 미세한 주가 변동까지 파악하며 몇 개월이나 몇 년 단위가 아닌 수분이나 수초 단위로 자금을 투자하는 경우가 더 흔하다. 이는 더 이상 투자가 아니다. 수학적으로 계산된 초고속 전자 포커[9]에 불과하다.

이런 시장 중에서도 특히 초고속 성장을 거듭한 글로벌 통화시장currency market을 두고 〈파이낸셜타임스〉는 "10년 전과 비교하면 사실상 알아볼 수 없을 정도로 바뀌었다"[10]라고 논평한다. 글로벌 통화시장에서 하루에 거래되는 금액은 무려 1조 2,000억 달러에 이른다. 이는 뉴욕증권거래소에서 하루에 거래되는 총금액의 30배가 넘는 엄청난 금액이다. 〈파이낸셜타임스〉는 글로벌 통화시장에서는 눈 깜짝할 사이에 수십억 달러씩 거래되는 경우를 쉽게 볼 수 있다고 덧붙인다.[11]

하지만 이보다 훨씬 더 심각한 문제가 거의 방치되다시피 했다. 이론적으로 한 나라의 통화 가치는 잠재된 경제력을 반영한다. 그러나 초고속 통화 거래와 거북이처럼 느린 한 나라의 실제 경제 사이의 탈동시화가 뚜렷해지면 일부 국가에서는 본말이 전도되는 현상이 나타날 수 있다. 1997~1998년 아시아에 연쇄적으로 불어 닥친 외환위기가 그 예이다. 아시아의 외환위기는 앞서 지적한 것처럼 부실한 경제 때문이 아니라 불건전한 통화시장 때문에 발생했다. 우리는 다시 한번 시간이라는 심층 기반 차원의 변화를 목격하게 된다. 이는 또 다른 비동시화의 사례이다.

초고속 통화시장은 실제 경제뿐만 아니라 금융 규제 당국까지도 혼란에 빠뜨렸다. 이러한 탈동시화의 결과로 화폐 시스템은 개별 국가뿐만 아니라 세계 경제 전체를 위협한다. 중구난방식 규정만 들이대는 당국의 방만한 대응으로는 초고속 글로벌 네트워크를 효과적으로 규제하기 어렵다.

여러 경제 구조와 경제학자들은 인간의 상호 작용이 최대한 배제된 디지털 트레이딩 네트워크에 제대로 적응하지 못하고 있다. 순간적인 0과 1로만 존재하는 천문학적 금액의 돈을 인식하지 못하는 것이다. 그 영향은 매우 추상적이고 외관상 매우 비인격적이다. 하지만 기존의 금융 인프라에서 아직도 실체가 분명하지 않은 새로운 인프라로의 혁명적인 변화가 때로는 날카로운 이미지로 비춰지기도 한다.

세계적인 사진작가 로버트 바인가튼Robert Weingarten은 최근 전 세계 여러 증권거래소를 사진 촬영한 시리즈 작품[12]을 제작하기로 했다. 그는 언젠가는 거래소가 모두 전자시장으로 대체될 것이라는 생각에 '클로징 벨The Closing Bell(장 마감을 알리는 벨 – 옮긴이)'이라는 제목의 시리즈 사진으로 증권거래소의 마지막을 담아 두기로 마음먹었다. 이 작품에는 여기저기에서 전화벨이 쉴 새 없이 울리고, 전광판에는 주식 시세가 계속해서 깜박이는 가운데 분주한 거래인들이 소리치며 정신없이 움직이는 모습을 담고, 장 마감 후 텅 빈 거래소의 황량한 모습도 담을 예정이었다.

캘리포니아에 살고 있던 바인가튼은 첫 번째 사진 촬영 장소로 샌프란시스코에 있는 퍼시픽증권거래소[13]를 찾았다. 하지만 거래소는 이미 거래량을 20배 늘리는 아키펠라고Archipelago라고 하는 전자 경매 시스템으로 대체되었으며, 거래인들과 전문가들도 모두 떠나고 보이지 않았다. 아키펠라고는 뉴욕 증권 거래소와 합병되었고[14], 거래소는 실내 경기장으로 개장을 준비하고 있었다.

부실 통화

오늘날의 금융 혁명은 아직 가야 할 길이 많이 남아 있는데도 혼란스럽게 움직인다. 조금만 더 자세히 들여다보면 숨어 있는 모티브를 찾을 수 있다. 이는 우리가 이미 생산, 시장, 미디어, 가족구조 등 새롭게 등장하는 문명 전반에서 목격한 탈대량화, 다양화와 동일한 패턴이다. 이런 흐름은 돈이라는 개념 자체에 변화를 가져올 것이다.

중앙은행은 "돈이란 무엇인가?"[15]라는 물음에 나름대로 정의를 내리고 있다. 미국 연방준비제도이사회는 실제 통화를 당좌계좌와 여행자 수표에 들어 있는 돈을 함께 묶어 'M1 통화'라고 하고, 저축계좌 뮤추얼 펀드에 들어 있는 돈을 합해 'M2 통화'라고 정의한다. 여기에 대체로 난해한 다른 항목을 포함시켜 'M3 통화'라고 한다. 하루하루 평범하게 살아가는 일반인들에게는 이런 구분이 무의미하다.

미국 화폐의 기본 단위는 소위 전지전능한 달러이다. 그런데 오늘날 매일 같이 달러를 사용하는 사람들 중 미국의 산업화가 본격화될 때까지 주 정부, 은행, 개별 기업, 상인, 광산업자 등이 발행한 부실 통화[16]가 무려 8,000여 종이나 있었으며, 이 중 정부가 보증하는 통화는 오직 하나뿐이었다는 사실을 아는 사람은 거의 없다.

1863년 미국 정부가 단행한 통화 표준화 조치는 산업화 과정의 일환으로 진행된 제품, 가격, 소비자 기호의 표준화에 견줄 만한 것이었다. 다른 나라의 경우도 마찬가지였다. 일본의 엔화[17]는 메이지 유신으로 일본이 산업화, 현대화의 길로 들어서기 시작한 1871년 이후 국가 통화로 자리 잡았다. 독일의 마르크화[18] 역시 당시 산업 강국이던 영국을 추월하기 시작한 1873년 이후에 표준 화폐가 되었다. 중국은 여러 군벌, 지방 세력, 혁명 세력, 소수민족 집단 등이 제각각 통화를 발행하면서 오랫동안 표준 통화 없이 혼란을 겪다가[19] 1948년 12월 공산당이 정권을 잡고서야 인민폐인 위안화[20]를 발행했다.

유럽 역시 최근에 와서야 단일 통화인 유로화 체제를 출범시켰다. 아이러니하게도 이렇게 때늦은 표준화는 EU의 다른 부분과 마찬가지로 지식 기반의 부 창출 시스템이 선진 경제국들을 반대 방향으로 이동시키기 시작한 시점에 이루어졌다.

사실 단일 통화는 어지러울 정도로 다양한 대체 통화에 의해 도전을 받기 시작했다.

의사 화폐

미국에서 화이트칼라와 서비스업계 종사자 수가 처음으로 블루칼라 노동자의 수를 초과한 2년 후인 1958년, 최초로 전국적 규모의 신용카드가 발급되었다. 이로써 전통적 의미의 통화가 오늘날과 같은 '의사擬似화폐(공식 화폐의 특징을 일부 또는 전부 가지고 있지만 공식 화폐는 아닌 수많은 대안적 화폐)'로 바뀌면서 제3물결이 시작되었다.

돈은 대체가 가능하다. 원칙적으로 돈을 이용해 어떤 것이든 살 수 있으며 어느 누구와도 교환할 수 있다. 이처럼 거의 무제한적인 적용성 때문에 돈은 매우 유용한 교환 매개 역할을 해왔다. 하지만 무언가 이상한 일이 벌어지고 있다. 발급된 신용카드 수가 8억 4,000만 장을 넘어선 미국에서 미국인들은 신용카드를 이용해 매년 1조 달러를 지출하고 있다.[21] 이는 현금 지출보다 많은 액수이다.[22] 우리는 매일 새로운 대안 화폐를 만들어 내고 있는 것이다.

우리는 종종 적립한 마일리지 포인트를 이용해 공짜 비행기표[23]를 얻는다. 원래 포인트는 돈과 달리 대체나 양도가 불가능했지만 항공사들은 최근 고객이 적립한 마일리지를 친구나 가족에게 양도할 수 있도록 허용했다.[24] 또한 마일리지를 무료 비행기표뿐만 아니라 호텔 객실, 렌터카, 헬스클럽 회원권, 하키 경기 입장권 등 다양한 상품[25]으로 바꿀 수 있게 했다. 마일리지 포인트를 다른 사람에게 양도하거나 다른 물건으로 대체할 수 있는 폭이 넓어지고 마치 돈처럼 사용할 수 있게 된 것이다.[26] 또한 항공사들의 반대에도 불구하고 회색시장(암시장과 보통 시장의 중간시장 - 옮긴이)에서 마일리지 중개인들에게 팔아 실제 돈으로도 바꿀 수 있다.[27]

일부 마일리지 발급 항공사의 불안한 재정 상태를 감안해 볼 때 포인트를 이용하지 못할 우려도 있다. 하지만 무형의 마일리지 포인트가 재정 상태가 엉망이면서도 항공사를 보유하고 있는 일부 국가에서 발행하는 통화보다 더 큰 가치를 가지게 될지도 모를 일이다.

물론 고객을 잡기 위한 다양한 종류의 충성도 프로그램은 항공사뿐만 아니라 인터콘티넨탈 호텔, 힐튼 호텔, 니만 마커스 백화점, 테스코 유럽, CVS 약국, 차트 하우스 레스토랑, 가와사키 오토바이 등 많은 업체에서 시행하고 있다.

시시각각 변하는 시장에서 이런 프로그램들 역시 일반적인 돈의 기능을 어느 정도 수행한다. 그러나 더 큰 변화 중 하나는 프로그래밍 가능한 통화 형태로의 유연한 대체 가능성이다.

비만 방지 카드

계속되는 기술의 발전과 함께 의사 화폐는 끊임없이 다양해질 것이다. 우리가 원하는 만큼의 대체 가능성을 결정할 수 있는 카드가 곧 생길지도 모른다.

쿠알라룸푸르에 있는 아랍 말레이시안 은행Arab Malaysian Bank은 무슬림 고객들에게 안마 시술소나 나이트클럽에서는 사용할 수 없는 카드를 발급한다.[28] 어쩌면 앞으로는 적극적인 정치적 운동의 영향으로 나이키나 셸, 갭 등 보이콧 대상 기업의 제품은 절대 구입할 수 없는 보이콧 카드[29] 같은 것이 수백만 장씩 발급될지도 모른다. 혹은 남편이나 아내가 지출이 심한 배우자의 사용 한도를 정할 수 있는 카드나 부모가 자녀에게 사탕, 술, 담배 혹은 패스트푸드를 살 수 없는 카드를 주는 일이 생길지도 모른다. 패스트푸드의 유혹을 뿌리치기 어려운 비만인들이 일부러 피자헛이나 타코벨 등의 패스트푸드 체인점에서는 사용할 수 없는 카드를 이용할 수도 있다. 지출을 아끼기 위해 굳게 마음먹고 1달러 이상의 현금은 가지고 다니지 않으려는 사람들을 위한 카드도 생길 수 있다.

한편 이보다 훨씬 앞선 최신 기술이 카드 자체를 퇴물로 만들고 있다. 한국에서는 휴대전화가 이미 전자 지갑의 역할을 하고 있다. 고객이 물건을 사면 가맹 은행이 제공한 칩을 내장한 휴대전화를 통해 고객의 계좌에서 돈이 자동으로 인출된다.[30] 이런 식의 결제 시스템이 고급 의류점과 레스토랑, 자판기, 지하철역 등에서 사용되고 있다.

유럽에서는 스위스 연방은행 UBS, 바클레이즈Barclays, BNP파리바Paribas, 도이치 은행Deutsche Bank 같은 주요 은행들이 비자VISA와 제휴해 유사 기술의 가능성을 시험하고 있다. 이러한 기술에 큰 기대를 갖고 있는 스웨덴 노디어Nordea 은행의 리사 카니아이넨Liisa Kanniainen 부총재[31]는 "당장 내년에 현금이 없어질 것이라고는 생각하지 않습니다만 결국에는 현금이 사라질 날이 올 것이라고 기대하고 있습니다"라고 말한다. 하지만 이러한 기술의 등장으로 현금뿐만 아니라 카드 역시 비슷한 운명에 처해 있는 상황이다.

다양화되고 있는 결제 수단은 다음과 같은 세 가지 새로운 분야의 발전으로 더욱 가속화될 것이다. 첫째, 사용자의 신원을 확인하는 신기술의 등장이다. 신뢰성 높은 신원 확인 기술이 속속 등장하고 있다. 예를 들어 일본 최대 신용카드 회사인 JCB는 사람마다 다른 손가락 혈관 인식을 통해 신원을 파악하는 시스템[32]을 도입했다. 은행과 카드 업체들은 테러에 대한 우려 때문에 더욱 활발해진 연구 결과를 바탕으로 망막, 음성, 얼굴 인식 등 다양한 생체 인식 기술[33]을 도입하기 위해 노력하고 있다. 둘째, 다양하고 빠르게 변화하는 새로운 무선 기술의 등장이다. 셋째, 광범위하고 급격한 소형화 추세이다.

이런 세 가지 분야의 혁신에 힘입어 소니, 필립스, 선 마이크로시스템스, IBM 등의 기업들은 기존의 신용카드를 대체할 수 있는 결제 수단을 찾기 위해 노력하고 있다. 선 마이크로시스템스의 존 게이지John Gage는 "신용카드는 신원을 확인할 수 있는 여러 물리적 방법 중 하나일 뿐이다. 신원을 확인할 수만 있다면 어떤 방법이든지 결제 수단으로 이용할 수 있다"고 말한다.[34] 게이지가 밝힌 원리에 따라 이런 기술들을 종합해 보면, 결국 우리의 새끼손가락에 조그만 칩을 이식해 언제 어디서나 원하는 물건을 구입할 수 있는 날을 상상해 볼 수 있다. 새끼손가락에 이식한 칩을 통해 소비자는 신원 증명과 은행 계좌 번호 제공, 해당 금액 결제를 무선으로 동시에 실행할 수 있을 것이다. 이로써 '누군가의 손가락을 주는 것'이란 말이 전혀 새로운 의미, 다시 말해 손가락 칩을 이용한 결제 시스템을 의미하게 될지도 모른다.

결제 방법과 대체성이 이렇게 빠른 속도로 다양화된다는 것은 선진 경제가 과거 산업사회의 대량생산 체제에서 벗어나고 있다는 반증이다.

세계 굴지의 기업 중 일부는 전혀 새로운 통화를 포함하여 이보다 훨씬 급진적인 가능성을 시험하고 있다. 예컨대 소니는 사내에서만 사용할 수 있는 전용 통화[35] 발행을 검토하고 있다. 가장 큰 목적은 통화 리스크를 줄이는 것이다. 이렇게 되면 소니의 중국 지사가 해외 수익을 엔화로 바꾸지 않고도 일본이나 다른 지역의 지사와 사업을 할 수 있다. 한 걸음 더 나아가 혼다, 캐논 같은 타사와 공동 통화를 발행할 수도 있다.

달러가 리스크 낮은 투자처로 영원히 남지는 않을 것이다. 언젠가는 마이크로소프트의 '게이츠Gateses'나 소니가 내놓은 '모리타Moritas' 전자 화폐가 유로나 달러를 대신할 날이 올지도 모른다. 아니면 포천 500Fortune 500(〈포천〉이 매년 선정하는 미국 및 해외의 상위 500대 기업 - 옮긴이)이나 신화 500Xinhua 500(중국이 미국을 제치고 세계 초강대국으로 부상하면 포천을 대신해 중국 국영 신화통신이 선정하게 될 500대 기업 - 옮긴이)이 공동으로 발행하는 화폐가 유로화나 달러화를 대신할 수도 있다.

실시간 결제 시스템

무엇보다 결제 속도를 조절할 수 있는 기능이 의사 화폐의 가장 큰 장점이다. 신용카드는 결제를 미룰 수 있고, 직불카드는 은행 계좌에서 구매 대금이 바로 빠져나가기 때문에 결제 속도를 앞당길 수 있다.

새롭게 부상하는 부 창출 시스템은 우리가 노동에 대한 보수를 받는 방법, 특히 시기에 급격한 변화를 가져오고 있다. 산업화 시대에는 근로자들이 주말이나 월말에 보수를 받는 것이 일반적이었다. 지금도 대부분의 근로자들은 이런 식으로 보수를 받고 있다. 이는 근로자에게 지급해야 할 돈을 고용주가 일주일이나 한 달간 공짜로 사용하는 것이나 다름없다. 이 같은 자금 보유 수익은 근로자가 고용주에게 무이자로 돈을 빌려주는 셈이다. 반대로 각종 공공요금은 고객이 한 달간 전기나 가스를 사용한 후에 요금을 지불하는 것이 일반적이다. 이 경우에는 고객이 자금 보유 수익의 수혜자이다.

이보다 더 큰 경제 규모에서는 몇몇 기업과 산업이 자금 보유 수익으로 먹고산다. 정기 구독자를 유치하는 잡지사가 대표적인 예이다. 하지만 경제학자들은 자금 보유 수익이 경제 전반의 효율을 떨어뜨린다고 보고 있으며, 자금 보유 수익은 점차 설 자리를 잃어 가고 있다.

기업과 고객이 모두 유무선 통신망으로 연결되고 전자결제 시스템이 완비된다면 공공 사업자는 고객에게 서비스를 이용하는 동시에 전자결제 시스템을 통해 실시간으로 결제할 것을 요구할지도 모른다. 이렇게 되면 돈의 수금이 빨라지므로 이를 다시 다른 곳에 사용하거나 투자할 수 있는 여력이 생긴다. 적어도 이론적으로는 고객에게 청구되는 금액을 인하할 수도 있다. 어쩌면 급여일을 기다리기보다는 전자결제 시스템을 통해 실시간으로 노동에 대한 보수를 요구하는 근로자들이 생길지도 모른다.

실시간 결제 시스템은 일괄 생산에서 하루 24시간 매일 연속 생산으로 나아가는 지식 기반 경제체제의 자연스러운 발달 과정이다. 보수 지급 방식과 결제 방식이 빨라질수록 직접 현금 거래에 미치는 영향도 커지게 마련이다.

통화의 형태와 사용 방식의 혁신이 가속화되면서 많은 전문가들이 '화폐의 종말'을 예언해 왔다. 물론 한때는 이 예언이 비현실적인 것처럼 보이기도 했다. 하지만 오늘날 화폐의 종말이 정말 비현실적인 일인가?

펩시 보드카

전 세계가 대공황으로 몸살을 앓던 1930년대 프랑스에서 만들어진 풍자

영화 〈백만장자Le Million〉에는 두 명의 농부가 선술집에 앉아 보르도 와인을 마시는 장면이 등장한다. 그때 웨이터가 그들에게 계산서를 건네자 한 농부가 자신이 가져온 보따리에서 닭 한 마리를 꺼내 웨이터에게 준다. 그러자 웨이터는 거스름돈으로 계란 두 개를 테이블에 올려놓는다. 계란을 받은 농부는 그중 하나를 다시 웨이터에게 팁으로 돌려준다.

너무나 엉뚱한 영화 속 장면이긴 하지만 이것은 화폐가 이미 경제적 가치를 잃은 상황에서 힘겹게 살아가는 수많은 서민들의 삶을 날카롭게 포착한 장면이다. 실제로도 몇 년 전 동남아시아와 러시아, 아르헨티나에서는 이와 비슷한 일이 벌어지기도 했다.[36] 미래에 새롭게 닥칠 경제 위기 때문에 이런 식의 비현금 거래가 행해지지는 않겠지만, 복잡한 시장에 적합하지 않은 거래 방식으로 오랫동안 간주돼 왔던 물물교환이 다시 부활하고 있다.

사람들은 대개 물물거래라는 말을 들으면 '원시적인 사회나 개인 간 소규모 거래'라는 이미지를 떠올린다. 그런데 변호사가 친구에게서 테니스를 배우는 대가로 그 친구의 유언장을 대신 써주는 경우를 생각해 보자. 우리는 주변에서 이런 식의 거래를 어렵지 않게 볼 수 있다. 흔히 거래라는 말보다는 호의라는 말로 포장되지만, 경제적인 관점에서 보면 틀림없이 물물거래의 한 형태이다.

물물거래는 소규모에 국한되지 않는다. 정의의 다양성 때문에 신뢰할 만한 세계적 차원의 통계 자료를 얻기는 어렵지만 〈포브스〉에 따르면, 포브스 선정 500대 기업 가운데 60퍼센트 이상이 물물거래를 이용하고 있으며 심지어 제너럴 일렉트릭, 매리어트Marriott, 카니발 크루즈 라인Carnival Cruise Lines 같은 거대 기업들조차 상품과 서비스를 물물거래하는 것으로 조사됐다.[37] 한편 〈포천〉의 보도에 따르면, 전체 주요 글로벌 기업 가운데 3분의 2가 물물거래를 시행하고 있으며 물물거래를 전담하는 부서를 따로 두고 있다.

2002년 아르헨티나의 경기가 침체에 빠지면서 자동차 판매가 급감하자 도요타와 포드는 차량 판매 대금으로 곡물을 받기로 결정했다.[38] 우크라이나

가 천연가스 대금을 갚지 못해 엄청난 빚더미에 올라앉자 러시아는 대금의 일부로 Tu‒160 블랙잭 폭격기 여덟 대를 받기도 했다.[39] 러시아는 스톨리치나야 보드카를 펩시콜라 시럽과 교환하는 30억 달러 규모의 거래에 참여하기도 했다. 다른 참가국들은 물물거래의 대가로 알파카 의류에서부터 아연에 이르기까지 다양한 물품을 내놓았다.[40]

전직 벨기에 중앙은행 수석 플래너이자 유로화 출범의 기틀을 마련하는 데 일조했던 경제학자 베르나르 리에테르Bernard Lietaer[41]에 따르면, 전 세계 200개국 이상이 연계 무역countertrade(수출을 조건으로 수입을 허용하는 무역 거래로 대응 무역 또는 조건부 무역이라고도 함)이라고 하는 국제 무역 거래에 참여하고 있으며 연간 거래 규모는 8,000억 달러에서 1조 2,000억 달러에 이른다.[42]

이런 물물거래의 성장 속도는 점점 빨라지고 있다. 그 이유 중 하나는 전 세계가 앞으로 수십 년간 혼란스런 경제 상황에 직면할 가능성이 높기 때문이다. 리에테르는 "오늘날 세계 주요 통화의 변동성은 1971년에 비해 네 배나 높다"고 말한다. 주요 통화의 변동성이 높다는 것은 외환 보유액이 부족한 국가가 늘어날 가능성이 높다는 것을 의미한다. 물물 거래는 교역 상대가 자국의 통화를 원하지 않는 경우에도 정부와 기업이 교역을 할 수 있는 길을 열어준다. 물물거래는 통화가 급격히 변하는 경우에도 리스크를 줄일 수 있다. 또한 화폐 대신에 재화나 서비스를 교환함으로써 환위험을 크게 줄일 수 있다.

지금까지 물물거래의 가장 큰 장벽은 거래 당사자 간에 팔고자 하는 물건과 그 대가로 받고자 하는 물건을 서로 맞추기가 어렵다는 것이었다. 경제학자들이 필요의 일치라고 말하는 거래의 필수 요건을 충족시키기가 어려웠던 것이다. 하지만 인터넷의 등장으로 이런 장벽이 급격하게 허물어지고 있다. 전 세계 어디서나 쉽게 교역 상대를 찾을 수 있으며, 물물거래 품목도 크게 증가하고 있다. 오늘날의 발달된 금융 네트워크 덕분에 쌍방 거래의 상대를 찾는 일이 쉬워졌을 뿐만 아니라 데이터와 글로벌 통신의 발달로 다수의 교역 참가자들이 서로의 매물과 필요를 맞춰볼 수 있다. 앞으로는 물물거래의 복잡성과 규모가 지금보다 훨씬 커질 가능성이 높다.

그렇다면 물물거래의 규모는 얼마나 커질까? 화폐를 완전히 대체할 수 있을 만큼 커질까? 이에 대해 머빈 킹 Mervyn King 영국은행 총재는 "궁극적인 대규모 물물거래 경제[43]라고 할 수 있는 직거래를 통해 생산자와 소비자가 재화와 서비스를 직접 교환하지 못할 이유가 없다"라고 결론 내린다.

1) 의사 화폐의 등장, 2) 물물거래의 성장, 3) 무형성의 증가, 4) 점점 더 복잡해지는 글로벌 금융 네트워크의 확산, 5) 급격한 기술 발전, 6) 고삐 풀린 투기자본에 의해 좌지우지되는 세계 경제, 7) 세계 정세 속에서 급변하는 지정학적 역학 관계 등을 종합적으로 고려해 본다면, 산업시대의 화폐가 완전히 사라지지는 않는다 하더라도 분명 그 역할이 크게 축소될 것이다.

프로슈머의 보수

여러 가지 변화로 인해 곳곳에서 대안 화폐에 대한 소규모 실험이 진행되고 있음을 목격할 수 있다. 이러한 실험은 대개 지역사회 차원에서 이루어지고 있으며 물물거래의 요소를 내포하는 경우가 많다.

뉴욕주 이시카에서 최초로 시작해 이제는 수십 개 지역으로 확산된 대안 화폐 프로그램[44]은 소비자와 상인들이 실제 화폐 대신에 전표를 이용해 임대료에서 의료비용, 극장 입장권에 이르기까지 모든 재화와 서비스를 거래할 수 있게 되었다. 또 다른 시스템은 법률학 교수인 에드거 칸이 창안한 것으로 《타임 달러 Time Dollars》[45]에 자세히 소개되었다. 타임 달러란 한 회원이 이웃 노인의 장보는 일을 도와준 경우, 그에 대한 서비스 봉사 점수를 쌓고, 나중에 이점수를 이용해 다른 회원에게 자신의 아기를 돌봐달라고 부탁할 수 있는 제도이다.

이런 새로운 시도는 프로슈머의 다양한 경제적 기여에 준통화 가치를 부여하고 그 가치를 인정하고자 하는 노력이다. 전자거래에 의해 새롭게 열린 엄청난 기회를 고려해 볼 때, 지역사회 차원의 실험을 확대하고 프로슈머 활동을 위한 대규모 대안 화폐를 개발할 수 있다. 다른 한편에서는 금이나 불안정한 환율이 아닌 국제적으로 거래되는 일정한 재화와 서비스를 기반으로 하는 초국가 통화를 요구하고 있다. 바로 테라 프로젝트 **Terra Project**이다.

우리가 직면한 더 큰 문제는 통화의 운명뿐만 아니라 자산과 자본, 시장 그리고 이들의 상호 작용에 의한 미래를 볼 수 있어야 한다는 것이다. 여기에는 임금 노동에서 포트폴리오 노동(자영업의 한 형태로 다양한 기업이나 클라이언트를 위해 여러 가지 프로젝트를 수행하며 경력에 대한 포트폴리오를 구축해 나가는 새롭고 유연한 노동 형태 – 옮긴이)과 자영업으로의 전환, 수공예 프로슈밍에서 기술 기반 프로슈밍으로의 전환이 수반된다. 또한 수익 기반 생산에서 소프트웨어, 의학 등의 분야에 대한 공개 소스 기여로, 기계와 원료 중심의 가치에서 관념적 아이디어와 이미지, 심볼 중심의 가치로의 전환까지도 수반된다. 그리고 자산의 심층 기반 중 시간, 공간, 지식을 전혀 새로운 방식으로 사용하는 일도 필요하다.

비화폐 경제에서 무보수로 행해지는 프로슈머 생산과 화폐 경제에서 이루어지는 돈이 지불되는 생산 사이의 연결구조가 보다 긴밀해진다면 자본주의에는 어떤 영향을 미칠까? 그 생산물이 희귀성 없이 무한하고, 비경쟁적일 때 자본주의에는 어떤 일이 벌어질까? 무형자산뿐만 아니라 이중적 무형자산의 비율이 점차 늘어나면 자본주의는 어떻게 변할까?

이러한 변화와 함께 제3물결이 산업주의를 밀어내고 미국을 넘어 전 세계로 확산되면서 자본주의는 새로운 정의를 필요로 하게 되었다. 자본주의에 대한 새로운 정의가 자리 잡으면 과연 자본주의는 어떤 모습으로 변하게 될까?

Poverty

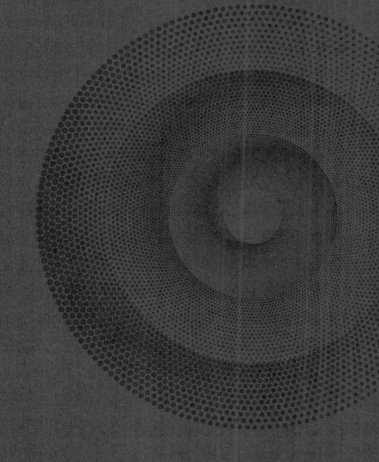

9부
빈곤

41

빈곤의 미래

The Old Future of Poverty

부의 혁명은 빈곤에도 새로운 미래를 가져다준다.

미래에 대해 어떠한 보장도 할 수 없지만 우리 인류는 지식 기반 경제체제인 제3물결과 함께 세계적 빈곤을 퇴치할 수 있는 절호의 기회를 맞이하고 있다. 지구상의 물질적 빈곤을 완전히 퇴치한다는 것은 허무맹랑한 일일 수도 있다. 빈곤의 원인은 잘못된 경제정책, 후진적 정치제도와 기후 변화, 전염병, 전쟁 등 너무나 다양하기 때문이다. 하지만 매우 강력한 빈곤 퇴치 수단을 새로 갖게 되었다거나 혹은 개발이 거의 완성되었다고 인정하는 것은 허무맹랑한 일이 아니다.

빈곤은 모두의 적이다. 전 세계 모든 정부가 빈곤 퇴치를 위해 노력하고 있다. 수많은 NGO들도 자금을 조성해 굶주린 어린이에게 먹을 것을 주고, 가난한 마을에 식수를 공급하고, 외딴 마을에 의료 지원을 하고 있다. 유엔, 세계은행, IMF, 식량농업기구 FAO 등 빈곤 퇴치를 위해 노력하는 여러 국제기구들도 성실한 계획을 내놓고 있다. 세계적인 빈곤을 수식하는 말들도 '비통하다'부터 '불명예스럽다', '비극적이다', '부끄럽다', '수치스럽다', '놀랍다', '충격적이다', '할 말이 없다', '변명의 여지가 없다' 등 다양하다. 빈곤 문제를 해결하기 위해 수많은 회의와 모임이 열렸다. 뜻있는 수많은 전문가들이 오지까지 날아가 기술을 제공했고, 빈곤 퇴치를 위한 세계적인 원조 산업은 수십억 달러 규모로 성장했다.

1950~2000년까지 원조나 개발 지원이라는 명목으로 선진국에서 후진국으로 전달된 금액만 10억 달러가 넘는다.[1] 이 금액 중 일부는 소중한 생명을 구하고 상황을 개선하는 데 사용되었다. 1960년대 천연두 근절 프로그램, 1980년대의 아동 면역 활동, 기생충성 시력 상실증(흡혈 암컷 검은 파리에 의해 전파되는 질병으로 시력 장애 또는 실명을 일으키는 병 – 옮긴이)과 트라코마, 문둥병, 소아마비 퇴치 운동 등이 주요 사업이었다.[2]

세계은행의 조사에 따르면 전 세계 인구의 절반에 가까운 28억 명이 여전히 하루 2달러 미만으로 생활하고 있다. 이들 중 약 11억 명은 하루 생계비 1달러 미만의 절대 빈곤 계층이다.[3] 반세기에 걸친 국제적인 공동 노력에도 불구하고 세계적인 빈곤을 뿌리 뽑지 못했다. 하지만 실적을 거꾸로 뒤집어 보면 믿기 어려운 성공을 찾아볼 수 있다. 21세기 빈곤의 비극을 최소화하려는 의도는 아니지만, 만약 17세기의 사람이 시간을 거슬러 오늘날의 세상으로 온다면, 그는 아마 인류의 빈곤 때문이 아니라 믿기 힘들 만큼 엄청나게 성장한 인류의 부를 보며 놀랄 것이다. 전 세계 5억 명의 인구가 기근과 각종 역병에 시달리며 힘겹게 살아가던 17세기[4]를 떠나온 그는 틀림없이 오늘날 전 세계 인구가 60억 명이 넘고 그중 하루 생계비가 2달러 이상인 사람들이 36억 명이 넘는다는 사실에 놀랄 것이다.

생산성의 최고점 도달

산업혁명 이전, 아프리카, 아시아, 라틴아메리카만 궁핍한 생활을 했던 것은 아니다. 프랑스의 역사학자 페르난드 브로델Fernand Braudel에 따르면 17세기 프랑스 보베에서는 매년 전체 어린이의 3분의 1 이상이 사망했다.[5] 15세까지 무사히 성장하는 비율은 약 60퍼센트에 그쳤다. 브로델은 유럽이 역병과 기근에 시달렸다고 말한다. 도시로 몰려든 가난한 사람들은 구걸이나 도둑질로 생활을 영위했다. 버림받는 아이들과 부녀자들도 많았고, 이들 중 대부분이 노약자나 병자를 돌봐야 하는 가난한 집에서 고통을 겪으며 살았다.

노벨상을 수상한 경제역사학자 로버트 포겔Robert Fogel은 "18세기 초반 프랑스의 전형적인 한 끼 식사의 열량은 1965년 당시 최빈국이던 르완다의 수준과 비슷했다"[6]고 지적한다. 비단 프랑스만 그랬던 것은 아니다. 1만 년 동안 극히 일부의 사람들만 최소 생계 수준 이상의 삶을 영위할 수 있었다. 가장 잘사는 나라의 경제 규모도 최빈국의 두 배에 불과했다.[7] 이런 현상이 인종, 문화, 종교, 기후, 농업 방식 등의 다양성에도 불구하고 세계적으로 나타난 사실이었다는 것을 보면 이 당시 농업의 생산성은 최고 한계에 도달했었음을 알 수 있다.

전략의 빈곤

산업 경제체제가 농업을 대체하기 시작한 이후에야 인구가 급증하고 많은 사람들이 서서히 절대 빈곤에서 벗어나기 시작했다. 경제학자, 정책 입안자들은 이런 역사를 개발 또는 현대화(한 국가의 노동력과 경제를 낮은 생산력과 저부가가치 농업에서 보다 생산적인 저기술 제조업과 이를 지원하는 서비스업 쪽으로 전환하기 위한 전략)라는 말로 설명한다.

1950년대 초부터 이러한 제2물결 전략은 미국, 유럽, 구 소비에트 연방, 유엔, NGO 개발기구의 전문가들에 의해 끊임없이 변형·확산되었다. 제2물결 전략의 메시지는 본질적으로 각국이 산업혁명을 되살려야 한다는 것이었다. 사실 현실적으로 마땅한 대안적 모델도 없었다.

1960년대 이후 일부 비평가들은 이런 전략을 맹비난하면서 공장이나 도시화 중심이 아니라 현지 자원을 활용하는 지속가능한 소규모의 독자적, 대안적 기술에 초점을 맞출 것을 제안했다. 그 후 이 운동은 제3세계에서 미시 금융과 중소기업의 창업을 유도하고 과학화, 첨단화를 추구하며 확산되었다. 다수의 기발한 혁신이 이런 운동을 통해 탄생되었다.

사실 이 운동은 원래 산업화를 중단 또는 지연시키고, 농촌 인구를 현지에 묶어 두는 것이 목적이었다. 더구나 이 운동의 신봉자들은 '작은 것은 아름답다'라는 기치 아래 농부의 삶, 농촌 생활을 낭만적으로 묘사했다. 이들은 가장 원시적인 기계를 제외하고 거의 모든 기계를 악으로 규정했다. 또한 산업 기술과 지식 기반 기술의 차이를 인식하지 못했다. 두 가지 기술 모두 부자들에게만 도움이 된다고 주장하면서 전 세계 수많은 빈곤층에게 가져다준 혜택을 무시했다. 더욱 중요한 것은, 제3물결의 기술이 이미 간접적으로 수많은 사람들을 고통에서 벗어나게 했으며 300여 년 만에 처음으로 빈곤을 퇴치할 수 있는 새롭고 강력한 방법을 제시했다는 사실을 이해하지 못했다는 점이다.

일본의 고도성장

과거 경제개발과 빈곤 퇴치는 자본, 국내 자원, 환경, 국민의 저축 성향, 근로자의 추진력, 에너지와 작업 습관 등 한 국가의 내부 요인에 의해 크게 좌우되었다. 그러나 1950년대 중반 이후부터 달라지기 시작했다. 교역, 인력, 자본, 특히 지식의 자유로운 이동과 함께 세계 경제가 통합되면서 외부 요인이 더욱 중요해졌다. 여기에는 너무나 자주 간과되거나 무시되는 간접적, 2차적 영향도 포함된다.

이런 부차적 영향들을 고려하지 않으면 빈곤의 미래를 이해하기 어렵다. 아시아의 초고속 경제성장을 불러온 놀라운 연쇄효과가 좋은 예이다. 5억 명 이상의 아시아인이 연쇄효과를 통해 단 20년 만에 하루 2달러 미만의 절대 빈곤에서 벗어날 수 있었다.**8**

아시아의 초고속 경제성장은 사실 미국이 지식 기반 경제체제를 개발하기 시작한 1950년대 중반부터 시작되었다. 제2차 세계대전을 거치는 동안 황폐화된 일본의 산업 경제는 1950년대 중반까지도 회생의 기미를 보이지 않았다. 전쟁에서 패한 군부는 더 이상 존재하지 않았고, 정치 역시 불안정하기는 마찬가지였다. 이렇게 중대한 시기에 핵무기로 무장한 소비에트 연방의 위협에 위기를 느낀 미국은 일본과 정치, 경제, 군사 부문에 걸친 동맹 관계를 구축했다. 그에 대한 대가로 미국은 일본의 보수 자민당을 암묵적으로 지지했다. 경제적으로 미국은 일본 제품에 대한 수입 문호를 전면 개방했다. 하지만 일본이 미국에 팔 수 있는 상품이 마땅히 없었다. 당시 일본 제품은 세계 시장에서 삼류로 통했다. 1970년대까지도 영국의 연극배우 로버트 몰리 Robert Morley 는 형편없는 일본 제품을 빗대는 대사로 관객의 웃음을 이끌어 냈다. 하지만 실상 1970년대의 일본 제품은 더 이상 깔볼 수 있는 대상이 아니었다.

일본은 미국에서 개발한 두 가지 혁신 기법을 통해 일본 제품의 실추된 이미지를 회복하고자 했다. 첫 번째는 1950~1960년대 조셉 주란 Joseph M. Juran 과 에드워즈 데밍 W. Edwards Deming **9**이 일본 전역에 확산시킨 통계적 품질관리 방법**10**이다. 생산 현장에서 품질관리에 완벽을 기하는 노력이 전국적으로 확산되었다. 일본 천황은 일본 경제에 기여한 공로로 주란과 데밍에게 훈장을 수여하기도 했다. 반면 미국의 제조업계는 이후 10~20년간 품질관리에 소홀했다. 오늘날까지도 도요타, 혼다, 닛산의 자동차는 제이디파워 J.D. Power 품질 조사에서 미국이나 유럽의 자동차보다 높은 점수를 받고 있을 정도이다.

일본 경제에 대한 미국의 기여는 산업용 로봇에서도 찾아볼 수 있다. 1956년 엔지니어인 조셉 엥겔버거 Joseph F. Engelberger와 기업가 조지 데볼 George C. Devol [11]은 어느 날 저녁 칵테일을 함께 마시며 아이작 아시모프 Issac Asimov [12]의 공상과학 소설 《아이, 로봇 I Robot》에 대해 이야기를 나누었다. 이들은 범용 universal과 자동제어 automation의 합성어인 유니메이션 Unimation이라는 이름의 회사를 공동으로 설립하고, 5년 후 세계 최초의 산업용 로봇[13]을 개발하는 데 성공했다. 제너럴 모터스는 이 로봇을 뉴저지주 트렌턴 외곽에 위치한 공장에 설치 가동했지만 다른 미국 기업들은 새로운 컴퓨터 구동 기술에 별다른 관심을 보이지 않았다. 엥겔버거는 "미국의 산업 자본가들을 설득하는 데 어려움을 겪었다. 하지만 일본은 기술을 빠르게 받아들였다. 바로 이 때문에 오늘날 70억 달러 규모로 성장한 로봇 산업을 일본이 장악할 수 있었다"[14]라고 말한다.

1965년 일본 자동차제조업협회 JAMA는 "무엇이든 신기술이 최우선 순위가 되었다. 1970년 대부분 미국으로부터 수입한 디지털 기술은 단시간 내에 전체 제조 공정을 전산화하도록 이끌었고, 로봇은 점차 인간을 대신해 위험한 작업을 수행했다"[15]라고 전한다.

1970년대 말에 이르러 존 쿠코스키 John A. Kukowski와 윌리엄 볼튼 William R. Bolton은 일본평가센터 Japanese Evaluation Center의 보고서에서 "일본은 산업용 로봇 분야[16]에서 선두를 달리게 될 것이고 1992년에는 전 세계 산업용 로봇 시장의 69퍼센트를 일본이 장악하는 반면, 유럽은 15퍼센트, 미국은 12퍼센트에 그칠 것이다"라고 지적했다.

이처럼 지식 기반 기술로 무장한 일본은 이후 10년이 조금 넘어 우수한 품질력과 획기적인 제품으로 전 세계를 깜짝 놀라게 하기 시작했다. 소니, 후지쓰, 히타치, 도시바, 미쓰비시 같은 일본 기업들은 세계적인 일류 기업으로 각광받았다. 1957년 미국에서 정확히 288대의 자동차를 판매했던 도요타는 1975년에 이르러 유럽의 자동차 업체들을 제치고 미국에서 가장 많이 팔린 해외 자동차 브랜드[17]로 발돋움했다. 2002년에는 미국 현지 공장에서 생산된 차량을 포함해 총 170만 대가 판매되기에 이르렀다.[18]

미국의 기술 지식과 일본 제품에 대한 미국의 수입 문호 개방에 일본의 기술력과 혁신성이 더해져 일본 경제는 커다란 활력을 얻었다. 일본은 VCR, 텔레비전, 카메라, 스테레오 같은 소비재를 쏟아 내는 동안에도 반도체 칩과 컴퓨터 부품으로 미국 시장에 적극적으로 진출해 지식 기반 경제체제로의 전환을 더욱 앞당겼다.

1979년에 이르러 일본은 컴퓨터 제조 분야에서 IBM의 가장 강력한 라이벌[19]이 되었고, 《우리가 일본으로부터 배울 것은Japan as No.1》이라는 책은 미일 양국에서 많은 관심을 끌었다. 이 책은 일본 기업의 성공 비결로 불타는 향학열과 교육을 중요시하는 태도를 꼽았다. 일본 기업들은 외국인 고문을 영입하고 최첨단 지식의 산실인 세계 각국의 연구기관에 많은 팀을 파견하는 등의 노력을 게을리하지 않았다. 실제로 일본 경제성장의 비결은, 첫 번째 불타는 향학열이고, 두 번째 새로운 지식을 상업적으로 적용하는 창의력이고, 세 번째 속도이다. 1980년대에는 일본의 반도체 기술[20]이 너무 빠르게 성장해 미국 정부가 일본 반도체에 대한 수입 제한 조치를 취하기도 했다.

얼핏 보면 자동차, 가전제품, 컴퓨터, 반도체, 복사기 등은 아시아 지역의 영세한 농가의 삶이나 빈곤 퇴치와는 아무런 연관이 없는 것처럼 보인다. 하지만 사실은 그렇지 않다.

스필오버 효과

일본이 최첨단 제조업의 고도성장을 통해 엄청난 부를 축적하고, 엔화의 가치가 크게 올라가면서 일본 기업들은 대만, 한국, 말레이시아, 인도네시아, 필리핀 등의 제조업 분야에 막대한 투자를 하기 시작했다.[21] 이는 신흥공업국NICS의 경제개발에 촉매제로 작용했다.

일본은 지식 기반 경제체제로 전환하면서 기술 수준과 부가가치가 낮은 제품의 생산은 값싼 노동력을 가진 인접 국가로 넘기기 시작했다. 일본은 아시아에 대한 직접투자의 유일한 창구가 아니었음에도 불구하고 1980년대에 이르러선 미국을 제치고 아태지역 최대의 투자 및 경제 원조 공급국이 되었다.[22] 1980~2000년 일본의 아시아 인접국에 대한 총투자 규모는 1,230억 달러를 넘어섰다.

일본과 미국, 유럽의 투자로 인해 아시아에 얼마나 많은 제조업 및 관련 서비스업 일자리가 창출되었는지를 정확하게 파악하긴 어렵다.

일본에 이어 한국과 대만도 가난한 인접국에 투자를 시작하면서 개발의 스필오버 효과spillover effect(어떤 요소의 생산 활동이 그 요소의 생산성 또는 다른 요소의 생산성을 증가시켜 경제 전체의 생산성을 올리는 효과 – 옮긴이)가 미국에서 일본으로, 일본에서 다시 다른 나라로 확산되었다. 바로 이런 스필오버 효과로 수십억 달러가 세계에서 가장 가난한 지역의 농업 경제국에 투자될 수 있었다.

해외 자본의 수혜 국가에서는 한결같이 비슷한 현상을 발견할 수 있다. 산업의 중심이 1차 산업에서 2차 산업으로 바뀐 것이다. 한국의 경우 1970년까지만 하더라도 전체 노동 인구의 51퍼센트가 농업에 종사했지만 2000년에 이르러 그 비율은 9퍼센트로 줄어들었다. 반면 제조업 종사자 비율은 22퍼센트로 증가했다. 같은 기간 대만은 농업 종사자의 비율이 37퍼센트에서 7퍼센트로 줄어든 반면, 제조업 종사자 비율은 35퍼센트로 급증했다. 말레이시아의 경우도 50퍼센트 이상을 차지하던 농업 종사자 비율이 16퍼센트로 줄고, 제조업 종사자 비율은 27퍼센트로 증가했다. 이 밖에도 태국, 인도네시아, 필리핀의 경우도 정도의 차이만 있을 뿐 비슷한 경향을 보였다.[23]

중요한 것은 산업체제만 바뀐 것이 아니라는 점이다. 전직 세계은행 경제전문가였던 윌리엄 이스털리William Easterly가 말한 '누출'[24], 즉 기술뿐 아니라 금융, 시장, 마케팅, 수출입 규정, 비즈니스 전반에 관한 지식의 확산이 뒤따랐다.

산업시대의 활동과 노하우의 거대한 변화로 인해 전 세계 수많은 극빈자들이 절대 빈곤에서 벗어날 수 있었다. 배부른 사람들은 도시의 슬럼가로 흘러들어 궁핍한 삶을 이어가는 것이 무슨 발전이냐고 반문하겠지만 가뭄과 기아, 질병 때문에 고향을 등졌던 수많은 아시아인에게는 다시 고향으로 돌아가는 것보다 나은 일이었다.

지식 경제체제로 전환한 나라들이 자국 제조업의 일부분을 아시아나 라틴아메리카의 가난한 농업 국가로 옮기는 과정은 여러 가지 중요한 결과를 가져왔다. 수혜국[25]에서는 평균 수명의 증가, 유아 사망률의 전반적인 하락, 빈곤 퇴치의 핵심 요소인 인구 성장률 둔화와 같은 현상이 나타났다. 1960~1999년 사이 전 세계 1인당 식량 생산량이 25퍼센트가량 증가했고, 영양 부족을 가늠하는 기준인 하루 2,100칼로리 미만을 섭취하는 사람의 수도 75퍼센트나 감소했다.[26] 비슷한 기간 동안 동아시아의 경우에는 평균 실질 임금이 무려 400퍼센트나 증가했다.[27]

아시아뿐만 아니라 라틴아메리카를 비롯한 여러 지역의 빈곤 국가들이 이룩한 이런 성과는 선진국들이 베푼 관대한 자비로움의 결과가 아니다. 지식의 이전을 동반하는 해외 자본의 유입은 국가 지도자와 일반 국민의 두뇌와 에너지, 근면, 아이디어, 기업가 정신, 지속적인 노력 없이는 별다른 영향을 미치지 못한다. 어떻든 아시아 지역뿐만 아니라 세계 각지의 빈곤 지역에서는 예상하지도 못했고 의도하지도 않은 엄청난 트리클 다운(낙수효과라고도 하며 부유층의 소비 증가가 저소득층의 소득 증대로 연결돼 전체적인 경기 부양 효과가 나타나는 현상을 말함 – 옮긴이)이 목격되었다.

여기에서 한 가지 중요한 의문점이 남는다. 컴퓨터가 발명되지 않았고 부의 혁명이 일어나지 않았다면 최근 몇 십 년간 진행된 빈곤 퇴치 과정이 어떤 결과를 낳았을까? 지금까지 살펴본 내용만 가지고는 아시아의 초고속 성장을 완전하게 설명하기 어려울 뿐만 아니라 중국과 인도의 급성장에 따른 미래를 예측하기 어렵다.

시간에 쫓기는 아시아

초기 산업화 사회에 대한 막연한 두려움을 주제로 많은 글들이 나왔다. 좌파 세력들은 경제적 근거를 들이대며 산업 자본주의를 비난했다. 그러고는 국가 계획과 사회 발전은 자본주의에 동반되는 끔찍한 호황과 불황을 제거하는 방향으로 나가야 한다고 촉구했다. 일부는 흔히 미학적 근거를 들이대며 자본주의의 가혹한 환경적 폐해를 안타까워했다. 또 다른 일부는 문화적, 종교적 이유 때문에 과거를 미화하고 우익 세력의 산업화를 비난했다. 러다이트 운동(산업혁명 당시 기계 파괴 운동을 벌였던 러드의 이름에서 유래 - 옮긴이)의 추종자들처럼 산업화를 반대하는 사람들에게 기술은 혐오와 배척의 대상이 되었다.

오늘날 지식 기반 경제체제와 이에 동반하는 문명화를 찬성하는 사람들도 이러한 주장에 직면하고 있다. 마치 빈곤의 역사상 가장 급격하고 대대적인 전 세계적 변화로 대변되는 지난 반세기 동안 아무 일도 없었던 것처럼 말이다.

지금까지 우리는 제1물결에 이은 제2물결과 같은 일직선의 변화에 대해서 살펴보았다. 이는 빈곤에서 벗어나는 유일한 길이 순차적이라는 전통적 주장과 정확히 일치한다. 하지만 이제는 변화의 속도가 빨라지고 있다. 여기에 적응하기 위해서 앞서가는 기업들은 의사결정과 생산의 순차적 단계를 동시화에 기반한 새로운 시스템으로 대체하고 있다. 한 단계를 끝낸 후에 다음 단계를 시작하는 것이 아니라 여러 단계를 동시에 실행하고 빠른 속도로 통합한다.

오늘날의 중국과 인도가 대표적인 예이다. 이들은 제2물결에 따른 산업화를 완료한 다음에 제3물결에 따른 개발을 시작하지 않는다. 그 결과 병렬식 개발 전략이 탄생하게 되었고 심지어는 중간 단계를 건너뛸 수도 있게 되었다. 전 세계 빈곤층의 절대다수를 차지하는 농촌 인구가 많은 중국과 인도에서 우리가 목격하고 있는 것은 인류 역사상 가장 거대한 빈곤 퇴치 실험이다.[28]

42

두 마리 토끼를 잡아라

Twin Tracks to Tomorrow

덩샤오핑이 철저한 반자본주의 정책을 풀기 시작한 지 4년이 지난 1983년 10월, 베이징에서 정책 입안자들의 회의가 열렸다. 이 회의를 이끈 자오쯔양趙紫陽 총리는 "중국은 제3물결이라는 개념을 연구해야 한다"[1]고 촉구했다. 마르크스 이론의 영향권을 벗어나기 두려워하던 일부 사람들은 후야호방胡耀邦 공산당 총서기를 찾아가 자오쯔양의 제안에 대한 생각을 물었다. 당시 중국의 기준으로 볼 때 진보세력에 속했던 후야호방은 "당 내에 새로운 아이디어를 두려워하는 사람이 너무 많다"는 말로 답변을 대신했다.

그 이후 중국 최고 지도부와 수천만 명의 추종 세력은 산업화에만 집중해서는 안 된다는 생각에 강력한 지지를 보냈다. 중국은 산업화와 동시에 가능한 빨리 지식 기반 경제체제를 구축해야 했다. 가능하면 기존의 산업화 단계를 건너뛴 채 말이다. 중국이 유인 우주선[2]을 발사하고 생명공학 강국[3]이 되고자 노력하는 이유가 바로 이 때문이다. 불과 몇 년 사이에 이동전화 가입자가 3억 7,700만 명에 육박하고[4] 인터넷 사용자가 1억 1,100만 명에 이르는 것[5]도 다 같은 이유이다.

중국은 DVD 플레이어, 반도체 칩, 컴퓨터에 있어서 자체적인 기술 표준[6]을 수립하고 있다. 이는 단지 보호무역주의적인 목적뿐만 아니라 영국이 19세기에, 미국이 20세기에 그랬던 것처럼 향후 전 세계의 기술적 진보에 영향력을 행사하기 위해서이다. 베이징 게놈연구소에서 쌀의 유전자 코드를 해독해 전 세계를 깜짝 놀라게 한 일도 마찬가지이고, 부시 행정부가 배아줄기세포 연구에 대한 연방정부의 자금 지원을 제한해 의학 발전을 저해하는 동안 중국이 이 분야를 빠르게 발전시킨 것[7]도 마찬가지 이유이다.

〈뉴욕타임스〉의 칼럼니스트 토머스 프리드먼Thomas Friedman은 중국의 다롄이 제조 기지가 아닌 지식 중심지가 되고 있다고 지적한 바 있다. 프리드먼은 "다롄[8]에서는 테니스화만 만드는 것이 아니다. 제너럴 일렉트릭, 마이크로소프트, 델 컴퓨터, SAP, 휴렛패커드, 소니, 액센츄어 등이 이곳에서 아시아 기업을 위한 백오피스 업무를 가동하고 소프트웨어 연구개발 센터를 설립하고 있다"고 말한다. 실제로 중국은 매년 46만 5,000명의 엔지니어와 과학자를 배출하고 있으며[9], 체계적인 노력을 통해 미국에서 활동하고 있는 수천 명의 중국 과학자들을 국내로 불러들이고 있다.[10] 또한 수백 개의 다국적 기업이 매년 약 200개씩 연구개발 센터를 중국에 경쟁적으로 설립하고 있다.[11] 마이크로소프트의 베이징 MS연구소아시아 소장인 해리 셤은 "중국만큼 고급 인력이 집중된 곳을 찾아보기 어렵다"고 말한다. 더욱이 경제개발협력기구에 따르면 이는 전자 장비 수출에 있어 중국이 일본과 유럽을 앞지르고, 2004년에는 미국마저 추월할 수 있었던 원인이기도 하다.[12]

값싼 노동력을 이용하는 동시에 지식 부문을 구축하는, 두 마리 토끼를 모두 잡으려는 중국의 전략에는 중앙 집권 계획을 지양하면서 동시에 지방 분권을 촉진하고, 시장 활동 확대, 수출을 강화하려는 배경이 자리 잡고 있다. 이런 변화에는 사회적 고통, 혼란과 소요 등이 동반되며 상황이 점점 악화될 가능성이 높다. 그래서 중국 지도부는 안정을 최우선 과제로 삼는다. 대만과의 긴장 관계는 물론이고 에이즈나 사스 같은 전염병의 확산, 크고 작은 사회적 혼란, 금융 공황, 환경 위기, 통제 불능한 에너지 비용과 에너지난, 세대 간 갈등 등이 중국 지도부가 해결해야 할 과제이다. 더 심각한 점은 이러한 여러 가지 위기가 동시에 발생할 수 있다는 것이다.

혁명적 변화의 진로를 예측하기란 결코 쉽지 않다. 하지만 중국 지도부는 지난 5000년간 중국을 특징지어온 대량 빈곤을 종식시키는 일이 자신들의 역사적 사명이라는 것 역시 잘 알고 있다.[13] 〈이코노미스트〉의 통계에 따르면 1979년 이후 2억 7,000만 명의 중국인이 절대 빈곤에서 벗어났다.[14] 아직 갈 길이 먼지도 모른다. 하지만 과거의 중국에는 미래조차 없었다.

두 마리 토끼 전략은 중국에만 적용되는 것이 아니다. 인도 역시 대규모 빈곤 문제가 커다란 과제이다.

깊은 잠에서 깨어난 인도

2003년 인도의 뉴델리에서 개최된 '인도, 거인인가, 난쟁이인가?'라는 주제의 회의에 참석했을 때였다. 온화한 얼굴에 긴 은발 머리가 귀를 덮은 키 작은 남자 한 명이 연단에 올랐다. 그는 회색 네루 재킷(칼라를 세운 긴 상의 - 옮긴이)에 마이크를 꽂고 부드러운 목소리로 발표를 시작했다. 마이크를 사용했는데도 목소리가 어찌나 작은지 귀를 쫑긋 세우고 들어야만 했다.

발표자였던 압둘 칼람A.P.J. Abdul Kalam [15]은 해외에는 잘 알려지지 않은 인물이지만 인도의 인공위성, 미사일, 핵 개발 프로그램을 주도했던 과학자이며, 현재는 인도의 대통령이다. 그는 정치인처럼 나라를 통치하지는 않지만 가난을 딛고 성공한 입지전적 인물이자 종교 간 화합의 상징으로 널리 존경받고 있다. 그는《인도 2020, 새 천년의 비전 India 2020–A Vision for the New Millennium》[16]이라는 책의 공동 저자이기도 하다.

후일 그를 대통령궁에서 만났을 때 그는 '연결성'을 최우선 과제로 꼽았다. 이는 기술 간의 연결이 아니라 마을과 마을 간의 연결을 말한다. 인도에는 조그만 마을들이 서로 멀리 떨어져 있다. 칼람은 도시화를 지연시키기 위해 이러한 마을들을 지식 접근 측면에서 물리적, 전자적, 경제적으로 연결하는 프로그램을 개발했다.

가난한 사람들에게는 첨단 기술이 아무런 도움이 되지 않는다는 믿음과는 달리 영국의 식민 통치에서 벗어난 뒤 반세기 동안 깊은 잠을 자고 있던 인도를 깨운 것은 바로 지식 경제와 이와 관련된 기술이었다. 덕분에 1억 명 이상의 인도인이 가난에서 벗어날 수 있었으며, 일부 통계에 따르면 중국을 10~15년 차이로 뒤쫓는 위치까지 오를 수 있었다.[17]

이런 격차는 인도가 가지고 있는 세 가지 장점에 의해 더욱 좁혀질 수 있다. 첫째, 인도는 영어를 공용어로 사용하기 때문에 영어권 국가들과의 의사소통이 수월하다. 둘째, 인도는 중국에 비해 수출 의존도가 낮기 때문에 환율 변동을 비롯한 여러 가지 리스크에 내성이 강하다. 셋째, 상대적으로 분권화되고 개방된 사회는 혁신을 앞당기는 촉매제가 될 수 있다.

방갈로르 센트럴

오늘날 미국을 비롯한 선진국의 일자리가 인도로 아웃소싱되면서 전 세계 언론은 커다란 변화에 주목하고 있다. 방갈로르, 하이데라바드, 푸네, 구르가온, 자이푸르 등지로 이동하는 IT 일자리에 대한 이야기는 최근 전 세계 톱뉴스로 보도되었다. 2004년 한 해 인도는 미국 기업을 비롯한 여러 해외 기업을 대상으로 콜센터, 소프트웨어 개발, 백오피스 업무, 회계, 금융 분석 등을 제공하여 125억 달러를 벌어들였다.[18]

아웃소싱으로 인해 미국의 일자리를 빼앗기고 있다는 주장은 아웃소싱의 긍정적 효과를 간과한 것이다. 〈로스앤젤레스타임스〉는 "방갈로르의 사례를 보면 미국이 아웃소싱을 통해 직접적인 혜택을 받고 있음을 알 수 있다. 방갈로르에 고소득을 올리는 직장인들이 늘고 있는데, 이들이 미국과 유럽 기업의 제품을 활발히 구입하고 있다"고 보도했다. 이들 고소득자들이 쇼핑을 위해 자주 찾는 곳은 새롭게 들어선 방갈로르 센트럴 Bangalore Central인데, 이 쇼핑몰에서는 리바이스, 폴로, 라코스테, 자키 등 해외 유명 브랜드 제품을 판매하고 있다. 아웃소싱 열풍이 현재의 속도로 계속 진행될 가능성은 낮지만 신흥 부유층의 출현에 기여한 것은 틀림없다.

이들 젊은 중산층은 현재를 중시하며 전통을 무시하는 경향을 보인다. 2004년 인도 총선에서는 인도국민회의 Congress Party가 재집권에 성공했다. 사회주의 성향의 인도국민회의는 전통적으로 개발을 지식 기반 경제체제로의 전환으로 보지 않고, 공장이나 굴뚝의 문제로 간주한다. 하지만 이념적으로 인도국민회의보다 좌익 성향이 더 강한 인도의 공산당조차 생각을 바꾸고 있다.[19]

얼마 전 한 기자는 공산당이 컴퓨터의 도입을 반대하는 시위를 지원한 사실을 지적하며 서벵골주 공산당 선임 장관[20]에게 일침을 가했다. 이에 대해 선임 장관은 "그것은 1970년대 이야기입니다. 어리석은 행동이었죠. 은행과 보험회사에서 컴퓨터를 도입하려 하자 근로자들이 반대 시위를 벌였고 우리도 이들을 지지했습니다. 하지만 이제 우리도 지식 산업이 중심이 되는 시대에 접어들었다는 것을 잘 알고 있습니다"라고 답했다.

한때 비참한 도시 생활의 상징이었던 콜카타에서조차 지식 산업의 중요성을 인식하고 IBM에 투자를 요청했다.[21] 카르나타카주의 670만 농민들은 컴퓨터 덕분에 30센트 정도의 비용으로 토지 문서를 발급받을 수 있었다.[22] 그리고 이를 통해 파렴치한 악덕 지주로부터 소중한 재산을 지킬 수 있게 되었다.

2005년에는 인도와 미국 기업이 세계은행과 함께 컨소시엄을 구성해 카르나타카주 5,000개 마을의 농촌 거주자들이 금융, 교육, 공공 서비스를 받을 수 있는 인터넷 검색 센터[23]를 설립하는 계획을 발표하기도 했다. 카르나타카는 인도 전체에서 모범적인 사례가 되고 있다.

IT와 통신이 빈곤 퇴치를 위한 유일한 첨단 기술은 아니다. 우주항공학자이기도 한 칼람 대통령 덕분에 인도는 통신 위성과 원격 탐사 위성을 독자적으로 설계, 개발, 조립, 발사할 수 있는 기술을 갖추고 개발도상국 중에서 가장 성공적인 우주 개발 프로그램을 운영하고 있다. 과학 전문 기자인 다이네시 샤르마Dinesh C. Sharma는 〈퓨처스Futures〉를 통해 "인도가 자체 로켓을 이용해 과학자들을 우주선에 태워 달 주변을 돌아오는 계획을 진행 중에 있다"고 보도했다.

샤르마가 지적한 것처럼, 갑작스러운 침수로 인해 위험에 빠졌을 때, 인공위성 재난 경보 시스템과 원격 탐사 기술의 도움을 받거나, 트리반드룸 지역 암 센터의 환자처럼 치료를 받기 위해 많은 비용을 내고 먼 거리를 이동해야 했던 경우가 아니라면 과학 기술의 발전은 가난한 사람들과 아무런 관련이 없어 보일 수도 있다. 여섯 개 분원을 설립한 지역 암 센터는 인터넷을 통한 원격 진료로 외래 환자 수가 30퍼센트 이상 줄었다. 인도 우주연구소ISRO는 대형 병원과 여덟 개 보건 센터 간에 동영상과 음성을 통해 실시간으로 진료 기록과 이미지, 데이터를 교환할 수 있도록 위성 링크를 구축했다. 이렇게 함으로써 대형 병원의 의사들은 멀리 떨어져 있는 시골 마을의 의료 활동을 지원할 수 있다.[24]

미국 회계법인 에른스트 앤 영Ernst & Young은 인도가 향후 5년 내에 생명공학 분야[25]에서 50억 달러의 수익과 100만 개의 새로운 일자리를 창출할 것으로 전망하고 있다. 인도의 보험 규제 및 개발 당국Insurance Regu–latory and Development Authority은 보험회사가 생명공학 분야에 투자할 수 있는 길을 열었고, 인도 정부도 해외 자본의 유입을 원활하게 하는 조치를 취했다. 바로 이것이 인도

뿐만 아니라 세계적인 빈곤 퇴치의 중요 수단이라 할 수 있다.[26]

인도에서의 여러 가지 진보는 아직까지 실험 단계에 있거나 제한적이며 체계적인 틀을 갖추지 못한 상태다. 하지만 지식 기반 경제체제가 좀 더 확고하게 자리를 잡기 시작하면서, 과거 산업화 경제체제의 다양한 사회, 제도, 정치, 문화적 요소가 자리를 잡을 때 그랬던 것처럼 그 효과가 점점 크게 나타날 것이다.

인도 역시 중국과 마찬가지로 부패, 에이즈, 심각한 환경 파괴, 제도 개혁의 필요성, 세대 간 갈등 등 여러 가지 도전에 직면해 있다. 중국이 대외적으로 대만과의 긴장 관계를 걱정해야 한다면 인도는 핵으로 무장한 파키스탄과 카슈미르 영토 분쟁을 걱정해야 한다. 더구나 인도는 카스트 계급 간의 갈등을 비롯해 간헐적으로 발생하는 힌두교도와 이슬람교 원리주의자 간의 유혈 분쟁도 해결해야 할 과제로 안고 있다.

이런 모든 문제에도 불구하고 인도는 빈곤 퇴치를 위한 노력을 한시라도 늦출 수 없으며, 굴뚝 산업만으로는 이런 노력이 결실을 맺기 어렵다는 점 역시 잘 알고 있다. 국민 대다수가 생산성이 낮은 농업에 매달려서는 아무리 많은 독자적 기술을 도입하더라도 빈곤을 퇴치할 수 없다. 제2물결 전략이나 제1물결 전략 그 어느 것도 빈곤 퇴치에는 충분치 않다.

<u>가장 위대한 세대?</u>

'가장 위대한 세대'라는 말은 중국, 인도뿐 아니라 아시아와 세계 전체에 해당되는 말이다. 아시아의 지도자들은 이런 사실을 오래전에 깨달았다. 리콴유 Lee Kwan Yew 싱가포르 전 총리는 인구 300만 명의 작은 나라 싱가포르를 첨단 기술과 서비스의 세계적 중심 국가로 일으켜 세웠다. 2002년 싱가포르는 생명공학 분야에서 아시아의 선두 국가로 발돋움했다.

말레이시아의 마하티르 모하마드Mahathir Mohamad 전 총리는 '말레이시아 2020'[27]이라는 첨단 산업 육성 목표를 수립하고 마이크로소프트, 인텔, 일본 전신전화, 브리티시텔레콤으로부터 투자를 유치했다.[28] 영국으로부터 독립한 1957년만 하더라도 말레이시아의 주요 수출 품목은 고무와 주석이었지만 오늘날 말레이시아는 반도체와 전자제품의 주요 수출국으로 성장했다.[29]

대통령으로 당선되기 전에 국가과학기술위원회National Committee on Science and Technology에서 활동하기도 했던 한국의 김대중 전 대통령은 나노 기술 연구에 11억 달러를 투자하는 계획을 승인했다.[30] 대통령 재직 중에는 한국을 IT와 광대역 통신 선두 국가로 키우기 위한 운동을 벌여, 오늘날 한국을 세계적인 IT 강국으로 일으켜 세웠다.

그렇다면 "라틴아메리카와 아프리카에 리콴유나 김대중 같은 지도자가 있는가?"라는 의문이 든다. 아랍권에서는 다행히 컴퓨터를 사용할 줄 아는 젊은 압둘라Abdullah 왕[31]이 이끄는 요르단과 일부 페르시아만 연안 제국에서 각성의 목소리가 들리기 시작했다.

여러 지역이 아직도 빈곤에서 벗어나지 못하는 이유가 무엇인가? 식민 통치의 여파인가? 종교 때문인가? 문화, 부패, 기후, 불안정한 정치, 부족주의, 아니면 이런 것들의 종합인가? 이런 지역이 아직까지도 빈곤의 늪에서 헤어나지 못하고 미국과 유럽, 아시아 신흥 공업국에 크게 뒤처지는 이유는 무엇인가? 이에 대한 답은 시간과 장소에 따라 다를 것이다. 하지만 지식 기반 경제체제는 세계 빈곤의 중심지였던 아시아, 특히 중국과 인도에서 가장 큰 성공의 꽃을 피울 수 있을 것이라는 사실만은 확실하다.

이상과 현실

인도나 중국이 기술만으로 빈곤에서 완전하게 벗어날 수 있을 것이라고 생각한다면 오산이다. 그렇게 할 수 있는 나라는 없다. 부의 혁명은 컴퓨터와 하드웨어 이상의 것이며 단순한 경제적 문제 이상의 영역이다. 부의 혁명은 사회적, 제도적, 교육적, 문화적, 정치적 혁명이다.

농업 생산성을 급격히 향상시키지 않고서는 어떤 나라도 뿌리 깊은 농촌의 빈곤 문제를 해결할 수 없으며, 농업 기술의 발전 없이는 광범위한 빈곤 문제를 해결하기 어려운 것 또한 사실이다.

유럽과 미국이 자국 농민들에게 지급하는 농업 보조금을 없앴다고 해서 해결될 문제도 아니다. 보조금의 폐지가 가져올 결과는 보조금 지급을 반대하는 사람들이 주장하는 것보다 훨씬 더 복잡한 문제이다. 선진국의 보조금 지급이 후진국의 생계형 농업 종사자들에게는 타격이 될 수 있지만 간접적으로 산업적 발전을 촉진할 수 있다는 주장도 일리가 있기 때문이다. 하지만 선진국의 농업 보조금이 후진국에는 단기적이고 직접적인 타격을 준다는 점은 이론의 여지가 없다.

정치적 목적이 강한 선진국의 농업 보조금은 삭감되어야 한다. 하지만 농업 보조금을 지금 당장 완전히 폐지한다고 해도 실제로 농촌의 빈곤 문제가 해결될 것이라고 생각해서는 안 된다. 도덕적 차원에서라도 선진국은 인도주의적 지원과 재난 구호 기금을 크게 늘려야 한다. 하지만 지진이나 쓰나미 같은 재난을 당한 이재민에게 식료품과 피난처를 제공하는 등의 구호 활동 그 자체가 세계 빈곤 문제를 해결해 주지는 않는다.

기아 역시 해결해야 할 과제이다. 기아에 허덕이고 있는 사람들에게 즉각적으로 구호 활동을 펼쳐야 한다. 무엇보다 영양 부족으로 인해 발달이 지연될 수 있는 아이들의 두뇌를 살려야 한다. 미래에는 지식이 점점 더 중요해진다. 하지만 기아에 허덕이는 사람들에게 일시적으로 식료품을 공급하는 것만으로는 세계적 빈곤을 뿌리 뽑기 어렵다.

아프리카와 아시아에서 매년 수백만 명의 목숨을 앗아가는 에이즈[32]를 비롯한 치명적 질병 역시 마찬가지이다. 이런 질병이 초래하는 엄청난 비극을 두려워하지 않거나 가슴 아파하지 않는 사람은 없을 것이다. 생명은 소중한 것이다. 하지만 이런 치명적 질병의 확산을 막는다고 해도 근본적인 변화가 없으면 농촌 빈곤의 악순환을 끊을 수 없다.

또한 경제적 발전을 위해서는 여성 차별과 불평등을 개선해야 하며 부정부패를 척결해야 한다. 척결이 힘들다면 최소한 줄여야 한다. 우선 교육이라는 수단을 통해 이런 문제를 해결해 보자.

이런 모든 노력을 한다고 해서 힘들게 일하면서도 어렵게 살아갈 수밖에 없는 수십억 농촌 인구를 빈곤에서 완전히 해방시킬 수는 없다. 자연을 대상으로 하는 농업은 그 결과를 예측하기가 어렵다. 소규모 영세 농업을 보다 생산적인 활동으로 대체해야 생계형 빈곤을 정복할 수 있다. 다른 계획은 소용없다.

제1물결에서는 아무리 좋은 환경에서도 영세 농업 종사자가 현재의 도구로 생산할 수 있는 양에 한계가 있을 수밖에 없다. 제2물결의 기계화 및 산업화된 농업에서도 심각한 환경 파괴 없이 생산할 수 있는 양에 한계가 있다. 파괴된 환경을 복원하는 비용까지 감안하면 실제 생산성은 생각만큼 높지 않다. 하지만 제3물결이 가져온 지식 기반 농업에서는 생산량이 사실상 무한하다. 인류는 최초로 농사를 짓기 시작한 이후 가장 커다란 농업 혁명에 직면해 있는 것이다.

43

빈곤 해소

Cracking Poverty's Core

모든 전략에는 꿈과 비전이 담겨 있다. 어떤 이들에게는 빈곤 퇴치를 위한 제 3물결의 전략이 허황된 꿈처럼 보일 수도 있지만 이는 곧 현실이 될 수도 있다. 사실 기존의 빈곤 퇴치 전략은 새롭지 않은 비현실적인 전략이었다. 소규모 지역사회 차원의 점진적이고 조그만 변화로는 우리가 필요로 하는 커다란 발전을 이룩할 수 없다.

중국이나 인도 또는 이들의 개발 과정을 따르는 나라들은 대기, 토양, 수질 오염 등 전례 없는 환경오염을 유발하는 거대 공장의 모습으로 변모하거나, 이미 포화 상태에 도달한 도시로 수억 명의 농촌 인구를 밀어 넣어서는 성공할 수 없다. 도시로 밀려드는 농촌 인구의 유입을 차단하려면 농업과 첨단 기술 간의 생산성 차이를 줄여야 하며 목표를 분명히 해야 한다.

일단 세계적으로 빈곤에 관한 논의가 절대 빈곤을 줄이는 것이 목표인지 아니면 빈부 격차를 줄이는 것이 목표인지를 결정해야 한다.[1] 그러지 못하면 계획 자체가 흐지부지될 수 있다.

빈부 격차 해소는 가난한 사람들의 생활 수준을 올릴 필요 없이 부자들의 생활 수준을 낮춤으로써 달성할 수 있다. 그러나 산업혁명은 빈곤을 줄인 반면에 급격한 빈부 격차를 가져왔다. 양자를 함께 개선시키려는 노력이 성공한 사례는 찾아보기 어렵다.

빈곤에 관한 논의의 주된 목표는 상대적 빈부 격차와는 관계없이 절대 빈곤 수준 이상으로 생활 여건을 높이는 것이어야 한다. 굶주리는 아기가 없고, 모두가 깨끗한 식수를 마실 수 있으며, 가난한 나라의 평균 수명이 최소 70세에 도달하고, 기타 기본적인 교육 수준이 충족되고 난 뒤에 빈부 격차의 해소를 우선순위에 두어야 한다.

오늘날의 가난한 농촌 지역을 생산성 높은 첨단 기업 센터(더 이상 늙고 쇠약한 부모님들의 근력에 의존하지 않고 아이들의 지적 능력에 의존하는 지역)로 탈바꿈시키기 위한 전략이 필요하다. 현실적으로 보면 이런 전략은 너무 이상적인 것처럼 보인다. 그러나 다행히 현재 개발 중인 강력한 과학 기술의 발전을 이용할 수 있다. 찬반 논쟁이 뜨거운 유전자 변형 식품이 그중 하나이다.

시행착오는 그만

안전성을 개선하고 농작물 간 상호오염을 방지하라는 여론의 압력은 효과적이며 사회적으로도 도움이 된다. 하지만 유전자 변형 식품을 완전히 금지하려는 것은 무책임한 일이며, 실현 가능성도 낮다. 그린피스의 공동 설립자 패트릭 무어Patrick Moore[2]도 유전자 변형 식품에 반대하는 운동은 망상에 불과하며 과학과 논리를 완전히 무시하는 행동이라고 주장한다.

러다이트주의자들의 반대에도 불구하고 세상은 환경적으로 안전한 유전자 변형 식품과 기타 생명공학 제품을 생산, 이용하는 방향으로 움직일 것이다. 이런 움직임과 더불어 다른 여러 분야에서 일어나고 있는 혁신을 통해 지구상의 빈곤을 완벽히 해결할 수 있을 것이다.

유전자 변형을 비롯한 생명공학 기술[3]은 농작물의 영양가를 증가시킬 수 있고 비료[4], 관개, 농약 등의 필요를 줄일 수 있다. 또한 척박한 토양이나 추운 기후에서도 농작물을 키울 수 있게 해준다.[5] 단위 면적당 수확량을 크게 늘릴 수 있으며, 농산물 생산 단가를 낮추고[6], 보다 좋은 농작물을 생산할 수 있다.

지금까지 유전자 변형 농작물을 키우는 나라는 여섯 개국에 불과했고, 그 품목도 서구 사회에서 인기가 높고 수익성이 높은 콩, 캐놀라, 옥수수, 면화로만 국한되었다.[7] 하지만 이제 이런 경향에 변화의 바람이 불고 있다. 인도 생명공학부는 가까운 미래에 유전자 이식을 통해 종을 개량한 양배추, 토마토, 감자를 대규모로 생산할 수 있을 것으로 전망하고 있다. 전 인도 농무부 장관인 라즈나쓰 싱 Rajnath Singh은 "인도는 옥수수, 카사바, 파파야 등 후진국에서 주로 소비하는 12개 주요 농작물에 대한 유전자 연구를 계획하고 있다"[8]고 밝혔다.

중국은 최근 몬산토가 생산하는 유전자 변형 옥수수와 콩을 수입하기로 했다.[9] 일부 소식통에 따르면 중국 정부는 자국 과학자들에게 선진 생명공학 기술을 따라잡을 수 있는 시간을 주기 위해 지금까지 유전자 변형 식품의 수입을 늦췄다고 한다. 하지만 과학개발네트워크에 따르면, 유전자 변형 콩의 수입 제한을 강화하기 위해 채택한 엄격한 조치에도 불구하고 유전자 변형 식품의 수입 성장세를 낮추지는 못했다. 2003년 중국은 전년과 대비해 100퍼센트 증가한 2,000만 톤의 콩을 수입했다. 이는 48억 달러에 달하는 양으로 이 중 70퍼센트 이상이 유전자 변형 식품이다.[10]

이런 사례는 새로운 과학 기술의 발전을 규제하는 것이 얼마나 어려운 일인지를 잘 보여 준다. 특히 정부의 통제력이 제대로 미치지 못하는 지역에서는 더욱 그렇다. 하지만 그렇다고 해서 새로운 과학 기술에 대한 절실한 필요성이 줄어드는 것은 아니다. 〈사이언스〉에 따르면 이런 현실을 인정한 중국이 북미 다음으로 식물 생명공학 부문에서 가장 큰 역량을 키우고 있다.

농업의 역사적 발전과 영향을 연구한 《곡류에 반대한다Against the Grain》의 저자 리처드 매닝Richard Manning은 인류가 수 세기 동안 이종 교배와 잡종 사육을 해왔다는 점을 상기시킨다.[11] 모두 시행착오와 운에 따라서 말이다. 그는 "이제는 그러한 모호한 요소들 대신 각 유전자가 식물의 구성에서 어떤 역할을 하는지 정확히 알아내야 한다. 과거에는 몇십 년이 걸렸지만 오늘날 과학자들은 유전자 조작을 통해 원하는 특성을 쉽게 뽑아낼 수 있다"고 지적한다.

병을 치료하는 식품

생명공학의 발전으로 식품에 질병을 퇴치할 수 있는 효능을 강화할 수 있게 되었다. 여기에는 빈민국의 유행성 질병을 퇴치할 수 있는 효능도 포함되어 있다.

매년 50만 명 이상의 사람들이 B형 간염으로 사망하고 있다.[12] 이 중 3분의 1이 아시아 사람들이다. B형 간염 보균자도 전 세계적으로 4억 명에 이른다.[13] 한편 미국에서는 3차에 걸친 간염 예방 접종 비용이 200달러에 달하는데 이는 수백만 명의 가난한 농민들에게는 너무나 큰 비용이다.

코넬 대학 연구진은 바나나에 간염 예방 백신을 이식하는 연구를 진행 중이다.[14] 이 연구가 성공하면 1회 복용에 10센트 정도 비용으로 간염을 예방할 수 있다. 머지않아 B형 간염을 예방하는 백신이 함유된 토마토[15]와 감자[16]가 개발될 수도 있으며, 비타민A를 강화해 빈곤 지역의 어린이들이 많이 걸리는 시력 상실을 예방하는 황금쌀[17]도 나올 수 있다. 인도에서는 콜레라와 공수병[18]을 예방할 수 있는 백신 강화 식품을 개발하기 위한 연구가 진행 중이다. 유아 사망의 주요 원인 중 하나인 설사를 예방하는 토마토[19], 낭포성섬유증을 막는 옥수수[20], 비타민 강화 야채와 과일 등이 모두 연구 중에 있다.

그뿐만이 아니다. 인간의 유전자 구성과 단백질체에 대한 연구가 활발해지면서 의학적 목적의 식품뿐만 아니라 미용이나 개인 능력 향상 목적의 식품도 개발되고 있다. 또한 생명공학 업체들이 계속해서 새로운 품종을 개발함에 따라 생명공학 농부pharmer들은 개인을 대상으로 한 맞춤화된 농산물[21]을 생산할 수 있을 것이다.

모두가 출발점에 서 있는 분야에서는 가난한 나라라고 해서 선진국을 따라잡지 못하라는 법이 없다. 국민의 식생활을 개선하고, 고부가가치 농산물을 수출해 높은 수익을 올리지 못하라는 법도 없다. 그러나 이런 모든 것이 가능성의 출발점일 뿐이다.

바이오 경제학

미국 워싱턴에 소재한 군사정보대학NDU 산하의 기술 및 국가안보정책센터Center for Technology and National Security Policy는 보고서를 통해 미래에는 농업 분야가 석유 분야와 같은 중요성을 갖게 될 것이라고 전망했다.

심지어 석유 기업의 경영진조차도 '석유 시대의 종말'[22]에 대해 논의하기 시작했다. 군사정보대학이 발표한 보고서를 기안한 로버트 암스트롱Robert E. Armstrong 박사는 한 걸음 더 나아가 석유를 대신해 유전자가 많은 원자재와 제품의 핵심 원천이 되는 바이오 기반 경제체제로 나아가고 있음을 시사했다.

21세기 초 미국은 농업 활동으로 인해 식물의 잎사귀, 줄기 등의 폐기물을 매년 2억 8,000만 톤씩 배출했다.[23] 이 중 일부는 이미 화학물질, 전기, 윤활유, 플라스틱, 접착제, 그리고 가장 중요한 부문인 연료로 전환되었다. 하지만 이것은 시작에 불과하다. 암스트롱 박사는 바이오매스biomass(에너지원으로 이용되는 식물이나 동물 폐기물 – 옮긴이)를 식품, 사료, 섬유질, 바이오 플라스틱 등의 제품으로 전환시키는 소규모 바이오 정유소가 농촌 지역 곳곳에 들어설 것이라고 전망한다.[24] 또한 국가연구위원회NRC, National Research Council의 1999년 보고서를 인용해 바이오 기반 경제가 미국에서 소비되는 유기화학의 90퍼센트, 액체연료의 50퍼센트를 담당하게 될 것으로 전망했다.

이는 미국에만 해당되는 이야기가 아니다. 암스트롱 박사는 바이오 경제체제에서 기본 원료는 유전자이며, 이는 석유와 달리 전 세계 어디서나 구할 수 있다고 지적한다. 그렇기 때문에 사막뿐인 산유국에서 생물 다양성이 풍부한 열대 지역으로 지정학적인 권력이동이 일어날 것이라 전망한다. 그는 "바이오 기반 세계에서는 에콰도르와의 관계가 사우디아라비아와의 관계보다 더 중요해질 것이다"라고 말한다. 바로 에콰도르의 풍부하고 다양한 생물, 즉 유전자 다양성이 지닌 잠재적 가치 때문이다. 이는 에콰도르뿐만 아니라 브라질이나 아프리카 역시 마찬가지이다.

영국 콘웰 지역에는 〈패스트컴퍼니Fast Company〉가 "세계 최대의 온실, 우리는 20세기의 어느 때보다도 혁명적인 변화를 눈앞에 두고 있다"고 지칭한 에덴 프로젝트[25]가 있다. 이 프로젝트의 책임자인 팀 스미트Tim Smit는 "우리는 식물을 통해 철근이나 케블라보다 강한, 새로운 합성물질을 만들 수 있으며, 모든 나라가 각국의 고유 식물로부터 진보된 물질을 만들 수 있을 것이다"라고 말한다.

한편 암스트롱 박사는 "바이오 정유소는 원자재의 출처와 가까운 곳에 지어야 한다"고 말한다. 이에 따라 현지 바이오 정유소에 공급할 특정 농작물을 재배하는 지역화된 농업이 발달할 것으로 보이며, 결국 농촌에서 비농업 일자리가 창출될 가능성이 높다고 덧붙인다. 그는 바이오 기반 경제체제가 도시화의 흐름을 차단하는 데 일조할 수 있다고 결론 내린다.

천우신조

농부는 바보가 아니다. 그랬다면 살아남지도 못했을 것이다. 농부는 자신이 일구는 땅에 대해 누구보다도 잘 알고 있다. 곧 폭풍우가 불어칠지, 건기가 언제 닥칠지도 잘 알고 있다. 하지만 농부가 알고 있는 것은 그가 알 수 있는 지식의 극히 일부분이다. 그렇기 때문에 농부는 가난에서 벗어나지 못하는 것이다.

선진국의 똑똑한 농부조차도 노동력과 에너지, 물, 비료, 농약을 낭비하고 있으며, 심각한 생태학적 파괴를 일으키고, 자신이 생산할 수 있는 양에 훨씬 못 미치는 농작물을 생산하고 있다. 이는 자신이 일구고 있는 땅에 대해 속속들이 알지 못하기 때문이다. 지금까지 농부는 물론 기업농까지도 모든 농지에 대해 똑같은 농사법을 적용해 왔다. 모든 것을 천편일률적으로 해결해 온 것이다.

그러나 이제는 지상에서 1만 2,000마일 떨어진 상공으로부터 도움을 받을 수 있다. 마을마다 혹은 여러 마을이 공동으로 지구 궤도를 도는 인공위성에서 비료, 영양소, 물 등 개별 토지에 관한 상세 정보를 수신할 수 있는 날이 머지 않았다. 휴대용 GPS를 통해 정보 수신이 가능해질 것이다.[26] 이렇게 되면 맞춤형 농사를 할 수 있게 된다. 생산자가 비료를 어디에, 언제, 얼마만큼 사용해야 하는지 알게 되는 것이다. 관개와 물 재활용 방법을 개선해 현재의 수계를 바꿀 수도 있고, 심지어는 부가가치가 높은 특수 용도의 물을 이용할 수도 있다.[27] 국가연구위원회의 연구에 따르면 관개 기술의 향상만으로도 향후 25년간 전 세계적으로 예상되는 수자원 수요를 절반으로 줄일 수 있다고 한다.[28]

생산자와 환경 모두에 도움이 되는 정밀 농업과 맞춤형 정화 방법은 농업의 탈대량화를 가능하게 한다. 이는 실로 엄청난 변화를 불러일으킬 수 있다. 산업형 농업은 환경 파괴를 일으킬 수 있는 단일 농작물, 단일 재배로 이어진다. 하지만 우리가 여기에서 말하는 것은 산업화 시대의 방법으로 돌아가는 것이 아니다. 훨씬 뛰어난 발전에 의해 앞으로 나갈 수 있는 가능성을 처음으로 여는 움직임이다. 적어도 부유한 나라의 시장에서 맞춤형 식품과 건강 제품에 대한 수요가 증가함에 따라 새롭고 다양한 방법과 기술이 발전할 것이다. 이는 결국 다양한 농작물에 대한 수요를 전 세계적으로 증가시킬 것이다. 환경 보호론자들이 기대하고 환영하는 것이 바로 이것이 아니겠는가?

오늘날 정밀 농업과 기타 갖가지 새로운 방법은 아직까지 초보적인 단계에 머물러 있으며 비용도 많이 든다. 하지만 원가는 곧 하락할 것이다.

정보의 가치

중국 안휘성에서 행상을 하고 있는 왕쉬우는 물건을 바구니에 담아 가까운 마을과 시장을 돌아다니며 팔았다. 1000년 전의 행상이나 농부와 크게 다르지 않은 방식이었다. 하지만 1999년 그의 삶은 변화를 맞이했다. 그는 "놀라운 기회가 찾아왔다는 것을 깨달았다"라고 당시를 회고한다. 그가 말하는 놀라운 기회란 바로 인터넷이다. 그는 손님을 찾아다니는 것이 아니라 손님들이 자신을 찾아오게 만들었다. 그가 컴퓨터에 대해 해박한 지식을 가지고 있었던 것은 아니었지만, 당시 52세였던 그에게는 기업가 정신이 있었다. 그는 집에서 인터넷 서핑을 시작했고, 시장 정보를 모아 마을 사람들에게 무료로 제공했다.[29]

농부에게 시시각각 변하는 시세 정보는 매우 중요하다. 그런데 전통적으로 농부들은 자신이 기른 농작물이나 가축이 팔릴 만한 시기에 시장에 내다 팔았고, 시장에 가서야 비로소 시세를 알 수 있었다. 이런 시스템으로는 판매자의 협상력이 극히 제한될 수밖에 없다.

왕쉬우는 현재의 가격 정보를 제공함으로써 이런 방식을 획기적으로 바꿨다. 왕쉬우는 자신의 농산물을 온라인으로 판매하기 시작했다. 처음에 그는 온라인을 통해 현지 시장 가격보다 높은 가격으로 고구마 200만 킬로그램을 판매했다. 곧바로 구매 문의 이메일이 쏟아지기 시작했고 왕쉬우는 지금도 이 사업을 계속하고 있다.

왕쉬우의 사례는 2001년 신화통신에 대대적으로 소개되었다. 신화통신은 "안휘성의 농부들 대부분이 인터넷을 이용하며, 전체 마을의 90퍼센트에 달하는 1,634개 마을에서 인터넷을 통해 공짜로 시장 정보를 얻을 수 있다"[30]고 보도했다. 안휘성 정부는 온라인 장터를 후원하고 있다. 이 장터에서는 연간 1억 킬로그램 이상의 곡물이 거래된다. 한편 신화통신은 "1만 7,000개 이상의 중국 마을에서 인터넷을 이용할 수 있게 되었다"고 보도했다.[31]

하지만 아직 중국이 가야 할 길은 멀다. 중국 과학기술부는 인터넷을 사용하는 농촌 인구는 전체 인터넷 사용자의 1퍼센트에도 미치지 못하며, 그것도 일부 지역에 집중되어 있다고 보고 있다.

세상에서 가장 똑똑한 영농업자

인도의 마드햐 프라데시주에서 약 8,000평방미터의 땅에 콩을 재배하고 있는 조쉬 역시 농부들에게 온라인 가격 정보를 제공하고 있다.[32] 그는 단순히 사업만 하는 것이 아니라 e-챠우팔e-choupal이라고 하는 사회적 혁신을 위한 일을 한다.[33]

인도의 대표적 기업 중 하나인 ITC는 수출 품목인 콩, 담배, 커피, 밀 등의 구매 시스템을 개선하기 위해 농촌 지역에 퍼져 있는 수천 명의 농부와 IT 네트워크를 구축했다. 조쉬 같은 사람들에게는 컴퓨터를 제공했다. 대신 이런 혜택을 받은 사람들은 자신의 집을 챠우팔, 즉 마을 농부들이 모여 이야기를 나누고 차도 마시며 현지 정부 위임 시장 또는 시카고 상품거래소Chicago Board of Trade의 최근 시세를 알 수 있는 모임 장소로 제공하게 했다.

세계자원연구소WRI, World Resources Institute의 쿠타얀 아나말라이 Kuttayan Annamalai와 라오Sachin Rao에 따르면, 각 챠우팔의 컴퓨터는 평균적으로 주변 10개 마을, 600명의 농부가 이용한다. 이를 통해 농부들은 가격 정보를 얻을 뿐만 아니라 컴퓨터 화면을 통해 직접 농업 기술을 배울 수도 있다. 글을 읽지 못하는 사람들은 상차락sanchalak(챠우팔을 제공하는 집주인)의 도움을 받는다. 온라인 정보 중 일부는 보다 이해하기 쉽도록 농부들이 직접 다시 작성하기도 한다.

상차락은 자신을 통해 이루어지는 구매에 대해 ITC로부터 일정 금액을 받는다. 더불어 공개 서약에 의해 지역 사회를 위해 봉사하는 의무를 진다. ITC는 농부들에게 물건을 살 때 전날의 종가로 구매하고, 농부는 자신이 기른 농작물을 ITC 가공 센터로 운반한다. 이렇게 해서 받는 가격은 정부 시장 제도에서 받을 수 있는 가격보다 평균 2.5퍼센트 높다.

인도는 미국 등지에서 최첨단 아웃소싱 직종을 유치하는 데 성공했고, e-챠우팔을 비롯해 다양한 혁신과 실험을 진행하고 있다. 하지만 디지털 정보격차를 좁히는 데 있어서는 중국보다 가야 할 길이 훨씬 더 멀다. 가격 정보와 새로운 농업 기술은 인터넷이 농부들에게 제공할 수 있는 최소한의 잠재력에 불과하다. 사실 인터넷은 세상에서 가장 똑똑한 영농업자이다. 식물, 지역, 기후, 생태, 화학, 생물 등 농업과 관련된 거의 모든 주제별로 무려 2,100만 개 이상의 관련 사이트가 있다.

한편 휴대전화를 비롯해 다양한 통신기기와 함께 컴퓨터의 가격이 고작 100달러 수준으로 떨어지면서 농촌의 문호를 개방하고 외부의 지식을 받아들이는 일이 무엇보다 시급해졌다.

지식과 정보, 데이터가 부의 창출과 점점 더 밀접하게 연결되는 세상에서는 농촌 사람들도 과거에는 중요해 보이지 않았던 문제에 대해 알아야 한다. 새로운 동식물 질병의 위험성, 농작물뿐만 아니라 토지와 보충물품의 가격 변화, 점점 더 크게 다가오는 환경적 위험과 기회, 부패한 지방 관료와 맞서는 방법, 의학적 발전과 다양한 생활양식, 도시로 보낸 자녀들의 생활 등 다양한 지식이 필요하다.

인터넷을 포함해 오늘날 최고의 정보 수단은 여전히 초보적인 단계를 벗어나지 못하고 있다. 모든 사람들이 골고루 이용하지 못하고 있고, 사용법이 까다로우며, 지식 수준과 관계없이 글을 읽지 못하는 사람들은 타인의 도움이 없으면 사용하기 어렵다.

다소 황당하게 들릴지 모르지만 값싸고 간단한 음성 인식 기술이 개발된다면 수많은 사람들이 글을 몰라도 인터넷을 사용할 수 있게 된다. 이렇게 되면 농촌의 생활과 언어, 문화에 획기적인 발전을 가져올 수 있다. 이보다 더 확실하게 디지털 정보격차를 좁힐 수 있는 방법은 없다. 인터넷, 휴대전화, 카메라폰, 휴대용 모니터 등의 기술은 과거 삽과 괭이만큼이나 미래의 농업에 중요한 역할을 할 것이다.

스마트 더스트

생명공학, 우주, 인터넷의 발전은 선진국의 실험실에서 쏟아져 나오는 수많은 기술의 일부에 지나지 않는다. 빈곤국에서 약간의 개조를 통해 농업 관련 목적으로 사용할 수 있는 기술들 말고도 여기에는 수천 가지 기술들이 있다.

복제 양 '돌리'[34]를 탄생시킨 기술은 한국에서 복제 개인 '스너피'[35]를 탄생시켰으며, 비록 48시간 후에 죽었지만 조지아 대학의 과학자들이 복제소[36]를 탄생시키는 등 계속 발전하고 있다. 복제에 관한 윤리적 입장이 무엇이건 간에 농업과 가축 생산에 미칠 수 있는 복제 기술의 잠재력은 무궁무진하다.

또한 농업의 생명줄인 물을 정화하는 기술[37]도 발전하고 있다. 미국 국방부는 최대 300리터의 오염된 물을 염소나 요오드보다 효과적으로 정화할 수 있는 펜 크기의 기구를 개발했다. 이런 기술이 과연 시골 마을에서도 사용할 수 있을 정도로 발전할 수 있을까?

센서 기술은 미래의 중요 산업 중 하나로 각광받고 있다. 새로운 자동차 모델에는 여러 가지 센서가 장착되어 있다. 심지어 우리가 입는 옷에도 쓰이고 있다. 그렇다면 토지나 농작물에도 센서 기술[38]을 이용할 수 있지 않을까? 사실 포도 농장에 물을 주어야 할 때를 알려 주는 센서는 이미 테스트 단계에 있다. 일부 과학자들은 각 식물에 조그만 바이오센서와 타이머가 내장되어 식물의 정확한 상태를 알려 주는 날이 올 것이라고 말한다.

어떤 과학자들은 토지에 뿌리면 토양의 온도, 습도 등 다양한 토양 정보를 알려 주는 초소형 센서인 스마트 더스트smart dust가 개발될 것이라고 전망한다. 또한 탄저균과 같이 위험한 균을 파악할 수 있는 센서를 우리 몸의 간, 폐, 신경 및 심장 세포에 이식하는 방법도 연구하고 있다.

이 센서는 크기가 10억분의 1미터에 불과한 나노 기기로 표면 전하의 미세한 변화를 감지해 살아 있는 세포의 기능을 감시할 수 있다. 식물은 살아 있는 세포이다. 전하의 변화가 어떻게 식물의 성질과 생산량을 변화시키는지, 곤충의 개체군으로부터 정보를 수집하는 제어 생물 및 생태 모방 시스템에 관해서 지금 연구가 이루어지고 있다.

날아다니면서 공기 중의 박테리아 포자를 몸에 축적하는 곤충을 통해 농작물을 보호하는 방법을 찾을 수는 없을까? 단백질 합성이나 색깔 변화와 같은 세포 내 활동을 제어하는 마그네틱은 어떨까? 현재 진행 중인 연구가 성과를 거둔다면 마그네틱은 식물에 어떤 영향을 미칠 수 있을까? 농부가 마그네틱을 이용해 하루아침에 식물의 비타민 함량과 경제적 가치를 높일 수 있을까?[39]

이런 것들은 미래의 농업에 직·간접적인 영향을 미치게 될 수천 건의 연구 중 극히 일부일 뿐이다. 현재 연구하고 있는 것 중에는 비용이나 실용성 문제 때문에 현실화되지 못하는 것도 많지만 성과를 거둘 수 있는 연구도 많다.

커다란 변화는 그 기술이 얼마나 강력한지에 관계없이 두 가지 이상의 기술이 결합되면서 발생한다. 이미 센서와 무선 기술이 결합된 기기가 저장용 사탕무의 열 축적을 측정하는 데 이용되고 있다. 나노 기술과 마그네틱의 결합은 어떨까? 과학자들은 세포와 단세포 차원에서 생물학적 활동을 감시하고 제어하기 위해 나노 차원에서 마그네틱을 이용하는 방법을 연구하고 있다.

빌 게이츠의 메아리

우리는 "첨단 기술이 빈곤 문제를 해결할 수 없다"는 말을 수도 없이 들어왔다. 한 언론 보도에서는 "정신 차리자!"[40]라고 외치고 있다. 또한 "정보와 통신 기술이 세계 빈곤을 개선하기 위한 정면 공격에 나설 것이라는 증거는 찾아보기 어렵다"라는 주장도 있다. 빌 게이츠조차 이런 생각에 공감하고 있다.[41] 하지만 이런 주장에는 다음과 같은 세 가지 맹점이 있다.

첫째, 현재 기술 전체의 변화보다는 IT 그 자체, 또는 다른 기술에 대한 IT의 영향에만 국한시켜 보고 있다.

둘째, 너무 근시안적이다. 누구도 빈곤 문제가 그렇게 빠른 시일 내에 해결된다고 장담할 수 없다. 오늘날의 동시화를 향한 가속과 변화에도 불구하고 기술은 대개 여러 중복 단계를 거치며 구현된다. 우선 새로운 기술은 얼리 어답터가 사용하기 시작한다. 이때쯤이면 이미 기술은 개선되고 있으며, 아무 관련 없어 보이는 분야의 기술들과 결합한다. 그다음 단계로 컴퓨터, 프린터, 통신 및 기타 도구들이 통합을 거쳐 자가 강화 다기능 시스템self-reinforcing multifunctional system을 형성한다. 마지막으로 체계적 기술을 사용하는 사람들이 기술의 이점을 최대한 활용하기 위해 자신의 조직구조를 바꾼다. 이는 더딘 속도로 다음 주식시장에 반영돼 최대의 효과를 창출하게 된다.

역사적으로 봤을 때 첨단 기술이 빈곤 문제를 해결할 수 없다는 주장은 순진한 생각이다. 예를 들어 증기기관이 실용화되었던 당시에 광산 채굴용으로 개발된 새로운 장치가 농업에 영향을 미칠 것이라고 생각한 사람은 거의 없었다. 실제로도 오랫동안 농업에 영향을 미치지 않았다. 그러다 증기 동력을 이용한 섬유 공장이 생기면서 면화 농부들이 혜택을 받았고, 증기 동력을 이용한 열차는 농업 제품 시장을 넓혔다. 증기는 농업이 경제에서 차지하는 위상을 바꿔 놓았다.

여기에서 제안하는 것은 일시적인 기술적 처방이 아니라 보다 복잡하고 실제적이며 광범위한 것이다. 우리는 기술 발전의 잠재력을 과소평가해서는 안 된다. 종종 기술 진보에 따른 연구시간 단축을 간과하는 경우가 있다. 유엔 밀레니엄 프로젝트의 책임자인 제프리 삭스**Jeffrey D. Sachs**는 "기술 및 과학은 전 세계적으로 광범위하게 퍼져 있는 심각한 문제들을 효과적으로 해결하기 위한 새로운 대안임에 분명하다"고 주장한다. [42]

구관이 명관은 아니다

필요한 기술을 실용화하는 것은 상대적으로 쉬운 일이다. 여러 가지 비기술적 장벽을 극복하는 것이 훨씬 복잡하고 어려운 일이다.

첫 번째 장벽은 엄격한 전통과 이를 유지하고 있는 강력한 피드백 루프이다. 전통적 농업사회에서는 수십, 수백 년 동안 각각의 세대가 조상들과 거의 같은 방식으로 살았다. 미래는 과거의 반복이라는 생각이 지배적이었기 때문에 구관이 명관이라는 생각이 바탕에 깔려 있었다. 삶이 생존의 연속인 전 세계 농부들은 당연히 위험을 피하려고 했다. 이 같은 새로운 것에 대한 거부감은 변화의 속도를 늦췄고, 미래는 과거의 반복이라는 시대착오적인 믿음을 더욱 강화시켰다.

두 번째 장벽은 교육의 부재이다. 물론 교육에 반대하는 사람은 없을 것이다. 하지만 하루하루 끼니를 걱정해야 하는 부모라면 자식들이 학교에 가기보다는 밭에 나가 일을 하거나 어린 동생을 돌보거나 길거리에서 동냥이라도 하길 바랄지도 모른다. 게다가 여자는 교육시킬 필요가 없고 순종적이면 된다고 믿는 사람들과 교육 이외의 문제에 신경 써야 하는 정부를 고려하면 이야기는 달라진다.

가정은 사실상 학교 역할을 한다. 새로운 것에 대한 거부감을 대물림하며 일부 지역에서는 이런 거부감이 종교적 가르침에 의해 더욱 강화되기도 한다. 공립학교에서는 교사들이 박봉에 시달리며 능력을 향상시킬 기회를 갖지 못한다. 연필과 종이가 모자란 학교도 심심치 않게 볼 수 있다. 비평가들은 이런 부끄러운 현실을 비판하지만 대안이라고 제시된 것들은 대개 산업사회에서 찾아볼 수 있는 공장형 교육제도와 닮아 있다. 교실과 책상, 나이별로 나눈 학급, 암기식 학습과 표준화된 평가, 주입식 교육, 민주주의란 이름의 획일화 등 한마디로 '산업화의 원칙'이라 불렸던 것들을 조장하는 시스템이다. 이러한 시스템이 모든 마을에 성공적으로 복제될 수 있을까? 그래야만 할까?

산업화 시대에 맞춰진 대량교육은 산업화 이전의 과거나 탈산업화된 미래의 요구에 부합하지 못한다. 농촌의 교육, 아니 거의 모든 교육은 전면적으로 개념을 재정립해야 한다. 오늘날의 기술은 교육자들에게 개인의 다양한 문화와 요구사항에 따라 교육을 맞춤화할 수 있는 수단을 제공한다.

저렴한 비용으로 모든 마을에 외부 세계와 연결된 컴퓨터를 보급할 수 있는 날이 점점 가까워지고 있다. 인도의 사례에서 본 것처럼 아이들이 독학으로 인터넷 사용법을 터득할 수 있는 날이 가까워지고, 멀티플레이어 게임을 교육에 활용할 수 있는 시대가 다가오고 있다. 또한 원격 온라인 학습을 통해 지방의 교사들이 자신의 역량을 향상시킬 수 있는 시대가 다가오고 있다. 아이들이 부모들을 교육시키고 새로운 것에 대한 거부감을 줄일 수 있는 법을 가르치는 역 홈스쿨링의 시대가 다가오고 있다.

이런 시대에도 역시 기술만으로는 무지를 해결할 수 없다. 새로운 세대를 교육하기 위해서는 정치, 경제, 사회적 역량이 동원돼야 한다.

에너지의 분배

세 번째 커다란 장벽은 농촌 지역의 에너지난이다. 전 세계 빈곤 인구가 자신의 체력이나 가축의 힘보다 더 강력한 에너지원의 혜택을 받지 못한다면 그들은 영원히 빈곤의 늪에서 빠져나오지 못할 것이다.

전 세계 13억 명의 농촌 인구가 여전히 전기의 혜택을 받지 못하고 있다.[43] 이런 상황과 극심한 빈곤 등 오늘날의 현실을 감안할 때 여러 가지 위험과 환경적 피해를 야기한다고 해서 석탄, 가스, 심지어 원자력의 확대를 반대할 수만은 없다.

중국이 추진하고 있는 두 마리 토끼를 잡는 전략, 즉 제2물결과 제3물결을 동시에 추구하는 개발 전략에는 향후 16년간 매년 원자로를 두 기씩 건설하는 계획이 포함되어 있다.[44] 중국의 초대형 삼협댐[45]은 세계 최대 규모를 자랑한다. 아프리카와 아시아, 중남미 국가들도 농촌 지역의 가난한 사람들에게 전기를 보내기 위해 엄청난 예산을 쏟아붓고 있다.

그러나 교육과 마찬가지로 이런 계획은 대개 산업화 시대의 해결책(주로 공장과 인구가 밀집된 도심을 지원하기 위해 만들어진 대량 에너지 시스템)을 이용한다. 동일한 해결책을 인구가 분산된 농촌 지역에 적용하기 위해서는 엄청난 비용이 필요하다. 인도의 계획위원회가 제출한 2002년 보고서에는 "전통적인 배전망 연결이 농촌 지역에서는 비경제적이다. 현재 농촌 지역의 전기 보급 비용과 속도로는 기술적, 재정적 한계로 인해 20년 내에 다른 지역에 전기를 보급하기 어렵다. 반면 태양 에너지와 생물자원과 같은 재생 가능한 에너지원을 활용한다면 전력 생산의 탈집중화가 가능할 것이다"라고 밝히고 있다.[46]

다른 여러 부문과 마찬가지로, 향후 1~2세대에 걸쳐 에너지 부문에서도 신구의 기술 통합으로 우리 모두를 놀라게 할 강력한 하이브리드 형태 또는 완전히 새로운 발전이 나타날 가능성에 대해 심각하게 받아들이는 사람은 별로 없다.

하이퍼 농업

소작 농업과 대규모 기업 농업이 모두 사라지고 하이퍼 농업이라는 새로운 형태의 농업이 그 자리를 대신하게 될 날이 다가오고 있다. 하이퍼 농업은 모든 보조금과 관세, 지원책을 합한 것보다 세계적 빈곤에 훨씬 더 강력하고 장기적인 영향을 미칠 수 있다. 변화된 세상은 미래의 농촌 아이들을 기다리고 있다. 우리의 임무는 시기를 앞당기는 것이다.

긴급 지원, 부채 탕감, 선진국의 보조금 철폐, 일회성의 단기적인 조치 등은 분명 계속해서 필요할 것이다. 그러나 이런 변화는 반창고가 고질병을 치유할 수 없듯이 수십억 농촌 인구를 빈곤에서 벗어나게 할 수 없다.

세계는 농촌 인구가 세계적 빈곤의 큰 축을 차지하고 있는 중국과 인도 같은 나라들이 점진적인 변화를 거부하고 제2물결, 제3물결의 전략을 동시에 받아들임으로써 나머지 빈곤국에게 새로운 길을 제시하고 있다는 사실을 깨달아야 한다. 이들 국가의 중요성을 이해하기 위해서는 금리나 교역 관계, 금융 등의 일시적인 문제에서 벗어나 더 멀리 내다봐야 한다. 중국과 인도가 그들의 지도자들조차 깨닫지 못하는 깊은 차원에서 무엇인가를 실행하고 있기 때문이다.

양국은 변화를 가속화하며 더딘 속도의 농촌 생활에 변화를 시도하고 있다. 즉 시간이라는 심층 기반과의 관계를 재정립하는 것이다. 양국은 태평양 지역 전반(공간이라는 심층 기반)에 걸친 세계 경제권의 축을 동시에 바꿔 놓고 있다. 무엇보다도 중국은 자국 경제에 있어서 지식이 중요하다는 것을 이해하고 있으며, 자국의 경제를 변모시키기 위해 점차 데이터, 정보, 지식에 대한 의존도를 높여 가면서 지식이라는 심층 기반을 재정립하고 있다. 인도는 아직 배워 가고 있는 단계이다.

수천 년간 농부들은 외부 세계, 심지어는 가장 가까운 마을의 정보조차 차단된 채 사실상 고립 상태로 살아왔다. 그들이 유용한 지식을 얻기 위해서는 수개월에서 길게는 수년의 시간이 걸렸다. 농부들에게 유용한 지식이란 가령 질병이나 죽음으로부터 아이를 구할 수 있는 방법이나 농경법, 가격 정보 등이었다. 이러한 지식을 얻지 못해 도시 사람들과의 생활 수준 격차는 더욱더 크게 벌어질 수밖에 없었다.

그러한 침묵이 이제는 그들에게 이미지와 아이디어, 정보를 가져다주는 기술에 의해 깨지고 있다. 새로운 정보를 받아들일지 거부할지 스스로 선택할 수 있게 되었으며, 빈곤을 타파하는 데 필요한 시간을 단축시켰다.

여기에서 개략적으로 설명한 전략은 농촌 생활을 개혁하기 위한 목적을 가지고 있을 뿐만 아니라 급격한 농촌 이탈 현상으로 인해 도시가 떠안게 되는 위험한 압력을 획기적으로 줄이고자 하는 목적을 가지고 있다. 새로운 가능성에 마음을 열면 오늘날의 변화(좋은 변화뿐만 아니라 좋지 않은 변화도 포함한 변화)는 새로운 희망을 가져다줄 것이다. 이것이 가장 중요하고 고무적인 발전일 것이다. 우리는 이제 거의 무감각해질 정도로 매일같이 기아에 허덕이는 아기들의 모습, 자선단체와 정부가 발표하는 성명, 유엔 결의안 등 가난한 사람들의 고통에 대한 소식을 접하고 있다.

안타깝게도 낙관적인 공식 성명이나 기아에 허덕이는 아기를 돕자는 NGO의 목소리 뒤에는 엄청난 절망감과 무기력함이 숨어 있다. 외부인들은 가난한 사람들에게 빈곤의 비용에 대해 말할 필요가 없다. 외부 세계가 그들을 돕고자 한다면 성공하지 못할 전략은 버리고 혁명적인 새로운 수단을 서둘러 개발하고 병적인 비관론을 희망의 분위기로 바꿔야 한다.

18~19세기 산업화의 열풍이 전 세계를 휩쓸었을 때 전 세계 부와 복지의 분배가 전면적으로 개혁되었다. 이젠 부의 혁명이 다시 한번 그런 일을 불러일으키려 한다. 우리가 전혀 예상치 못한 방식으로 말이다.

The New
Tectonics

10부
지각 변동

44

중국은 또다시 세계를
놀라게 할 것인가?

China's Next Suprise?

20세기의 비극적 분쟁인 1, 2차 세계대전과 냉전은 산업화 시대의 절정과 경제 물결의 유례없는 충돌을 초래했다. 오늘날 우리는 그로 인해 발생한 효과를 직접 목격하고 있다.

제2물결의 부 창출 시스템은 퇴보하고 있다. 그와 대조적으로 제3물결의 부 창출 시스템은 미국에서 시작되어 불과 수십 년이라는 짧은 시간 동안 태평양을 건너 아시아를 변화시키고 있다. 머지않은 장래에 우리는 그 물결이 라틴아메리카와 아프리카를 삼키는 장면을 보게 될 것이다. 그 징조는 이미 확실하게 드러나고 있다.

이런 세계적 변환의 뒤에는 부의 심층 기반에서부터 일어나는 유례없는 변화가 도사리고 있다. 이런 현상이 분명하고 확실하게 드러나는 증거로 아시아의 성장과 중국의 자각보다 더 좋은 사례는 없다.

경제 뉴스에 자주 언급되는데도 불구하고 월 스트리트와 워싱턴 정가의 아시아에 대한 이해는 빈약하기 짝이 없다. 이는 역사적, 지리적 측면에서 볼 때 미국이 태평양보다 대서양에 더 가깝다는 사실과 관계가 있다. 2001~2005년 사이에 미국이 자유무역협상을 개시한 20개국 중 아시아 국가는 단 하나뿐이었다.

미국 상원의원 중 한 사람은 이런 현상을 비판적으로 언급하면서 "아시아는 지난 10년간 고도성장을 기록한 여섯 개 국가가 있는 곳이자 미국의 10대 교역 대상국 중 다섯 개국이 자리하며, 전 세계 인구의 절반 이상이 살고 있는 땅이다"[1]라고 지적했다. 또한 "아시아는 대다수 이슬람교도의 거점이면서 가장 많은 핵무기에 둘러싸여 있는 지역이다"라는 말도 덧붙였다.

무엇보다 아시아는 중국의 고향이다. 중국은 신뢰할 수 없는 경제, 재무 통계 수치의 홍수 속에 숨겨져 있다. 미국과 유럽을 비롯한 다른 모든 국가들이 중국에서 실제로 무슨 일이 벌어지고 있는지 이해하지 못한다면 그들 앞에 펼쳐질 미래 역시 파악하기 어렵다. 지금 중국에서 벌어지는 일들이 급격하게 부를 재분배하고 세계를 뒤흔들게 될 것이다.

세계 무대 위로 솟아오르다

2004년 중국은 일본을 제치고 미국과 독일에 이어 세계 3대 교역국이 되었다.[2] 전 세계 3조 5,000억 달러의 외환보유고[3] 중 5,000억 달러를 보유하였으며[4], 1,750억 달러 상당의 미국 재무부 채권을 가지고 있다.[5] 이는 일본을 능가하는 액수로, 만약 중국이 보유하고 있는 외화를 달러 대신 유로화나 기타 다른 통화로 대체할 경우 지각변동을 일으킬 수 있을 정도이다. 중국은 20년이 조금 넘는 짧은 기간 동안 전 세계 경제를 내려다보는 거대한 세력이 되었다.

중국의 눈부신 성장이 앞으로도 지속될 수 있을까? 많은 전문가들이 예측하는 것처럼 2020년에 중국은 실질적인 초일류 강국이 되어 있을까? 이 문제에 답하기 위해서는 중국에 대한 상투적인 칭찬들을 검토해 볼 필요가 있다. 또한 무엇이 지금의 중국을 만들어 냈는지도 이해해야 한다.

사람들은 통상적으로 중국이 공산주의에서 시장경제로 전환하면서 놀라운 발전을 이루었다고 말한다. 하지만 이것만으로는 설명이 부족하다. 다른 국가들도 똑같은 방향으로 나아가고 있지만 그들 중 누구도 중국과 같은 성공을 경험하지 못했다. 게다가 중국은 여전히 완성된 시장 경제체제를 갖추지 못했다.

시장경제와 관련된 이런 진부한 표현은, 우리가 이미 살펴본 실리콘밸리가 고도의 컴퓨터 생산 작업을 점진적으로 일본, 한국, 대만으로 이전하고, 다시 이들 국가가 중국에 공장을 설립하고 많은 자본을 투자하면서 작용하는 트리클다운 효과를 간과한 것이다. 이 모든 일은 중국 공산당 정부가 시장경제로 전환하기 훨씬 전부터 이미 벌어지고 있었다.

중국의 눈부신 성장에 대한 또 다른 중요한 설명은 두 마리 토끼를 잡기 위한 전략에서 찾을 수 있다.

가속을 가속화하다

서구를 따라잡고자 했던 중국의 지도자들[6]은 미국이 제2물결의 산업을 포기하고 제3물결의 경제로 나아가는 것을 보고서, 저기술 개발에 치중해서는 안 된다는 사실을 깨달았다. 중국은 기술 수준이 낮은 노동 착취형 공장 이상의 것이 필요하다는 결론을 내렸다. 자신들만의 세계 일류 하이테크, 지식 집약적 섹터의 필요성을 인식한 것이다.

중국은 이런 두 마리 토끼를 잡는 정책이 효과를 거두기 위해서 시간을 압축해야 했다. 다른 국가들이 1~2세기 동안 이룩한 일을 10년 안에 성취해야 했기 때문이다.7 그러기 위해서 중국은 선진화된 IT와 이동전화, 디지털 기술이 필요했고, 최신 경제 지식에 접근할 수 있어야 했다. 이것이 바로 중국이 의도적이든 우연이든 전략적으로 시간, 공간, 지식이라는 세 가지 심층 기반에 확실하게 집중하고 있는 이유이다.

중국은 국제 무역의 경쟁 무기로 속도를 내세우고 있으며, 이를 대단히 능숙하게 사용하고 있다. 미국 행정부 국제무역 담당 관리인 로버트 카시디 Robert B. Cassidy는 〈비즈니스위크〉에서 "일본과 한국, 유럽의 수출업자들은 시장에서 자신의 입지를 굳히는 데 4~5년이 걸렸다. 중국은 너무나 빨리 시장을 장악하기 때문에 그들이 다가오는 것이 보이지 않을 정도이다"라고 말한다. 또한 "중국은 너무 빠른 나머지 기업들이 자동화나 납품업체를 쥐어짜는 등의 일반적인 전략을 통해서 적응하기가 거의 불가능하다. 그들이 적응할 때쯤이면 이미 너무 늦어버릴 것이다"라고 덧붙였다. 중국이 전략적 우선순위를 설정했을 때 국내의 모든 속도 기록을 갈아 치웠다.

스프린트 재팬 Sprint Japan의 전임 사장이자 상하이의 사이언티픽 아틀랜타 Scientific-Atlanta의 총괄 관리자인 로버트 포나우 Robert C. Fonow 8는 "1990년대 중국에서 벌어진 일은 사회주의의 기적이나 마찬가지이다. 10년이라는 기간 동안 중국은 세계적인 수준의 발달된 통신 인프라를 구축했다. 몇 년 내에 그들은 세계에서 가장 뛰어난 통신 인프라를 갖게 될 가능성이 크다"라고 지적한다. 덧붙여 "그 정도 수준에 도달하기 위해서 중국은 가능한 빨리 최신 기술을 도입해 그것을 연구하고 모방한 뒤 개선해야 하며, 그 뒤에 서구와 대등한 고유의 기술 역량을 개발해야 한다"고 말한다. 그리고 이것을 기술 혁신의 더 거대한 역량을 구축하기 위한 기반으로 사용해야 한다고 밝히고 있다.

중국의 가속화는 기업 전술이나 기술에만 한정된 것이 아니다. 그것은 중국의 새로운 문화의 한 부분이다. 작가인 알렉산더 스틸 Alexander Stille은 기원전 3세기경에 제작된 병무용 등 역사적 유물에 대한 글을 쓰기 위해 서안을 방문했을 때, 중국인들이 빠르게 진행된 진보에 대해 전혀 힘들어하지 않는 것 같았다고 한다. 그는 "대부분의 중국인들은 자신의 삶 속에서 기아 등 유례없는 역경을 경험해서인지 변화에 대해 놀랍도록 무관심하다. 젊은 세대에 속하는 중국인들은 대부분 변화가 아무리 빨라도 부족하다고 생각한다"[9]라고 기록하고 있다. 실제로 현재 중국이 겪고 있는 변화는 중국의 수천 년 역사에서 단 한 번도 경험한 적이 없는 현상이다.

세계화 공간

주변국들이 앞으로 중국이 지배하는 새로운 아시아에 대해 예상하고 자신들이 차지하게 될 자리를 계산하느라 바쁘게 움직이는 동안, 중국은 자신의 위치를 아시아에 한정시키지 않고 있다. 그들은 아시아 자유무역 지대[10]의 창설에 대해 이야기하지만 경제를 비롯해 여러 가지 측면에서 그들의 야망은 세계를 향하고 있다. 중국은 경제의 심층 기반 중 시간에 대한 관계뿐만 아니라 공간에 대한 관계까지도 바꿀 생각인 것이다.

중국은 1980년대 개혁을 시작으로 1990년대 해외 자본에 대한 문호개방과 세계무역기구 가입, 수출입 물량의 엄청난 성장을 통해 외부 세계와의 연결을 하루가 다르게 깊고 폭넓게 확산시키고 있다. 여기에서도 두 마리 토끼 전략이 노골적으로 드러난다.

한편에서는 값싼 중국 제품이 홍수처럼 세계를 휩쓸면서 멕시코의 전자부품 제조업체나 인도네시아의 의류, 콜롬비아의 동선銅線 제조업체들을 가격경쟁에서 탈락시키고 있다.[11] 이들은 대체로 산업화 시대 노동력 착취형 공장에서 나온 물건들이다. 그런가 하면 또 다른 한편으로 중국은 하이테크 기업들이 세계를 정복하도록 부추기고 있다. 그 결과 중국의 최대 PC 생산업체인 레노버[12]가 IBM의 PC 사업부를 인수할 수 있었다. 중국 최대 IT 기업인 화웨이[13]는 1만 명의 연구개발 인력과 인도, 영국, 스웨덴, 미국에 설립한 연구소를 자랑한다. 그들은 인텔과 마이크로소프트, 지멘스, 퀄컴 Qualcomm과 공동으로 통신장비를 생산하고 있다.

중국이 공간적 범위를 확대하고 있다는 사실은 금융 부문에서도 확실하게 나타난다. 2003년 말까지 중국은 139개 국가에서 3,400개 이상의 기업을 출범시켰다.[14] 당시 유엔 무역개발회의는 중국의 해외직접투자가 2004년 말까지 일본을 제치고 세계 5위 규모가 될 것이라고 전망하기도 했다.[15] 최근 남아메리카를 방문한 후진타오胡錦濤 주석은 브라질에서 쿠바에 이르는 지역에 상당한 액수의 투자를 약속했다.[16] 아르헨티나 한 나라에만 200억 달러가 투자될 전망이다.

그런데 후진타오 주석의 남아메리카 순방에 있어서 경제적 측면은 주목을 받았던 반면, 지정학적 의미에 대해서는 아무도 언급하지 않았다. 마치 바둑의 고수처럼, 중국은 과거에도 그랬듯이 거물급 국가로서 오랫동안 미국의 안마당으로 간주되던 지역에 손을 뻗쳤다. 이는 중국의 안마당인 대만에 대한 미국의 강력한 영향력을 상쇄시키려는 수를 둔 것이다. 남아메리카에 대한 경제적 침략은 중국과 대만이 긴장 상태에 돌입한 특수한 순간에 발생했다. 당시 대만은 미국의 지원하에 자국의 독립을 강조했고, 중국은 무력을 동원해서라도 대만을 되찾겠다고 위협하고 있었다.[17]

중국이 경제적 팽창에 과도하게 집중하고 있기 때문에 이론적으로는 군사적 모험을 감행할 수 없는 상황이 맞다. 하지만 주변국들은 하늘 높은 줄 모르고 치솟는 중국의 군사비를 걱정스러운 표정으로 지켜보고 있다. 1991~2004년 중국의 국방비 지출은 무려 여섯 배나 증가했다.[18] 이는 중국의 지정학적 이해관계가 확대되고 있음을 보여 주는 것이다.

중국은 장거리 무인항공기와 공중 급유기를 도입해 자국 공군의 작전 범위를 확대했다.[19] 이제는 미국 전역을 목표로 삼을 수 있는 핵미사일[20]까지 배치했다. 더 나아가 한때 해안 방어에만 치중했던 중국 해군도 원거리 작전이 가능한 핵무장 함대를 앞세우며 대양해군으로 전환을 시작했다.[21]

일본의 퇴역 장성 가네다 히데아키金田秀昭에 따르면, 중국은 남중국해에서부터 중동지역까지 포괄하는 구역에 대한 해상 지배력 강화 프로그램을 추진하고 있다고 한다. '진주목걸이'라 불리는 이 프로그램에는 일련의 군사적, 외교적 기반을 구축하려는 의도가 포함되어 있다. 또한 가네다는 중국이 걸프지역을 방어하기 위해 파키스탄에 항구를 건설하고 미얀마에 정보 수집 센터를 만드는 군사 프로젝트도 추진하고 있다고 주장한다. 이뿐만 아니라 200억 달러를 들여 말라카 해협을 피해 태국에 석유 수입 대체 루트를 건설 중이며, 분쟁 지역인 남사군도와 서사군도에 장거리 폭격기를 위한 활주로 건설도 추진 중이라고 한다.

이처럼 중국은 시간을 압축하면서 동시에 공간적 영향력을 확대하고 있으며 심층 기반에 대한 자신의 전통적 경제, 군사 관계를 변화시키고 있다.

지식의 획득

이런 변화들조차도 부와 관련된 노하우를 쫓고 있는 중국의 걸신들린 행각에 비하면 아무것도 아니다. 중국은 데이터, 정보, 지식의 창조와 판매 그리고 도둑질에 있어서 세계 일류의 반열에 올랐다.

덩샤오핑이 과거의 마오쩌둥주의와 결별했던 1983년 겨울, 나는 베이징의 중국 과학자들이 컴퓨터를 분해하여 모방하고, 상하이에서 최고 광케이블 시험을 수행하는 것을 목격했다. 당시 사용 가능한 시설들은 대단히 원시적이고 지저분했다. 게다가 중국은 몹시 추웠다. 그때 중국은 비참할 정도로 가난했다. 하지만 이미 그 시기부터 중국의 지도자들은 기술 복제 같은 해적 행위 수준으로나마 기술의 중요성을 이해하고 있었다. 오늘날의 중국 상황은 극적으로 달라졌다. 최신식 연구시설이 널리 퍼져 있고, 2003년에는 연구개발비의 지출이 전년 대비 19.6퍼센트나 증가했다. 같은 기간 동안 기초과학 연구기금은 18.8퍼센트 증가했다.[22] 이는 미국의 증가율에 비해 세 배나 증가한 수치이다.[23] 게다가 미국에서 교육받은 수천 명의 중국인 과학자들이 고국으로 돌아가고 있다.

칭화 대학에서 경영학을 가르치는 막시밀리안 폰 제드위츠**Maximilian von Zedtwitz**[24]는 "향후 5년 동안 미국이 기업 연구 분야에서 여전히 세계의 중심을 차지하겠지만 그 뒤에는 중국이 영국과 독일, 일본을 추월하게 될 것이다"라고 말한다.

외부 세계에서 중국으로 들어오는 데이터와 정보, 아이디어에는 상어를 닮은 중국의 식성이 발휘된다. 중국에서 기업을 운영하려면 외국 회사들은 보통 기술을 이전해야 한다.[25] 많은 기업들은 거대한 중국시장에 제한적인 접근만 허가받고도 기술 이전에 동의하고 있다.

노하우에 대한 갈망은 기술에만 국한되지 않는다. 옛 공산주의 국가로서 중국은 서방 세계와 광범위한 경제 교류를 시작했고, 그러면서 동시에 자본주의 경영과 금융, 기업 전반에 대한 실질적 지식을 추구했다. 그렇기에 2004년까지 중국 대학에는 60개 이상의 MBA 과정[26]이 설립되었다. 이들은 대체로 MIT나 UC버클리, 노스웨스턴 대학과 같은 미국 일류 대학들과 파트너십[27]으로 운영된다. 다소 비공식적인 방법이긴 하지만 중국에서 직장 생활을 하는 60만 명의 외국인들[28]도 지식을 전달하고 있다. 외국인은 모두 스파이로 낙인찍히거나 엄격한 통제하에서 단체 관광만 허용되던 시절과는 극명한 대조를 이룬다.

이처럼 중국이 놀라운 추진력을 보이고 있는 배경에는 미래 경제의 중심인 세 가지 심층 기반에 대한 급진적인 태도 변화가 담겨 있다. 이는 세계 제일의 지식 기반 경제를 창조하겠다는 중국의 의지를 보여 주는 것이다. 이와 같은 사실들을 모두 종합했을 때 초강대국을 향한 중국의 단거리 구보행군을 멈출 방법이 없다. 더군다나 중국 정부는 현명한 전략도 가지고 있다.

물결 정치학

최근 중국 관측통들은 부정적 시나리오들을 내놓기 시작했다. 중국이 1997~1998년 아시아의 다른 국가들을 휩쓸었던 것과 같은 금융위기를 겪을 수 있다는 것이다. 혹은 일련의 경기 상승과 하강을 경험할 수도 있는데, 그 경우 중국은 케인스 학파의 이론처럼 급격한 경기 변동을 약화시키려고 할 것이라는 말도 있다. 일부 비관론자들은 경제 이외의 문제, 즉 에너지 위기나 환경 문제, 사스 같은 질병의 확산이 한꺼번에 발생할 수도 있다고 지적한다. 더욱 비관적인 시나리오는 중국과 대만 간에 전쟁이 일어나고, 양측이 서로에게 미사일 세례를 퍼부어 아시아의 새로운 체제를 불안정하게 만들 수 있다는 전망도 있다. 이런 전망 중 어느 하나라도 현실화된다면 세계 경제는 언제든 즉각적으로 타격을 입게 될 것이다.

중국의 미래에 대한 비관적 평가들 중 하나는 고든 창Gordon G. Chang의 저서《중국의 몰락 The Coming Collapse of China》에서 발견할 수 있다.[29] 이 책의 목차는 '공산주의 혁명은 점점 더 낡은 것이 되고 있다, 인민의 불만은 폭발 일보 직전이다, 국영기업은 죽어 간다, 중국 은행들은 쓰러지게 될 것이다, 이념과 정치가 진보를 가로막는다' 등의 메시지를 전달한다. 이는 목차의 일부에 불과하다. 이러한 가설 중 절반만이 사실이라고 해도 세계 금융체제는 중환자 병동으로 실려 가게 될 것이다. 전 세계의 투자자, 기업, 중앙은행 모두 정신적 쇼크를 받을 수 있다. 티셔츠와 장난감들은 월마트의 매장에서 더욱 낮은 가격표를 달고 등장하게 될지 모른다. 브라질 철광의 광부부터 맨해튼 혹은 도쿄의 은행가까지, 전 세계 수억 명에 달하는 노동자들은 새로운 직장을 구해야 할 것이다.

이런 시나리오는 상당히 암울하다. 하지만 더 놀라운 가능성들을 우리는 간과하고 있다.

세 개의 중국

마오쩌둥이 살아 있었을 때, 중국에는 두 개의 경제가 있었다. 하나는 절망적으로 가난했던 시골 지역의 농부로 대변되는 경제이고, 다른 하나는 굴뚝과 조립라인의 도시 노동자로 대변되는 경제이다.[30] 마오쩌둥의 후계자들은 여기에 빠르게 성장하는 지식 기반 경제를 추가했다. 덕분에 중국 경제는 과거 이분화되어 있었던 것과 달리 현재는 삼분화되어 있다.

물론 중국이 삼분화되어 있는 유일한 나라는 아니다. 확연히 구분되는 세 개의 경제체제는 인도나 멕시코, 브라질 같은 다른 나라에서도 발견된다. 다만 삼분화된 경제체제 자체가 세계 역사상 새로운 것이며, 중국은 여기에서도 새로운 영역에 도전하고 있다.

앞서 살펴본 중국의 두 마리 토끼 전략은 중국 정부가 엄청난 인구를 최악의 빈곤에서 벗어나게 하고 국제사회에서 자신의 위상과 영향력을 높일 수 있게 했다. 하지만 이것은 눈에 띄지 않는 숨겨진 비용을 초래했다. 한 국가에서 각각의 부의 물결은 소위 자신만의 후원자들(단순히 그들의 직업을 의미하는 것이 아니라 그 나라의 필요와 요구에 따라 정의되는 인구)을 가지고 있다. 그 결과 물결 분쟁 **wave conflict**이 발생한다.

중국의 지도자들이 최첨단 연구 분야에 자원을 분배하면서 그들은 제조업과 사회복지 지원 자금을 원하는 사람들의 강한 저항에 부딪쳤다. 그나마 이 정도는 소규모 접전에 불과하다.

국가주석이 장쩌민에서 후진타오로 교체됐다는 사실은 국가보다 훨씬 큰 거대한 규모에서 물결 정책의 중요한 전환이 있을 것이라는 사실을 암시했다. 많은 사람들이 장쩌민을 '도시 우선 정책'의 추종자로 간주한다. 그와 대조적으로 후진타오는 주석에 취임하자마자 내륙지방을 방문해 과도하게 억압된 농민들에게 정부 지원을 약속했다.[31] 그가 한 일은 상징적인 의미가 있다. 실제로 이러한 방문이 끝나기가 무섭게 물결 전쟁이 재개됐다.[32]

후진타오의 반대자들은 내륙지방에 대한 투자가 엄청난 예산 낭비라고 공격하면서, 대신 수백만의 농민들[33]을 낙후된 서부 지역에서 북동부의 공업지대로 이전시켜야 한다고 제안했다. 이는 자신의 경작지를 상실한 최대 7,000만 명의 시골 사람들[34]이 빈민이 되어 도시로 강제 이동된다는 의미이다.

이는 1700년대 말에서 1800년대 초에 벌어진 영국 농민들의 강제 이동과 매우 유사한 사례로 그것은 당시 인클로저 조례 Enclosure Act [35]라고 알려진 법령을 통해 촉발됐다. 대다수의 농민들은 도시로 유입되었다. 그 결과 그들 중 대다수가 공장에 극도의 저임금 노동력을 지속적으로 공급하게 됐으며, 농업 경제에서 산업 경제로의 전환이 가속화됐다.

중국도 이전의 소련처럼 자신의 과거 역사에서 소위 산업화 정책 industry bias (농지에 거주하는 농민들을 쥐어짜고 굶겨 죽이는 수단까지 동원해서 산업 발달을 위한 자본을 확보하는 정책)을 두고 이념 분쟁이 격화되었다. 물결 분쟁은 강제수용소와 수백만 명의 죽음으로 이어졌다. 〈차이나투데이China Today〉에 따르면 1953~1983년 중국 농민들은 중국의 산업화 프로그램에 720억 달러에 상당하는 기여를 했다.

〈뉴욕타임스〉는 "개혁 조치에도 불구하고 현재까지도 중국은 두 계급 체제[36]를 강화하고 있다. 농민들에게는 의료 및 연금, 복지 혜택을 제한하고 있는 반면, 도시 거주자들은 이미 이런 혜택을 누리고 있고 심지어 농민들은 도시 거주민이 될 수 있는 권리조차 없다"고 보도했다. MIT의 야성황Yasheng Huang 교수는 "중국의 도시에서 일어나는 경기 활황의 대부분은 농민들에게 부과된 세금으로부터 간접적으로 재원을 얻은 것으로[37] 여기에는 농촌 지역의 교육비도 포함된다"라고 말한다.

중국은 여전히 제2물결의 산업화를 추진하고 있다. 중국 국무원 발전 연구 센터의 우징렌吳敬璉 연구원은 다음과 같은 문제점이 있다고 말한다. 그는 우선 날로 증대되고 있는 금융위기를 지적했으며, 더 나아가 자원 고갈, 생태 파괴, 기술 진보에 따른 생산성 증대 노력이 미흡함을 지적했다. 또한 중화학 공업 중심의 경제 정책이 기업들로 하여금 생산성 향상 노력에 대한 유인을 제공하지 못해, 엄청난 부작용이 축적되고 있다고 말한다.[38]

이들 고위급 물결 정책 투쟁은 급격히 번지는 사회불안을 배경으로 발생한다. 중국은 농민과 노동자들의 저항으로 인해 고통 받고 있다. 경찰과 보안군은 공격적인 시위와 집회[39]를 진압하느라 중국의 끝에서 끝까지 여기저기에서 분주히 활동 중이다. 저항운동의 이슈도 실업에서 급여 미지급, 지방 정부의 부패, 강제 이주를 비롯해 높은 세금과 요금, 기타 부과금 등에 걸쳐 다양하다. 겉으로 보기에는 마치 매일같이 새로운 시위가 발생하는 것처럼 보인다.[40]

경찰 당국자인 저우융캉周永康은 2004년 중국에서 7만 4,000건의 시위에 약 370만 명의 인원이 참가했으며, 광범위한 폭력과 수많은 사상자가 발생했다고 말한다.[41] 시위에는 산서성의 섬유 노동자, 요양성의 금속 노동자, 대경유전지대의 해고 노동자들을 비롯해 무순의 광부까지 산업 노동자들이 대거 참가했다. 2005년 12월에는 동주에서 발생한 농민들의 격렬한 시위[42]를 진압하던 경찰이 총기를 발포하는 일까지 발생했다. 이는 1989년 천안문 사태 이후 처음 있는 일이었다. 시위자의 명단은 지금도 계속 증가하고 있으며 앞으로도 끝없이 이어질 것이다.

벤츠, 쇼핑몰, 민병대

이제 중국에는 제3물결의 인구가 추가되었다. 그들은 젊고, 교육을 받았으며, 자신감 넘치고, 참을성이 적고, 점점 더 국수주의적 경향을 띠는 중산층 사람들이다. 부모 세대와도 다르고, 노동자도 아니며, 농민이 아닌 것은 더욱 확실한 그들은 분명히 미래의 물결이다. 이 젊은이들은 번쩍이는 쇼핑몰에 둘러싸여 벤츠나 BMW를 소유하고 있거나 소유하고 싶어 한다. 또한 그들은 중국이 높은 가치를 두고 있는 컴퓨터와 인터넷을 손쉽게 다룬다.

사실 중국은 컴퓨터와 인터넷에 너무 많은 가치를 부여하고 있기 때문에 중국 인민해방군은 정보 전쟁을 연구하는 데 몰두하고 있다.[43] 그들은 정보 민병대를 조직하고 훈련시키고 있으며, 단지 적국의 군사 목표뿐만 아니라 외국의 비즈니스 네트워크와 연구소, 통신체계까지 공격 대상에 포함시키는 정책을 세웠다.

한 군사이론에서는 정보 기술로 인해 전쟁이 더 이상 군인들에 의해서만 수행되는 것이 아니라 수억 명의 시민들에 의해서도 수행될 수 있다고 밝히고 있다. 시민들은 모두 자신의 노트북을 이용해 미사용 메모리를 공유하여 하나의 슈퍼컴퓨터를 창조함으로써, 금융 네트워크나 다른 민간 목표물 등 상대방의 중요한 인프라를 공격할 수 있다. 이런 공격은 미국에게 치명적일 것이다. 미국은 정보 기술과 전자통신에 가장 많이 의존하고 있는 국가이다.

정보 전쟁은 마오쩌둥이 '인민 전쟁'이라고 부르던 개념의 파괴적인 새로운 형태가 될 것이다. 하지만 중국의 정보 전쟁 주창자들이 간과한 것이 있다. 마오쩌둥의 인민 전쟁은 당시 정부의 존속을 위한 방어용이 아니라 오히려 그것을 전복하는 데 이용됐다는 사실이다. 따라서 정보 전쟁에 참가했던 수백만 명의 중국인들이 자신의 노하우를 이용해 공산당을 지배하고, 자신들이 제3물결로부터 얻는 이익을 지키려고 하는 상황도 생각할 수 있다. 내전이 벌어지면 그들은 아마 인민해방군에 대항하는 수단으로 자신의 노트북을 사용할 것이다.

물결 전쟁

만약 저항이 일어난다면 소규모로 출발할 것이다. 하지만 역사는 물결 분쟁이 가속화됐을 때 그것이 얼마나 위험한지를 보여 준다. 미국에서는 산업화된 북부와 낙후되고 노예제에 기반을 둔 농경사회인 남부 간의 분쟁으로

1861년 남북전쟁이 촉발되었다. 몇 년 뒤 일본에서 발생한 메이지유신의 배경에도 물결 분쟁이 존재한다. 또한 1917년의 소비에트 혁명에도 물결 분쟁이 반영되었다. 인도, 태국 그리고 인근의 다른 국가에서 발생하는 폭력에도 역시 도시와 농촌의 대립이나 종교, 인종적 성격을 띠는 아시아에서의 물결 간 이해관계의 충돌이 내재되어 있다.

이들은 모두 두 개의 경제체제에서 벌어진 일이다. 신흥 중국에는 세 개의 경제체제가 존재하며, 각자 서로 완전히 다른 요구와 이해를 가지고 있다. 또한 유례없는 수준의 긴장 관계를 형성하며 정부와 대립하고 있다.

중국의 경제성장이 일직선을 그리며 아무런 혼란을 겪지 않고 지속될 수는 없다. 그들은 물결 분쟁을 피할 수 없다. 수십 년 내에 적어도 한 차례 이상은 공황기와 회복기를 겪게 될 것이며, 그에 따라 전 세계의 경제도 충격을 받을 것이다.

중국이 아직까지는 혼란 일보 직전에 서 있는 것 같지 않지만 중국 전역에 대한 중앙 정부의 장악력이나 통제력은 점점 더 약화되고 있는 듯하다. 신화통신 사설에 등장한 내용처럼 중국은 '성장의 황금기'를 누리거나 '분쟁에 찌든 시대'의 혼동 속에 빠지게 될 것이다. 그렇다고 해서 중국의 장기적인 두 마리 토끼 전략이 실패한다는 말은 아니다. 하지만 어떤 혁명이든 과학 기술과 경제에 대한 혁명은 상대적으로 쉬운 부분에 속한다.

피 묻은 실

중국 정부는 지방 정부의 부패에 대항하는 농민들이나 직업을 요구하는 산업 노동자들의 시위를 처리하는 데 익숙한 모습을 보인다. 그들이 우려하는 것은 시위의 발생이 아니라 그것의 확산이다. 그렇기 때문에 그들은 종교적 색채가 강한 파룬궁[44]에 극단적으로 대응했다. 파룬궁 수련자들은 구속됐으며, 일부 소식통에 따르면 고문당하고 심지어 사망했다고 한다. 파룬궁 수행자들은 파룬궁이 정치와는 완전히 무관하다고 주장한다. 하지만 정부의 억압에 대한 반대의사를 표시하고자 중국 전역에서 베이징의 주요 정부 청사가 있는 중남해까지 몰려온 수행자의 수가 3만 명에 달하자, 그러한 행위는 아직까지 지도 기억 속에 선명한 1989년의 천안문 사태를 떠올리게 했다.

중국의 지도자들이 동요하는 이유는 파룬궁의 종교 신화적 이념이 악마나 다른 별에서 온 외계인으로 점철되어 있다거나, 그것이 주장하는 수련법 때문이 아니다. 단지 파룬궁이 단일 지방, 지역에 국한된 현상이 아니라는 것 때문이다. 파룬궁은 규모가 클 뿐 아니라 그 영향력이 전국적으로 미치고 있다. 더욱이 파룬궁 수행자 중 상당수가 경찰이나 군인이라는 점이 우려를 더하게 만들었다.

역사적으로 중국 정부는 공산당을 제외하고 어떤 대규모 조직도 허용하지 않았다. 하지만 그렇게 할 수 있는 역량도 휴대전화와 인터넷을 비롯한 각종 기술의 광범위한 발달과 함께 시위자들이 더 쉽게 조직화할 수 있게 되면서 이제는 급속히 사라지고 있다.

이러한 현상은 중국 공산당의 지도부에 일종의 위협을 초래한다. 공산주의의 역사 전반에 걸쳐 피 묻은 실처럼 따라다니던 '노동자-농민 연합'의 개념이 흔들리고 있기 때문이다. 마오쩌둥이 소련 고문단과 결별하고 충원하기 어려운 노동자 대신 농민들을 위주로 자신의 혁명군을 구성하기 전까지[45], 그것은 분명 중국 공산당이 창조하고자 했던 개념이다.

오늘날의 제1물결 농민들과 제2물결 노동자들 그리고 제3물결 옹호자들은 각자의 경쟁적 요구 때문에 정부 정책의 반대편 입장에 서서 서로 단결하기가 어렵다. 누군가가 등장하기 전까지는 말이다.

제2의 마오쩌둥

사람들은 바쁘다 보니 눈앞의 미래에만 집중하며 각자가 가장 가능성이 높다고 생각하는 시나리오에만 관심을 갖는다. 하지만 역사는 우리에게 극도로 가능성이 낮았던 사건들이 세계를 뒤흔들었다는 교훈을 전한다. 예를 들어 두 대의 민항 여객기가 세계무역센터 건물을 붕괴시키는 것보다 더 희한한 일이 어디에 있겠는가? 중국 또한 우리를 놀라게 할 수 있다.

다음에 나오는 내용은 나 역시 대단히 가능성이 낮은 이야기라고 생각한다. 하지만 앞에서 언급한 금융체제 붕괴, 전염병 발병, 대만과의 전쟁 등은 현실화될 가능성은 낮지만 더욱 심각한 사태를 촉발하는 도화선이 될 수 있다.

베이징에 있는 일부 사람들에게는 분명히 악몽일 수 있는 시나리오를 상상해 보자. 그 시나리오에는 미래의 마오쩌둥, 즉 제2의 마오쩌둥이 등장한다. 카리스마를 가진 지도자는 불안과 동요 상태가 충분히 주어지면, 중국의 현 지도체제를 무너뜨리고 서구 사람들의 상상을 초월하는 체제를 등장시킬 수 있다. 그는 공산주의자 마오쩌둥도 아니며 자본주의자도 아니지만 거의 종교에 가깝던 마오쩌둥주의를 대체할 무엇인가를 갈망하던 이들을 뭉치게 한다. 노동자, 농민은 물론 젊은 제3물결 세대까지 종교의 깃발 아래 모이게 할 것이다.

중국 내에서 기독교도의 수가 급격히 증가하고 있으므로[46] 그 종교는 기독교가 될 수도 있다. 하지만 이미 존재하고 있는 무수히 많은 신앙의 형태 중 하나가 성장해서 새로운 이교적 종파가 될 가능성이 더 크다. 〈뉴욕타임스〉는 "특히 농촌지역에서 종교, 유사 종교적 활동과 경쟁이 가마솥이 끓어오르듯이 활발해지고 있다"고 보도하기도 했다. 최소한으로 잡아도 2억 명 정도의 중국인이 독실하든 일상적이든 다양한 종교적 믿음을 지니고 있다.[47]

〈뉴욕타임스〉는 또한 "기독교 종파들이 형성되고 돌연변이[48]를 일으키며 똑같은 소외계층을 끌어들이기 위해 경쟁을 벌이고 있다. 외치는 자Shouters와 성령교회Spirit Church, 제자회Disciples Association, 하얀 태양White Sun, 전구교회Holistic Church, 구파Crying Fraction 등이 있다. 대부분은 정치와 무관하지만 일부는 공산주의를 강하게 부인한다. 삼반복인Three Grades of Servants과 동방번개Eastern Lightning 교회가 가장 큰 종파로 각각 신도 수가 수백만 명이라고 주장한다"고 보도했다.

이제 중남해의 지방 정부와 중국의 핵탄두, 미사일의 통제권까지 광신적인 새로운 관리자들의 손에 들어갔다고 상상해 보자. 혹은 군벌화된 교단의 지도자들이 서로 경쟁하며 각 지방의 통제권을 장악하고 있는 경우를 상상해 보자.

이런 시나리오는 서구인들에게 너무나 극단적이고 심지어 어리석어 보여서 현실화되지 않을 것처럼 보인다. 하지만 중국에서 사교적 종교 집단 운동이 거대한 유혈 사태를 촉발시켜 정부를 전복시키고 중국을 조각조각 절단하려고 시도했던 일이 한두 번 있었던 것도 아니다. 예를 들어 홍수전洪秀全은 자신을 예수의 동생이자 하느님의 아들이라고 믿고 추종자를 모아서 군대를 만들었다. 1851년에는 만주 왕조를 무너뜨리기 위해 광서성을 벗어나 북으로 진군했다. 용맹스러운 여성 전사들도 포함된 그의 군대는 영안을 점령한 뒤 호남성에 진입했고 차례로 악양과 한구, 무창, 남경을 빼앗았다. 그는 11년간 남경을 도읍으로 삼아 적어도 2,000만 명이 넘는 사람들의 삶에 관해 부르짖었다.[49] 그러나 결국 태평천국의 난도 종말을 맞게 된다.[50]

중국은 이런 역사를 잘 기억하고 있다. 이것이 외국과 달리 중국에서 제2의 마오쩌둥이 등장하는 시나리오가 현실화될 수 있다고 여길 수 있는 이유이다. 이런 고통스러운 기억은 중국 정부가 파룬궁을 그토록 지독하게 탄압했던 또 하나의 이유였을 것이다.

서구 세계가 중국에게 민주주의로의 전환을 재촉했을 때, 그에 대한 거의 확실한 대답은 당시 공산당 총서기였던 자오쯔양趙紫陽이 1988년 베이징에서 했던 말을 통해 울려 퍼졌다. 사람들이 그에게 민주주의 필요성에 대해 강조했을 때 그는 "민주적 발전을 이루기 위해서는 안정이 필요합니다"라고 말했다.

아마 서양 사람들은 '안정'이라는 말에 혀를 찼을 것이다. 하지만 중국인들은 그럴 수 없었다. 대약진 운동과 문화혁명[51]이라는 미명하에 수천 명의 사람들이 학살당한 끔찍한 기억이 생생하게 남아 있었기 때문이다. 물론 중국이 자신만의 지옥을 헤치고 나오는 그 기간 동안 서방 세계는 한 켠에 물러서서 아무런 영향도 받지 않을 수 있었다. 그것은 당시의 중국이 외부 세계와 경제적으로 단절되어 있었기 때문이다. 하지만 오늘날에는 미국, 유럽, 일본, 한국, 싱가포르를 비롯한 세계 각국 사람들이 수십억 달러에 상당하는 중국 공장과 부동산 등의 고정자산을 소유하고 있다.[52]

중국에서 폭력 사태가 격화되면 중앙 정부는 그 사실을 자국 국민들에게 비밀로 하기 어렵다. 중국인들은 이제 웹과 휴대전화로 무장하고 있다. 만약 시위대가 지역의 분리를 요구하기 시작하고(이미 중국 북서부의 이슬람교도들[53]이 문제를 제기하고 있다), 사회적 붕괴가 다른 위기 상황과 맞물리면, 골드만 삭스의 케니스 코리스Kenneth Courtis 부사장이 말한 '화산 폭발'을 초래할 우려가 있다.

외부 세계가 자신의 재산이 위기에 처한 상황에서 수동적으로 팔짱을 끼고 구경만 하고 있을 가능성은 매우 적다. 이탈이 가속화되는 상황에서 외국인들은 단지 자신의 금전적 투자를 황급히 회수하는 데 그치지 않고 은밀히 중국 내부 문제에 개입하여 자신의 공장과 다른 물리적 자산을 보호하려고 할지도 모른다. 심지어 부패한 지방 정권이나 반군 지도자들과 협상을 벌이는 행동도 마다하지 않을 것이다. 사실 그런 일은 중국이 일본의 침략을 받고 혁명에 의해 분리됐던 1930년대의 혼란 속에서 이미 벌어졌다.

중국이 세계 초강국으로 발전하는 과정은 여러 해에 걸쳐 왜곡되고 둔화되며 퇴보할 수도 있고, 비극으로 점철될 수도 있다. 하지만 인류 전체의 이익이라는 측면에서 볼 때, 중국의 빈곤 해소를 위한 두 마리 토끼 전략이 고통스러운 실험으로 실패해서는 안 된다. 중국의 물결 분쟁은 우리의 직업과 주식 투자, 제품, 권리에서 시작하여 우리 아이들이 입게 될 옷이나 그들이 사용할 컴퓨터에까지 영향을 미치기 때문이다. 중국은 이제 우리 모두의 일부분이 되었다.

45

일본이 넘어야 할 고비

Japan's Next Bamboo Ring

1960년대 일본 수상 이케다 하야토池田勇人[1]가 프랑스를 방문했을 때, 드골 대통령이 그를 보고 "저 트랜지스터 세일즈맨은 누구지?"라고 물었다고 한다. 이 같이 무례한 사례는 역사 속에 무수하다. 특히 경제적인 규모나 중요성 측면에서 1960~1970년대의 일본만큼 다른 세계로부터 철저히 무시를 당했던 나라는 없다. 하지만 1980~1990년대에는 상황이 완전히 역전됐다. 갑자기 엔화가 달러를 교체할 수 있는 위협 요인으로 등장했고, 일본인의 자본은 할리우드와 록펠러 센터를 인수했다. 일본은 넘버원이라며 갈채를 받았고 초국가 일본에 대한 공포는 전 세계 신문의 금융 기사에서 커다란 파문을 일으켰다.

21세기에 들어서 세계 경제의 후발주자들은 중국이 넘버원이 되고 일본은 중국의 정치, 경제적 애완견으로 전락할 것이라고 확신해 왔다. 하지만 일본은 한 번 더 세계를 놀라게 할 수 있다.

향후 10여 년 동안 일본이 만들어 내거나 만들기를 거부할 기본적인 변화는 우리가 몰고 다닐 자동차와 사용하게 될 에너지, 즐기게 될 게임과 음악은 물론 우리 사회의 고령자들을 대하는 방식, 실버 하우스의 가격, 달러의 미래에 영향을 미칠 것이다.

지금 일본은 지식 집약적으로 변하고 있는 미국이나 EU, 한국과 연관되어 있다. 거대한 농업 인구에 대한 부담이 없기 때문에 일본은 중국, 인도, 멕시코, 브라질처럼 삼분화되어 있지 않다. 일본은 축소되고 있는 산업 경제와 성장하고 있는 지식 경제로 이분화되어 있다.

누구 카페라떼 마실 분?

일본의 기적이 1990년대 왜 정체 상태에 빠졌는지를 설명하려는 분석이 무수히 많이 이루어졌다. 당시 발생한 현상은 추락치고는 대단히 낯선 것이었다.

외국인과 10대 패셔니스타들이 그란데 헤이즐넛 바닐라 라떼를 마시기 위해 잠시 들리는 도쿄의 오모테산도를 거닐며 사람들은 고통의 흔적을 거의 발견할 수 없을 것이다. 오마에 겐이치가 자신의 저서《보이지 않는 대륙Invisible Continent》에서 "어디에 걸인들이 있는가? 두 자리 숫자의 실업률이 어디에서 드러나는가?"[2]라고 기술한 것처럼 고급 생수 수요는 계속 증가하고, 유람선은 언제나 만원이었다. 젊은 여성들은 에르메스와 프라다, 구찌, 루이비통을 구입하는 등 일본을 고급 브랜드 시장의 가장 큰 고객으로 자리매김하게 했다.

하지만 지금도 일본 경제는 부동산 거품 붕괴의 영향을 받고 있다. 거품의 붕괴로 1990~2003년까지 재산 가치의 60퍼센트가 곤두박질쳤고, 도쿄의 경우는 거의 80퍼센트가 하락했다.[3] 하지만 부동산 하나만으로는 왜 일본 은행들이 2003년까지 부실 채권을 떠안고 있었고, 그 액수가 4,000억 달러에 이르는지 그 이유를 설명할 수 없다.

무엇보다 좋지 않았던 것은 2003년 제조업 생산이 1991년 수준에 비해 10퍼센트나 낮았고, 미국 외교문제평의회 Council on Foreign Relation 보고서에 등장한 대로 세계 시장에서 일본의 생산과 수출이 한 세기 만에 처음으로 감소한 것이다.[4]

무슨 일이 벌어진 것인가? 이 초국가의 성공이 위축된 이유는 무엇인가? 일본에서 벌어진 현상을 설명하려면 단순히 부동산 거품 혹은 은행 부실 채권 이상의 무엇이 필요하다. 사실 오랫동안 째깍거리다 결국 일본의 경제를 산산조각 낸 시한폭탄은 시간이라는 지식 기반에서 발생한 실패였다.

일본의 게걸음

우리는 이미 일본이 발달된 정보 기술을 이용해 자신의 생산 기반을 혁신하고 수출 상품의 품질을 극적으로 개선했으며, 어떻게 세계 시장에 전체적으로 참신한 제품을 선보일 수 있었는지를 보았다. 일본은 이런 변화들과 함께 간반 방식이라는 강력한 관리 도구를 선보였다. 세계는 일본처럼 고속으로 성공한 사례는 물론이고 그와 비슷한 것조차 본 적이 없었다.

심지어 장기간의 불경기를 경험한 오늘날에도 일본은 많은 과학, 기술 관련 분야에서 여전히 선두 자리를 지키고 있다. 일본은 자동차용 연료전지와 대체에너지 전반, 산업로봇 및 휴머노이드(인간을 닮거나 인간처럼 행동하는 기계 또는 생명체 – 옮긴이) 분야, 인공혈액과 당생물학glycobiology(당의 생물학적 기능을 밝히는 학문 – 옮긴이) 연구뿐만 아니라 디지털 전자제품과 게임기를 비롯한 다른 많은 분야에서 최고이거나 최고에 근접해 있다.[5] 2004년 일본 정부는 9억 달러를 나노 기술 연구에 투자했다.[6] 이는 유럽 국가 전체가 투자한 액수를 합한 것보다 큰 금액이다. 일본의 연구원들과 과학자, 엔지니어들은 최고의 기준을 바꾸는 데 익숙하다.

하지만 이 책에서 강조했듯이 과학과 기술만으로는 선진경제를 이룰 수 없다. 게다가 지식 집약적 경제로 성공하기 위해서는 그 기반을 제조업에만 한정시킬 수도 없다. 서비스 영역의 발전이 요구되기 때문이다. 그런데 일본은 제품 생산을 가속화하고 전 세계 공급망의 속도를 높이는 데 기여했음에도 불구하고, 컴퓨터와 IT 혹은 새로운 비즈니스 모델과 경영 개념을 서비스 분야에 적용하는 데는 굼뜨기 이를 데 없다. 실제로 1995~2003년까지 일본은 서비스 분야에서 4,560억 달러의 무역 적자를 기록했다. 일본의 더딘 발전은 일정 수준의 비동시화를 초래했고, 그것이 지금까지 일본 경제 전반을 왜곡시키고 있다. 제조 부문과 서비스 부문은 아직도 동시화되지 않았다.[7]

〈이코노미스트〉는 "비제조업 분야에서 일본이 우월성을 확보한 분야는 하나도 없다. 국내 수송 비용이 높다 보니 물류와 이동이 어렵고, 에너지와 통신 분야는 비즈니스 비용이 높기만 하다. 법률과 회계 같은 전문 서비스는 완고한 관행을 고집하고 있다. 급속한 고령화로 인해 핵심적인 분야로 떠오르는 보건 서비스도 국제 기준으로 볼 때 부끄러울 정도로 열악한 수준이다"라는 기사를 실었다.[8]

서비스 산업을 제조업과 같은 수준에 올려놓기 위해서는 더 지능적이고 지식 집약적인 운영과 함께 새로운 형태의 조직을 향한 도약이 필요하다. 하지만 제조업에 대한 지나친 집중은 다른 방향으로 작용하고 있다. 일본에게 수출은 대단히 중요하다. 일본은 자국 내 식량과 에너지 자원이 부족해 외국에서 수입을 해야 하고, 수출에 의한 수입이 있어야 자신들이 수입한 것에 대한 대금을 지불할 수 있다. 그러나 일본은 너무 극단으로 치우쳤다. 외교문제평의회의 보고서는 "일본은 초효율적 수출 산업과 초비효율적 국내 부문의 기능 장애적 결합체가 됐다"고 밝히고 있다.

대단히 달갑지 않은 이런 상황은 세계가 변했기 때문에 발생한 것이다. 일본이 수출 기적을 이룩했던 당시에는 세계 시장에서 한국이나 대만, 말레이시아를 비롯한 기타 아시아 국가들이 경쟁 상대가 되지 못했다. 더군다나 중국은 아예 고려 대상도 아니었다. 하지만 현재의 수출시장은 대단히 치열한 경쟁 무대이며, 이미 과부하 상태이다. 수출이 일본에게 중요하기는 하지만 미래를 위한 주요 전략 노선이 될 수는 없다는 것이다. 일본은 자신의 국내 부문을 수출 부문의 수준까지 끌어올려야 한다. 일본은 자신을 성공의 길로 이끈 요소에 더 이상 집착할 수 없다. 그것은 이미 과거의 일이다.

유연한 국가

가속화 경제가 요구하는 조건은 가변적인 환경에 대응할 수 있는 조직적 유연성이다. 이는 지식 기반 경제로 이동하는 모든 사회에 적용되는데, 특히 일본에게는 중요한 요소이다. 일본의 엄격한 산업적 규율은 탄력적인 대응을 불가능하게 만든다.

산업시대의 잔재가 사라지거나 대체되지 않으면 일본은 미래를 향한 경주에서 계속 뒤처질 것이다. 탈산업화라는 제2물결에 대한 반발, 농업 부문이 정치에서 과도하게 자기 주장을 내세울 수 있는 상황, 구조조정에 대한 관료들의 저항 등을 자세히 들여다보지 않더라도 그 속에는 미래 제3물결의 지식 경제에 대한 반혁명적 저항이 있다는 사실을 알 수 있다.[9] 이는 다른 나라의 경우와 다를 바 없다.

산업부문에서 혜택을 얻었거나 투자한 사람들은 일본을 산업시대 규정과 체제로부터 변화시키려는 노력에 대해 고집스레 저항하고 있다. 머리가 하얗게 센 과거 기업계의 거물이나 오랫동안 근무해 온 재무성 관료 혹은 25년간 똑같은 내용의 수업만 진행해 온 교육자들이 바로 그들이다. 그들은 정중하고, 표현을 절제하는 모습을 보이지만, 실은 미래에 대항해 대단히 치열한 게릴라전쟁을 진행하고 있다. 이는 일본 스타일의 물결 분쟁이다.

이런 저항에도 불구하고 몇 가지 변화가 일어나고 있다. 예를 들어 일본의 유명한 종신고용제[10]가 붕괴되고 있다. 종신고용제하에서 대기업들은 매년 학교를 졸업하는 학생들을 대거 채용했고 그들이 평생 동안 이 조직에서 일할 것이라고 생각했다. 그것은 개인에게 안정성을 부여하지만 극단적으로는 그의 기회를 박탈하는 일이었다. 고용주들은 상대 회사를 그만두고 나온 직원을 뽑는 것을 꺼렸다. 그러니 차라리 첫 직장에 오래 남아 있는 편이 나았다. 그가 첫 직장을 그만두면 다음 직장을 선택할 수 있는 폭이 그만큼 줄어들었다. 한때는 직장 상사의 허가 없이 근로자가 직장을 옮기는 행위를 노동법으로 금지하기도 했다. 이런 체제는 유연성을 감소시켰다.

폐쇄적 관계는 기업 수준에도 그대로 적용된다. 서구의 기업들이 자재나 부품, 서비스의 공급자를 자유롭게 선택할 수 있는 반면, 일본의 대기업들은 대체로 계열기업(게이레쓰, 거대 무역회사 하나와 주요 은행 하나를 중심으로 뭉쳐 재정적으로 얽혀 있으며 상호 지원하는 기업 집단)의 일부분이거나 거기에 연결되어 있다.[11] 계열기업 체제는 서구에 비해 커다란 회사가 작은 회사를 휘두르는 권력이 더욱 막강하다. 그들은 종종 자신의 자회사에게 같은 계열 내에서 부품을 구매하도록 강요한다. 심지어 다른 곳에서 더 저렴하고 우수한 부품을 구입할 수 있을 때에도 예외가 허용되지 않는다. 이 같은 계열기업 체제 또한 유연성을 제한하는 요인이다. 그런데 이 문제에 있어서 일본은 이전에는 생각지 못했던 진전을 이루었다. 일본 무역진흥회 External Trade Organization에 따르면, 지난 5년 동안 같은 계열기업 내에서 이루어진 계약이 70퍼센트에서 20퍼센트로 감소했다.[12] 물론 여기에도 동요가 존재해 미쓰비시 자동차는 2002년 해체했던 계열기업 체제를 2004년 다시 부활시켰다.[13]

일본의 관리자들과 공무원들은 산업주의의 또 다른 유물인 '큰 것이 좋다'는 사고에 집착하고 있다. 이는 대량생산, 규모의 경제에서 유추된 개념으로 오로지 크기만을 고려할 때 야기되는 비경제성을 간과하고 있는 것이다. 그 예로 거대 조직에서는 왼손이 하는 일을 오른손이 모르거나 신경 쓰지 않는다. 또한 전통적 산업과 신경제의 차이를 무시하는데, 작은 기업에서 개발된 무형의 제품은 거의 제로에 가까운 비용으로 복제되어 전 세계로 확산될 수 있다. 이보다 더 중요한 것은 거대주의는 항상 비유연성을 동반한다는 것이다. 소형 전투정은 거대한 전함보다 더 빠르게 선회할 수 있다. 특히 오늘날처럼 가속화되는 환경에서 급선회할 수 있는 능력은 생존의 필수 요건이다.

지금까지 제3물결을 경험하면서 배운 교훈 중 하나는 실리콘밸리의 사례처럼 작은 기업이 세상을 바꿀 수 있다는 사실이다. 이것이 가능하기 위해서는 새로운 소규모 조직이나 기업, 기술 분야의 신규 회사 등 어떤 것이든 우호적인 숙주 환경이 필요하다. 그것은 회생 문화를 의미하는데, 이런 문화에서 실패는 경력의 종말이 아니라 유용한 경험의 습득으로 간주된다. 프로젝트 수행에 실패해 수백만 달러의 손해를 입힌 한 간부를 해고하겠냐는 질문에 대한 IBM의 전 회장인 토머스 왓슨의 대답은 이런 내용을 잘 보여 준다. 왓슨은 "그를 해고한다고? 맙소사. 안돼. 나는 방금 그의 수업료를 지불했단 말이야" 라고 말했다.

기술 분야의 신흥 기업은 벤처캐피털을 필요로 한다.[14] 일본에는 부족한 부분이다. 우호적인 숙주 문화란 민주화된 금융체제를 의미한다. 이 금융체제에서는 다양한 채널들이 서로 경쟁을 통해 기업에 접근하게 된다. 일본에서 소기업들의 주요 자금줄은 은행이다. 하지만 은행은 과중한 담보를 요구한다. 이런 관행과 몇 가지 전통적 규정, 문화적 규범의 문제 때문에 실리콘밸리와 같은 벤처 단지를 육성하려는 일본의 노력은 별로 효과를 거두지 못하고 있다. 급기야 일본의 최고 기업 조직인 경제단체연합회(한국의 전경련에 해당 – 옮긴이)[15]의 흰 머리 신사들이 마침내 '디지털 뉴딜'을 촉진시키기 위해 나섰지만 결과는 그리 신통치 않다.

대다수의 젊은이들이 휴대전화와 몇 가지 다른 기술들을 수용함으로써 정보통신 분야의 부활이 일어났다. 하지만 이 부활이 과연 얼마나 혁신적인 기업 정신으로 전환됐을까? 미국에서는 대략 10명 중 한 명이 혁신적인 활동에 종사한다.[16] 일본에서는 그 수가 100명 중 한 명이다. 헨리 로완Henry S. Rowen 과 마리아 도요다A. Maria Toyoda는 스탠퍼드 대학의 아시아태평양 연구센터를 위해 작성한 보고서에서 "일본 기업에 아이디어가 부족하지는 않다. 일본은 1992~1999년 사이 총 특허 건수의 증가에 있어서 세계 최고이다. IT 분야 특허에서도 최고의 자리를 차지했다. 하지만 일본이 가지고 있는 물리적 자산, 교육받은 인력, 높은 기술 수준 등의 강점이 세계 IT 분야의 시장 점유율을 올리거나 부가가치가 높은 신상품으로 연결되지는 않고 있다"[17]라고 밝혔다.

산업사회는 조직들을 관료적 굴뚝에 집어넣고 서로를 고립시켰다. 실제로 일본 법률은 대학과 기업의 합자기업 설립을 금지했다. 이 단단한 장벽의 붕괴는 지식 경제의 발전에 있어 대단히 중요하다. 미국에서 대학과 기업 간의 경계를 넘을 수 없었다면 실리콘밸리는 결코 존재하지도 성장하지도 못했을 것이다. 스탠퍼드 대학, 캘리포니아 공과대학, MIT와 같은 교육기관들이 벤처캐피털과 연계해서 새로운 첨단 기술 기업을 시작했기 때문에 가능한 일이었다.[18]

〈니케이위클리 Nikkei Weekly〉에 따르면 1980~2000년 미국에서는 2,624개의 기업이 대학에 의해 설립됐다. 이와 대조적으로 일본에서는 불과 240개가 설립되었다. 하지만 2004년 일본은 학문적 혁신가들을 기업사회와 분리시켰던 강철 장벽을 허물고 대학의 기업 설립을 촉진하는 법률을 통과시켰다. 도쿄 대학의 조사 결과에 의하면, 매년 200개씩 새로운 기업이 생길 것으로 전망된다.[19]

의사결정의 지연

일본이 유연한 지식 집약 경제를 위한 문화를 창조하려면 비유연성을 조장하는 사회 규범들을 재검토해야 한다. 여기에는 의사결정이 이루어지는 방법도 포함된다.

일본인들의 집단적인 의사결정에 대한 집착에 관해서는 많은 글이 발표되었다. 가장 두드러진 특징은 일단 합의된 결론에 도달하면 그 집행이 대단히 신속하다는 점이다. 그 이유는 결론에 도달할 무렵이면 관련 당사자들이 모두 목표를 받아들이고 필요한 것이 무엇인지 완전히 이해한 상태가 되기 때문이라고 한다. 이런 특징에는 결론에 도달하는 데 필요한 시간이 길고, 새로운 정보나 상황에 따라 결정을 바꾸기 어렵다는 부작용이 있다.

나는 일본, 캐나다, 미국의 방송사 직원들과 함께 촬영을 하면서 이런 사실을 목격한 적이 있다. 일본 팀은 대단히 전문적이었고, 수개월에 걸쳐 공동 작업을 하는 동안 서구 사람들과 인간적인 관계를 맺게 되었다. 각자는 상대방을 관찰하고 서로에게 배울 수 있는 기회를 가질 수 있었다. 새로운 장소에서 촬영이 진행될 때, 일본 팀은 당면한 작업의 모든 측면을 토의하기 위해 늦게까지 일했다. 누구랄 것도 없이 어떤 일을 언제까지 어디에서 수행해야 하는지 정확히 인지하고 있었기 때문에 일본 팀은 완벽하게 준비된 상태로 아침을 시작했다.

이와 대조적으로 미국과 캐나다 팀은 저녁 시간에 이야기를 나누거나 한두 잔의 맥주를 마시고 잠자리에 들었다. 그들 가운데 캐나다 팀 감독인 월리 몽굴 Wally Mongul은 아침 일찍 일어나 촬영 장소를 돌아보면서 세세하게 점검하는 편이었다. 어느 날 그는 예정된 장소보다 촬영하기에 더 좋은 장소를 찾아냈다. 그는 일본 팀에게 장소 변경을 제안했다. 하지만 일본 팀은 강경한 거부의사를 나타냈다. 그 누구도 제안된 장소에 직접 가본 적도 없는데 말이다.

맹목적인 저항의 이유는 명백했다. 일본인들은 장소를 결정하기까지 이미 너무 많은 시간과 에너지를 소모했던 것이다. 상황에 따라 더 나은 선택이 있을 수 있음에도 불구하고, 더 나은 장소로의 전환은 배제해야 했다. 하지만 오늘날처럼 지속적으로 가속화되는 복잡한 경제, 사회에서는 빠르게 계획을 바꾸고 신속하게 결정을 내릴 수 있는 능력이 중요한 생존 메커니즘이다.

앞으로 일본에서도 고속의 변화와 점점 더 개인화되는 신세대의 등장과 함께 집단적 의사결정 체제가 쇠퇴하는 장면을 볼 수 있을 것이다.

변화하는 남녀 간의 역할

복잡한 변화의 시대인 오늘날 일본은 경제 발전을 위해서 자신의 단단한 역할구조를 느슨하게 풀어야 한다. 단순히 일반적인 직업과 직장에서뿐만 아니라 가족과 성 gender이라는 좀 더 심오한 단계에서도 그렇다.

결혼과 가족에 대한 오래된 가정假定, 그리고 경제 활동과 그들의 관계는 붕괴되고 있다. 일본 정부가 작성한 백서에 따르면 1972년에는 80퍼센트의 일본인 남녀가 오직 남자만 직업을 가져야 한다는 사실에 동의했다. 아내는 전업주부여야 했다. 2002년이 되자 남성의 42퍼센트와 여성의 51퍼센트가 더 이상 남녀의 분업에 찬성하지 않았다.

젊은 여성들은 점점 더 늦게 결혼을 하고 미혼이라는 사실에 대해서도 수치심을 덜 느끼고 있다. 30~34세 사이의 사람들 중 27퍼센트가 아직 미혼인데 이는 10년 만에 두 배로 증가한 수치이다. 오늘날 더욱 자기주장이 강한 미혼 여성들은 '크리스마스 케이크(미혼여성들이 휴일이 끝나면 버려진다는 의미로 먹다 남은 케이크에 비유하는 부정적 인용어)'로 분류되기를 거부한다.[20]

결혼한 여성들도 자녀를 적게 낳고 있다. 일본의 출산율은 60년 내 최소치로 커플당 1.29명이다. 여기에 더해 직업을 가진 여성의 비율은 높아져서 2003년에는 1985년에 비해 13퍼센트나 높았다.[21]

하지만 남녀평등은 아직 요원하기만 하다. 〈재팬타임스〉에 따르면, IT와 인터넷 관련 기업이 다른 업계에 비해 여성의 승진 기회가 높은데도 불구하고 2003년 일본 IT업계의 여성 관리자 비율은 9.9퍼센트라고 한다. 45.9퍼센트인 미국이나 30퍼센트 이상인 영국, 프랑스, 독일, 스웨덴과는 크게 차이가 나는 수치이다.[22] 게다가 일본에서 여성의 수입은 아직도 남성의 46퍼센트 수준에 불과하다.[23]

한편 정부는 출산율 감소를 막기 위해 남편에게도 출산 휴가를 주도록 했다. 남편에게 출산 휴가를 줌으로써 부인을 돕고 아기와의 유대관계를 강화하기를 바랐다. 하지만 이 제도를 이용하는 남성의 수는 너무 적었다. 오타시는 더욱 엄격하고 창의적이며 생산적인 수단이 필요하다는 결론에 이르렀고, 결국 2004년 오타시에서 근무하는 모든 남성은 출산 후 반드시 40일간의 휴가를 받도록 했다. 더불어 이 기간 동안 육아 노트를 작성하고, 자신이 무엇을 배웠는지를 보고하도록 하는 규정을 만들었다. 시 공무원의 말에 따르면, 이 규정은 남편이 자녀 양육에 개입하게 만들고 그렇게 하는 것이 남자답지 못하다는 고정관념을 깨는 것에 목적이 있다고 한다.[24]

무보수 자녀 양육과 가정 관리는 중요한 프로슈머 기능이다. 우리가 살펴본 것과 같이 그것 역시 경제적 가치를 창조하고 화폐 경제를 유지시킨다. 하지만 성차별에 기반을 둔 노동의 구분은 또 다른 구조적 경직성으로 혁명적 부를 향한 일본의 진보를 가로막고 있다.

오늘날 지식에 기반을 둔 화폐 경제를 창조하기 위한 세계의 경주에서, 한때 선두 주자였던 일본은 이용 가능한 두뇌 역량의 절반밖에 사용하지 않았다. 그것은 결코 현명한 일이 아니다.

고령화 물결

산업의 경직성은 여성의 거대한 잠재력뿐만 아니라 노년층의 잠재력도 낭비하고 있다. 산업화 시대의 사회보장 프로그램이 붕괴될 가능성을 안고 있는 선진 국가는 일본만이 아니다. 똑같은 현상이 유럽 전역과 미국에서도 벌어지고 있다. 하지만 일본이 더 큰 위험을 안고 있는 듯하다. 이런 사실로 미루어 볼 때 일본은 선진 경제에 더욱 적합한 해법을 발견하는 데 있어 선두 주자가 될 수 있다.

1920년대 대부분의 직업이 육체노동이었던 일본은 모든 분야에 적용되는 단일 기준으로 정년을 55세로 설정했다. 당시에는 평균적으로 퇴직 연령에 도달한 뒤에 10년 이상을 살지 못했다. 정년은 2000년이 되어서야 65세로 늘어났다.[25]

교토 산업 대학의 줄리안 채플Julian Chapple은 "평균 수명이 81.9세에 달하면서 일본은 유사 이래 세계에서 가장 고령화된 사회로 급속하게 변하고 있다"고 말한다. 또한 일본의 전형적인 노인들은 세계에서 가장 건강하여 75세까지 건강 상태를 그대로 유지하는데[26], 이는 미국의 69세보다 훨씬 높은 수준이다. 대부분의 사람들은 이에 대해 노인들이 젊은 세대에게 과중한 짐이 되어 일본을 더 작고 가난한 나라로 만들 요인이라고 보고 있다.[27]

이러한 위기 상황을 극복하기 위해서 여러 가지 대안들이 제시되지만 이는 또 다른 차원의 의문을 남긴다. 고령화 사회를 대비해 사람들이 자녀를 더 많이 낳는다면 그것이 해결책이 될 수 있을까? 인구가 줄어들면 필연적으로 국가가 더 가난해진다고 누가 말할 수 있는가? 스위스가 그런가? 싱가포르는 어떤가? 2050년에 고상하게 은퇴하기 위해 얼마의 돈이 필요한지 누가 알고 있는가? 논쟁의 회오리 속에서 여기저기 난무하는 각종 의견들은 어려운 문제를 제기한다.

우리가 향후 20년 내에 많은 비용을 발생시키는 알츠하이머나 당뇨, 골다공증, 류마티스 관절염과 같은 질병의 부분적인 치료법을 개발한다고 가정해 보자. 또는 노인들이 많이 걸리는 병의 치료법을 개발하거나 혹은 최소한 발병률을 낮출 수 있다고 가정해 보자. 이는 사회보장 통계치는 보면서 건강 분야의 미래는 보지 못하는 재무부와 보건부 사이의 관료적 장벽을 감안해 보자는 것이다. 더 나아가 노인들을 위한 비용은 증가시키면서 다른 인구 집단의 비용은 감소시키는 일이 가능한 것인가? 출산율 감소가 초등 및 중등학교의 수를 줄여야 함을 의미하는가? 혹은 소아과 병동이나 의료 서비스에 필요한 비용이 낮아진다는 의미일까?

우리에게 필요한 것은 좀 더 근본적이면서 동시에 풍부한 상상력을 가지고 문제에 총체적으로 접근하는 것이다. 일본은 고령화 물결에 효율적으로 대응하기 위한 다양한 정책 대안을 개발해야 한다.

만약 정년퇴직 서비스를 아웃소싱한다면 노인의 경제학이 얼마나 영향을 받게 될까? 텍사스 대학 데이비드 워너 **David Warner** 교수는 현재 200만 명으로 추정되는 미국의 정년퇴직자들이 미국이 아닌 다른 나라에 살고 있다고 말한다. 그들은 세계 각지에 흩어져 있으며 60만 명 정도는 멕시코에 살고 있다.[28] 멕시코의 과달라하라에서는 침실 세 개짜리 주택을 한 달에 700달러 이하의 가격에 임대할 수 있다.[29]

영국의 정년퇴직자들도 100만 명 정도가 해외에 살고 있다.[30] 얼라이언스 앤 레스터 **Alliance & Leicester** 은행은 2020년이 되면 그 수가 500만 명에 이를 것으로 전망한다. 또한 2012년까지 후진국 정부들이 선진국의 퇴직자들을 두고 경쟁을 벌이게 될 것이라고 밝히고 있다.

사람들은 일본인들이 외로움과 문화적 고립감을 두려워하기 때문에 해외에서 살기를 주저한다고 말한다. 하지만 일본 북부의 홋카이도에 살던 니헤이 아키라와 그의 부인은 2003년 훨씬 더 따뜻한 말레이시아의 페낭으로 이주했다. 그는 침실 세 개가 딸린 자신의 새 아파트 임대료가 한 달에 500달러밖에 하지 않는다고 뿌듯해했다. 홋카이도에서는 한 달 임대료로 1,200달러나 필요했다. 게다가 홋카이도의 아파트는 수영장이나 테니스장, 체육관과 경비원이 딸려 있지도않았다.[31]

일본의 부동산 개발업자들은 저비용 국가에 정년퇴직자를 위한 대규모의 아파트 단지를 건설하는 것에 관해 논의해 왔다. 그들은 그곳에서는 일본인이 외로움을 느끼지 않을 것이라고 주장한다.

만약 어느 정도 규모의 인구가 해외로 이주한다면 노인의 경제학에 어떤 영향을 미치게 될 것인가? 일본 정부가 이민 장려책으로 그와 같은 거주지 각각에 일본 수준의 의료 기관을 설립할 수 있도록 재정을 부담한다면 어떨까? 더 나아가 이민 패키지에 해당국 보건부와 협동으로 순수 원주민에게 특정 의료 서비스를 제공하는 것도 포함할 수 있다. 그러면 일부 비용은 공적개발원조 ODA, Official Development Assistance 기금을 통해 조달할 수 있을 것이다.

필리핀 여성이냐 로봇이냐?

지금 일본에게 필요한 것은 고령화 물결이라는 문제에 대한 훨씬 더 혁신적인 접근법이다. 그것은 현존하는 여러 관료 부처들의 영역을 뛰어넘어야만 찾을 수 있는 해결책들이다.

정년퇴직자들이 비생산적이라는 말은 그들에게 치명적인 치욕을 느끼게 한다. 하지만 노인들이 임금을 받고 해왔던 생산활동 외에 프로슈밍을 통해 창조한 경제적 가치를 인정한다면 그들은 비생산적일 이유가 없다. 실제로 그들은 대부분 비생산적이지 않다.

프로슈밍에 대한 논의를 다시 반복할 필요는 없지만, 일본은 임금 생산성과 노년층 프로슈머의 생산성을 증가시킴으로써 세계적으로 고령화 문제를 해결해나가는 데 선도적인 역할을 할 수 있다.

우리는 프로슈머가 자발적 참여를 통해 사회 자본을 창조한다는 사실을 알고 있다. 일본은 프로슈밍을 대규모로 활용하는 방안을 구상해 낼 수 있다. 혹은 정년퇴직자들이 도구와 재료를 구입할 수 있도록 약간의 자금을 지원함으로써 그들이 오랫동안 구상해 왔던 새로운 유형의 제품이나 서비스를 생산해 내도록 할 수도 있다. 그렇게 개발된 재화는 화폐 경제에서 판매될 수도 있다. 아니면 정년퇴직자가 목공용 도구를 가지고 직접 제작한 가구를 친구와 거래하여 수요일 오후에 자신을 병원까지 데려다 달라고 할 수도 있다. 살펴본 대로 프로슈머의 생산을 증가시킬 수 있는 방법은 무수히 많으며 대안적 형태의 화폐가 정상적인 현금을 대신해 사용될 수도 있다.

공상과학 소설 작가인 고마쓰 사쿄가 열정적으로 우리에게 말해 준 것처럼 보살핌이 필요한 정년퇴직자를 위한 선택이 반드시 필리핀 여성과 로봇 사이의 갈림길에 있어야 할 필요는 없다.

여기에 언급된 몇몇 구체적인 아이디어들은 비현실적일 수도 있다. 하지만 21세기의 문제를 해결하기 위해 이미 무용지물이 된 산업화 시대의 가설만으로 가득 차 있는 수많은 상자들 바깥에서 아이디어를 탐구해 볼 필요가 있다.

일본은 대단히 창조적인 사회이며, 다른 나라에서는 아직 풀지 못한 문제들에 대해 작지만 매력적인 해법을 찾을 수 있는 능력을 계속해서 보여 주었다. 그들은 지금 쌓여 가고 있는 문제를 해결하기 위해서 대규모 해법을 탐구하고 실험하는 데도 똑같은 창조성과 적극성을 적용해야 할 필요가 있다.

혁신적인 변화를 기다리며

일본은 거의 모든 구성원과 계층에 걸쳐 구조적 경직성에 직면하고 있다. 이들은 모두 하나로 통합되어 있어서 은행의 부실 채권이나 서비스 분야의 기술적, 조직적 낙후성을 제거하는 것보다 훨씬 더 어려운 과제이다. 사실 일본의 구조적 경직성은 빠른 속도로 다가오는 미래의 도전에 직면하는 것만큼이나 일본에 위협을 가할 것이다. 일본의 경직성은 사후 근육이 경직된 수준이다.

그나마 2005년 일본 자민당의 고이즈미 수상은 놀랄 만한 정치적 승부수를 던져 일본의 뼛속 깊이 박혀 있는 경직성을 타파하고자 했다.[32] 그의 정치적 승부수는 50년 동안 자민당의 주요 지지 세력이었던 농촌 지역 유권자들이 등을 돌리게 만든 계기가 되었지만 그 대신 도시 지역 유권자들의 지지를 가져다주었다.

골드만 삭스의 코티스에 따르면, 일본 정부는 도시와 농촌 간의 물결 분쟁을 무마하기 위해 그동안 막대한 재정을 쏟아부었다.[33] 도시와 농촌의 갈등은 정부의 막대한 재정 지출에 의해 사그라들었다. 결국 경제 내의 반대편 세력을 돈으로 매수한 격이다. 하지만 이런 정책은 지속되지 못할 것이다. 일본은 엔화 가치 하락, 에너지 가격 상승, 중국과 인도의 부상 등에 직면해 있기 때문이다. 중국이 화산 폭발에 직면해 있다면, 일본은 내부 폭발에 직면해 있다.

다행히 일본은 제2차 세계대전 이후 거의 반세기 동안 고수하던 체제에 대해 근본적으로 재고해야 할 필요성을 인정하기 시작했다. 헌법 개정에 대한 논의가 점점 활기를 띠고 있는 것이 한 가지 징조이다. 가장 첨예한 논쟁의 주제인 군대의 역할 재정의와 그 방식에 대한 부분은 수년째 의제에 포함되어 있었다. 하지만 헌법에 대한 논의는 이제 자위대 문제를 넘어섰다. 앞으로는 부의 미래에 영향을 줄 수 있는 내용인 환경과 생명윤리를 비롯한 지적재산권을 다루게 될 것이다. 또한 관료제도의 구조와 역할, 권한에 대해 정기적으로 검토하도록 하는 조항이 필요할 것이다. 현행 법률으로는 불가능한 여성의 황위 계승권을 포함하여 여성의 권리를 증진시키는 조항, 단순히 노동력의 일부가 아니라 일본의 혁신과 부에 연료를 제공해 주는 사상과 문화의 다양성 차원에서 이민자와 소수 인종의 역할과 권리를 재고하는 조항도 필요할 것이다.

결국 일본은 중국의 부상으로 인해 세계 경제에 대한 자신의 전반적 역할을 고통스럽게 재검토하고 있다. 일본의 중국 투자[34]는 이제 미국에 대한 투자와 거의 대등해졌고, 2002년 중국은 미국을 제치고 일본에 수출을 가장 많이 한 국가가 되었다.[35] 일본이 중국에서 수입한 제품 중 3분의 1은 중국에 있는 일본 공장에서 생산된 것이다.

여기에서 중국과 일본 양국에서 부상하고 있는 국수주의나 아시아의 지정학에 대해 언급하려는 의도는 없다. 하지만 앞으로 10년간 일본이 현재 자신들 앞에 놓인 몇 가지 대안 중 하나를 선택하는 것만큼 미국이나 세계 다른 국가의 경제와 안보에 더 중대한 영향을 미칠 결단은 없을 것이다.

한편 일본은 중국의 저비용 생산과 중국 내수시장에 접근하는 이점을 얻기 위해 경주하고 있다. 동시에 미국과의 군사적 유대 관계를 강화하고 있다. 그 가운데 기존 미일안보동맹의 경제적 효과는 종종 무시된다. 하지만 미일안보동맹이 없었다면 아시아의 놀라운 성장은 제대로 실현되지 못했을 것이다. 양국의 쌍무적인 상호 협동 및 방위조약은 아시아가 최근 수십 년간 빠른 속도로 광범위한 경제성장을 이루는 동안 아태지역의 안정화에 핵심적 역할을 해왔다.

이런 안정성 요인이 없었다면 대만이나 한국은 말할 것도 없고, 중국을 포함한 아시아는 미국이나 유럽의 투자를 유치하는 데 상당한 어려움을 겪었을 것이다. 안정성은 미국의 제너럴 모터스와 인텔, 안호이저 부시Anheuser-Busch, 유럽의 BMW, 지멘스, 바스프BASF 같은 회사들[36]이 이 지역에 공장과 콜센터, 연구소를 세우며 각종 투자를 하면서 위험을 감수하는 이유 중 하나이다.

현재 일본이 미국과의 군사적 유대를 강화하면서 동시에 중국과 경제적 연계를 다지고 있기 때문에 일본은 아시아에서 군사, 질병, 환경, 테러 문제 등에 있어 중요한 균형자의 역할을 하게 될 수 있다. 하지만 그 반대로 양국에 대한 협상력은 감소할 수 있다.

많은 일본 기업들이 자신의 공장을 세우기 위해 중국으로 달려가면서 동시에 중국의 값싼 제품에 자신의 세계시장이 잠식당하는 현실을 목격하게 될 것이다. 가까운 장래에 일본 역시 두 마리 토끼 전략이 필요할 것이다. 일본은 과도한 수출 의존도를 낮춰야 한다. 특히 마진이 적은 비개성적 대량생산 소비재 수출을 줄여야 한다.

그런 과정을 수행하면서 동시에 일본은 혁신적인 지식 기반 경제와 사회로의 전환을 신속하게 완수해야 한다. 심지어 그로 인해 일본 내부에서 격렬한 변화가 진행된다 하더라도 말이다. 현 세대이든 애니메이션과 만화, 게임으로 인해 정신없이 바쁜 새로운 세대이든, 점차 불안정해져 가는 아시아에서 일본의 부와 영향력이 축소되는 현상을 경험하게 될 것이다.

때때로 일본은 대나무와 같다는 말을 많이 한다. 대나무에는 녹색 줄기의 수직으로 뻗은 부분에 회갈색의 반지처럼 생긴 좁은 마디가 있다. 높이 성장하는 대나무의 수직으로 뻗은 줄기는 변화에 대한 일본의 끈질긴 저항을 상징한다. 이와 대조적으로 반지 모양의 마디는 급격하고 혁명적인 변화를 나타낸다. 일본이 한 단계 위의 대나무 마디에 도달하느냐에 따라 미국과 유럽, 중국과 동아시아에 이르는 세계 모든 지역의 부의 미래가 상당 부분 결정될 것이다.

46

한반도의 시간과의 충돌

Korea's Collision with Time

지정학적 시나리오를 작성하는 데 열중하는 전문가들 사이에서 한반도보다 더 관심을 끄는 지역은 없다. 이곳만큼 미래에 대한 이미지가 다양하면서 예측 불가능한 곳은 없기 때문이다.

한반도에 존재하는 두 개의 국가에 주목할 필요가 있다. 민족과 정체성의 동질성을 공유하면서도 극단적으로 대조되는 경제, 정치, 문화를 가지고 있는 두 국가에게 어떤 미래가 준비되어 있는가? 한 국가는 지식에 기반을 둔 제3물결의 경제와 문명으로 향하는 거대한 변혁의 선두에 서 있는 반면, 다른 한 국가는 제1물결과 제2물결로 대표되는 굶주림과 빈곤 사이에서 허덕이고 있다. 한 국가는 국제 사회의 선두 주자지만 다른 한 국가는 빈민국이다. 한쪽 국가의 국민들은 세련된 생활을 영위하고, 여행의 자유를 누리며, 초고속 인터넷을 통해 그 어디에 있는 누구와도 의사교환을 할 수 있다. 반면 다른 국가는 자국 국민들의 입을 틀어막고 억압과 통제 속에 가두고 있다. 한쪽 국가는 고속으로 미래를 탐험한다. 다른 국가는 신중하게 경제 개혁을 추진하고 있는데도 불구하고 이전 세대의 박제화된 유물과도 같은 김정일(현재는 그의 아들인 김정은)의 지배를 받는 왕조국가와 다름없는 상태이다. 또한 한쪽은 미래의 혁신적 경제체제를 정의하는 데 일조하고 있는 반면, 다른 한쪽은 무기력하고 반혁신적 경제체제를 고수하고 있다.

한국이든 북한이든 세계적인 권력을 휘두르는 국가는 아니다. 하지만 북쪽이 탄도미사일과 핵탄두 기술을 확보했을 때, 두 국가 사이에서 발생하는 일이 전 세계에 영향을 미칠 수 있다. 그 때문에 워싱턴과 베이징에서부터 모스크바, 대만, 도쿄, 뉴델리에 이르는 국제 사회의 군사 및 외교 전문가, 언론인, 소설가, 정보기관 등이 현기증이 날 정도로 다양한 한반도 시나리오를 토해 내고 있다. 이들 시나리오는 양 국가의 평화적 통일에서부터 전면적인 핵전쟁까지 온갖 상황을 묘사하고 있다. 어떤 전문가들은 양쪽 모두는 아니더라도 한쪽이 중국의 위성국가나 속주로 전락하게 될 것이라고 예상한다. 다른 전문가들은 북한이 그들이 보유한 탄도미사일 및 핵기술과 함께 결국 한국에 흡수되어 인구 7,000만 명이 넘는 통일 한국[1]을 형성한다고 전망한다. 이렇게 되면 통일 한국은 엄청난 병력과 상당수의 대량살상무기를 보유하게 되어 주변국인 중국과 일본조차 감히 그들의 독립성을 침해할 수 없는 국가가 될 것으로 내다봤다. 어떤 시나리오는 미국이 한국에 있는 3만 명의 주한 미군 병력[2]을 철수시키게 될 것이라고 주장한다. 그와 관련된 또 다른 변형 시나리오는 미국이 북한의 핵전력을 상쇄하기 위해서 남한의 동의하에 1991년까지 한국에 주둔시켰던 핵무기를 재배치할 것이라고 가정한다.

일부 분석가들은 미국의 폭격기가 북한의 핵시설을 제거하는 상상을 한다.[3] 다른 분석가들은 북한 정권이 내적으로 붕괴되거나 군사 쿠데타가 발생하지 않을까 우려한다. 이럴 경우 권력 투쟁이 벌어져 최악의 무기들이 무분별한 지방 군부의 손에 들어갈 수 있는 위험이 증가한다. 한편 반미 성향의 한국 사람들이 북한의 한국 점령을 용인할 것이라고 보는 시나리오도 있다. 현재 한국의 군대가 지나치게 반미 성향을 갖고 있어 그러한 움직임에 대해 수수방관할 것이라는 극단적인 예측이다.

이들 각각의 시나리오는 타당성 여부를 떠나서 그에 따른 부속 시나리오를 생산해 내고 있다. 중국, 러시아, 일본, 미국 등 두 나라와 관련된 다른 국가들이 서로 작용과 반작용의 상호 작용을 하는 다중적 전개 방식이 세밀하게 묘사되어 결과적으로 최선과 최악, 과감하고 위험천만한 전략적 대안들 중에 몇 가지를 선택해 조잡하게 꿰어 맞춘 잡동사니의 형태를 띠게 된다.

한반도의 두 국가와 그들의 경제적 의미에 대한 기록이나 발언이 너무나 많았기 때문에 그 부분에 관해서는 새로운 내용이 더 이상 없을지도 모른다. 하지만 우리가 혁명적 부의 심층 기반을 파고들어 논의의 초점을 시간, 공간, 지식에 맞추게 되면 여러 가지 문제들을 새롭고 차별적인 시각으로 볼 수 있다.

먼저 공간과 지식상에 발생한 영향은 쉽게 확인된다. 예를 들어 국경선에서 발생하는 공간적 변화로 인해 미군이 중국의 턱밑에 자리 잡게 될 수도 있다. 북한이 개발한 장거리 탄도미사일은 그들의 공간적 영향력을 증가시킨다. 지식의 역할에 관한 한 한국은 하루가 다르게 자국 경제의 지식 기지를 극적으로 확대해 나가고 있다. 하지만 북한은 그러지 못하고 있다.

한편 심층 기반 가운데 가장 이해하기 어렵고 적게 취급되는 요인인 시간과 시기는 바로 한반도 미래의 핵심이다. 한반도의 두 국가와 중국, 러시아, 일본, 미국이 재개와 중단을 반복하고 있는 핵 협상은 시간에 대한 대립적인 가정에 근거를 두고 있다.

시간을 둘러싼 충돌

전술적 정책의 수준에서 시간은 핵심 요소이다. 미국은 일본의 지지를 받아 북한에 대해 핵무기 개발이 더 이상 진전되지 못하도록 신속한 해법을 요구하는 데 반해 북한은 속도라는 요인을 거의 무시하고 있다. 만약 북한이 핵무기와 그것을 운반할 수 있는 미사일을 개발하고 있다면 6자 회담의 협상 시간을 오래 끌수록 북한의 기술은 더욱 발전하게 된다. 무기는 더욱 강력하고 정밀해지며, 협상력은 더욱 강해진다.

협상의 진척이 느릴수록 북한에게 유리하다는 사실에는 의심의 여지가 없다.[4] 북한이 여러 제안을 내놨다가 철회하고, 협상 상대를 비난하며 참여를 거부했다가 다시 협상 테이블에 나와서 또 다른 지연 전술만 반복하는 이유가 바로 시간 때문이다. 미국이 공격을 감행할지도 모른다는 심각한 위협이 존재하지 않는 한 북한은 시간 끌기를 통해 얻을 수 있는 것은 무엇이든 확보하려고 할 것이다.

만약 한국이 진정으로 북한의 핵무기 개발을 걱정한다면 협상을 신속하게 진행시켜야 한다. 하지만 한국의 유권자들 중 상당수가, 특히 젊은층이 현재 북한보다는 미국에게 더 적대적이고, 북한의 지연 전술에 관대한 자세를 취하는 양상이다.[5] 많은 사람이 더 이상 북한을 위협으로 간주하지 않으며 궁극적인 통일을 기대하지도 않는다. 일부 사람들은 북한이 양국의 결혼에 핵무기를 예물로 들고 올 수도 있으니 오히려 기뻐해야 한다고 말한다. 이런 상황에서 가능한 협상을 질질 끌지 못할 이유가 없다. 한반도 분단선 양측에 대한 이 모든 이해관계로 인해 핵 협상은 일종의 전술적 탱고로 변질됐고, 그 경연에서 승자는 가장 느린 템포로 춤을 춘 팀이 될지도 모른다.

시간적 모순

지연 전략은 통일에 대한 한국의 정책과 그에 대한 북한의 대응에서도 동일하게 발견된다. 얼마 전 로스앤젤레스의 한 사적인 자리에서 한국의 정동영 전 통일부 장관[6]을 만났다. 그는 "한국 정부는 북한에게 어떤 형태의 변화도 강요하지 않을 것이다. 그런 행동은 북한을 더욱 경직시켜 안으로 움츠러들게 만들 뿐이다. 북한을 국제 사회로 끌어내기 위해서 남한의 대북 포용정책은 지속적으로 추진돼야 한다"라고 말했다. 그는 "통일 프로그램의 어떤 요소도 북한이 핵무기를 포기하기 전에는 달성할 수 없다"며 강력하게 주장했다. 언제나 그 점은 변화가 없을 것이다. 한국 정부의 메시지는 '서두르다 쓰레기만 만든다'라는 미국 속담과 닮아 있다.

매우 점진적인 대북 포용정책은 남한에서 점점 더 많은 지지를 받고 있다. 이는 한반도를 넘어 세계 정세가 크게 변했기 때문이다. 이를테면 많은 사람들이 상당히 논리적인 이유로 1991년 소련의 붕괴가 평양으로 하여금 강경한 공산주의 경제정책을 재고하게 만드는 기회를 제공했다고 생각한다. 그것이 사실이 아니더라도, 중국의 변화는 경제 개혁이 가지고 있는 엄청난 잠재력을 그들에게 보여 주었다. 포용정책에 대한 지지는 새로운 세대, 즉 한국전쟁이라는 끔찍한 기억을 가지고 있지 않은 세대의 영향력이 점차 증가하고 있기 때문이기도 하다.

여기에 덧붙여 중국이 경제 전쟁의 강력한 경쟁자로 부상함에 따라 김대중 전 대통령은 '햇볕정책'이라는 대북 전략으로 기업의 지원을 이끌어 냈다. 중국의 값싼 노동력은 한국에 남아있는 저기술, 저임금의 제2물결 산업 부문에 위협을 가하고 있다. 하지만 가까운 곳, 휴전선 바로 건너편에 있는 북한은 중국보다 더 값싸고, 노동조합도 없는 노동력을 보유하고 있다. 한국이 만약 평양을 설득해서 자유무역지구를 만들고, 민간 부문이 여기에 투자할 수 있게 된다면 양측 모두에게 이득이 될 것이다. 한국의 기업들은 더욱 발전된 서비스업과 고부가가치 제조업으로 전환하면서 동시에 북쪽 국경 너머에서 제2물결 제품을 계속 생산해 낼 수 있다. 최초의 주요 시험대는 북한과 2,000만 평의 개성공단7 건설 협정을 맺은 것이다. 이 프로젝트를 통해 70만 명의 노동자에게 일자리가 제공될 예정이다. 한국은 격렬한 논쟁 속에서도 이 사업에 20억 달러를 투자했으며, 2005년 말까지 공단은 500명의 한국 사람과

6,000명의 북한 사람을 고용하여 의복과 신발, 시계, 자동차 연료펌프, 전선 등의 대량생산에 나서고 있다.[8] 특히 중국과 경쟁할 수 있을 정도의 값싼 임금을 통해 저가 제품을 생산해 내고 있다. 외국 고용주들은 업무나 직책에 상관없이 노동자 일인당 57.5달러를 북한 정부에 지불하고 있다. 그중 매달 대략 8달러 정도가 노동자의 몫으로 돌아간다. 이는 일반 북한 노동자 임금의 거의 두 배에 해당하는 금액이다.

북한 정부는 핵무기 협상에서처럼 이 영역에서도 전혀 서두르지 않는다. 이는 한국 정부도 마찬가지이다. 대략 30년에 불과한 짧은 시간 동안 제1물결인 농업 경제에서 제2물결인 산업 경제로 도약하는 데 성공하여 세계를 놀라게 했던 한국은 그보다 더 빠른 속도로 제3물결 경제를 향해 전진하고 있다. 한국 정부에게 있어 '개성 프로젝트'는 앞으로 30년 이상 소요될 거대한 전략의 실험적 출발에 불과하다. 이러한 전략하에 최초 10년, 즉 한국이 제안한 양국 화해의 기간은 정동영 전 장관이 밝힌 바와 같이 평화 공존의 단계이다. 북한이 핵무기 개발을 중단하고 적절한 검증 절차를 수용한다는 전제 조건이 충족됐을 때, 두 나라는 아주 천천히 경제적 연대를 추구할 것이다. 이 기간 동안 북한은 중국 공산당이 대단히 성공적으로 전 세계에 선보인 것과 유사한 개혁을 실험하고 확대해 나갈 수 있다. 정동영 전 장관은 그런 다음에야 비로소 두 나라가 제한적인 형태의 연방을 형성할 수 있는 단계가 되며, 그 단계가 15년 내지 20년에 걸쳐 유지되면서 사회, 문화적 통합을 하기에 충분한 시간을 벌어줄 것이라고 밝혔다.

또한 제한적 형태의 연방제가 성공을 거둔다면 700만 명으로 추정되는 북한의 제1물결 농부들[9] 중 일부만이라도, 그때쯤이면 성장세를 누리고 있을 제2물결 부문으로 흡수할 수 있을 것이다. 정 장관이 언급했듯이 이와 같은 연방제 단계에서도 한국과 북한은 자신의 군사적, 정치적 구조를 유지하겠지만, 양측은 정상회담과 몇 가지 중앙기구를 통해 대화를 지속할 것이다.

북한뿐만 아니라 한국도 대단히 점진적인 통일의 추진을 강조하고 있다.

거의 변화를 인식하기 어려울 정도의 속도이다. 이처럼 엉금엉금 기다시피 하는 느린 변화는 북한 사람들의 일상적 현실에 적합하다. 그것이 북한사람들에게 익숙한 속도인 것이다.

하지만 한국 사람들의 경우는 어떤가? 특히 단 한 세대 만에 논밭에서 이루어지는 제1물결 삶에서 공장에서 벌어지는 제2물결 삶을 겪고, 거기에서 더 나아가 가장 진보된 형태의 개인용 기술을 중심으로 형성되어 발달하고 있는 제3물결 삶을 눈으로 보고 있는 세대의 경우를 살펴보자.

초고속으로 변화하는 한국의 삶은 외국인들의 시선을 통해 더욱 분명히 드러난다. 〈파이낸셜타임스〉는 기사에서 "한국은 어디를 가도 활력이 넘친다. 그들의 삶을 보조하는 '빨리빨리'[10]란 말은 누구도 잠시 멈춰 있을 수 없다는 의미이다"라고 밝혔다.

블로거 션 매튜스Shawn Matthews[11]는 서울에서 아파트를 구할 때, 그에게 집을 소개하던 사람이 아파트가 정확하게 7분 거리에 있다면서 얼마나 빨리 걷던지 자신이 한참이나 뒤로 처져 버렸다고 한다. 그가 천천히 가자고 말하자, 부동산 중개업자는 "천천히요? 왜요? 당신이 저보다 다리가 길잖아요. 우리는 서둘러야 해요. 여기는 서울이라고요. 무엇이든 빨라요. 빠른 것이 최고란 말입니다"라고 말했다고 한다. 〈비즈니스위크〉는 "한국인은 참을성이 부족하다. 신속한 보상[12]이 그들을 지배한다"라고 보도했다. 하버드 대학의 한국학 연구소[13]는 동시대 한국인에 대한 실질적 경험의 핵심이 '속도에 대한 민감성'이라고 언급했다. 극단적으로 신속한 변화는 한국에 깊숙이 자리 잡고 있으며 그것은 '스피드'라는 일반 단어 속에 내재된 신념이다.

대조적으로 북한에서 일상적인 삶의 속도는 너무 느리다. 〈코리아헤럴드〉는 탈북자들이 서울에 도착했을 때, 삶의 속도에 관한 남북의 차이에 그들이 쉽게 적응할 수 있도록 한동안 격리 수용 기간을 거치고 있다고 보도했다.[14]

어디서나 실시간 의사소통이 가능해지고 휴대전화가 광범위하게 보급된 것은 일상적 삶과 변화의 가속에 기여했다.[15] 2004년까지 한국인의 75퍼센트 이상이 휴대전화 단말기를 구입했다. 변화에 민감한 한국의 젊은이들은 평균적으로 16개월마다 한 번씩 자신의 단말기를 교체하여 최신 기술에 보조를 맞추고 있는 한편[16], 삼성은 2006년까지 '세계에서 가장 빠른 멀티미디어 다운로드 휴대전화'[17]를 개발할 것이라고 발표하기도 했다. 이와 대조적으로 2004년 북한에서는 전체 인구의 1퍼센트에도 훨씬 못 미치는 사람들만 휴대전화를 가지고 있었다. 하지만 그마저도 그해 북한 정부가 휴대전화 보유를 금지하면서 3만 대의 전화기를 모두 압수했다.[18]

한국의 변화 속도는 단지 신속하게 이동하는 비트와 바이트, 전화 호출음의 문제가 아니다. 정보는 빠른 속도로 전달된다. 유선 혹은 무선으로 연결된 인터넷에서도 속도는 돌진한다. 이를 통해 비즈니스의 속도는 물론 생활 유형과 데이트 형식, 오락의 양상까지도 변화하고 있다.

한국에서는 속도 중심 문화에 직면해 '통일에 대한 국민의 태도는 앞으로 10년 동안은 별 변화가 없을 것이고, 통일 그 자체도 순차적인 경로를 따라 신중하게 통제되는 보조에 맞춰 느리게 진척될 것이다'라는 생각에 점차 의문이 제기되고 있는 듯하다.

통일에 대한 기존 태도도 나름대로 일리가 있지만 그 당시는 선진 경제와 전 세계 지정학적 시스템이 초고속 드라이브 모드로 진입하기 전이었다. 하지만 오늘날에는 역사도 결코 기다려 주지 않는다.

한국의 김치와 독일의 소시지

동독과 서독의 통일에 대해서는 수많은 연구 문헌이 존재하고 그들의 통일을 한반도 정세와 비교하는 내용도 많다. 하지만 대부분의 연구는 한반도 내외에서 벌어지는 변화의 가속도와 탈동시화의 효과가 아닌 통상적인 경제 형태에 초점을 맞추고 있다.

서독 수상 헬무트 콜Helmut Kohl은 1961년 이래로 베를린을 둘로 분단시켰던 장벽이 1989년 11월 9일에 붕괴될 것이라고 전혀 예상하지 못했다. 그는 1990년까지 동독과 조약을 체결하고, 1992년에는 연방을 형성하고, 1993년 이나 1994년에 완전한 통일을 이루기 위한 10대 통일 계획을 내놓았다. 그러나 조약의 잉크가 채 마르기도 전에 엄청난 태풍이 휘몰아쳤다. 1990년 2월 18일 헬무트 콜 수상의 최고위 외교자문인 호르스트 텔취크Horst Teltschik[19]는 〈로스앤젤레스타임스〉와 가진 인터뷰에서 "통일 과정에는 그 나름대로의 삶이 녹아 있다. 수십만 명의 동독인들이 국경을 넘어 서독으로 밀려들었다. 그 현장에 증기롤러는 딱 하나 뿐이었다. 그것은 곧 동독의 시민을 의미한다. 서독이 아니라 그들이 통일의 속도를 결정했다"고 밝혔다.[20]

국제적 사건들 중 처음에는 신중하고 점진적인 진전을 기대했지만 급속하게 통제력을 상실했던 경우가 단지 이것만이 아니다.

미하일 고르바초프[21]는 1980년대 자신의 페레스트로이카 프로그램을 통해 당시 소비에트 연방을 변화시키려고 했다. 2005년 고르바초프는 계간 〈뉴퍼스펙티브New Perspectives Quarterly〉와의 인터뷰에서 "나는 페레스트로이카를 30년에 걸쳐 추진하고자 했다. 하지만 이내 너무 느리게 움직인다는 비난을 받았다"라고 회고했다. 실제로 페레스트로이카는 실패한 쿠데타와 소비에트 연방의 급속한 붕괴 및 분열, 고르바초프의 후계자인 보리스 옐친의 충격요법 시기, 그리고 그에 따른 혼동에 의해 궤도를 이탈해 버렸다. 당시 상황을 고르바초프는 "그것은 페레스트로이카에 의해 계획된 진화가 아닌 혁명이란 이름의 파국이었다"라고 표현했다.

시간은 심층 기반 중에서도 수렵시대부터 현대에 이르는 모든 경제체제와 사회 속에 내재되어 있는 가장 중요한 근원이다. 한국이 속도 지상주의 문화와 경제 그리고 신중하고 더딘 외교 사이의 모순을 어떻게 처리하는지에 따라 한국은 물론 북한의 미래에도 강력한 영향을 미칠 것이다.

러시아가 그랬듯이 한국도 정치, 경제적 변화를 위해 대단히 지적인 계획을 제시했다. 각국은 30년에 걸쳐 온건하면서도 점진적인 변혁을 제안했다. 하지만 인간이 적응하는 데 필요한 시간을 벌기 위해 보조를 맞춰 전진한다는 논리적인 시도와 급속히 변하는 세계에서 발생하는 감당하기 어려운 현실적인 삶 사이에는 모순이 존재한다. 이 모든 시나리오와 태도, 복잡성, 협상 테이블에 앉은 당사자들 사이의 불일치 등 모든 조건에도 불구하고, 오직 시간만이 가장 중요한 결정 요인으로 작용할 것이다.

47

유럽이 잃어버린 교훈

Europe's Lost Message

레지 드브레 **Régis Debray**는 1960년대 체 게바라와 피델 카스트로와의 친분 관계로 인해 널리 알려진 지적 화약고와 같은 존재이다. 그는 자신의 저서《제국 2.0 **Empire 2.0**》에서 사비에르 **Xavier**라는 가상의 인물을 만들어 냈다. 이 책에서 스파이이자 모험가, 학자이며 정부의 정책 자문가인 사비에르[1]는 유럽이 서구 합중국을 창조하는 일에 적극 나서야 한다는 놀라운 제안을 한다. 이는 유럽 국가들이 미국 성조기의 별이 의미하는 것처럼 연방국가의 일원이 되어 거기에 속하지 않는 다른 야만 국가들을 함께 관리해야 한다는 것이었다. 사비에르는 이 사례를 소개하기 위해 프랑스를 자아도취에 빠져 있는 나라라며 통렬하게 지적한다. 더불어 자신이 프랑스 국적을 포기하고 미국 시민이 된 이유를 설명하면서 확장된 서방세계가 가져다줄 수 있는 많은 이익들을 열거하였다. 문화와 군사 협력뿐만 아니라 유럽인이 추가됨으로써 발생되는 미국의 과세 대상 확대 문제, 더 나아가 유럽인들이 미국 선거에서 투표권을 행사하는 문제까지 거론했다. 결국 드브레의 저서는 프랑스의 국수주의자들은 물론, 허구의 인물인 사비에르의 제안을 액면 그대로 받아들였던 좌파 세력에게도 격렬한 반발을 불러일으켰다.

사비에르는 가상적인 통합이 가져다줄 경제적 효과에 대해서는 개략적인 분석조차 제시하지 않았다. 유럽은 이 통합에 과연 어떤 공헌을 할 수 있는가? 그 대가로 유럽은 무엇을 기대할 수 있을까? 수십 년 후 미국과 유럽의 경제는 어떤 모습일까? 그들 사이에서 부는 어느 쪽으로 흐를 것인가?

사상 최악의 관계

이 가상적 융합이 이론적으로 어떤 장점이 있든, 현실에서 미국과 유럽은 점점 더 가까워지는 것이 아니라 오히려 멀어지고 있다. 재세계화로 인해 공동의 재무 원칙이 채택되고 기업 경영에서 투명성이 강조되고 있지만, 그것보다 더 심오한 힘이 양측을 서로 멀어지게 하고 있다. 중국의 성장은 지구라는 연못에 거대한 바위를 던진 것과 똑같은 효과를 초래했고, 이는 강력한 조류가 해안을 깎아내듯이 세계의 주요 통화와 교역 관계에 영향을 미치며 오랫동안 유지된 동맹 관계를 붕괴시켰다.

역사적으로 볼 때, 유럽과 미국은 서로에게 주요 무역 상대국이었다. 하지만 1985년 이래로 각자 중국을 비롯한 다른 고성장 국가들과의 교역이 증가하면서 전체 교역량에서 쌍방 간에 이루어지는 수출입 비중이 계속 감소하는 추세이다.[2] 만약 이 사실을 믿지 못하겠다면 루이비통 가방을 사러 나가 보라. 대부분의 가방은 합법적이든 아니든 아마 대부분 중국에서 생산되었을 것이다.

대서양 횡단 교역에 대한 경제적 상호 의존성이 감소함에 따라 양측의 무역 분쟁은 증가했다. EU는 유전자 조작 농산물의 수입을 금지하고 꿀, 바나나, 롤러스케이트, 원자로에 이르는 미국 상품에 부과하는 관세를 높였다.[3] 더욱이 전미대외무역위원회 NFTC, National Foreign Trade Council의 윌리엄 라인쉬 William A. Reinsch가 지적한 바와 같이 EU는 2001년 하니웰 Honeywell과 제너럴 일렉트릭의 합병안을 거부했다. 또한 독점적 관행을 이유로 마이크로소프트에 6억 1,300만 달러의 벌금을 부과했다. 동시에 윈도우 미디어 플레이어를 윈도우즈에 끼워 팔지 못하게 했다. 한편 미국은 유럽의 철강제품이나 냉동 육류, 볼 베어링, 파스타 등에 대해 관세를 물리거나 수입을 보류시켰다.

2004년 〈CFO〉지는 "미국과 EU는 심지어 전통적인 무역 문제에 있어서도 그 어느 때보다 불편한 상태이다"라는 내용의 기사를 실었다.[4]

이 모든 문제와 더불어 2005년에는 유럽이 중국에 대한 무기 수출 금지 조치[5]를 해제하려는 움직임을 보이자 새로운 분쟁거리가 추가됐다. 이를 통해 미국은 희박하긴 하지만 대단히 위험한 가능성과 직면하게 되었다. 만약 중국이 대만을 공격한다면 미국은 상호 방위조약에 따라 대만을 지원해야 하고, 결국 미군은 유럽 동맹국이 제공한 무기를 상대해야 한다. 물론 유럽의 중국에 대한 무기 수출 금지 조치는 연기된 상태이다.[6] 하지만 이 모든 분쟁은 앞으로 다가올 더 거대한 대서양 연안의 분쟁에 비하면 그저 전초전에 불과하다.

분열의 심화

미국과 유럽의 유대 관계를 악화시킨 가장 최근의 사태는 이라크 전쟁에 대한 양측의 견해 차이라고 말하는 이들이 많다. 하지만 둘 사이에는 이보다 훨씬 더 심오하고 의미 있는 영향력이 작용하고 있다. 사실 미국과 유럽의 동맹관계는 서유럽이 더 이상 소비에트 연방의 공격을 두려워할 필요가 없게 된 순간부터 삐걱거리기 시작했다. 이런 주장에 동의하는 사람들은 서유럽이 더 이상 미국의 군대와 납세자들의 힘을 빌어 자신을 방어할 필요가 없어졌다고 결론 내리기도 한다. 하지만 이것만으로는 현재 벌어지고 있는 일들을 모두 설명할 수 없다.

오늘날 심화된 분열은 사실 소비에트 연방이 붕괴되기 수십 년 전부터 시작되었다. 당시 미국은 양쪽의 관계를 심층 기반부터 변화시키면서 지식 경제를 구축하기 시작했다. 유럽의 핵심 국가들은 이와 대조적으로 제2차 세계대전 종전 후의 복구와 그에 따르는 굴뚝 경제의 확대에 치중하고 있었다.

한편 유럽은 인재와 최고의 과학 두뇌, IT 엔지니어, 미래학자 및 사상가들을 풍부하게 보유한 상태에서, 한동안 신기술의 잠재력을 적극 활용하려는 듯했다. 그러나 그런 경향은 주로 과거로만 시선을 돌리는 기업들과 정치 지도자들에 의해 주도되었고, 그들은 산업혁명 시기에나 적합한 지도 강령의 화신으로서 자신의 과거 너머 미래를 볼 수 있는 능력이 없었다. 물론 유럽이 최근 휴대전화 사용을 비롯한 몇몇 첨단 분야에서 미국을 앞지른 것은 사실이다. 유럽의 에어버스는 갈피를 잡지 못하고 있는 보잉과 경쟁에서 점차 우위를 차지하고 있다. 유럽은 그리드 컴퓨팅(네트워크를 통해 수많은 컴퓨터를 연결해 컴퓨터의 계산 능력을 극대화한 차세대 디지털 신경망 서비스 – 옮긴이) 분야에서 미국을 주도하는 위치에 있다. 프랑스는 인공위성 발사 사업에서 미국의 강력한 경쟁자가 됐고, 유럽은 미국의 GPS를 대체하기 위해 자체 위성을 발사할 계획이다.[7] 영국의 팀 버너스리는 월드와이드웹을 선보였고 핀란드의 리누스 토발즈[8]는 우리에게 리눅스 운영체제를 보여 주었다. 게다가 유럽 항공우주국 European Space Agency은 미국 나사와 공동으로 토성의 위성인 타이탄에 탐사선을 보내는 계획을 주도하고 있다.[9] 이외에도 많은 사례가 있다. 하지만 이 모든 성공이 결국 하나의 큰 그림으로 통합될 수 있어야 한다.

오늘날까지 표준화와 집중화, 규모의 극대화, 중앙집권화와 같은 산업화 시대의 원칙이 EU의 사고를 지배하고 있다. 결과적으로 지식 기반 경제에서는 제품과 시장이 대중화에서 탈대중화의 방향으로 전환하고 사회적, 문화적 다양성의 증대가 그 뒤를 이어야 함에도 불구하고, EU는 국가 간 차별성을 오히려 없애고 있다. 입으로는 다양성을 외치면서 실제로 그들은 모든 것을 일체화시키려고 부단히 노력하고 있다. 조세제도에서 화장품, 이력서에서 자동차 관련 법규에 이르는 모든 것이 여기에 포함된다.[10] 〈이코노미스트〉가 지적했듯이 단일 잣대에 맞는 만능 규격을 적용하려고 하다 보니 그들의 균일화는 대개 엄격하고 유연성이라고는 거의 찾아볼 수 없는 규정이 되고 만다.[11]

일본이나 다른 지역에서와 마찬가지로 첨단 지식 경제에서 성공하기 위해서는 점점 더 유연한 기업과 정부조직이 요구된다. 하지만 EU는 융통성도 없고 상명하달식의 통제를 지향하고 있다. 심지어 회원국들의 예산과 재정적 결정 사항에까지 간섭하고 있다.

마스트리히트 조약Maastricht Treaty (유럽의 정치, 경제, 통화 통합을 위한 유럽 통합 조약으로서 1991년 12월 체결 - 옮긴이)하에서 유로를 통화로 사용하는 회원국들은 모두 정부 예산 적자를 GDP의 3퍼센트 이하로 유지해야 한다. 이는 독일의 강요에 의해서 결정된 것으로 제국주의에서나 있을 법한 일이다. 게다가 너무 엄격하고 융통성이 없어 결국 독일 자신조차 그 기준을 어기게 되는 결과를 초래했다.[12] 2004년 〈인터내셔널헤럴드트리뷴 International Herald Tribune〉은 "유로화 회원국 12개 중 대략 여섯 개국 정도가 협약을 위반했다"고 논평했다. 2005년 프랑스와 네덜란드의 유권자들은 EU 헌법의 비준[13]을 거부했다. 400쪽에 달하는 이 헌법은 관료주의적 과잉의 극치를 보여 준다. 비평가들은 "미국의 헌법은 권리 선언을 포함해도 10쪽 이내로 종이가 든다"며 EU 헌법을 비꼬았다.

느림보 현상의 가속화

점점 깊어져만 가는 서유럽과 미국 사이의 차이는 심층 기반인 시간에 대한 상반된 태도를 반영한다. 유럽과 미국은 서로 다른 속도로 활동한다. 유럽은 재택근무제에 있어서 미국에 한참 뒤처져 있다. 미국의 근로자들은 재택근무 덕분에 자신의 업무시간을 상황에 따라 적절히 조절할 수 있다. 그러나 유럽인들은 일반 상점이나 사무실에서도 전통적인 산업사회의 업무 처리 방식과는 아주 다른 근무 방식, 예를 들면 자유 근무제도나 연중무휴 운영 등을 적용함에 있어 미국보다 뒤처진다.

오늘날 글로벌 시장에서 성공을 거둘 수 있는 경쟁력을 갖추기 위해서는 노동 인력의 유연성이 중요하다. 하지만 유럽의 근로자와 고용자들은 한결같이 고정 근무시간제라는 함정에 빠져 있다. 이런 현상은 단지 유럽인들, 특히 프랑스가 자랑으로 삼는 장기 휴가[14]나 짧은 주당 노동시간[15], 전반적으로 느리게 진행되는 유럽인의 삶에만 반영된 것이 아니다. 심지어 음식에 대한 태도에서도 나타난다.

미국은 패스트푸드 시장의 고향이며, 유럽은 미국의 패스트푸드에 대항하는 슬로우 푸드 운동의 본고장이다. 처음에는 그저 농담에 불과했던 슬로우 푸드 운동은 1986년 이탈리아에서 시작되었다.[16] 지금은 미국의 145개 지부[17]를 포함해 전 세계 100개국에서 8만 명의 회원이 활동하고 있다. 이 운동의 참가자들은 행사를 개최하고, 음식에 대한 책을 출판하며, 좋은 식사 습관, 즉 느린 식사 습관을 찬양한다.[18]

또한 슬로우 푸드 운동은 여러 다양한 형태로 발현된다. 한 예로 이탈리아어로 시타슬로우cittàslow라고 불리는 운동은 소도시에서 느리게 진행되는 삶을 지켜가는 운동이다. 이 운동은 지역 특산물과 지속 가능성을 촉진하면서 '천천히'를 강조한다. 그 결과 2002년 30개의 이탈리아 마을이 이 운동 정착을 촉진하고 나섰다. 그런데 그들 중 시타슬로우 운동의 정식 회원 자격을 부여받은 마을은 아직 없다. 이 운동의 관계자 중 한 사람은 "그들은 신속하게 인증을 받을 것이라고 생각하지 않아요. 아마 몇 년이 걸릴 수도 있을 겁니다"라고 말한다.

앞으로 어떤 때는 빠른 속도의 인생을 살기도 하고, 어떤 때는 느린 속도의 인생을 살고자 하는 사람들, 즉 한편으로는 뛰어다니면서 햄버거를 먹고, 한 편으로는 느긋하게 바닷가재 요리를 즐기는 사람을 위한 단체가 등장할지 두 고 볼 일이다.

영국인들은 북프랑스의 아쟁쿠르[19] 같은 마을로 몰려가서 고요함을 즐기 고 훨씬 더 느린 생활방식을 찾고 있다. 이런 경향이 나타난 것에는 낮은 주택 가격, 도버 해협 터널, 항공 운항 증가 등의 영향이 컸다. 이와 같은 현상이 여 행 속도를 증가시켰다. 이 모든 요인으로 인해 아쟁쿠르에서 부동산 중개업자 로 일하는 매기 켈리는 "요즘 새로운 거래를 성사시키는 데 시간을 5분 이상 할애할 수 없을 지경입니다"라고 환호성을 지를 정도이다. 그가 의도적으로 반어법을 사용하지는 않았을 것이다.

하지만 우리는 그런 즐거움에만 정신이 팔려 있을 수 없다. 빠름 대 느림의 장단점이 무엇이든 어떤 사회가 시간을 다루는 방식은 그 사회가 부를 창조하 는 방법에 있어 중요한 의미를 갖는다. 자국 경제와의 비동시화를 줄이고 세 계 경제로 통합되어야 하기 때문이다.

유럽 신문의 헤드라인은 실제로 '유럽 핵심 국가들의 실행은 더디다', 'EU 의 경제 개혁은 너무 느리다', '남녀평등: 느린 진전'과 같이 '느리다'라는 단 어로 점철되어 있다. 하지만 이것은 비단 EU에만 해당되는 이야기가 아니다. 유럽의 기업 활동 역시 도저히 뚫을 수 없는 규제의 장벽으로 인해 엄청나게 지연될 수밖에 없다.[20]

하버드 대학의 빅터 마이어쉔버거 Viktor Mayer–Schoenberger 교수는 〈팔러먼 트 Parliament〉지에서 유럽의 모든 일이 느리게 진행되고 더 많은 시간과 에너 지를 요구한다고 지적한다.[21] 그는 "EU위원회 European Commission 자체에서 다 음과 같은 사실을 배웠다고 해도 결코 놀라운 일이 아니다. 미국에서 기업을 설립하는 데는 여섯 시간이면 충분하다. 유럽에서는 회원국들 간에 차이가 있 기는 하지만 결론적으로 모든 국가에서 그보다 훨씬 더 오래 걸린다"라고 말한다.

유럽에서 특허를 받는 경우를 생각해 보자. 유럽의 법률회사 버드 앤 버드Bird & Bird의 트레버 쿡Trevor Cook의 말에 따르면, 유럽에서는 특허를 받는 데 미국보다 훨씬 오래 걸려서 일반적인 경우 4년, 때로는 10년 가까이 걸리기도 한다고 한다.[22] 급속하게 성장하는 첨단 기술 분야에서는 이것이 대단히 심각한 문제를 초래한다.

미국 공인회계사인 리타 빌라Rita Villa는 대서양 양안에서 동시에 활동하고 있다. 그녀는 "유럽에서는 업무가 대단히 오래 걸려요. 거래마다 많은 절차를 거쳐야 하죠. 만약 어떤 미국 회사가 본사를 시카고에서 댈러스로 옮긴다면 전혀 문제될 것이 없지만 독일 회사가 베를린에서 프랑크푸르트로 본사를 옮길 경우에는 전적으로 시간 낭비인 여러 단계의 등록 절차를 거쳐야 합니다"라고 말한다.[23]

그녀는 기업의 법적 형태를 전환시키는 경우에 대해서도 언급했다. "만약 제가 미국에서 유한책임회사를 주식회사로 전환하고자 하는 경우, 그 과정은 아주 신속하게 끝이 납니다. 하지만 독일에서는 유한책임회사GMBH를 주식회사AG로 전환시킬 때 1년이 소요됩니다. 또 다른 예로 주주들에게 이익 배당을 할 때에도 미국에서는 이사회를 열어서 만약 그것이 적절한 기업 활동이라고 생각할 경우 표결에 들어갑니다. 그것으로 끝이죠. 하지만 독일에서는 이야기가 다릅니다. 우선 회계감사의 승인을 받아야 합니다. 그 뒤 경영이사회의 승인을 얻어야 합니다. 그다음에는 감독이사회의 승인 절차가 기다리고 있지요. 그러고 나서 다시 공증인에게 안건이 넘어가게 되는데 심지어 이미 모든 당사자들이 합의에 도달한 사안에 대해서도 수정을 할 수 있습니다. 이 과정까지 거치고 나면 비로소 등록 절차가 시작되는 겁니다."

대서양 연안을 사이에 둔 두 지역의 시간과 속도 차이는 유럽의 방위 산업과 군사 부문에도 영향을 미친다. 미국의 군사 기술과 능력은 위기 상황에 대해 더욱더 신속히 대응하는 것에 역점을 두고 있다. 이에 반해 북대서양조약

기구는 미군과 보조를 맞추지 못하기 때문에 통합된 합동 작전을 펴기 힘들다. 더욱이 EU 자체적으로도 신속 대응 전력을 구축하는 데 너무 느리게 움직인다.[24]

결론적으로 생활양식과 문화, 군사 문제를 비롯해 무엇보다 기업과 경제에까지 미국과 유럽 사이의 속도 차이가 점점 더 벌어지고 있다. 그들은 서로 아주 다른, 각자의 속도에 따라 가속화 경제에 대응하고 시간이라는 심층 기반에 반응하고 있다.

과거의 심장지대

미국과 유럽은 공간이라는 심층 기반에 대해서도 서로 다른 접근법을 취하고 있다. 크면 클수록 좋다는 산업사회의 믿음에 근거하여, EU는 자신의 공간적 범위를 동쪽으로 계속 확대하면서 점점 더 많은 회원국을 EU에 가입시키고 있다. EU의 지도자들은 인구가 많아질수록 더 부유해진다고 믿는다. 전적으로 크기만 중요시하면서 유럽이라는 공간을 이전 세대와 같이 여기고 있다.

EU의 지도자들을 나치에 비교하면 그들은 당연히 대경실색할 것이다. 물론 EU의 평화적인 동방 팽창으로 추가 회원국이 가입하고, 언젠가는 러시아도 합류시키게 될 것이라는 전망이 나오고 있다는 점을 고려할 때 나치 독일의 드랑나흐오스텐 Drang nach Osten(동방 팽창정책 - 옮긴이)과는 다르다. 나치의 정책은 자신의 군대와 인종 청소 부대를 모스크바 앞까지 진출시키는 것이었다. 하지만 둘 다 한때 인기 있던 지정학 이론인 '누구든 심장지대[25]를 장악하는 자가 세계를 지배한다'는 내용을 연상시킨다. 심장지대는 1904년 해퍼드 매킨더 Halford Mackinder가 최초로 정의를 내린 개념으로 동유럽에서 러시아를 가로질러 시베리아에 이르는 거대한 대륙을 장악해야 세계를 지배할 수 있다는 주장이다. 물론 그의 이론은 여러 요인들, 특히 비행기와 미사일, 전 세계 통신망의 발명으로 인해 완전히 붕괴됐다. 다만 유럽이 여전히 새로운 심장 지대로 떠오르는 동아시아 지역으로까지 눈을 돌리고 있는 것은 명백한 사실이다.

오늘날 널리 인정되는 가정들 중 상당수도 그런 운명에 처해 있다. 옥스퍼드 성 안토니우스 대학의 티모시 애시Timothy G. Ash는 EU가 '하나의 낡고 고전적인 민족국가'가 아니라 '초국가적 법률에 기반을 둔 범국가적 조직'이라고 주장한다.[26] 그는 EU의 미래가 미국의 미래보다 더 밝다고 말한다. EU는 점점 더 확대되고 있는 반면, 아이티 공화국이 하와이의 뒤를 이어 미국 연방에 합류할 가능성은 없기 때문이라는 것이다. 하지만 애시는 규모가 반드시 경제적 힘으로 전환된다는 구시대적 가정에 집착하고 있다.

클수록 유리하다는 전제 조건에 덧붙여, 그의 이론에는 또 다른 공간적 전제 조건이 숨어 있다. 애시는 범국가적 조직을 형성하기 원하는 국가들은 서로 이웃하고 있어야 한다고 말한다. 즉 지정학적으로 가까운 거리에 위치해야 한다는 것이다. 하지만 신속한 운송수단과 점점 더 경량화되는 제품들, 나아가 무형의 서비스 거래가 차지하는 비중은 점점 더 높아지고 있어서 지리적 근접성이 가지는 의미는 줄고 있다.

국토의 크기가 정말 중요하다면, 확장된 EU보다 러시아가 네 배나 넓다는 사실을 고려했어야 한다. 심지어 브라질조차 그들보다 두 배나 더 크다.[27] 게다가 국토의 크기가 700평방킬로미터에 불과하지만 엄청난 번영을 구가하는 싱가포르 같은 나라도 있다. 만약 미국이 그런 식의 초국가적 법률에 기반을 둔 범국가적 조직을 창조하고 싶어 한다면, 인접하지 않았다고 해도 한국이나 싱가포르 혹은 이스라엘을 회원으로 받아들이지 못할 이유는 없다. 그런 측면에서 볼 때, 일본도 가능할 수 있다. 이들 국가의 2004년 GDP는 총 15조 7,000만 달러에 달하는데, 이는 EU 25개국에 비해 4조 7,000만 달러나 더 높은 것이다. 서로 인접하지 않은 미국과 일본만으로 구성된 초국가적 조직(이것을 재메리카Jamerica라고 부르자)의 GDP는 EU 25개 회원국들의 GDP를 합한 것보다 3조 6,000만 달러나 더 높다.[28]

EU가 자신의 규모와 영토적 한계를 확장시키는 데 분주한 가운데, 혁명적 부를 향해 가장 앞서나가고 있는 EU 회원국은 아이러니하게도 EU의 변방에 위치한 소규모 국가들이다.[29] 노키아가 있는 핀란드와 에릭슨Ericsson을 보유한 스웨덴이 전자통신 분야에서 두각을 나타내고 있으며, 소프트웨어 업계에서는 아일랜드가 명성을 떨치고 있다. 비록 아일랜드가 경쟁력을 가진 분야는 마이크로소프트나 오라클, 노벨Novell, 시만텍Symantec, 컴퓨터 어소시에이츠 같은 미국 기업에 의해 지배당하고 있지만 그들을 무시할 수는 없다.

리스본의 꿈

미국과 유럽은 시간과 공간이라는 심층 기반은 물론 지식이라는 심층 기반에서도 점점 더 커다란 차이를 보이고 있다. 여기에는 지식 집약적 기술도 포함된다.

1997년 당시 EU의 15개 회원국의 컴퓨터 생산 규모는 535억 달러에 불과했다. 미국의 컴퓨터 생산 규모는 824억 달러였고, 일본은 677억 달러였다. 유럽이 생산해 낸 401억 달러 규모의 전기 부품은 미국과 일본의 생산량의 거의 절반에 불과한 수준이었다. 1998년 세계 10대 IT업체(IBM과 히타치, 마쓰시타, 휴렛패커드, 도시바, 후지쓰, NEC, 컴팩, 모토로라가 여기에 포함된다)[30] 중 오직 지멘스만이 유럽 기업이었다. 세계 300대 소프트웨어 업체 중 유럽 기업은 30개에 불과했고, 그들 중 마이시스Misys와 SAP 단 두 개의 기업만이 10대 기업에 속했다.[31]

2000년 유럽의 지도자들은 마침내 리스본에 모여 2010년까지 유럽을 세계 최고의 경쟁력과 동적인 지식 기반 경제로 만들겠다는 의사를 단호하게 밝혔다.[32] 그러나 폴란드의 외무성 장관인 라덱Radek Sikorski[33]은 이런 목표가 공산주의 국가에서 비현실적인 생산 목표를 발표하는 것과 다르지 않다고 비난했다. EU위원회는 2001년 연구를 통해 "유럽의 전반적 생활 수준[34]은 미국에 비해 떨어진다. 미국과의 격차를 더 확대시키는 주요 요인은 혁신의 이행과 정보통신 기술의 활용이 뒤처지고 있기 때문이다. 현재 EU와 미국의 생활 수준 격차는 지난 25년간의 차이보다 더 큰 폭으로 벌어져 있다"고 결론 내렸다. 또한 2003년에는 유럽이 생명공학 혁명[35]에 동참할 수 있는 기회를 놓치게 될지도 모른다고 경고했다.

나노 기술 분야도 같은 상황에 처해 있다. 2004년 5월 EU위원회는 미국과 일본 모두 1인당 나노 기술 연구개발비 투자에서 EU를 앞지르고 있으며 그 격차는 더욱 심화될 것으로 예상했다.[36]

EU위원회는 2004년 또 한 번의 열렬한 호소를 통해 "혁신이 경제성장의 핵심이다. 하지만 이 부분에서 유럽은 미국에 비해 심각하게 뒤처져 있다"고 선언했다.[37] 그해 말이 되자 독일의 게르하르트 슈뢰더 Gerhard Schröder 총리는 유럽이 비현실적인 2010년 목표를 달성할 수 없다는 결론을 내렸으며[38], 퇴임하는 EU위원장 로마노 프로디 Romano Prodi는 경제적으로 미국을 따라잡으려던 EU의 시도가 대실패로 끝났음을 안타까워했다.[39]

2005년 EU가 리스본협약을 재출범시키는 문제를 고려하고 있을 때, 유럽 기업 집단인 유럽상공회의소협회 Eurochambres가 발표한 연구 결과에서는 EU의 현재 경제가 미국 경제의 1970년대 말 수준에 불과하다는 주장이 제기되었다.[40] 결국 리스본협약은 급속도로 사장되고 있는 상황이다. 게다가 유럽의 지도자들은 아직도 연구개발과 과학 및 교육 분야에 별다른 변화를 이끌어 내지 못한 채, 계속해서 신경제를 거부하고 탈산업화에 대해 불만만 늘어놓고 있다.

프랑스의 지정학 분석가 에마뉘엘 토드 Emmanuel Todd는 자신의 2004년도 저작,《제국의 몰락 After the Empire》을 통해 유럽이 지구의 선도적 산업 강국이라고 주장했다.[41] 그의 말이 옳다. 유럽은 산업 강국이다. 하지만 미국은 지구의 선도적 탈산업 강국이다. 그리고 몇몇 중요한 예외들을 제외하면, 유럽은 지식이라는 근본 요소, 결국 혁명적 부와 자신들과의 관계를 적절하게 변화시키지 못하고 있다.

앞으로 서유럽의 강대국들은 자국의 로테크low-tech 제조업이 구소련권이나 기타 지역에 속한 저임금 EU 회원국들로 빠져나가는 현상을 보게 될 것이다. 이런 로테크 산업을 서비스와 지식 기반의 혁신 집약적 고부가가치 제조업으로 신속하게 대체하는 데 실패함에 따라 실업률은 크게 증가할 것이다. 유럽의 실업률[42]은 이미 미국이나 일본에 비해 상당히 높은 수준에 올라 있다. 그다음 수순으로 실업률 증가는 이민자에 적대적인 사회적 긴장감을 증대시킨다. 또한 유럽의 거대한 이슬람계 저소득층 내부에서는 공격성과 테러리즘의 잠재적 가능성도 커질 것이다.[43] 2005년 프랑스에서 발생한 자동차를 불태운 폭동[44]은 앞으로 다가올 공포의 전조일 뿐이다.

서유럽의 기술에 대한 뿌리 깊은 적대감은 몇 가지 문제들을 발생시킨다. 노동조합은 기술 발전으로 인한 실직을 두려워한다. NGO는 신기술에 조건반사적으로 반대하는데, 그 이유로 실제적 위험을 제시하기도 하지만 상상 속의 위험 때문인 경우가 많다. 기술 강박관념을 가진 아시아가 최신 기술을 채택하려고 맹렬히 달리는 동안, 기술 공포증을 가진 서유럽은 기술의 개발과 적용을 저지하기 위한 장벽 설치에 여념이 없다.

과거 공산권에 속했던 동유럽에서는 기술 공포증이 어느 정도 약화되고 있다. 체코는 전체 학위 소지자 중에 과학과 공학 분야의 학위 소지자 비율이 세계에서 가장 높은 국가이다.[45] 체코는 IBM, 액센츄어, 로지카Logica, 올림푸스Olymus 등의 기업에게서 투자를 유치하고 있다.[46] 〈파이낸셜타임스〉에 따르면, 슬로베니아는 소규모 지식 경제 프로젝트, 첨단 기술 연구소, 물류 허브 그리고 콜센터의 최적지에 필요한 모든 속성을 다 갖추고 있다.[47] 헝가리는 이미 핀란드 이외 지역에서 가장 규모가 큰 노키아의 연구소를 확보했으며, 엑슨 모빌Exxon Mobil은 부다페스트에 새로운 본부를 설치해 유럽지역 IT와 회계 지원 활동을 강화시켰다.[48] EU 자체 발표에 따르면, 2001년 헝가리의 첨단 기술 제품의 수출액 규모[49]는 덴마크나 스페인에 버금갈 정도로 증가했다. EU의 동유럽 회원국들은 느림보 서유럽 사람들이 무시한 첨단 기술, 고부가가치 틈새시장을 찾아내게 될 것이다. 그리고 일부 서유럽 국가들을 추월할 수 있는 가능성도 점쳐지고 있다.

우리가 앞에서 살펴본 시간, 공간, 지식이라는 세 가지 심층 기반의 측면에서 미국과 유럽은 점점 더 이질화되고 있다. 그런 현상은 설사 이라크 전쟁에 대한 양측의 입장 차이가 아니더라도 피할 수 없는 일이다.

점차 멀어지고 있는 현실을 되돌리기 위해서는 미국이 현재 상태에서 멈추거나 과거로 되돌아가고, 유럽은 새로운 지도를 들고 제3물결 부 창출 시스템으로의 전환을 가속화해야 할 것이다.

유럽의 승리주의자들은 언젠가는 유럽이 미국의 과도한 파워에 대한 균형추 역할을 할 것이라고 주장한다. 국가의 지정학적 권력은 경제적, 군사적 힘을 전제 조건으로 한다. 두 가지 힘은 모두 가장 부드러운 자원인 지식에 점점 더 많이 의지하는 추세이다. 유감스럽게도 유럽은 새로운 부 창출 시스템으로 전환하라는 메시지를 아직 받아보지 못한 것 같다.

48

미국의 내부 정세

Inside America

혁명적 부에 기반을 둔 새로운 방식의 삶은 미국에서도 아직 형태를 갖추어 가는 중이다.

"일을 구하는 것과 일을 그만두는 것, 번쩍거리는 과대광고, '스피드', 상업주의, 24시간 연중무휴 엔터테인먼트, '스피드', 공기오염 감소, 저급해진 텔레비전 프로그램, 부패한 학교, '스피드', 붕괴된 의료보험체제와 고령화, '스피드', 완벽한 화성 착륙, 정보 과부하, 잉여 복잡성, 줄어든 인종차별, 과도한 식이요법과 비만 아동. 그리고 '스피드'."

이런 만화경처럼 복잡하고 다양한 자기모순이 오늘날 미국인의 삶에 추가됐다. 비아그라 광고와 낙태 반대 시위, 자유 시장이지만 미국 기업에게 유리한 관세와 보조금이 있는 시장, 예의 없고 세련되지 않은 말투와 다른 문화에 대해서는 무관심하지만 세계화는 쌍수를 들고 환영하는 미국인들. 외부인들은 소란스러운 이 모든 무질서에서 과연 무엇이 튀어나올지 알지 못한다.

프랑스의 국제 문제 전문가 도미니크 모이시 Dominique Moïsi는 "우리가 미국을 싫어하는 것이 아니다. 문제는 미국의 진화[1]가 우리가 이해할 수 없는 방향으로 전개된다는 데 있다"라고 말한다. 대부분의 미국인들도 마찬가지로 미국이 어느 방향으로 진화할지 모른다. 다만 미국인들도 모르고 있다는 사실을 외부인들이 모를 뿐이다. 현재의 위상에 맞게 단순히 세계 유일의 강대국인 미국에 대해 생각하지 말고, 세계 최고의 사회적, 경제적 실험실인 미국에 대해 생각하는 편이 더 나을지도 모른다.

미국은 새로운 사고나 방식들이 지구상에서 거부당하기 전까지 적극적으로 실험되는 주요 무대이다. 미국이라는 연구실에서 진행되는 실험은 단지 기술만이 아니라 문화와 예술을 비롯해 성적 패턴, 가족구조, 패션, 새로운 식이요법, 스포츠, 신흥 종교, 최신 비즈니스 모델에 이르기까지 광범위하다.

미국은 우리가 이 책에서 논의하고 있는 부의 세 가지 심층 기반에 대한 실험을 동시에 진행하고 있다. 그것이 바로 앞에 등장한 모든 속도들과 연관된 부분이다. 그리고 그렇게 많은 사람이 시간에 쫓기지 않는 삶을 갈구하는 이유이기도 하다. 기계는 더 빠르게 일을 하고 사람들은 더 느리게 움직이게 되는 이유도 바로 여기에 있다. 미국은 시간과 관련된 실험을 진행하는 동시에 공간이 어떻게 나누어지는지에 대한 실험도 진행하고 있다. 경제적 경계선을 넘나드는 침투성이 점차 증진되고 있음을 우리는 목격하고 있다. 그리고 무엇보다 미국은 자료와 정보, 지식을 부로 전환시키는 셀 수 없이 많은 종류의 새로운 방식을 실험하고 있다.

미국은 실수를 허용하는 곳이다. 때로는 그런 실수에서 경제적, 사회적으로 가치 있는 돌파구가 발견되기도 한다. 그곳은 거의 어떤 실패라도 용인될 수 있고, 돌아온 탕아들이 기피 대상이 되기보다 존경의 대상이 되는 곳이다. 때때로 그런 존경이 부당한 경우가 있을 정도이다.

거대한 실험실에서는 언제든 실수가 발생할 수 있다. 만약 그들이 오류를 감수하려고 하지 않는다면 그들은 보다 나은 미래를 향해 전진할 수 없다. 미국이 바로 그런 곳이다. 문제는 모든 사람이 실험실에서 살기를 원하지는 않는다는 데 있다. 혹은 실험실 옆에서조차도 살기 싫어할지 모른다. 실험실에서의 실패는 사람들에게 직장이나 영향력, 권력을 잃게 할 수도 있다. 심지어 목숨까지 위태로울 수 있다.

많은 미국인은 변화를 두려워하며 1950년대 초의 소위 '옛날 좋은 시절'을 그리워한다. 당시 미국은 제2물결 속에 있는 국가였고, 제3물결은 거의 눈에 띄지 않았다. 그들은 그 시절 미국의 일부였던 등뼈가 휠 정도의 고된 노동과 인종차별, 성차별 등의 경제 사회적 특징은 쉽게 잊어버린 채 합법적으로 현재를 평가 절하하고 미래를 두려워하며 그것에 저항한다. 자신의 직장과 지위, 특권 혹은 영향력을 잃을까 두려워하기 때문이다. 그 결과 미국 내부에서도 중국이나 일본, 유럽과 다름없이 신구 사이에 물결 분쟁이 발생하고 있다.

혁명적인 부 창출 시스템이 등장했을 때, 가장 먼저 초래되는 결과 중 하나는 반혁명주의자들의 등장이다. 로널드 레이건 대통령 재임 시 백악관 경제정책위원회 위원장을 지낸 월터 리스턴 **Walter Wriston**은 "부가 창조되는 방식에 변화가 생길 때마다 구 엘리트[2]들이 퇴장하고 새로운 집단이 부상해 사회를 지배했다. 바로 지금 우리도 그런 변화의 한가운데 있다"라고 말한다. 그런데 그가 지적하지 않은 것이 있다. 구 엘리트들이 저항 없이 자신의 지위를 순순히 내준 적은 없다는 사실이다.

더 많은 물결 전쟁

미국과 대부분의 부유한 민주국가에서 발생하는 물결 분쟁은 가난한 국가에서보다 더 미세한 방식을 취한다. 하지만 어쨌든 충돌은 존재한다. 그것은 상당히 다양한 수준으로 등장하며, 에너지 정책부터 운송, 기업 규제, 심지어 교육에서도 나타난다.

미국의 산업화는 값싼 화석연료와 에너지를 국토 전반에 분배할 수 있는 거대한 인프라를 토대로 형성되었다. 하지만 점차 값비싼 수입 원유와 천연가스에 과도하게 의존하게 되면서 미국은 에너지 분배[3]를 위해 15만 8,000마일(약 25만 4,000킬로미터)의 송전선과 20만 마일(32만 킬로미터)의 송유관을 설치했다. 이것들은 엄청난 무게를 지닌 고정자산이기 때문에 급격한 변화에 적응하기란 대단히 힘들다.

미국은 첨단 지식 기반 경제를 건설하기 위해 달리고 있지만 여전히 산업화 시대의 안장 위에 올라앉아 있다. 세계에서 가장 거대하며 영향력이 막강한 기업들은 그 안장에 정치적 보호막을 치고 시스템의 근본적 변화를 요구하며 숫자나 강도 면에서 점차 거세지는 대중의 불만에 대항하고 있다. 투쟁이 보통 이런 식으로 표출되지는 않지만 사실 이것도 제2물결과 제3물결 간의 물결 전쟁이다.

240억 시간

미국의 교통체제[4]에서도 물결 전쟁이 발생하고 있다. 거의 400만 마일(640만 킬로미터)에 달하는 고속도로와 국도, 시내 도로에서 말이다. 이 교통체제 위로 2,300만 대의 상용 트럭들이 달리고 있으며, 그들은 50만 개 이상의 회사들에 의해 운용되며[5], 미국 내에서 이동하는 물품의 4분의 3 이상을 처리하고 있다.[6] 그들은 6,000억 달러 규모의 산업을 형성하고 있으며[7], 다른 운송수단까지 고려했을 때 미국 GDP의 11퍼센트를 차지하고 있다.[8] 하지만 단순히 상품이나 물건만 이를 통해 이동하는 것이 아니다. 사람도 그 위로 이동한다.

이런 거대한 인프라는 대중사회를 반영하며 이런 사회는 대량생산, 도시화, 대규모 노동 인력들이 매일 똑같은 스케줄로 같은 도로를 통해 출퇴근하는 업무 방식과 함께 성장했다. 2000년 한 해 동안 약 1억 1,900만 명의 미국인들이 거의 240억 시간을 출퇴근하는 일로 낭비했다.**9** 이는 미국인들이 하는 일 중 가장 반생산적인 행위임에 분명하다. 오늘날 대량생산은 점진적으로 맞춤형, 탈대중화, 탈중앙집권화를 특징으로 하는 지식 생산에 그 자리를 내주고 있으며, 많은 사람들의 일터가 시내 중심가에서 벗어나고 있다. 업무 방식도 고정근무제에서 벗어나 시간과 장소에 구애받지 않는 방식으로 전환되고 있다. 물론 자신의 집이 직장이 되기도 한다. 다시 한번 시간과 공간의 활용 방식에 변화가 생긴 것이다.

1991~1997년 사이에 미국 교통부는 제3물결에 맞는 대안을 모색했다. 이는 기존 고속도로의 안정성과 교통량을 증가시키기 위해 스마트 테크놀로지가 사용된 지능형교통을 이용하는 것이다. 〈거번먼트테크놀로지 Government Technology〉는 "교통부의 지능형 자동차 전용 도로 관리 시스템으로 인해 교통사고는 17퍼센트 감소되고, 동시에 고속도로는 교통이 원활해지면서 22퍼센트나 증가된 교통량을 처리할 수 있다"라고 전했다.**10** 교통신호를 단지 컴퓨터로 제어하는 것만으로 여행 소요 시간은 14퍼센트, 교통정체는 37퍼센트 감소되었다.

하지만 1998년 클린턴 대통령이 도로와 다리, 교통체제, 철도 등을 건설하고 수리하는 데 2,300억 달러를 배정하는 법안**11**에 서명했을 때, 이 금액 중 지능형 체제에 분배된 몫은 0.1퍼센트에 불과했다.**12** 이것이 정보 고속도로 information superhighway **13**에 대한 지지를 크게 선전했던 바로 그 행정부에서 나온 예산안이었다. 교통체제는 모든 비즈니스가 직·간접적으로 의지하고 있는 기반 시설이다. 그런데도 콘크리트 쏟아붓기식 로비가 초기 정보 기술 분야의 정치력을 크게 능가했다. 미국의 교통체제는 정유회사와 자동차 제조업체, 그리고 부패한 고속도로 건설업체라는 강력한 삼총사의 정치적 영향력에 의해 완전히 정체 상태에 빠져 있다.

미국의 통신 시스템은 혁신적으로 지식을 배포할 수 있게 되었지만, 에너지와 교통 시스템은 더 효율적이고 안전한 방향으로 나아가지 못하고 있다. 이들 인프라의 핵심 요소들과 그것을 구성하는 하위 체제들이 변화의 속도를 감당하지 못하고 비동시화되고 있는 것이다.

이들의 주도권을 잡기 위해 기득권을 가진 산업화 시대의 이해관계자들과 지식 기반 경제 시스템을 발전시키려는 참신한 혁신가들 사이에 격렬한 투쟁이 벌어지고 있다. 다시 물결 간의 투쟁이다.

유사한 경향이 비즈니스 관행을 둘러싼 수많은 투쟁에서도 발견된다. 예를 들어 회계장부에 스톡옵션을 기장하는 방법에 대한 논쟁[14]에서 막강한 영향력을 행사한 미국 재무회계기준심의회 FASB, Financial Accounting Standards Board는 전통적으로 무형자산보다 유형자산을 선호한다. 이에 대해서 신생 지식 기반 기업들은 적대적으로 대응한다. 이들 기업들은 자본은 물론 재능 있는 인재를 끌어들이는 데 어려움을 겪고 있다. 이것은 낮은 수위의 물결 간 갈등을 보여주는 단편적인 모습에 불과하다. 이제 이런 모습들은 각종 조직들이 고속으로 진행되는 기술적, 사회적 변화를 수용하려고 할 때마다 빠짐없이 볼 수 있다.

미래 훔치기

미국의 학교만큼 물결 간 투쟁의 결과가 중요한 곳도 없다. 만약 미국이 공장식 교육체제를 대체하지 못한다면 미국은 세계적인 부의 혁명에서 지금과 같은 최선두 자리를 지키지 못할 것이다. 세계 최고의 강대국 지위도 잃게 될 것이며, 빈부 격차도 줄이지 못할 것이다. 단지 개혁하는 것으로는 불충분하다.

공교육에 대한 물결 분쟁, 즉 현재의 교육체제로 인해 발생하는 4,000억 달러의 비용(공교육의 실패에 따른 사회비용과 부적절한 직업 교육으로 인해 기업이 지불하게 되는 간접 비용은 고려되지 않은 수치이다)은 앞으로 다가올 미래에 개인, 정치적 감정을 격화시킬 것이다.

그리고 아마 미국이 물결 투쟁으로 치르게 될 비용 중 가장 커다란 비용은, 존재하지도 않는 직업을 위해 아이들을 준비시키려 하고, 그것조차도 그리 성공적으로 수행하지 못하는 학교에 의무적으로 등록해야 하는 5,000만 명의 아이들[15]이 치르게 될 것이다. 우리는 그것을 '미래 훔치기'라고 부른다.

교육은 직업 교육 이상이어야 한다. 하지만 학교는 거의 사소한 예외 사항을 빼고는 아이들에게 소비자 및 프로슈머로서의 역할을 준비시키는 데 역시 실패했다. 현재의 체제는 증대하는 복잡성과 당면하게 될 새로운 삶의 형태에 대비하도록 하는 것에도 실패했다. 여기에는 성, 결혼, 윤리 문제를 비롯해 앞으로 등장하게 될 모든 사회 영역들이 포함된다. 현재 교육체제는 학습 그 자체가 가진 엄청난 즐거움을 극소수의 아이들이 깨닫게 하는 데에도 그리 성공적이지 못하다.

이름 없는 동맹

지금은 그렇게 부정적으로 보이는 대중교육 체제도 전성기 때는 산업화 이전의 실상에 비해 상당히 진보적인 발전을 이룬 적이 있었다. 산업화 이전에는 극소수의 아이들만 학교에 갈 수 있었다. 가난한 집 아이들이 문학이나 수학을 배울 기회는 거의 없었다. 심지어 산업화가 시작된 뒤에도 어린아이들을 저임금 공장으로 보내지 않고 학교에 보내기까지 몇 세대가 걸렸다.

오늘날 우리는 여전히 공장 같은 학교에 수백만 명의 아이들을 잡아 두고 있다. 이것은 겉으로 보기에는 별로 관련성이 없는 특수한 이해관계자들의 이름 없는 동맹 관계 때문이다. 이 동맹을 이해하기 위해서 우리는 1800년대 말로 거슬러 올라가 그 기원을 돌아봐야 한다. 그 시기의 많은 부모들은 아이들을 학교에 보내는 데 반대했었다. 아이들이 들판이나 공장에 나가 일을 해야 한다는 이유에서다. 반면 일부 사람들은 목청을 높여 무상 공교육을 위해 투쟁하고 있었다. 공교육에 찬성하는 동맹이 실질적인 힘을 얻은 것은 비즈니스 이해관계자들이 "막 농장을 벗어난 젊은이들에게 산업적 규율을 심어 주는 데 학교가 도움을 줌으로써 생산성 향상에 기여한다"는 결론을 내린 뒤였다.

로런스 크레민Lawrence A. Cremin은 《아메리칸 에듀케이션American Education》에서 "산업적 규율과 관련된 가치관과 태도는 내적 기강과 규율, 근면, 정확성, 근검절약, 금주, 정리정돈, 세심함이다. 학교는 이런 덕목을 단순히 교과서를 통해서만이 아닌, 조직의 특성을 통해서도 가르쳤다. 집단화와 주기적 반복성, 객관적 비인격성 등 학교 조직의 성격은 공장 조직의 성격과 차이가 없어야 한다"라고 밝혔다.

값싼 인력을 제공하는 이민자들의 생산성을 높이기 위해서도 학교가 필요했다. 수백만 명의 이민자는 다양한 국가와 문화권 출신이었고, 사용하는 언어조차 같지 않았다. 공장의 생산성을 높이기 위해서는 이들 이민자들이 당시 미국을 지배하고 있던 문화에 동질화되거나 획일화될 필요가 있었다. 그래서 1875~1925년에는 해외 이민자들을 미국화하는 것이 학교의 주된 기능 중 하나가 되기도 했다.[16]

당시 비즈니스는 젊은 청년들의 대중화된 대규모 인력을 통해 산업화 시대의 대량생산 경제를 건설하는 데 역점을 두고 있었다. 20세기에 산업주의가 더욱 발전하게 되자 거대화된 노동 집단은 자신의 이익을 보호하기 위해 일어섰다. 노동조합은 대부분 공교육을 강력하게 지지했다. 이는 노동조합원들이 자녀들의 미래가 더 나아지길 원했기 때문만은 아니었다. 노동조합과 공교육 사이에는 은밀한 이해관계가 있었다. 노동시장에 가용 인력이 적을수록 일자리에 대한 경쟁이 줄어들고 임금은 더 올라가게 된다. 노동조합은 유소년의 고용을 금지하는 투쟁을 벌였을 뿐만 아니라 의무교육 기간을 확대하기 위한 캠페인도 함께 벌였다. 그리고 이를 통해 수백만 명의 젊은 인력을 가능한 오랫동안 노동시장에 접근하지 못하게 막을 수 있었다. 교원 노조가 생김으로써 산업화 시대에 적합한 대중교육을 지지해야 하는 더 강력하고 개인적 이유를 가진 노동조합 회원들이 등장하게 됐다.

정부 또한 거대 교육을 지지하는 이유가 있었다. 정부 기관도 이 시스템의 경제적 이점을 인정한 것이다. 의무교육이 시행되는 동안 정부는 혈기왕성한 10대들이 거리에 나오지 못하게 할 수 있었다. 그 결과 공공질서를 증진시키고, 범죄를 줄이고, 경찰력과 교도소를 유지하는 비용을 절감할 수 있었다.

산업화 시대에 우리는 공장 – 학교 모델을 준수했으며, 해체 불가능한 일종의 동맹을 봐왔다. 대중교육 시스템은 대량생산과 대중미디어, 대중문화, 대중스포츠, 대중오락, 대중정치 등에 너무나 적합했다.

로스앤젤레스의 유명한 폴 게티 미술관의 관장이자《지성으로부터의 해방: 창조성 배우기 Out of Our Minds: Learning to be Creative》의 저자인 캔 로빈슨 경 Sir Ken Robinson은 "공교육의 모든 도구들은 대체로 산업주의의 필요와 이데올로기에 맞게 형성됐고 노동력의 수요와 공급에 대한 오래된 가설에 따라 예견됐다. 이 체제의 핵심 단어는 일차원성과 순종, 표준화이다"라고 말한다.[17]

변화를 위한 힘

오늘날 새로운 물결 분쟁이 지평선을 뒤덮고 있다. 이는 미국에만 국한된 것이 아니다. 앞으로 있을 충돌에서는 기존의 공장 같은 교육체제가 방어자의 입장이 될 것이다. 즉 공장식 교육체제를 대체하기 위해 점차 그 세력을 키워가고 있는 반대 운동에 대항해야 할 것이다. 그 새로운 반대 운동은 네 가지 핵심 요소로 구성된다.

교사 현존하는 체제에서는 기계적이고, 교과서 중심인 수업과 표준화된 평가로 인해 교사와 학생 모두가 최후의 창조성까지 말살당한다. 오늘날 학교

내에서 창조성이 고갈된 수백만 명의 교사들이 이런 현실에 대한 수동적 지지자로서 정년이 될 때까지 자신의 근무 연한을 때우고 있다.

하지만 비참하리만큼 박봉에 시달리면서도 안에서부터의 교육체제에 대한 투쟁을 전개하고 있는 다수의 영웅적인 교사들이 있다. 그들은 여러 가지 제약에도 불구하고 제자들을 위해 괄목할 만한 성과를 올리기도 했다. 그들은 산업화 시대를 벗어나기 위한 교육의 진보에 도움이 되는 각종 아이디어를 제공하기도 한다. 외부에서의 지원이 거의 없는 상태에서도 그들은 선봉의 자리를 지키면서 급진적인 변화를 지향하는 운동에 합류하게 될 날을 기다리고 있다.

학부모 학부모들 가운데도 역시 구시대 동맹에 반기를 드는 분명한 조짐들이 나타나고 있다. 많은 학부모들이 아직은 작지만 점점 더 그 수가 증가되고 있는 차터 스쿨과 마그넷 스쿨(뛰어난 설비와 교육 과정을 갖춘 공립학교 – 옮긴이) 등을 비롯해 지금의 공교육 내에서 수행되는 변화를 지지한다. 다른 학부모들은 개인교사를 고용하거나[18] 일본의 주쿠와 같은 방과 후 프로그램에 자녀들을 보내고 있다. 미국 공영라디오 방송은 "사교육이 이제 너무도 널리 퍼져 있어 그것은 수많은 논란과 함께 미국 교육의 모습을 바꾸고 있다"고 보도했다. 사교육은 지리적 제약을 받지 않고 이루어지고 있다. 미국 공영라디오의 논평에 따르면, 인도에 있는 교사들이 인터넷을 통해 미국의 아이들에게 수학을 가르치고 있는 실정이다. 또 다른 부모들은 과거 교육체제에 대한 믿음을 완전히 포기하고 자녀를 집에서 교육시키고 있다.[19] 이는 단지 종교적 이유 때문이 아니다. 또한 인터넷은 홈스쿨링에 도움이 될 수백만 종류의 목록과 보조 도구들을 제공한다.

실패한 산업화 시대의 학교체제가 지식 기반 경제의 필요와 동시화되지 못하고 괴리가 커지면, 학부모들의 저항은 물리적 형태를 띨 가능성이 크다. 분노한 행동주의 부모들은 인터넷을 통해 이웃 간 학부모 모임의 범위를 뛰어넘어 지역이나 국가, 심지어는 전 세계적 운동으로 조직화하고 전적으로 새로운 교육 방식과 내용, 기관을 요구할 것이다.

학생 지난 세기에 학생들은 대중교육 문제에 충분한 영향력을 발휘하지 못했다. 그러나 오늘날에는 그들도 대중교육 체제를 무너뜨리는 데 일조할 수 있는 능력을 가지고 있다. 그들은 이미 교육체제에 대항해 무정부적 투쟁을 시작했다. 그들의 반란은 두 가지 형태를 띤다. 하나는 교실 외적 형태이고 다른 하나는 내적 형태이다.

먼저 외적 형태를 살펴보자. 과거 아이들은 언제나 학교에 반항해 왔지만 그들은 휴대전화, 컴퓨터, 마약, 포르노, 인터넷에 접근할 수 없었다. 또한 그들이 성장했을 때 자신의 근육보다 두뇌를 사용해야 하는 직업에 종사하게 될 가능성도 별로 없었다. 한편 오늘날 대다수까지는 아니더라도 많은 학생들이 현재의 학교가 자신에게 내일이 아니라 어제를 준비시키고 있다는 사실을 확실하게 인식하고 있다. 학생들은 이에 대해 반항하는데, 가장 쉽게 찾아볼 수 있는 형태는 학업을 포기하는 것이다. 이는 결국 비용이 되어 부담으로 남는다. 〈퇴교: 교육의 발견 Leaving School: Finding Education〉이라는 제목의 인상적인 성명서에서, 노스플로리다 대학의 존 월리스 John Wiles 교육학 교수와 몬태나 대학의 존 룬트 John Lundt 교수는 "미국 학교에서 9학년과 12학년 사이의 학생들 30퍼센트가 학업을 포기했다"고 전했다.[20] 이미 교육비로 5만 내지 7만 5,000달러를 지불한 뒤에 말이다. 일단 학교를 떠나면, 그들은 한 세기 전에 룸펜 프롤레타리아트 Lumpen proletariat라고 불렀던 부랑자, 범죄자, 마약 밀매자, 정신장애인 및 기타 고용 부적격자로 구성된 극빈 계층에 합류할 가능성이 많다.

다른 형태의 반항은 교실 내부에서 일어난다. 월리스와 룬트는 '공장 같은 학교'라는 비판과 함께 의무교육이 지속되어야 하는지에 대해 의문을 제기한다. 다수의 교사들도 마찬가지로 의문을 가지고 있다. 교사들은 교도소에서 일상적으로 일어나는 폭동에 매일 시달리는 교도관처럼, 어떤 규율에 대해서나 반항적인 학생들과 늘 대면하고 있다.

교사들은 대중매체의 폭력성이라는 전염병에 대항할 수 없다. 그들은 학생들이 소위 스타들을 숭배하는 것을 막기에 무기력하다. 학생들이 추종하는 스타들 중에는 금지된 약물을 쓰고, 배우자에게 거짓말을 하며, 음주와 구타, 강간 혐의로 피소되는 등의 부도덕한 이들도 있다. 게다가 교사들은 물론 학부모들도 순진한 아이들을 찾기 위해 인터넷을 떠돌고 있는 소아성애자를 막는데에 어려움을 겪고 있다. 일부 학교는 너무나 폭력이 만연한 나머지 경찰이 학교 복도를 순찰해야 할 정도이다.

젊은이들은 언제나 스스로 배운다. 그들은 잘못된 내용을 배우기도 한다. 게다가 요즘에는 대중매체라는 의심스러운 도구의 도움까지 받고 있다. 그들이 펼쳐놓은 책 뒤에 게임기와 휴대전화가 숨겨져 있고 교사들이 단조로운 목소리로 수업을 진행하고 있는 동안 현란한 문자 메시지가 오간다. 교사들이 아이들을 교실에 감금하고 있는 동안 그들의 눈과 귀, 마음은 그곳을 탈출해 사이버 세계를 기웃거리고 있는 것이다. 학생들은 이미 어린 시절부터 온라인에서 사용 가능한 자료와 정보, 지식의 극히 일부분조차 학교가 제공해 줄 수 없다는 사실을 알고 있다. 그들은 한 세계에서는 자신이 감금된 죄수이지만 다른 세상에서는 자유인이라는 사실 역시 잘 알고 있다.

기업 산업화 시대의 학교와 기업의 동맹은 굳건하게 이어져 왔다. 현재의 학교체제가 한 세대에서 다음 세대로 유지되며, 기업들에게 공장 생활에 적합하게 훈련된 노동력을 꾸준히 공급해 주었기 때문이다. 하지만 20세기 중반 새로운 부 창출 시스템이 확산되면서 기존과 다른 새로운 직무 기술이 필수 자격 요건이 됐다. 이는 기존의 토대로는 가르칠 수 없는 기술이다.

교육과 현실의 격차가 급속도로 벌어졌기 때문에 1990년대 신문의 경제 기사는 그에 대한 내용으로 채워지게 되었다. 결국 2005년 빌 게이츠가 그런 사실을 다음과 같은 글로 표현했다. "미국의 고등학교는 무용지물이다. 무용지물이라는 말을 통해 나는 학교가 붕괴됐다거나 결함이 있다거나 혹은 예산이 부족하다는 사실을 말하고자 하는 것이 아니다. 무용지물이란 말은 우리의 고등학교가 설사 고안된 목적에 따라 정확하게 운영되더라도 학생들에게 오늘날 알아야 할 지식을 가르칠 수 없다는 사실을 말하는 것이다. 이것은 단순히 체제 내의 사고나 결점의 문제가 아니다. 문제는 체제 그 자체이다."[21]

단순히 교육체제를 개혁하는 것이 아니라 완전히 대체해야 한다는 요구는 그것이 단지 비평가들의 말과 일치하기 때문에 중요한 것이 아니다. 그것은 지식 기반 기업이 공장 모형의 학교를 그대로 유지하고자 하는 구 동맹에서 이탈하는 명백한 표시이기 때문이다. 제2물결 기업과 제3물결 기업의 이해관계는 분명 다르다. 한 세기 혹은 그 이상의 시간이 흐르고 난 뒤 처음으로 성난 학부모와 실망한 교사, 적임자에 목마른 기업, 교육 혁신가, 온라인 교육자 그리고 아이들 스스로가 공장식 학교의 단순한 개혁이 아니라 완전 대체를 위한 새로운 동맹을 형성하고 있다.

앞으로의 행보

에너지 시스템과 교통 인프라, 학교가 기존 산업의 이해관계로 인해 발전이 지연되고 있는 유일한 조직은 아니다.

일 처리에 있어서 어제의 방식을 고수하는 사람들이 여전히 대기업 이사회의 자리를 차지하고 있다. 또 다른 사람들은 정치판에 모여 있다. 그리고 대학 구내식당에서 일상적으로 점심을 먹고 있는 교수들이 앞의 두 부류를 위해 이념적 논리를 조정하고 있다. 눈에 띄든 띄지 않든 물결 충돌은 미국 내 거의 모든 단체에서 발견되고 있으며, 그 단체들은 유례없는 동요를 일으키며 시간이 흐를수록 더 커지는 비동시화와 기능 장애를 겪고 있다.

여기에 외부 세계가 환골탈태하기 위해 참조해야 할 교훈이 있다. 지식 기반 경제로 전환하고 있는 모든 국가가 이 교훈에 귀 기울여야 한다. 근력에서 지성으로, 굴뚝에서 소프트웨어로의 사상 유례없는 전환은 단지 기술만의 문제가 아니다. 최근 10년간 일어난 모든 초고속 기술 발전과 오늘날 과학자들이 밝혀낸 그보다 훨씬 더 놀라운 현상들은 인간 삶의 모든 측면을 포괄하는 혁명들 가운데 가장 손쉬운 부분에 속한다. 제도적 변화가 사회적 전환과 보조를 맞추지 못할 경우, 비동시화는 미국이란 실험실을 산산조각낼 것이며 미래의 부를 다른 곳으로 옮겨 놓을 것이다.

49

미국의 외부 정세

Outside America

전 세계를 대상으로 설문조사를 해본 결과, 엄청나게 많은 사람들이 미국의 거대한 부가 가난한 다른 나라로부터 빼앗거나 훔친 것이라고 믿고 있었다. 이런 가정은 보통 반미주의자나 세계화에 반대하는 사람들이 외치는 구호 속에서 발견되었다. 이런 의심스러운 가정은 최근에는 학술적인 것처럼 보이는 책이나 논문에서도 발견된다. 그들은 미국이 고대 제국주의의 상징인 로마와 같다고 말한다. 즉 새로운 로마라는 것이고, 중국이 즐겨 사용하는 말처럼 새로운 패권국이라는 것이다.

이런 식의 유추가 갖는 문제점은 그것이 21세기 미국의 모형과 맞지 않는다는 데 있다. 만약 미국이 그 정도로 부유하고 강력한 패권국이라면 2004년 미국 재무부 발행 채권의 40퍼센트를 외국인이 소유하는 현상[1]이 어떻게 벌어질 수 있단 말인가? 로마가 세계를 지배할 때도 그랬다는 말인가? 아니면 영국이 지배했던 당시에 그랬다는 말인가? 미국이 자신의 지배하에 있다고 생각하는 여러 국가에 영구 이주자들을 보내지 않는 이유는 무엇인가? 로마, 스페인, 영국, 프랑스, 독일, 이탈리아는 아프리카 식민지에 자국민을 정착시켰다. 일본도 아시아에서 그런 행동을 했다. 정확하게 미국의 어떤 대학이 영국의 옥스퍼드 대학이나 케임브리지 대학처럼 식민지 행정가들로 구성된 엘리트 계층을 교육시켜 평생 다른 지역(국가)을 통치하도록 만들고 있는가? 다른 나라를 군사적으로 점령해야 한다고 주장하는 미국인들이 어디에 있는가?

미국은 강력한 국가이며, 그 무게를 세계 어디에서든 느낄 수 있다는 것은 분명히 사실이다. 하지만 미국에 대해, 그리고 세계에 대해 그들이 묘사하고 이해하는 방식에는 뭔가 오류가 있다. 비평가들은 아직도 과거의 농경 사회나 산업주의적 관점에 따라 생각하고 있다. 하지만 지식 집약적 특성이 커지면서 전 세계에서 벌어지는 게임에는 다른 규칙, 다른 선수들이 등장하고 있다. 그것은 부의 미래에도 마찬가지이다.

과거의 게임

산업화 시대에 '결코 해가 지지 않는' 제국이었던 영국은 이집트 같은 후진적인 농업 식민지에서 낮은 가격에 목화를 사들일 수 있었다. 그들은 목화를 선적해 리즈나 랭커스터에 있는 공장으로 보냈고 그곳에서 옷감으로 만들었다. 그다음 이 고부가가치 상품을 다시 이집트인들에게 높은 가격으로 팔았다. 거대 이윤은 다시 영국으로 돌아왔고 그렇게 형성된 자본은 더 많은 공장을 세우는 데 사용됐다. 영국의 위대한 해군과 육군, 행정가들은 자신의 식민지 시장을 내적 반란과 외적 경쟁으로부터 보호했다.[2]

이는 물론 훨씬 더 복잡한 프로세스에 대한 간단한 스케치에 불과하다. 하지만 제국주의 게임의 핵심은 직물 공장 같은 당시의 첨단 기술을 계속해서 리즈나 랭커스터에 유지하는 데 있었다.

이와 대조적으로 오늘날은 발전된 경제 형태가 더욱 지식에 기반하게 되면서 공장에 대한 의존도는 떨어지고 있고, 지식은 점점 더 중요해지고 있다. 하지만 지식은 그 자리에 정지해 있는 것이 아니다. 이는 지적재산권에 대한 도난 사례가 전 세계적으로 증가하고 있다는 점에서 잘 드러난다. 게다가 미국은 그것을 지키기 위한 싸움에서 최소한 현재까지는 패배하고 있다.

또한 경제적으로 가치 있는 지식이 전부 기술적인 것도 아니다. 프랑스의 일간지 〈르몽드〉의 전임 회장 알랑 밍끄Alani Minc는 논란의 대상이 되었던 '미국이 로마 혹은 과거 대영제국과 같다'는 견해와 결별을 선언했다. 그는 미국을 제국주의 세력이 아니라 최초의 '세계국가world country'라고 표현했다.[3] 그래서 미국 대학의 임무는 옥스퍼드나 케임브리지 대학처럼 국가 엘리트를 교육시키는 것이 아니며, 미래의 세계 지도자를 형성하게 될 지식을 전달하는 것이라고 밝히고 있다.

밍끄는 9·11테러 직후 미국 입국 절차가 까다로워지기 직전에 쓴 글에서, 지난 50년간 미국에서 유학한 학생들의 숫자가 17배나 증가했다는 사실을 지적했다. 그는 이들 중 점점 더 많은 학생들이 대규모 네트워크 통합과 나노기술, 유전공학과 같은 첨단 분야에 대한 과학 기술 지식으로 무장한 뒤 귀국할 것이라고 언급했다.

이것은 분명 과거 제국주의나 신식민지주의라고 알려진 행태와는 전혀 다른 것이다.

비이기주의적 행동

제2차 세계대전으로 우리는 산업화 시대, 식민지주의의 종말이 시작되는 장면을 보았다. 1945년 최절정에 달했던 전쟁은 급격하게 우리의 기억에서 사라졌다. 하지만 역사상 그것이 초래한 파괴에 비교할 만한 것은 전무후무하다. 제2차 세계대전은 경제적 변화를 이끌었다.

제2차 세계대전으로 인한 사상자는 미국을 포함한 20개 이상의 국가에서 적어도 5,000만 명에 이른다.[4] 이 수치를 좀 더 깊게 생각하기 전에 숨을 고르기 바란다. 이것은 2004년 동남아시아 지역을 강타한 쓰나미가 6년간 170회나 전 세계를 강타한 것과 같다.[5] 다시 말해 6년 동안 격주에 한 번씩 쓰나미가 발생했을 때의 피해와 같은 것이다.

러시아(당시 소비에트 연방) 한 나라에서만 최소 2,100만 명이 희생됐으며[6], 패전국 독일은 히틀러의 강제 수용소에서 희생당한 이들을 제외하고도 500만 명 이상이 사망했다.[7] 서유럽의 산업은 대부분 파괴되었고, 전쟁의 막바지에는 유럽 전역에 걸쳐 기아와 대혼란이 발생했다. 지구의 반대편에서 일본은 항복 직전까지 대략 250만 명의 사상자를 냈다.[8] 일본에서도 역시 석탄과 철강, 비료 등 핵심 산업이 폐허로 전락했다. 이들 모든 지역이 산업혁명 이전으로 되돌아간 것이나 다름없었다. 대규모 전쟁이 대량생산 수단을 제거해버린 것이다.

반면 다른 주요 교전국들과 비교했을 때, 미국은 상대적으로 적은 30만 명의 병력을 상실했고, 민간인 희생자는 사실상 전무했다. 미국의 산업 시설에는 단 한 발의 폭탄도 떨어지지 않았고, 그 결과 미국은 종전 후 서서히 회복하는 다른 국가들의 경제와는 경쟁이 되지 않는 유일한 산업국가가 되었다.[9]

오늘날 소위 제국주의 강국이라고 불리는 미국은 총성이 멈춘 지 3년이 지나자 매우 이상한 행동을 하기 시작했다. 독일에게 보상을 요구하거나, 소련이 그랬듯이 남아 있는 모든 공장 기계와 기차, 산업용 기계를 자기 나라로 강탈해가지 않았다.[10] 자기 경쟁자들의 약점을 들추려고도 하지 않았다. 오히려 미국은 마셜 플랜Marshall Plan이라고 알려진 복구 프로그램을 시작했다.[11] 이 계획의 후원 아래 미국은 불과 4년이라는 짧은 기간 동안 서독에 지원된 15억 달러를 포함해 유럽에 130억 달러를 퍼부어 생산시설을 복구하고, 통화를 강화시키고, 교역이 다시 살아나게 했다. 일본도 다른 복구 계획에 의해 미국으로부터 19억 달러 상당의 지원을 받았다.[12] 그중 59퍼센트는 식량으로, 27퍼센트는 사업용 물자와 운송 장비의 형태로 이루어졌다.

전시의 위대한 지도자 윈스턴 처칠은 마셜 플랜을 '역사상 가장 비이기적 행동'이라고 불렀다.[13] 하지만 동맹국과 적국을 똑같이 지원하는 이 복구 계획은 자선과는 거리가 멀었다. 그것은 장기적인 경제 전략의 일환이었다.

마셜 플랜은 시장의 회복을 도와 미국 상품을 파는 데 기여했으며, 독일이 나치즘으로 복귀하는 것을 미연에 방지했다. 그리고 무엇보다 미국의 원조는 유럽과 일본이 소련의 차가운 손아귀에 떨어지지 않도록 지탱해 주었고, 그들이 경제 활동을 재개하는 데 도움을 주었다. 돌이켜보면 그것은 역사상 가장 현명한 투자였다.

제국주의 시대의 전쟁이 끝날 무렵 소련이 동유럽 국가들의 정치 군사적 통제권을 장악했다. 각각의 국가에 소련의 군대와 공산주의 정권을 심었고, 서유럽에도 똑같은 위협을 가해서 소련이 지원하는 공산당이 프랑스와 이탈리아에서 광범위하게 대중의 지원을 받고 있다고 주장했다. 그런 과정에서 소련은 블라디보스토크에서 베를린에 이르는 거대한 지역에 영향력을 미쳤고, 교환이 불가능한 화폐와 수많은 다른 장벽들을 통해 전 세계 인구의 10퍼센트를 세계의 다른 지역에서 의도적으로 고립시켰다.

1949년이 되자 중국이 공산권에 합류했다. 그 결과 또 다른 22퍼센트의 인구가 세계 경제에서 분리됐다. 부의 혁명이 시작되는 1950년대 중반까지 전 세계 인구의 3분의 1이 교역과 금융 부문에서 지구의 나머지 지역으로부터 소외되었다.[14]

동시에 아프리카와 라틴아메리카, 남아시아의 일부 지역에서는 유럽인 지배자들을 쫓아내는 폭력적인 탈식민지 운동이 일어났고, 혼란과 함께 완전히 빈곤 상태에 빠져들게 되었다.

1950년대 초, 불과 세계 인구의 6퍼센트를 차지하는 미국이 전 세계 GDP의 30퍼센트를 차지했고[15] 공산품의 절반을 생산했다. 거기에는 경쟁도 없었다.

반발과 혼란

오늘날 1950년대의 모습은 거의 남아 있지 않다. 세계 생산량은 1950년의 5조 3,000억 달러(1990년대 세계 달러화 가치로 환산)[16]에서 2004년 51조 달러로 치솟았다. 또한 국제 화폐 경제에서 미국의 역할은 극적인 변화를 겪었다.

여러 해에 걸쳐 유럽과 중국을 비롯한 많은 지역이 경제적으로 회복되자 그들은 강력한 경쟁자로 등장했다. 그 결과 미국은 세계 생산량의 30퍼센트를 차지하는 대신, 자신의 몫이 21.5퍼센트로 추락하는 현상을 경험했다. 상대적인 개념으로 미국은 한때 자신이 누렸던 것보다 지배력이 훨씬 미약해졌다. 즉 미국은 반세기 동안 상대적으로 쇠퇴한 것이다.

하지만 절대적인 수치를 살펴보면 사정은 다르다. 1950년대 중반부터 통상적인 경제적 계측에 따라 측정한 미국의 절대적 부는 급격히 상승했다. 1952년 대략 1조 7,000억 달러(현재 가치로 조정된 수치) 상당이었던 GDP[17]가 2004년에는 11조 달러로 치솟았다.[18]

비록 지식 기반 기술과 프로세스, 조직 및 문화의 기여도는 추상적이고 논란의 여지도 많지만, 미국이 전적으로 산업 강대국에만 머물려고 했다면, 세계 무대에서 경쟁력 있는 자신의 지위를 경제적, 군사적으로 결코 유지하지 못했을 것이다. 그리고 오늘날 미국이 대면하고 있는 반발과 몰이해를 겪는 일도 없었을 것이다.

미국은 비즈니스와 경제에서 지식의 역할을 증가시켜 문화의 중요성을 강조했다. 동시에 은연중에 어떤 문화는 다른 문화보다 생산성에 대한 공헌도가 더 크다는 사실을 환기시켰다.

여기서 우리는 문화와 관련된 미국의 혐의, 즉 '문화제국주의'와 그 뒤에 숨어 있는 경제학이라는 혐의에 도달했다. 세계화는 서로 다른 문화를 접근시키면서 때로는 적대적으로 만들기도 한다. 더 나아가 사람들은 "어디를 가든 똑같은 월마트와 맥도날드, 할리우드 영화를 보게 된다"며 획일화에 대해 불평한다. 비평가들의 말처럼 과연 미국이 사람들에게 이런 것들을 강요했는가? 뭔가 다른 일이 벌어진 것은 아닐까?

균일화의 반전

해답은 현재 두 개의 미국이 존재한다는 데에서 찾을 수 있다.

과거의 대량생산 미국은 미래의 탈대량화된 미국과는 달리 균일화를 추진하고 있었다. 대량생산은 우리가 주목하고 있는 것처럼 최소한도의 변화폭만을 허용하고 한 가지 제품을 반복해서 생산, 판매하는 사람들에게 규모의 경제를 제공한다. 그런 식으로 작업할 수밖에 없는 이유는 전통적인 생산라인에서 제품에 변화를 주면 과도한 비용을 초래하기 때문이다. 사양의 변화를 주기 위해서는 수천 명의 근로자들이 아무 일도 하지 않고 조립라인이 다른 규격에 맞게 조정될 때까지 기다리는 사태가 벌어질 것이다. 그러는 동안에도 시계는 계속 돌아가고 간접비는 계속 증가한다.

이와 대조적으로 지능형 생산라인에서 제품을 바꾸는 일은 프로그램 명령어를 몇 줄 바꾸는 시간 이상을 요구하지 않는다. 작업자들은 그저 버튼 하나만 누르면 된다. 그 결과로 다양성을 값싸게 구현할 수 있게 되었다. 이는 엄청나게 다양한 브랜드와 유형, 모델, 크기, 재질의 제품을 상점 진열대 위에 등장시킬 것이다.

결국 맞춤형 생산에 필요한 추가비용이 거의 없다시피 할 정도로 낮아지고, 사람들이 점점 더 개성을 추구함에 따라 일체화를 향한 추진력은 그 반대 방향으로 전진하려는 추진력으로 대체될 것이다. 즉 다양화를 향해 변화해 나갈 것이다.

변화의 물결은 서로 겹치기도 한다. 심지어 미국에서조차 혁명적인 부 창출 시스템은 아직 완전히 자리를 잡지 못했다. 그렇기 때문에 미국은 아직도 대량생산 제품과 서비스를 광고하며 수출하고 있다. 하지만 점차 대량맞춤형 생산으로 전환되어 가는 추세이고 더욱더 고객의 개인적 성향에 맞춰 가면서 전면적인 탈대중화 제품 생산을 향해 나아가고 있다.

과거에 커피숍은 불과 몇 가지 선택만을 제공했다. 그러나 오늘날은 다르다. 예컨대 스타벅스 매장은 겉으로 보기에는 모두 똑같지만 실제로는 고객에게 수십 가지 혼합커피와 변종 커피를 제공하고 있다. 나이키는 온라인으로 고객들이 수천 가지의 색상 조합 중에 하나를 선택하여 자신의 신발을 직접 디자인할 수 있게 했고, 거기에 자신의 이름이나 독특한 명칭을 붙일 수 있게 했다. 초콜릿과 사탕을 판매하는 엠엔엠즈 사이트에서는 고객이 초콜릿에 자신이 원하는 짧은 문구를 새겨 넣을 수 있다. 심지어 변화가 부족한 미국 우체국에서도 고객들로 하여금 구매하는 우표에 원하는 사진이나 아기 사진을 넣을 수 있게 하는 시도를 하고 있다.[19] 이 모든 것이 진정으로 개인화된 생산으로 향하는 초기 모습들이다. 이는 산업화 시대가 초래하는 균일화의 반대편에 존재한다.

특히 흥미로운 사례는 《스파이더맨》의 경우이다. 초능력자인 스파이더맨을 주인공으로 한 미국의 만화책이 인도에서 번역 출간됐을 때, 인도 독자들의 종교적 민감성을 수용해 등장인물과 무대 배경이 바뀌었다. 주인공은 뉴욕의 피터 파커에서 뭄바이의 파비트르 프라브하카르로 대체됐다. 더 중요한 변화는 파비트르가 어떻게 초능력을 지니게 되는지를 설명하는 부분이다. 미국에서는 파커의 능력이 방사선에 의해 강화된 것으로 설정된 반면, 인도에서는 파비트르가 종교적 수단에 의해 초능력을 얻는다. 〈뉴스위크〉는 "주인공은 자신의 초능력을 요기(요가 수도자 - 옮긴이)에게 전달 받는데 요기는 의식을 통해 초능력을 부여한다. 그리고 악당은 힌두교에서 말하는 악마이다"라고 보도했다.[20]

문화적 균일성은 미국에서 급속히 쇠퇴하고 있는 대량생산 부문이 보내는 메시지이다. 반면 이질성과 탈대중화, 개인화는 급속히 성장하고 있는 새로운 미국의 메시지로 다양성을 필요로 하는 동시에 직접 다양성을 만들어 내고 있다. 이런 현상은 단지 상품과 만화책에만 그치지 않는다. 제3물결의 미디어는 끊임없이 사고의 다양성과 가치관, 라이프스타일, 정치적 이념과 문화적 다양성에 대한 접근 가능성을 증가시킨다. 바로 이것이 중국이 두 마리 토끼 전략을 추구하면서도 인터넷을 통해 받아들이는 내용들을 여전히 검열하고 조작하는 이유이다.[21]

　오늘날 진짜 중요한 문제는 미국이 얼마나 깊은 균일화를 만들어 내느냐가 아니라 다른 나라 정부나 문화, 종교가 이질성을 얼마나 억누르고 있는가이다.

　미국은 현재 세계 유일의 초강대국이다. 하지만 미국은 과거 강대국들이 겪어 보지 않았던, 아니 상상하지도 못했던 한계와 복잡성을 마주하고 있다. 이것이 자국에 이익으로 인식되어 작용하면(종종 인식되지 않기도 하지만) 미국은 혁명적 부의 등장으로 말미암아 구세대의 지도자들이 예상했던 것과는 상당히 다른 형태의 새로운 다층적인 국제 질서를 만들어 갈 것이다.

50

보이지 않는 게임 중의 게임

The Unseen Game of Game

우리의 호주머니 속에서 또는 지구상에서 진행되는 혁명적 부의 미래는 단순히 시장의 상호 작용에 의해서만 결정되지는 않을 것이다. 간혹 이론이 있기는 하지만 누가 무엇을 가지고 있고, 무엇을 만드는지를 시장 혼자서 결정하지는 않았다. 부는 세계 어디서든 권력과 문화, 정치, 정부에 의해 모양새를 갖추었다.

최근 국제 무대의 주인공은 국가다. 국가는 앞으로 계속해서 새로운 경제 블록을 형성하고, 통화를 가지고 게임을 벌이며, 관세와 보조금을 부과할 것이다. 점점 더 많이 환경이나 문화를 비롯한 경제 외적 이유를 들며 자국의 실업률을 다른 나라의 불공정한 무역 관행 탓으로 돌릴 것이고, 소위 '공정한 운동장'을 요구하게 될 것이다. 온갖 소동을 만들어 낼 것이고, 당연히 자국 국민들에게 세금을 더 걸을 것이다.

인도와 중국, 브라질과 같이 새로 부상하는 강자들은 세계무역기구, IMF,

세계은행 같은 국제기구에서 다른 강대국들과 동등한 대우를 해달라고 요구할 것이다. 이런 국제기구들의 결정은 무역, 통화, 신용, 은행지불준비금을 비롯해 국가 경제의 각종 변수에 영향을 미친다.

각국 정부에게 잘 알려진 부문들을 국민국가의 게임 보드라고 가정해 보자. 경쟁이 가열될수록 그들은 승자 없는 게임을 하게 될 것이다. 국민국가가 원하든 원하지 않든 간에 그들은 모두 권력을 잃게 될 것이다. 강대국의 지위는 점점 더 약화되고 있다. 미국 역시 마찬가지이다.

새로운 게임들

서로 다른 수많은 하위 게임들이 각자 상호 연결되어 동시에 게임을 진행하는 새로운 형태의 메타게임에서 국가나 정부는 더 이상 유일하고 강력한 말의 역할을 하지 못한다. 네오체스가 한 레벨을 구성하고, 네오포커 혹은 네오백가몬, 네오에버퀘스트 등이 또 다른 레벨을 구성한다. 게임 참가자들은 비선형적 규칙 속에서 경쟁하는데 그 규칙은 한 수를 둘 때마다 혹은 수를 두는 도중에도 변화를 일으킨다.[1]

기업들은 오랫동안 다국적 체스 게임을 해왔으며, 국제적 수준에서 비정상적으로 강력한 영향력을 행사했다. 오늘날 주요 기업들과 금융 단체들은 점점 더 국제화되고 있으며, 게임 보드의 말들을 주도적으로 움직이고 있다. 하지만 자신의 모국에 대한 책임은 계속 줄이고 있다. 마이크로소프트나 씨티그룹 혹은 도요타, 로열더치셸, 필립스, 삼성 등이 입을 열면 정부는 듣고만 있다.

중요한 것은 단순히 국가 간의 게임이나 기업 간의 게임 혹은 둘 사이의 상호 작용이 아니다. 국가나 기업은 급격히 성장하는 NGO를 비롯해 새롭게 부상하는 여러 세력들을 다루어야 한다.

급성장하는 NGO

많은 NGO들이 몬산토와 셸, 맥도날드 같은 기업과 교전을 벌였다.[2] 그들은 자유무역과 재세계화에 대항하고, 평화를 위해 시위를 벌인다. 또한 고래와 나무를 살리기 위해 캠페인을 벌이고 매일같이 신문의 헤드라인에 오른다.

또한 눈에는 덜 띄지만 셀 수 없이 많은 것들의 결합체로서 더욱 커다란 영향력을 발휘하는 조직들이 있다. 바로 국제 비즈니스 협회나 전문가 집단, 스포츠 클럽, 과학 단체 등이다. 그들 대부분은 고도로 특화된 문제에 집중한다. 그들은 다양한 산업과 집단이 관련된 분야에 종사해 상품 중개인에서부터 이혼 변호사, 유전학자, 공증인, 플라스틱 유통업자, 조리사, 모델, 섬유 디자이너에 이르기까지 대단히 폭이 넓다.

어떤 NGO는 생산자의 이익을 옹호하고, 또 다른 NGO는 소비자를 변호한다. 혹은 프로슈머를 조직하거나 대변한다. 이를테면 2004년 12월 거대한 쓰나미로 인한 피해지역 구호 활동에 전 세계에서 몰려든 수천 명의 자원봉사자들[3]의 참여를 이끌어 낸 조직처럼 말이다.

NGO는 서로 힘을 모으고, 컴퓨터와 인터넷 또는 최신 통신 장비들로 무장하고, 변호사와 의사, 과학자를 비롯한 각종 분야 전문가들의 지원을 받아 급격히 성장하며 초국가적 세력을 형성한다. 더불어 국가와 기업은 점점 더 많은 권력을 공유하도록 강요당하고 있다. 게다가 NGO의 확산[4]은 이제부터가 시작이다. 그렇게 보는 까닭은, 첫째 인터넷과 휴대전화 등을 통해 상호 간 연결이 개량되었기 때문이다. 사람들이 공통된 목적이나 불만을 식별하고, 서로 상대방을 발견하며, 연결 고리를 형성하고 조직화하기가 쉬워졌고, 이를 위한 비용도 저렴해졌다. 둘째, 변화의 가속화로 인해 새로운 기회와 두려움이 형성되고 있기 때문이다. 예를 들어 줄기세포가 발견되기 전에는 누구도 줄기세포 연구를 지원하기 위한 혹은 그것을 막기 위한 NGO를 설립하지 않았다. 하지만 오늘날 그런 NGO는 무수히 많다.

내일의 NGO

아직 지역 내지 국내 활동 수준에 머물러 있는 많은 NGO들은 머지않아 국제적 차원에서 자신의 존재를 더 확연하게 드러낼 것이다. 환경주의나 여성운동, 민권운동 조직이 지역적으로 시작됐다가 국제적 규모로 성장했던 것과 마찬가지로 말이다.

일례로 현재 많은 국가들 내부에서 동성연애에 관해서 논쟁이 격렬하게 진행되고 있다. 많은 국가에서 남아선호사상으로 인해 남녀 간의 성비가 바뀌고 있는 가운데(중국의 경우 남녀 비율이 120:100이다)[5] 여성의 부족은 남성들의 동성연애를 부추길 가능성이 크다. 이에 대해 마크 스테인 **Mark Steyn**은 중국이 스파르타 이후 처음으로 동성애자들이 정치 세력화되는 것을 계획하고 있다고 비아냥거리기도 했다.[6] 차례차례 각국에서 동성애자들이 폐쇄된 공간을 벗어나 공개적이든, 비공개적이든 정치적으로 조직화될 것이다. 그렇게 되면 그들은 동성애자의 권리를 요구하게 될 것이고, 여기에는 동성애자 간의 국제결혼을 합법화하는 내용도 포함될 것이다. 이런 현상은 북아메리카와 유럽에서는 이미 실제로 벌어졌다.

한편 수많은 21세기의 도덕적 문제들에 대한 분쟁으로 인해 완전히 새로운 종류의 NGO도 등장할 것이다. 예를 들면 나노 질병 **nano-disease** 혹은 나노 오염 **nano-pollution**에 대한 연구를 지원하기 위해 일어설 것이다. 신경과학이 발전함에 따라 인간 지능의 신경 조작에 찬성 혹은 반대하는 NGO도 등장할 것이다. 인간복제의 경우, 그것을 막으려는 시도에도 불구하고 결국 성공할 가능성이 높은데, 만약 인간이 복제된다면 복제인간의 권리를 옹호하거나 그들의 존재를 부정하기 위한 NGO도 출현할 것이다.

미래에 우리는 유전학과 과학의 도움으로 신체는 물론 두뇌까지 변경시킬 수 있는 방법을 보유하게 될 것이다. 학문과 경제, 정치를 비롯한 각종 영역이 붕괴되는 순간, 그것이 인간에게 어떤 의미를 갖는지를 정의하던 영역들도 붕괴된다. 그것이 인간으로서 대접받을 수 없을 정도로 충분히 인간다움을 잃기 전까지 우리는 과연 어느 수준까지 신체를 화학적, 생물학적, 유전적, 기계적으로 변경시킬 수 있을까? 내일의 NGO들은 전 세계를 무대로 인간과 변형 인간을 구분하는 기준과 각자가 누려야 할 권리를 두고 싸우게 될 것이다.

우리가 곧 당면하게 될 도덕적 문제는 너무나 심오하고 감정적이다. 그렇기 때문에 새로운 광신적 운동이 부상하고, 전 세계를 대상으로 하는 테러의 또 다른 근원이 발생할 것이라는 점을 쉽게 예상할 수 있다. 지금도 NGO는 열정과 사상, 조기 경보, 사회적 혁신에 대한 제안, 선과 악으로 끓어 넘치는 주전자 같다. 그들은 이미 정부나 관료조직보다 더 빠르게 조직화하고 행동에 돌입할 수 있는 능력을 가지고 있다. 이는 비동시화의 또 다른 사례이며, 앞으로 그들의 행동은 세계 경제에서 부의 창출과 분배에 엄청난, 예상치도 못한 영향을 주게 될 것이다. 그리고 가장 거대한 NGO로 간주되는 조직인 종교로 우리를 이끌 것이다.

종교 경제학

세계 인구 증가 속도는 느려지고 있는 추세[7]이지만, 세계에서 가장 큰 종교인 기독교와 이슬람교의 신도 수는 급격한 속도로 증가하고 있다. 두 종교는 모두 향후 수십 년간 기술과 세계의 부가 급격히 재분배되는 현상의 영향을 받게 될 것이다.

현재 종교와 돈 사이의 연관성에 집중되는 관심은 주로 테러 발생에 따른 비용과 관계가 깊다. 오사마 빈 라덴[8]은 이슬람 극단주의자들이 자행한 9·11테러로 인해 미국 경제가 1조 달러 이상의 손실[9]을 입었다고 자랑했다. 그러나 오사마 빈 라덴은 좀 더 실력 있는 회계사를 고용했어야 했다. 총손실액은 무엇을 포함하고 무엇을 포함하지 않는가에 따라 달라진다. 실제로 신뢰할 만한 어떤 연구 결과도 오사마 빈 라덴의 수치에 근접한 것은 없었다. 물론 미국 의회에 보고하기 위해 준비된 보고서에서 지적한 바와 같이, 해외 주식시장, 관광과 여행, 소비자 태도, 일시적 자본 도피 현상 등에서 사후 충격을 느꼈던 것은 사실이다.

그렇다고 해도 빈 라덴이 말하는 환상적 수치에 도달하기 위해서는 엔론식의 뺑튀기 회계가 필요하다. 특히 재난 피해에 대한 피해 비용은 재건이 시작되면 상쇄되는 경우가 많다. 돈은 그저 경제의 한 부분에서 다른 부분으로 흘러 들어가게 된다.

미국 의회에 제출된 보고서에 따르면, 9·11테러의 뒤를 이어 발리와 마드리드에서 발생한 폭탄 테러는 부분적으로 경제체제의 해체를 목표로 했다고 한다.[10] 하지만 그로 인한 피해는 경제적 파급효과를 포함하더라도 전 세계 GDP에 비해 작은 수준이었다. 미미했다는 것이 더 정확한 표현일 것이다.

경제체제 해체는 바로 오사마 빈 라덴의 알 카에다나 다른 테러 집단들이 대량살상무기를 확보하기 위해 기를 쓰는 이유이자 어떤 대가를 치르든 그들을 저지해야 하는 이유이기도 하다. 종교를 가장한 테러리즘이 마술과 같이 사라지더라도 앞으로 종교는 수십 년간 계속해서 세계 경제에 상당한 영향력을 행사하게 될 것이다.

이동하는 신

미국은 이슬람 극단주의자들에게는 이교도로 간주되고, 유럽에서는 종교에 집착하는 나라로 간주된다. 그런 미국이 당면한 세계는 산업화 시대에 그랬던 것처럼 세속적인 방향으로 흐르는 대신 그 반대 방향으로 향하고 있다.

《세계 기독교 사전World Christian Encyclopedia》의 공동 저자인 데이비드 바레트David B. Barrett와 토드 존슨Todd Johnson은 현재 20억 명인 기독교인의 수가

2025년까지 26억 명으로 증가할 것이라고 예측했다. 이는 대략 30퍼센트 수준의 증가이다. 이슬람교도의 수는 좀 더 빠르게 증가하고 있다. 1970년 5억 5,300만 명이었던 이슬람교도의 수는 2001년 12억 명으로 급증했다. 그 추세는 멈추지 않고 있으며, 2025년에는 18억 명 수준으로 치솟을 것으로 보인다. 이는 25년 동안 50퍼센트나 증가한 수치이다.[11]

종교와 관련된 통계치가 경제의 통계치만큼 정확하지 않다고 하더라도 그것이 시사하는 바는 분명하다. 게다가 기독교인이나 이슬람교도들이 어디에서 추가되는지를 보고, 앞으로 어디에서 추가될 가능성이 큰지를 고려하면 수치는 훨씬 더 극적인 의미를 갖는다.

양쪽 모두에서 우리는 중요한 지정학적 변화, 즉 공간적 변화를 보게 된다. 《다음 세대의 기독교The Next Christianity》의 저자인 필립 젠킨스Philip Jenkins에 따르면, 1950년대 중반 이래로 기독교 세계의 중심지는 아프리카에서 라틴아메리카로, 다시 아시아로 이동하고 있다.[12] 오늘날 각 지역에는 북아메리카의 기독교인보다 더 많은 기독교인들이 존재한다. 우리는 이미 중국에서 기독교가 급격히 부상하고 있는 현상에 대해 언급했다.

지구상에서 종교인의 증가와 공간적 재배치는 하나의 거대한 역사적 사건이다. 그것은 부분적으로라도 세계 전역의 부의 이동에 영향을 주거나 받게 될 것이다.

유럽에서도 이슬람교도의 수는 지난 20년간 두 배로 증가했는데, 대체로 이민으로 인한 결과이다.[13] 그들의 증가세는 기독교인의 증가 속도를 능가할 것이다. 사실 거의 인식하지 못하고 있지만 전 세계 이슬람교도의 3분의 1이 비이슬람 국가에서 종교·문화적 소수인종으로 살고 있다. 점점 더 이슬람교의 지정학적 중심에서 벗어나고 있는 것이다.[14] 여기에는 유동적이며 끊임없이 이동하는 중산층의 이슬람 지식인과 사업가, 엔지니어, 교수 등 직업 시장을 따라 순차적으로 여러 국가들을 전전하며 직업과 삶을 구하는 사람들이 포함된다.

파리 사회과학 고등연구소School of Advanced Studies in Social Science의 올리비에 로이Olivier Roy는 "전 세계 이슬람교는 정치와 생활양식, 문화, 정체성의 측면에서(우리는 여기에 자본주의와 시장, 기업에 대한 태도도 추가시킬 수 있을 것이다) 대체로 유럽을 기반으로 한 소위 '비테러리즘화된 이슬람교도'에 의해 영향을 받을 것이다"라고 주장한다.

서방에서 이런 현상이 벌어지는 동안 동양에서도 이슬람교도 수가 빠르게 증가하고 있다. 잠에서 깨어나고 있는 아시아, 특히 이란과 아랍 국가들보다 훨씬 온건한 성향의 이슬람교가 퍼져 있는 말레이시아와 인도네시아 같은 지역에서 이런 현상이 두드러진다.

이처럼 동쪽과 서쪽을 향한 이동은 종교적, 문화적 영향의 균형을 중동에서 벗어나게 할 수 있다. 비록 중동의 권위가 메카에 뿌리를 두고 있고, 전 세계에서 매년 수백만 명의 순례자들이 무함마드의 출생지를 향해 몰려들기는 하지만 실제로 이 권위는 돈에 의해 형성되어 왔다. 수 세기에 걸쳐 세계 경제에 미치는 이슬람교의 영향력은 아시아와 유럽의 교역을 잇는 중계지라는 중동의 전략적이고 고부가가치적인 위치에 의해 발생한 것이다. 이 같은 그들의 경제적 이점은 항해술과 해양 지식의 발달로 인해 유럽과 다른 교역국이 중동을 거치지 않고 아프리카 대륙의 남쪽 끝을 돌아 항해하게 되면서 종지부를 찍었다.

석유 시대의 종말

오늘날 중동은 다시 한번 극히 중요한 부의 원천과 그에 뒤따르던 재정적, 문화적, 종교적 영향력을 잃게 될 위기에 처했다. 그 원천은 바로 석유이다.

중국과 인도 그리고 부분적인 브라질의 경제 성장으로 말미암아 2005년 유가는 2002년에 비해 거의 두 배에 이르는 유례없는 상승을 경험했다.[15] 그 결과 석유 대체 자원들이 더욱 경쟁력을 얻었고, 현재 지구상에 원유가 얼마나 남아 있는지에 대한 의문이 제기됐다. 마지막 한 방울의 원유가 채취되는 날이 언제가 될지는 아무도 예측할 수 없다. 하지만 우리는 이미 거대 자동차 기업과 석유 회사들 안에서 석유 경제 이후로 전환하기 위한 전략을 준비하는 기획자들을 발견할 수 있다. 제너럴 모터스는 최초로 수소 연료전지 자동차를 100만 대 판매하는 회사가 되겠다는 야심을 갖고 있다.[16] 이는 제너럴 모터스가 아니라 도요타가 해낼 수도 있고, 혹은 중국에서 성장 중인 자동차 회사가 이룰 수도 있는 일이다.

중동이 석유 이후의 지식 집약적 서비스 경제를 위한 준비를 하지 않는다면 중동은 엄청난 부의 유출을 겪게 될 것이고, 이 지역의 빈곤과 절망은 깊어질 것이다. 더불어 더욱 격렬한 테러리즘이 촉발될 수도 있다.

세계 전역에서 연료전지 자동차가 새로 나올 때마다, 또는 원자력 발전소가 생기거나 풍력 발전소 혹은 석유가 아닌 새로운 에너지원이나 형태가 등장할 때마다, 중동의 기존 비즈니스와 종교 엘리트 계층의 붕괴는 가속화될 것이다. 이런 붕괴는 사우디아라비아의 재정적 근원을 약화시키고, 사우디아라비아와 중동 지역이 가지고 있는 전 세계 이슬람교에 대한 영향력을 약화시킬 수 있다. 시아파, 수니파와 다른 집단 사이의 힘의 균형이 바뀔 것이다.

한편 사우디아라비아 정권은 석유로 벌어들인 엄청난 부를 전 세계에 와하비즘Wahabism(이슬람 원리주의를 이어받은 보수주의 운동)[17]을 촉진시키는 데 사용했다. 젊은 이슬람교도들에게 경제적으로 가치 있는 기술을 가르치는 데 그 돈을 사용할 수 있었는데도 말이다. 그들은 엄격한 종교 학교들의 재정을 지원했고, 그런 학교들이 아프가니스탄의 탈레반과 세계 전역에 무직, 무희망의 성난 젊은이들을 만들어 냈다. 결국에는 사우디아라비아 정권을 전복시키려는 테러리스트들까지 등장했다.

수많은 외부인들이 보기에 이슬람은 이미 자기들끼리 전쟁에 빠진 듯하다. 그 전쟁에서 적은 반이슬람교도나 제국주의 미국, 혹은 일부 다른 비이슬람 국가가 아니다. 서구도 아니다. 바로 탐욕과 지역주의, 근시안이다. 이는 중동의 많은 지도자들이 그렇게 오랫동안 권력을 유지하며 사용했던 수법이며, 석유로 번 돈을 제3물결에 올라타는 데 사용하지 못한 이유이다.

과거의 유토피아

전임 요르단 부총리이자 유엔개발계획 아랍 국가 담당 국장인 리마 칼라프 후나이디 Rima Khalaf Hunaidi는 과거에 이룩했어야 하는 것이 무엇인지, 그리고 희망을 잃은 젊은 이슬람교도들에게 희망을 줄 수 있는 것이 무엇인지에 대해 "지식은 부와 빈곤의 경계, 역량과 무기력의 경계, 인간적 성취와 좌절의 경계를 정의하는 데 있어서 점점 더 중요한 기준으로 자리 잡고 있다. 지식을 육성하고 전파시킬 수 있는 능력이 있는 국가는 발전 수준을 급격히 끌어올릴 수 있고, 자국의 모든 국민이 성장과 번영을 누리게 도울 수 있으며, 21세기 국제 무대에서 정당한 지위를 차지할 수 있다"고 요약했다.

다음은 아랍권에서 지식 기반 사회를 구축하기 위한 2003년도 보고서의 간부용 요약문이다. 30명의 이슬람계 학자들과 정책 분석가가 작성하고 경제 사회개발 아랍펀드Arab Fund for Economic and Social Development와 유엔개발계획이 후원한 이 보고서[18]는 아랍 세계의 르네상스에 대한 희망을 담고 있다.

- 사상과 표현, 결사의 자유
- 모두가 수준 높은 교육을 받을 수 있는 권리
- 아랍 사회에 과학적 지성을 심고 단호하게 정보 혁명에 동참하는 것
- 지식 기반 고부가가치 산업으로의 신속한 전환
- 논리적 사고 및 문제 해결 능력, 창의성을 극대화할 수 있는 아랍 지식 모델의 개발, 아랍 언어 활용, 문화적 다양성과 타문화에 대한 개방성 증진

아랍을 냉정하게 바라본 요약문에는 "아랍의 경제 활동 대부분은 농업과 같은 1차 산업에 집중되어 있고, 대체로 전통적인 방식을 벗어나지 못하고 있다. 반면 자본재 산업과 고도의 기술이 적용되는 산업의 비중은 지속적인 감소세를 보이고 있다. 1인당 컴퓨터 보유, 인터넷 접속 측면에서 아랍은 디지털 미디어에 대한 접근성이 세계에서 가장 떨어진다"라고 기술되어 있다.

이 보고서에 따르면 과학 연구개발 수치도 같은 상황을 보여 준다. "아랍지역에서 인구 100만 명당 연구개발 분야의 과학자와 엔지니어의 수는 대략 세계 평균의 3분의 1에 불과하다. 게다가 아랍 인구는 세계 인구의 5퍼센트를 차지하지만, 아랍 국가들이 출판하는 인쇄물은 전 세계 출판물의 1.1퍼센트에 불과하다."[19]

이들이 말하고자 하는 요점은 이슬람 세계, 적어도 아랍권의 이슬람교도들이 다른 세계가 가지고 있는 사상과 지식, 혁신적 사고로부터 자신을 얼마나 단절시키고 있는가이다. 카이로 대학의 공법학 교수이자 보고서 작성팀의 자문을 맡고 있는 아마드 카말 아보울마지드Ahmad Kamal Aboulmajd는 그 점을 강조하면서 "이슬람교의 정체성은 출구가 없는 벽[20]으로 둘러싸인 폐쇄된 세계에서 내면에만 몰두한 채 나머지 인류와 단절되는 것이 아니다"라고 말한다.

보고서에는 바깥 세계와 아랍문화가 상호 작용했던 역사를 돌아보며 "개방성과 상호 작용, 동화, 흡수, 개정, 비판, 조사는 아랍사회에서 창조적 지식 생산을 자극할 수밖에 없을 것이다"라는 선언이 실렸다.

이런 관점을 과거 이슬람주의자들의 관점에 대비시켜 보자. 시간과 공간 그리고 무엇보다 지식이라는 심층 기반의 관점에서 이슬람 테러리스트들은 바깥 세계에 죽음을 약속했다. 하지만 이는 이슬람 세계 내부에는 비참한 현실을 가져올 뿐이다.

한편 우리는 아프리카와 라틴아메리카의 미래도 직시해야 한다. 그들은 토지소유권과 도시 빈민, 농업기업, 토속 부족, 민족성, 환경 등을 놓고 물결 투쟁에 골몰하고 있으며, 이는 인종차별과 마약, 테러리즘으로 인해 더욱 격렬하고 복잡한 양상을 띠게 됐다. 미국은 중동 문제에 너무 깊이 빠져 있는 나머지, 이들과 남아메리카 같은 다른 곳의 화산 폭발 징조에는 거의 관심을 갖지 못하고 있다.

권력의 취약성

미래에는 피할 수 없는 분쟁이 각각의 게임 보드 위에서 발생하게 될 것이다. 앞에서 이들의 게임 보드를 비선형성의 보다 복잡하고, 상호 작용이 증가하며, 끊임없이 가속되는 거대한 '메타게임'이라고 기술했다.

이 메타게임은 NGO, 종교단체나 기타 대규모 메타게임 참여자들을 고려하지 않는다면 가장 빈틈없는 국가 전략을 가지고 있는 중국, 미국 등의 나라에서조차 현실화되지 못할 것이다. 이라크에서 미국이 겪고 있는 고민 중 상당 부분은 국가의 역할이 과대포장되고 반전 NGO, 종교단체, 민족단체 등의 역할이 과소평가되고 있는 데에서 찾을 수 있다.

미국은 이 새로운 게임에서 다른 모든 국가들과 다름없이, 자국의 경제적 이익, 혹은 영향력 있는 엘리트들의 이익이 된다고 인식된 정책을 지속적으로 추구하게 될 것이다. 하지만 미래에 거대한 메타게임이 진행된다면 미국은 과연 세계에서 가장 우월한 경제 강국으로 얼마나 오래 남아 있을까? 혹은 남아 있을 수 있을까?

모든 우월성은 일시적인 것이다. 이제는 중국이 숨 가쁘게 뛰고 있다. 미국 정부조차 중국이 수십 년 안에 경제적 측면에서 세계를 이끌 것이라며, 이미 체념한 사람들과 모든 수단을 다 동원해서 미국의 지도력을 유지하려는 사람으로 분리되어 있다. 여기에서도 역시 미국의 정책은 NGO나 종교단체의 역할보다도 국가의 역할이 과도하게 반영되고 있다.

이런 식의 구분은 간단한 문제이다. 더 중요한 문제는 미국의 취약한 부가 어느 정도까지 경제적 우월성에 의존하고 있는가이다. 마셜 플랜의 경험은 전 세계 GDP에서 미국이 차지하는 비율, 즉 미국이 세계 경제에서 차지하는 비중이 줄어들더라도 그 국민들의 부는 실제로 증가할 수 있다는 사실을 보여주었다. 이것이 앞으로도 유효할까? 그렇다면 얼마 동안이나 그럴까?

만약 사람들이 비난하는 것처럼 미국이 제국주의적 세력이고 탐욕스럽게 다른 나라를 희생시켜 가며 자신을 살찌운다면, 미국은 자신의 제국주의적 정책의 결과로 실제로 성장과 순이익을 얼마나 얻을 수 있을까? 이에 대해 답할 수 있는 사람이 있을까? 과거의 많은 제국주의자들은 자신들의 정책으로 인해 실제로는 손해를 봤다. 다른 각도에서 생각하면, 미국의 부 가운데 얼마나 많은 양이 연구와 창조, 생산자와 프로슈머가 가진 지식의 급속한 확대를 통해 창출한 결과인가? 프로슈머 활동과 생산성을 모두 고려할 때 모든 국가에 대한 미국 경제의 상대적 지위는 어떻게 변화하게 될까? 미국의 지위 변화는 결국 피할 수 없는 현상이다. 이들 변화에 통합될 필요가 있는 새로운 교환수단은 무엇이며, 미래의 지불 체제는 무엇이고, 새로운 금융조직은 무엇이 될까?

미국은 최신 기술과 발달된 경영 모델, 미디어를 계속해서 다른 나라에 전파시키는 방법으로 부를 축적할 것인가? 아니면 그 반대 방향으로 나아가게 될 것인가? 연구개발 기능과 상위 업무를 인도를 비롯한 타국으로 아웃소싱하는 전략으로 인해 그들이 미국을 추월하게 될까? 아웃소싱을 선택하더라도 미국이 추월을 방지할 수 있을까? 중국을 비롯해 여러 나라에서 벌어지는 지적재산권의 침해는 다른 해답을 제시한다. 혁명적 부는 더 이상 미국의 소유물이 아니다. 그것은 전 세계에 공통된 삶의 현실이다.

만약 미국이 아닌 아시아에서 최첨단 제품이 나온다면 서로 다른 세 가지 부 창출 시스템에서 유래된 세 개의 세계는 어떤 모습으로 변하게 될 것인가? 세계 제일의 빈곤 지역이 정말 더 나은 모습을 보이게 될까? 국제적 우월성은 단순히 돈의 문제가 아니라 안보와 가치, 인권, 문화, 도덕적 독립성과 영향력까지 포함하는 문제이다. 만약 중국 혹은 프랑스와 독일이 주도하는 유럽, 또는 부활하는 인도나 러시아 혹은 기타 지역이 우월성을 확보하게 될 경우 세계와 그 경제는 어떤 모습을 보일 것인가?

현재 많은 석학들이 국제적 힘의 새로운 균형을 요구하고 있다. 하지만 소위 다극적 세계이자 서로 경쟁하는 동맹들이, 지역적 블록으로 분단된 하나의 국가나 지역에 의해 통제 혹은 지배되는 단극적 세계보다 경제적으로 유익하고 더욱 평화스러울 것인가? 역사적 경험에 의하면 안타깝게도 학자들의 의견은 분분하다. 하지만 그들의 의견이 일치한다고 하더라도 과연 과거의 경험이 비선형적인 메타게임의 미래와 얼마나 연관성이 있겠는가?

균형은 안정 상태를 의미한다. 그러면 세계 경제는 얼마나 안정되어 있는가? 우리는 모두 이제까지 복잡성 이론을 통해 불안정 상태와 혼란이 안정보다 더 자연스러운 상태라는 사실을 배워 왔다. 메테르니히Metternich가 19세기에 적용했던 힘의 균형이 21세기에도 적용될 수 있을지는 알 수 없다. 그 시대에 힘의 균형은 국가 간의 역학 관계를 의미했다. 만약 미래에 힘의 균형이 장기간에 걸쳐 유지 가능하다면, 그것은 기업과 NGO, 종교를 포함해 국가가 아닌 세력들 사이의 균형을 의미하게 될 것이다.

오스트리아의 위대한 외교관이었던 메테르니히가 살았던 시대는 새로운 기술이 신문의 헤드라인을 장식하고 산업혁명이 진행되던 시절이었다. 그러나 오늘날과 비교하면 현대화의 진전 속도는 무척 느렸다. 사람이든 조직이든 변화에 적응할 수 있는 시간이 있었다.

하지만 혁명적 부는 그렇지 않다. 미국은 우리를 향해 달려오고 있는 가장 강력한 경제적, 정치적, 문화적, 종교적 변화를 통제할 수 없다. 기껏해야 자신의 경제와 내부 조직을 변화시키면서 외부 위협을 회피하고, 우리가 직면하고 있는 공동의 위험들을 줄이려고 노력할 뿐이다.

나노 현재

미국에 대한 음모론은 미국의 자본가로 구성된 비밀조직이 세계를 장악하고 지구의 경제적 운명을 통제하기 위한 계획을 꾸미고 있다고 묘사한다. 하지만 실상은 다르다. 미국은 서로 다른 세 개의 부 창출 시스템으로 분리된 세계를 다루는 데 필요한 일관된 장기 전략이나 그와 비슷한 어떤 것도 부족하다. 다른 나라도 마찬가지이다.

미국의 즉시성에 대한 집중적 관심은 참을성 없는 미국인들의 문화, 예를 들면 한때 펩시 광고에서 사용됐던 '현재 세대'의 아이들에 잘 반영되어 있다. 펩시가 그 광고 문구를 사용했을 때 말한 '현재'는 상당히 오래 지속됐다. 하지만 오늘날 멀티태스킹에 익숙한 민첩한 세대에게 현재는 '나노 현재'로 변했다.

미국에서 할리우드를 비롯한 여러 미디어들은 신중하게 생각하고 계획하는 쪽보다는 충동적인 영웅들을 미화하고 있다. 화면에서 자동차 추격전을 보는 것이 사람들이 생각하는 장면을 보는 것보다 시각적으로 몇 배는 더 짜릿하다.

미국 정치가들이 아주 가끔 먼 미래의 문제에 대해 언급할 때조차 그들은 체제와 관련된 문제보다는 개별 조직이나 한정적인 프로그램들에 대해서만 말한다. 그리고 자신의 임기보다 먼 미래를 보게 되면, 반대파들은 그들을 "머릿속이 복잡하고 몽상적이며 비현실적이다"라고 공격한다. 수십 년 뒤에 벌어질 중요 문제에 대해 고민해야 하는 자리에 있는 워싱턴의 핵심 공직자는 비통한 심정으로 "의회는 1년 내지 2년 뒤의 예산안을 전략이라고 생각합니다"라고 말한다. 심지어 백악관 안보 보좌관 중 한 사람이 "전략을 생각할 시간은 없으며, 전략이란 이미 취하고 있는 행동에 붙이는 라벨이다"라고 말했다는 소문도 있다.

이런 식의 즉시성에 대한 관심은 비즈니스에도 똑같이 적용된다. 최근 한 경영학 대가가 비즈니스 리더들에게 "상황이 너무 급격하게 변해서 기업들이 전략이나 생각하고 있을 시간은 없다"고 말했을 정도이다.

오늘날 민첩성은 중요한 요소이다. 하지만 전략이 없는 민첩성은 상황에 대한 조건반사에 불과하다. 그것은 당면한 문제에 있어서 어떤 개인이나 기업, 국가를 다른 사람, 기업, 국가의 전략에 종속시키게 한다. 혹은 단순한 운에 종속시킨다.

전략은 그것을 만드는 인간이 그렇듯 항상 결점을 가지고 있다. 전략은 유연성을 가지면서 정보에 따라 신속하게 변해야 한다. 지능적 전략이 되기 위해서는 단지 현재의 변화뿐만 아니라 변화가 더욱 가속화되는 미래를 고려해야 한다. 말은 쉽지만 이 모든 것의 실천은 대단히 어렵다. 그러나 전략을 단순히 민첩성으로 대체하는 것은 가장 가까운 공항으로 미친 듯이 달려가 어디로 향하는 탑승구든 상관하지 않고 눈에 띄는 탑승구로 들어가 비행기를 타는 것과 같은 일이다. 그것은 결국 우리가 어디에 도착하게 되든, 짐을 잃어버리지만 않는다면 텍사스, 도쿄 또는 테헤란, 아프리카 서부의 팀북투라고 해도 상관없을 때나 수용 가능한 일인 것이다. 그러나 우리에게는 도착지가 중요하고, 또 그래야만 한다. 미래는 도착지에 신경을 쓰는 사람들의 것이기 때문이다.

프롤로그는 이미 과거이다

논리를 피력함에 있어서 비관적인 관점을 유지하는 것은 현명한 척하는 가장 손쉬운 방법이다. 물론 비관적인 관점을 가질 만한 이유가 세상에 널려 있기는 하지만 지속적인 비관주의는 그리 권장하고 싶지 않은 사고방식이다.

시각 및 청각 장애인이었던 헬렌 켈러는 "비관론자가 천체의 비밀이나 해도에 없는 지역을 항해하거나 인간 정신세계에 새로운 지평을 연 사례는 단 한 번도 없다"라고 말했다.[1] 그녀는 39개국을 여행했고, 11권의 책을 저술했으며, 오스카상을 수상한 두 편의 영화에 영감을 제공했으며, 시각장애인의 권리를 위해 싸우다 89세에 세상을 떠났다.

제2차 세계대전에서 동맹군의 노르망디 상륙작전을 지휘했고, 성공가도를 달려 미국의 34대 대통령이 된 드와이트 아이젠하워 역시 "비관론자는 어떤 전투에서도 승리하지 못했다"라고 말했다.[2]

겉보기에는 우리가 21세기 속으로 더 깊이 들어갈수록 잠재적 공포의 목록이 끝없을 것만 같다. 예컨대 중국과 미국의 전쟁, 수백만 명의 사람들을 거리로 내몰고 수십 년에 걸친 경제 발전을 무용지물로 만들어 버린 1930년대의 세계 대공황식 경제 붕괴, 핵무기나 탄저균, 염소가스 혹은 핵심 비즈니스와 정부 컴퓨터 네트워크에 대한 사이버 공격, 재앙적 수준에 이를 멕시코와이란, 남아프리카의 식수 부족, 경쟁 관계인 NGO 간에 벌어질 무력 충돌, 나노 수준의 새로운 질병, 마인드 컨트롤 기술의 확산, 사생활의 종말, 격화된 종교적 광신과 폭력, 인간 복제, 이들의 결합 혹은 집중 등 수없이 많다. 이런 것이 아니더라도 우리는 이미 지진과 쓰나미, 산림 황폐화, 지구 온난화로 인한 세계적 재앙을 겪고 있다.

이 모든 것들은 충분히 걱정해야 할 가치가 있다. 그러나 오늘날의 비관주의는 대부분 일종의 유행이다. 산업혁명이 유럽을 휩쓸어 버리고 그 반대자들을 공포에 질리게 했던 1800년대 중반의 상황과 정확하게 일치한다. 현대화에 대한 그들의 공포감과 적대감 그리고 그 시기에 세속주의와 이성의 성장으로 인해 낭만적인 비관주의가 등장했고, 그것은 바이런과 하이네의 시, 바그너의 음악, 쇼펜하우어의 염세적 철학을 통해 표현됐다. 무정부주의 철학자 막스 슈티르너 **Max Stirner** [3]도 이 부류에서 빠질 수 없는 사람이다.

노스탤지어 군단

새로운 문명이 기존의 것을 잠식해 들어가는 장면을 접하면 누구든 둘 사이를 비교하게 된다. 과거의 문명에서 이익을 얻었거나 좋은 관계를 유지하고 있던 사람들은 노스탤지어 무리를 형성해 과거를 찬양하거나 낭만적으로 만든다. 그리고 다시 그것을 아직 불완전하고 결점이 많은 미래와 대비시킨다.

서구에서는 수백만 명의 사람들이 익숙한 것들이 사라지는 것과 엄청난 변화의 속도로 초래된 미래를 받아들이는 것을 고통스러워하며 산업 경제가 쇠퇴하면서 남긴 잔재들을 바라보고 있다. 젊은이들은 특히 일자리 문제를 걱정하며 아시아의 부흥을 지켜보고 있다. 또한 영화와 텔레비전, 게임, 온라인 메시지를 통해 반유토피아적 미래상들이 가해오는 융단 폭격을 당하고 있다. 젊은이들의 역할 모델은 미디어가 만들어 낸 거리 모퉁이의 악당이나 건물을 부술 듯이 시끄러운 음악가, 약물 복용 운동선수들이다. 그들은 종말이 다가오고 있다는 종교적 확증들을 듣고 있다. 게다가 한때는 진보적이었지만 주요 슬로건이 "바로 안 된다고, 싫다고 말하자!"가 되어 버린 거대한 환경운동이 그들을 향해 종말론적 메시지를 홍수처럼 쏟아붓고 있다.

그렇지만 앞으로 다가올 시대에는 온갖 종류의 놀라운 일들이 벌어질 것이며, 그것들은 결코 이분법적 흑백 논리로는 판단이 불가능할 것이다. 무엇보다 가장 놀라운 것은 이 책에서 기술한 혁명적 부 창출 시스템과 문명이 그 모든 역효과에도 불구하고 수십억의 인류가 더 부유하고 건강하게, 더 길고 사회적으로 유용한 삶을 살 수 있도록 무수한 기회를 열어 줄 것이라는 점이다.

우리가 강조한 새로운 부 창출 시스템은 통상적인 경제학의 틀 속에서는 이해할 수 없다. 그 미래를 살짝 엿보는 데에도 우리는 심층 기반을 재검토해야 할 필요성이 있다. 고대로부터 과거를 거쳐 현재 그리고 미래를 포함해 창조된 모든 부의 배후에 존재하는 원칙을 살펴야 한다. 여기에는 일의 유형, 노동의 분화, 교환체제, 에너지 공급, 독특한 가족구조, 특징적인 물리적 환경 등이 포함된다. 특히 우리의 미래와 가장 연관성이 큰 요소인 시간, 공간, 지식을 연구해야 한다. 하지만 이 세 가지의 기반은 지금까지 가장 적게 연구되어 왔다.

우리가 일상에서 흔히 접하는 경제학은 이코노랜드에서 벌어지는 여러 토론과 잡담의 주제로 경제 현실의 아주 사소한 부분만 언급하고 있다. 사실 한 권의 책으로는 많은 제약이 따른다. 그렇기 때문에 부의 창조에 관련된 것이 무엇인지 공통된 관점을 확대시키기 위해 노력해도 그 관점은 결국 현상에 대한 완벽한 그림과는 거리가 멀어진다.

나는 오늘날 수백만 명의 사람들이 왜 몹시 괴로울 정도로 직장과 가정에서 시간 부족에 시달리고 있는지 그 이유를 설명했다. 우리가 일상적인 일과를 얼마나 비정규화하고 있는지, 그리고 기업들이 얼마나 많이 우리의 시간을 도둑질하면서 무임금의 제3직업을 우리에게 부과하고 있는지, 사람들이 얼마나 빨리 제품을 시장에 내놓았다가 다시 철수시키는지를 보았다. 그리고 사람들이 자신의 활동 중 일부를 동시화시킴으로써 알려지지 않은 대가를 치르며, 다른 사람과 얼마나 많이 비동시화되었는지를 보았다. 부 창출 시스템의 시간 요소에서는 지금 혁명이 진행 중이다.

혁명은 부를 생산하는 기업과 기술의 급격한 공간 변화를 동반한다. 우리는 왜 다른 부분이 세계 속에 통합되어 가속화되는 동안 경제적 통합이 지연되는지에 대해, 즉 시간과 공간이 교차하는 부분에서 일어나는 변화로 인해 발생하는 비동시화의 사례를 살펴보았다.

하지만 이 모든 변화를 지식체계에 발생한 혁명에 대비시켜 보아야만 오늘날 벌어지고 있는 현상들이 지닌 엄청난 변화의 힘을 모두 파악할 수 있다. 이런 발전들은 단지 경제에만 영향을 미치는 것이 아니다. 기업들이 단순히 어떤 지식 경영 시스템을 도입했다고 해서 하던 일을 계속해 나갈 수 있는 것이 아니다.

현재의 변화는 우리가 결정을 내리는 방법부터 그 결정의 근거로 삼는 사실 혹은 거짓에까지 영향을 미친다. 지금 우리는 사람들이 거짓과 진실을 구분하기 위해 오랫동안 사용해 왔던 기준들마저 비판의 대상이 되는 세상에서 살고 있다. 경제적 발전에 있어 가장 중요한 지식 요소 중 하나인 과학마저도 광범위하게 공격당하고 있다.

앞에서 언급한 것처럼 과학은 대부분의 혐의자들보다 더 큰 문제에 봉착해 있다. 그것은 기초 연구에 대한 재정 지원이 감소하고 있는 현상과 같은 단기적인 문제를 넘어선 하나의 분쟁이다. 과학은 그 자신을 소유하고 있는 문화의 후원을 기반으로 생존해 왔다. 그런데 바로 그 문화가 과학에게 적대적으로 돌아서고 있다. 이는 창조주의자들의 진화론을 공격하는 일이 증가했다는 사실(1925년 스코프스Scopes의 원숭이 재판)[4]과 지적 설계intelligent-design(진화론을 넘어서 생물학적 복잡성은 어떤 지적 원인에 의해 설계되었다는 이론 - 옮긴이) 운동[5]에서 잘 나타나고 있다.

과학은 이제 쇠퇴하고 있는 포스트모더니즘과 활짝 만개하고 있는 뉴에이지 심령주의에 의해 고양된 주관주의라는 모래 폭풍 속에서 한 치 앞도 바라볼 수 없는 상황에 처했다. 제약회사를 비롯해 기타 업계와 관련된 과학자들의 부패 사례가 속속 폭로되면서 과학의 영향력은 그 기반을 상실했다. 이런 현상은 과학자들을 사악한 인간으로 묘사하는 반복적 메시지와 인간성에 대한 전통적 정의를 위협하는 생물학적 혁신이 도래할 것이라는 공포감에 의해 더욱 가속화되었다.

더 중요한 사실은 과학적 방법 그 자체도 진리 관리자들에 의해 공격당하고 있다는 것이다. 진리 관리자들은 신비주의적 계시나 정치적 혹은 종교적 권위에 따른 결정을 선호한다. 현재 진리를 두고 진행 중인 투쟁은 지식이라는 심층 기반과 우리의 관계 사이에서 발생하고 있는 변화의 일부분이다.

프로슈머로 가는 길?

시간, 공간, 지식의 혁명적 변화는 전혀 예상치 않았던 역사적 사건이 다시 모습을 드러내게 했다. 프로슈밍이라고 이름 붙인 방식이 부활한 것이다.

우리가 잘 알고 있듯이 화폐가 등장하기 오래전인 고대 인류의 조상들은 의식주를 스스로 해결했다. 그들이 생산 행위를 한 것은 자신의 필요에 따라 직접 소비하기 위한 것이었다. 이후 사람들은 수천 년에 걸쳐 점진적으로 생산을 줄이고 점점 더 많이 시장과 이윤에 의존하게 됐다. 이런 현상을 심각하게 다루는 사람들은 공통적으로 프로슈밍이 계속 감소한다고 가정한다. 시장 외부에 존재하며 판매되지 않는 가치를 창조하는 사람들은 시장과 관계없는 존재로 무시되었다.

오늘날 정확하게 그 반대 현상이 벌어지고 있다. 제1물결과 제2물결의 경제에서는 프로슈밍이 계속 축소됐지만 새로운 제3물결에서는 급속하게 확대되고 있다. 그것은 더 많은 경제적 가치를 생산하며 이윤 경제에 더 많은 공짜점심을 제공하고 있다. 그리고 그런 과정이 더 많은 경로를 통해 수행된다. 프로슈밍은 실제로 이윤 경제 분야에서 생산성을 증가시키고 있으며, 월드 와이드 웹과 리눅스가 보여준 것처럼 전 세계의 크고 강력한 정부와 기업들에 도전하고 있다.

프로슈밍은 궁극적으로 실업 등의 문제를 해결하는 방식에도 변화를 일으킬 수 있다. 1930년대 대공황과 케인스 학파가 부상한 이래, 실업에 대한 교과서적 해법은 공공기금을 화폐 경제에 투입해서 소비 수요를 자극하고 이를 통해 일자리를 창출하는 것이었다. 논리적인 가정에 따르면 100만 명의 노동자들이 실직했을 경우, 이를 해결하기 위해 100만 개의 일자리가 창출되어야 한다. 하지만 지식 집약적 경제에서 이런 가정은 옳지 않다. 우선 미국을 비롯해 다른 국가들은 실업자가 몇 명이나 존재하는지 정확히 파악할 수도 없다. 수많은 사람들이 자신의 직업을 자영업 형태와 결부시키고, 프로슈밍을 통해 판매되지 않는 가치를 창조하는 상황에서 실업의 의미가 모호해졌기 때문이다.

더욱 중요한 사실은 설사 500만 개의 일자리가 창출되더라도 100만 명의 실업자들이 새로운 노동시장이 요구하는 지식이나 기술을 갖추고 있지 못하면 실업 문제를 해결할 수 없다는 것이다. 실업 문제는 단순히 정량적인 것이 아니라 정성적定性的이기도 하다. 게다가 통상적인 재교육 프로그램은 유용하지 않다. 실업자들이 새로운 기술을 습득할 무렵이면 경제가 요구하는 지식이 또다시 변화를 일으킨다. 지식 경제에서 실업은 조립라인 경제에서의 실업과는 성격이 다르다. 지식경제에서의 실업은 구조적인 문제이다. 게다가 실업자들조차 고용된 상태라는 현실을 대체로 간과하고 있다. 그들은 직장을 가진 사람만큼이나 바쁘게 판매되지 않는 가치를 창조한다. 이것은 경제체제의 이윤과 비영리 부문, 즉 과거와 마찬가지로 미래의 두뇌 기반 경제에서 좌뇌와 우뇌를 담당하게 될 부분의 전반적 관계를 재조명해야 하는 또 다른 이유이기도 하다.

더욱 효과적이고 새로운 기술은 프로슈머의 생산성을 증가시킬 것이다. 프로슈머는 어떤 방법으로 이윤 경제를 효과적으로 자극할 수 있을까? 부 창출 시스템의 이 두 부문 간에 가치가 오고 갈 수 있도록 연결하는 더 좋은 방법은 없을까? 리눅스와 월드와이드웹이 유일한 모델일까? 자신의 공헌에 대한 보수를 받지 않는 사람들에게 보상할 수 있는 방법은 없을까? 컴퓨터를 이용한 복수 참가자들의 물물교환 시스템 혹은 새로운 대안 화폐가 그 방법이 될 수 있을까?

대표적인 비관론자

새로운 문제를 해결하기 위해서는 항상 기존 영역을 넘어서는 사고력이 필요하다. 특히 계속 악화되기만 하는 세계 에너지 위기는 더 많은 생각을 요구하는 문제이다. 현재 기존 에너지 체제는 극적인 붕괴를 향해 나아가고 있다. 그 이유는 단순히 필요한 에너지의 양 때문이 아니라 중앙집권화된 인프라와 과도한 소유 집중 때문이다. 두 가지 모두 산업 경제에는 적절한 방식이었다. 하지만 점점 더 무형적인 것에 의존하며 분산화된 지식 집약적 경제에는 부적합하다.

중국, 인도 같은 국가들의 경제적 성장으로 에너지 수요가 증가했다. 이로 인해 원유를 추출하는 비용이 점점 더 증가하고 있으며 화석연료에 대한 의존도 증가가 환경문제를 더욱 악화시키고 있다. 게다가 원유가 지구상에서 정치적으로 가장 불안정한 몇몇 국가에서 생산되고 있다.

21세기가 시작됐을 때, 대략 40경 비티유$_{Btu}$(1Btu≒252.04칼로리를 의미하는 열량 단위-옮긴이)의 에너지가 매년 세계 에너지 시장에서 거래되었다. 그들은 주로 석유와 천연가스, 석탄, 원자력의 형태로 제공되었고, 가장 지배적인 에너지원인 석유는 전체 에너지의 대략 40퍼센트 정도를 차지했다. 2004년 미국 에너지국은 2025년까지 전체 에너지 소비량이 62경 3,000조 비티유로 54퍼센트의 상승률을 보일 것으로 예측했다.[6]

미국 에너지국에 따르면, 이와 같은 상승에도 불구하고 화석연료의 가격은 상대적으로 저렴한 수준을 유지하고 있다. 미국 에너지국은 미국 정부가 교토의정서의 요구에 따라 온실가스 배출을 줄이려는 정책을 실행하지 않으면 대체에너지원이 경쟁력을 갖기 어려울 것이라고 장담한다. 또한 대체에너지가 경쟁력을 가질 만한 시기가 되면 원자력 발전을 비롯해 수력 발전, 지열, 생물자원, 태양열, 풍력과 같은 재생 가능 에너지원이 더 큰 매력을 갖게 될 것이라고 말한다.

이런 전망을 대표적인 비관론자이자 유력한 에너지 산업 투자은행가인 매슈 시몬스$_{Matthew R. Simmons}$의 예측과 비교해 보자. 시몬스는 석유를 에너지 문제 전반에 대한 기준치로 이용한 결과, 세계의 주요 유전 중 다수가 심각한 생산량 감소를 보이고 있어서 에너지 업계가 유전 저장량에 대해 평가한 수치를 믿을 수 없으며, 새로운 유전을 발견하는 비용이 점점 더 증가하고 있다고 밝히고 있다.[7]

그는 또한 유조선과 정유 공장, 굴착장비, 인력의 가동률이 거의 모두 100퍼센트에 도달했다는 사실과 이 문제를 모두 해결하는 데는 10년 이상 혹은 수십 년이 걸리게 될 것이라고 덧붙였다. 그의 평가에서 더욱 문제가 되는 사실은 석유회사들과 전력업체들이 적시 생산체제로 전환하고 있는 다른 업체들과 마찬가지로 자신들의 예비 물량을 줄이고 있어 혼란이 예견된다는 것이다.

에너지 위기는 비동시화의 극단적 결과라고 볼 수 있다. 아시아에서 에너지 수요의 증가는 업계나 시장이 예측한 것보다 훨씬 더 빠르게 현실화되고 있다. 이는 충분한 수의 새 유조선과 충분한 정유 시설을 필요한 순간에 준비하지 못하고, 비상시를 대비한 충분한 비축 물량이 확보되지 못할지도 모른다는 것을 암시한다.

시몬스는 이처럼 상당히 강력한 주장을 펼치고 난 뒤 최후의 심판에서 한 걸음 물러서 신중한 어조로 "인간의 창조성은 심각한 위기의 순간에 최고조에 도달하는 것 같다"라고 덧붙였다.

미국 에너지국과 시몬스의 견해는 지나치게 단편적이다. 그들은 전반적 상황을 더욱 호전시키거나 악화시킬 수 있는 중국과 인도의 사회적 불안이나 성장 둔화 혹은 두 가지가 한꺼번에 발생하는 경우, 전염병의 발생으로 인한 대규모 인구 축소, 중동에서 아시아로 향하는 원유 수송로인 말라카 해협과 해상 교통로에 대한 중국의 지배, 혹은 소리 없이 진행된 기술적 변화로 인한 에너지 수요의 감소 등 그 어떤 가능성도 고려하지 않았다. 단적인 예로 제품의 지속적인 소형화는 운송, 저장 시의 에너지 요구량을 줄일 수 있다.

그보다 더 중요한 변화는 내연기관의 퇴장과 수소 연료전지로 대체할 날이 다가오고 있다는 것이다. 전임 미국 상원 과학위원회 위원장 로버트 워커Rob-ert Walker는 "우리는 수백만 대의 수소전지 자동차가, 아직 우리가 가지고 있는 휘발유 유통 시스템조차도 없는 중국의 도로를 굴러다니는 장면을 몇 년 내에 보게 될 것이다. 미국에서는 보조 발전기로 이용될 수 있는 100킬로와트 출력의 수소전지를 장착한 자동차가 나올 것이다. 따라서 사람들은 전기가 없는 오지 마을에 차를 몰고 들어가 발전기를 자동차에 연결하고 연료전지에 동력을 공급하거나 다른 목적에 사용할 수 있다"라고 말한다.[8] 거기까지 도달하기 위해서는 많은 시행착오와 실패를 거쳐야 하겠지만 우리는 분명 화석연료 시대의 종말에 다가가고 있다.

달의 에너지 자원

이제 더 좋은 소식을 전하고자 한다. 우리는 에너지원에 있어서 고갈을 모르고 지내 왔다. 에너지를 얻을 수 있는 근원은 무수히 많다. 여기에는 언뜻 보기에도, 실제로도 희한한 에너지원까지 포함된다. 증기기관 역시 탄광에서 물을 퍼내는 작업을 용이하게 하여 에너지 공급을 증가시키기 위해 고안되었다.

크레이그 벤터 Craig Venter는 인간 게놈지도 해석에서 성공적인 민간 부분의 노력을 이끌었다.[9] 그는 오염물질을 먹어 치우고, 에너지를 창조하는 인공적인 유기체를 창조하는 데 전력을 기울이고 있다. 그는 생물학이 지금의 화석연료 의존성을 개선할 수 있다고 주장한다. 스탠퍼드 대학 교수와 대학원 학생들 또한 유전적으로 조작된 박테리아를 통해 생물학적으로 수소[10]를 생산하려고 시도하고 있다. 기업가인 하워드 버크 Howard Berke[11]와 연구팀은 태양광을 전기로 전환해 휴대전화와 GPS를 비롯한 기타 전기제품을 충전할 수 있는, 플라스틱만큼이나 가는 물질을 개발하고 있다.

다른 시도로는 파도와 조수를 이용해 바다에서 에너지를 추출하는 방법도 있다. 프랑스의 랑스강 조력 발전소는 240메가와트의 전력을 생산한다. 다른 조력 발전 시스템들[12]도 노르웨이와 캐나다, 러시아, 중국 등지에서 사용되고 있다. 여기에 덧붙여 태양은 매일 2,500억 배럴의 석유에 해당하는 열 에너지를 해양으로 전송하고 있으며, 우리는 이미 그것을 전기로 전환할 수 있는 기술을 가지고 있다.[13]

시간과 공간의 측면에서 훨씬 더 멀리 시선을 돌리면 또 다른 잠재력을 가진 거대한 에너지원이 존재함을 알 수 있다. 그것은 바로 달이다. 달에는 헬륨-3이 풍부한 것으로 밝혀졌다. 테네시 대학 행성지질 연구소 소장인 로런런스 테일러 Lawrence Taylor는 헬륨-3이 중수소와 결합하면 엄청난 양의 에너지를 발생시킨다고 했다.[14]

테일러는 또한 헬륨 25톤은 우주 왕복선으로도 수송 가능한 양이며, 이 헬

류으로 미국이 1년간 사용할 전력을 생산해 낼 수 있다고 밝혔다. 이 분야 권위자인 우주과학자 압둘 칼람 인도 대통령도 "달은 헬륨-3의 형태로 지구가 저장하고 있는 화석연료의 거의 10배에 달하는 에너지를 보유하고 있다"라고 말한다.

여기에 더해 다른 잠재적 에너지원의 목록이 길게 이어진다. 이로써 인류에게 있어 사용 가능한 에너지원의 절대적 부족은 결코 없을 것이란 사실이 분명해진다. 물론 잠재적 에너지원을 추출해 낼 새롭고도 창조적인 방법이 필요할 수는 있다.

오늘날에는 역사적으로 그 이전의 어떤 시기보다도 더 많은 수의 과학자, 공학자, 투자가, 재정 조달 수단, 벤처캐피털이 존재한다.

또한 세계 에너지 체제가 발전된 지식 기반 경제의 필요에 더욱 적합한 새로운 구조를 갖게 되는 순간 우리는 탈대중화 과정을 보게 될 가능성이 크다. 이는 수많은 에너지원으로 인해 에너지 체제가 더 이상 석탄과 석유, 천연가스에만 의존하지 않게 됨을 암시한다. 그것은 또한 더욱 다양한 에너지원이 더욱 다양한 기술, 다양한 사용자 및 생산자와 연결된다는 의미이다. 여기에는 물론 프로슈머도 포함된다. 그들은 자신의 연료전지 혹은 풍차, 기타 개인적인 기술을 통해 점점 더 많이 자신만의 에너지 요구를 충족시키게 된다.

이제 핵심적인 문제는 우리를 향해 다가오는 에너지 재앙을 극복할 수 있느냐가 아니라, 얼마나 빨리 극복하느냐이다. 그것은 전적으로 아직도 산업화 시대의 에너지 체제를 통해 이익을 얻고 있는 기득권적 이해집단과 대체에너지 개발을 위해 연구개발 및 투쟁을 벌이고 있는 도전자들 사이의 물결 투쟁의 결과에 달려 있다. 그 투쟁에 당면해서 비관론자들이 유용한 경고를 보낸다고 해서 가능성에 대한 우리의 관점을 협소하게 가져갈 필요는 없다. 에너지와 관련된 또 다른 위기, 즉 핵전쟁 같은 것을 회상해 보면 도움이 될 것이다.

1945년 8월, 두 개의 원자폭탄이 일본에 떨어져 제2차 세계대전을 불바다로 얼룩진 종전으로 이끌어 냈을 때 세계는 충격에 빠졌다. 이들 대량 살상무기는 산업시대의 대량생산과 완벽하게 대응된다. 하지만 기적으로 그 후 반세기 동안 어떤 분쟁에서도 원자폭탄이 폭발하는 일은 벌어지지 않았다. 오늘날 우리는 핵무기 확산에 대해 우려하면서 테러리스트들이 한두 개 정도의 원자폭탄을 손에 넣지 않을까 두려워하고 있다. 충분히 있을 수 있는 일이긴 하지만 미국과 소련이 말 그대로 수천 개의 핵미사일을 서로에게 겨누고 언제든지 발사할 수 있는 태세를 갖추고 있었던 냉전 시대에도 그런 일은 벌어지지 않았다.

인류에게 희망은 있는가?

모든 문화가 삶 그 자체에 가치를 두는 것은 아니다. 매일 수백만 명의 사람들이 자신의 종교나 지역적 가치관을 통해 죽음을 생각한다. 부활을 기다리거나 혹은 새 삶을 기다리거나 천국을 기다린다. 그럼에도 불구하고 이승에서의 삶에 큰 의미를 두고 있는 사람들에게 지난 세기는 좀 별난 시기였다. 세계 인구가 두 배 이상 증가했음에도 불구하고[15], 전 세계 신생아의 평균 수명은 빈곤국을 포함해서 1950~1995년의 기간에 비해 2000~2005년의 기간에 42퍼센트가 증가했다.[16]

오늘날에는 빈곤국의 신생아라고 해도 64세까지 살 수 있다.[17] 물론 부유한 나라의 신생아는 더 오래 살 것이다. 그렇다고 변화의 방향이나 속도로 인해 비관적인 생각을 해야 할 이유는 없다. 차이가 존재한다는 사실은 그 차이를 제거하는 데 헌신해야 하는 좋은 이유가 될 수 있다.

부유한 나라이건 빈곤한 나라이건 신생아의 생존율과 평균 수명이 현저한 증가를 보이고 있는 이유 중 하나는 식수의 안전성이 확보됐기 때문이다. 유엔에 따르면 1990~2002년까지 불과 12년 사이에 10억 명 이상의 인구가 더 깨끗한 식수를 사용할 수 있게 되었다.[18] 달리 말하면 전체 인류 중 17퍼센트라는 엄청난 수가 여전히 식수 문제로 고통을 겪고 있다는 것이다. 그렇다고 해서 좋은 소식이 무효가 되지는 않는다. 오히려 행동을 취해야 하는 좋은 이유가 될 뿐이다.

평균 수명이 늘었다고 해서 사람들이 더욱 가난해지지는 않았다. 유엔은 오늘날 세계에서 벌어지고 있는 빈곤의 실상을 강조하기 위해 설득력 있는 통계치를 제시했다. 유엔개발계획은 "세계 인구 중 절대 빈곤 이하의 생활을 하는 사람의 비율이 지난 500년에 비해 지난 50년간 더 빨리 감소했다"는 사실을 상기시켰다.[19]

우리가 확실하게 복지 분야에서 얻은 이런 모든 성과들을 반세기의 기간 동안 밀려온 제3물결의 덕택으로 돌릴 수는 없다. 상관관계가 있다고 해서 원인이 되는 것은 아니다. 하지만 몇 가지 사항은 분명한 연관성이 있다. 우선 처음에는 미국이 그 뒤를 이어 일본, 대만과 한국이 자신들의 저부가가치 업종을 중국을 비롯한 여러 농업국가들로 이전하고 그 과정에서 수억 개의 일자리를 창출했을 때 무의식적인 트리클 다운, 즉 경제적 부의 혜택이 빈곤 국가까지 돌아가는 효과가 발생했다.

또한 빈곤 국가들의 발전은 적어도 부분적으로 인류의 지식 기반이 엄청나게 팽창했다는 사실을 반영한다. 지난 세기 후반, 혁명적 경제체제는 미국에서부터 외부로 퍼져 나갔다. 농업과 영양, 산전 관리, 질병 억제 및 방제를 비롯해 기술과 관련된 새로운 사고가 확산되었던 것이다.

선진국에서는 지식 집약적 경제가 새로운 현상을 초래했다. 수백만 명의 중산층 의식을 지닌 노동자들이 매일 수 킬로미터를 뛰거나 체육관이나 가정에서 운동을 하면서 땀을 쏟고, 몸을 학대하며 숨을 헐떡인다. 그러면서도 그들은 신체 활동에 대해 노래를 부른다. 하지만 한 가지 중요한 사실을 잊고 있다. 그들이 운동을 하나의 '선택 사항'으로 제공하는 경제적 환경 속에 살고 있다는 점이다. 이는 농부든 공장 근로자든 상관없이 세계 대부분의 육체노동자들과는 다른 환경이다. 육체노동자들은 활동에 대한 선택의 여지가 거의 없이 생존을 위해서 반드시 땀을 흘려야 한다. 누구든 많은 세월을 농장에서 노예처럼 일하다 보면, 혹은 조립라인의 부속품 역할을 하다 보면, 이런 형태의 노동이 얼마나 비인간적인지 알게 된다. 결국 지식 노동과 진전된 서비스를 향한 움직임은 최악의 경우라도 더 나은 미래를 위한 해방의 단계를 앞당긴다.

피코에서 욕토로

누구든 보건 분야를 비롯해 여러 다른 분야에서 진보된 사례들을 다수 열거할 수 있으며, 그것을 실제로 더 많은 사람에게 더 나은 세상이 되고 있다는 증거로 제시할 수 있다. 하지만 미래 세대가 오늘날을 되돌아볼 때, 그들은 지식 경제의 첫 세대가 만들어 낸 세계와 관련된 특이한 발견들을 가장 높이 평가할지도 모른다. 앞에서 언급한 것처럼 지난 반세기 동안 우주 속에서의 인류 위치에 대한 개념에 심오한 변화가 있었다. 인류 최초의 위성이 1957년 10월 4일 우주를 향해 발사된 이래 천체 물리학자들은 엄청난 양의 새로운 자료를 접할 수 있었고, 그 자료들은 우주에 대한 기존의 이론을 증명하거나 무용화했다. 그리고 대부분의 새로운 자료들은 우주가 137억 년 전 빅뱅 폭발로 생성됐다는 견해를 뒷받침한다.[20] 오차범위도 2억 년에 불과하다.

모든 과학적 발견이 그렇듯이 새로운 증거가 나와야 이 빅뱅 이론도 수정될 것이다. 우주는 많은 사람이 믿고 있는 바와 같은 모습으로 6,000년 전부터 존재해 온 것이 아니며[21] 정적인 존재가 아니다. 우주는 인간을 포함해 만물과 마찬가지로 변화를 겪는다. 변화를 겪지 않는 생명이 존재하지 않듯이 변화 없는 우주도 없다.

한편으로 일부 과학자들은 우주에 대한 개념을 확장시키고 있는 반면, 다른 과학자들은 우주의 점점 더 작은 부분들을 탐구하고 그 지식을 실제 삶에 적용하고 있다. 그 결과 현재 우리는 나노 단위의 세계를 통과하고 있다. 나노 기술은 새로운 건축 자재 개발부터 약물의 정확한 전달과 진단, 실리콘 칩의 대체처럼 이전에 우리의 손이 미치지 못했던 광범위한 일들을 가능하게 한다.[22] 나노 생산과 나노 제품의 시대가 도래하는 미래에는 심지어 그보다 더 작은 단위의 현상으로, 한 계단 더 깊이 들어가야 할 필요성을 느끼게 될 것이다. 아직 먼 미래의 일이지만, 이들 계단을 계속 내려가다 보면 결국 점점 더 작은 수준에서 부를 창출하는 일이 가능해지고, 그것은 단순히 나노 단위에서 측정되는 것이 아니라 피코pico와 펨토femto, 아토atto, 젭토zepto에 이르게 될 것이며, 결국에는 욕토yocto에 이르게 될지도 모를 일이다. 욕토는 1미터의 0.000,000,000,000,000,000,000,001을 의미한다.[23]

현재는 나노 단계까지밖에 못 갔지만 앞으로 상황은 대단히 흥미로워질 것이다. 우리가 단위의 척도를 점점 줄이는 동안 단순히 크기가 작아지는 것뿐만 아니라 그 안에서 벌어지는 현상들도 점점 더 낯설어질 것이다. 그 단계에서 사물은 다르게 작동한다. 나노 기술이 질병에 대한 새로운 치료법을 약속한다면, 더 작은 단계로 내려갔을 때 무엇이 가능해질지 상상해 보라. 긍정적인 측면뿐만 아니라 부정적 측면으로도 말이다.

현 세대에 속한 우리들은 대단히 미세한 현상과 우주 그 자체에 관한 척도로 조상들에 비해 자연과 인류에 대해 더 많은 사실을 배웠다. 우리는 1603년 프랜시스 베이컨이 인류를 위해 착수하여 지금도 선명한 울림을 퍼트리고 있는 과제를 수행해 왔다. "아무리 유용하더라도 특정한 발명품을 몇 가지 창조하는 것이 아니라 자연 속에 불빛을 밝히는 일에 성공을 거두는 것이다. 그 빛은 대단히 큰 불꽃을 뿜어서 우리가 현재 보유하고 있는 지식의 모든 영역을 환하게 비추어야 한다."[24]

우리는 우리 이전의 모든 세대들이 이룩한 것을 모두 합한 것보다 더 많은 양의 새로운 자료와 정보, 지식을 창출했다. 그리고 그것을 다른 방식으로 조직화하고, 다른 방식으로 분배하며, 새롭지만 더욱 찰나적인 유형 속에서 결합, 재결합시키고 있다. 또한 우리는 전적으로 새로운 가상공간을 창조했다. 그 속에서 위대하면서도 동시에 무시무시한 사상들이 서로 부딪쳤다가 튕겨나가는 모습은 마치 수천 개의 탁구공들이 서로 부딪치는 모습을 연상하게 한다. 가까운 장래에 우리는 신경과학과 자동제어, 매체 조작을 하나로 통합해 더욱 현실적이고, 감각적이며, 지각적인, 가상적 경험을 창조하게 될 것이다. 우리는 개인적이든 아니든 미래의 사건들을 디지털 세계 속에서 먼저 시뮬레이션을 해보고 현실에서 경험하게 될 것이다. 그리고 가상으로든, 현실 세계에서든 모든 사람들과 상호 작용하게 될 것이다. 범죄자들이 활개를 치게 되겠지만 정의로운 이들도 활발하게 활동할 것이다.

우리는 삶과 죽음 혹은 인간과 비인간 같은 용어들조차 인간이라는 종 앞에 열려 있는 새로운 가능성의 측면에서 재정의될지도 모르는 시기에 서 있다. 누구도 낙원을 약속하지는 않는다. 현재 진행 중인 혁명이 미래의 전쟁이나 테러리즘, 질병을 종식시키지는 못한다. 완벽한 환경적 균형을 보장하지도 못한다.

하지만 우리는 21세기의 여명기에 살면서 직·간접적으로 새로운 혁명적인 부 창출 시스템을 핵심으로 한 새로운 문명을 설계하는 데 동참하고 있다. 이들 프로세스가 그 자체로 완성될 것인가? 아니면 여전히 불완전한 부의 혁명이 완전히 중단되는 사태를 맞게 될 것인가?

산업혁명의 역사는 한 가지 단서를 제공한다. 1600년대 중반 산업혁명이 시작된 시점과 1950년대 지식 경제가 처음으로 산업혁명 위에 포개지면서 점차 그것을 몰아내게 되는 시기 사이에, 세계는 무수히 많은 혼동을 겪었으며, 일련의 전쟁이 연속적으로 벌어졌다.[25] 영국의 시민전쟁, 스웨덴의 폴란드 침공, 터키와 베네치아 공화국 사이의 전쟁, 브라질에서 벌어진 네덜란드와 포르투갈의 전쟁 등 이 모든 전쟁을 비롯해 기타 여러 전쟁이 모두 1650년대의 10년 동안 발발했다.

앤 여왕은 그 뒤로 스페인과의 전쟁, 프랑스 아메리카 인디언 연합체와의 전쟁을 벌였고, 캄보디아 왕위 계승 전쟁이 계속 이어졌다. 이 모든 전쟁이 미국 독립전쟁과 프랑스 혁명, 나폴레옹 전쟁, 미국의 남북전쟁과 제1차 세계대전, 러시아의 공산주의 혁명과 최악의 제2차 세계대전 이전에 일어났다.

이들 분쟁들 중간에 유행성 독감의 창궐과 증권시장의 붕괴, 다세대 대가족의 쇠퇴, 경제불황, 부패 스캔들, 정권 교체, 그리고 카메라와 전기, 자동차, 항공기, 영화, 라디오의 도입, 서구 미술에서 라파엘로전파 Pre–Raphaelism(르네상스의 화가 라파엘로 이전의 화풍으로 돌아가자는 주장 – 옮긴이)부터 낭만주의, 인상주의, 미래주의, 초현실주의, 입체파로 이어지는 일련의 유파가 등장했다.

이 모든 변화와 혼란에도 불구하고 한 가지 사실은 변하지 않았다. 그 무엇도 산업혁명이라는 전진운동과 그것이 몰고 온 새로운 부 창출 시스템의 전파를 막지 못했다는 사실이다.

이는 제2물결이 단지 기술이나 경제적 문제에 국한된 조류가 아니었기 때문이다. 제2물결은 문화와 종교, 사회, 정치적, 철학적 세력에서 발생했으며, 또한 농경시대의 특권층이 점차 새로운 세력에게 굴복하는 물결 분쟁에서 비롯되었다. 제2물결은 경제 중심주의를 이끌어 냈다. 마르크스에 따르면 경제 중심주의에서 문화, 종교, 미술 등의 가치들이 모두 경제학적 관점에 의해 결정된다.

제3물결의 혁명적 부에서는 지식에 대한 중요성이 부각된다. 이것은 바람직하든, 바람직하지 않든 간에 경제적 가치가 큰 시스템 체계의 일부로 돌아가고 문화, 종교, 도덕적 가치가 다시금 부각되는 것이다. 이와 같은 이슈들은 경제와 상호 작용하는 것이지 어느 한쪽이 다른 쪽에 종속되는 것이 아니다.

오늘날의 혁명은 사회를 구성하는 모든 계층과 분야에서 발생하는 변화에 의해 촉진되고 있다. 그것은 기술이라는 가면을 쓰고 있는데 제3물결과 함께 온 기술들이 너무나 눈에 잘 띄기 때문이다. 산업화, 즉 현대화가 그랬듯이 제3물결 혁명은 문명의 모든 분야를 포함하는 변화이다. 주식시장이 이리저리

574

갈피를 못 잡고 헤매고, 그밖에 다른 혼란 요인이 중간에 끼어들더라도, 혁명적 부는 전 세계에 걸쳐 전진을 멈추지 않을 것이다.

　미래의 경제와 사회가 형태를 갖추어 감에 따라 개인과 기업, 조직, 정부 등 우리 모두는 미래 속으로 뛰어드는 가장 격렬하고 급격한 변화에 직면하고 있다. 모든 사항을 고려했을 때, 이것도 한번 살아볼 가치가 있는 환상적인 순간이다. 미지의 21세기에 들어온 것을 뜨거운 가슴으로 환영한다!

수백만 독자의 심금을 울리고 충격을 주었던 앨빈 토플러의《부의 미래》가 발간된 지 벌써 16년이란 세월이 흘렀다.

나는 이 책을 처음 접하고 저자가 보여준 미래에 대한 놀라운 통찰력과 폭넓은 지식의 깊이에 큰 감동과 전율을 느꼈다. 옛날에는 10년이 지나면 강산도 변한다고 했지만 지금 우리 인류가 경험하고 있는 문명사적 전환기의 경천동지는 지난 세기보다 지구의 모습을 수십 배 더 변화시키고 있는 것 같다.

제4의 물결이 오는 것이 아닌가 하는 정도의 놀라운 변화들이 도처에서 나타나고 있다. 현실 세계와 같은 사회, 경제, 문화 활동이 이뤄지는 3차원의 가상세계인 메타버스가 생겨나 자기를 대신한 아바타가 마치 현실처럼 아이돌 공연도 보고 쇼핑도 하고 게임도 한다. 인공지능AI은 모든 분야에서 그 기능과 역할이 극대화되고 있다. 인공지능 자율주행 택시인 로보택시로 출근할 날도 머지않았고, 사람을 수송하는 드론인 UAMUrban Air Mobility도 곧 선보일 것이다. 논란 많던 비트코인도 점차 힘을 얻어 엘살바도르에서는 법정 화폐로 채택되었고, 블록체인 암호화 기술이 기반이 된 NFT아트도 수백억 원에 거래되기도 한다. '버츄얼 인플루언서'라 불리는 가상 인간이 광고 모델로 등장했다. 에너지 분야에서도 핵분열의 수준을 넘어서서 핵융합에 의한 태양에너지와 같은 새로운 에너지원이 혁신적으로 개발되고 있는데, 이는 우주권과의 접목을 추구하는 또 다른 차원의 문명 시대로 접어 들어가고 있는 것처럼 보인다. 참으로 우리는 격변의 시대에 살고 있다.

하루하루 북극의 빙하가 사라지고 있는가 하면 엄청난 기후 변화로 폭설과 폭우가 번갈아 일어나는 등 지구의 온난화 현상과 환경 위기 때문에 지구 생태계는 비극적인 파괴와 죽음에 당면하고 있다. 지금 이 순간에도 코로나 팬데믹이라는 세기적 유행병에 온 인류가 고통 속에 신음하고 있다.

하지만 역설적으로 코로나 팬데믹은 인간에게 초국가적인 협력을 촉구하여 다가오는 새로운 시대에 발생할 수 있는 어려운 문제를 함께 해결하지 않으면 안 된다는 당위성과 계기를 마련했다. 앨빈 토플러가 지적한 것처럼, 과학의 발달과 새로운 기술의 혁신은 앞으로도 계속 발생할 바이러스를 극복할 수 있는 백신이나 치료제를 만들어내는 데 도움을 줄 것이다. 우리는 지구 생명체의 존속과 보호에 대한 긍정적인 희망을 가질 수 있다.

그러나 유감스럽게도, 지구를 파괴하면서 인류와 온갖 지구 생명체를 파멸로 몰고 가는 원인의 대부분이 인간의 무모한 지적 오만에서 초래한다는 것은 참 서글픈 사실이다. 그 때문에 지금 진행되고 있는 과학 기술 문명에 대해 인간의 지적 자만과 독선을 자성하여야 하며 우주 섭리와 자연 법칙을 존중하여야 한다. 죽어가는 지구를 되살리고 지구 생명체의 생명 존중과 공존을 추구하고, 지구라는 행성을 넘어 우주계의 다른 행성과의 협력과 공존을 지향할 수 있는 지구촌의 능력을 함양 촉진하기 위해서도, 우리는 시대정신과 흐름에 걸맞는 지적 겸손과 윤리 의식의 새로운 가치관을 창출해야 한다.

돌이켜보면 앞으로 다가올 제4의 물결에서 나타나는 충격적인 변화와 '혁명적 부'에 대한 앨빈 토플러의 예언은 참으로 범인이 예상하지 못한 선견지명이었으며 우주 질서와 자연 법칙의 위대함을 다시 깨닫게 하는 계기가 되었다. 또한 초고도 과학 기술의 발달은 인류에게 엄청난 부와 행복을 가져다줄 수 있지만, 동시에 필연적으로 수반되어 나타날 지금까지 한 번도 경험해보지 못한 불행한 재앙도 불러올 수 있다는 그의 엄중한 경고도 우리가 경청해야 할 대목이다.

과거 험난한 자연 환경 속에서(식량 부족과 포식자의 위협) 생명을 존속해온 인류는 이제 제4의 물결 속에서 혁신적으로 발전하고 있는 초고도 기술 혁명과 결합(디지털 혁신, 인공지능, 메타버스, 자율주행차, 로봇 등)하면서 4차 산업혁명의 혜택으로 생활의 편리함과 풍요를 향유하고 있다. 그러나 인류의 행복을 위한 혁명적 부의 창출이 최고의 선善일 수만은 없다. 점점 확대되는 소득 불평등과 빈부 격차, 패권국가의 기술 독점은 국가, 민족, 국민 간의 이념적 갈등을 높이고 치열한 충돌과 대립을 낳아 세계의 평화 질서와 발전의 균형을 깰 수도 있다는 역기능적 사실도 잊어서는 안 된다. 그런 의미에서 이제는 새로운 부의 창출 못지않게 혁명적 부의 상대적 분배와 균형을 이루고 인간의 창조적 가치를 존중하는 새로운 문화 질서를 확립하는 것이 중요하다고 하겠다.

앨빈 토플러가 말하는 혁명적 부는 단순히 부의 창출뿐만 아니라 부의 분배, 순환, 소비, 저축에 걸쳐 일어나는 부의 변화를 뜻한다. 양적 규모의 비약적인 부의 확대만을 혁명적이라고 부를 수는 없으며, 상위 시스템으로서의 부 창출 시스템이 사회, 문화, 종교, 정치 등 하위 시스템과 조화를 이루어 문명 또는 삶의 방식을 형성한다고 토플러는 말한다.

따라서 우리가 염원하는 혁명적 부의 성숙 단계를 지향하는 지금의 문명사적 패러다임이 급격하게 변화되는 현시점에서는 부의 창출만큼이나 그 문제점들을 해결하려는 노력과 지혜도 필요하다. 부의 축적과 성장을 지나치게 강조하는 것은 부의 공정한 분배와 인간 가치의 존중을 퇴색시켜 오히려 국력 결집과 사회 안정을 저해하고 있기 때문이다.

즉 첨단 과학 기술의 독점에 의한 패권 전쟁, 점점 확대되는 소득 격차에 의한 승자독식의 분배 갈등, 인종 차별과 인권 탄압에 의한 신독재 정치의 부상 등 다양한 난제들이 오늘날의 시대정신과 조화, 합치되는 것인가를 성찰하면서 지구촌 사람들이 함께 협력하고 연구를 거듭하며 진정한 의미에서 혁명적 부의 창출을 도모해야 할 것이다. 이제 새로운 혁신적 변화에 적응할 수 있는 가치관과 윤리관을 창출하고 수립할 책임은 문명사적 대전환기에서 주도적 역할을 할 바로 우리 젊은 세대와 후손들의 몫이요 책임이라고 할 수 있다.

그런 의미에서 오늘날과 같은 4차 산업혁명이 진행되고 있는 과도기에서 사회가 극도로 불안하고 개인들이 방황하며 고통을 겪고 있는 이 시기에《부의 미래》를 한국에서 재발간하게 된 것은 의미 있는 일이다. 우리의 4차 산업혁명의 공과를 재검토해 보고 앞으로 다가올 새로운 물결을 예측하고 대비하는 지혜와 '창조적 파괴creative destruction'의 계기가 될 수 있기 때문이다.

눈을 돌려 선진국의 양상을 살펴보더라도 이미 제4의 물결의 중심에 있는 이 세계는 고도의 핵무기 생산과 기술 패권 경쟁으로 국가와 민족 간에 편 가르기와 신독재 정치로 인권을 억압하는 사례가 여전히 지속되고 있다. 제4의 혁신 물결이 완성되면 이루어질 행복하고 평화로운 문명 세계는 아직 요원해 보인다.

앞으로 다가올 새로운 물결에 현명하게 대응하기 위해서 선행되어 필요한 것은 이 시대를 끌고 갈 주역들이 문명사적 대전환기에 일어나는 시대적 큰 흐름Mega Trend과 시대정신을 명확하게 알고 전략 방향을 정확하게 잡는 것이다. 지금 인류 문명은 대격변기의 위기에 처해 있기 때문이다.

역사를 돌이켜 국가 사회의 역사적 발전의 동인을 보면, 시대정신과 그 나라 국정 운영 정신이 일치할 때 어김없이 그 국가 사회는 발전했다.

자본주의가 생성 발전할 시기에는 자유 경쟁을 통한 생산성 제고와 적자생존이라는 자연법칙을 시장 질서에 반영했다. 영국의 산업혁명과 과학 기술 정신이 합리성과 조화 협력을 강조하는 시대정신과 결합되어 영국의 자본주의는 꽃을 피울 수 있었던 것이다. 결국 자본주의가 사회주의를 극복할 수 있었던 것도 이러한 맥락에서다.

미국 경제가 번창할 때는 실용주의에 기반한 뉴프론티어 개척 정신이 '효율성 중시와 풍요로운 성장'이라는 당시의 시대정신과 결합하여 미국의 거대 문명 사회를 건설할 수 있었다.

세계 경제 여건이 불안과 불확실성과 불신이 팽배하던 시절에는 근면, 성실, 단합을 강조한 동양의 유교 정신이 신의, 성실, 화합과 협력의 가치관을 존중하는 시대정신과 조화되어 일본, 한국, 대만의 유교적 자본주의가 발전할 수 있었다.

1970년대 말 덩샤오핑은 '검은 고양이든 흰 고양이든 쥐 잘 잡는 고양이가 최고'라는 흑묘백묘론을 주창했다. 이러한 실용주의를 바탕으로 시장 개방과 경제 개혁을 추진한 중국의 시장경제 정신은 자유 경쟁과 평화를 강조하는 당시의 시대정신과 합치되는 것이었다. 이후 중국은 세계무역기구wto의 일원이 되었고, 국가자본주의를 바탕으로 30여 년간의 고도성장을 이어가며 세계 2위 경제 대국을 성취했다.

다만 러시아(구 소련)는 이념적, 제도적 개혁이라는 '페레스트로이카(개혁)'를 시장경제의 실용적, 효율적 운용 원리인 '글라스노스트(개방)'에 앞서 추진하여 그 시대정신과 현실의 정책 운영이 합치되지 못하고 차질을 빚었기 때문에 시장경제 확립에 실패하고 말았다.

지금 우리나라가 당면한 정치, 경제, 사회의 문제점과 상황을 살펴보아도 지도층 사람들이 '문명사적 대변혁이 일어나고 있는 시대의 큰 흐름과 정신'을 정확하게 성찰하고 이에 대응하는 준비 자세가 너무 부족한 것이 아닌가 하는 걱정과 아쉬움이 남는다.

우리나라는 제2차 세계대전 후 가장 짧은 시간에 최후진국에서 선진국 대열에 올라선 경험을 가지고 있다. 정치, 사회, 경제적으로 성공한 모범적 고도 성장 모델이다. 급격한 변화가 있었기에 사회 계층, 특히 세대 간 갈등이 다른 나라에 비해 심하다. 구세대(아날로그 세대)와 신세대(디지털 세대) 간의 사상적 갈등과 행동 양식의 충돌이 그것이다.

MZ세대(1980년대 초 이후 출생자들)는 과학 기술의 눈부신 발달로 디지털시대의 과학 문명으로 체화하고 무기화하여 발전한 세대이다. 개인과 평등을 추구하는, 개인주의적 개성이 강한 이들은 이해와 화합을 통한 전통적 가족 관계의 가부장적 가치와 질서를 존중하는 아날로그 세대와는 근본적으로 다른 가치관을 가진다.

2007년 처음 출시된 스마트폰은 실시간으로 뉴스와 정보를 소통 가능하게 함으로써 3차원 시대에서 4차원 시대로 이어지는 가교 역할을 했다. 이전 세대와는 의식, 행동이 확연히 다르고 사회 질서와 문화 가치를 새롭게 창출하려 하는 까닭에 이 새로운 세대를 '신인류新人類'라고도 한다. 회사의 직급을 경시하고 나이와 상관없이 평등하게 대화하고 자기 의견도 당당히 주장한다. 태어나면서부터 아침에 눈을 뜨고 밤에 잠들기까지 이 새로운 과학 문명의 산물을 끼고 사는 이들로부터 모바일 기기의 활동(게임, 카툰, 정보 등)을 제약한다면 그들은 자신들의 삶의 행복을 빼앗는 것과 마찬가지로 생각할 것이다.

그러나 시대의 변화가 3차원 시대에서 4차원 시대로 넘어가는 새로운 문명이 펼쳐지는 시기에는 어느 때보다도 상대방을 이해하고 화합하며 모두가 긍정하고 인정하는 새로운 시대정신을 창출하여 국력을 결집해야 한다. 그래야 우리나라가 새로운 시대를 선도할 수 있다.

장강長江은 뒷물이 앞물을 밀어내며 흐른다고 했다. 새로운 시대가 도래하면 새로운 세대가 기존 세대를 대체하는 것은 자연스러운 순리이다. 영원히 흐르는 세월의 시관적時觀的 관점에서 생각할 때, 국가의 미래 발전을 위해서는 결국 기득권 세대가 앞으로 중심 역할을 할 미래 세대에게 희망과 꿈을 주어야 한다. 인간의 존엄성, 개인의 자유와 독창성, 공정성이 강조되는 교육 혁신, 제도 개혁, 가치 질서를 중시하고 무엇보다 구세대가 솔선하여 모범을 보여야 한다. 신인류 세대와 구세대가 이해와 화합으로 공협·공영하는 질서를 창조하기 위한 시대정신을 확립하여 새로운 나라를 세워야 한다.

　요즘 정치권에서는 시대정신에 합치하는 새로운 시대의 정책을 제시한다고 하면서, 신인류 세대의 가치관과 질서 의식을 도외시하며 과거의 가치와 제도적 틀에서 벗어나지 못하고 있다. 아날로그 꼰대 세대들은 덮어놓고 적폐를 청산한다고 떠들고 공정, 정의, 평등을 외쳐대지만, 스스로 모범을 보이고 실천하지 않으면 신세대 국민을 우롱하는 것이나 다름없다. 정치권이 디지털 신세대에게 아직도 확실한 공감과 신뢰를 얻지 못하는 이유가 바로 여기에 있다. 정작 정치인들이 제시하는 시대정신은 개념 자체가 모호하고 진정한 의미와 구체적인 정책 내용도 잘 알 수 없다.

　시대정신을 외치려면 시대를 꿰뚫어 보는 역사의식과 통찰력을 갖고 유연하게 적응하는 세계관, 국가관을 먼저 정립해야 한다. 그러나 현실은 안타깝게도 시대의 흐름이나 철학과는 동떨어져 움직이고 있어 국력을 결집하지 못하고 국가 경쟁력은 오히려 약화되고 있다.

　일반적으로 시대정신이란 정치, 경제, 사회, 문화 전반에 걸쳐 그 시대를 지배하는 사상, 철학, 가치관 등을 통틀어 말한다. 오늘날의 '시대정신'을 대표하는 몇 개의 핵심 개념을 열거해보면, 인간 가치의 존중, 자연과의 조화, 자유와 창조, 상생과 공존, 균형과 화합, 포용과 화해, 정의와 공정, 신뢰와 베풂의 정신 등을 들 수 있다. 고도 기술 혁신이나 기술 발명과 응용도 이러한 시대정신에 합치하여 발전할 때 인류가 꿈꾸는 풍요롭고 평화로운 사회와 지속적인 경제 발전을 성취할 수 있을 것이다.

　새로운 시대를 이끌고 갈 젊은층이 이 책을 읽고 우리나라에서도 미래를 통찰하고 사회 변화의 방향을 올바르게 제시하는 앨빈 토플러 같은 선각자가 많이 배출되었으면 한다. 미래를 지배하는 힘은 많이 읽고 생각하며 커뮤니케이션하는 능력에서 온다는 그의 조언도 명심하길 바란다. 새로운 꿈이 있어야 아름다운 미래가 있고 도전하는 용기가 있어야 희망찬 꿈과 미래가 실현될 수 있다. 부디 《부의 미래》 재발간을 하나의 계기로, 우리 한국의 젊은이들이 창조적 지혜와 도전적 용기를 얻어 새로운 문명 시대를 이끄는 주역이 되기를 간절히 기대한다.

마지막으로 이 글을 빌어 2016년 타계하신 앨빈 토플러 박사에게 진심 어린 애도의 마음을 전한다.

참고문헌

1   Aaron, Henry J., and William B. Schwartz, eds. *Coping with Methuselah.* Washington, D.C.: Brookings Institution Press, 2004.

2   Adams, James. *The Financing of Terror.* London: New English Library, 1986.

3   Aikman, David. *Jesus in Beijing.* Washington, D.C.: Regnery, 2003.

4   Al-Harran, Saad Abdul Sattar. Islamic Finance. Selangor Darul Ehsan, Malaysia: Pelanduk Publications, 1993.

5   Alckaly, Roger. *The New Economy.* New York: Farrar, Straus & Giroux, 2003.

6   Amsden, Alice H. *The Rise of "The Rest."* New York: Oxford University Press, 2001.

7   Applebaum, Herbert. *Work in Non-Market & Transitional Societies.* Albany: State University of New York Press, 1984.

8   Attali, Jacques, and Marc Guillaume. *L'anti-economique.* Paris: Presses Universitaires de France, 1974.

9   Bai, Chong-En, and Chi-Wa Yuen. *Technology and the New Economy.* Cambridge, Mass.: MIT Press, 2002.

10 Bakar, Osman. *Classification of Knowledge in Islam.* Kuala Lumpur: Institute for Policy Research, 1992.

11 Baxter, Brian. *Ecologism.* Edinburgh: Edinburgh University Press, 1999.

12 Beaud, Michel. *A History of Capitalism.* New York: Monthly Review Press, 2001.

13 Becker, Gary S. *A Treatise on the Family.* Cambridge, Mass.: Harvard University Press, 1993.

14 ――― . *Human Capital.* Chicago: University of Chicago Press, 1983.

15 ――― . *The Economic Approach to Human Behavior.* Chicago: University of Chicago Press, 1976.

16 Becker, Gary S., and Guity Nashat Becker. *The Economics of Life.* New York: McGraw-Hill, 1996.

17 Becker, Jasper. *The Chinese.* London: John Murray, 2000.

18 Beinin, Joel. *Workers and Peasants in the Modern Middle East.* Cambridge: Cambridge University Press, 2001.

19 Berners-Lee, Tim. Weaving the Web: *The Past, the Present and Future of the World Wide Web.* London: Orion Business Books, 1999.

20 Blair, Margaret M., and Steven M. H. Wallman. *Unseen Wealth: Report of Brookings Task Force on Intangibles.* Washington, D.C.: Brookings Institution Press, 2001.

21 Blake, Robert. *Disraeli.* New York: St. Martin's Press, 1967.

22 Boden, Mark, and Ian Miles. *Services and the Knowledge-Based Economy*. London: Continuum, 2000.

23 Boisot, Max H. *Knowledge Assets*. Oxford: Oxford University Press, 1999.

24 Booker, Christopher, and Richard North. *The Great Deception*. London: Continuum, 2005.

25 Booth, Ken. *Strategy and Ethnocentricism*. London: Croom Helm, 1979.

26 Boserup, Esther. *Women's Role in Economic Development*. New York: St. Martin's Press, 1970.

27 Boulding, Kenneth E. *Beyond Economics*. Ann Arbor: University of Michigan Press, 1970.

28 Brahm, Laurence J. *Zhong Nan Hai*. Hong Kong: Naga, 1998.

29 Brandt, Barbara. *Whole Life Economics*. Gabriola Island, Canada: New Society Publishers, 1995.

30 Brass, Tom. *Peasants, Populism and Post-Modernism*. London: Frank Cass, 2000.

31 Braudel, Fernand. *Capitalism and Material Life 1400–1800*. New York: Harper Colophon, 1975.

32 Brown, Michael Barratt. *The Economics of Imperialism*. Middlesex, England: Penguin Books, 1976.

33 Brownstone, David, and Irene Franck. *Timelines of War*. New York: Little, Brown, 1994.

34 Bryson, John R., et al., eds. *Knowledge, Space, Economy*. London: Routledge, 2000.

35 Burggraf, Shirley P. *The Feminine Economy & Economic Man*. Reading, Mass.: Addison-Wesley, 1997.

36 Burns, Scott. *Home, Inc*. New York: Doubleday, 1975.

37 Burns, Tom. *Industrial Man*. Middlesex, England: Penguin Books, 1973.

38 Cahn, Edgar. *Service Credits: A New Currency for the Welfare State*. London: London School of Economics Press, 1986.

39 Cahn, Edgar, and Jonathan Rowe. *Time Dollars*. Emmaus, Pa.: Rodale Press, 1992.

40 Camerer, Colin, et al., eds. *Advances in Behavioral Economics*. New York: Russell Sage Foundation, 2004.

41 Camporesi, Piero. *Bread of Dreams*. Chicago: University of Chicago Press, 1989.

42 Center for Medieval and Renaissance Studies, University of California Los Angeles. *The Dawn of Modern Banking*. New Haven: Yale University Press, 1979.

43 Cerf, Christopher, and Victor Navasky. *The Experts Speak*. New York: Pantheon, 1984.

44 Chancellor, Edward. *Devil Take the Hindmost*. New York: Farrar, Straus & Giroux,

1999.

45   Chandler, Tertius. *Four Thousand Years of Urban Growth*. Lewiston, N.Y.: Edwin
      Mellen Press, 1987.

46   Chang, Gordon G. *The Coming Collapse of China*. New York: Random House,
      2001.

47   Chang, Jung, and Jon Halliday. *Mao: The Unknown Story*. New York: Alfred A.
      Knopf, 2005.

48   Chase, Alston. *Harvard and the Unabomber*. New York: W. W. Norton, 2003.

49   Chernow, Ron. *The Death of the Banker*. New York: Vintage, 1997.

50   Cipolla, Carlo M. *Before the Industrial Revolution: European Society and
      Economy*, 1000–1700. New York: W. W. Norton, 1994.

51   Clough, Shepard Bancroft, and Charles Woolsey Cole. *Economic History of
      Europe*. Boston: D. C. Heath, 1947.

52   Cohen, Benjamin J. *The Future of Money*. Princeton, N.J.: Princeton University
      Press, 2004.

53   ———. *The Geography of Money*. Ithaca, N.Y.: Cornell University Press, 1998.

54   Cohen, Stephen P. *India—Emerging Power*. Washington, D.C.: Brookings
      Institution Press, 2001.

55   Cook, Nick. *The Hunt for Zero Point*. New York: Broadway Books, 2002.

56   Cornish, Edward, ed. *Futuring*. *Bethesda*, Md.: World Future Society, 2004.

57   Cox, W. Michael, and Richard Alm. *Myths of Rich and Poor*. New York: Basic
      Books, 1999.

58   Cremin, Lawrence A. *American Education: The National Experience 1783–1876*.
      New York: Harper Colophon, 1982.

59   Crockett, Andrew. *Money*. London: Thomas Nelson & Sons, 1973.

60   Crone, Patricia. *Pre-Industrial Societies: Anatomy of the Pre-Modern World*.
      Oxford: One World Publications, 1989.

61   Crook, Nigel, ed. *The Transmission of Knowledge in South Asia*. Delhi: Oxford
      University Press, 1996.

62   Curtin, Philip D. *Cross-Cultural Trade in World History*. London: Cambridge
      University Press, 1984.

63   Czeschin, Robert W. *The Last Wave*. Boca Raton, Fla.: Shot Tower Books, 1994.

64   Dattel, Eugene R. *The Sun That Never Rose*. Chicago: Probus, 1994.

65   Davis, Jim, Thomas Hirschl, and Michael Stack, eds. *Cutting Edge*. London: Verso,
      1997.

66   Deane, Phyllis. *The Evolution of Economic Ideas*. Cambridge: Cambridge
      University Press, 1979.

67   Debray, Rgis. *Empire 2.0: A Modest Proposal for a United States of the West*. Berkeley, Calif.: North Atlantic Books, 2004.

68   Delamaide, Darrell. *The New Superregions of Europe*. New York: Dutton, 1994.

69   De Soto, Hernando. *The Mystery of Capital: Why Capitalism Triumphs in the West and Fails Everywhere Else*. New York: Basic Books, 2000.

70   — — —. *The Other Path*. New York: HarperCollins, 1989.

71   De Villiers, Marq. *Water*. Boston: Houghton Mifflin, 2000.

72   Devlin, Keith. *Goodbye, Descartes*. New York: John Wiley & Sons, 1997.

73   Donnelly, Desmond. *Struggle for the World*. New York: St. Martin's Press, 1965.

74   Dorpalen, Andreas. *The World of General Haushofer*. Port Washington, N.Y.: Kennikat Press, 1942.

75   Downs, Ray F., ed. *Japan Yesterday and Today*. New York: Bantam Pathfinder, 1970.

76   Drexler, Eric K., and Chris Peterson, with Gayle Pergamit, *Unbounding the Future*. New York: William Morrow, 1991.

77   Dukes, Paul. *The Superpowers*. London: Routledge, 2000.

78   Dunbar, Nicholas. *Inventing Money*. Chichester, England: John Wiley & Sons, 2000.

79   Easterbrook, *Gregg. The Progress Paradox*. New York: Random House, 2003.

80   Easterly, William. *The Elusive Quest for Growth*. Cambridge, Mass.: MIT Press, 2002.

81   Edelstein, Michael. *Overseas Investment in the Age of High Imperialism*. New York: Columbia University Press, 1982.

82   Edvinsson, Leif, and Michael S. Malone. *Intellectual Capital*. New York: HarperCollins, 1997.

83   Emmott, Bill. *The Sun Also Sets*. New York: Times Books, 1989.

84   Epstein, Joseph. *Snobbery: The American Version*. New York: Houghton Mifflin, 2002.

85   Evans, Philip, and Thomas S. Wurster. *Blown to Bits*. Boston: Harvard Business School Press, 2000.

86   Everard, Jerry. *Virtual States*. London: Routledge, 2000.

87   Fattah, Hassan M. *P2P: How Peer-to-Peer Technology Is Revolutionizing the Way We Do Business*. Chicago: Dearborn, 2002.

88   Feigenbaum, Edward, et al. *The Rise of the Expert Company*. New York: Times Books, 1988.

89   Ferguson, Niall. *The Cash Nexus*. New York: Basic Books, 2001.

90   Fernandez-Armesto, Felipe. *Millennium: A History of the Last Thousand Years*.

New York: Charles Scribner's Sons, 1995.

91 Fingleton, Eamonn. *Blindside: Why Japan Is Still on Track to Overtake the U.S. by the Year 2000*. New York: Houghton Mifflin, 1995.

92 Fishman, Ted C. *China*, Inc. New York: Charles Scribner's Sons, 2005.

93 Fogel, Robert W. *The Escape from Hunger and Premature Death 1700–2100*. Cambridge: Cambridge University Press, 2004.

94 ———. *The Fourth Great Awakening*. Chicago: University of Chicago Press, 2000.

95 Frowen, Stephen F., ed. *Unknowledge and Choice in Economics*. London: Macmillan Press, 1990.

96 Fuwei, Shen. *Cultural Flow Between China and the Outside World Throughout History*. Beijing: Foreign Languages Press, 1996.

97 Galbraith, John Kenneth. *Economics in Perspective*. Boston: Houghton Mifflin, 1987.

98 ———. *Money*. Boston: Houghton Mifflin, 1975.

99 Gardels, Nathan, ed. *The Changing Global Order: World Leaders Reflect*. Oxford: Basil Blackwell, 1997.

100 Garnsey, Peter. *Food and Society in Ancient Antiquity*. Cambridge: Cambridge University Press, 1999.

101 Garraty, John A. *Unemployment in History*. New York: Harper & Row, 1978.

102 Garreau, Joel. *Radical Evolution*. New York: Doubleday, 2005.

103 Gates, Bill. *Business @ the Speed of Thought: Succeeding in the Digital Economy*. New York: Warner Books, 2000.

104 Geerken, Michael, and Walter R. Gove. *At Home and at Work*. Beverly Hills, Calif.: Sage Publications, 1983.

105 Gershenfeld, Neil. *FAB*. New York: Basic Books, 2005.

106 ———. *When Things Start to Think*. New York: Henry Holt, 1999.

107 Ghazali, Aidit, and Syed Omar, eds. *Readings in the Concept and Methodology of Islamic Economics*. Selangor Darul Ehsan, Malaysia: Pelanduk Publications, 1996.

108 Giarini, Orio, and Walter R. Stahel. *The Limits to Certainty*. Dordrecht, Netherlands: Kluwer Academic Publishers, 1993.

109 Giffi, Craig, Aleda V. Roth and Gregory M. Seal, National Center for Manufacturing Sciences. *Competing in World-Class Manufacturing: America's 21st Century Challenge*. Homewood, Ill.: Business One Irwin, 1990.

110 Gingrich, Newt. *Winning the Future*. Washington, D.C.: Regnery, 2005.

111 Glazer, Nona Y. *Women's Paid and Unpaid Labor*. Philadelphia: Temple University Press, 1993.

112 Good, H. G. *A History of Western Education*. New York: Macmillan, 1947.

113 Goodstein, David. *Out of Gas*. New York: W. W. Norton, 2004.

114 Government Accountability Office. *Informing Our Nation: Improving How to Understand and Assess the USA's Position and Progress*. Washington, D.C.: U.S. Government Accountability Office, 2001.

115 Group of Thirty. *Global Institutions, National Supervision and Systemic Risk*. Washington, D.C.: Group of Thirty, 1997.

116 Hale, J. R. *Renaissance Europe 1480–1520*. London: William Collins, 1971.

117 Hamid, Ahmad Sarji Abdul. *Malaysia's Vision 2020*. Selangor Darul Ehsan, Malaysia: Pelanuk Publications, 1995.

118 Hammer, Michael, and James Champy. *Reengineering the Corporation: A Manifesto for Business Revolution*. New York: HarperBusiness, 1993.

119 Hanegraaff, Wouter J. *New Age Religion and Western Culture*. Albany: State University of New York Press, 1998.

120 Harding, Sandra. *Whose Science? Whose Knowledge?* Ithaca, N.Y.: Cornell University Press, 1991.

121 ———. *The Science Question in Feminism*. Ithaca, N.Y.: Cornell University Press, 1986.

122 Harrison, Lawrence E., and Samuel P. Huntington, eds. *Culture Matters*. New York: Basic Books, 2000.

123 Hayes, E. N. *Trackers of the Skies*. Cambridge, Mass.: Doyle, 1968.

124 Henderson, Hazel. *Paradigms in Progress*. Indianapolis: Knowledge Systems, 1991.

125 Henry, John. *Knowledge Is Power*. Cambridge: Icon Books, 2003.

126 Herbolzheimer, Emil, et al. *Innovating Proposals for Rethinking the Economy*. Barcelona: Fundacion Jaume Provenca, 1995.

127 Holstein, William J. *The Japanese Power Game*. New York: Charles Scribner's Sons, 1990.

128 Hope, Jeremy, and Tony Hope. *Competing in the Third Wave*. Boston: Harvard Business School Press, 1997.

129 Hourani, Albert. *A History of the Arab People*. New York: Warner Books, 1992.

130 Hutchings, Graham. *Modern China*. Cambridge, Mass.: Harvard University Press, 2001.

131 Iqbal, Muzaffar. *Islam and Science*. Aldershot, England: Ashgate, 2002.

132 Joshi, Akshay. *Information Age and India*. New Delhi: Institute for Defense Studies and Analyses, 2001.

133 Kalam, A. P. J. Abdul, with Y. S. Rajan. *India 2020: A Vision for the New Millennium*. New York: Viking Press, 1998.

134   Kanigel, Robert. *The One Best Way*. New York: Viking Press, 1997.

135   Kepel, Gilles. *The War for Muslim Minds*. Cambridge, Mass.: Harvard University Press, 2004.

136   ———. *Jihad*. Cambridge, Mass.: Harvard University Press, 2003.

137   ———. *Allah in the West*. Stanford, Calif.: Stanford University Press, 1997.

138   Klare, Michael T. *Resource Wars*. New York: Owl Books, 2002.

139   Knoke, William. *Bold New World*. New York: Kodansha, 1996.

140   Kornai, Janos. *Rush Versus Harmonic Growth*. Amsterdam: North Holland, 1972.

141   Kuhn, Robert Lawrence. *The Man Who Changed China*. New York: Crown, 2004.

142   Kuhn, Thomas S. *The Structure of Scientific Revolutions*. Chicago: University of Chicago Press, 1996.

143   Kuran, Timur. *Islam & Mammon: The Economic Predicaments of Islamism*. Princeton, N.J.: Princeton University Press, 2004.

144   Kurtzman, Joel. *The Death of Money*. New York: Simon & Schuster, 1993.

145   Lal, Deepak. *The Poverty of "Development Economics."* Cambridge, Mass.: MIT Press, 2000.

146   Laulan, Yves Marie. *La Planète balkanisée*. Paris: Economica, 1991.

147   Le Goff, Jacques. *Time, Work & Culture in the Middle Ages*. Trans. Arthur Goldhammer. Chicago: University of Chicago Press, 1980.

148   Lev, Baruch. *Intangibles: Management, Measurement, and Reporting*. Washington, D.C.: Brookings Institution, 2001.

149   Levathes, Louise. *When China Ruled the Seas*. New York: Oxford University Press, 1996.

150   Levitt, Steven D., and Stephen J. Dubner. *Freakonomics*. New York: William Morrow, 2005.

151   Levy, Frank, and Richard J. Murnane. *The New Division of Labor*. New York: Russell Sage Foundation, 2004.

152   Levy, Pierre. *Collective Intelligence*. New York: Plenum Trade, 1997.

153   Lewis, Alan, Paul Webley, and Adrian Furnham. *The New Economic Mind: The Social Psychology of Economic Behavior*. London: Harvester/Wheatsheaf, 1995.

154   Lipnack, Jessica, and Jeffrey Stamps. *The Age of the Network. Essex Junction*, Vt.: Oliver Wight, 1994.

155   Loebl, Eugen. *Humanomics*. New York: Random House, 1976.

156   Lowy, Michael, and Robert Sayre. *Romanticism Against the Tide of Modernity*. Durham, N.C.: Duke University Press, 2001.

157   Machlup, Fritz. *The Production and Distribution of Knowledge in the United States*. Princeton, N.J.: Princeton University Press, 1962.

158 Maddison, Angus. *The World Economy, 1950–2001*. Paris: Organization for Economic Cooperation and Development, 2004.

159 ———. *The World Economy*. Paris: Organization for Economic Cooperation and Development, 2001.

160 ———. *Chinese Economic Performance in the Long Run*. Paris: Organization for Economic Cooperation and Development, 1998.

161 Malos, Ellen. *The Politics of Housework*. London: Allison & Busby, 1982.

162 Manning, Richard. *Against the Grain: How Agriculture Has Hijacked Civilization*. New York: Farrar, Straus & Giroux, 2004.

163 Mansell, Robin, and Uta Wehn, eds. *Knowledge Societies*. New York: Oxford University Press, 1998.

164 Mansfield, Edward D. Power, *Trade, and War*. Princeton, N.J.: Princeton University Press, 1994.

165 Margiotta, Franklin D., and Ralph Sanders. *Technology, Strategy and National Security*. Washington, D.C.: National Defense University Press, 1985.

166 Marx, Karl. *Pre-Capitalist Economic Formations*. New York: International, 1971.

167 ———. *Selected Writings in Sociology and Social Philosophy*. New York: McGraw-Hill, 1964.

168 Mau, Bruce. *Massive Change*. London: Phaidon Press, 2004.

169 Mawdudi, Mawlana. *The Revivalist Movement in Islam*. Kuala Lumpur: Other Press, 2002.

170 May, Jon, and Nigel Thrift. *Timespace*. London: Routledge, 2001.

171 Mayer, Arno J. *The Persistence of the Old Regime*. New York: Pantheon Books, 1981.

172 McGrath, Joseph E., and Janice R. Kelly. *Time and Human Interaction*. New York: Guilford Press, 1986.

173 McKnight, Lee W., and Joseph Bailey, eds. *Internet Economics*. Cambridge, Mass.: MIT Press, 1997.

174 McNeill, William H. *Keeping Together in Time*. Cambridge, Mass.: Harvard University Press, 1995.

175 ———. *The Pursuit of Power*. Chicago: University of Chicago Press, 1982.

176 Mead, Walter Russell. *Mortal Splendor: An American Empire in Transition*. Boston: Houghton Mifflin, 1987.

177 Menzies, Gavin. *1421: The Year China Discovered America*. New York: Perennial, 2004.

178 Meulders, Daniele, Olivier Plasman and Robert Plasman. *Atypical Employment in the EC*. Aldershot, England: Ashgate, 1994.

179   Miller, Daniel. *Acknowledging Consumption*. London: Routledge, 1995.

180   Minc, Alain. *Ce monde qui vient*. Paris: Bernard Grasset, 2004.

181   Monden, Yasuhiro, Rinya Shibakawa, Satora Takayanagi and Teruya Nagao. *Innovations in Management: The Japanese Corporation*. Atlanta: Industrial Engineering and Management Press, 1985.

182   Mosher, Steven W. *Hegemon: China's Plan to Dominate the World*. San Francisco: Encounter Books, 2000.

183   Murakami, Yasuke. *An Anti-Classical Poliical-Economic Analysis*. Stanford, Calif.: Stanford Univesity Pess, 1996.

184   Napoleoni, Loretta. *Modern Jihad: Tracing the Dollars Behind the Terror Networks*. London: Pluto Press, 2003.

185   Nathan, John. *Japan Unbound*. Boston: Houghton Mifflin, 2004.

186   National Commission on Terrorist Attacks. *The 9/11 Commission Report*. New York: W. W. Norton, 2004.

187   Needham, Joseph. *Science in Traditional China*. Cambridge, Mass.: Harvard University Press, 1981.

188   Nef, John U. *The Conquest of the Material World*. Cleveland: Meridian Books, 1967.

189   Nelson, Robert H. *Economics as Religion*. University Park: Pennsylvania State University Press, 2001.

190   Nisbett, Richard E. *The Geography of Thought*. New York: Free Press, 2003.

191   Nonaka, Ikujiro, and Hirotaka Takeuchi. *The Knowledge-Creating Company*. New York: Oxford University Press, 1995.

192   Nye, David E. *Electrifying America*. Cambridge, Mass.: MIT Press, 1992.

193   Ochoa, George, and Melinda Corey. *The Timeline Book of Science*. New York: Ballantine Books, 1995.

194   Odescalchi, Edmond. *The Third Crown: A Study in World Government Exercised by the Popes*. Oxford: University Press of America, 1997.

195   O'Driscoll, Gerald P., Jr., and Mario J. Rizzo. *The Economics of Time and Ignorance*. Oxford: Basil Blackwell, 1985.

196   Office of International Affairs. *Marshaling Technology for Development: Proceedings of a Symposium*. Washington, D.C.: National Academies Press, 1995.

197   O'Hanlon, Michael, and Mike Mochizuki. *Crisis on the Korean Peninsula*. New York: McGraw-Hill, 2003.

198   Ohmae, Kenichi. *The Next Global Stage*. Upper Saddle River, N.J.: Wharton School Publishing, 2005.

199   ———. *The Invisible Continent*. London: Nicholas Brealey, 2001.

200 ———. *End of the Nation State: The Rise of Regional Economies*. New York: Free Press, 1995.

201 Ormerod, Paul. *The Death of Economics*. New York: John Wiley & Sons, 1997.

202 Packard, Vance. *The Hidden Persuaders*. New York: Pocket Books, 1958.

203 Paine, Lynn Sharp. *Value Shift*. New York: McGraw-Hill, 2003.

204 Parry, Jonathan, and Maurice Bloch, eds. *Money and the Morality of Exchange*. New York: Cambridge University Press, 1989.

205 Parente, Stephen L., and Edward C. Prescott. *Barriers to Riches*. Cambridge, Mass.: MIT Press, 2002.

206 Pasinetti, Luigi L. *Lectures on the Theory of Production*. London: Macmillan, 1978.

207 Perelman, Lewis J. *School's Out*. New York: Avon Books, 1992.

208 Pillsbury, Michael, ed. *Chinese Views of Future Warfare*. Washington, D.C.: National Defense Univesity Press, 1997.

209 Pine, Joseph, II, and James H. Gilmore. *The Experience Economy*. Boston: Harvard Business School Press, 1999.

210 Pink, Daniel H. *A Whole New Mind*. Riverhead, N.Y.: Penguin Books, 2005.

211 ———. *Free Agent Nation*. New York: Warner Books, 2001.

212 Polanyi, Karl. *The Great Transformation*. Boston: Beacon Press, 1971.

213 Porter, Roy. *The Creation of the Modern World*. New York: W. W. Norton, 2000.

214 Posner, Richard A. *Catastrophe*. New York: Oxford University Press, 2004.

215 Prahalad, C. K. *The Fortune at the Bottom of the Pyramid*. Upper Saddle River, N.J.: Wharton School Publishing, 2005.

216 Price, Colin. *Time, Discounting & Value*. Oxford: Basil Blackwell, 1993.

217 Putti, Joseph M. *Management—Asian Context*. Singapore: McGraw-Hill, 1991.

218 Pyenson, Lewis, and Susan Sheets-Pyenson. *Servants of Nature: A History of Scientific Institutions, Enterprises and Sensibilities*. New York: W. W. Norton, 1999.

219 Quinn, James Brian. *Intelligent Enterprise*. New York: Free Press, 1992.

220 Rampton, Sheldon, and John Staub. *Trust Us, We're Experts! How Industry Manipulates Science and Gambles with Your Future*. New York: Tarcher/Putnam, 2002.

221 Rees, Dai, and Steven Rose, eds. *The New Brain Sciences*. Cambridge: Cambridge University Press, 2004.

222 Rees, Martin. *Our Final Hour*. New York: Basic Books, 2003.

223 Revel, Jean-Franois. *Anti-Americanism*. San Francisco: Encounter Books, 2000.

224 Reynolds, Christopher. *Global Logic*. Singapore: Prentice Hall, 2002.

225 Rheinbold, Howard. *Smart Mobs: The Next Social Revolution*. New York: Perseus, 2002.

226 Riessman, Frank, and David Carroll. *Redefining Self-Help*. San Francisco: Jossey-Bass, 1995.

227 Roberts, Paul. *The End of Oil*. Boston: Houghton Mifflin, 2004.

228 Robinson, Alan G., and Dean M. Schroeder. *Ideas Are Free*. San Francisco: Berrett-Koehler, 2004.

229 Robinson, Ken. *Out of Our Minds: Learning to Be Creative*. Indianapolis: Capstone/Wiley, 2001.

230 Roy, Olivier. *Globalized Islam: The Search for a New Ummah*. New York: Columbia University Press, 2004.

231 Roderick, Jack. *Crude Dreams*. Seattle: Epicenter Press, 1997.

232 Rodinson, Maxime. *Islam and Capitalism*. New York: Pantheon Books, 1973.

233 Rosenblatt, Roger, ed. *Consuming Desires*. Washington, D.C.: Island Press, 1999.

234 Rostow, W. W. *The Stages of Economic Growth*. Cambridge: Cambridge University Press, 1971.

235 Roy, Olivier. *Globalized Islam*. New York: Columbia University Press, 2004.

236 Rueschemeyer, Dietrich. *Power and the Division of Labor*. Cambridge: Polity Press, 1986.

237 Ryan, Michael P. *Knowledge Diplomacy*. Washington, D.C.: Brookings Institution Press, 1998.

238 Sakaiya, Taichi. *What Is Japan?* New York, Kodansha America, 1995.

239 ———. *The Knowledge-Value Revolution*. Tokyo: Kodansha International, 1985.

240 Sanders, T. Irene. *Strategic Thinking and the New Science*. New York: Free Press, 1998.

241 Sardar, Ziauddin. *Desperately Seeking Paradise*. London: Granta Books, 2004.

242 Schechter, Danny. *Falun Gong's Challenge to China*. New York: Akashic Books, 2001.

243 Schofield, Robert E. *The Lunar Society of Birmingham*. Oxford: Clarendon Press, 1963.

244 Shourie, Arun. *The World of Fatwas*. New Delhi: Rupa, 2002.

245 Simmons, Matthew R. *Twilight in the Desert*. Hoboken, N.J.: John Wiley & Sons, 2005.

246 Singh, Simon. *Big Bang: The Origin of the Universe*. New York: Fourth Estate, 2004.

247 Smith, Adam. *The Wealth of Nations*. New York: Modern Library, 1965.

248 Solomon, Lewis D. *Rethinking Our Centralized Monetary System*. Westport, Conn.: Praeger, 1996.

249 Solomon, Richard H. *Mao's Revolution and the Chinese Political Culture*.

Berkeley: University of California Press, 1971.

250　Spence, Jonathan D. *God's Chinese Son*. New York: W. W. Norton, 1996.

251　———. *The Search for Modern China*. New York: W. W. Norton, 1990.

252　Staley, Charles E. *A History of Economic Thought: From Aristotle to Arrow*. Cambridge, Mass.: Basil Blackwell, 1989.

253　Steidl, Rose E., and Esther Crew Bratton. *Work in the Home*. New York: John Wiley & Sons, 1968.

254　Stephens, Mitchell. *A History of News*. New York: Viking Press, 1988.

255　Stille, Alexander. *The Future of the Past*. New York: Farrar, Straus & Giroux, 2002.

256　Sveiby, Karl Erik. *The New Organizational Wealth*. San Francisco: Berrett-Koehler, 1997.

257　Swedberg, Richard. *Economics and Sociology*. Princeton, N.J.: Princeton University Press, 1990.

258　Tapscott, Don, et al. *Digital Capital*. Boston: Harvard Business School Press, 2000.

259　Taverne, Dick. *March of Unreason*. Oxford: Oxford University Press, 2005.

260　Tawney, R. H. *Religion and the Rise of Capitalism*. New York: New American Library, 1954.

261　Tay, Simon S. C., ed. *Pacific Asia 2022*. Tokyo: Japan Center for International Exchange, 2005.

262　Thapar, Romila, ed. *India: Another Millennium?* New Delhi: Penguin Books India, 2000.

263　Thompson, E. P. *The Making of the English Working Class*. New York: Vintage, 1963.

264　Thompson, Laurence G., trans. *Ta T'ung Shu: The One-World Philosophy of K'ang Yu-wei*. London: Allen & Unwin, 1958.

265　Todd, Emmanuel. *After the Empire: The Breakdown of the American Order*. New York: Columbia University Press, 2003.

266　Turner, Howard R. *Science in Medieval Islam*. Austin: University of Texas Press, 1995.

267　Union of International Associations. *Encyclopedia of World Problems and Human Potential*. 4th ed. Vol.1, World Problems. London: K. G. Saur, 1994.

268　———. *Encyclopedia of World Problems and Human Potential*. 4th ed. Vol. 2, Human Potential. Munich: K. G. Saur, 1995.

269　Valenze, Deborah. *The First Industrial Woman*. New York: Oxford University Press, 1995.

270　Van Kooten, G. Cornelis, and Erwin H. Bulte. *The Economics of Nature*. Malden, Mass.: Basil Blackwell, 2000.

271   Van Wolferen, Karel. *The Enigma of Japanese Power*. New York: Alfred A. Knopf, 1989.

272   Vickers, Douglas. *Economics and the Antagonism of Time*. Ann Arbor: University of Michigan Press, 1997.

273   Vogel, Ezra F. *Japan as No. 1*. Rutland, Vt.: Charles E. Tuttle, 1980.

274   Waley, Arthur. *Three Ways of Thought in Ancient China*. London: George Allen & Unwin, 1946.

275   Wallach, Lori, and Michelle Sforza. *Whose Trade Organization?* Washington, D.C.: Public Citizen Foundation, 1999.

276   Warden, John, III, and Leland A. Russell. *Winning in Fast Time*. Montomery, Ala.: Venturist, 2002.

277   Warsh, David. *The Idea of Economic Complexity*. New York: Viking Press, 1984.

278   Warwick, David R. *Ending Cash*. Santa Rosa, Calif.: Vision Books International, 1997.

279   Weatherford, Jack. *The History of Money*. New York: Crown, 1997.

280   Weber, Max. *Economy and Society*. Berkeley: University of California Press, 1978.

281   Wen, Sayling, and Tsai Chih-Chung. *Taiwan Experience*. Taipei: Locus, 1998.

282   White, Andrew Dickson. *A History of the Warfare of Science with Theology in Christendom*. Amherst, N.Y.: Prometheus, 1993.

283   Wiles, Jon, and John Lundt. *Leaving School: Finding Education*. St. Augustine, Fla.: Matanzas Press, 2004.

284   Williams, Ann, and G. H. Martin, eds. *Domesday Book*. New York: Penguin Books, 1992.

285   Wolf, Charles, Jr., et al. *Fault Lines in China's Economic Terrain*. Santa Monica, Calif.: RAND, 2003.

286   Wolf, Michael J. *The Entertainment Economy*. New York: Times Books, 1999.

287   Wolin, Richard. *The Seduction of Unreason*. Princeton, N.J.: Princeton University Press, 2004.

288   Wolters, Willem. *Locating Southeast Asia*. Singapore: Singapore University Press, 2005.

289   Woo, Henry K. H. *The Unseen Dimensions of Wealth*. Fremont, Calif.: Victoria Press, 1984.

290   Woolfson, Adrian. *Life Without Genes*. London: Flamingo, 2000.

291   Yago, Glenn, and Susanne Trimbath. *Beyond Junk Bonds: Expanding High Yield Markets*. New York: Oxford University Press, 2003.

292   Zelizer, Viviana A. *The Social Meaning of Money*. New York: Basic Books, 1994.

주석

※ [ ] 안의 숫자는 앞에 수록된 참고문헌을 나타낸다.

1 선봉에 서 있는 부

1 "4 Presidents Seek Help in Gang Battle", Chris Kraul, Robert Lopez, Rich Connell 등, *Los Angeles Times*, 2005년 4월 2일, p. A3.

2 "Europe's Boys of Jihad", Sebastian Rotella, *Los Angeles Times*, 2005년 4월 2일, p. A1.

3 "Jewish Groups, British Lawmakers Criticize Prince Harry's Nazi Costume", Robert Barr, Associated Press, 2005년 1월 13일.

4 "When Feathers Fly", Liat Collins, *Jerusalem Post*, 2005년 3월 18일, p. 44.

5 "The Virtual Market", L. A. Lorek, *San Antonio Express-News*, 2005년 4월 5일, p. E1.

6 "Fed Fears Inflation, but Still 'Measured'", Christina Wise, *Investor's Business Daily*, 2005년 4월 13일, p. A1.

7 "France and Germany Dogged Joblessness", Mark Landler, *New York Times*, 2005년 4월 1일, p. C4.

8 "Employed Persons, Major Occupation Group and Sex: Annual Averages, 1947–1962" 중 *Manpower Report of the President*"의 표 A-7, 미국 노동부 1963년 의회제출보고서.

9 "Computers: History and Development", *Jones Telecommunications & Multimedia Encyclopedia*, www.digitalcentury.com/encyclo/update/comp_hd.htm.

10 Machlup, [157], pp. 394–397.

11 "50 Years of Perfection: Design and History of Electric Guitars", Tom Wheeler, *Guitar Player*, 2004년 1월 1일, p. 54.

12 "1966 Statement of Purpose" of the National Organization for Women, www.now.org/purpose66.htm.

13 "E-Mail Delivers", Monty Phan, *Newsday*, 2001년 10월 17일, p. C8.

14 "Working, but Not 'Employed'", Robert Reich, *New York Times*, 2001년 1월 9일.

15 "Spotlighting Issues of Gender, from Pronouns to Murder", Carey Goldberg, *New York Times*, 1999년 6월 11일, p. B2.

16 "PCs In-Use Surpassed 820M in 2004", *Computer Industry Almanac*, www.c-I-a.com/pr0305.htm.

17 미국 반도체산업협회 선임 분석가, Doug Andrey, 2005년 4월 7일, 저자에게 보낸 서신.

18 "Hewlett Takes a Step Forward in the World of Tiny Chips", John Markoff, *New York Times*, 2002년 9월 10일, p. C1.

19 "On Top When It Comes to the Crunch", Michiyo Nakamoto, *Financial Times*, 2002년 9월 16일.

"Top 500 List" (of fastest computers), University of Mannheim and University of Tennessee, www.top500.org/list/2002/11/.

20 "a New Arms Race to Build the World's Mightiest Computer", John Markoff, *New York Times*, August 19, 2005, p. C2.

21 "IBM Plans a Computer That Will Set Power Record", John Markoff, *New York Times*, 2002년 11월 19일, p. C10.

22 "Internet Usage Statistics-The Big Picture", Internet World Stats, 2005년 12월 31일, www.internetworldstats.com/stats.htm.

"Internet Indicators", International Telecommunication Union, 2004년, www.itu.int/ITU-D/ict/statistics/at_glance/Internet04.pdf.

23 "2006: The Year of the Must-Have Phone of the Future", Audrey Stuart, Agence France Presse, 2006년 1월 23일.

"Mobile Cellular", International Telecommunication Union, 2004, www.itu.int/ITU-D/ict/statistics/at_glance/cellular04.pdf.

24 "Watch the Chinese Change Faster Than Others", T. K. Chang, quoting Nicholas Negroponte in the *International Herald Tribune*, 2000년 6월 21일.

25 "Starcraft Game Captures South Korea's Recession-Hit Youth", Ahn Mi-young of Deutsche Presse-Agentur, 1999년 4월 20일.

"Korea's PC 'Bangs' Are the New Place to Socialize", Michael Baker, *Christian Science Monitor*, 2000년 5월 3일, p. 9.

26 "Costa Rica Brews a New Blend of Java", Peter Bate of the Inter-American Development Bank, 1999년, www.iadb.org/idbamerica/Archive/stories/1999/eng/e1099fl.htm.

"Mr. Freeze: Iceland Moves Out into the Light as Its New President Goes High Tech", Alex Grove, *Red Herring*, 1997년 8월.

"The Next India? Egypt's Software Dream", the International Telecommunication Union, 2000년 12월, www.itu.int/ITU-D/cs/letters/egypt.htm.

27 "Software Mission to Japan", *Vietnam Investment Review*, 2002년 9월 23일.

28 "Reinventing Recife as Tech Harbor", Paulo Rebelo, *Wired*, 2002년 1월 18일, www.wired.com/news/print/0,1294,49649,00.htm.

29 "CTs in Africa: A Status Report", the United Nations Information and Communication Technologies Task Force의 보고서를 인용한 Inter Press Service의 기사, "Internet Use Growing, but Still Lags in Africa", Thalif Deen, 2002년 9월 30일.

30 "Digital Planet 2004: The Global Information Economy", World Information Technology and Services Alliance가 Global Insight의 연구를 인용, www.witsa.org/digitalplanet.

31 "A Growing Technology Ecosystem", Microsoft Corp., 2002년 4월 23일, www.microsoft.com/issues/essays/2002/04-23ecosystem.asp.

32 "It's Dark Out There", Hazel Muir, *New Scientist*, 2002년 6월 1일, p. 14.

33 "European Scientists Produce-and Measure-Atoms of Antihydrogen", Naomi Koppel, Associated Press, 2002년 10월 29일.
"Anti-hydrogen Rivals Enter the Stretch", *Science*, 2002년 11월 15일, p. 1327.

34 *Science*, 2002년 9월 6일.

35 위의 책, 2002년 9월 6일.

36 "Strobe Light Breaks the Attosecond Barrier", Robert F. Service, *Science*, 2001년 6월 1일, p. 1627.

37 "Lasetron to Produce Zeptosecond Flashes", Philip Ball, *Nature*, 2002년 2월 5일.

38 "When Traveling Through Time, Pack Information", Tom Siegfried, *Dallas Morning News*, 2001년 9월 17일, p. 2C.

39 "The Bionic Man", William Underhill, *Newsweek*, 2002년 10월 7일, p. 61.

40 "As Life Spans Stretch, New Thoughts Arise on Age-Old Issues of Aging", John Fauber, *Milwaukee Journal*, 2002년 4월 16일, p. 1G.

41 *The Melbourne Age*의 "The Hunt for Zero Point"에 대한 서평, [55], 2002년 10월 8일, p.5.

42 "No Free Lunch", *Investors Chronicle*, 2002년 3월 22일, p. 122.

2 욕망의 소산

1 "La riqueza como problema", Gabriel Zaid, *Reforma*, 1999년 4월 25일, p. A26.

2 "To Get Rich Is Glorious", Tim Healy와 David Hsieh, *Asia Week*, 1997년 3월 7일.
"The Economy's Long March", Steve Schifferes, British Broadcasting Corp., 1999년 9월 29일, http://news.bbc.co.uk/1/hi/specialreport1999/09/china.

3 "Crowned at Last", *The Economist*, 2005년 4월 2일, p. 4.

4 "The Online Advertising Landscape, Europe", Chris Lake, 2005년, DoubleClick 웹 사이트, www.doubleclick.com/us/knowledge_central/documents/TREND_REPORTS/europe_online.pdf.

5 Japan ad spending. "Ad Spending Up 3% in 2004: Dentsu", *Japan Times*, 2005년 2월 18일.

3 부의 물결

1 "It's a Fat, Fat, Fat World", 2002년 5월 15일, WHO 특별 위원회 연구 결과를 인용한 CBS News의 보도, www.cbsnews.com/stories/2002/05/health/main509230.shtml.
"The State of Food Insecurity in the World: 2002", Food and Agriculture Organization, http://www.fao.org/documents/show_cdr.asp?url_file=/docrep/005/y7352e/y7352e00.htm.

2   "Einkorn's Debut", Mark Rose, *Archaeology*, 1998년 1월-2월.
    "Location, Location, Location: The First Farmers", Jared Diamond, *Science*, 1997년 11
    월 14일, p. 1243.

3   "The Expansion of Technology 500 – 1500", Lynn White, *The Fontana Economic History
    of Europe*(London, 1972), [50], p. 138에 인용됨.

4   "Medieval Europe: Crisis and Renewal", Teofilo F. Ruiz, Teaching Company(Chantilly,
    Va, 1997)의 강의 테이프 시리즈, Lecture 5: Hunger.

5   Richard S. Dunn, *The Age of Religious Wars*(New York: W. W. Norton & Co., 1997년).

6   Camporesi, [41], pp. 38, 47, 56.

7   "World Development Indicators Database", World Bank, 2002년 8월, http://www.
    worldbank.org/data/databytopic/POP.pdf.

4 상호 작용하는 심층 기반

1   "Economists See Better Times Coming in '03", John Gallagher, *Detroit Free Press*, 2002
    년 11월 22일.

2   "Time Warner Telecom Announces Third Quarter 2002 Results", PR Newswire, 2002
    년 10월 30일.

3   "Historical Prices for Time Warner Telecom (TWTC)", Yahoo Finance, 2002년 12월 11
    일, http:table.finance.yahoo.com/d?a=9&b=30&c=2001&d=9&e=30&f=2002&g=w&s
    =twtc.

4   "Russia Says It Can Service Foreign Debt", Robert Cottrell and Arkady Ostrovsky,
    Financial Times, 2002년 2월 21일, p. 30.

5   "China Predicts 7% Year 2000 Growth, Deflation to End", William J. McMahon, *China
    Online News*, 2000년 1월 5일.

6   "A Clearer View of the Economy: The Commerce Department Answers Its Critics",
    Louis Uchitelle, *New York Times*, 1999년 10월 29일, p. C1.

7   "Credibility Test", Mervyn King, *Financial Times*, 1999년 8월 30일, p. 12.

8   "Experts and Consultants", HGExperts.com, www.hgexperts.com/listing/Experts-
    Failure-Analysis.asp.

9   "Horticultural Crops", Fu Wen Liu, Food and Fertilizer Technology Center, www.
    agnet.org/library/article/eb465b.htm.

10 Smith, [247], p. 3.

5 속도의 충돌

1   하이디 토플러는 공공 분야의 지배적 조직 형태와 민간 분야의 조직 형태가 이루는 부
    조화가 어느 수준 이상을 넘어가면, 상호 불일치성으로 인해 양쪽 분야 모두에서 비효

율이 초래된다고 제시했다.

2   과학적 기법을 적용해 최대의 작업 능률을 올린다는 이 방식은 노동자들을 비인간적 속도의 노예로 만들고 그들을 기계의 부속품으로 전락시킨다는 비난을 받아왔다. 프리데릭 윈슬로 테일러(Frederick Winslow Taylor, 1856 - 1915)의 이름에서 유래된 이 경영기법은 헨리 포드의 등장 이후 '포디즘(Fordism)'으로 불리기도 했다. Kanigel, [134], p. 7.

3   *"America's Families and Living Arrangements"*, U.S. Census Bureau, 2001년 6월, p. 2.

4   *2001 World Almanac*(Mahwah, N.J.: World Almanac Books, 2001), p. 171.

5   "Union Members in 2004", U.S. Bureau of Labor Statistics, www.bls.gov/news.release/union2.nr0.htm.

6   "Airport Runway Construction Challenges", U.S. House Subcommittee on Aviation, for its hearing May 24, 2001, www.house.gov/transportation/aviation/05-24-01/05-24-01memo.htm.

7   "Increasing Program Delivery Costs", American Association of State Highway and Transportation Officials, 2002년, http://transportation.org/bottomline/highways07.htm.

8   "Revenues and Expenditures for Public Elementary and Secondary Education: School Year 1999 - 2000", National Center for Education Statistics, www.nces.ed.gov/pubs2002/quarterly/summer/3 - 7.asp.

9   "U.S. Will Endorse European Nominee to Lead the I.M.F.", David E. Sanger and Joseph Kahn, *New York Times*, 2000년 3월 14일, p. A1.

10   파일 공유 소프트웨어와 기술은 음악 산업의 분쟁으로 이어졌는데, 이는 1980년대 말에 개발된 기술로 인해 초래된 사태였다. 2005년에 미국 대법원은 불법적인 파일 교환을 조장하는 제품의 제조업체는 손해배상 청구소송을 당할 수 있다고 결론을 내렸다. 이에 대해 〈뉴욕타임스〉는 "음반업계가 법정에서 계속 승리를 하고 있지만 그것은 다음 세대의 디지털 혁신보다 몇 년이나 뒤쳐져 있다"고 논평했다. "The Imps of File Sharing May Lose in Court, but They Are Winning in the Marketplace", Tom Zeller, Jr., *New York Times*, 2005년 7월 4일, p. C3.

11   "A Megadeal in PC-Land Now?", Robert X. Cringely, *New York Times*, 1998년 11월 24일.

12   "Clinton Signs Law That Removes Social Security Earnings Penalty", Kathleen Pender, *San Francisco Chronicle*, 2000년 4월 8일, p. A1.
     "Social Security Earnings Limit Removed", Thomas Burke, U.S. Bureau of Labor Statistics, *Compensation and Working Conditions* 5, no. 2 (2000년 여름).

13   "Flash! The Great Depression Is Over", Steve Forbes, *Forbes*, 2000년 4월 3일, p. 39.

14   "Regulators' New Role in Competitive Utilities", Kriss Sjoblom and Richard S. Davis, *Seattle Post-Intelligencer*, 1997년 7월 29일, p. A11.

15   "Year in Review: Looking for Someone or Something to Blame", Dean Anason, Matthias Rieker, Rob Blackwell, Rob Garver, Barbara Rehm and Jennifer Kingson, *American Banker*, 2002년 12월 5일, p. 19A.

"Bear Tracks", Tom Walker, *Atlanta Journal and Constitution*, 2002년 11월 17일, p. 1G.

16 "Securities Law: An Overview", Cornell University Legal Information Institute, www.law.cornell.edu/topics/securities/html.

17 Table: "Total Industry Net Assets, Number of Funds, and Shareholder Accounts", Investment Company Institute, 2003년, www.ici.org/pdf/02fb_datasec1.pdf.

18 "The Forties", Investment Company Institute, 2003년, www.ici.org/60year/1940s.htm. 1940년대 뮤추얼 펀드의 규모는 ICI의 산업 자산과 펀드 도표를 참조했다.

19 "Two Years After the Lights Went Out", Thomas Homer-Dixon, *New York Times*, 2005년 8월 13일.

6 동시화 산업

1 McNeill, [174], pp. 27, 30.

2 Wolters, [288], p. 182.

3 McGrath, [172], pp. 44-45.

4 "Listening In on the Brain", *Science*, vol. 280, 1998년 4월 17일, p. 376.

5 Kornai, [140], pp. 56-57.

6 "Feeding the Flames: What Every Manager Needs to Know About Creative Destruction", Russ Mitchell, *Business 2.0*, 2001년 5월.

7 Monden, [181].

8 Giffi, [109], pp. 138, 215, 228-229.

9 위의 책, pp. 136-137. 저자는 부분적으로 다음 문헌을 참조하여 결론을 내렸다. Michael A. Cusumano, "Manufacturing Innovations: Lessons from the Japanese Auto Industry", *Sloan Management Review 30*(1988년 가을), pp. 29-39.

10 위의 책, 이 연구에서 다음 문헌을 참조했다. Roger W. Schmenner, "The Merit of Making Things Fast", *Sloan Management Review 30*(1998년 가을), pp. 11-17.

11 Hammer, [118], pp. 150-153.

12 "Baan Looks to Climb Out of Trough", Joris Evers, *InfoWorld Daily News*, 2002년 12월 2일.
"Enterprise Resource Planning", Bearing Point, 2003년, www.kpmgconsulting.com/solutions/enterprise_solutions/erp_solutions.htm.

13 "Synchronized Supply Chains: The New Frontier", David Anderson and Hau Lee, *Achieving Supply Chain Excellence Through Technology*, 1999년 4월 15일, Montgomery Research, Inc., ASCET 웹 사이트, www.ascet.com/documents/asp?dID=198.

14 "Industry Faces Heavy Costs for Recycling", Vanessa Houlder, *Financial Times*, 2003년 5월 27일, p. 11.

15 "Refillers Sue Lexmark Over Ink Cartridge Recycling Plan", Joe Ward, *Louisville Courier-Journal*, 2001년 9월 7일, p. 1C.

602

7 불규칙한 경제

1   "Who's Afraid of AOL *Time* Warner?", *The Economist*, 2002년 1월 26일.

2   "Race to Renew a Corporate Culture", *Financial Times*, 1994년 11월 11일. 지멘스는 5 년 뒤 닉스도르프를 콜버그 크라비스 로버츠에 매각했다.

3   2001년 로스앤젤레스에서 저자와 인터뷰한 내용.

4   "Annual Value of Construction Put in Place in the United States 1993–2004", U.S. Census Bureau, www.census.gov/const/www/c30index.htm.

5   "Public Housing Project Detailed", Nathan Gorenstein, *Philadelphia Inquirer*, 2001년 11월 10일, p. B1.

6   "U.S. Congress Asserts Oversight", Gopal Ratnam, *Defense News*, 2002년 11월 10일, p.1.

7   "DoD Criticized for Relying on One-Bid Contracts", Katy Saldarini, *Government Executive*, 2000년 3월, www.207.27.3.29/dailyfed/0300/032200k1.htm.

8   Margiotta, [165], p. 50.

9   "FCC Gets a Clear Signal", *Orange County Register*의 사설, 1999년 12월 1일, p. B10.
     "The Emergence of a Networked World", Global Internet Project, www.gip.org/publications/papers/gip2h.asp.

10 "The Cost of Telecommunications Regulation", National Center for Policy Analysis, 2002년 11월 19일. 다음 자료를 인용함, Robert W. Campbell of the Brookings Institute, "A Somewhat Better Connection", *Regulation* 25 no. 2 (2002년 여름호), pp. 22–28, www.ncpa.org/iss/reg/2002/pd111902d.htm.
     "FCC Gets a Clear Signal", *Orange County Register*, 다음 자료를 인용함, National Economic Research Associates, 1999년 12월 1일, p. B10.

11 "The Time Is Now: Bust Up the Box", John Markoff, *New York Times*, 2005년 10월 5일, p. G1.

12 "Banks Focus on Retail Services, Keep Cash Machines Open Later", Masato Ishizawa, *Nikkei Weekly*, 1997년 10월 20일, p. 1.

13 "Making News in Japan with 24-Hour ATMs", Andrew Raskin, *Bank Technology News International*, 1998년 1월.

14 "UFJ to Introduce 24-Hour ATMs", *Nikkei Weekly*, 2003년 8월 25일.

8 새로워지는 시간의 풍경

1   "Critically Ill Passengers on Two Flights Saved Airline's Pioneering Efforts", <*Chicago Tribune*> 기자인 John Crewdson가 기고한 글, *Buffalo News*, 1998년 11월 22일, p. 18A.

2   Le Goff, [147], p. 51.

3   "Productivity and Costs: People Are Asking…" U.S. Bureau of Labor Statistics, www.

bls.gov/lpc/peoplebox.htm.

4 "Today's Free Agents Work at Twitch Speed: A Buzzword Glossary", Hal Lancaster, *Wall Street Journal*, 1998년 10월 7일, p. B1; (조급증) "Hurry Sickness Can Be Cured", Philip Chard, *Milwaukee Journal Sentinel*, 2002년 11월 26일, p. 1F. (타임 디프닝과 시간 기근) "Old Father Time Becomes a Terror", Richard Tomkins, *Financial Times*, 1999년 3월 20일-21일. (인터넷 타임) "A Quicker Pace Means No Peace in the Valley", John Markoff, *New York Times*, 인텔의 앤디 그로브를 인용. 1996년 6월 3일, p. C1. (디지털 타임) "Are You on Digital Time?", Alan M. Webber, *Fast Company*, 1999년 2월, p. 114.

5 "Curse of the Rushaholics", Anastasia Stephens, *Evening Standard* (London), 2002년 4월 30일, p. 23.

6 "Medication and Therapy Help Hyperactive Children", Dr. Hank Clever, *St. Louis Post-Dispatch*, 2002년 4월 22일, p. 9.

7 "Understanding Digital Kids", Ian Jukes and Anita Dosai, InfoSavvy Group, 2004년 6월, www.thecommittedsardine.net/infosavvy/education/handouts/it.pdf.

8 "Minute Mates", Linda Wertheimer, *Dallas Morning News*, 2000년 12월 8일, p. 1C, www.aish.com/speeddating/.

9 "Speed Dating Makes Inroads in India", *National Public Radio*, 2005년 10월 18일.

10 "A Warm Welcome at Your City Club", Tom Braithwaite, *Financial Times*, 2005년 12월 5일, p. 14.

11 "Site Unseen: The Brand Suffers—The Cost of Downtime", Tim Wilson, *Internet Week*, Zona Research (1999년 8월 2일)의 연구를 인용.

12 "Make Short Work of a Novel", Michelle Zhang, *Shanghai Daily*, 2005년 9월 15일, p. 17.

13 "Hollywood Disinformation", Joseph D. Duffy, *New Perspectives Quarterly*, 1998년 가을호, p. 14.

14 "The Information Gold Mine", Heather Green, *Business Week*, 1999년 7월 26일.

15 "EBS Live Speeds Up Data System", Jennifer Hughes, *Financial Times*, 2004년 2월 2일, p. 28.

16 Pink, [211], pp. 34-35. 2000년 7월 4일 저자와 펑크의 인터뷰 내용.

17 "Transforming the Future: Rethinking Time for the New Millennium", Bill Martin and Sandra Mason, *Foresight*, 1999년 2월, p. 51.

18 로스앤젤레스에서 있었던 저자와의 인터뷰, 2000년 1월 29일.

19 "Must-win TV Comes to Thursdays", Lauren Hunter, Cable News Network, 2001년 2월 7일, www.cnn.com/2001/SHOWBIZ/TV/0207/friends.survivor. 프렌즈와 세터데이 나이트 라이브의 에피소드는 2001년 1월 28일 수퍼볼 게임에 이어서 처음 방영됐다.

20 "NBC Is Hoping Short Movies Keep Viewers from Zapping", Bill Carter, *New York Times*, 2003년 8월 4일, p. C1.

21 "Investors May Have Repudiated the Internet, but Consumers Have Not", Amy Harmon and Felicity Barringer, *New York Times*, 2002년 7월 22일, p. C2.

22 "Coming Soon to TV Land", John Markoff, *New York Times*, 2006년 1월 7일, p. C1.

23 "The News Business: Stop Press", *The Economist*, 1998년 7월 4일, p. 17.

24 "Rethinking the Rat Race", Diane Brady, *Business Week*, 2002년 8월 26일.

25 "Podcasting: The New Broadcasting Model", John Jerney, *Daily Yomiuri*, 2004년 12월 14일, p. 13.

26 Alvin Toffler, *Future Shock* (New York: Random House, 1970).

27 "Berlin Journal: Skirmish in the Store Wars-The Souvenir Caper", Roger Cohen, *New York Times*, 1999년 8월 6일, p. A4.

28 "Night and Day" and "Tre Longer Hours Certain to Continue", Nami M. Abe, *Nikkei Weekly*, 2002년 9월 30일, pp. 2, 3.

29 "ICT in Curitiba", ITC Parana, www.investict.com/br/englishversion/englishversion/ccmodelo/textog.htm.
   "Conectiva, Inc.", Intel, www.intel.com/capital/portfolio/companies/conectiva.htm.

30 "Reclaiming Cities for the Next Few Centuries", Hardev Kaur, *New Straits Times Management Times*, 2002년 12월 27일.

31 "Brazil's Clean and Green City", Allen Chesney, *Chattanooga Free Press*, 1998년 9월 13일, p. K1.

32 "Stock Exchanges: Open All Night", Dean Foust, *Business Week*, 1999년 6월 14일.

33 "A Store Made for Right Now: You Shop Until It's Dropped", Cathy Horyn, *New York Times*, 2004년 2월 17일, p. A1.

9 거대한 순환

1 "The Historical Significance of China's Entry to the WTO", Jeffrey D. Sachs, 2000년, Project Syndicate, www.project-syndicate.org/article_print_text?mid=299&lang=1.

2 Maddison, [158], p. 142. 매디슨은 아시아의 급격한 인구증가에도 불구하고 그들이 전 세계 경제 생산에서 차지하는 비율은 서서히 하락하여 1950년대에는 20%에 불과했다는 사실을 언급했다.

3 Levathes, [149].

4 지난 반세기에 걸쳐 세계의 부가 거시적으로 아시아를 향해 서진하는 경향을 보이는 것은 미국 내부의 움직임과도 상응한다. 1950년대, 미국 10대 대도시 중 아홉 개가 동부 해안지역과 중서부에 집중되어 있었다. 2004년이 되자, 그들 중 오직 세 개의 도시만이 10대 도시 안에 잔류하게 되었다. 텍사스 서쪽 지역에서 일곱 개의 새로운 대도시가 새로 10대 도시에 편입됐으며, 유형적 상품의 대량생산을 상징하던 디트로이트는 명단에서 제외됐고, 그 자리를 캘리포니아의 산호세가 대신했다. 이 도시는 실리콘밸리 인근의 도회지로 무형적 상품의 생산을 상징한다. "Top Ten Cities", *New York*

Times, 2005년 6월 30일, p. A19.

5   "Luce's Values-Then and Now", Walter Isaacson, *Time*, 1998년 3월 9일, p. 195.
    "Another 'American Century'?", William Pfaff, *International Herald Tribune*, 2000년 1월
    3일, p. 8.

6   "New Wave of Foreign Investors Needed", Cary Huang, *South China Morning Post*, 2005
    년 3월 22일, p. 7.

7   "China's Foreign Investment Set for Record High in 2002", Xinhua News Agency,
    2002년 7월 17일.

8   "China Tops U.S. in Investment Table", British Broadcasting Corp., 2004년 6월 28일,
    http://news/bbc.co.uk/2/hi/business/3846439/stm.

9   "U.S. to Remain Top Investment Destination for Foreign Firms", Andrew C.
    Schneider, *Kiplinger Business Forecasts*, 2005년 3월 3일.

10 "*China's Economic Conditions*", Wayne M. Morrison of the Congressional Research
    Office, 2005년 1월 24일, p. 5.

11 "*Foreign Trade Statistics-Trade with China: 2003*", U.S. Census Bureau, www.census.gov/
    foreign-trade/balance/c5700.htm.

12 "Rank Order-Exports", World Factbook, www.cia.gov/cia/publications/factbook/
    rankorder/2078rank.htm.

13 "Field Listing-GDP", World Factbook, www.odci.gov/cia/publications/factbook/2001.
    htm.

14 "Asia", Robert Manning, 2000년, Council on Foreign Relations 웹 사이트, www.
    foreignpolicy2000.org/library/issuebriefs/IBAsia.htm.

10 고부가가치 장소

1   Knoke, [139], p. 8.

2   "Life Beyond Modems", James Coates and Jon Van, *Chicago Tribune*, 1997년 3월 17일, p.
    C1.
    "Embedding the Internet", Deborah Estrin, Ramesh Govindan and John Heidemann,
    Communications of the Association for Computer Machinery, 2000년 5월 1일, p. 38.

3   "Beneath Cleveland's Bright Facade, America's Poorest City", Milan Simonich, *Pitts-
    burgh Post-Gazette*, 2004년 9월 26일, p. A1.

4   "World Watch: Asia-Poised for Growth", Mark Graham, Industryweek.com, 2000년
    10월 16일, www.industryweek.com/CurrentArticles/asp/articles.asp?ArticleID=918.

5   "China's Young, Restless Seeking Future", Jennifer Lin, Knight-Ridder Newspapers,
    다음에 인용된 내용, *Pittsburgh Post-Gazette*, 1999년 9월 26일, p. A17.

6   "Completing the Jigsaw", Duncan Hughes, *South China Morning Post*, 1994년 10월 29일,
    p. 23.

7 "FDI in China and Regional Development from Institutional Reforms to Agglomeration Economies Perspective", Chyau Tuan and F. Y. Ng for the First International Conference on Nation States and Economic Policy: Conflict and Cooperation, 2002년 11월 30일-12월 1일, Academic Society HomeVillage of Japan, www.soc.nii.ac.jp/jepa/abst/10.pdf.

8 "On Changes of Economic Position of Coastal Prosperous Provinces", Ma Chunhui, China Development Institute, 2003년 6월 30일, www.cdi.com.cn/publication/pdf/ cdireview_200302_machh.pdf.

9 Ohmae, [200].
"Putting Global Logic First", Kenichi Ohmae, *Harvard Business Review*, 1995년 102월호, p. 120.

10 Ohmae, [198], p. 8.

11 "Territoriality of Topocratic Cross-Border Networks", Jussi S. Jauhiainen, University of Tartu, Estonia, www.ut.ee/SOPL/english/border/jj.htm.

12 "Tumen River Project Hopes to Gain Japan's Participation", Associated Press, 2001년 4월 6일.

13 "A Lateral Piece of Logic", Tyler Brule, *Financial Times*, 2004년 10월 30일, p. 22.

14 "Mexico's China Obsession", Scott Johnson, *Newsweek*, 2002년 11월 4일, p. 48.

15 "First Decline Seen for Border Factories", Chris Kraul, *Chicago Tribune*, 2001년 10월 9일, Business Section, p. 2.

16 "Free Trade's Faded Dream", Susan Ferriss (Cox News Service), *Edmonton Journal*, 2003년 11월 23일, p. D4.

17 "The China Challenge", Dean Calbreath and Diane Lindquist, *Copley News Service*, 2002년 9월 2일.

18 "The New State Economy Index", Robert D. Atkinson with assistance from Rick Coduri, Progressive Policy Institute, 2002년 6월 10일, www.ppionline.org/ppi_ci.cfm?k nlgAreaID=87&subsecID=205&contentID=896.

19 "Break Away Growth: Economic Strategy Revealed", Indiana Economic Development Council, www.iedc.org/growth/index.htm.

20 "Best Cities to Start and Grow a Company", *Inc.*, 2000년 12월호, p. 45.

21 "Small Business Survival Index 2002", Raymond J. Keating, Small Business Survival Committee, 2002년 7월, pp. 6-7.

22 "Best and Worst States to Run a Small Biz", Phillip Harper, 2002년 7월 발표된 보고서, www.bcentral.com/articles/harper/141.asp.

23 "Terminal Leave", Greg Lindsay, *Advertising Age*, 2005년 10월 17일, p. 12.

1   2003년 3월 27일, 저자와의 인터뷰.

2   "World Cup Had Mixed Impact on Economy; Government Reports", *Japan Economic Newswire*, 2002년 7월 11일.
    "232,800 Foreigners Visit Korea for World Cup", *Asia Pulse*, 2002년 8월 6일.

3   Waley, [274], p. 223.

4   "Surge Una Nueva Especialidad", Alejandro Lepetic, *Corporate Traveler*, 1997년 6, 7, 8
    월호, p. 45.

5   *World Almanac 1996* (Mahwah, N.J.: World Almanac Books, 1996년), p. 553.

6   "Annual Vehicle Distance Traveled in Miles and Related Data-1998", U.S. Department
    of Transportation, www.bts.gov/ntl/query.htm?qt=average+miles+per+year&search.
    x=6&search.y=2.

7   "The Cost of Traffic Congestion in Colorado", The Road Information Program,
    U.S. Department of Transportation의 발표 인용, 2002년 5월, http://216.239.39.100/
    search?q=cache:6EMUcR_24cIC:www.tripnet.org/ColoradoCongestionStudyMay2002.
    PDF+average+daily+commute+miles&hl=en&ie=UTF-8.

8   Hale, [116], p. 32.

9   "Scouring the Planet for Braniacs", Pete Engardio, *Business Week*, 2004년 10월 11일, p.
    100.

10 "Tokyo Story: Shintaro Ishihara's Flamboyant Nationalism Appeals to Many Japanese
    Voters", John Nathan, *New Yorker*, 2001년 4월 9일, p. 108; and Holstein, [127], p. 165.

11 Cohen, [53], pp. 1, 4, 94.

12 "Noboa: Dollar Has Been Good Thing for Ecuador", Andres Oppenheimer, *Miami
    Herald*, 2002년 10월 13일, p. HW8.

13 U.S. Senate, Joint Economic Committee Staff Report, 2000년 1월,
    http://216.239.57.100/search?q=cache:IqBkEsZNHmMC:www.usinfo.org.sv/
    IRChomepage/Dollarization.ppt+mexico+and+%22u.s.+dollar%22+and+unofficial+cur
    rency&hl=en&ie=UTF-8.

14 "Unstable Exchange Rate System Hurting Emerging Markets", *Asia Pulse*, 2003년 1월 8
    일.

15 "The Location of U.S. Currency: How Much Is Abroad?", Richard D. Porter and Ruth
    A. Judson, *Federal Reserve Bulletin 82*, 1996년 10월, pp. 883-903.

16 12개 유럽 국가가 유로화를 도입함으로써 달러의 미래는 안개 속에 싸이게 됐다는 것
    이 분석가들의 견해이다. 일부 선도적 금융 경제학자들은 유로가 달러를 대신해 국제
    통화의 지위를 차지하게 될 것이라고 예측했다. "EMU and the Euro: An American
    Perspective", Harvard professor Jeffrey A. Frankel, 2000년 6월 28일, ww.fondazione.
    lucchini.it/pdf/frankellast.pdf 참조. 2005년, 미국의 무역 및 재정 적자의 증가와 달러

가치 하락으로 인해 중국과 일본을 비롯한 여러 국가들이 자국의 달러 보유분을 줄이고 유로 보유고를 늘릴지도 모른다는 관측이 널리 퍼졌다. 하지만 그런 일은 벌어지지 않았고 대신 EU 내부에서 최악의 갈등 상황이 전개되고 있다. 프랑스와 네덜란드 유권자들이 EU 헌법을 거부함으로써 유로는 물론 유럽연합 자체의 미래마저 불투명하게 만들었다.

17 "German Currency Leaves Its Mark Across the Balkans", Lucian Kim, *Christian Science Monitor*, 2000년 3월 2일, p. 8.

18 "Europe's Funny Money", Martin Walker, United Press International, 2001년 8월 8일.

19 "Information About Liechtenstein and Links to Related Sites", Liechtenstein Permanent Mission to the United Nations, www.un.int/liechtenstein/info.htm.

20 "Crowning Glory", Daniel Baer, *Sydney Morning Herald*, 2002년 9월 28일, Travel section, p. 7.

21 "History and Adventure Kept on Ice in Greenland", Jane M. Olsen, Associated Press, 2003년 8월 18일.

22 "Monetary Policy in Dollarized Economies", Tomas J.T. Balino, Adam Bennett and Eduardo Borensztein, International Monetary Fund, 1999년, www.imf.org/external/pubs/nft/op/171.

23 Cohen, [53], pp. 5, 92.

12 준비되지 않은 세계

1 British Broadcasting Corporation: "Back to the Future: 1900", British Broadcasting Corp. www.bbc.co.uk/hi/english/static/specialreport/1999/12/99/backtothefuture/1900/stm.

2 Antoni Estevadeordal, Brian Frantz, and Alan M. Taylor, "The Rise and Fall of World Trade, 1870–1939", National Bureau of Economic Research를 위한 연구 논문, 2002년 11월, http://papers.nber.org/papers/.

3 Edelstein, [81], pp. 35–37.

4 "A Tilt in the Right Direction", Simon Kuper, *Financial Times*, 1998년 1월 30일, published in an FT Survey on International Youth, p.1.

5 "Letter from Chile", Jimmy Langman, *The Nation*, 2002년 12월 16일.
   "Argentina Hopes to Attract Foreign Investment", Agence France Presse, 2003년 1월 20일.
   "Nervous Investors Watch Brazil Election", James Cox, *USA Today*, 2002년 10월 4일, p. 1B.

6 "Global Poverty: There's No Panacea, but Here Are Strategies That Work", Pete Engardio, *Business Week*, Special Report, 2002년 10월 14일, p. 108.

7 "Moon ABCs Fact Sheet", Lunar Prospector project에 대한 웹 페이지에 있는 차트,

National Aeronautics and Space Administration, http://lunar.arc.nasa.gov/education/activities/active9.

8   "Single Market for Equities: Regulations Must Be Reformed to Encourage a Truly Pan-European Stock Market", Stanislas Yassukovich, *Financial Times*, 1998년 1월 26일, p. 16.

9   "Hurdles Ahead", chart accompanying the article "Europe Sees Progress Falter in Face of Red Tape and Protectionism", *Financial Times*, 2003년 1월 14일, p. 3.

10 "The International Financial System: Exploring Concepts", Zanny Minton Beddoes, *Foreign Policy*, 1999년 가을, p. 16.

11 Union of International Associations, [268], Item D3003.

12 "Experts Question Roving Flow of Global Capital", Nicholas D. Kristof, *New York Times*, 1998년 9월 20일, p. A18.

13 "World Total Direct Foreign Investment", Milken Institute, 2002 Global Conference(2002년 4월 22일-24일, Los Angeles)에 맞춰 발행한 보고서, p. II-32.

14 "Global Financial Profile", United Nations Panel on Refinancing for Development, 2001년 6월, www.un.org/reports/financing/profile/htm.

15 "Measuring Globalization: Who's Up; Who's Down", *Foreign Policy*, 2003년 1/2월, pp. 60-72.

16 "Globalization", Babbit의 논평에 대한 CSPAN의 번역 자막, 2001년 3월 1일.

17 "The Five Wars of Globalization", Moisés Naím, 1999년 UN이 작성한 "Human Development Report" 인용, *Foreign Policy*, 2003년 1월/2월, p. 30.

18 "A Smuggler's Paradise", David Binder, MSNBC, www.msnbc.com/news/667792.asp?cp1=1, 알바니아 내무장관의 말을 인용.

19 "U.N. Children's Fund Says Millions of Children Bought and Sold as Sex Slaves", Edith M. Lederer, Associated Press, 2001년 12월 12일.

20 "Dust Plagues Korea for Second Day",un Tae-kyung, *Korea Herald*, 2002년 4월 10일.

21 "2002: A Bleak Year for the Environment", Agus P. Sari, *Jakarta Post*, 2002년 12월 28일.

22 "Little Cyanide Peril Is Seen for Danube; Tributary Badly Polluted, but Scientists Minimize Danger to Humans", Peter S. Green, *International Herald Tribune*, February 15, 2000년 2월 15일, p. 1.

23 "Benefits and Costs of EU Enlargement for Present Members, First-Round Candidates and Other Associated Countries", Andras Inotai, Annual Bank Conference on Development Economics-Europe 발표 논문 (1999년 6월 21일-23일), World Bank, www.worldbank.org/research/abcde/eu/inotai.pdf.

24 "Is It Globaloney?", Karen Lowry Miller, *Newsweek*, 2002년 12월 16일, p. 43.

25 "Enter the Dragon", *The Economist*, 2001년 3월 10일, Special Section.

1   "Clinton Hails Globalization's Gains", Alvin Powell, *Harvard University Gazette*, 2001년 11월 19일, www.news.harvard.edu/gazette/2001/11.29/09-clinton.htm.

2   "Doubts Inside the Barricades-The IMF", *The Economist*, 2002년 9월 28일, Special Report.

3   "Stormy History of Anti-Globalization Protests", Agence France Presse, 2001년 7월 23일.

4   "From the Streets to the Inner Sanctum", Evelyn Iritani, *Los Angeles Times*, 2005년 2월 20일, p. C1.

5   "AIDS Activists Resume a Get-Tough Campaign", Fred Tasker, *Miami Herald*, 2002년 7월 13일, p. A1.

6   "As Attacks Grow Against Globalization, Protesters Resist Labels That Define Them", Alessandra Rizzo, Associated Press, 2001년 7월 17일.

7   "Challenging Corporate Abuse, Building Grassroots Power", www.infact.org/homepg~2.htm.

8   California Prison Focus 및 여러 그룹들, www.prisons.org.

9   "Argentina's Crisis: It's Not Just Money", Larry Rohter, *New York Times*, 2002년 1월 13일, p. D4.
    "Uruguay Plans to Float Its Currency on World Markets", Thomas Cattan, *Financial Times*, 2002년 6월 21일, p. 8.

10 "Point-Possibly", Cesar Bacani, *Asiaweek*, 1998년 10월 9일, p. 58.
    "Asia Rebounds Against Odds From Crisis", Stephen Seawright, *South China Morning Post*, 2000년 1월 1일, p. 5.

11 "Cheap Rivets Blamed for Sinking of Titanic", Peter Conradi, *Sunday Times* (London), 1998년 2월 1일.

12 "NYSE Sets New Levels for 'Circuit Breakers'", David Wells, Bloomberg News, *Milwaukee Journal Sentinel*, 2003년 3월 31일, p. 2D.

13 "SEC Approves Stock Exchange Circuit Breakers", Investment Company Institute, 1998년 4월 16일, www.ici.org/issues/mrkt/arc-nasd/98_circuit_approve.html.
    "SEC Revises Rules to Halt Market Drop", Bloomberg News, *Dallas Morning News*, 1998년 4월 11일, p. 1F.

14 "New Circuit Breaker System on SES From Monday", *Business Line*, 인도의 힌두교 계열 출판물, 2002년 3월 29일.

15 "Taiwan's Investors React Cautiously to New Stock Trading System", *Taiwan Economic News*, 2002년 7월 2일.

16 "A Big Threat to Asia's Export-Driven Economies", David Barboza, *New York Times*, 2003년 3월 21일, p. W1.

17   "Beijing Seeks Ways to Boost Domestic Demand", Peggy Sito, *South China Morning Post*, 2001년 10월 23일, p. 4.

18   "U.S. Economic Slowdown Is Easing Its Way Around Globe", Evelyn Iritani and Thomas S. Mulligan, *Los Angeles Times*, 2001년 1월 11일, p. A1.

19   "Zambia: Transforming a Copper-Dependent Economy", Allan Peters, Inter Press Service, 2002년 10월 21일.

20   "Civilian Rule Brings Oil Money-but Little Progress-to a Corner of Nigeria's Delta", Glenn McKenzie, Associated Press, 2002년 8월 11일.

21   "A Test for the House of Saud", Stanley Reed, *Business Week*, 2001년 11월 26일, p. 42.

22   "Gulf Leaders to Review IMF Call for Taxes as Oil Income Dwindles", Agence France Presse, 2001년 12월 30일.

23   "2002–2003/Economy: Prospects Mixed for Southern Africa", Anthony Stoppard, Inter Press Service, 2002년 12월 30일.

24   "Venezuelan Oil Output Climbs as Strike Against Chavez Shows Signs of Waning", Fabiola Sanchez, Associated Press, 2003년 1월 28일.

25   "Putting OPEC over a Barrel: Russia's Oil Plan Could Push Western Pump Prices Down", Sharon LaFraniere, *Washington Post*, 2002년 3월 16일, p. E1.

26   "Toward an East Asian Economic Community", Ari A. Perdana, Jakarta Post, 2003년 2월 18일.

14 우주를 향하여

1   "The ABCs of GPS", Glen Gibbons, *IPI Global Journalist*, 2002년 4분기, p. 3.

2   "A New Commitment to Space", Bill Nelson, *Washington Post*, 2003년 2월 2일, p. B7.

3   "NASA Plans to Show You How Space Program Helps You Live", Will Hoover, *Honolulu Advertiser*, 2001년 4월 4일, p. 1F.

4   "Location, Location, Location", *Red Herring*, 2005년 10월 17일, p. 30.

5   "2001–2002 Satellite Industry Indicators Survey", Satellite Industry Association을 위해 Futron Corp.이 수행, www.sia.org/satelliteinfo.htm.

6   "Market Focus", Anthony L. Velocci Jr., *Aviation Week & Space Technology*, 2002년 6월 10일, p. 8.
    "Space Shuttle Loss Hurts Lockheed, Other NASA Stocks", Robert Little, *Baltimore Sun*, 2003년 2월 4일, p. 1D.

7   "Partnership with Ukraine to Use Alcantara Rocket Base", *Gazeta Mercantil*, 2002년 9월 20일.

8   "Columbia Disaster Could Push Brazil to Rethink Its Space Program", Bernd Radowitz, Associated Press, 2003년 2월 2일.

9   "Private Equity Firms Make a Bet on Satellite Companies", Ken Belson, *New York*

Times, 2005년 4월 18일, p. C1.

10 "Mapping Alliance Program Provides Earth Imagery and Information Products to Markets Worldwide", Space Imaging News, 1996년 11월 19일, www.spaceimaging.com/newsroom/1996_mapping_alliance.htm.

11 "More Companies Try to Bet on Forecasting Weather", Del Jones, *USA Today*, 2003년 3월 3일, p. 1B.

12 "Atmospheric Research: Understanding Atmospheric Events to Save Lives and Property Worldwide", U.S. National Oceanic and Atmospheric Administration, 2001년 1월, www.oar.noaa.gov/organization/backgrounders/atmosphere.htm.

13 "LIFFE to Launch Weather Futures Contracts", exchange news release, 2001년 11월 23일, Weather Risk, www.wrm.de/cgi-bin/wrm.pl?read=83.

14 "Economy-United States, 2001 Est.", *World Factbook 2002*, www.bondtalk.com/factbook2002/geos/us.htm.

15 "A Better Option for Dialysis Patients", Linda Marsa, *Los Angeles Times*, 2003년 2월 3일, p. F1.
    "Spinoffs from the Space Program", National Aeronautics and Space Administration, 2000년 3월, www.hq.nasa.gov/office/pao/facts/HTML/FS-012-HQ.htm.

16 "StelSys Set to Score a First in Space", Julie Bell, *Baltimore Sun*, 2002년 5월 30일, p. 1C.

17 (뇌종양) "Space Technology Helps Advance Cancer Treatment", Susan James, *Florida Today*, 2002년 5월 22일, News, p. 1. (시력상실) "NASA Laser Could Reverse Blindness", British Broadcasting Corp., 2002년 7월 10일, http://news.bbc.co.uk/1/hi/health/2119537.stm. (골다공증과 인공심장) "Shuttles Are Known Best for Exploration, but Researchers Say They Do Plenty of Good on Earth", Jeff Donn, Associated Press, 2003년 2월 6일.

18 "Heart Disease and Stroke Statistics-2003 Update", American Heart Association, www.americanheart.org/presenter.jhtml?identifier=3000090.

19 "Zero-Gravity Experiments Continue at Station", Eric Schmidt, *Denver Post*, 2003년 2월 6일, p. B2.

20 "Growing Demand for Spare Hi-Tech Hearts", Dawn Stover, *Melbourne Sunday Herald Sun*, 2000년 11월 19일, p. L1.
    "Patches for a Broken Heart", National Aeronautics and Space Administration, 2002년 2월 14일, http://science.nasa.gov/headlines/y2002/14feb_heart.htm.

21 "Satellite Instruments", European Ozone Research Coordinating Unit at Cambridge University, www.ozone-sec.ch.cam.ac.uk/VINTERSOL/Planning%20Document/Satelliteinst.htm.

22 "POAM III Observes Forest Fire Emissions in the Stratosphere", 2001 *NRL Review*, U.S. Naval Research Laboratory 출판물, J. Hornstein, 2001년, p. 82.

23 "Ecological, Global Change Studies in the Amazon Rainforest", National Aeronautics and Space Administration, 2000년 6월, http://earthobservatory.nasa.gov:81/Newsroom/Campaigns/LBAFacility.htm.

24 "Ice, Cloud and Land Elevation Satellite (ICESat)", National Aeronautics and Space Administration, http://icesat.gsfc.nasa.gov/.

25 (수자원) "Mojave Desert's Surface Drop Linked to Century of Groundwater Use", Associated Press, 2003년 2월 24일. (수산학) "Ocean Scientists Study Mysterious Zones Near Pacific Shore", David Perlman, *San Francisco Chronicle*, 2003년 2월 16일, p. A6. (강어귀 생태학) "Satellites Cull Secrets from Lake Sediments", *New Orleans Times-Picayune*, 2002년 11월 28일, p. 18. (엘리뇨) "Weak El Nio Means Less Snow in West", Lee Bowman, Scripps Howard News Service, 2003년 3월 6일.

26 "Shuttle's Cameras Offer New Views of the World", Warren E. Leary, *New York Times*, 2002년 1월 29일, p. F5.

"Ancient City of Angkor Wat Yields New Secrets", Alexandra Witze, *Dallas Morning News*, 1998년 6월 8일.

27 "Fact Sheet-NAVSTAR Global Positioning System", U.S. Air Force, 2002년 5월, http://131.84.1.31/news/factsheets/NAVSTARGlobalPositioningSy.htm.

28 "Galileo Cleared to Take On GPS", Bloomberg News, *Montreal Gazette*, 2005년 6월 28일, p. B7.

29 "U.S. Customs Inspectors Deployed to Seaports of Rotterdam in ontainer Security Initiative", EU 주재 미국 공관, 2002년 8월 26일, www.useu.be/Categories/Justice%20and%20Home%20Affairs/Aug2602Customs RotterdamContainerSecurity.htm.

30 "Devices to Secure Ship Containers; New Locks Allow Tracking and Can Even Call Security", Eli Sanders, *Boston Globe*, 2003년 2월 6일, p. A3.

31 "Move Over Bar Codes: Here Come the RFIDs", Teresa F. Lindeman, *Pittsburgh Post-Gazette*, 2005년 2월 27일, p. A1.

32 "FAA's Garvey Sees Grim Future for Air Travel", Jon Hilkevitch, *Chicago Tribune*, 2001년 4월 30일, Metro, p. 1.

33 "How to Fix the Air-Traffic Mess", Cait Murphy with Alynda Wheat, *Fortune*, 2001년 6월 25일, p. 116.

34 "Technology That Watches Over Us: Satellite-Based Air Traffic Control", Geoff Nairn, *Financial Times*, 2002년 10월 9일, FT Report, Business of Space, p. 3.

35 "NASA Navigation Work Yields Science, Civil, Commerce Benefits", Jet Propulsion Laboratory, 2002년 10월 14일, www.jpl.nasa.gov/releases/2002/release_2002_191.cfm.

36 "Reach for the Stars", Rahul Jacob, *Fortune*, 1989년 9월 25일, p. 6.

37 "Space Program Pays Big Tax Refund", former astronaut Jim Lovell, Knight Ridder/Tribune News Service, 1999년 4월 19일.

"Space: Investing in the Future", Robert Sherman Wolff, *Christian Science Monitor*, 1981

년 10월 28일, p. 23.

38 "Military and Industry Strive to Profit from Space", Fiona Harvey, *Financial Times*, 2002년 12월 27일, p. 8.

39 "3rd World Sets Sights on Space", Peter Pae, *Los Angeles Times*, 2003년 10월 14일, p. A1.

40 "Commercial Space Travel Has Become a Reality with SpaceShipOne", *Omaha World-Herald*, 2004년 10월 8일, p. B6.

41 "SpaceShipOne Wins $10 Million Ansari X Prize in Historic 2nd Trip to Space", Leonard Davis, Space.com, www.space.com/missionlaunches/xprize2_success_041004. htm.

42 2004년 5월 26일, 저자에게 밝힌 내용.

15 지식의 이점

1 "Vietnam's Women of War", David Lamb, *Los Angeles Times*, 2003년 1월 10일, p. A1.

2 "GM Stakes Out Russian Frontier", Daniel Howes, *Edmonton Sun*, 2001년 6월 29일, p. DR14.

3 때때로 지혜가 지식보다 더 상위의 개념으로 제안되기도 한다. 하지만 지혜란 무엇인가에 대해 의견 일치가 이루어진 것이 거의 없기 때문에, 우리는 여기서 지혜를 지식의 하위 개념으로 다룰 것이다. 어떤 사람은 이를 전혀 지혜롭지 못한 결정이라고 여길 수도 있겠다.

4 "Building a Better Engine", Dawn C. Chmielewski, *Orange County Register*, 2000년 5월 2일, p. G8.

5 "Capitalists of the World, Innovate!" Polly LaBarre, *Fast Company*, 1999년 2월, p. 76. "The Essence of Entrepreneurial Success", Richard L. Osborne, *Management Decision 33* (1995), no. 7, pp. 4-9.

6 "World's Smallest Hard Drive Less Than an Inch Long", *Chicago Sun-Times*, 2004년 3월 17일, p. 6.

7 "Nano Memories Roll Past Flash Densities", Nicolas Mokhoff, *Electronic Engineering Times*, 2002년 7월 1일, p. 24.

8 "Lockheed Sues Boeing in an Escalating Feud", Peter Pae, *Los Angeles Times*, 2003년 6월 11일, p. C1.

9 Boisot, [23], p. 83.

16 미래의 석유

1 "Energy Story, Chapter Eight: Fossil Fuels-Coal, Oil and Natural Gas", California Energy Commission, 2002년 4월 22일, www.energyquest.ca.gov/story/chapter08.htm.

2   "The American Work Force", chart accompanying article Peter Francese, *American Demographics*, 2002년 2월.

3   "Keeping Trucks on Track", Thomas W. Gerdel, *Plain Dealer*(Cleveland), 2002년 10월 20 일. p. G1.

4   Ochoa, [193], p. 1.
    "New Find Shows Early Toolmakers Smarter Than Previously Thought", Peter Svensson, Associated Press, 같은 주에 *Nature*에 실린 내용을 인용, 1999년 5월 6일.

5   "Paintings in Italian Cave May Be Oldest Yet", Michael Balter, *Science*, 2000년 10월 20일, p. 419.

6   "How Much Information? 2003", Senior Researchers Peter Lyman and Hal R. Varian, University of California – Berkeley School of Information Management and Systems, 2003년 10월 27일, www.sims.berkeley.edu/research/projects/how-much-info-2003/.

7   이 용어는 여기에서 사용한 것처럼, 오직 인간이 축적해 온 데이터와 정보, 지식만을 가리키며 다른 문헌에서 '세계 두뇌'라고 일컫는 개념을 의미한다. 하지만 인간만 지식에 의존하는 것은 아니다. 동물들 역시, 인간과 자신들이 살고 있는 세계에 대해 스스로 지식을 축적, 가공, 교환한다. 우리는 장래에 동물 세계의 지식도 인간의 지식에 통합될 것이라 생각한다. 그렇게 된다면 인간의 문화만으로는 얻을 수 없는 통찰력이 제공될 것이고, 따라서 총지식 공급량도 확대될 것이다.

8   Michael Lesk. "How Much Information Is There in the World?", 1997년 기술 부문 간행물, www.lesk.com/mlesk/ksg97/ksg.htm.

9   Lesk, in "How Much Information Is There in the World?", 다음 자료에 근거하여 추정, T. K. Landauer, "How Much Do People Remember? Some Estimates of the Quantity of Learned Information in Long-Term Memory", *Cognitive Science*, 1986년 10월-12월, pp. 477-493.

10 Woolfson, [290], p. 80.

17 무용지식의 함정

1   Cerf, [43], 다음 문헌을 인용. *Aristotle's Spurious and Dubious Works*, p. 303.

2   "Monsoons, Mude and Gold", *Saudi Aramco World*, 2005년 7월-8월, p. 10.

3   Garnsey, [100], p. 88.

4   Cerf, [43], White, [282]를 인용, p. 303.

5   *The Notebooks of Leonardo Da Vinci*, Edward MacCurdy 편집, (Old Saybrook, Conn.: Konecky & Konecky, 2003), p. 1075.

6   "Let Them Eat Caju", *New Scientist*, 2000년 9월 2일, p. 3.

7   *The World Almanac: The Complete 1968 Original and Selections from 25, 50 and 100 Years Ago* (New York: Pharos Books, 1992), p. 213.

8   "Studying Moons Helps Fill Out Picture of Solar System", Alexandra Witze, *Dallas*

Morning News, 2003년 5월 19일, p. E1.

9 "9 Planets? 12? What's a Planet, Anyway?" Dennis Overbye, *New York Times*, 2005년 10월 4일, p. F1.

10 "Impure Air Not Unhealthful If Stirred and Cooled", *New York Times*, 1912년 9월 22일, p. 38, L. Erskine Hil을 인용.

11 "Minutes of the 57th Meeting Held (2002년 9월 11일)", Advisory Committee of CERN Users, http://ep-div.web.cern.ch/ep-div/ACCU/Minutes/Previousminutes/Minutes57. pdf.

12 "Harrington Like a Machine", Art Spander, *Daily Telegraph* (London), 2003년 6월 13일, p. 2.

13 "First Cross-Country Drive Propelled Auto Age", Mike Toner, *Atlanta Journal-Constitution*, 2003년 5월 19일, p. 1A.

18 케네요인

1 "White House Forecasts Often Miss the Mark", Dana Milbank, *Washington Post*, 2004년 2월 24일, p. A1.

2 "From Jones to LTCM: A Short (-Selling) History", Sharon Reier, *International Herald Tribune*, 2000년 12월 2일, p. 16.
   "When Theory Met Reality: Teachings of Two Nobelists also Proved Their Undoing", Gretchen Morgenson and Michael M. Weinstein, *New York Times*, 1998년 11월 14일, p. A1.

3 "By Putting Too Much Faith in One Team of Reformers, America Only Added to Russia's Economic Mess", Andrew Nagorski, *Newsweek*, 1998년 12월 7일, p. 41.

4 "The Asian Financial Crisis: Hindsight, Insight, Foresight", Wing Thye Woo, ASEAN *Economic Bulletin*, Institute of Southeast Asian Studies 발행, 2000년 8월 1일, Vol. 17, no. 2, p. 113.
   "'Solution' Leaves Legacy of Bitterness: The IMF in Indonesia", Alan Beattie and Tom McCawley, *Financial Times*, 2002년 8월 9일, p. 5.

5 "Retailers Still Remember May Tragedy Five Years Later", Arya Abhiseka, *Jakarta Post*, 2003년 5월 13일.

6 "Dismal Prophets", *Financial Times*, 2001년 12월 31일, p. 12.

7 "Economic Forecasts Shift in the Wind", Guy Boulton, *Milwaukee Journal Sentinel*, 2001년 6월 11일, p. D1.

8 "Economic Forecasts Usually Wrong", Bruce Bartlett, National Center for Policy Analysis, www.ncpa.org/iss/eco/2002/pd010202a.html, *Wall Street Journal*, 2001년 1월 2일자.

9 Prakash Loungani (IMF's External Relations Department)가 American Economic Association 의 연례 컨퍼런스(2001년 1월 5일-7일)에서 밝힌 노평, IMF 웹 사이트 기사, "Conference

Examines U.S. Economic Uncertainties, Exchange Rate Choices, and Globalization", www.imf.org/external/pubs/ft/survey/2001/012201.pdf.

Bartlett, "Economic Forecasts Usually Wrong."

10 "The Disinformation Gap", David J. Rothkopf, *Foreign Policy* (1999년 3월 22일), no. 114, p. 82.

11 실업률 데이터를 수집하고 해석하는 일은 점점 더 힘들어지고 있다. 특히 오늘날 너무나 많은 사람들이 자기 고용이나 시간제 고용, 심지어는 본인 스스로가 노동자인 동시에 시간제 고용주가 되기도 하는 형식으로 직업에 종사하고 있어 더욱 어려워지고 있다. 낡은 통계 기법은 더욱 더 많은 무용지식을 산출해 내고 있다. 일단 장기간에 걸쳐 특정한 데이터가 수집되더라도 경제학자와 통계학자들은 그 데이터 집합을 변형시키거나 재정의하기를 꺼린다. 그런 작업으로 인해 장기간의 데이터에 대한 비교가 어려워지기 때문이다.

12 "The Fruits of Fieldwork", *The Economist*, 2002년 8월 17일.

13 저자와의 인터뷰, 2005년 6월.

14 늦기는 했지만 경제학이 다른 학문과 교류하고 연계되면서 전에는 제기되지 않았던 참신하고 새로운 의문과 통찰력이 생겨나고 있다. 하지만 아직도 깨뜨려야 할 경계선이 남아 있다. 대부분의 주류 경제학자 즉, 서방의 학자들은 아시아나 중동과 같은 비서구 문화와 경제학이 제공하는 통찰력에 접근 내지는 그것을 실험해 볼 필요가 있다.

15 "Francois Quesnay: His Life, His Work, His Legacy", Benoit Delzelle, 2002, http://bdelzelle.free.fr/quesnay.pdf.

Staley, [252], pp. 32 – 37.

Loebl, [155], pp. 16 – 19.

Clough, [51], pp. 358, 517.

16 Clough, [51], p. 517.

19 진실을 가려내는 방법

1 "Experts: Unreliable Data, Belief in WMD Led to Mistakes in Iraq", Matt Kelley, Associated Press, 2004년 10월 7일.

2 "The Conflict in Iraq; Suspicion of Chalabi Deception Intensifies", Bob Drogin, *Los Angeles Times*, 2004년 5월 23일, p. A1.

3 "Invest in Warren Buffett's Market-Beating Stock", Fiona McGoran, *Sunday Times* (London), 2003년 3월 30일, Business and Money, p. 17.

4 "A Formidable Muslim Bloc Emerges", William O. Beeman, *Los Angeles Times*, 2003년 5월 27일. p. B13.

5 Eric O. Hansen, *The Catholic Church in World Politics*, (Princeton, N.J.: Princeton University Press, 1987), p. 34.

6 "Mutiny at the Times", James Poniewozik, *Time*, 2003년 6월 16일, p. 48.

7   "Le Monde at War", Jo Johnson, *Financial Times*, 2003년 5월 10일, Weekend Magazine, p. 24.

8   "CBS Must Regain Courage in Wake of Rather Report", David Shaw, *Los Angeles Times*, 2004년 10월 10일, p. E18.

9   "A Tough Time to Talk of Peace", Barbara Crossette, *New York Times*, 2002년 2월 12일, p. B1.

10 "Hollywood Goes to War", Julian Coman, *Sunday Telegraph* (London), 2002년 10월 6일, p. 27.

11 "Welch Asks GE to Cut His Package", Andrew Hill, *Financial Times*, 2002년 9월 17일, p. 1.

12 "The Birth of the Modern Mind: An Intellectual History of the 17th and 18th Century", Alan Kors, Teaching Company, (Chantilly, Va., 1998)의 강의 테이프.

13 과학자들은 이전의 발견을 부정함으로써 보상을 받는다. physicist Lawrence M. Kraus 가 *New York Times*에 기고한 글, 2003년 4월 22일, p. D3: "Proving one's colleagues (and oneself) wrong is one of the great pleasures of scientific progress."

14 Needham, [187], p. 122.

15 Pyenson, [218], pp. 3, 77-78.

16 "… And Still We Evolve", (인문학 연구를 위한 핸드북), Ian Johnston (Malaspina University-College를 위해 제작), 2000년 5월, Section 1, p. 1, http://malaspina.edu/~johnstoi/darwin/sect1.htm.

17 "Drug Firm Pulls TV Ad Amid Debate", Bruce Japsen, *Chicago Tribune*, 2005년 4월 19일, p. C1.

18 "Celebrity Plugs for Antidepressants Raise Questions", Ed Silverman of the *Newark Star-Ledger*, *Newhouse News Service*, August 19, 2004.

19 Loebl, [155], pp. 23-25.

20 실험실 파괴

1   "Scientists and Engineers: Crisis, What Crisis?" Mario Cervantes, OECD Observer, 2004년 1월, www.oecdobserver.org/news/printpage.php/aid/1160/Scientists_and_engineers.html.

2   "R&D Expenditures", table 4-1, "Science and Engineering Indicators, 2004", 미국 과학재단, www.nsf.gov/statistics/infbrief/nsf04307.

3   "Science and Engineering Indicators-2002 Overview", 미국 과학재단, www.nsf.gov/sbe/srs/seind02/cO/cOs1.htm.

4   "Research Chief Is Thinker AND Doer", Therese Poletti of Knight-Ridder Newspapers, *Seattle Times*, 2005년 4월 4일, p. C3.

5   "IBM Is Patent King Again", *The Economist*, 2005년 2월 19일.

6   "Financial Information, 2004", IBM 웹 사이트, www.ibm.com/investor/financials/
    index.phtml

7   Gary Bachula, 미국 의회 기술분과 위원회 증언, 1999년 2월 11월, www.house.gov/
    science/bachula021199.htm.

8   "Strong R&D Spending Buttresses U.S. Economic Growth, Report Shows", National
    Science Foundation, 2002년 4월 30일, www.nsf.gov/od/lpa/news/02/pro0228.htm.

9   "Terror Tactics", Nell Boyce, *New Scientist*, 1999년 11월 6일, p. 55.

10 "Morrissey Supports Animal Rights Violence", Jason Allardyce, *Sunday Times* (London),
    2006년 1월 15일, p. 7.

11 "Violence in the Name of Mercy", Mark Lowey, *Calgary Heral*d, 1992년 3월 21일, p.
    B4.

12 Rampton, [220], 정부 연구소 소속 과학자들이 막대한 돈을 받고 제약 및 의학회사에
    연구결과를 팔아넘겨서 의회 조사가 진행되었고, 비난을 초래했다. 2004년, 공화당 상
    원의원 알렌 스펙터(Arlen Spector)는 미국 국립보건 기구의 간부들에게 "당신들에게는
    정말 커다란 문제가 있소"라고 말했다.

13 강력한 잠재력을 지닌 과학적 진보를 적용할 때 세심한 주의를 기울여야 하는 이유가
    있다. 100% 위험하지 않은 과학과 기술을 요구하는 예방 원칙은 자연을 보호하기 위
    한 수단이기는커녕 가장 비자연스럽고 불가능한 정체일 뿐이다. 우리가 1970년대 출
    판된 《미래 쇼크》에서 "기술을 통제하려는 움직임이 태동하고 있으며…이런 운동이
    무책임한 기술혐오주의자나 허무주의자, 루소주의 낭만주의자들의 손에 떨어지게 해
    서는 안 된다…무모하게 기술적 진보를 정지시키려는 행동은 무모하게 그것을 발전시
    키려는 행동만큼이나 치명적인 결과를 초래하게 될 것이다"라고 언급했다.

14 "Europe Shows Little Taste for U.S. Biotech Crops", Greg Burns, *Chicago Tribune*, 2002
    년 10월 30일, Business, p. 1.

15 "Agriculture Impasse 'Threatens Doha,'" Frances Williams, *Financial Times*, 2003년 2월
    28일, p. 8.

16 "Starved for Food, Zimbabwe Rejects U.S. Biotech Corn", Rich Weiss, *Washington Post*,
    2002년 7월 31일, p. A12.

17 "Zambia Turns Away GM Food Aid for Its Starving", James Lamont, *Financial Times*,
    2002년 8월 19일, p. 4.

18 "Monsanto Struggles Even as It Dominates", David Barboza, *New York Times*, 2003년
    5월 31일, p. C1.
    "Predictable Surprises: The Disasters You Should Have Seen Coming", Michael D.
    Watkins and Max H. Bazerman, *Harvard Business Review*, 2003년 3월, p. 72.
    "Sowing Disaster?" Mark Shapiro, *The Nation* 275 (2002년 10월 28일자), no. 14, p. 11.

19 "Letter Claims Responsibility for Monsanto Fire, ANSA Says", Associated Press, 2001
    년 4월 5일.
    "Arsonists Burn Monsanto Depot in Italy", Associated Press, *St. Louis Post-Dispatch*의

기사 인용, 2001년 4월 4일, p. C2.

20 "Respect for the Earth, A Royal View", part of the Reith Lecture Series 2000, British Broadcasting Corp., http://news.bbc.co.uk/hi/english/static/events/reith_2000/lecture6.stm.

21 "Prince Charles Urges 'Materialistic' West to Seek Guidance from Islam", Kate Watson-Smyth, *Guardian* (London), 1996년 12월 14일, p. 4.

22 "Not Just in Kansas Anymore: Opposition to the Teaching of Evolution", Eugenie C. Scott, *Science 288* (2000년 5월 5일자), no. 5467, p. 813.

23 Chase, [48], pp. 18, 21, 84, 87-88. *New York Times*와 *Washington Post*, Penthouse에 배달된 편지들.

24 "Academics Fear Exodus in 'Anti-Science' Backlash", David Pilling and Sheila Jones, *Financial Times*, 1999년 9월 24일, p. 11.

25 "ET in the Sorbonne", Eric Hoogcarspel and Jan Willem Nienhuys, *Skepter*, 2001년 6월, www.skepsis.nl/doctorteissier.htm.
    "An Academic Dispute That Is Out of This World", Magnus Linklater, *The Times* (London), 2001년 8월 16일자.

26 "A Vast Conspiracy" The Republican War on Science, Chris Mooney (New York: Basic Books, 2005)에 대한 Adam Keiper의 논평기사, *National Review*, 2005년 10월 10일자, p. 48.

27 "Global Trend; More Science, More Fraud", Lawrence K. Altman and William J. Broad, *New York Times*, 2005년 12월 20일, p. D1.

28 "Biotechnology: Mary Shelley or Galileo Galilei?" Philip Stott in the *ACU Bulletin*, Issue 144, published the Association of Commonwealth Universities (London). 2000년 6월, www.acu.ac.uk/yearbook/144-stott.htm.

29 "Hale and Healthy", *The Economist*, 2005년 4월 16일자.

30 Harding, [120] and [121].

31 "The Fur and the Fury", Rose Palazzolo, *ABC News*, 2000년 4월 12일, http://abcnews.go.com/sections/living/DailyNews/cosmetictesting0000412.htm.

32 "300 March on LANL" (Los Alamos National Laboratory), Ian Hoffman, *Albuquerque Journal*, 2000년 8월 10일, p. 1.

33 *The New Age Wholesale Directory*, 2003 Edition, and *Your Own New Age Poster Store…for Only $40 Bucks!*, www.newagereseller.com.

34 "Psychic New York: The City's Supernatural Superstars", *New York*, 2003년 4월 21일.

35 Hanegraaff, [119], pp. 23-27, 125, 265, 271, 341, 517.

36 "Moral Relativity Is a Hot Topic? True. Absolutely", Edward Rothstein, *New York Times*, 2002년 7월 13일, p. B7.

37 (지식 경영) "Post Modern Knowledge Management and Social Enterprise Blogging", Luigi Canali De Rossi, MasterMind Explorer Review, 2003년 2월 7일, www.

masternewmedia.com/issue25/post_modern_knowledge_management.htm. (포스트모던 소기업) "Advanced Business Communications in Europe", European Commission's research and innovation information 웹 사이트, www.cordis.lu/infowin/acts/ienm/products/ti/toc.htm. (브루넬) Brunel University School of Business and Management, www.brunel.ac.uk/dept/sbm/postgraduate/index.shtml?2. (사이먼프레이저) Simon Fraser University, www.bus.sfu.ca/courses/bus303/. (라스베이거스) "Background Ideas for Deconstructing Las Vegas", David M. Boje, 1999년 8월 29일, New Mexico State University 웹 사이트, http://cbae.nmsu.edu/~dboje/postmodvegas.html.

38 "Environmental Colonialism", Robert H. Nelson, *The Independent Review*, 2003년 여름호, Vol. 8, no. 1, p. 65.

39 개별적인 반과학 운동은 서로 다른 전제에서 출발하여 자신만의 언어를 구사하며 독특한 전술적 목표들을 추구하고 있음에도 불구하고, 그들은 종종 서로의 생각을 교환하여 과학자와 과학을 전형화시키면서 잘못된 인상을 형성하고 있다.

40 "Baltimore Discusses Science, Community", Eun J. Lee, *The Tech*, Massachusetts Institute of Technology 122 (2002년 2월 22일), no. 6.

41 "Scientists in the Age of Terror and Knowledge-Based Economies", David Baltimore, *New Perspectives Quarterly*, 2002년 3월 18일, www.digitalnpq.org/global_services/nobel%20laureates/03-18-03.htm.

42 "Why the Future Doesn't Need Us", Bill Joy, *Wired*, 2000년 4월, www.wired.com/wired/archive/8.04/joypr.html.

43 Rees, [222], pp. 1–4, 127–129.

21 진실 관리자

1 "The Young Stir Up a News Storm", Brendan O'Neill, *Sunday Times* (London), 2005년 6월 5일자, p. 12.

2 일부 신문들은 '만약 그를 이길 수 없으면 그와 손을 잡아라'라는 원칙에 따라, '독자 참여 저널리즘'을 실험하고 있다. 이를 위해 그들은 독자들을 끌어들여 아직 편집이 되지 않은 웹 사이트에 자신의 생각을 올리거나 신문사 직원들이 작성한 기사를 재작성하고 그것을 다시 신문사의 웹 사이트에 올리게 한다. 혹은 독자들이 자신의 생각을 글로 써서 발표하면 신문사의 전문 편집자들이 교정을 하는 방식을 취하고 있다.

3 "Lights! Camera! Reactionaries!", Jack Mathews, *New York Daily News*, 2004년 9월 5일, Sunday Now, p. 4.

4 "The DVD: Democratizing Video Distribution", Elaine Dutka, *Los Angeles Times*, 2005년 6월 21일, p. E5.

5 "Sex Abuse Scandal Dominates Meeting of U.S. Catholic Bishops", Janice D'Arcy, *Baltimore Sun*, 2005년 6월 17일, p. A8.

6 오늘날 서구의 많은 지식인들이 너무나도 경박하게 계몽시대의 종말이 다가오고 있음

을 반긴다. 그들은 결정론과 기계주의, 선형적 사고의 약점을 공격한다. 하지만 그들이 너무나 쉽게 잊고 있는 사실은 바로 그 계몽사상이 우리가 오늘날 그 모든 결점에도 불구하고 민주주의라고 부르는 사상의 이면에 존재하는 개념을 소개하고 전파시켰다는 점이다. 여기에는 국가가 보호해야 하는 개인의 권리, 권력의 분리, 종교적 관용, 법에 의한 절차 등과 같은 개념이 포함되어 있고, 지식에 대한 광범위한 접근성을 인정하는 것이 민주주의 기본 전제이다. 그런 혜택을 누리고 있는 우리들이 계몽주의의 문을 닫기 전에 그것이 밝힌 빛이 꺼지지 않도록 할 수 있는 방안을 강구해야 한다.

22 결론: 컨버전스

1 "Abu Al-Nasr Al-Farabi", Trinity College in Hartford, Conn., www.trincollege.edu/depts/phil/philo/phils/muslim/farabi.html.

2 "The Arab Forebears of the European Renaissance", Alain de Libera (UNESCO's Courier magazine), 1997년 2월.

3 "A New Trivium and Quadrivium", George Bugliarello, Polytechnic University of New York, 2001년 11월 8일, www.poly.edu/news/speech/newTQ.cjm.

4 "Fishing for Data", Peter N. Spotts, *Christian Science Monitor*, 2002년 11월 27일, p. 18. 이 기사는 어떤 슈퍼마켓의 예를 들었다. 이 슈퍼마켓은 자체 데이터베이스를 통해, 슈퍼볼 게임이 방영되기 전 시간대에 맥주를 사러 온 남자들이 (아마 아내의 부탁으로) 기저귀를 같이 구매하는 경향이 있다는 것을 알아냈다. 이에 따라 슈퍼마켓 측은 기저귀 판매대를 맥주 판매대 옆으로 옮겼다. 비슷한 문헌으로 다음과 같은 것이 있다. "What They Know About You", Constance L. Hays, *New York Times*, Sunday, 2004년 11월 14일자, p. C1, 여기서는 마케터들이 데이터 마이닝을 통해 팝 타트(Pop Tart) 과자의 판매가 허리케인 도착 직전에 일곱 배나 증가한다는 사실을 확인했다고 보도했다.

5 "Genetic Fingerprinting Finds Unexpected Sources of Food Poisoning", Daniel Q. Haney, Associated Press, 2000년 10월 16일.

6 위의 기사, Robert V. Tauxe, chief of food-borne diseases at the Centers for Disease Control and Prevention 기사에서 인용.

23 숨겨진 절반을 찾아서

1 "A Hopeful Way Out of Poverty", Shashi Tharoor, *International Herald Tribune*, 2002년 7월 5일, p. 6.
   "World Bank Finds Global Poverty Down Half Since 1981", U.N. Wire, 2004년 4월 23일.

2 "Bush Tax-Cut Plan Is a Drop in the World's Bucket", Eric Pfanner, *International Herald Tribune*, 2003년 1월 10일, p. 11.

3 프로슈머는 나와 하이디가 만든 용어로 《제3물결》(New York: William Morrow, 1980, hardcover; and Bantam Books, 1981, paperback)에서 처음 사용됐다. 특히 3장 '보이지 않는 쐐

기'에서 성(性)과 개성, 사회에 미치는 프로슈머의 영향을 설명하고 있다.

4   "Devoted Mother in Line for Top Award", *Derby* (UK) *Daily Telegraph*, 2003년 3월 4일, p. 12.

5   엔키 탠이 의료 활동을 하는 동안 그의 아내인 세리 누살림은 다양한 기구를 통합하는 일종의 지사를 아체주에 설립하여 원조와 재건, 교육 활동을 지원했다.

6   "A Resort for Volunteers", Kultida Samabuddhi, *Bangkok Post*, 2005년 3월 28일.

7   "Doctors Learn Cultural Sensitivity in Far-Off Trouble Spots", Joseph Kim, *Toronto Star*, 2003년 2월 8일, p. Z29.

8   저자와의 인터뷰, 2005년 5월.

9   "Volunteer Activities Work Wonders", *Nikkei Weekly*, 2001년 7월 23일자.

10 "Will the Real Economy Please Stand Up?", Hazel Henderson, *Christian Science Monitor*, 1982년 5월 3일, p. 23. 같은 기사에서 헨더슨은 "이와 같은 비시장 경제적이고 사회적 결속력을 가진 과업은 아이들에게 중요한 보살핌과 양육의 기회를 제공하며 더 나아가 전 세계 실물 경제활동의 50%를 차지하고 있다. 심지어 공업화된 사회에서조차도 말이다."라고 말했다.

11 "Social Structure Must Change Ahead of Population Decline", Noriko Sakakibara, *Daily Yomiuri*, 2005년 8월 6일자, p. 4.

12 "Cost of Family Breakdown", Stein Ringen, *Financial Times*, 1996년 9월 23일, p. 18.

13 Karl Marx, *Capital* (New York: International Publishers Co., 1939), p. 578.

14 Henderson, [124]; Cahn, [39]; Glazer, [110].

15 Becker, [15], pp. 90-114. 이 부분은 베커가 기고한 다음 글의 재판본이다. "A Theory of the Allocation of Time", *Economic Journal* 75 (1965년 9월), no. 299, pp. 493-517.

16 "Clustering and Dependencies in Free/Open Source Software Development", Rishab Aiyer Ghosh, from the First Monday 웹 사이트, http://firstmonday.org/issues/issue8_4/ghosh/index.html.

17 1999년 베네수엘라는 프로슈머들이 부를 창조한다는 사실을 부분적으로나마 인정하여 다음과 같은 법조항을 채택했다. "정부는 가정에서 이루어지는 노동으로 부가가치를 창조하고 사회복지와 보건에 기여하는 활동을 인정한다. 가정주부들은 법에 따라 사회보장을 받아야 한다. Chapter V, Social and Family Rights, Article 88.

24 의료 분야의 프로슈머

1   "Stricter Antibiotics Use Urged", M. A. J. McKenna, *Atlanta Journal-Constitution*, 2002년 3월 27일, p. 4A.

2   "To Err Is Human: Building a Safer Health System", Institute of Medicine, a panel of the National Academy of Sciences, 1999년 11월.

3   "OECD Data Show Health Expenditures at an All-Time High", Organization for Economic Cooperation and Development, 2003년 6월 23일.

Table 1, www.oecd.org/document/39/0,2340,en_2649_33929_2789735_1_1_1_1,00.
html.

4 "Population Ageing: A Public Health Challenge", World Health Organization, 1998년 9월, www.who.int/inf-fs/en/fact135.html.

5 "Control of Infectious Diseases in the U.S.", Centers for Disease Control and Prevention's, *Morbidity and Mortality Weekly Report 48* (1999년 7월 30일), no. 29, p. 621.
CDC, "Achievements in Public Health, 1900 – 1999: Control of Infectious Diseases", 1999년 7월 30일, www.cdc.gov/od/oc/media/mmwrnews/n990730.htm#mmwr1.

6 "Trends in Infectious Disease Mortality in the United States During the 20th Century", Gregory L. Armstrong, Laura A. Conn and Robert W. Pinner, *Journal of the American Medical Association 281* (1999년 1월 6일), no. 1, http://jama.ama-assn.org/cgi/content/abstract/281/1/61.
"Achievements in Public Health, 1900 – 1999: Control of Infectious Diseases", Centers for Disease Control and Prevention, 1999년 7월 30일, www.cdc.gov/od/oc/media/mmwrnews/n990730.htm#mmwr1.

7 "Leading Causes of Death", Centers for Disease Control and Prevention, U.S. statistics, 2000, www.cdc.gov/ncha/fastats/lcod.htm.
"Advances Begin to Tame Cancer", Raja Mishra, *Boston Globe*, 2003년 7월 6일, p. A1.
"Campaign Publicizes Obesity, Cancer Link", Andre Picard, *Toronto Globe and Mail*, 2003년 3월 5일, p. A2.

8 "Population Ageing: A Public Health Challenge", World Health Organization, 1998년 9월, www.who.int/inf-fs/en/fact135.htm.

9 "Total Expenditure on Health-% of Gross Domestic Product", Organization for Economic Cooperation and Development, www.oecd.org/dataoecd/44/18/35044277.xls.

10 "The 2030 Problem: Caring for Aging Baby Boomers", James R. Knickman and Emily K. Snell, *Health Services Research*, a journal from the American College of Healthcare Executives 37 (2002년 8월 1일), no. 4, p. 849.

11 "Alzheimer's in the Living Room", Jane Gross, *New York Times*, 2004년 9월 16일, p. A1.

12 "Age Wave Holds Promise of Boom Times", Richard Monks, *Chain Drug Review*, 2002년 11월 11일, p. 33.

13 "Aging Issues Move Mainstream", Judith G. Dausch, *Journal of the American Dietetic Association 103* (2003년 6월 1일), no. 6, p. 683.

14 "TV Remains Dominant Source for Americans on Medical Information", M. E. Malone, *Boston Globe*, 2002년 3월 12일, p. C1.

15 "U.S. TV Documentary Program Awarded Japan Prize", Japan Economic Newswire, 2001년 11월 14일.

16   "China's Millions Learning AIDS Prevention from TV", Xinhua News Agency, 2002
년 12월 2일.
"Chinese TV Series to Promote Sex Education", Xinhua News Agency, 2003년 2월 24일.

17   "Pharmaceutical Makers and Ad Agencies Fight to Preserve Campaigns for
Prescription Drugs", Stuart Elliott, *New York Times*, 2002년 7월 12일, p. C2.

18   "What's Up, Doc?" Alexandra Greeley, *The World and I*, 1987년 11월, www.worldandi.
com/specialreport/1987/november/Sa13142.htm.

19   "From the Golden Age to the Crackdown Age", Tom Gray, *HomeCare*, 2001년 10월 1일,
http://homecaremag.com/ar/medical_golden_age_crackdown/index.htm.

20   "Report Predicts Double-Digit Growth for Diabetes Management Market", *HomeCare*,
2002년 6월 1일, www.homecaremag.com/ar/medical_report_predicts_doubledigit/
index.htm.

21   "Medical Testing at Home", Mary Carmichael, *Newsweek*, 2003년 5월 19일, p. 67.
"BioSafe PSA4 Prostate Cancer Screening Test", Craig Medical Distribution Inc.,
www.craigmedical.com/psa4_home.htm.

22   FlagHouse catalog, 1999 - 2000 겨울.

23   (여성을 위한 기구) "FemaleCheck", Medical Home Products, Inc., www.
medicalhomeproducts.com/product_info.php?cPath=29&products_id=30. (골다공
증) "OsteoCheck", BodyBalance, www.bodybalance.com/osteo/solution.htm. (결장
암) "EZ Detect Colon Cancer Test", AbDiagnostics, www.homehealthtesting.com/
coloncancertests.htm.

24   "Emerging Trends in Medical Device Techology: Home Is Where the Heart Monitor
Is", Carol Lewis, in the Food and Drug Administration's *Consumer* magazine(2001년 5
월-6월), www.fda.gov/fdac/features/2001/301_home.htm.

25   "Tech 2010: The Bathroom Where You Can Give Yourself a Daily Brain Scan",
Margaret Talbot, *New York Times*, 2000년 6월 11일, p. F81.

26   Lowell Levin, "Power to the Patient" 인터뷰, Health World Online, www.healthy.net/
asp/templates/interview.asp?PageType=Interview&ID=263.

27   Vikram Sheel Kumar와 저자의 서신 대담(2001년 12월 10일), 2003년 2월 27일자 서신에
서는 DiaBetNet 프로젝트에 대한 자세한 정보를 소개했으며, Verizon 웹 사이트를 통
해 열람할 수 있다. http:news/verizonwireless.com/news/2003/02/pr2003-02-27b.
htm.

25 제3의 직업

1   "Bank of America to Cut Up to 6.7% of Work Force, or 10,000 Jobs", Diana B.
Henriques, *New York Times*, 2000년 7월 29일, p. C1.

2   "ATM Fact Sheet", American Bankers Association, www.aba.com/aba/pdf/

commtools/atmfactsheet.pdf.

3 "Cash Withdrawals: New Tower Group Analysis Finds Erosion in Return on Investment with ATMs", *Credit Union Journal*, 2002년 12월 2일, p. 8.

4 "Half of American Households Own Equities", Investment Company Institute and the Securities Industry Association, 2002년 9월 27일, www.sia.com/press/html/pr_equity_ownership.htm.

5 "Travel Industry Sees Huge Rise in Trips Planned Online", Karen Harrell, *Pensacola News Journal*, 2003년 1월 2일, p. 2B.

6 "2002 E-Commerce Holiday Wrap-Up", Robin Greenspan, BizRate의 시장 조사 결과 보고 2003년 1월 3일, eCommerce-guide.com, http://ecommerce.internet.com/research/stats/article/0,,10371_1563551,00.htm.

7 "General Electric's Spin Machine", Mark Roberti, *Industry Standard*, 2001년 1월 22일-29일, p. 79.

8 "Originality Propels Growth at Start-Ups", *Nikkei Weekly*, 2002년 11월 18일.

9 "This Little Piggly Is Coming to Town", Jenni Smith, *Dallas Morning News*, 2001년 10월 12일, p. 5N.

10 "Now, Harried Shoppers Can Take Control at Supermarkets", Lorrie Grant, *USA Today*, 2001년 6월 7일, p. 1A.

11 "Short-Changed Self-Service", Donald L. Potter, *Los Angeles Times*, 2002년 6월 8일, p. B23.

12 "Reviewer Fills the Web Page for Amazon.com Book Sales", Don O'Briant, *New Orleans Times-Picayune*, 2000년 7월 16일, p. B4. www.amazon.com/exec/obidos/ASIN/B000001VVY/qid=1060196237/sr=2-1/ref=sr_2_1/104-9500253-2764735의 사례 등이 있다.

13 *Dilbert*, Scott Adams, 2003년 4월 27일, United Feature Syndicate 배급.

26 다가오는 프로슈머의 폭발

1 "About the Home Depot", "Investor Relations" and "Corporate Overview", www.homedepot.com.

2 "Do It Yourself; What Drives Us to Take on Those Jobs?" T. J. Becker, Home Improvement Research Institute 인용, *Chicago Tribune*, May 25, 2003년 5월 25일, p. C1.

3 "Japan", *Export America*, U.S. Department of Commerce 발행 잡지, www.ita.doc.gov/exportamerica/GlobalNewsLine/gnl_0103.

4 "DIY Industry in 2002: Developments on the Overall German Market", Bundesverband der Deutschen Heimwerker-, Bau- und Gartenfachmärkte (BHB), 2003년 3월 9일, www.textkonzept.com/bhb/Pmeng-PW03-trends.htm.

5 "Report: Single Women World's Biggest Buyers", Reuters, *Newsday*, 2000년 8월 2일, p. A50.

6 "Change Rooms at Your Peril", Mark Keenan, *Sunday Times* (London), 2003년 2월 23일, Features, Eire Ireland Home, p. 37.

7 "The Fix Is On", Gary Dymski, *Newsday*, 2002년 11월 14일, p. B18.

8 "About Us", Home and Garden Television, www.hgtv.com/hgtv/about_us.

9 "This Week's Topic: Fixing It Yourself", David Hayes, *Kansas City Star*, 2003년 6월 8일, p. 116

10 "Parts to Fix All Major Brands No Matter Where You Bought Them", Sears, Roebuck and Co., www3.sears.com/intro.shtml.

11 "Odland's DIY Sales Initiatives Revitalize AutoZone", *Aftermarket Business*, 2001년 12월 1일, Vol. 111, no. 12, p. 10.

12 "NGA Announces Lawn & Garden Statistics for 2002", National Gardening Association, www.nationalgardening.com/RSRCH/feature/asp.

13 "Bloomin' Marvelous Business", Helen Gibson, *Time International*, 2002년 5월 27일, p. 54.

14 "Gardening Industry in Germany", Charles Pattinson, Trade Partners UK, www.tradepartners.gov.uk/recreation/germany2/profile/overview.shtml.

15 "Business and Management Information", Nikkei Business Publications, www.nikkeibp.co.uk/pages/info_busandman.htm.
"Growing Popularity: The Burgeoning Gardening Boom", *Trends in Japan*, 1997년 7월 14일, JapanEcho, www.jinjapan.org/trends98/honbun/njt970714.html.

16 "Sewing: 30 Million Women Can't Be Wrong", Mitchell Owens, American Home Sewing and Craft Association의 보고서 인용, *New York Times*, 1997년 3월 2일, p. A39.

17 "How Home Dry Cleaning Works", Ann Meeker-O'Connell, from the HowStuff Works 웹 사이트, www.howstuffworks.com/home-dry-cleaning.htm.

18 "Everyone's a Star.Com", Romesh Ratnesar and Joel Stein, *Time*, 2000년 3월 27일, p. 68.

19 "Don Q. Davidson: Woodworking Hobby Becomes Family Business", *The Wall Street Journal*이 운영하는 CareerJournal.com의 기사, 2000년, www.2young2retire.com/davidson.htm.

20 "Hobby Becomes Business After Unexpected Layoff", Tom Koch, *Inside Collin County Business*, 1999년 7월.

21 "Amos, Wally", A&E Television의 Biography.com 웹 사이트, http://search.biography.com/print_record.pl?id=23645
"Wally Amos: 'Turning Lemons into Lemonade'", Sterling International 웹 사이트, www.sterlingspeakers.com/amos.htm, Wally Amos 웹 사이트, www.wallyamos.com/about/about.htm.

22 "Computer Games and the Military: Two Views", J. C. Herz and Michael R. Macedonia, *Defense Horizons*, 2002년 4월, p. 2.

23 "Industry Structure: Computer Games", Department of Innovation, Industry and Regional Development for the state of Victoria, Australia, 2003년 5월 22일, http://invest.vic.gov.au/Industry+Sectors/IT+and+Communications/Industry+Structure:+Computer+Games.htm.

24 "Open Source Drops Its Geeky Image and Adopts a Hard-Nosed Business Edge", Colin Barker, *Computing*, 2003년 4월 10일, p. 26.
   "Linus Torvalds: A Humble Clark Kent of the Linux World", Robert Thompson, *National Post* (Canada), 2000년 5월 18일, p C3.

25 "Liberty, Technology, Duty", Edward Rothstein, *New York Times*, May 8, 2004년 5월 8일, p. B9.

26 "Free Software's Biggest and Best Friend", Todd Benson, *New York Times*, 2005년 3월 29일, p. C1.

27 "HP Launches Linux PCs, Asia Spurning Microsoft", Peter Morris, *Asia Times*, 2004년 3월 19일, www.atimes.com/atimes/China/FC19Ad05.htm.

28 "U.S. Government Agencies Turn to Linux", Lisa Pickoff-White of United Press International, 2005년 4월 11일, 웹 사이트, www.macnewsworld.com/story/42048.htm.

29 "U.N. Meeting Debates Software for Poor Nations", Jennifer L. Schenker, *New York Times*, 2003년 12월 11일, p. C4.

30 리눅스가 프로슈밍 프로그래머의 유일한 사례는 아니다. 《이코노미스트》에 따르면 전 세계 800명의 지원자들이(이들 중 다수가 선이나 구글과 같은 기업에 근무하고 있다) 자신들의 자유시간을 이용해 파이어폭스(Firefox)라는 웹브라우저를 개발했다. 이 웹브라우저는 리눅스처럼 오픈소스에 기반을 두고 있다. 전 세계 시장의 8-10%를 이 파이어폭스가 장악하고 있다. "Firefox Swings to the Rescue", *The Economist*, 2005년 12월 17일, p. 64.

31 Berners-Lee, [19], pp. 4-5.

32 "Google Gamers' Word Pairings a Creative Addiction", Barbara Feder Ostrov, *San Jose Mercury News*, 2003년 5월 31일.

33 "Crashing the Blog Party", Renee Tawa, *Los Angeles Times*, 2002년 9월 12일, p. E1.

34 웹상에 존재하는 사이트들의 총계에 대한 평가는 광범위한 차이를 보이고 있다. 일부는 80억 개의 웹 사이트가 존재한다고 말한다. 그 내용은 다음 문헌에 실려 있다. "Google Insiders Sell $2.9 Billion", Dan Lee, *San Jose Mercury News*, 2005년 8월 1일, p. PT2.

27 더 많은 공짜 점심

1 "Cold Water Thrown on Burning Ambition", Tom Westin, *Daily Yomiuri*, 2002년 4월 5일, p. 7.

2 (오스트리아와 독일) "How to Run a Fire Service", *The Economist*, 2002년 11월 30일. (캐나다) Red Deer Volunteer Fire Department, www.reddeercountyfirefighters.com/mission.htm. (핀란드) WorldFireDepartments.com, www.worldfiredepartments.com/

International/finland.htm. (이탈리아) National Association of Voluntary Firefighters, www2.commune.bologna.it/bologna/assnvfv/maine.htm. (남아프리카) "Volunteer Emergency Services", Station 15, Johannesburg, www.station15.org/za/get_content. php/public_home.htm. (포르투갈) "Huge Fire Brought Under Control in Northern Portugal", Daniel Silva, Agence France Presse, 2003년 8월 1일.

3   "A Nation of Volunteers", *The Economist*, 2002년 2월 23일.

4   "Giving and Volunteering in the United States-2001", Independent Sector, www. independentsector.org/PDFs/GV01keyfind.pdf.

5   "Foreign Ships, Good Times Returning to Kobe Port", *Daily Yomiuri*, 2003년 1월 29일, p. 25.

6   "Japan's NGO Activities and the Public Support System", Mitsuhiro Saotome of the Japanese Ministry of Foreign Affairs, 1997, Global Development Research Center 웹사이트, www.gdrc.org/ngo/jp-ngoactivities.htm.

7   "World Volunteers, Recipient Nations Gather in Seoul for Biennial", *Korea Herald*, 2002년 11월 8일.

8   (태풍 구호활동) "Volunteers Give Ray of Hope to Despairing Flood Victims", *Korea Times*, 2002년 9월 9일. (사랑의 집 짓기) "Habitat for Humanity Korea Gearing Up for a Busy Summer", *Korea Times*, 2003년 5월 15일. (남북문제) "Students Crossing the Korean Divide", Barbara Demick, *Los Angeles Times*, 2002년 8월 24일, p. A7. "Fleeing to Culture Shock", Barbara Demick, *Los Angeles Times*, 2002년 3월 12일, p. A1.

9   "Volunteerism in Italy", Claude Fusco Karmann, 2000년 7월, Education Development Center, Inc. www2.edc.org/lastacts/archives/archivesJuly00/intlpersp.asp.

10   "Aid Floods In on a Wave of German Generosity", Haig Simonian, Bettina Wassener and Hugh Williamson, *Financial Times*, 2002년 8월 26일, p. 5.

11   Japan Emergency Team, www.jhelp.com/en/jet.htm.

12   "Mugabe Land Grab Leaves Horses to Starve", Jenny Booth, *London Sunday Telegraph*, 2002년 10월, p. 21.

13   "National Volunteer Week Advertising Feature: Join Red Cross Global Network", *Adelaide* (Australia) *Advertiser*, 2003년 5월 13일, p. 49.

14   "United Nations Warns of Cash Shortage for Long-Term Tsunami Reconstruction Efforts", Chris Brummitt, Associated Press, 2005년 2월 8일.

15   "Tsunami Volunteer Hotline Closes After 10,000 Calls", Australian Volunteers International, 2005년 4월 1일, www.australianvolunteers.com/news/media/press/3378.

16   "Tsunami Volunteers: Too Much of a Good Thing?", www.netaid.ga0.org/world_ schoolhouse/actions/asia_crisis/.

17   "Beating the Pros to the Punch", K. C. Cole, *Los Angeles Times*, 1998년 3월 11일, p. A1. *The Columbia Encyclopedia*, 3rd ed.

18   "Local Folks Equipped to Monitor Quakes", Philippine Department of Science and

Technology, 2002년, www.dost.gov.ph/media/article.php?sid=257.

19 "Web Sites Let Public Join in Research Studies", Donna Milmore, B*oston Globe*, 1999년 12월 12일, p. H5.

20 "After All These Years, Fred Whipple's Still Fascinated Dirty Snowballs", David L. Chandler, *Boston Globe*, 1996년 10월 28일, p. C1.

21 Hayes, [123].

22 "Better Asteroid Detection Needed, Experts Tell House Panel", Robert S. Boyd, *San Jose Mercury News*, 2002년 10월 4일.

"Asteroid Threat Discussed U.S. Congress", Keith Cowing, 2002년 10월 4일, SpaceRef.com, www.spaceref.com/news/viewnews.htm?id=509.

23 "Amateur Astronomy Section-Interview 2", *Astronomy Today*의 Lydia Lousteaux에 의한 누젠트와의 인터뷰, www.astronomytoday.com/astronomy/interview2.htm.

24 "Supercomputing '@Home' Is Paying Off", George Johnson, *New York Times*, 2002년 4월 23일, p. F1.

25 "SETI@home", the Planetary Society 웹 사이트, www.planetary.org/htm/UPDATES/seti/SETi@home/default.htm.

26 "Grid Computing: Thousands of Computers Linked in New Infotech Leap", William Ickes, Agence France Presse, 2003년 2월 16일.

"Getting More from a PC's Spare Time", Joan Oleck, *New York Times*, 2003년 9월 11일, p. G5.

27 "Reponse to Terror", Megan Garvey, *Los Angeles Times*, 2002년 1월 31일, p. A1.

28 "Anthrax Screensaver Finds Promising New Drugs", *New Scientist*, 2002년 2월 19일, www.newscientist.com/news/news.jsp?id=ns99991953.

"Anthrax Screening Project Completes In-Silico Screening in 24 Days", *TB and Outbreaks Week*, 2002년 4월 9일, p. 12.

"Anthrax Research Project Completed; Check Your Country's Stats", United Devices, 2002년 4월 7일, http://members.ud.com.

29 "Sun Stroke", *The Economist*, Technology Quarterly, 2002년 3월 16일.

"Girding for Grids", Rob Fixmer, *Interactive Week*, 2002년 1월 7일, p. 41. "Grid Computing", M. Mitchell Waldrop, *Technology Review*, 2002년 5월, p. 31.

30 "Retirees Rocking Old Roles", Walt Duka and Trish Nicholson, 2002년 12월, AARP 웹 사이트, www.aarp.org/bulletin/departments/2002/life/1205_life_1.htm.

31 "Older Volunteers Offer Valuable Skills", *Nikkei Weekly*, 2002년 1월 28일.

"Life: Silver Workers Still Sparkle", Jeff Horwich, *Asahi Shimbun*, 1999년 10월 31일.

28 음악폭풍

1 Abbie Hoffman, *Steal This Book* (New York: Grove Press, 1971).

2   "There's Still Hope for Napster Despite Stream of Troubles", Jefferson Graham, *USA Today*, 2001년 5월 23일, p. 3D.

3   "Meet the Napster", Karl Taro Greenfeld, with Chris Taylor and David E. Thigpen, *Time*, 2000년 10월 2일, p. 60.
    Fattah, [87], pp. 4-8.

4   "Napster Tones Down the Downloads", Ronna Abramson, 온라인 음악 리서치 회사 Webnoize 인용, *Industry Standard*, 2001년 5월 1일.

5   "Now Fans Call the Tune", Geoff Boucher, *Los Angeles Times*, 2003년 8월 3일, p. E1.

6   "Skype Is 2nd Jackpot for Scandanavian Duo", Ivar Ekman, *International Herald Tribune*, 2005년 9월 13일, p. 8.

7   "Catch Us If You Can", Daniel Roth, *Fortune*, 2004년 2월 9일, p. 64.

8   "Wind Power Generates Income", James R. Healey, *USA Today*, 2002년 8월 16일, p. 1B.
    "Business Forum: Regenerating History", David Morris, *Minneapolis Star Tribune*, 2002년 4월 28일, p. 8D.

9   "Wind Energy Program", U.S. Department of Energy, www.eren.doe.gov/wind/web.htm.

10 "Fuel Cells Vs. the Grid", David H. Freeman, *Technology Review*, 2002년 1/2월, p. 42.

11 "Conversations: Amory Lovins", Jim Motavalli, *E:The Environmental Magazine*, 2000년 3월-4월, www.emagazine.com/march-april_2000/0300conversations.htm.

12 "Look and Feel", David C. Churbuck, *Forbes*, 1992년 11월 9일, p. 292.

13 "How It Works: If You Behave Yourself, I'll Print You a Toy", Peter Wayner, *New York Times*, 2003년 5월 29일, p. G8.

14 "Penske, 3D Join Forces for Parts", *Los Angeles Daily News*, 2002년 1월 19일, p. SC9.

15 "Application Solutions", 3D Systems, www.3dsystems.com/appsolutions/atwork_listing.asp.

16 "Future Tech: Behold, the 3-D Fax!" Brad Lemley, *Discover*, 2000년 2월, www.discover.com/feb_00/feat3dfax.htm.

17 "Napster Fabbing: Internet Delivery of Physical Products", Marshall Burns and James Howison의 발표, 2001년 2월 16일, O'Reilly Peer-to-Peer Conference in San Francisco, from the Ennex Corp., www.ennex.com/publish/200102-Napster/index.asp. 데스크톱 패브리케이션은 부정적인 측면도 있을 수 있다. 패버(fabber)로 인해 무허가 총기류나 명의가 없는 무선전화를 만들어 낼 수도 있지 않을까?

18 "Microfinance, Microfab", Neil Gershenfeld, *Forbes*, 2005년 4월 25일, p. 32.

19 Gershenfeld, [105], p. 63.

20 "PCs in Use Surpassed 820M in 2004", *Computer Industry Almanac*, 2005년 3월 9일, www.c-i-a.com/pr0305.htm.

21 Drexler, [76].

22 "Could Tiny Machines Rule the World?" Michael Crichton, *Parade*, 2002년 11월 24일.

29 창조생산성 호르몬

1 "Internet Indicators", International Telecommunication Union, 2005년 3월 15일, www.itu.int/ITU-D/ict/statistics/.

2 "153 Million U.S. Net Users and Counting", Stefanie Olsen, 2003년 3월 28일, CNET News.com, http://zdnet.com.com/2100-1104-994418.htm.

3 "What Ever Happened to… Kit Computers?" Stan Velt, *Computer Shopper 14* (1994년 4월), no. 4, p. 595.

4 "Recalling What Tandy Meant to an Industry", Cathy Taylor, *Orange County Register*, 1993년 5월 27일, p. C1.

5 "At Home with Ubiquitous Computing", W. Keith Edwards and Rebecca E. Grinter, 2001년, www.grinter.org/ubicomp.pdf.

6 뉴델리에서 수카타 미트라를 인터뷰한 내용.
"Rajender Ban Gaya Netizen", Parul Chandra, *Times of India*, May 12, 1999년 5월 12일.
"A Lesson in Computer Literacy from India's Poorest Kids", Thane Peterson의 수가타 미트라 인터뷰, 2000년 3월 2일, *Business Week*, www.businessweek.com/bwdaily/dnflash/mar2000/nf00302b.htm.

7 효과가 실제로 측정이 되지는 않았지만, 또래 아동들 사이에서 노하우를 주고받는 방식으로 아이들의 학습 속도는 가속화될 수 있다. 한 아이가 어떤 사실을 깨우치게 되면, 그 아이가 다른 아이들에게 모범을 보여 줄 수 있는 것이다. 간단히 말해 각각의 학습자는 일시적으로 '미시 구루(micro-guru)'의 역할을 하게 된다. 이와 유사한 방식의 정보 교육과 학습이 경제계를 비롯해 더 큰 사회의 삶에서도 일상적으로 이루어지고 있다. 우리는 이런 과정이 경제나 사회에 미치는 영향에 대한 데이터를 거의 아무것도 가지고 있지 않다. 또한 모든 사항을 스스로 터득할 수 있다거나 고등 기술을 가르치는 데 있어 스스로 구루의 역할을 맡은 동료가 교사와 교관을 대신할 수 있다고 가정할 수도 없다. 하지만 겉으로 드러나지 않고 보수도 없으며 측정되지도 않지만 지금 이 순간에도 진행되고 있는 미시 학습(microlearning) 없이 화폐 경제가 제 기능을 발휘할 수 있을까? 지식 경제를 이야기하면서 사회에서 끊임없이 진행되고 있는 이런 형태의 교육을 무시하는 것은 루브르 박물관에 가서 모나리자의 머리카락만 보다가 그녀의 미소는 모르고 지나치는 일과 마찬가지이다.

30 결론: 보이지 않는 경로

1 *Jerry Maguire* (Tristar, 1996).
"50 Greatest Sports Movies", *Sports Illustrated*, August 4, 2003년 8월 4일, p. 62.

2 Des MacHale, *Wit* (Boulder, Co.: Roberts Rinehart, 1998), p. 9.

3 화폐 경제에 프로슈머가 기여하는 바와 관련된 여러 가지 흥미로운 의문들이 부각되고 있다. 프로슈머들은 현재 무보수로 이루어지는 자신의 노동에 대한 금전적 보상을 받아야 할까? 그렇게 될 경우 인간의 모든 상호 작용이 한낱 금전적 관계로 변질될 위험은 없을까? 프로슈머들이 금전적으로 보상을 받아야 한다면, 어디까지를 한계로 정해야 하는가? 예를 들어 "거기 포크 좀 집어주시겠어요? 그러면 15페니를 지불하죠." 혹은 "제가 집에서 아이를 키우는 동안 연간 7만 5,000달러를 손해보고 있어요. 가정을 지키고 아이를 양육하는 일에 대해 급료를 받아야 하지 않을까요?" 등의 질문을 생각해 보라. 프로슈머들은 자신이 제공한 서비스가 창조적이고 생산적이었다면 즉, 화폐경제의 생산성에 기여했다면 비행기 표나 컴퓨터, 세금 환급, 아니면 피부관리 등과 교환이 가능한 서비스 제공 점수를 받아야 할까? 겉으로 보기에 현실과는 거리가 있어 보이는 이런 질문들이 프로슈머 경제가 폭발적으로 증가하고 프로슈밍이 혁신적인 부의 핵심 요소가 되는 미래에는 심각한 문제로 대두될 것이다.

31 변화의 복음

1 "S&E Degrees Earned Foreign Students Within Each Field, Level: 1998–1999", chart (2–20), National Science Foundation *Science & Engineering Indicators, 2002,* www.nsf.gov/sbe/srs/seind02/c2/fig02-20.htm.

2 "Chief Says NASA Losing Skilled Workers; Experienced Staff Is Retiring Faster Than Recruits Hired", Patty Reinert, *Houston Chronicle,* 2003년 3월 7일, p. A10.

3 "The Graying of NASA", Shirley Ann Jackson, Rensselaer Polytechnic Institute의 학장실에서 발표된 내용, *Research USA,* 2003년 4월 28일.

4 *Science and Engineering Indicators, 2002,* "U.S. and International Research and Development: Funds and Alliances", appendix table 4–40, National Science Foundation, www.nsf.gov/sbe/srs/seind02/c4/c4s4.htm#c4s-411.

5 Nobel Foundation 웹 사이트에 공개된 내용, www.nobel.se/.

6 "American Pop Penetrates Worldwide", Paul Farhi and Megan Rosenfeld, *Washington Post,* 1998년 10월 25일, p. A1.
   "Creative Destruction" Tyler Cowen, *Milken Institute Review,* 2003년 3분기.

7 *Dumb and Dumber* (New Line Cinema, 1994).

8 영화 *School of Rock* (Paramount, 2003)의 홍보를 위해 제작사가 선택한 노선이다. "High Decibel", Kenneth Turan, *Los Angeles Times,* 2003년 10월 3일, p. E1.

9 Tyler Cowen, *Creative Destruction: How Globalization Is Changing the World's Cultures* (Princeton, N.J.: Princeton University Press, 2002).

10 2002년 9월 3일, 폴 라파엘과의 인터뷰.

11 Heraclitus, *Fragments* (circa 500 BC). Referenced Richard Geldard, *Remembering Heraclitus* (Great Barrington, Mass.: Lindisfarne, 2000)에서 인용. p. 158.

1   "The Traditional US Family Increasingly Less Common", Jean-Michel Stoullig, U.S. Census Bureau의 자료 인용, Agence France Presse, 2001년 5월 15일.

2   "A Healthy Shot in the Arm for Marriage", Darryl E. Owens, Census Bureau의 자료 인용, *Orlando Sentinel*, 2003년 7월 20일, p. F1.

3   "Seniors' Health: Living Alone", Aetna InteliHealth, referencing the U.S. Department of Health and Human Services, 2001년 11월 14일, www.intelihealth.com/IH/ihtIH/WSIHW000/22030/22031/337761.htm?d=dmtContent.

4   "Hitch Switch", Matthew Grimm, *American Demographics*, 2003년 11월 1일, p. 9.

5   "Starter Marriages." ABC News, 2002년 1월 25일, http://abcnews.go.com/sections/GMA/GoodMorningAmerica/GMA020125Feature_starter_marriage.htm.

6   "School Enrollment 2000", U.S. Census Bureau, www.census.gov/prod/2003pubs/c2kbr-26.pdf.

7   "Revenues and Expenditures for Public Elementary and Secondary Education: School Year 1999-2000", National Center for Education Statistics, www.nces.ed.gov/pubs2002/quarterly/summer/3-7.asp.

8   "Are Middle and High School Students Reading to Learn or Learning to Read?", Joan Kuersten, National Assessment of Educational Progress의 1988년 보고서 인용, National Parent Teacher Association, www.pta.org/parentinvolvement/parenttalk/read.asp.

9   "Can't Read, Can't Count", Rodger Doyle, *Scientific American*, 2001년 10월, www.sciam.com/article.cfm?articleID=0002514E-D727-1C6E-84A9809EC588EF21. 10

10 "Young Americans Flunk Geography, According to National Geographic Quiz Survey", Paul Recer, Associated Press, 2002년 11월 20일.

11 "Revenues and Expenditures for Public Elementary and Secondary Education: School Year 1999-2000", National Center for Education Statistics, www.nces.ed.gov/pubs2002/quarterly/summer/3-7.asp.

12 "D.C. Rates Poorly in Reading, Writing", Justin Blum, *Washington Post*, 2003년 7월 23일, p. B5.

13 "Enron Bankruptcy Examiner Also Lays Much Blame with Banks", Matthew Goldstein, TheStreet.com, 2003년 7월 28일, www.thestreet.com/markets/matthewgoldstein/10104107.htm.

14 "The Corporate Scandal Sheet", Penelope Patsuris, *Forbes*, 2002년 8월 26일, www.forbes.com/2002/07/25/accountingtracker.htm.

    "Annus Horribilis: Corporate Scandals, Lingering Recession Made 2002 Truly Horrible Year", Verne Kopytoff, *San Francisco Chronicle*, 2002년 12월 29일, p. G1.

    "The Fires That Won't Go Out", Janice Revell with Doris Burke, *Fortune*, 2003년 10월

13일, p. 139.

"Third Former Rite-Aid Exec Pleads Guilty", Mark Scolforo, Associated Press, 2003
년 6월 26일.

15 Costs of scandals: "Corporate Scandals Cost More than $200 Billion, Report Says."
Marcy Gordon, "No More Enrons" Coalition의 연구결과 인용, Associated Press,
2002년 10월 17일.

16 "Remaining U.S. CEOs Make a Break for It", SatireWire, 2002년 6월, www.satirewire.
com/news/june02/ceonistas.shtml.

17 "Human Development Indicators 2003", United Nations Development Program, 2000
년 각국의 PPP 지출에 대한 목록, www.undp.org/hdr2003/indicator/indic_59_1_1.htm.

18 "Number of Uninsured Rose Dramatically Last Year, Figures Show", Tony Pugh, citing
a U.S. Census Bureau의 보고서 인용, Knight Ridder/Tribune News Service, 2003년 9
월 30일.

19 "To Err Is Human: Building a Safer Health System", Institute of Medicine, National
Academy of Sciences의 패널. 1999년 11월.

20 "Statement of Sheldon Goldberg, CEO and President of the Alzheimer's Association",
House Appropriations Subcommittee on Labor, HHS and Education, Federal
Document Clearing House, 2003년 5월 7일.

21 "Tripping Over Pension Shortfalls", David Henry, *Business Week*, 2003년 5월 14일.

22 "U.S. Pension Agency Says It May Need a Bailout", Kathy M. Kristof, *Los Angeles
Times*, 2003년 10월 15일, p. C1.

23 "United Way to Delay Severance Deal", Jacqueline L. Salmon, *Washington Post*, 2002년
9월 28일, p. B1.

24 "American Red Cross Faces New Disaster", Jacqueline L. Salmon, *Washington Post*,
2003년 5월 19일, p. A8.

25 "Yet Another Wake-Up Call", Michael Getler, *Washington Post*, 2005년 5월 22일, p. B6.

26 "Black and White and Read Fewer", James Rainey, *Los Angeles Times*, 2005년 10월 10일,
p. C5.

27 "U.S. Intelligence Bobbled 9/11 Clues", CBS News, 최근 공개된 의회의 조사결과
에 대한 보도, 2002년 9월 19일, www.cbsnews.com/stories/2002/09/18/national/
main522460.shtml.

"Missed Clues, but Old Battle", Peter Grier, *Christian Science Monitor*, 2002년 5월 20일, p. 1.

28 "Voter Guide: Candidate Close-Ups", *Los Angeles Times*, 2003년 9월 28일, p. S4.
"Schwarzenegger Sworn In as Governor of California", Mary Anne Ostrom and Ann E.
Marimow, *San Jose Mercury News*, 2003년 11월 19일.

29 "Divorces Hit All-Time High in Japan as Stigma Against Breaking Up Fades", Gary
Shaefer, Associated Press, 2003년 9월 17일.

30 "The Land of Parasite Singles", Phillip Longman, *Business 2.0*, 2003년 9월, p. 105.

31 "Divorce in South Korea: Striking a New Attitude", Norimitsu Onishi, *New York Times*, 2003년 9월 21일, p. A19.

32 "Married Homes Are Now the Exception", Alexandra Frean, *The Times* (London), 2003년 2월 14일, p. 5.

33 "'Classroom Collapse' Gripping Schools Nationwide", Tomoko Otake, *Japan Times*, 2002년 3월 28일.
"Educators Try to Tame Japan's Blackboard Jungles", Howard W. French, *New York Times*, 2002년 9월 23일, p. A6.

34 "Seven Major Banks Post Losses for Second Straight Year", *Daily Yomiuri*, 2003년 5월 27일, p. 1.

35 "TEPCO Reveals Cover-Ups, Resignations", Asahi News Service, 2002년 9월 18일.

36 "Japanese Companies Forced to Bolster Corporate Governance", Foreign Press Center of Japan, 2002년 9월 19일, www.fpcj.jp/e/shiryo/jb/0233.htm.
"Nissho Iwai Hid Y1.8 Billion", *Daily Yomiuri*, 2005년 7월 26일, p. 2.

37 "Mizuho Announces Steps to Prevent Stock Trade Blunders", Asia Pulse, 2006년 1월 23일.
"Tokyo Bourse to Review Trading System Following Computer Glitches", Associated Press, 2006년 1월 31일.

38 "Daewoo Corruption Scandal Deepens", British Broadcasting Corp., 2001년 2월 2일, http://news.bbc.co.uk/2/hi/business/1149061.stm.

39 "Curse of the Korean Kennedys", Richard Lloyd Parry, *The Times* (London), 2003년 8월 14일.

40 "SK Chief Gets Three-Year Prison Term for Financial Irregularities", Jae-Suk Yoo, Associated Press, 2003년 6월 13일.

41 "Parmalat Chief Admits Diverting Funds", Reuters를 인용, *Los Angeles Times*, 2003년 12월 30일, p. C3.

42 "Federal Reserve Fines French Bank $100 Million", Lisa Girion, *Los Angeles Times*, 2003년 12월 19일, p. C2.

43 "Skandia Sues Ex-Executives Over Bonuses", Christopher Brown-Humes, *Financial Times*, 2003년 12월 31일, p. 20.

44 "France Probes 'Misuse of Funds' in Gas Project", Paul Betts and Michael Peel, *Financial Times*, 2003년 10월 13일, p. 6.

45 "Will Shell Change Its Retail Course?" Christopher O'Leary, *Investment Dealers Digest*, 2004년 5월 3일.

46 "Is the NHS Falling Apart?" British Council, http://elt.britcoun.org.pl/h_nhs.htm.

47 "Schröder's Little Win", Peter Schneider, *New York Times*, 2002년 9월 25일, p. A21.

48 "Swedish Health System Feels the Economic Pinch", Nicholas George and Nicholas Timmins, *Financial Times*, 2003년 11월 28일, p. 20.

49 "Blueprint for Health Care Reform", *Mainichi Daily News* (Tokyo), 2003년 3월 31일, p. 2.

50 "The Crumbling Pillars of Old Age", *The Economist*, 2003년 9월 27일, p. 69.

51 "Europe Faces a Retiree Crisis", Gene Koretz, *Business Week*, 2000년 5월 15일, p. 38.

52 "Social Security on the Edge: Sweeping Reform of Pension System Needed", Kenji Uchida, *Daily Yomiuri*, 2002년 5월 20일, p. 1.

53 "Thoughts of the Times: National Pension Crisis", Harry Ha, *Korea Times*, 1999년 8월 19일, www.koreatimes.co.kr/14_8/199908/t485139.htm.

54 "Nest Eggs Without the Yolk", *The Economist*, Special Report, 2003년 5월 10일.

55 "Le Monde Dismisses Author of Critical Book", Jo Johnson, *Financial Times*, 2003년 10월 1일, p. 2.

56 "In France, a Newspaper Editor's Legal Woes Are Minor News", Angela Doland, Associated Press, 2003년 6월 26일.

57 "Asahi's Bungled Story", *Asahi Shimbun*, 2005년 9월 2일.

58 "Pavarotti Charity Cash Was Spent on TV Film", Maurice Chittenden, *Sunday Times* (London), 2001년 1월 14일.
    "Stars Quit Charity in Corrup-tion Scandal", David Hencke, *Guardian* (London), 2001년 1월 10일, www.guardian.co.uk/uk_news/story/0,3604,420167,00.htm.

59 "Texas Businessman Indicted in U.N. Oil-for-Food Probe", Phil Hirschkorn, Cable News Network, 2005년 4월 14일, www.cnn.com/2005/LAW/04/14/oilfood.indictment.

60 "Annan Cleared Over Oil-for-Food", British Broadcasting Corp., 2005년 3월 29일, http://news.bbc.co.uk/1/hi/world/americas/4391031.stm.
    "Annan's Post at the U.N. May Be at Risk, Officials Fear", Warren Hoge and Judith Miller, *New York Times*, 2004년 12월 4일, p. A3.

61 "Explicit Photos Fan U.N. Sex Scandal", Maggie Farley, *Los Angeles Times*, 2005년 2월 12일, p. A4.

62 "The Struggle for Iraq", Felicity Barringer, *New York Times*, 2003년 9월 24일, p. A13.

63 "Who's Minding the Bank?" Stephen Fidler, *Foreign Policy*, 2001년 9월 1일, p. 40.

33 철선 부식시키기

1 Alexis de Tocqueville, *Democracy in America*, Book. 4, Chapter. 8.

2 "Sniper Spree Suspects to First Stand Trial in Virginia", Curt Anderson, Associated Press, 2002년 11월 8일.
   "FBI Analyst Survived Cancer to Fall to Sniper's Bullet in Virginia", Justin Bergman, Associated Press, 2002년 11월 8일.
   "The Making of a Murder Spree", *U.S. News & World Report*, November 4, 2002년 11월 4일, p. 22.

3 "FBI Technology Shortcomings Hamper Sniper Investigation", Shane Harris, *Government Executive*, 2002년 10월 23일, www.govexec.com/dailyfed/1002/102302h1.htm.

4 "Oklahomans Remember Bombing of Federal Building", Jack Douglas Jr., Knight Ridder/Tribune News Service, in the *Fort Worth Star-Telegram*, 2002년 4월 20일.

5 "FBI Technology Upgrade More Than a Year Away", Brian Friel, *Government Executive*, June 21, 2002년 6월 21일, www.govexec.com/dailyfed/0602/062102b1.htm.

6 "F.B.I. May Scrap Vital Overhaul for Computers", Eric Lichtblau, *New York Times*, 2005년 1월 14일, p. A1.

7 "Analysis: 'Patterns of Global Terrorism' Report", *Washington Post*, 미국 국방대학원 교수 Melvin Goodman의 글을 인용, 2002년 5월 22일, http://discuss.washingtonpost.com/wp-srv/zforum/02/nation_goodman052202.htm.

8 "Prosecution Wraps Up Its Capital Case Against Muhammad", Stephen Kiehl, *Baltimore Sun*, 2003년 11월 11일, p. 1A.

9 "FBI Ignored Warning Signs About Hanssen", Barbara Bradley, National Public Radio's *Morning Edition*, 2002년 4월 4일.

10 "Capsules of Individuals in the Sniper Shootings Case", Associated Press, 2003년 10월 11일.

11 "Tests Point to Domestic Source Behind Anthrax Letter Attacks", Scott Shane, 미 상원위원 Rush D. Holt (D-N.J.) 인용, *Baltimore Sun*, 2003년 4월 11일, p. 1A.

12 "Slow Slammer Response Points to NIPC Woes", Paul Roberts, IDG News Service, 2003년 1월 28일, Network World Fusion 웹 사이트, www.nwfusion.com/news/2003/0128slowslamm.htm.

13 Gerald Posner, *Why America Slept* (New York: Random House, 2003), p. 169.

14 "Inside the Committee That Runs the World", David J. Rothkopf, *Foreign Policy*, 2005년 3/4월, p. 34.

15 전임 미 의회 대변인 뉴트 깅그리치(Newt Gingrich)는, "연방 및 주 정부와 지방 정부는 정보 시대에 맞춰 속도와 민첩성을 가지고 움직일 필요가 있다. 불행하게도 우리 정부는 그 수준에 근접하는 어떤 움직임도 보여 줄 수 없다"라고 말했다. "To Fight the Flu, Change How Government Works", Newt Gingrich and Robert Egge, *New York Times*, 2005년 11월 6일.

16 "Out of the Shadows", Jim Frederick, *Time International*, 2005년 3월 21일, p. 18.

17 "About Us", www.greenpeace.org/international_en/aboutus/.

18 "About Us: Organisation of Oxfam GB", www.oxfam.org.uk/about_us/organisation.htm.

34 복잡드라마

1 "School of Recreation and Sports Sciences, Sports Administration and Facility Management: Overview", Ohio University, www.ohiou.edu/sportadmin/overview.htm.

2   "Aspects of Sports Engineering", A. T. Sayers, University of Cape Town, www2.mech. kth.se~erik1/sports.htm.

3   "Introduction to Sports Scheduling", FriarTuck, 2003년 7월 11일, www.friartuck.net/ solution/spors/htm.

4   "Condescension, or Another Name, Snobbery", Alan Riding의 Epstein에 대한 리뷰, [84], *New York Times*, 2002년 8월 21일, p. E7.

5   "Arnold's VW Swan Song", Mae Anderson, *Adweek*, 2005년 9월 26일.

6   Gates, [103].

7   "The First Directorate: Banking Supervision", Federal Financial Supervisory Authority, www.bafin.de/english/bafin_e.htm.

8   "Asia Faces a Stark Choice", Tom Holland and Joel Bagiole, *Far Eastern Economic Review*, 2003년 9월 25일, www.feer.com/articles/2003/0309_25/p050money.htm.

9   "International Investment Instruments: A Compendium, Vol. XIV", United Nations Conference on Trade and Development, 2005년 1월 3일, www.unctad.org/Templates/ webflyer.asp?docid=5889&intItemID=2323&lang=1.

10 "Everyone's a Programmer", Claire Tristram, *Technology Review*, 2003년 11월, p. 36.

11 "Microsoft's Midlife Crisis", Victoria Murphy, *Forbes*, 2005년 10월 3일, p. 88.

12 "Ross: Systems Complexity Threatens Security", William Jackson, *Government Computer News*, 2002년 4월 5일, www.gcn.com/vol1_no1/daily-updates/18337-1.htm.

13 "Simplifying Federal Taxes: The Advantage of Consumption-Based Taxation", Chris Edwards, *Policy Analysis* (2001년 10월 17일), no. 416, pp. 1-2.

14 "Key Reason USA Doesn't Save: Too Much of a Hassle", *USA Today*, 2002년 1월 4일, p. 12A.

15 "Accounting: Facts and Trends", Careers in Accounting, www.careers-in-accounting. com/acfacts.htm.

16 "Accounting Major", University of Scranton, http://matrix.scranton.edu/academics/ac_ factsheet_accounting.shtml.

17 "Enabling Prospective Health Care", David M. Lawrence, 2002년, 2002 Duke University Private Sector Conference 웹 사이트, http://conferences.mc.duke. edu/2002dpsc.nsf/contentsnum/af.

18 "Managing Complexity: The New Challenge", European Commission's Innovation and SMEs Programme, *Innovation & Transfer Technology* newsletter, 2002년 5월, and www. cordis.lu/itt/itt-en/02-3/innov03.htm.

19 "Can France Be Reformed?" Wendy Thomson of the British Prime Minister's Office of Public Services Reform, Economist Conference in Paris 연설문, January 2003년 1월 29일-30일.

20 "Internationalism and Globalization: The Rising Complexity of the Policy Field HE", Karola Kampf, Center for Higher Education Policy Studies at Twente University, the

Netherlands, www.utwente.nl/cheps/documenten/susukampf.pdf.

21 Union of International Associations, [267], p. 30.

35 세풀베다 해법

1   Sepulveda West Car Wash, 2001 S. Sepulveda Blvd., Los Angeles, CA 90025.

2   "Ma Who? AT&T Loses a Familiar Name", *Time*, 1983년 8월 15일, p. 45.

3   "Bell Labs' Nobel Legacy", Lucent Technologies, 1998년 10월, www.belllabs.com/news/1998/october/20/4.htm.

4   "Breaking Up Is Hard to Do", John S. DeMott, *Time*, 1984년 1월 16일, p. 52.

5   "Telecom Mergers Could Result in Vigorous Rivalry", Jon Van, *Chicago Tribune*, 2005년 6월 8일.

6   (클린턴)"The Second Term: Education", Allison Mitchell, *New York Times*, 1997년 2월 5일, p. A21. (조지 부시)"Bush Urges 'Education Renaissance'", *Washington Post* 인용, *Toronto Star*, 1991년 4월 19일, p. A21.

7   "Agreement on $26.5B Education Bill", Elaine S. Povich, *Newsday*, 2001년 12월 12일, p. A13.

8   "Bush Pumps Up Educators About Reforms, Funds", Sabrina Eaton, *Plain Dealer* (Cleveland), 2002년 1월 10일, p. A2.

9   "Major Management Challenges and Program Risks: Department of Homeland Security", General Accounting Office, *Reports & Testimony 2003* (2003년 2월 1일), no. 2.

10 "Annan Urges World Leaders to Push for Expanding Security Council to Reflect New Realities", Ranjan Roy, Associated Press, 2003년 9월 24일.

11 "Security Council", Charter of the United Nations, chap. V, art. 23 and 27, www.un.org/aboutun/charter/. 1971년 유엔 총회는 안전보장이사회의 상임이사국 지위를 대만에서 중국으로 이전하기 위한 투표를 실시했다.

12 "Consolidated Statement of Earnings, 2004", IBM 웹 사이트, www.ibm.com/annualreport/2004/annual/cfs_earnings.shtml.

13 "IBM Global Services", www-306.ibm.com/employment/us/div_glbsvcs.shtml.

14 "Kodak's Photo Op", Daniel Eisenberg, *Time*, 2001년 4월 30일, p. 46.
    "Can Celluloid Survive?" Stephen Williams, *Newsday*, 2003년 7월 9일, p. B8.

15 "Kodak Gains on Sony in U.S. Digital Camera Market", Ben Dobbin, Associated Press, 2004년 11월 19일.

16 "For Los Angeles's New Police Chief, a New World", Charlie LeDuff, *New York Times*, 2002년 12월 6일, p. A20.

17 "Chief Bratton Takes on L.A.", Heather Mac Donald, *City Journal of New York*, 2003년 가을, p. 30.

18 "CompStat's Driving Force", Jim McKay, *Government Technology*, 2003년 11월, www.

govtech.net/magazine/story.php?id=75047.

"CompStat: From Humble Beginnings", Tom Steinert-Threlkeld, *Baseline*, 2002년 9월 9일, Ziff-Davis 웹 사이트, www.baselinemag.com/article2/0,3959,1152597,00.asp.

19 "LAPD Tests New Policing Strategy", Richard Winton and Kristina Sauerwein, *Los Angeles Times*, 2003년 2월 2일, p. B1.

20 경제 통계와 마찬가지로 범죄 통계도 아직 미진한 부분이 많다. 하지만 1960년대 중반 알베르트 D 비데만 이래로 많은 개선을 보인 것은 분명하다. FBI의 데이터 분석 결과, 중범죄가 매년 증가하고 있다는 사실에 의심의 여지가 없다. 여기서 중범죄란 50달러 이상이라는 기준에 따라 정의됐다. 비데만은 다음과 같은 결론을 내렸다. "범죄 증가 데이터는 거의 주목을 받지 못한 두 가지 사실을 반영했다. 인플레이션은 많은 물품의 가격을 50달러 이상으로 만들었고, 풍요는 더 많은 사람이 훔칠만한 가치가 있는 물건을 지닐 수 있게 만들었다는 사실 말이다." "Social Indicators and Goals", Chapter 2, *Social Indicators ed.* Raymond A. Bauer, (Cambridge, Mass.: MIT Press, 1966). 덧붙여 말하면, 범죄율은 경찰의 업무만이 아니라 청소년 인구와 경제 상황을 비롯한 여러 가지 요인에 영향을 받는다.

21 "Chief Bratton Takes on L.A.", Mac Donald.

22 "LA's Major Crime Rate Dips 14 Percent in 2005", Associated Press, 2006년 1월 6일.

23 (뉴코먼) "And the Credit Goes To", Gerard J. Holtzmann, *Inc.*, 2000년 9월, p. 176. (사베리) "Harnessing the Void", Robert O. Woods, *Mechanical Engineering* 125 (2003년 12월), no. 12, p. 38. (기타 발명가) "*Encyclopaedia Brittanica's* Great Inventions", *2003 Almanac*, http://corporate.britannica.com/press/inventions.htm.

24 "LLC History", Limited Liability Company Reporter, www.llc-reporter.com/16.htm.

25 "Fire Insurance Plans of B.C. Cities: Introduction, History", University of British Columbia, www.library.ubc.ca/spcoll/fireins/intro.htm.

26 "Opportunity Knocks With Microfinance", Carl Mortished, *The Times* (London), 2002년 2월 8일.

27 "Here's a Business Plan to Fight Poverty", Peter Carbonara, *Fast Company*, 1998년 12월/1월, p. 58.

28 "Grameen Bank at a Glance", 2005년 3월, www.grameen-info.org/bank/GBGlance.htm.

29 Grameen Foundation USA. "Who We Are", Grameen Foundation, 2003년 11월, www.gfusa.org/.

30 "Small Loans, Big Gains", Boston Globe, 2002년 11월 19일, p. A22.

31 "Doing Good Doing Well", U.S. *Banker 113* (2003년 8월), no. 8, p. 46.

32 "Grameen Bank, Which Pioneered Loans for the Poor, Has Hit a Repayment Snag", Daniel Pearl and Michael Phillips, *Wall Street Journal*, 2001년 11월 27일, cited in "Social Entrepreneurship in Developing Countries", Sara Foryt, United Nations Environment Program Financial Initiatives 기사에서 언급됨. http://unepfi.net/venture/svcdn.pdf.

33 "Searches per Day", Danny Sullivan, 2003년, Search Engine Watch, http://

searchenginewatch.com/reports/print.php/34701_2156461.

34 "Welfare Model Serves Providers, Not the Clients", Vern Hughes, *Australian Financial Review*, 2003년 11월 7일, p. 83.

35 "History of Humboldt-Universitt", Berlin University, www.hu-berlin.de/hu/geschichte/hubdt_e.htm.
"The European Office in Berlin: What We Do", Johns Hopkins University, www.jhu.edu/~europe/whatwedo.htm.

36 새로운 문제를 언급하는 데 있어서, 우리는 관료나 네트워크와 같은 과거의 조직적 문제에만 제한될 수 없다. 인간 활동을 조직화하는 방법은 무한히 많다.《권력이동》17장을 참고하기 바란다.

37 "How to Save the World? Treat It Like a Business", Emily Eakin, *New York Times*, 2003년 12월 20일, p. B7.

38 사회 혁신상을 포함하는 사례는 런던에 본부를 둔 사회 발명 기관(Institute for Social Invention, www.globalideasbank.org/Awards2003.htm)과 오스트리아 사회 발명 경진대회 (Australian Competition for Social Inventions, www.globalideasbank.org/reinv/RIS-253.htm)가 있다.

39 "Skyrocketing Method Patents Stifling Innovation, Say Critics", Justin Pope, Associated Press, 2003년 11월 27일.

36 결론: 데카당스 이후

1 "Food CPI, Prices and Expenditures: Expenditures as a Share of Disposable Income", Economic Research Service of the U.S. Department of Agriculture, www.ers.usda.gov/Briefing/CPIFoodAndExpenditures/Data/table7.html.

2 "Consumer Dominance Hits a 54-Year High", 기사에 추가된 차트, Floyd Norris, *New York Times*, 2003년 12월 1일, p. C2.

3 "Historical Census of Housing Tables: Ownership Rates", U.S. Census Bureau, www.census.gov/hhes/www/housing/census/historic/ownrate.html.

4 "Homes for the Holidays", Daniela Deane, U.S. Commerce Department의 수치 인용, Washington Post, December 20, 2003, p. F1.

5 Easterbrook, [79], p. 6.

6 "U.S. Life Expectancy Hits New High", Laura Meckler, U.S. Department of Health and Human Services의 보고서 인용, Associated Press, 2002년 9월 13일.

7 "Macho Business Muscle Gives Itself a Feminine Makeover", Richard Tomkins, *Financial Times*, 2005년 5월 17일, p. 8.

8 "Fixin' for Trouble", Tim Smith, *New York Daily News*, 2003년 9월 21일, p. 72.

9 "Fade to 'Black'", Pat Rooney, *Rocky Mountain News*, 2003년 7월 14일, p. H8.

10 "Sports and Drugs", Ron Kroichick, *San Francisco Chronicle*, 2003년 12월 29일, p. C1.

11 "Salt Lake Looks to Olympic Effect", Matthew Garrahan, *Financial Times*, 2002년 2월

8일, p. 7.

12 "The Enron-ing of Little League", Blake Miller, *Philadelphia*, 2003년 9월.

13 "Blood Sport", Hugo Lindgren, *New York Times Magazine*, 2003년 8월 31일, p. 13.
"When Pros Turn Cons", John Gibeaut, *American Bar Association Journal*, 2000년 7월.
"Victim's Mother Wins Judgment Against Carruth, Other Defendants", Associated Press, 2003년 10월 15일.

14 (스포츠) Extreme Sports Channel 웹 사이트, www.extreme.com/misc/index.php. (소프트웨어) Daniel H. Steinberg and Daniel W. Palmer, *Extreme Software Engineering: A Hands-On Approach* (Englewood Cliffs, N.J.: Prentice Hall, 2004). (패션) "Automatic Innovator", *WWD*에서 가진 Karl Lagerfeld와의 인터뷰, 2003년 11월 17일, p. 12. (변신) "Nip, Tuck Trend Goes Mainstream", Sheri Hall, *Detroit News*, 2004년 3월 28일, p. 1A. (호박 조각) ExtremePumpkins.com, www.extremepumpkins.com. (엘비스) "Extreme Elvis", www.extremeelvis.com/index_main.html. (포르노 사이트) "extreme fetish"에 대한 구글 검색 결과, www.google.com/search?hl=en&ie=UTF-8&oe=UTF-8&q=extreme+fetish+&btnG=Google+Search.

15 "Gucci Cucci", *BlackBook*, 2003년 가을, p. 60.

16 "Sexy Ads: What Exactly Are They Selling to Kids?" Allie Shah, *Minneapolis Star Tribune*, 2003년 12월 23일, p. 1A.

17 Vegas.com Skyroller Sweepstakes, 2003년 10월 5일자, *Los Angeles Times*에 끼여 있던 판촉물.

18 "Violent Video Game Has Parents, Experts Concerned About Children Who Play It", James A. Fussell of the Knight Ridder/Tribune News Service, *Kansas City Star*, 2003년 2월 26일.

19 "Worth a Second Act?" Geoff Boucher, *Montreal Gazette*, 2002년 12월 12일, p. D1.
"Rap at the Crossroads", Alec Foege, *Playboy*, 1998년 1월, p. 62.

20 "Germans Get a Look at the Dark Side of Cyberspace", Jeffrey Fleishman, *Los Angeles Times*, 2003년 12월 31일, p. A3.

21 "Re: The Misfits Issue", 독자 레터에 대한 BlackBook의 답변, 2003년 가을, p. 50.

22 "Sweeten the Image: Hold the Bling-Bling", Lola Ogunnaike, *New York Times*, 2004년 1월 12일, p. E1.
"Pop and Jazz Guide", New York Times, February 21, 2003, p. E35.

23 "The Internet Battle of the Sexes", Anna Kuchment, *Newsweek*, Issues 2004, 2003년 12월 22일, p. 58.
"Love.com", Anna Muirine, *U.S. News & World Report*, 2003년 9월 29일, p. 52.
eHarmony 웹 사이트, www.eharmony.com.

24 "Meetup Organizes Local Interest Groups", www.meetup.com.

25 "Working Hard for the Money-Over Latte", Catherine Donaldson-Evans, Fox News, 2002년 3월 29일, www.foxnews.com/story/0,2933,49057,00.html.

26 "Zip to the Net with WI-FI", Stan Choe, *Charlotte Observer*, 2002년 12월 9일, p. 10D.

27 "Parton's Imagination Library Delivers Millionth Book", Associated Press, 2003년 12월 13일.

28 "Year in Review, 2004", 상상력 도서관 웹 사이트, www.imaginationlibrary.com/news.php.

29 "Homeschooling in the United States: 1999", National Center for Education Statistics, http://nces.ed.gov/pubs2001/HomeSchool/.

30 "Web Resources for Home-Schooling", Irene E. McDermott, *Searcher*, 2003년 9월 1일, p. 27.

31 "The Case Against Charter Schools", Bruno V. Manno, *School Administrator*, 2001년 5월, www.aasa.org/publications/sa/2001_05/2001_manno.html.

32 "School Profile: The Center for Advanced Research and Technology", Center on Education and Work, University of Wisconsin-Madison, 2002, www.cew.wisc.edu/charterSchools/profilecart.asp.

33 "High-Tech High", James Hattori, Cable News Network, 2001년 2월 17일, www.cnn.com/2001/TECH/science/02/17/index.cart/.

34 "Can He Find a Cure?", Geoffrey Cowley, *Newsweek*, 2001년 6월 11일, p. 39.

35 "How to Save the World? Treat It Like a Business", Emily Eakin, *New York Times*, 2003년 12월 20일, p. B7.

36 "'Going to Scale' and the Social Benefit Entrepreneur", Patrick Guerra and James L. Koch, *STS Nexus*, Santa Clara University 출판물, 2003년 가을, p. 7.

37 "Seeking Common Ground", Arlene Getz, *Newsweek Online*, 2003년 1월 24일.

38 "Hezbollah Branches Out to Win Support", Robert Collier, *San Francisco Chronicle*, 2003년 3월 13일, p. A8.
    "A Nation Challenged: The Money Trail", Joseph Kahn and Patrick E. Tyler, *New York Times*, 2001년 11월 3일, p. B1.

39 부랑자들은 체제의 약점에 속하며 부유한 국가들은 분명 그들을 더 나은 일에 이용할 수 있다. 노벨상 수상 경제학자인 로버트 포겔은 부랑자를 역사적 관점에서 보면서 "19세기 중엽으로 거슬러 올라가면, 당시 영국과 유럽 인구의 10%에서 20%가 부랑자들이었고 정부기관은 그들을 부랑자 혹은 극빈자로 분류했다"고 상기시킨다. 비슷한 시기 미국의 주요 도시 사정도 별반 다를 바가 없었다. 이런 사실과 대조적으로 포겔은 "오늘날 우리가 미국에서 부랑자 이야기를 할 때, 그 비율은 전체 인구의 0.4%에 불과하다"라고 덧붙였다. Fogel, [93].

40 "A Century of Change: The U.S. Labor Force, 1950-2000", Mitra Toossi, U.S. Bureau of Labor Statistics, www.bls.gov/opub/mlr/2002/05/art2exc.html.

41 "U.S. Labor Market Performance in International Perspective", Constance Sorrentino and Joyanna Moy, *Monthly Labor Review*, 2002년 6월, p. 15.

42 "Environmental Protection Agency: Budget, Fiscal Year 2004", Environmental

Protection Agency, Office of Management and Budget과 공동 조사, www.whitehouse.gov/omb/budget/fy2004/epa.html.

43 "Air Trends: 2002 Highlights", U.S. Environmental Protection Agency, www.epa.gov/airtrends/highlights.html.

44 "Sparks Fly at Summit; Bush Stands Alone Against Treaty on Climate", Bennett Roth, *Houston Chronicle*, 2001년 7월 22일, p. A1.

"Europe Turns Its Anger Against Bush", Martin Fletcher and Giles Whittell, *The Times* (London), 2001년 6월 15일.

"Bush admits Human Role in Climate Change" Caroline Daniel and Fiona Harvey, *Financial Times*, 2005년 7월 7일, p. 3.

37 자본주의의 위기

1 *New Oxford American Dictionary* (New York: Oxford University Press, 2001), p. 1366.

2 De Soto, [69], pp. 4-6.

3 "Internet Giant Google Shares Trade Higher in Debut", Matthew Fordahl, Associated Press, 2004년 8월 20일.

4 "Trying to Grasp the Intangible", Thomas A. Stewart, 경제학자인 Margaret Blair가 수행한 Brookings Institution의 연구 인용, *Fortune*, 1995년 10월 2일, p. 157.

5 "Intangible Assets: An Interview with Baruch Lev", Heather Baukney, CIO, 2001년 3월 15일, IT World 웹 사이트, www.itworld.com/Man/2698/CIO010315lev/.

6 "Understanding the Evolution of U.S. Manufacturing", 미국 상원 금융위원회에서 행한 Robert Hall의 증언, 2003년 7월 8일, http://finance.senate.gov/hearings/testimony/2003test/070803rhtest.pdf.

7 "2004 Special 301 Report", Office of the U.S. Trade Representative, www.ustr.gov/reports/2004-301/special301.html.

8 로스앤젤레스에서 저자와의 인터뷰, 2004년 6월.

9 "Fair Use Under Assault", Steve Gillmor, *InfoWorld*, 2003년 1월 24일, www.infoworld.com/article/03/01/24/030124hnbarlow_1.html.

10 "The Economy of Ideas", John Perry Barlow, *Wired*, 1994년 3월, Massachusetts Institute of Technology 웹 사이트, www.swiss.ai.mit.edu/6805/articles/int-prop/barlow-economy-of-ideas.html.

11 "Can You Patent a Mouse-or an Engineered Fish?" Tracey Tyler, *Toronto Star*, 2002년 5월 19일, p. A1.

38 자본의 전환

1 "Go Directly to Jail, Do Not Pass Go, Do Not Collect Forty Billion Dollars", Bill

Hartson, *The Independent* (London), 1995년 11월 17일, Life section, p. 4.

2   "History of Monopoly", Hasbro Inc., www.hasbro.com/monopoly/pl/page.history/dn/ default.cfm.

3   Chernow, [49], p. 41.

4   "Today in NYSE History-June 26, 1962", New York Stock Exchange, www.nyse.com/ about/TodayInNYSE.html.

5   "Small Investors Take a Fresh Look at Stocks", *U.S. News & World Report*, 1981년 10 월 19일, p. 93.

6   "Wall Street Party to Mark 40 Years of Ford on the Floor", Alan L. Adler, *Detroit Free Press*, 1996년 1월 17일, p. 1E.

7   "Learn About Ford-An American Legend", Ford Motor Co., www.ford.ca/english/ LearnAbout/NewsReleases/pr20030520_2.asp.

8   "Reforms Could Embolden Employees", James Flanigan, *Los Angeles Times*, 2002년 7 월 28일, p. C1.

9   "Homes for the Holidays", Daniela Deane, *Washington Post*, 2003년 12월 20일, p. F1.

10   "Cheap Loans Are Under Fire", Tom Petruno, *Los Angeles Times*, 2005년 9월 18일, p. C1.

11   "Most of Us Still Afloat", Scott Burns, *Dallas Morning News*, 2005년 3월 6일, p. D1.

12   "Small Is Not Beautiful When It Comes to China's Inviting Stock Market", Stephen Green, Japanese Institute of Global Communications, 2003년 5월 12일 재발간, edition of the *South China Morning Post*, www.glocom.org/special_topics/asia_rep/20030512_ asia_s16/.

13   "The Democratization of America's Capital Markets", John V. Duca, *Economic and Financial Review*, 2001년 2분기, pp. 10 – 19.

14   "Searching for a $2.7 Billion Result, Google Files IPO Plan", Dan Thanh Dang, *Baltimore Sun*, 2004년 4월 30일, p. 1A.

15   "A Cartel-Buster", *The Economist*, 2004년 5월 8일.

16   "You, the Next Google Millionaire?" Walter Updegrave, CNN/Money, 2004년 4월 26 일, http://money.cnn.com/2004/04/26/pf/expert/ask_expert/. 2005년 중반, 상장된 지 불과 1년이 채 지나지 않아 구글의 주가는 세 배로 올랐다.

17   "Hanging on Every Word", Mark Jurkowitz, *Boston Globe*, 2002년 8월 4일, p. E1.

18   "An Economist's Ill-Advised Moment of Truth", Gerard Baker, *Financial Times*, 2004 년 2월 19일, p. 17.

19   "Bush's Economic Address, Suffering Slings and (Down) Arrows", Howard Kurtz, *Washington Post*, 2002년 7월 22일, p. C1.

20   저자와의 인터뷰, 2004년 5월 24일. Yago, [291].

21   "Indonesia-Economy", exchangerate.com, www.exchangerate.com/country_info.htm?c ont=All&cid=110&action=Submit.

1 Crone, [60], pp. 22, 27.
2 (성두) "A Famous Cultural City", China Travel Service, www.cts.com.cn/esite/chengducity/cultural.html. (평요) "Pingyao Ancient Town", Regent Tours, www.regenttour.com/chinaplanner/pingyao/pingyao-glance.html. (몬테 데이 파스키) National Italian American Foundation, www.floria-publications.com/italy/italian_culture/.
3 "From Rio to Johannesburg: Urban Governance-Thinking Globally, Acting Locally", Molly O'Meara Sheehan, Chandler, [45] 인용, 2002년 8월 29일, www.worldwatch.org/press/news/2002/08/29/.
"Political Disorganization and Problems of Scale", Norman Gall, Fernand Braudel Institute of World Economics, paper no. 28, www.braudel.org.br/paping28a.html.
4 Stephens, [254], pp. 204-206.
5 "The Department Store", University of San Diego History Department, 2004년 1월 9일, http://history.sandiego.edu/gen/soc/shoppingcenter4.html.
6 "1872 Montgomery Ward-First Mail-Order House", Chicago Public Library, www.chipublib.org/004chicago/timeline/mtgmryward.html.
7 "The New Realities of Dynamic Pricing", Ajit Kambil and Vipul Agrawal, *Outlook* (Accenture의 발행물, 2001년), no. 2, p. 15.
8 "Sites to Behold", Michael Shapiro, *Washington Post*, 2000년 9월 15일, p. E4.
9 Western Union Auction Payments program의 웹 사이트 광고배너, www.auctionpayments.com/.
10 "Profits in the Age of an 'Audience of One,'" Simon London and Tim Burt, *Financial Times*, 2004년 4월 16일, p. 10.
11 "Camry Facts", Toyota Motor Corp., http://pressroom.toyota.com/mediakit/camry/factsheet2.html.
12 "Prowler Will Die Along with Plymouth Line", *Detroit Free Press*, 2001년 12월 20일, p. G1.
13 "Toddler Who Beat Death Still in Critical Condition", Associated Press, 2004년 5월 29일.
14 "Internet Marketing: An Overview", Jianwei Hou and Cesar Rego of the University of Mississippi, eMarketer의 평가서 인용, 2002, p. 11, http://faculty.bus.olemiss.edu/crego/papers/hces0802.pdf.
15 "A Perfect Market", Paul Markille, *The Economist*, 2004년 5월 15일.
16 "Aeroxchange History", 2004년, www.aeroxchange.com/custom/public/corp_info/history.html.
17 "Slow Exchange", Peter Conway, *Airline Business*, 2003년 10월 1일, p. 56.
18 (외식업) "Restaurant B2B", Business.com 웹 사이트, www.business.com/directory/food_

and_beverage/restaurants_and_foodservice/b2b_markets/. (기타 업계) "B2B Exchange Survivors", Steve Ulfelder, *Computerworld*, 2004년 2월 2일, www.computerworld.com/softwaretopics/erp/story/0,10801,89568,00.html.

19 "Worldwide B2B E-Commerce to Surpass $1T in 2003", eMarketer 웹 사이트, www.emarketer.com/eStatDatabase/ArticlePreview.aspx?1002129.

40 미래의 화폐

1 "Out of Our Imagination", Lanny Floyd, *IEEE Industry Applications*, *Star Trek: First Contact*(Paramount, 1996)을 인용, 2003년 1/2월, p. 8.

2 "Cashiers", U.S. Bureau of Labor Statistics, 노동 통계부의 2002년 수치, www.bls.gov/oco/ocos116.html.

3 "About IFAC", International Federation of Accountants, 2004년, www.ifac.org/About/.

4 "From Coffee Houses to Computer Screens", Clare Stewart, *The Times* (London), 1999년 11월 13일.

5 "National Employment: Financial Activities" and "Labor Force Statistics: Civilian Labor Force", U.S. Bureau of Labor Statistics, 2002년 수치, http://data.bls.gov/servlet/SurveyOutputServlet.

6 "Industries and Sectors: Financial/Overview", U.K. Department of Trade and Tourism, 2000, www.dti.gov.uk/sectors_financial.html.

7 "XML Authoring in the Financial Services Industry", Max Dunn, *XML Journal* 6 (2003년 6월 1일), no. 4, p. 6.
    "Financial Firms and Tech Spending", *Wall Street & Technology*, Forrester Research의 연구결과 인용, 2002년 9월 1일, p. 10.

8 "Rank Order-GDP", *World Factbook 2001*, www.odci.gov/cia/publications/factbook/rankorder/2001rank.html.

9 "Day Trading, Take 2", David Landis, *Kiplinger's Personal Finance*, 2004년 4월.

10 "Where Money Talks Very Loudly", Jennifer Hughes, *Financial Times*, 2004년 5월 27일, Special Report: Foreign Exchange, p. 1.

11 "2003 Year-End Review and Statistics", New York Stock Exchange, www.nyse.com/press/1072870219900.html.

12 저자와의 인터뷰, 2004년 6월 5일.

13 "Online Pacific Exchange Is Thriving", Carolyn Said, *San Francisco Chronicle*, 2004년 1월 24일, p. I1.

14 "Big Board Seat Prices Rises to $3.6 Million", Bloomberg News, *New York Times*, 2005년 12월 21일, p. C1.

15 "Monetary Trends-Definitions", Federal Reserve Bank of St. Louis, http://research.

stlouisfed.org/publications/mt/notes.pdf.

16 Galbraith, [97], p. 92. Also: "History of Money", *Newshour with Jim Lehrer*, Public Broadcasting Corp. 웹 사이트, www.pbs.org/newshour/on2/money/history.html.

17 "A Look Back on Long, Complex History of Yen, Dollar", Hiroshi Ota, *Daily Yomiuri*, 1999년 4월 28일, p. 11.

18 "Europe's National Currencies", Jonathan Williams and Andrew Meadows, *History Today* 52 (2002년 1월 1일), no. 1, p. 19.

19 "A Global History of Currency: China", Global Financial Data, Inc., www.globalfindata.com/gh/69.html.

20 "Mao to Star as China Launches New Yuan Notes for 50th Anniversary", Agence France Presse, 1999년 7월 2일.

21 "Doors Close, a Window Opens", Joseph Mallia, cardweb.com 웹 사이트 인용, *Newsday*, 2004년 3월 8일, p. A17.

22 "J. P. Williams, 88, Bank Card Creator, Dies", Douglas Martin, *New York Times*, 2003년 11월 21일, p. C11.

23 "History of Frequent Flyer Programs", Randy Petersen, Webflyer.com, 2001년 5월, www.webflyer.com/company/press_room/facts_and_stats/history.php.

24 "Buying and Selling Airline Miles", Rudy Maxa, Awardtraveler.com, www.awardtraveler.com/articles.asp?articleno=27.

25 (하키 경기 입장권과 헬스 클럽 회원권) "Your Miles Are Good for More Than Flights", Ted Reed, *Charlotte Observer*, 2003년 11월 10일, p. D7. (기타) "Making the Most of Your Flier Miles", Toddi Gutner, *Business Week*, 2003년 6월 2일, p. 100.

26 "How to Whittle Down a Mountain of Frequent-Flier Miles", Sam Ali, Newhouse News Service, 2004년 6월 15일.

27 "Dealing in the Airline 'Gray' Market", Carole Gould, *New York Times*, 1986년 6월 1일, p. C13.

28 "The Very Model of a Modern Moslem State", James Kynge, *Financial Times*, 1997년 4월 26일, p. 1.

29 (나이키) "Free Speech or False Advertising?" Stanley Holmes, *Business Week*, 2003년 4월 28일, p. 69. (쉘) "U.N. Report on Nigerian Human Rights Calls for Investigation of Shell", Sierra Club, www.sierraclub.org/human-rights/nigeria/releases/boycott.asp. (갭) "Businesses Decide to Tackle Problem of Being American", Carl Weiser, Gannett News Service, 2004년 2월 23일.

30 "No Cash or Card? Pay Phone", Jane Croft, *Financial Times*, 2003년 10월 23일, p. 16.

31 "Mobile Phone Plan May Hasten Cashless Society", James Mackintosh, *Financial Times*, 2001년 6월 28일, p. 9.

32 "JCB Makes Biometric and Mobile Breakthroughs", *Electronic Payments International*, 2004년 2월 13일, p. 4.

33 "Biometrics Come to Life", Orla O'Sullivan, *ABA Banking Journal*, 1997년 1월, p. 31.

34 "Will That Be Cash, Fingerprint or Cellphone?" Kevin Maney, *USA Today*, 2003년 11월 17일, p. 1E.

35 "Sony Lab Proposes Corporate E-Currency", *Nikkei Weekly*, 2003년 10월 27일.

36 (동남아시아) "Bartering Gains Currency in Hard-Hit Southeast Asia", Darren McDermott and S. Karene Witcher, *Wall Street Journal*, 1998년 4월 7일. (아르헨티나) "Where to Swap till You Drop", Hector Tobar, *Los Angeles Times*, 2002년 5월 6일, p. A1. (러시아) "Fissure Finance", 다음 문헌에 대한 리뷰, Money Unmade: Barter and the Fate of Russian Capitalism, David M. Woodruff (Ithaca, N.Y.: Cornell University Press, 1999), *The Economist*, 1999년 9월 18일, p. 5.

37 "Seven Ways to Barter Smarter", Carrie Coolidge, *Forbes*, 2004년 5월 21일, www. forbes.com/2004/05/21/cz_cc_0521bartertips_print.html.

38 "For Wary Argentines, the Crops Are Cash", Leslie Moore, *New York Times*, 2002년 12월 1일, p. C6.

39 "Kiev to Pay Russian Debts with Bombers", Charles Clover, *Financial Times*, 1999년 8월 9일, p. 3.

40 "Fair Trade", Cullen Murphy, *Atlantic Monthly*, 1996년 2월, vol. 277, No. 2, pp. 16–18.

41 "Bernard Lietaer Urges the Growth of New Currency", *Bank Technology News* 17 (2004년 7월), No. 7, p. 32.
    "Co-Creator of the Euro Offers Terra", Aldo Svaldi, Denver Post, October 24, 2003, p. C1.

42 "The Terra Project", Bernard Lietaer, 2003년 10월, DaVinci Institute, www. futureofmoneysummit.com/terra-project.php.

43 "The Original Meaning of Trade Meets the Future in Barter", Bob Meyer, BarterNews, 1999년, www.barternews.com/worldtrade.html.

44 "'Conway Hours' Add Local Focus to Buying", Michelle Hillen, *Arkansas Democrat-Gazette*, 2003년 11월 29일, p. 17.

45 Cahn, [39].

41 빈곤의 미래

1 Easterly, [80], p. 33.

2 "Africa's Suffering Is Bush's Shame", Jeffrey Sachs, *Los Angeles Times*, 2005년 6월 12일.

3 "Global Poverty Down Half Since 1981, But Progress Uneven as Economic Growth Eludes Many Countries", World Bank, 2004년 4월 23일, www.worldbank.org.cn/ English/content/776w62628918.shtml.

4 "Historical Estimates of World Population", U.S. Census Bureau, 2004년 4월 30일, www.census.gov/ipc/www/worldhis.html.

5 Braudel, [31], p. 52.

6 Fogel, [93].

7 Parente, [205], pp. 11–12.

8 "Global Poverty Down Half Since 1981, but Progress Uneven as Economic Growth Eludes Many Countries", World Bank, 2004년 4월 23일, http://web.worldbank.org/WBSITE/EXTERNAL/NEWS/0,,contentMDK:20194973~menuPK:34463~pagePK:64003015~piPK:64003012~theSitePK:4607,00.html.

9 "Quality Put into Practice", Morgan Witzel, *Financial Times*, 2003년 8월 13일, p. 11. "History's Hidden Turning Points", Daniel J. Boorstin with Gerald Parshall, *U.S. News & World Report*, 1991년 4월 22일, p. 52. "American Guru Who Taught Importance of Quality Control Is About to Turn 100", Richard Lee, *Stamford Advocate*, 2004년 5월 7일.

10 "Hyundai Joins Toyota, Honda Atop Quality List", MSNBC, 2004년 4월 28일, www.msnbc.msn.com/id/4854302/.

11 "The First Robot–Unimate", Robotics Research Group at the University of Texas, www.robotics.utexas.edu/rrg/learn_more/history/.

12 Isaac Asimov, I, *Robot* (New York: Gnome Press, 1950).

13 "RIA Chooses 2003 Engelberger Winners", Assembly 46 (2003년 8월 1일), no. 9, p. 12.

14 "1961: A Peep Into the Automated Future", Paul Mickle, *Trenton Trentonian*, www.capitalcentury.com/1961.html.

15 "The Rapid Expansion of Motorization (1965–1975)", Japanese Automobile Manufacturers Association 웹 사이트, www.japanauto.com/about/industry8.html.

16 "Electronics Manufacturing and Assembly in Japan", John A. Kukowski and William R. Boulton, Japanese Technology Evaluation Center, 1995년 2월, World Technology Evaluation Center 웹 사이트, www.wtec.org/loyola/ep/c5s1.html.

17 "Toyota on Verge of 10%; Product Blitz Sends U.S. Market Share Toward Statistical Milestone", Mark Rechtin and Harry Stoffer, *Automotive News*, 2000년 12월 11일, p. 1.

18 "About Toyota: Operations–Sales & Service", 도요타 웹 사이트, www.toyota.com/about/operations/sales–service/.

19 Vogel, [273], p. 12.

20 "Scott and Bill Went Up the Hill", John Carey, *Business Week*, 1998년 3월 16일, p. 26.

21 (1980–1985) "Japanese Foreign Direct Investment in Asia: Its Impact on Export Expansion and Technology Acquisition of the Host Economies", Shujiro Urata, Japan Center for Economic Research and Waseda University, 1998년 3월, www.jcer.or.jp/eng/pdf/discussion53.pdf. (1986–2000) "Patterns and Strategies of Foreign Direct Investment: The Case of Japanese Firms", Kang H. Park, *Applied Economics* 35 (2003년 11월 10일), no. 16, p. 1739.

22 "Japan–Foreign Relations: Other Asia–Pacific Countries", Library of Congress, Federal Research Division, http://countrystudies.us/japan/134.html.

23 (1970) 1972 *New York Times Almanac* (New York: New York Times, 1971). (2000) *2004 New York Times Almanac* (New York: Penguin, 2003).

24 Easterly, [80], pp. 145 – 148.

25 "Data on Poverty: Social Indicators", World Bank, 2002년 8월 2일, www.worldbank. org/poverty/data/trends/mort.html.
"Population Size and Growth", Figure 3, "Average Annual Rates of Population Growth of World Regions: 1950 – 2020", U.S. Census Bureau 웹 사이트, www.census.gov/ipc/prod/wp96/wp96005.pdf.

26 "Crop Scientists Seek a New Revolution", Charles C. Mann, *Science* 283 (1999년 1월 15일), no. 5400, p. 310.

27 "The Poverty of Nations", Martin Wolf, *Financial Times*, 1996년 8월 20일, p. 12.

28 "Global Poverty Monitoring", World Bank, www.worldbank.org/research/povmonitor/.

42 두 마리 토끼를 잡아라

1 제3물결이 중국의 개혁주의 지도자들에게 미친 영향을 학자들은 광범위하게 언급해 왔다. 현대사 연구소의 징 리(Jing Li)는 "1980년대, 중국의 지식인들은 자유를 향한 변화를 촉진시키기를 원하며 특정한 문헌에 집착했는데, 그들은 그 문헌이 미래에 중국이 당면하게 될 사태와 대단히 밀접한 관계가 있는 것으로 해석하고 설명했다. 그 문헌은 앨빈 토플러와 토머스 쿤(Thomas Kuhn), 밀턴 프리드먼(Milton Friedman), 새뮤얼 헌팅턴(Samuel Huntington), 막스 베버(Max Weber) 등의 작품이었다"고 논평했다. 홍콩의 작가인 한 시(Han Shi)는 《제3물결》을 '중국을 변화시킬 30대 도서'에 포함시켰다. 설리번(M. J. Sullivan)은 'World Affairs(1994년 가을)'에서 "자오쯔양은 자신의 개혁정책을 정당화하기 위해 앨빈 토플러와 같은 다양한 서구 문헌을 인용한다고 알려져 있다"고 밝혔다.

2 "Shenzhou Soars", Craig Covault, *Aviation Week & Space Technology* 159 (2003년 10월 20일), no. 16, p. 22.

3 "China's Biotech Is Starting to Bloom", David Stipp, *Fortune*, 2002년 9월 2일, p. 126.

4 "China Cell Phone Market at 377M Users", Associated Press, 2005년 10월 26일.

5 "Number of Chinese Internet Users Tops 110 Million", Sumner Lemon of the IDG News Service, 2006년 1월 18일, InfoWorld 웹 사이트, www.infoworld.com/article/06/01/18/74273_HNchinesenetusers_1.html.

6 "Fast Gaining in Technology, China Poses Trade Worries", Steve Lohr, *New York Times*, 2004년 1월 13일, p. C1.

7 "An Embryonic Nation", Xiangzhong Yang, *Nature*, 2004년 3월 11일, www.nature. com/cgi-taf/DynaPage.taf?file=/nature/journal/v428/n6979/full/428210a_fs.html.

8 "Doing Our Homework", Thomas L. Friedman, *New York Times*, 2004년 6월 24일, p. A23.

9 "High Tech in China", Bruce Einhorn, with Ben Elgin, Cliff Edwards, Linda

Himelstein and Otis Port, *Business Week*, 2004년 10월 28일, p. 80.

10   "China Tries to Woo Its Tech Talent Back Home", Rone Tempest, *Los Angeles Times*, 2002년 11월 25일, p. B1.

"Biotech's Yin and Yang", The Economist, December 14, 2002.

11   "Let a Thousand Ideas Flower", Chris Buckley, *New York Times*, 2004년 9월 13일, p. C1.

12   "Digital Dragon", *The Economist*, 2005년 12월 17일, p. 58.

13   "Transition of China's Northeast: The Need for Combining Regional and National Policies", Franois Bourguignon, "A Development Strategy for Northeast China"에서 행한 논평, 2003년 12월 3-4일, 중국 선양, World Bank 웹 사이트, www.worldbank. org.cn/English/content/fb-shenyang.pdf.

14   "Enter the Dragon", *The Economist*, 2001년 3월 10일.

15   "The Political Ascent of an Indian Missile Man", Pallava Bagla, *Science* 297 (2002년 7월 26일), no. 5581, p. 503.

16   Kalam, [133].

17   "China Key to Our Fortunes", Geoffrey Newman, *The Australian*, 2004년 5월 7일, p. 4.

18   "India's Software Exports at $12.5 Billion Despite Outsourcing Backlash", S. Srinivasan, Associated Press, 2004년 6월 3일.

19   "Indian City Rides Tech Euphoria", David Streitfeld, *Los Angeles Times*, 2004년 6월 30일, p. A1.

20   "Interview: Buddhadeb Bhattacherjee", Joanna Slater, *Far Eastern Economic Review*, 2004년 4월 28일, p. 38.

21   "Calcutta on a Roll", Joanna Slater, *Far Eastern Economic Review*, 2004년 4월 28일, p. 36.

22   "The Digital Village", Manjeet Kripalani, *Business Week*, 2004년 6월 28일, p. 60.

23   "Plan to Connect Rural India to the Internet", John Markoff, *New York Times*, 2005년 6월 16일, p. C17.

24   "Technology for the People: A Future in the Making", Dinesh C. Sharma, *Futures* 36 (2004년 8/9월), Nos. 6-7, pp. 734, 740.

25   "Biotechnology: India Emerging as a Partner of Choice", K. T. Jagannathan, The Hindu, 2004년 6월 9일.

"Biotech: India Right on Track", *Financial Express*, 2004년 6월 9일. 인도가 이제 막 시장을 개방하고 지식 기반 경제로 전환하기 시작한 시기임에도 불구하고, 이를 통해 1억 이상의 인구가 빈곤 상태를 벗어나게 됐다. "Amid Disaster, New Confidence" Fareed Zakaria, *Business Week*, 1월 15일, p.35.

26   "Singapore Is Asia's Top Investor in Biotech Sector", *Asia Pacific Business*, 2002년 6월, issue of *Asia Private Equity Review* 6, no. 10, from the Web site www.asiabiotech.com. sg/readmore/vol06/0615/singapore.html.

27   "Malaysian Premier Mahathir Maintains 2020 Vision", Agence France Presse, 2000년

1월 10일.

28 "Malaysian Cybercity a Go", Reuters, 1999년 7월 8일, *Wired* 웹 사이트, www.wired. com/news/business/0,1367,20628,00.html.

29 "Background on Malaysia", U.S. Department of State, Bureau of East Asian and Pacific Affairs, 2004년 8월, www.state.gov/r/pa/ei/bgn/2777.html. 여기에 개인적인 단신을 적는다: 마하티르는 비전을 가진 지도자다. 나는 빌 게이츠와 래리 엘리슨, 오마에 겐이치, 손정의 등을 비롯한 일련의 다른 인사들과 함께 말레이시아 멀티미디어 슈퍼 코리도를 위한 국제 자문단으로 일해 달라는 요청을 받았다. 그것은 말레이시아의 실리콘밸리를 건설하기 위한 시도였다. 마하티르는 자신이 직접 발탁했던 정치적 후계자 부수상 안와르 이브라힘을 감옥에 집어넣는 일도 주저하지 않았다. 당시 두 사람은 부정부패와 1997-1998년의 경제 위기, 두 사람을 수상과 부수상으로 만들어 주었던 정치연합, UMNO의 운영 방식 등에서 이견을 보였다. 안와르와 함께 감옥에 수감된 사람 중 그의 연설문 작성자인 무나와르 아니스는 나를 안와르와 마하티르에게 소개해 주었던 사람이었다. 안와르와 아니스는 모두 감옥에서 신체적인 학대를 당했다. 그들이 체포됐다는 소식을 듣고 나는 곧바로 마히티르에게 팩스를 보내 그들의 석방을 요구했으며, 그와 서신을 교환하기도 했다. 그리고 1998년 10월 그들을 변호하기 위해 〈인터내셔널헤럴드트리뷴〉에 칼럼을 기고했다.

30 "Asia's Rising Star: Nanotech", Jayanthi Iyengar, *Asia Times*, 2004년 4월 21일, http:// atimes01.atimes.com/atimes/Asian_Economy/FD21Dk01.html.

31 "Jordan's King Lays Cornerstone for School Modeled After Deerfield Academy", Fadi Khalil, Associated Press, 2004년 7월 22일.

32 "AIDS Epidemic in Sub-Saharan Africa" and "AIDS Epidemic in Asia", United Nations Program on HIV/AIDS, *UNAIDS*의 전 세계 확산에 대한 2004년 보고서, www.unaids.org/bangkok2004/factsheets.html.

43 빈곤 해소

1 패트리샤 크론은 "세계 평균 수준의 농부들은 5인 이상의 가족을 먹여 살리기에도 역부족이다. 하지만 서유럽의 평균 농부들은 20명을 먹여 살리며, 미국 농부의 경우 그 수가 거의 60명에 달한다"라고 논평했다. [60].

2 "The Promise of Food Security", David Lague, *Far Eastern Economic Review*, 2002년 4월 4일, p. 34.

3 "21st Century Agriculture: A Critical Role for Science and Technology", U.S. Department of Agriculture, 2003년 6월, www.usda.gov/news/pdf/agst21stcentury.pdf.

4 "Debate Grows Over Biotech Food", Justin Gillis, *Washington Post*, 2003년 11월 30일, p. A1.

5 "Can Bio-Crops Really End World Hunger?" Margarette Driscoll, *Sunday Times* (London), 2003년 6월 20일.

6   "An Environmental-Economic Assessment of Genetic Modification of Agricultural Crops", J. C. J. M. van den Berg and J. M. Holley, *Futures* 34 (2002년 11/12월), nos. 9-10.

7   "Narrow Path for New Biotech Food Crops", Andrew Pollack, *New York Times*, 2004년 5월 20일, p. C1.

8   "New GM Crops Research Project on the Anvil", Press Trust of India, 2003년 12월 18일.

9   "China Urged to Step Up GM Efforts", Jia Hepeng, Science and Development Network, 2004년 3월 5일, www.scidev.net/dossiers/index.cfm?fuseaction=dossierReadItem&type=1&itemid=1264&language=1&dossier=6.

10   "Plant Biotechnology in China", Jikun Huang, Scott Rozelle, Carl Pray and Qinfang Wang, *Science*, 2002년 1월 25일, p. 674.

11   "Super Organics", Richard Manning, *Wired*, 2004년 5월, www.wired.com/wired/archive/12.05/food.htm. Also see Manning, [162].

12   "WHO Calls for More International Aid to Pay for Vaccination Programmes", *Pharmaceutical Journal* 269 (2002년 11월 23일), no. 7225, p. 733.

13   "General Information", from the Hepatitis B Foundation, www.hepb.org/05-0230.hepb.

14   "Food for the Future", Gregg Easterbrook, *New York Times*, 1999년 11월 19일, p. A35.

15   "Transgenic Plants for the Future", Colorado State University's *Agronomy News* 21 (2001년 가을), no. 5, www.colostate.edu/Depts/SoilCrop/extension/Newsletters/2001/guAutumn01.html.

16   "The Push for Edible Vaccines", Rob Wherry, *Forbes*, 2003년 1월 20일, p. 110.

17   "How Science Can Save the World's Poor", Dick Taverne, *Guardian*, (London), 2004년 3월 3일, p. 24.

18   "Technologies for the People: A Future in the Making", Dinesh C. Sharma, *Futures 36* (2004년 8월/9월), nos. 6-7, p. 741.

19   "Biotech Crops as 'Health Food'?" Wyatt Andrews, *CBS News*, 2000년 10월 9일, www.cbsnews.com/stories/2002/01/31/health/main326711.shtml.

20   "Feed Corn, Meet 'Pharma' Corn", Rachel Brand, *Rocky Mountain News*, 2004년 3월 13일, p. 1C.

21   "Technology Grows Many Seed Options", Anne Fitzgerald, *Des Moines Register*, June 6, 2004, p. 1M.

22   ARCO 회장이자 최고경영자 Michael Bowlin, quoted in ibid., p. 1.

23   "From Petro to Agro: Seeds of a New Economy", Robert E. Armstrong, *Defense Horizons*, 2002년 10월, pp. 1, 2.

24   "Vision for Bioenergy and Biomass Products in the United States", U.S. Department of Energy, 2002년 10월, www.eere.energy.gov/biomass/publications.htm?print.

25   "Green Giant", Ian Wylie, *Fast Company*, 2002년 6월, p. 64.

26   "Precision Farming Tools: Global Positioning System (GPS)", Robert Grisso, Richard Oderwald, Mark Alley and Conrad Heatwole, Virginia Polytechnic Institute, 2003년 7월, www.ext.vt.edu/pubs/bse/442-503/442-503.html.

27   "Lost? Hiding? Your Cellphone Is Keeping Tabs", Amy Harmon, *New York Times*, 2003년 12월 21일, p. A1.

28   National Research Council, *Biobased Industrial Products: Priorities for Research and Commer-cialization*, (Washington, D.C.: National Academy Press, 1999), Armstrong에 인용됨, "From Petro to Agro", p. 4.

29   "Internet Changes Chinese Farmers' Life", Xinhua News Agency, 2001년 6월 9일.

30   "Narrowing China's Digital Divide", Kaiser Kuo, *Asia Inc.*, 2004년 5월, www.asia-inc. com/May04/narrowing_may.html.

31   "41% of Villages in China Connected to Internet", Xinhua News Agency, 2004년 6월 15일.

32   "Transforming Agri-Business the E-Way", Meera Shenoy, *Business India*, 2002년 6월 24일.

33   "What Works: ITC's E-Choupal and Profitable Rural Transformation", Kuttayan Annamalai and Sachin Rao, World Resources Institute, 2003년 8월, http://povertyprofit.wri.org/pdfs/echoupal_case.pdf.

34   "Dolly the Sheep Dies Young", British Broadcasting Corp., 2003년 2월 14일, http://news.bbc.co.uk/1/hi/sci/tech/2764039.stm.

35   "Seoul Stem Cell Scandal Remains Murky", *Nikkei Weekly*, 2006년 1월 16일.

36   "University of Georgia Clones Calf from Dead Animal", Rebecca McCarthy, *Atlanta Journal-Constitution*, 2002년 4월 26일.

37   "Inventors Develop James Bond Gadgets for War", Kristel Halter, Columbia University News Service, 2004년 2월 16일, www.jrn.columbia.edu/studentwork/cns/2004-02-16/516.asp.

38   "Psst. This Is Your Sensor. Your Grapes Are Thirsty", Barnaby J. Feder, *New York Times*, 2004년 7월 26일, p. C2.

39   "A Compendium of DARPA Programs", Defense Advanced Research Projects Agency, 미 국방부 산하 부서, 2002년 4월, pp. 13, 55, 58, 60, www.darpa.mil/body/newsitems/darpa_fact.html.

40   "'Going to Scale' and the Social Benefit Entrepreneur", Patrick Guerra and James L. Koch, *STS Nexus* 4 (2003년 가을), no. 1, p. 7.

41   "Gates Rejects Idea of E-Utopia", Dan Richman, *Seattle Post-Intelligencer*, 2000년 10월 19일, p. A1.

42   "Technological Solutions, Not Political Changes, Key to Ending African Poverty", Jeffrey D. Sachs, Project Syndicate, *Daily Yomiuri*, 2006년 1월 27일.

43 "World Energy Outlook 2002: Energy and Poverty", International Energy Agency, chapter 13, p. 5.

44 "Nuclear Plants to Ease Power Shortages", China *People's Daily*, 2004년 5월 26일, http://english.people.com.cn/200405/26/eng20040526_144420.html.

45 "After Years of Weighing Pros and Cons, China Is Now All for Nuclear Energy", Peter Harmsen, Agence France Presse, 2004년 7월 29일.

46 "Full Rural Electrification Only 2012", Winrock International India, 인도의 10개년 계획(2002-2007)과 관련하여 에너지부에 보고한 Planning Commission Working Group 의 결론, 2002년 6월, www.renewingindia.org/news1/news_archive/jun/news1_june_ruralelec.html.

44 중국은 또다시 세계를 놀라게 할 것인가?

1 "America Must Not Leave Asia in a Trade Blind Spot", Max Baucus, *Financial Times*, 2004년 12월 13일, p. 17.

2 "China Surpasses Japan to Become the World's Third-Largest Trader", Chi Hung Kwan, Research Institute of Economy, Trade and Industry (Japan), 2004년 3월 23일, www.rieti.go.jp/en/china/04032301.html.

3 "Is the Dollar's Role as the World's Reserve Currency Drawing to a Close?" *The Economist*, 2004년 11월 23일.

4 "The Mainland Is No Longer Cheering the Influx of Foreign Funds", Mark O'Neill, *South China Morning Post*, 2004년 11월 10일, p. 14.

5 "Treasuries Fall on Report China Cuts Back on U.S. Debt Holdings", *Bloomberg News Service*, 2004년 11월 26일, http://quote.bloomberg.com/apps/news?pid=10000006&sid=a747P240y4uU&refer=home.

6 "Zhao Urges 'Revolution' for Economy as China Tries to Catch Up with the West", Daniel Southerland of the *Washington Post, Toronto Star*, 1987년 10월 26일, p. A1.

7 "The China Price", Pete Engardio and Dexter Roberts, *Business Week*, 2004년 12월 6일, p. 102.

8 "Beyond the Mainland: Chinese Telecommunications Expansion", Robert C. Fonow, *Defense Horizons*, 2003년 7월, no. 29, pp. 2–3.

9 Stille, [255], pp. 48, 58, Matthew Brown의 기사에 인용됨, "Can the Past and the Future Coexist?", *Independent Review* 8 (Winter 2004), no. 3, pp. 439–444.

10 "East Asia Nations Make Headway in Trade Talks", *People's Daily*, 2003년 7월 21일, http://english.people.com.cn/200307/21/eng20030721_120717.shtml.

11 (멕시코) "Mexico Losing NAFTA Advantage", John Lyons, *Milwaukee Journal Sentinel*, 2003년 11월 27일, p. D1. (콜롬비아) "Latin American Countries Lose Business, and Jobs, as a Huge Wave of Low-Cost Goods Floods Markets", *Miami Herald*, 2003년 12

월 7일, p. L1. (인도네시아) "More Risks Ahead for Textile Industry", Bill Guerin, *Asia Times*, 2004년, www.atimes.com/atimes/Southeast_Asia/FH03A304.html.

12 "Big Blue's Bold Step into China", Steve Hamm, with Pete Engardio and Frederik Balfour, *Business Week*, 2004년 12월 9일.

13 "Huawei: More Than a Local Hero", Bruce Einhorn, *Business Week*, 2004년 10월 11일, p. 180.

14 "China's Outward Investments Hit $33.4 Billion End of 2003", Japan Economic Newswire, 중국 상무부와 국가 통계부의 발표 인용, 2004년 9월 7일.

15 "Outward FDI Tops US$33bn", Olivia Chung, *Hong Kong Standard*, 2004년 10월 7일, www.thestandard.com.hk/stdn/std/China/FJ07Ad01.html.

16 "Beijing Bolsters Economic Ties with Eager Latin America", Gary Marx, *Chicago Tribune*, 2004년 12월 20일, p. 4.

17 "Dangerous Straits", Melinda Liu, *Newsweek*, 2004년 6월 28일, p. 32.

18 "FY 2004 Report to Congress on PRC Military Power", U.S. Department of Defense, www.dod.gov/pubs/d20040528PRC.pdf.

19 "China Reshaping Military to Toughen Its Muscle in the Region", Craig S. Smith, *New York Times*, 2002년 10월 16일, p. A12.
    "Unmanned Tactical Aircraft: China Is Pursuing", Roxana Tiron, National Defense 88 (May 1, 2004), no. 606, p. 34.

20 "US Missiles: China's View", James Miles, British Broadcasting Corp., 2000년 7월 6일, http://news.bbc.co.uk/2/hi/asia-pacific/822277.stm.

21 "Chinese Sea Power Is on the Rise", Hideaki Kaneda, *Taipei Times*, 2005년 9월 14일, p. 8.

22 "20% R&D Expenditure Increase in 1002", Chinese Ministry of Science and Technology, 2004년 10월 20일, www.most.gov.cn/English/newletter/q382.html.

23 "R&D Budget and Policy Program", Table I-11, American Association for the Advancement of Science, 미국 과학재단의 자료 인용, 2004년, www.aaas.org/spp/rd/guitotal.html.

24 "Let a Thousand Ideas Flower: China Is a New Hotbed of Research", Chris Buckley, *New York Times*, 2004년 9월 13일, p. C1.

25 "U.S. Commercial Technology Transfers to the People's Republic of China", U.S. Bureau of Export Administration, 1999년, www.bis.doc.gov/defenseindustrialbaseprograms/OSIES/DefMarketResearchRpts/techtransfer2prc.html.

26 "But Can You Teach It?", *The Economist*, Special Report, 2004년 5월 22일.

27 "Your Guide to MBA and EMBA Courses on the Mainland", *South China Morning Post*, 2004년 11월 6일, p. 50.

28 "Foreigners Living in South China's Shenzhen Increasing", *People's Daily*, 2001년 12월 4일, http://english.people.com.cn/200112/06/eng20011206_86062.shtml.

29 Table of contents in Chang, [46].

30   "Sharing Economic Fruits with 900 Million Farmers", Qiao Tianbi, *China Today*, 2005
      년 5월, p. 14.

31   2005년 말, 중국은 11개 성의 농민들에게 도시와 비슷한 수준의 의료, 주택, 교육을 비
      롯한 각종 혜택을 제공하는 실험적 프로그램을 발표했다. "China to Drop Urbanite-
      Peasant Legal Differences", Joseph Kahn, *New York Times*, 2005년 11월 3일, p. A8.

32   "In China, Stresses Spill Over into Riots", Robert Marquand, *Christian Science Monitor*,
      2004년 11월 22일, p. 1.

33   "Exercising Government Power in the Interests of the People", Xinhua News Service,
      2004년 10월 6일.

34   "Farmers Being Moved Aside China's Real Estate Boom", Jim Yardley, *New York
      Times*, 2004년 12월 8일, p. A1.

35   Porter, [213], p. 306, 308 – 309.
      "Agricultural Enclosures: The Major Phase, 1760 Onwards", *Literary Encyclopedia*, www.
      litencyc.com/php/stopics.php?rec=true&UID=1472.

36   "Amid China's Boom, No Helping Hand for Young Qingming", Joseph Kahn and Jim
      Yardley, *New York Times*, 2004년 8월 1일, p. A1.

37   "China's Strength Begins at Home", Yasheng Huang, *Financial Times*, 2005년 6월 2일.

38   "China's Heavy Industry Delusions", Wu Jinglian, *Far Eastern Economic Review*, 2005년
      7-8월, p. 56.

39   "China Crushes Peasant Protest, Turning 3 Friends into Enemies", Joseph Kahn, *New
      York Times*, 2004년 10월 13일, p. A1.

40   "The Cauldron Boils", *The Economist*, 2005년 10월 1일, p. 38.

41   "Repression in China Worsens Workers Protests", Human Rights Watch, 2002년 8월 2
      일, www.hrw.org/press/2002/08/china080202.html.

42   "China Blames 'Instigators' in Deadly Siege", Peter Enav, Associated Press, 2005년 12
      월 10일.

43   "Like Adding Wings to the Tiger: Chinese Information War Theory and Practice",
      Timothy L. Thomas.
      Wei Jincheng, "New Form of People's Warfare"과 Wang Xiaodong, "Special Means
      of Warfare in the Information Age: Strategic Information Warfare"을 인용, Foreign
      Military Studies Office, 2000년, http://fmso.leavenworth.army.mil/fmsopubs/issues/
      chinaiw.html.

44   Schechter, [242]. Regarding demons, "Faithful Follow Falun Gong", Brian Jackson,
      Chicago Sun-Times, 2000년 2월 27일, p. 33.

45   Solomon, [249], pp. 190 – 198, 213 – 214.

46   "China Opens Door to Christianity-Of a Patriotic Sort", Robert Marquand, *Christian
      Science Monitor*, 2004년 3월 8일, p. 1.

47   "For Beijing, Fear Grows as Spirituality Blooms", Howard W. French, *International Her-*

ald Tribune, 2005년 9월 16일.

48 "Violence Taints Religion's Solace for China's Poor", Joseph Kahn, *New York Times*, 2004년 11월 25일, p. A1.

49 Spence, [250], pp. 170 – 178.

50 "Taiping Rebellion", *Encyclopaedia Brittanica*, www.brittanica.com/ebi/article-92277247.

51 "The Inhuman Touch", Richard McGregor, *Financial Times*, Chang [47] 리뷰, 2005년 6월 18일, p. 29.

52 "Implication of Opening Up China to Economic Development", Table 1: "Share of China's FDI in Fixed Asset Investment, 1992 – 2002", Zhang Xiaoji, Research and Information System for the Non-Aligned and Other Developing Nations, www.ris. org.in/DRC_Report.pdf.

53 "One Nation-Divided", Matthew Forney with Mark Thompson, *Time International*, 2002년 3월 25일, p. 38.

45 일본이 넘어야 할 고비

1 "Will Fatal Flaws Eventually Doom the Alliance?" Michael Hirsh, Associated Press, 1992년 1월 5일.

2 Ohmae, [199], pp. 12 – 15.

3 "The Measure of One's Worth: Real Estate", John Dodd, *Japan Inc.*, 2003년 12월, www.japaninc.net/article.php?articleID=1247.

4 "Japan's Phoenix Economy", Richard Katz, *Foreign Affairs*, 2003년 1/2월, p. 114.

5 (연료전지) "Fuel-Cell Nation", Irene M. Kunii, *Business Week*, 2003년 10월 6일, p. 26. (대체에너지) "Japan: Environmental Issue", U.S. Department of Energy, 2004년 1월, www. eia.doe.gov/emeu/cabs/japanenv.html. (디지털 전자 제품) "Japan's Sun Rises Again", Michael Kanellos, *CNET News*, 2004년 12월 6일, http://ecoustics-cnet.com.com/Japans+tech+industry+banks+on+cool+factor/2009-1041_3-5471753.htm?tag=jp.toc. (산업로봇 및 휴머노이드) "Making Robots More Like People", Bron Spice, *Pittsburgh Post-Gazette*, 2001년 6월 18일, p. A8. (인공혈액) "Artificial Blood Ready for Testing in People", Leo Lewis, *The Times* (London), 2004년 5월 15일, p. 11. (당생물학) "The History of Glycobiology in Japan", Akira Kobata, *Glycobiology*, 2001년 5월 25일, Vol. 11, no. 8. (게임기) "Sony Ready to Battle Nintendo in Game Arena", Levi Buchanan, *Chicago Tribune*, 2005년 1월 6일, p. C1.

6 "Japan's Sun Rises Again", Michael Kanellos, National Science Foundation 인용, *CNET News*, 2004년 12월 6일, http://ecoustics-cnet.com.com/Japans+tech+industry+banks+on+cool+factor/2009-1041_3-5471753.htm?tag=jp.toc.

7 "Services Balances", Keizai Koho Center, the Japan Institute for Social and Economic Affairs, Bank of Japan 인용, www.kkc-usa.org/index.cfm/2487.

8   "Dead Firms Walking-Japan's Service Economy", *The Economist*, Special Report, 2004
    년 9월 25일.

9   2006년 라이브도어 스캔들은 이제까지와 대조적으로 정치적 색채가 적었다. 그 스캔
    들로 한 사람이 자살했고, 사장인 다카후미 호리에(Takafumi Horie)는 회계부정으로 구속
    되는 사태가 초래됐다. 이러한 시각이 옳고 그름과는 별개로, 많은 사람들은 이 스캔들
    을 업계의 '구시대 수호자(제2물결)'가 제3물결을 상징하는 젊고 화려한 기업가를 공격
    한 사건으로 여겼다.

10 Fingleton, [91], pp. 204-212.

11 Holstein, [127], pp. 199-208.

12 "Keiretsu Dynasties Give Way", Michael Kanellos, CNET News, 2004년 12
    월 7일, http://news.com.com/Keiretsu+dynasties+give+way+to+global+chang
    es/2009-1041_3-5471874.html.

13 "Mitsubishi Moves to Reinstate Closed Supplier Group", James B. Treece, *Automotive
    News*, 2004년 10월 18일, p. 6.

14 "The Challenge of Entrepreneurship in a Developed Economy: The Problematic Case
    of Japan", Marilyn M. Helms, *Journal of Developmental Entrepreneuring* 8 (2003년 12월 1일),
    no. 3, p. 247.

15 "Rakuten Allowed to Join Keidanren", *Japan Times*, 2004년 11월 17일.

16 "Global Entrepreneurship Monitor, 2000", Paul D. Reynolds, S. Michael Camp,
    William D.grave and Erkko Autio, 다음 문헌에 인용됨, "From Keiretsu to Startups:
    Japan's Push for High Tech Entrepreneurship", Henry S. Rowen and A. Maria Toyoda,
    Asia/Pacific Research Center, 2002년 10월, p. 9.

17 "From Keiretsu to Startups: Japan's Push for High Tech Entrepreneurship", Rowen
    and Toyoda.

18 "The Heart of Silicon Valley", James Aley, *Fortune*, 1997년 7월 7일, p. 66.

19 "VC Funding Gets Scholarly", *Red Herring*, *Nikkei Weekly*, 2004년 12월 15일, www.
    redherring.com/Article.aspx?a=11047&hed=VC+funding+gets+scholarly&sector=Capit
    al&subsector=VentureCapital.

20 "Japanese Women Staying Single Droves as Gender Schism Grows in Nation's
    Culture", Yuri Kageyama, Associated Press, 2004년 11월 15일.

21 "Statistical Handbook of Japan: The Labor Force", Statistics Bureau of Japan's
    Ministry of Internal Affairs and Communications, www.stat.go.jp/english/data/
    handbook/c12cont.html.

22 "Lifting Women's Job Status", Hiroku Hanai, *Japan Times*, 2004년 7월 26일.

23 "Human Development Indicators-2004", table 25, United Nations Development
    Program, http://hdr.undp.org/statistics/data/pdf/hdr04_table_25.pdf.

24 "Fathers Will Be Forced to Mind Baby", Leo Lewis, The Times (London), 2004년 12월
    3일.

25 "Mandatory Retirement", Japan Aging Research Center, www.jarc.net/aging/04dec/page2.shtml.

26 "Old, but Not Retiring", Anthony Faiola, *Washington Post*, 2004년 10월 27일, p. A1.

27 "The Dilemma Posed Japan's Population Decline", Julian Chapple, Electronic Journal of Contemporary Japanese Studies, 2004년 10월 18일, www.japanesestudies.org.uk/discussionpapers/Chapple.html.

28 "Retiring Abroad a Tantalizing Dream for Boomers", Dave Carpenter, Associated Press, 2002년 7월 30일.

29 "La Vida Cheapo", Bary Golson, *AARP*, 2004년 3/4월, www.aarpmagazine.org/travel/Articles/a2004-01-21-mag-mexico.html.

30 "More Retirees Will Quit UK to Live Abroad", Nicky Burridge, citing a report carried out with the Centre of Future Studies, Press Association, 2003년 11월 17일.

31 "A Retirement Home in the Sun Begins to Appeal to Japanese", Miki Tanikawa, *International Herald Tribune*, 2004년 5월 29일, Special Report, p. 15.

32 "Koizumi's LDP Wins Big, *Japan Times*, 2005년 9월 12일, p. 1.

33 저자와의 인터뷰, 2005년 10월.

34 "Foreign Direct Investment", Japan's Ministry of Finance, www.mof.go.jp/english/e1c008.html.

35 "Japanese Capital and Jobs Flowing to China", Ken Belson, *New York Times*, 2004년 2월 17일, p. C1.

36 (제네럴 모터스) "Our Plants: China", www.gm.com/company/gmability/environment/plants/plant_list/plant_db/asia-pacific/china.html. (인텔, 안호이저부시) "Foreign Investments in China", U.S. China Business Council, 2004년, www.uschina.org/statistics/fdi_2004.html. (BMW, 지멘스, 바스프) "Foreign Direct Investments in China-Good Prospects for German Companies?" Deutsche Bank Research, 2004년 8월 24일.

46 한반도의 시간과의 충돌

1 "Korea, North" and "Korea, South", World Factbook, 2005년도 평가서. www.cia.gov/cia/publications/facebook/.

2 "U.S. Commander Hints at Further Troops Cuts Here", *Korea Herald*, 2006년 3월 11일.

3 "Roh's 'No Nukes' Statement Shifts Onus to North", Takabumi Suzuoki, *Nikkei Weekly*, 1992년 12월 28일, p. 28.

4 "China Urges Nuclear Talks Re-Start After Missile Test", *Agence France Presse*, 2006년 3월 9일.

5 Setting Father Against Son", *The Economist*, 2004년 4월 17일. 또한, "Generation Gap Widens in S. Korea," Michael Dorgan (Knight-Ridder Tribune News Service), Houston Chronicle 기사, 2003년 1월 19일, p. A28.

6 2005년 12월 21일, 로스앤젤레스에서 저자와의 인터뷰.

7 "A One-Hour Commute to Another World", Barbara Demick, *Los Angeles Times*, 2006
년 2월 28일, p. Al.

8 "Gaeseong Industrial Complex", 대한민국 통일부, 2005년, p. 10.

9 "Korea, North", World Factook, 2005년도 평가서, www.cia.gov/cia/publications/
factbook/.

10 "FT report: Investing in South Korea", Anna Fifield, *Financial Times*, 2005년 11월 17일,
p.1.

11 "The Seoul Blog: The Hustling Landlord", Shawn Matthews, 2005년 8월 26일, http://
korealife.blogspot.com.

12 "Korea is Leaving Japan in the Digital-Age Dust", Brain Bremner, *Business Week
Online*, 2000년 8월 8일, http://www.businessweek.com/bwdaily/dnflash/aug2000/
nf2000088_521.htm.

13 "Modernity at the Speed of Blur: Korea Studies in the Age of Theory", Jae Chung
Korea Institute Newsletter, 2004년 봄호, Vol. 10, No. 2, www.fas.harvard.edu/~korea/
newsletter/newsletter102_010.html.

14 "Second Batch of Defectors Arrives More Expected", 최성아, 코리아헤럴드, 2004년 7
월 29일.

15 "The Future is South Korea: Tech Firms Try Out Latest in World's Most Wired
Society", Birgitta Forsberg, *San Francisco Chronicle*, 2005년 3월 13일, p. BI.

16 "Young Koreans Change Mobile Phones Every 16 Months: Report", *Asia Pulse*, 2004
년 8월 10일.

17 "Samsung Develops Wold's Fastest Downloading Mobile", Agence France Presse,
2006년 1월 3일.

18 "Pyongyang to Allow Use of Cell Phones Again Next Year", *Korea Times* 2005년 12월
1일.

19 "He's the Man Behind Kohl", Tyler Marshall, *Los Angeles Times*, 1990년 4월 24일, p.H1.

20 "Cover Story", *Time*, 1990년 7월 30일, p. 24.

21 "Perestroika 20 Years Later: A Reflection", *New Perspectives Quarterly*, 2005년 가을호,
Vol.22, Issue 4.

47 유럽이 잃어버린 교훈

1 Debray, [67].

2 "U.S. Aggregate Foreign Trade Data, 2003 & Prior Years", U.S. Department of
Commerce's International Trade Administration, www.ita.doc.gov/td/industry/otea/
usfth/.

3 (유전자 조작 농산물, 바나나) "Euro Clash", Tim Reason, *CFO*, 2004년 5월. (꿀, 롤러스케이트,

핵 발전소) "EU Opens New Front in Trade War", British Broadcasting Corp., 2004년 3월 1일, http://news.bbc.co.uk/2/hi/business/3521731.stm.

4   "Euro Clash", Tim Reason, *CFO*.

5   "House Urges EU to Maintain Arms Embargo", Jim Abrams, Associated Press, 2005년 2월 2일.

6   "Booming China Promises Peace and Goodwill", Justin McCurry and Jonathan Watts, *Guardian* (London), 2005년 12월 23일, p. 12.

7   (휴대전화) "Mobile Cellular Subscribers Per 100 People, 2003", International Telecommunication Union www.itu.int/ITU-D/ict/statistics/at_glance/cellular03.pdf. (에어버스) "Boeing Roars Ahead", Stanley Holmes with Carol Matlack, *Business Week*, 2005년 11월 7일, p. 44. (그리드 컴퓨팅) "Europe Exceeds U.S. in Refining Grid Computing", John Markoff and Jennifer L. Schenker, *New York Times*, 2003년 11월 10일, p. C1. (인공위성 발사) "Arianespace at Europe's Spaceport", European Space Agency, 2004년 5월 12일, www.esa.int/SPECIALS/Launchers_Europe_s_Spaceport/ASE7EOI4HNC_0.html. (GPS) "Europe's New Air War", Oliver Morton. 2002년 8월, *Wired*, www.wired.com/wired/archive/10.08/airwar.html.

8   "Tech's Great Inventor? Europe", David Kirkpatrick, *Fortune*, 2001년 7월 9일, p. 132.

9   "Landing on Titan Triumph for US and Europe", Clive Cookson, *Financial Times*, 2005년 1월 15일, p. 3.

10 (세금) "EU Law + Policy Overview: Value Added Tax", European Union, http://europa.eu.int/eur-lex/pri/en/oj/dat/2003/l_066/l_06620030311en00260035.pdf. (모터사이클) "Ban on Big Motorcycles for Younger Novice Riders", Ben Webster, *The Times* (London), 2005년 1월 27일. (이력서) "Defining a Standard in Rsums", Thomas Fuller, *International Herald Tribune*, 2004년 12월 1일, p. 11. (화장품) "Directive 2003/15/EC", European Parliament and EU Council, 2003년 2월 27일, http://europa.eu.int/eur-lex/pri/en/oj/dat/2003/l_066/l_06620030311en00260035.pdf.

11 "Europe's Merger Directive", *The Economist*, 2004년 12월 4일.

12 "Accepting Reality, EU Plans Change", Graham Bowley, *International Herald Tribune*, 2004년 9월 3일, p. 1.

13 "In Europe, Opportunity Knocks", Carol Matlack, *Business Week*, 2005년 6월 2일.

14 "Europe Reluctantly Deciding It Has Less Time for Time Off", Mark Landler, *New York Times*, 2004년 7월 7일, p. A1.

15 "EU Head Office Says Delays in Economic Reforms Harm Growth", Paul Geitner, Associated Press, 2003년 1월 14일.

16 "Slower Progress: A Protest Against Fast Food in Italy Has Now Developed into a European Campaign to Keep the Quality of Small-Town Life", Chris Arnot, *Guardian* (London), 2002년 1월 2일, p. 9.

17 "Through the Looking Glass-Slowly", *Index*, 2005년 11월, p. 24.

18 "The Movement", Slow Food 웹 사이트, www.slowfood.com/eng/sf_ita_mondo/sf_
   ita_mondo.lasso.

19 "Here Come the Brits", William Underhill, *Newsweek*, 2003년 11월 13일, p. 31.

20 "More 'Thinking Small' Policies Needed to Help SMEs", European Comission,
   2002년 5월 27일, http://dbs.cordis.lu/fep-cgi/srchidadb?ACTION=D&SE
   SSION=148082005-1-28&DOC=1&TBL=EN_NEWS&RCN=EN_RCN_
   ID:18447&CALLER=EN_NEWS.

21 "Playing to Win", Viktor Mayer-Schoenberger, *The Parliament*, 2003년 11월 17일 재발
   간, 하버드 웹 사이트, www.ksg.harvard.edu/news/opeds/2003/mayer_schoenberger_
   playing_win_pm_1103.html.

22 "Coping with a Climate of Uncertainty", Nigel Page, *Financial Times*, 2001년 6월 21일,
   Survey-FT Director, p. 2.

23 유럽의 느린 거래 관행. 저자와의 인터뷰, 2005년 1월.

24 "U.S. Pullout Puts Pressure on Europe's Defence Plans", Michael Thurston, Agence
   France Presse, 2004년 8월 17일.

25 "The Geographical Pivot of History", Halford J. Mackinder, [74]에서 인용, p. 185.

26 "The Great Powers of Europe, Redefined", Timothy Garton Ash, *New York Times*,
   2004년 12월 17일, p. A35.

27 (EU) "European Union Data", U.S. Department of Agriculture's Foreign Agriculture
   Service, 2003년 10월 23일, www.fas.usda.gov/dlp/circular/2004/04-10LP/
   EUDataNotes.html. (기타 국가들) *World Almanac 2004* (New York: World Almanac Books,
   2004).

28 (EU과 미국) "Country Analysis Briefs: European Union", Energy Information
   Administration, U.S. Department of Energy, 2005년 1월, www.eia.doe.gov/emeu/
   cabs/euro.html. (기타 국가들) *World Factbook*, 2004, http://TheWorldFactbook.info.

29 "Software Exports in 2003", Central Bank of Iceland, 2004년 6월 8일, www.
   sedlabanki.is/uploads/files/Software%20exports.pdf. 똑같은 주장을 EU의 초기 단계에
   서 영국 노동당의 휴 게이츠켈이 제기했다. 그는 큰 것이 좋다는 주장에 반대하여 "유
   럽에서 번영하는 몇몇 경제는 스위스와 스웨덴 같은 소규모 국가에 속해 있으며, 그들
   은 거대한 시장을 갖고 있지 않다"라고 말했다. Booker, [24].

30 "The Diffusion of Information Technology in Europe", Harald Gruber, *EIB Papers*,
   European Investment Bank의 간행물 6 (2001년), no. 1, pp. 151-163.

31 "Europe's Companies Dwindle in Number, Size and Revenues", Maija Pesola, *Financial
   Times*, 2005년 4월 6일, p. 3.

32 "EU Leaders Agree to Sweeping Reforms", Brian Groom and Peter Norman, *Financial
   Times*, 2000년 3월 25일, p. 1.

33 "How Europe Could Grow Again", John Rossant, *Business Week*, 2003년 11월 17일, p. 56.

34 "Competitiveness Report 2001", European Commission, http://europa.eu.int/comm/

enterprise/library/enterprise-europe/issue6/articles/en/enterprise04_en.html.

35 "Navigating the Doldrums", Ted Agres, *The Scientist*, 2003년 5월 12일, BioMed Central 웹 사이트, www.biomedcentral.com/news/20030512/01/.

36 "Creating New Knowledge in Nanotechnology and Turning It into Better Quality of Life, Competitiveness and Jobs", European Commission, 2004년 5월 12일, http://europa.eu.int/rapid/pressReleasesAction.do?reference=IP/04/639&format=HTML&aged=0&language=EN&guiLanguage=en.

37 "Enterprise Europe 15: Innovation", European Commission, 2004년 4-6월, http://europa.eu.int/comm/enterprise/library/enterprise-europe/issue15/articles/en/topic5.html.

38 "Schrder to Urge Economic Rethink for Europe", Bertrand Benoit and George Parker, *Financial Times*, 2004년 11월 4일, p. 11.

39 "Schrder Sets Out Seven Ways to Stronger EU Internal Market", Agence France Presse, 2004년 10월 26일.

40 "EU Economy 'At Same Level as US in Late 1970s,'" Tobias Buck, *Financial Times*, 2005년 3월 11일, p. 8.

41 Todd, [265], p. 146.

42 "Little Sign of New Jobs Created in Europe", Associated Press, 2004년 9월 1일.

43 "Special Report: Struggle for the Soul of Islam", Evan Osnos, *Chicago Tribune*, 2004년 12월 19일, p. C1. 이 문제는 마드리드와 런던이 테러 공격을 당한 이후 더욱 심각해졌다.

44 "Get French or Die Trying", Olivier Roy, *New York Times*, 2005년 11월 9일.

45 "Czech Republic", *fDI*, 2004년 1월 5일, www.fdimagazine.com/news/categoryfront.php/id126/Czech_Republic.html.

46 "Planning an Investment in Strategic Services", PriceWaterhouseCoopers, 2004년 4월, www.pwcglobal.com/cz/eng/ins-sol/issues/StrategicServices_DR.html.

47 "Slovenia", *fDI*, 2004년 1월 5일, www.fdimagazine.com/news/categoryfront.php/id/138/Slovenia.html.

48 "Outsourcing Debate Flairs in Europe as Jobs Flow Eastward", Paul Geitner, Associated Press, 2004년 5월 17일.

49 "EU Spent Nearly 2% of GDP on Research and Development", Eurostat, 2004년 2월 25일, EU, http://europa.eu.int/comm/eurostat/Public/datashop/print-product/EN?catalogue=Eurostat&product=9-25022004-EN-AP-EN&type=pdf.

48 미국의 내부 정세

1 Dominique Mosi quoted "An American in Paris", Thomas L. Friedman, *New York Times*, 2005년 1월 20일, p. A23.

667

2   "The Defeat of the Elite", Walter Wriston, *Forbes*, 1997년 12월 1일, p. 156.

3   "National Energy Policy-America's Energy Infrastructure: A Comprehensive Delivery System", U.S. Department of Energy, 2001년, pp. 5-7, 7-9.

4   Federal Highway Administration. "Public Road Length-2003", Federal Highway Administration, www.fhwa.dot.gov/policy/ohim/hs03/htm/hm12.html.

5   "American Trucking Trends 2003", American Trucking Associations, American Transportation Research Institute 웹사이트, www.atri-online.org/industry/.

6   "Truckers Needed to Keep Economy Rolling", Barbara Hagenbaugh, *USA Today*, 2004년 10월 12일, p. B1.

7   "American Trucking Trends 2003", American Trucking Associations, Freight Transportation Forecast produced Global Insight가 ATA를 위해 작성한 화물 운송 예측 통계자료를 인용.

8   "U.S. Department of Transportation Adopts New UAlbany Economic Index", State University of New York, 2004년 3월 10일, www.albany.edu/news/releases/2004/mar2004/lahiri_tsi.html.

9   "Journey to Work: 2000", U.S. Census Bureau, 2004년 3월, pp. 3, 5.

10   "Notes from the field", Tod Newcombe, *Government Technology*, 1998년 6월, www.govtech.net/magazine/gt/1998/june/notes/notes.php.

11   "Clinton Signs $203 Billion Highway Bill", Cable News Network, 1998년 6월 9일, www.cnn.com/ALLPOLITICS/1998/06/09/highway/.

12   "Federal Funding for ITS Programs", "The Smart Highway: Still a Less Traveled Road"의 표, Tod Newcombe, *Government Technology*, 2000년 6월, www.govtech.net/magazine/gt/2000/june/highway.php.

13   "New Push for Info Superhighway", Jube Shriver Jr., *Los Angeles Times*, 1994년 12월 27일, p. D1.

14   "Silicon Valley Loses Fight on Stock Options", Tom Abate, *San Francisco Chronicle*, 2004년 12월 17일.

15   "Enrollment in Education Institutions… Fall 1980 to Fall 2005", National Center for Education Statistics, http://nces.ed.gov//programs/digest/d03/tables/pdf/table2.pdf.

16   Cremin, [58], p. 351.

17   "At Long Last a Break in the Clouds", Ken Robinson, *Times Educational Supplement*, 2004년 3월 12일, p. 23. See also [229] 참고.

18   "Growth Spurt: The Rise of Tutoring in America", Margot Adler, National Public Radio's Morning Edition, 2005년 6월 6일, www.npr.org/templates/story/story.php?storyId=4676496.

19   "Internet Tutors from India Aid U.S. Kids with Math", Philip Reeves, National Public Radio's *All Things Considered*, 2005년 2월 12일, www.npr.org/templates/story/story.php?storyId=4497026.

20 Wiles, [283], pp. iii, 4 – 6, 8 – 9, 181, 211 – 212.

21 Remarks Bill Gates at the National Education Summit on High Schools, 2005년 2월 26일, Gates Foundation, www.gatesfoundation.org/MediaCenter/Speeches/BillgSpeeches/.

49 미국의 외부 정세

1 "The Overstretch Myth", David H. Levy and Stuart S. Brown, *Foreign Affairs*, 2005년 3/4월, http://www.foreignaffairs.org/20050301facomment84201/david-h-levey-stuart-s-brown/the-overstretch-myth.html.

2 McNeill, [175], pp. 147~158.

3 Minc, [180], pp. 21, 22, 26~28.

4 민간인을 포함한 사상자의 수는 집계가 어렵기도 하고 대체로 부정확하다. 참전국 전체의 합계는 더욱 부정확할 수밖에 없다. 다음 문헌을 참조하기 바란다. "From Depression to Enormous Wealth; War Turned Impoverished U.S. into a Superpower", Stanley Meisler, *Los Angeles Times*, 1989년 8월 31일, p. A1.

5 "Measuring the Tsunami's Wake", *Business Week*, 2005년 3월 21일, p. 12.

6 "Summit Realties Temper Joy in Russia", James P. Gallagher, *Chicago Tribune*, 1995년 5일 10일, p. 3.

7 "World War II Casualties, 1939 – 1945", Encarta 웹 사이트의 표, http://encarta.msn.com/media_701500550_761563737_-1_1/World_War_II_Casualties_1939 – 45.html.

8 "The Sacred and the Dead: Japanese World War II Casualties in Body and Spirit", Association for Asian Studies, 이 그룹의 연례 회의를 위해 준비된 자료, 2005년 3월 31일-4월 3일, www.aasianst.org/absts/2005abst/Japan/j-31.html.

9 "Aug. 14, 1945: The Day the Fighting Stopped", David Lamb, *Los Angeles Times*, 1995년 8월 14일, p. A1.

10 Donnelly, [73], p. 219.

11 "For European Recovery: The Fiftieth Anniversary of the Marshall Plan", U.S. Library of Congress, www.loc.gov/exhibits/marshall/m46.html.

12 "Country Studies: Japan, The Economy-Patterns of Development", U.S. Library of Congress, www.country-studies.com/japan/the-economy-patterns-of-development.html.

13 "How One Man's Short, Vague Speech Shaped the World", Rod MacLeish, *Christian Science Monitor*, 1997년 6월 5일, p. 4.

14 (세계 인구) Total Midyear Population of the World, 1950", U.S. Census Bureau, www.census.gov/ipc/www/worldpop.html. (1950년 동독의 인구) "Country Studies-Germany, Population, Historical Background", U.S. Library of Congress, www.country-studies.com/germany/population-historical-background.html. (기타 국가) "Countries Ranked

Population: 1950", U.S. Census Bureau, www.census.gov/cgi-bin/ipc/idbrank.pl.

15 Maddison, [160], Table 2.2a, "Shares of World GDP, 1700~1995", from the University of Groningen 웹 사이트, www.ggdc.net/home.shtml#top.

16 "From Depression to Enormous Wealth: War Turned U.S. Into a Superpower", Stanley Meisler, *Los Angeles Times*, 1989년 8월 31일, p. A1.

17 Maddison, [159].

18 "Field Listing-GDP", *World Factbook*, www.odci.gov/cia/publications/factbook/fields/2001.html.

19 "Cashing in on the New World of Me", Julie Schlosser, *Fortune*, 2004년 12월 13일, p. 244.

20 "A Multicultural Web", Jason Overdorf, *Newsweek*, 2004년 7월 26일, p. 54.

21 "Chinese Censors and Web Users Match Wits", Howard W. French, *New York Times*, 2005년 3월 4일, p. A10.

50 보이지 않는 게임 중의 게임

1 이 새로운 질서는 무질서가 필수적인 요소이며 어제의 용어로는 적절하게 설명될 수 없다. 마땅한 단어가 부족하다 보니, 심지어 이 책에서조차 민주주의나 진보, 세계주의, 다국화, 다면적과 같은 용어를 사용해야 했다. 하지만 그런 단어들로는 새로운 다차원적 현실을 적절하게 표현할 수 없다.

2 (몬산토) "Farmers, Citizens and NGOs Protest Genetically Modified Wheat at Agriculture Minister's Office", Sierra Club of Canada, 2003년 12월 9일, www.sierraclub.ca/national/media/item.shtml?x=553. (셸) "Oil Companies Under Fire Over Human Rights, Environment", Coralie Schaub, Agence France Presse, 2000년 4월 22일. (맥도날드) "Fires and Anti-Americanism Burn McDonald's", Michelle Goldberg, *Toronto Star*, 2002년 12월 9일, p. A1.

3 "Tsunami Relief Effort Still Disorganized, Report Says", Ellen Nakashima, *Washington Post*, 2005년 1월 23일, p. A15.

4 25년 전 우리는 미국의 국제관계 위원회 증언을 통해, 국제적으로 3,000개 이상의 NGO들이 활동하고 있다고 보고했다. 오늘날 그 수는 5만 개가 넘는다, [268], http://www.uia.org/statistics/organizations/ytb199.php.

5 "'Bare Branches' and Danger in Asia", Valerie M. Hudson and Andrea M. Den Boer, *Washington Post*, 2004년 7월 4일, p. B7.

6 "Happy Warrior", Mark Steyn, *National Review*, 2005년 10월 10일, p. 60.

7 "Lower Birth Rate, AIDS Help Slow World Population Growth", Associated Press, 2004년 3월 23일.

8 "9/11 Terrorism: Global Economic Costs", Dick K. Nanto, rediff.com을 인용, Congressional Research Service, 2004년 10월 5일, p. 1.

9 "Review of Studies of the Economic Impact of the September 11, 2001, Terrorist Attacks on the World Trade Center", Government Accountability Office, 2002년 5월 29일, www.gao.gov/new.items/d02700r.pdf.

10 "9/11 Terrorism: Global Economic Costs", Dick K. Nanto, p. 3.

11 "Our Religio-Secular World", Martin E. Marty, *Daedalus 132* (2003년 6월 22일), no. 3, p. 42, citing David B. Barrett and Todd M. Johnson.

12 "The Next Christianity", Philip Jenkins, *Atlantic Monthly*, 2002년 10월, p. 53.

13 "Islam Shaping a New Europe", Evan Osnos, *Chicago Tribune*, 2004년 12월 19일, Special Report, p. 1.

14 Roy, [230], pp. 18-20.

15 "Oil Prices Rocket to Record Highs Near 58 Dollars", Agence France Presse, 2005년 3월 18일.

16 "GM Hoping for Beijing's Help in Promoting Cars That Run on Hydrogen", Stephanie Hoo, *Associated Press*, 2003년 11월 18일.

17 "Iranians Recruit Suicide Brigade", Soraya Sarhaddi Nelson of the Knight-Ridder Foreign Service, published in the St. *Paul Pioneer Press*, 2004년 6월 14일, p. 1A.

18 "The Arab Human Development Report, 2003", United Nations Development Program and the Arab Fund for Economic and Social Development.

19 위의 보고서에 따르면, 1980년대 초에 걸쳐 아랍에서 번역 출간된 해외 도서는 인구 100만 명당 4.4권에 불과했다. 이와는 대조적으로, 헝가리는 519권이었으며 스페인은 920권이었다. 이 보고서는 아랍이 외부 세계에 좀 더 개방된다면 발전이 더욱 가속화될 것이라고 주장했다.

20 "The Arab Human Development Report, 2003", p. 6

에필로그 프롤로그는 이미 과거이다

1 "Thoughts on the Business of Life", *Forbes*, 1998년 1월 16일, p. 124.

2 "Wisdom Found in Words About War", Dennie Hall, reviewing *The Military Quotation Book* by James Charlton (New York: Thomas Dunne, 2002), *Daily Oklahoman*, 2002년 3월 10일, Destinations, p.5.

3 "Stirner's Life and Work", Stanford Encyclopedia of Philosophy, http://plato.stanford.edu/entries/max-stirner/.

4 "Rhea Courthouse to Get Statue of Scopes Trial Prosecutor Bryan", Associated Press, 2005년 2월 25일.

5 "Not Intelligent, and Surely Not Science", Michael Shermer, *Los Angeles Times*, 2005년 3월 30일, p. B11.

6 "International Energy Outlook 2004", U.S. Department of Energy, www.eia.doe.gov/oiaf/ieo/world.html.

7 "Energy: A Global Overview", Matthew R. Simmons, presentation for the Stanford GSB Global Conference, 2004년 11월 10일.

8 저자와의 인터뷰, 2005년 6월 7일.

9 "Scientists Use DNA to Make Virus", British Broadcasting Corp., 2003년 11월 13일, http://newsvote.bbc.co.uk/1/hi/sci/tech/3268259.stm.

10 "Stanford Researchers Work to Create Fuel from Bacteria", Rose Jenkins, *Stanford Daily*, 2005년 2월 8일.

11 "Cheap Solar", Brian Dumaine and Julia Boorstin, *Fortune Small Business*, 2005년 2월 1일, p. 35.

12 "What's So Special About Norway's New Power Station?" Tim Radford, *Guardian* (London), 2003년 9월 25일, p. 2.

13 "Tidal Energy" and "Ocean Technologies", U.S. Department of Energy, 2003년 2월 7일, www.eere.energy.gov/RE/ocean.html.

14 "Moon Gas May Solve Earth's Energy Crisis", ABC News, 2004년 11월 26일, www.abc.net.au/news/newsitems/200411/s12522715.html.

15 "Total Midyear Population for the World: 1950–2050", U.S. Census Bureau, www.census.gov/ipc/www.worldpop.html.

16 "World Population Ageing: 1950–2050", U.N. Department of Economic and Social Affairs, www.un.org/esa/population/publications/worldageing19502050/.

17 "Getting Better All the Time", *The Economist*, 2001년 11월 10일, p. 3.

18 "A Billion Thirsts Quenched", *The Economist*, 2004년 8월 28일.

19 "Facts and Figures on Poverty", U.N. Development Program, www.undp.org/teams/english/facts.html.

20 Singh, [246], p. 482.

21 "God or Science?" Mark Sappenfield and Mary Beth McCauley, *Christian Science Monitor*, 2004년 11월 23일, p. 11.

22 "Nanotechnology Size Matters", Jim Akin, *PC*, 2004년 7월 13일, p. 134.
    "The Business of Nanotech", Stephen Baker and Adam Aston, *Business Week*, 2005년 2월 14일, p. 67.

23 "Prefixes of the SI", University of Exeter Centre for Innovation in Mathematics Teaching, www.ex.ac.uk/cimt/dictunit/dictunit.html.

24 Henry, [125], p. 1.

25 Brownstone, [33].

색인

기타

앨빈 토플러 부의 미래

1판 1쇄 발행 2006년 9월 5일
1판 234쇄 발행 2021년 5월 13일
개정판 1쇄 발행 2022년 6월 22일
개정판 2쇄 발행 2023년 1월 18일

지은이 앨빈 토플러·하이디 토플러
옮긴이 김중웅
펴낸이 고병욱

기획편집실장 윤현주 **책임편집** 조은서 **기획편집** 장지연 유나경
마케팅 이일권 김도연 김재욱 오정민 복다은
디자인 공희 진미나 백은주 **외서기획** 김혜은
제작 김기창 **관리** 주동은 **총무** 노재경 송민진

펴낸곳 청림출판(주)
등록 제1989 – 000026호

본사 06048 서울시 강남구 도산대로 38길 11 청림출판(주) (논현동 63)
제2사옥 10881 경기도 파주시 회동길 173 청림아트스페이스 (문발동 518 – 6)
전화 02 – 546 – 4341 **팩스** 02 – 546 – 8053
홈페이지 www.chungrim.com
이메일 cr1@chungrim.com
블로그 blog.naver.com/chungrimpub
페이스북 www.facebook.com/chungrimpub

ISBN 978-89-352-1381-8 (03320)